■2025年度中学受験用

東京都市大学付属中学校

5年間(＋3年間HP掲載)スーパー過去問

●収録内容一覧

入試問題と解説・解答の収録内容

2024年度　１回	算数・社会・理科・国語	実物解答用紙DL
2024年度　２回	算数・国語	実物解答用紙DL
2023年度　１回	算数・社会・理科・国語	実物解答用紙DL
2023年度　２回	算数・国語	実物解答用紙DL
2022年度　１回	算数・社会・理科・国語	実物解答用紙DL
2022年度　２回	算数・社会・理科・国語	実物解答用紙DL
2021年度　１回	算数・社会・理科・国語	
2021年度　２回	算数・社会・理科・国語	
2020年度　１回	算数・社会・理科・国語 （国語のみ３回）	
2020年度　２回	算数・社会・理科・国語	

2019～2017年度（HP掲載）

「カコ過去問」
（ユーザー名）koe
（パスワード）w8ga5a1o

問題・解答用紙・解説解答DL

◇著作権の都合により国語と一部の問題を削除しております。
◇一部解答のみ（解説なし）となります。
◇９月下旬までに全校アップロード予定です。
◇掲載期限以降は予告なく削除される場合があります。

※著作権上の都合により国語の出題文が掲載できない試験につきましては，国語のみ別の試験回のものに差し替えて収録しております。

～本書ご利用上の注意～　以下の点について，あらかじめご了承ください。

★別冊解答用紙は巻末にございます。実物解答用紙は，弊社サイトの各校商品情報ページより，一部または全部をダウンロードできます。
★編集の都合上，学校実施のすべての試験を掲載していない場合がございます。
★当問題集のバックナンバーは，弊社には在庫がございません（ネット
★本書の内容を無断転載することを禁じます。また，本書のコピー，ス
断複製は著作権法上での例外を除き禁じられています。

JN050082

合格を勝ち取るための
『スーパー過去問』の使い方

本書に掲載されている過去問をご覧になって，「難しそう」と感じたかもしれません。でも，多くの受験生が同じように感じているはずです。なぜなら，中学入試で出題される問題は，小学校で習う内容よりも高度なものが多く，たくさんの知識や解き方のコツを身につけることも必要だからです。ですから，初めて本書に取り組むさいには，点数を気にしすぎないようにしましょう。本番でしっかり点数を取れることが大事なのです。

過去問で重要なのは「まちがえること」です。自分の弱点を知るために，過去問に取り組むのです。当然，まちがえた問題をそのままにしておいては意味がありません。

本書には，長年にわたって中学入試にたずさわっているスタッフによるていねいな解説がついています。まちがえた問題はしっかりと解説を読み，できるようになるまで何度も解き直しをしてください。理解できていないと感じた分野については，参考書や資料集などを活用し，改めて整理しておきましょう。

このページも参考にしてみましょう！

◆どの年度から解こうかな　「入試問題と解説・解答の収録内容一覧」

本書のはじめには収録内容が掲載されていますので，収録年度や収録されている入試回などを確認できます。

※著作権上の都合によって掲載できない問題が収録されている場合は，最新年度の問題の前に，ピンク色の紙を差しこんでご案内しています。

◆学校の情報を知ろう!!「学校紹介ページ」

このページのあとに，各学校の基本情報などを掲載しています。問題を解くのに疲れたら息ぬきに読んで，志望校合格への気持ちを新たにし，再び過去問に挑戦してみるのもよいでしょう。なお，最新の情報につきましては，学校のホームページなどでご確認ください。

◆入試に向けてどんな対策をしよう？「出題傾向＆対策」

「学校紹介ページ」に続いて，「出題傾向＆対策」ページがあります。過去にどのような分野の問題が出題され，どのように対策すればよいかをアドバイスしていますので，参考にしてください。

◇別冊「入試問題解答用紙編」

本書の巻末には，ぬき取って使える別冊の解答用紙が収録してあります。解答用紙が非公表の場合などを除き，（注）が記載されたページの指定倍率にしたがって拡大コピーをとれば，実際の入試問題とほぼ同じ解答欄の大きさで，何度でも過去問に取り組むことができます。このように，入試本番に近い条件で練習できるのも，本書の強みです。また，データが公表されている学校は別冊の１ページ目に過去の「入試結果表」を掲載しています。合格に必要な得点の目安として活用してください。

本書がみなさんの志望校合格の助けとなることを，心より願っています。

株式会社　声の教育社　編集部

東京都市大学付属中学校

所在地	〒157-8560 東京都世田谷区成城1-13-1
電　話	03-3415-0104
ホームページ	https://www.tcu-jsh.ed.jp/
交通案内	小田急線「成城学園前駅」より徒歩10分 東急田園都市線「二子玉川駅」よりバス20分「東京都市大付属中高前」下車

くわしい情報は
ホームページへ

トピックス

★Ⅱ類では最難関国公立大学，Ⅰ類では難関国公立・難関私立大学を目指す。
★Ⅱ類とⅠ類は同一日程・同一問題で実施。スライド合格あり（参考:昨年度）。

創立年
昭和31年

男子校

高校募集
なし

▌応募状況

年度	募集数	応募数	受験数	合格数	倍率
2024	① Ⅱ類約10名 Ⅰ類約40名	4科 281名	182名	70名	2.6倍
	② Ⅱ類約40名 Ⅰ類約60名	2科1187名	1062名	531名	2.0倍
	③ Ⅱ類約20名 Ⅰ類約40名	4科 693名	331名	68名	4.9倍
	④ Ⅱ類約10名 Ⅰ類約20名	4科 926名	344名	47名	7.3倍

▌入試情報（参考：昨年度）

一般入試
　第１回　2024年２月１日午前
　第２回　2024年２月１日午後
　第３回　2024年２月３日午前
　第４回　2024年２月５日午前
　〔試験科目〕
　第１回・第３回・第４回…４教科型（国算社理）
　第２回…２教科型（国算）
グローバル入試
　2024年２月３日午前
　〔試験科目〕国語・算数（一般入試の第３回と同一問題）・英語
　※他に帰国生入試があります。

▌学校説明会等日程（※予定）

学校説明会
　６月15日　14:00～16:30
　９月７日　14:00～16:30
入試説明会
　11月17日　10:00～12:30
授業見学ができるミニ説明会
　９月21日/10月12日/10月26日
　各回とも10:00～11:30。
イブニング説明会
　７月19日　18:30～20:00
帰国生＆グローバル入試説明会
　７月29日　10:00～12:30
柏苑祭（文化祭）〔個別相談コーナーあり〕
　９月28日・９月29日　10:00～16:00
※説明会はすべて予約が必要です（柏苑祭は除く）。

▌2024年春の主な他大学合格実績

＜国公立大学・大学校＞
東京大，京都大，東京工業大，一橋大，東北大，北海道大，筑波大，千葉大，東京外国語大，横浜国立大，東京医科歯科大，電気通信大，東京農工大，防衛医科大，東京都立大，横浜市立大
＜私立大学＞
慶應義塾大，早稲田大，上智大，国際基督教大，東京理科大，明治大，青山学院大，立教大，中央大，法政大，学習院大，東京慈恵会医科大，順天堂大，昭和大，日本医科大，星薬科大

編集部注―本書の内容は2024年5月現在のものであり，変更されている場合があります。正確な情報は，学校のホームページ等で必ずご確認ください。

算数 出題傾向＆対策

◆基本データ（2024年度１回）

試験時間／満点	50分／100点
問題構成	・大問数…５題 計算・応用小問１題（８問） ／応用問題４題 ・小問数…18問
解答形式	すべて答えのみを記入する形式で，必要な単位などはあらかじめ印刷されている。理由を記述する問題もある。
実際の問題用紙	Ａ４サイズ，小冊子形式
実際の解答用紙	Ｂ４サイズ

◆過去５年間の出題率トップ５

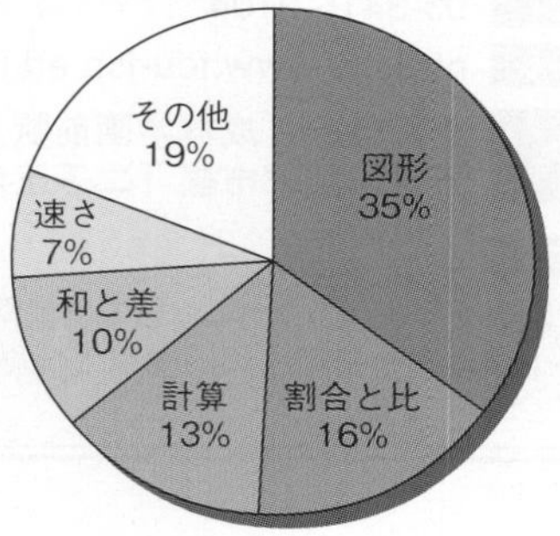

※　配点（推定ふくむ）をもとに算出

◆近年の出題内容

【 2024年度１回 】			【 2023年度１回 】		
大問	1	逆算，単位の計算，倍数算，速さと比，旅人算，数列，周期算，辺の比と面積の比，体積	大問	1	逆算，単位の計算，相当算，つるかめ算，速さと比，場合の数，面積，体積
	2	平面図形―相似，辺の比と面積の比		2	平面図形―相似，辺の比と面積の比
	3	表―つるかめ算，比の性質		3	集まり，相当算
	4	立体図形―水の深さと体積，相似		4	方陣算
	5	場合の数，条件の整理		5	立体図形―分割，相似，表面積，体積

◆出題傾向と内容

標準レベルを主体にやや難しめの問題がいくつか見られるといったところで，試験時間を上手に活用すれば，ひと通り解答を導けそうです。計算・応用小問をすばやくすませ，応用問題にバランスよく時間を配分できるよう，計画的に解き進めていきましょう。

●計算・応用小問…計算問題は２問前後あり，小数・分数の四則計算のほか，逆算や，計算のくふうが必要なものも見られます。応用小問では，割合と比，速さ，図形の基礎（長さ，面積など），特殊算がよく取り上げられています。

●応用問題…図形分野が取り上げられ，相似を利用して辺の長さや面積を求めるもの，立体図形の体積や水面の高さを求めるものなどが見られます。次に，特殊算の出題が多いのも特ちょうです。仕事算，つるかめ算，旅人算，消去算などが出されており，複数の単元を融合させた設問もあります。場合の数などにも注意が必要です。

◆対策～合格点を取るには？～

本校の入試対策としては，**計算力の養成と応用小問の訓練**があげられます。まず，正確ですばやい計算力を毎日の計算練習でモノにしましょう。自分で無理なくこなせる問題量を決めて，習慣にすることが大切です。そして，計算練習を徹底してやるとともに，文章題は例題にあたって解法を身につけ，問題集で演習して，使いこなせるか確認しましょう。

算数の学力を一朝一夕で身につけることはできません。毎日コツコツと学習するのが大切です。そのさい留意したいのは，**ノートを最大限に活用すること**です。ふだんからノートに自分の考え方，線分図，式をしっかりとかく習慣をつけておきましょう。答え合わせをしてマルやバツをつけるだけではなかなか進歩しません。同じまちがいを二度とくり返さないよう，自分の弱点をそのつど発見するように心がけましょう。

算数 出題分野分析表

分野		2024 1回	2024 2回	2023 1回	2023 2回	2022 1回	2022 2回	2021 1回	2021 2回	2020 1回	2020 2回
計算	四則計算・逆算	○	○	○		○	○	○	○	○	○
	計算のくふう				○					○	
	単位の計算	○	○	○	○	○	○	○	○		○
和と差	和差算・分配算							◎			○
	消去算										○
	つるかめ算	○		○	○	○	○	◎			
	平均とのべ										
	過不足算・差集め算							○			
	集まり			○		○					
	年齢算				○				○		
割合と比	割合と比					○					
	正比例と反比例					○					
	還元算・相当算		○	◎		○					
	比の性質	○	○						○	○	○
	倍数算	○								○	○
	売買損益		○								
	濃度					○		○	○	○	○
	仕事算		○		○		○		○		
	ニュートン算							○		○	
速さ	速さ										
	旅人算	○					○		○	○	○
	通過算										
	流水算							○			
	時計算										
	速さと比	○		○	○				○		○
図形	角度・面積・長さ		○	○		○	○	○	◎	○	○
	辺の比と面積の比・相似	●	○	◎	◎	◎	○	◎	◎	◎	◎
	体積・表面積	○		◎	◎	○	○	○	○	◎	○
	水の深さと体積	○				○	○				○
	展開図								○	◎	
	構成・分割		◎	○				○	◎	◎	○
	図形・点の移動								○		
表とグラフ		○			○		○	○			
数の性質	約数と倍数										
	N進数		○								
	約束記号・文字式										
	整数・小数・分数の性質		○		○	○		○			
規則性	植木算										
	周期算	○								○	
	数列	○	○		○	○	○				
	方陣算			○							
	図形と規則										
場合の数		○	○	○		○	○		○		○
調べ・推理・条件の整理		○	○		○		◎			○	○
その他											

※ ○印はその分野の問題が１題，◎印は２題，●印は３題以上出題されたことをしめします。

社会 出題傾向＆対策

◆基本データ（2024年度１回）

試験時間／満点	40分／75点
問題構成	・大問数…３題 ・小問数…38問
解答形式	用語の記入と記号選択で構成されている。記号選択は択一式で，用語の記入は，字数が指定されているものや漢字で書くよう指定されているものもある。
実際の問題用紙	Ａ４サイズ，小冊子形式
実際の解答用紙	Ｂ４サイズ

◆過去５年間の分野別出題率

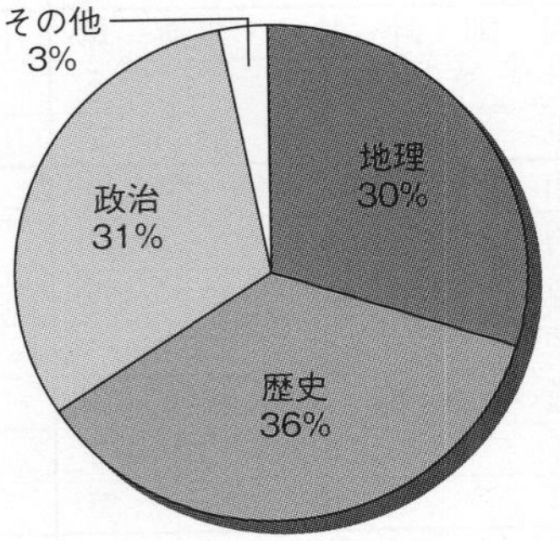

※　配点（推定ふくむ）をもとに算出

◆近年の出題内容

【 2024年度１回 】			【 2023年度１回 】		
大問	1	〔地理〕 地方区分を題材とした問題	大問	1	〔総合〕 電気を題材とした問題
	2	〔歴史〕 各時代の歴史的なことがら		2	〔歴史〕 各時代の歴史的なことがら
	3	〔政治〕 2023年のできごとを題材とした問題		3	〔政治〕 2022年のできごとを題材とした問題

◆出題傾向と内容

解答記入箇所が多めなので，かなりいそがしい試験といえます。また，地理・歴史の範囲を中心に，多くの単元から出題されています。したがって，**はば広い知識とすばやい判断力が合格のカギ**となりそうです。

●地理…国土と自然，農林水産業（各地の代表的な農産物，輸入自由化の問題），日本の各地方の気候，産業，交通などについて，グラフを読み取って答えるものや，地図を見ながら答えるものが出題されています。

●歴史…各時代（古墳時代から現在まで）の歴史的なことがらに関する説明文を読んで答えるもの，明治時代から昭和時代初期にかけての選挙制度の移り変わりについてなどが出されています。

●政治…日本国憲法が中心であり，憲法の三原則（国民主権，基本的人権の尊重，平和主義），三権のしくみ，地方自治，選挙制度などについて出題されています。また，国際連合のしくみ，国連平和維持活動（ＰＫＯ）などといった世界の国々とのかかわり，環境問題（地球の温暖化など）についての問いも見られます。

◆対策～合格点を取るには？～

はば広い知識が問われていますが，問題のレベルは標準的ですから，**まず基礎を固めてください。**教科書のほか，標準的な参考書を選び，基本事項をしっかりと身につけましょう。

地理分野では，地図とグラフが欠かせません。つねにこれを参照しながら，**白地図作業帳**を利用して地形と気候をまとめ，そこから産業のようすへと広げていってください。

歴史分野では，教科書や参考書を読むだけでなく，**自分で年表をつくって覚える**と学習効果が上がります。できあがった年表は，各時代，各分野のまとめに活用できます。本校の歴史の問題にはさまざまな分野が取り上げられていますから，この作業はおおいに威力を発揮するはずです。

政治分野では，**日本国憲法の基本的な内容と三権**についてはひと通りおさえておいた方がよいでしょう。また，**時事問題については，新聞やテレビ番組などでニュースを確認し**，国の政治や経済の動き，世界各国の情勢などについて，**ノートにまとめておきましょう。**

社会 出題分野分析表

分野 ＼ 年度			2024	2023	2022		2021		2020	
					1回	2回	1回	2回	1回	2回
日本の地理		地図の見方								
		国土・自然・気候	○	○	○	○	○	○	○	○
		資源			○					
		農林水産業	○		○			○	○	
		工業								○
		交通・通信・貿易			○			○	○	
		人口・生活・文化	○		○				○	
		各地方の特色	○	○		○	○	○		
		地理総合	★		★	★		★	★	★
世界の地理						○		○		
日本の歴史	時代	原始～古代	○	○	○	○	○	○	○	○
		中世～近世	○	○	○	○	○	○	○	○
		近代～現代	○	○	○	○	○	○	○	○
	テーマ	政治・法律史								
		産業・経済史								
		文化・宗教史								
		外交・戦争史								
		歴史総合	★	★	★	★	★	★	★	★
世界の歴史									○	
政治		憲法	○	○	○		○	○	○	○
		国会・内閣・裁判所	○	○	○	○	○	○	○	○
		地方自治		○	○					
		経済	○	○			○	○	○	
		生活と福祉	○	○	○	○				○
		国際関係・国際政治	○	○	○	○	○	○	○	
		政治総合	★	★	★	★	★	★		
環境問題				○	○	○			○	○
時事問題			○	○	○				○	○
世界遺産						○			○	
複数分野総合				★			★		★	★

※　原始～古代…平安時代以前，中世～近世…鎌倉時代～江戸時代，近代～現代…明治時代以降
※　★印は大問の中心となる分野をしめします。

理科　出題傾向＆対策

◆基本データ（2024年度１回）

試験時間／満点	40分／75点
問題構成	・大問数…４題 ・小問数…25問
解答形式	記号選択，語句の記入，計算問題と数値の記入がバランスよく出題されている。記号は複数選択するものもある。作図や記述問題は出題されていない。
実際の問題用紙	Ａ４サイズ，小冊子形式
実際の解答用紙	Ｂ４サイズ

◆過去５年間の分野別出題率

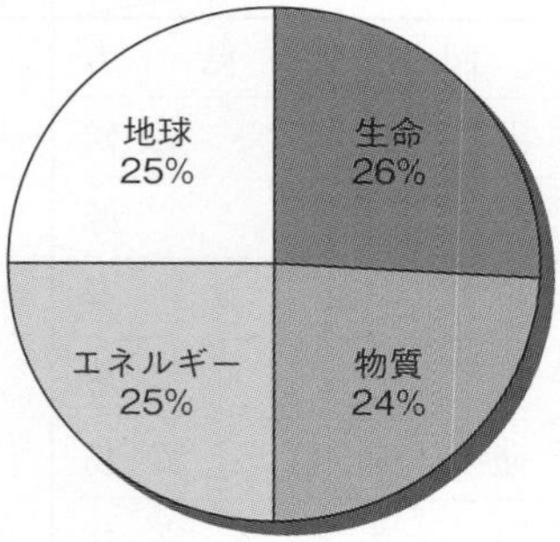

※　配点（推定ふくむ）をもとに算出

◆近年の出題内容

【 2024年度１回 】		【 2023年度１回 】	
大問	1 〔生命〕オオカナダモの観察	大問	1 〔生命〕植物の移り変わり
	2 〔地球〕惑星とその見え方		2 〔地球〕地球内部のつくり
	3 〔物質〕金属の燃焼		3 〔物質〕ものの溶け方
	4 〔エネルギー〕静電気		4 〔エネルギー〕ばね，浮力

◆出題傾向と内容

解答記入箇所が多めですが，時間に対しては適量だといえます。内容は，**基礎的なことがらだけでなく，応用的なことがらを問うもの**もあり，「生命」「物質」「エネルギー」「地球」の**各分野からバランスよく出題**されています。

●生命…植物の観察，食物連鎖，光合成，血液のじゅんかん，動物の分類などが出題されており，動物の単元と植物の単元をミックスした問題も多く見られます。

●物質…気体や水溶液の性質と見分け方，中和と発生する熱，ものの溶け方，金属の燃焼，物質の測定（アルミはくの厚さ）などが出題されています。

●エネルギー…電気回路と電流計の使い方，力のつり合い，浮力と密度，ものの温まり方などが実験を通じて出題されています。実験結果をもとに計算する問題が多く出されるほか，グラフの読み取りや作成が出されることもあります。

●地球…冬の星座（冬の大三角），太陽の高度と１日の気温・地温の変化の関係，台風，星と星座の観察，湿度などが出題されています。

◆対策～合格点を取るには？～

各分野からまんべんなく出題されていますから，**基礎的な知識をはやいうちに身につけ，そのうえで問題集で演習をくり返しながら実力アップをめざしましょう。**

「生命」は，身につけなければならない基本知識の多い分野ですが，楽しみながら確実に学習する心がけが大切です。「物質」では，気体や水溶液，金属などの性質に重点をおいて学習してください。「エネルギー」は，かん電池のつなぎ方や方位磁針のふれ方，磁力の強さなどの出題が予想される単元ですから，学習計画から外すことのないようにしましょう。「地球」では，太陽・月・地球の動き，季節と星座の動き，天気と気温・湿度の変化，地層のでき方などが重要なポイントとなっています。

なお，環境問題・身近な自然現象に日ごろから注意をはらうことや，テレビの科学番組，新聞・雑誌の科学に関する記事，読書などを通じて多くのことを知るのも大切です。

理科　出題分野分析表

分野＼年度		2024	2023	2022		2021		2020	
				1回	2回	1回	2回	1回	2回
生命	植物	★					★		
	動物				★			○	★
	人体			★					
	生物と環境		★					★	
	季節と生物								
	生命総合					★			
物質	物質のすがた								
	気体の性質			○	★		○		
	水溶液の性質			★		★	○	★	
	ものの溶け方		★			○			★
	金属の性質	○							
	ものの燃え方	★							
	物質総合						★		
エネルギー	てこ・滑車・輪軸								
	ばねののび方		○						
	ふりこ・物体の運動								
	浮力と密度・圧力		★						
	光の進み方				★		○		
	ものの温まり方			★					
	音の伝わり方						★		★
	電気回路	○				★			
	磁石・電磁石							★	
	エネルギー総合	★							
地球	地球・月・太陽系	★	★			★			○
	星と星座			★					★
	風・雲と天候				★		★		
	気温・地温・湿度							★	
	流水のはたらき・地層と岩石								
	火山・地震								
	地球総合								
実験器具		○							
観察									
環境問題									○
時事問題									
複数分野総合									

※　★印は大問の中心となる分野をしめします。

国語　出題傾向＆対策

◆基本データ（2024年度１回）

試験時間／満点	50分／100点
問題構成	・大問数…４題 文章読解題３題／知識問題１題 ・小問数…27問
解答形式	記号選択と本文中のことばの書きぬき，適語の記入が大半をしめているが，35字程度の記述問題も見られる。
実際の問題用紙	Ａ４サイズ，小冊子形式
実際の解答用紙	Ｂ４サイズ

◆過去５年間の分野別出題率

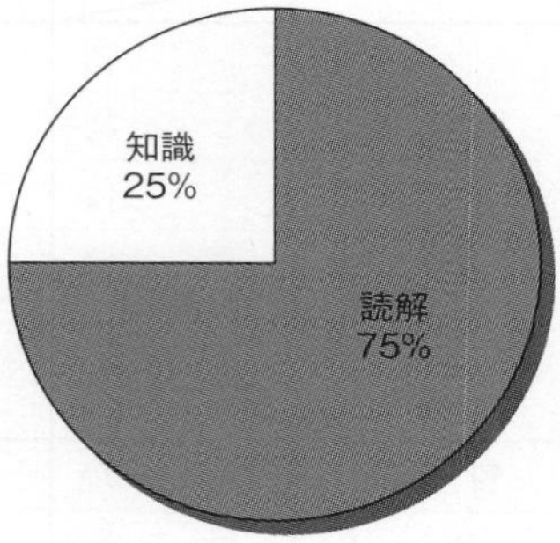

※　配点(推定ふくむ)をもとに算出

◆近年の出題内容

【 2024年度１回 】			【 2023年度１回 】		
大問	一	**〔説明文〕** 宇根豊『日本人にとって自然とはなにか』(約3100字)	大問	一	**〔説明文〕** 中島義道『「時間」を哲学する―過去はどこへ行ったのか』(約4500字)
	二	**〔小説〕** あさのあつこ『バッテリーⅡ』(約4800字)		二	**〔小説〕** 重松清「じゅんちゃんの北斗七星」(約4800字)
	三	**〔韻文〕** 室生犀星『抒情小曲集』		三	**〔韻文〕** 高村光太郎「冬が来た」
	四	**〔知識〕** 漢字の書き取り，漢字の部首		四	**〔知識〕** 熟語の組み立て

◆出題傾向と内容

本校の国語は，**形式や設問内容が一定しており，出題傾向もはっきりしています**。また，極端な難問は見られず，標準的な編成がこころがけられているといえるでしょう。

●**読解問題**…題材には説明文・論説文，小説，詩が取り上げられています。説明文・論説文と小説の文章は比較的長くややかたいものもあるので，慣れていないと取り組みにくいかもしれません。詩は教科書や問題集などでよく見かける作品が多く出されます。設問内容にはかなりはっきりした傾向があるといえます。たとえば，説明文・論説文や小説では漢字の書き取り，文の空らんを補充させるもの，語句や文の一節の意味を問うものが出されています。また，個々の問いに目を向けると，本文全体の内容をふまえたうえで答えなければならない設問が目立っています。詩も同様で，設問は空らんの補充や語句の意味，内容の理解をためすものが大半で，これ以外のことが問われることは少ないようです。

●**知識問題**…独立した大問のほか，読解問題内の設問のかたちでも出題されます。熟語とことわざ・慣用句が毎年のように出されており，熟語では組み立て，反対語，四字熟語など，ことわざ・慣用句では空らんの補充や意味を問うものが目立っています。

◆対策～合格点を取るには？～

本校の国語は長文の**読解問題がメイン**です。読解力を養成するには，多くの文章に接する必要があります。**読書は読解力養成の基礎**ですから，あらゆるジャンルの本を読んでください。

次に，**ことばのきまり・知識に関しては，参考書を１冊仕上げておきましょう**。ことわざ・慣用句は，体の一部を用いたもの，動物の名前を用いたものなどに分類して覚えましょう。ことばのきまりは，ことばのかかりうけ，品詞の識別などを中心に学習を進めます。また，漢字や熟語については，読み書きはもちろん，同音(訓)異義語やその意味などについてもノートにまとめておきましょう。

国語　出題分野分析表

分野		年度	2024		2023		2022		2021		2020	
			1回	2回	1回	2回	1回	2回	1回	2回	2回	3回
読解	文章の種類	説明文・論説文	★	★	★	★	★	★	★	★	★	★
		小説・物語・伝記	★	★	★	★	★	★	★	★	★	★
		随筆・紀行・日記										
		会話・戯曲										
		詩	★	★	★	★	○	★	★	★	★	★
		短歌・俳句					○		○			
	内容の分類	主題・要旨	○	○	○	○	○	○	○	○	○	○
		内容理解	○	○	○	○	○	○	○	○	○	○
		文脈・段落構成	○		○		○					
		指示語・接続語	○	○	○	○		○		○		○
		その他	○	○	○	○	○	○	○	○	○	○
知識	漢字	漢字の読み										
		漢字の書き取り	○	○	○	○	○	○	○		○	○
		部首・画数・筆順	★			★			○			★
	語句	語句の意味	○		○	○	○	○	○	○	○	○
		かなづかい										
		熟語			★		○	★		○	○	
		慣用句・ことわざ		○		○	○			★		○
	文法	文の組み立て										
		品詞・用法		○				○				
		敬語										
	形式・技法			○	○	○	○	○	○	○	○	○
	文学作品の知識						○					
	その他			○				○	○	○	★	○
	知識総合		★	★								
表現	作文											
	短文記述											
	その他											
放送問題												

※　★印は大問の中心となる分野をしめします。

「今の説明、もう一回」を何度でも

web過去問

ストリーミング配信による入試問題の解説動画

もっと古いカコモンないの？

カコ過去問

「さらにカコの」過去問をHPに掲載（DL）

声の教育社

詳しくはこちらから

2024年度 東京都市大学付属中学校

【算　数】〈第１回試験〉（50分）〈満点：100点〉

［注意］定規，三角定規，分度器，コンパス，計算機は使ってはいけません。

1 次の□に当てはまる数を答えなさい。

問１　$3-2\frac{1}{4}\div\left(\frac{2}{5}+\square\times\frac{2}{3}\right)=1\frac{1}{8}$

問２　1.6km－100000mm－894m＋18280cm＝□m

問３　Ａ君とＢ君のはじめに持っていた金額の比は５：２でした。Ａ君は1500円，Ｂ君は240円使ったので，Ａ君とＢ君の残った金額の比は７：４になりました。Ａ君がはじめに持っていた金額は□円です。ただし，消費税は考えないものとします。

問４　まっすぐ伸《の》びた道をＡ君，Ｂ君，Ｃ君の３人が，それぞれ一定の速さでＰ地点から同じ方向へ進みます。最初にＡ君が歩き始め，その10分後にＢ君が走り始め，さらにその20分後にＣ君が自転車で出発しました。Ａ君は歩き始めてから24分後にＢ君に追いつかれ，さらにその16分後にＣ君に追いつかれました。また，Ｂ君は，Ａ君が歩き始めてから□分後にＣ君に追いつかれました。

問５　右の図のように１から順に整数が並んでいます。104は□列目にあります。

	１列目	２列目	３列目	４列目	…
１行目	1	4	9	16	…
２行目	2	3	8	15	…
３行目	5	6	7	14	…
４行目	10	11	12	13	…
⋮	⋮	⋮	⋮	⋮	⋱

問６　$\frac{43}{135}$を小数で表したとき，小数第１位から小数第30位までの30個の数をすべて足し合わせると□になります。

問７　下の図のように，３つの長方形㋐，㋑，㋒を組み合わせます。（㋐の面積）：（㋑の面積）：（㋒の面積）＝３：４：６のとき，xの長さは□cmです。

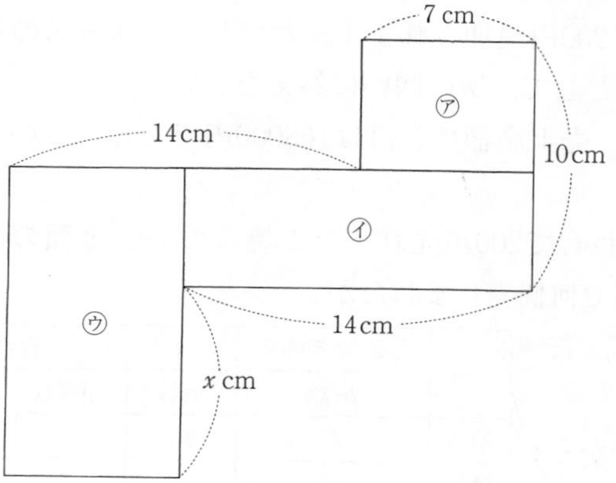

問８　下の図のように，AB＝ACの二等辺三角形ABCを直線 l を軸《じく》として１回転させてできる立体の体積は［　　　］cm³です。ただし，円周率は3.14とします。

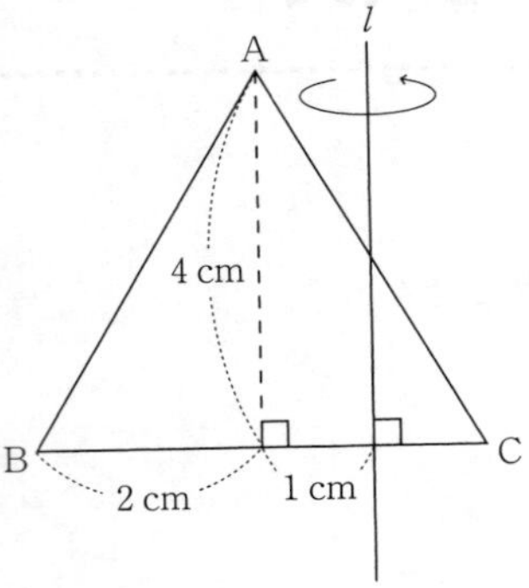

2　右の図の平行四辺形ABCDにおいて，辺AB上にAE：EB＝3：1になる点をE，辺BC上にBF：FC＝2：3になる点をF，点Eを通り辺BCに平行な直線とAF，辺CDが交わった点をそれぞれG，Hとします。

また，AG，AH上にそれぞれ点Ｉ，Ｊをとり，三角形FGH，三角形GHI，三角形HIJを作ったところ，３つの三角形の面積はすべて等しくなりました。次の問いに答えなさい。

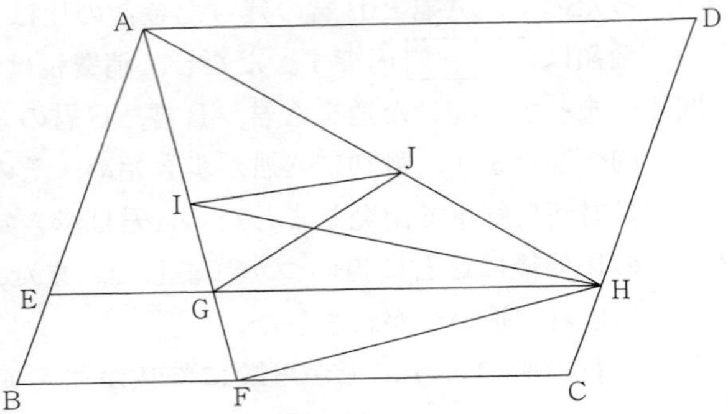

問１　EG：GHを，最も簡単な整数の比で表しなさい。

問２　AJ：JHを，最も簡単な整数の比で表しなさい。

問３　三角形AIJの面積は，平行四辺形ABCDの面積の何倍ですか。

3　あるたこ焼き店では，箱Aはたこ焼きが８個入って１箱500円で売っています。また，箱Bはたこ焼きが16個入って１箱800円で売っています。たこ焼き１箱につきジュース１杯《ぱい》をセットで買うことができ，たこ焼き１箱の値段に200円追加されます。ただし，ジュースのみを買うことはできません。消費税を考えないものとして，次の問いに答えなさい。

問１　ある日，箱Aは80箱，箱Bは120箱売れ，売上金額の合計は168000円でした。この日，ジュースは全部で何杯売れましたか。

問２　別のある日，たこ焼きの箱は２種類あわせて200箱売れ，たこ焼きの売上金額の合計は122500円でした。この日，たこ焼きは全部で何個売れましたか。

問３　また別のある日，たこ焼きの売上を調べ，右の表にまとめようとしました。

しかし，調べたところすべての内容が分からず，以下の内容だけ分かりました。

	たこ焼きのみ	セット	合計	
	箱数	箱数	箱数	金額
箱A	あ	い		
箱B	う	え		
合計				255000

①　「あの数」:「うの数」＝3：10

②　「(う)の数」:「(え)の数」＝7：4

③　「(う)の数」は「(あ)の数と(い)の数の和」より38だけ多い。

このとき，たこ焼きは全部で何個売れましたか。

4　下の【図１】のように，円柱の容器に水が満水まで入っています。この水を【図２】のような円すいの容器にすべて移すと，満水になります。

(円柱の底面の半径)：(円すいの底面の半径)＝2：3のとき，あとの問いに答えなさい。

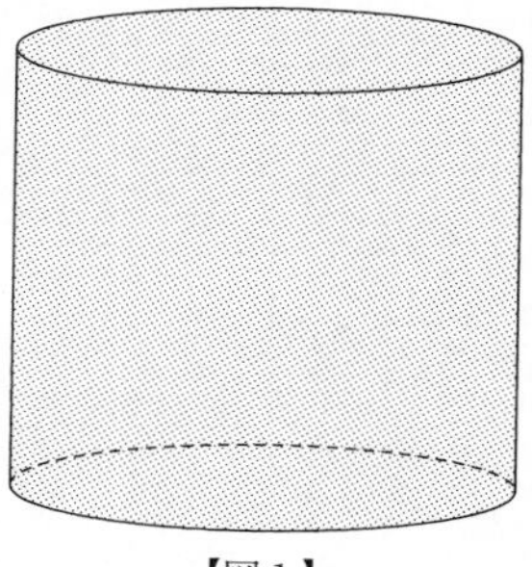

【図１】

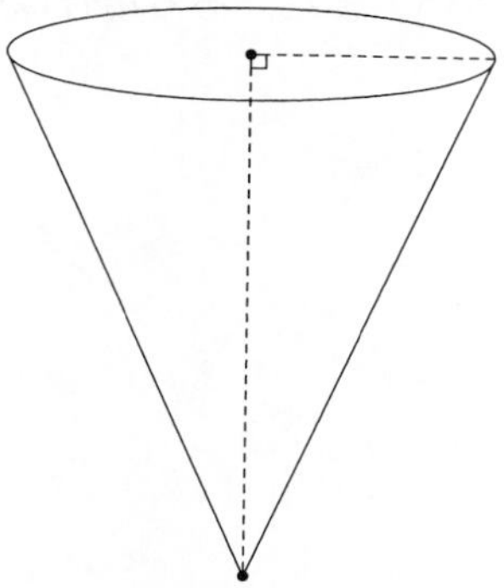

【図２】

問１　【図２】の円すいの容器の高さは，【図１】の円柱の容器の高さの何倍ですか。

問２　【図２】の容器の $\frac{1}{4}$ の高さまで水が入っています。円柱の棒をこの容器にふれるところまでまっすぐ入れたところ，【図３】の状態になりました。円柱の棒の高さは【図２】の容器の高さの $\frac{3}{4}$ 倍です。その後，水が入っていない部分に【図４】のように水があふれることがないように満水まで入れたとき，追加して入れた水の量は，【図３】に入っている水の量の何倍ですか。

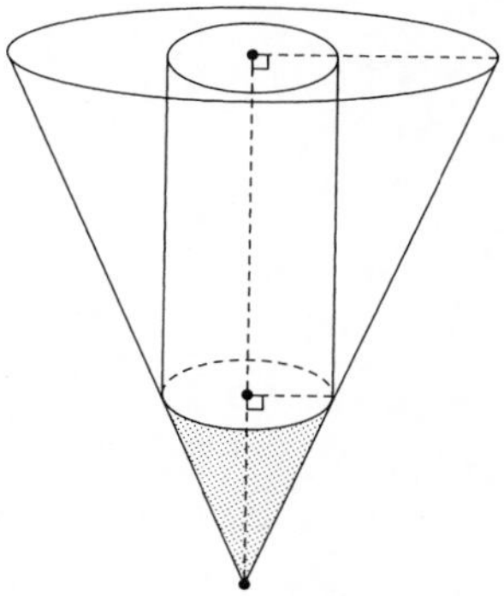

【図３】

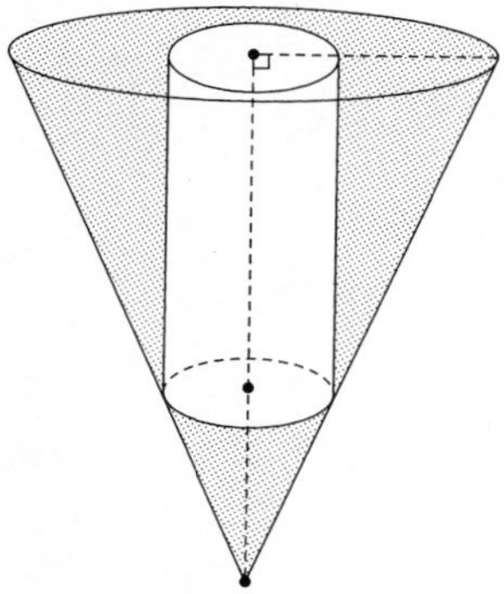

【図４】

5　Ａ君とＢ君で，１枚のコインを交互《こ》に１回ずつ投げるゲームをします。ゲームは２人のうち，どちらかが２回連続で表が出るまで続けます。コインの表が出たら３点，裏が出たら１点もらえます。

Ａ君から投げ始め，Ａ君Ｂ君合わせて９回コインを投げ終えたところで，ゲームは終わりました。このとき，次の問いに答えなさい。

問１　ゲームが終わったとき，コインの表裏の出方は何通り考えられますか。

問２　ゲーム終了時に，Ｂ君はＡ君よりも得点が高くなる可能性はありますか。解答用紙のある・ないのどちらかを○で囲みなさい。また，ある場合はその例を１つ答え，ない場合はその理由を答えなさい。

【社　会】〈第１回試験〉（40分）〈満点：75点〉

１　次の文章を読み，あとの問いに答えなさい。

次の略地図は，日本を北海道，東北，関東，中部，近畿，中国・四国，九州の７地方に区分したものです。この略地図を見て，あとの問いに答えなさい。

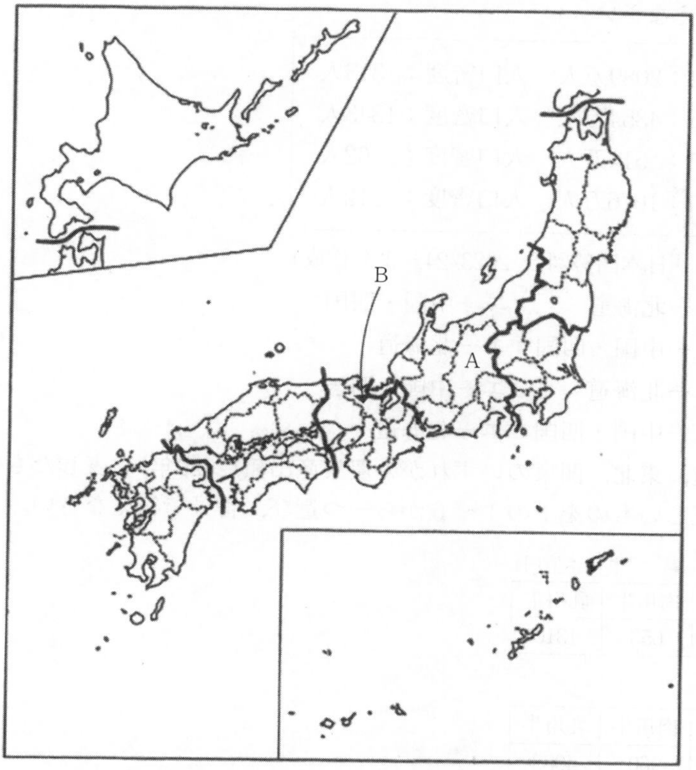

問１　略地図に関連して述べた文として正しいものを次の１～４から一つ選び，番号で答えなさい。すべて誤っていれば５と答えなさい。

１　都道府県名と異なる都道府県庁所在地が最も多いのは，関東地方である。

２　日本で最大の流域面積をもつ信濃川が流れているのは，中部地方である。

３　海に接しない，いわゆる「海なし県」が最も多いのは，近畿地方である。

４　北海道を除き，各都府県の合計面積が最も大きいのは，九州地方である。

問２　略地図中のＡは長野県です。この長野県と接する県のうち，中部地方以外に含まれる二つの県の県庁所在地名を緯度の高い順にそれぞれ答えなさい。

問３　略地図中のＢは京都府です。この京都府と接する府県のうち，府県名と異なる府県庁所在地名を人口の多い順にそれぞれ答えなさい。（解答の際に「市」はつけなくてもよい。）

問４　次の文章は，ある都市の気候について述べたものです。この文章が最もあてはまる地方と都市の組合せとして正しいものを下の１～４から一つ選び，番号で答えなさい。

> 冬は北西の季節風が，夏は南東の季節風がいずれも山地によってさえぎられるため，一年を通して比較的降水量が少なく温暖な気候となる。こうした気候を利用して，ブドウや桃などの生産がさかんである。

1　東北地方の山形市　　2　中部地方の金沢市
3　中国・四国地方の岡山市　　4　九州地方の福岡市

問５　次のア～エは，略地図に示された北海道，関東，中部，中国・四国のいずれかの地方の面積・人口・人口密度を示しています。ア～エが示す地方の組合せとして正しいものを下の１～４から一つ選び，番号で答えなさい。

ア　面積：66807 km^2　人口：2089万人　人口密度：313人
イ　面積：32433 km^2　人口：4354万人　人口密度：1343人
ウ　面積：83424 km^2　人口：514万人　人口密度：62人
エ　面積：50725 km^2　人口：1076万人　人口密度：212人

(『日本国勢図会 2023/24』より作成)

1　アー中部　イー関東　ウー北海道　エー中国・四国
2　アー中部　イー関東　ウー中国・四国　エー北海道
3　アー関東　イー中部　ウー北海道　エー中国・四国
4　アー関東　イー中部　ウー中国・四国　エー北海道

問６　次のア～ウの表は，北海道，東北，関東のいずれかの農業産出額(2020年)を表したものです。ア～ウの組合せとして正しいものを下の１～６から一つ選び，番号で答えなさい。

ア　(単位：億円)

農業産出額	米	野菜	果実	肉用牛	乳用牛
16174	2570	6093	509	653	1310

イ

農業産出額	米	野菜	果実	肉用牛	乳用牛
12667	1198	2145	69	960	4983

ウ

農業産出額	米	野菜	果実	肉用牛	乳用牛
14427	4586	2634	2195	939	698

(『データでみる県勢 2023』より作成)

1　アー北海道　イー東北　ウー関東
2　アー北海道　イー関東　ウー東北
3　アー東北　イー北海道　ウー関東
4　アー東北　イー関東　ウー北海道
5　アー関東　イー北海道　ウー東北
6　アー関東　イー東北　ウー北海道

問７　次の文章は，東北地方を流れる河川について述べたものです。この河川の名称を漢字で答えなさい。

岩手県の北部から南流し，仙台平野を流れ，太平洋にそそぐ東北地方最大の流域面積をもつ河川です。その流域の平地では，稲作がさかんに行われています。

問８　江戸時代，深川を出発した松尾芭蕉は千住で「行く春や鳥啼《な》き魚の目は泪《なみだ》」の句を発して

『奥の細道』の旅に出ました。芭蕉が酒田で詠《よ》んだ次の句の空らん［　　］には，日本三急流の一つである河川が入ります。その河川の名称を漢字で答えなさい。

「暑き日を　海に入れたり［　　　　］川」

問９　関東地方にある県のうち，東北地方の県と陸地で接する県が三つあります。そのうち，人口密度が最も高い県の県庁所在地名を漢字で答えなさい。

問10　中部地方に関して述べた文として正しいものを次の１～４から一つ選び，番号で答えなさい。すべて誤っていれば５と答えなさい。

１　火山の噴火による堆《たい》積物でできたシラス台地が広範囲に分布している。

２　世界遺産に登録されたブナの原生林が東アジア最大の規模で分布している。

３　日本列島を東北日本と西南日本に二分するフォッサマグナが分布している。

４　飛騨山脈・木曽山脈・日高山脈からなる日本アルプスが分布している。

問11　近畿地方で２番目に広い面積をもつ府県について述べた文として，あてはまるものを次の１～４から一つ選び，番号で答えなさい。

１　県の大部分を紀伊山地が占《し》めている。紀ノ川流域では，稲作のほか梅や柿，みかんなどの果樹栽培や林業がさかんである。

２　近畿地方の南東部に位置し，沿岸部は温暖な気候で雨が多い。南部は日本有数の林業地帯である。北東部は中京工業地帯の一部を形成している。

３　県の中・南部は，夏は暑く冬は冷え込みがきびしい内陸性の気候である。南部は太平洋ベルトの一部で，工業化が進んでいる。

４　南部の播磨平野をのぞくと，山地と丘陵《りょう》地が大半を占める。阪神地方へ向けた近郊農業がさかんである。南部は阪神工業地帯の主要部となっている。

問12　次の表は，中国・四国地方のおもな伝統的工芸品や特産品，名所旧跡などをまとめたものです。このうち，広島県にあてはまるものを表中の１～５から一つ選び，番号で答えなさい。

1	和紙，桂浜，にら，なす，ピーマン
2	雲州そろばん，石州和紙，しじみ
3	備前焼，後楽園，マスカット，もも
4	熊野筆，宮島，養殖かき，レモン
5	赤間すずり，秋吉台，松下村塾，ふぐ

問13　2024年に発行される予定の新紙幣に描《えが》かれる北里柴三郎は，九州地方の出身です。その県に関する次の説明文を読み，北里柴三郎の出身県として正しいものを下の１～４から一つ選び，番号で答えなさい。すべて誤っていれば５と答えなさい。

> 県の東部には険しい九州山地が連なっている。火山活動で形成された世界最大級のカルデラの中では，約５万人の人々が暮らしている。その周辺には温泉が多く，毎年たくさんの観光客が訪れている。農業がさかんで，すいかやトマトの収穫量は日本一である。

１　福岡県　　２　佐賀県

３　長崎県　　４　宮崎県

2 宙《そら》さんは，歴史の勉強をするためにいろいろな時代の出来事や人物をカードにまとめました。次の＜カードＡ＞～＜カードＦ＞について，あとの問いに答えなさい。

＜カードＡ＞

難升米《なしめ》は，［　Ａ　］に登場する人物で，３世紀前半に邪馬台国の女王である卑弥呼の命令で中国に派遣された。帯方郡を経由して，皇帝に謁見《えっけん》することができた。

謁見…目上の人に会うこと。

問１　空らん［Ａ］にあてはまる歴史書の名前として正しいものを次の１～４から一つ選び，番号で答えなさい。

１　『後漢書』東夷伝　　２　『宋書』倭国伝　　３　『漢書』地理志　　４　『魏志』倭人伝

問２　＜カードＡ＞の時代について説明した文ａ～ｃの正誤の組合せとして正しいものを下の１～８から一つ選び，番号で答えなさい。

ａ　収穫した稲は，寝殿造がみられる高床倉庫に保存し，食料を貯蓄することができるようになった。

ｂ　稲作が東日本まで広がったことによって，これまでの鉄器の農具から加工しやすい青銅器の農具が生産活動の中心となっていった。

ｃ　この時代の遺跡としては吉野ケ里遺跡が有名で，環濠《かんごう》集落を有していることから戦いがあったことが推測できる。

１　ａ－正　ｂ－正　ｃ－正　　２　ａ－正　ｂ－正　ｃ－誤
３　ａ－正　ｂ－誤　ｃ－正　　４　ａ－正　ｂ－誤　ｃ－誤
５　ａ－誤　ｂ－正　ｃ－正　　６　ａ－誤　ｂ－誤　ｃ－正
７　ａ－誤　ｂ－正　ｃ－誤　　８　ａ－誤　ｂ－誤　ｃ－誤

＜カードＢ＞

(ア)672年に［　Ｂ　］で甥《おい》に勝利し，(イ)天皇に即位することができた。天皇としては，皇族たちを政治の中心に起用する皇親政治を展開し，天皇の権威を示すために『日本書紀』や『古事記』の作成を命じた。また，自身の妻の病気の回復を願って薬師寺を建立した。

問３　下線部(ア)の年号は，何世紀ですか。算用数字で答えなさい。

問４　空らん［Ｂ］にあてはまる出来事の名前を答えなさい。

問５　下線部(イ)について，即位後の天皇名を解答らんにあうように，漢字で答えなさい。また，即位前の名前として正しいものを次の１～４から一つ選び，番号で答えなさい。すべて誤っていれば５と答えなさい。

１　山背大兄王　　２　大友皇子　　３　長屋王　　４　大海人皇子

問６　＜カードＢ＞の時代について説明した文ａ～ｃの正誤の組合せとして正しいものを下の１～８から一つ選び，番号で答えなさい。

ａ　６歳以上の男女に同じ広さの口分田が与えられ，稲を納める租という税が課せられた。

ｂ　地方の特産物を都に納める税を調という。

ｃ　班田収授を実施するために，庚午年籍と呼ばれる戸籍がつくられた。

１　ａ－正　ｂ－正　ｃ－正　　２　ａ－正　ｂ－正　ｃ－誤

３　a－正　b－誤　c－正　４　a－正　b－誤　c－誤
５　a－誤　b－正　c－正　６　a－誤　b－誤　c－正
７　a－誤　b－正　c－誤　８　a－誤　b－誤　c－誤

＜カードC＞

鎌倉幕府の３代将軍・［　C　］が殺害された後に，［　D　］上皇が幕府を討伐する命令を出し，幕府と朝廷の軍勢が戦うことになった。朝廷の軍勢は敗北し，戦後に［　D　］上皇は，隠岐に流された。

問７　空らん［C］・［D］にあてはまる人物をそれぞれ漢字で答えなさい。

問８　＜カードC＞の時代について説明した文a～cの正誤の組合せとして正しいものを下の１～８から一つ選び，番号で答えなさい。

a　３代執権・北条泰時によって，武士初の法律である御成敗式目(貞永式目)が制定された。
b　８代執権・北条時宗のときに，２度にわたる元の襲来である文永の役と弘安の役が発生した。
c　法然の浄土宗や，親鸞の臨済宗といった禅宗は幕府の保護を受けて発展した。

１　a－正　b－正　c－正　２　a－正　b－正　c－誤
３　a－正　b－誤　c－正　４　a－正　b－誤　c－誤
５　a－誤　b－正　c－正　６　a－誤　b－誤　c－正
７　a－誤　b－正　c－誤　８　a－誤　b－誤　c－誤

＜カードD＞

江戸幕府の８代将軍・［　E　］は，大名から１万石につき100石を献上させ，その代わりに大名が江戸にいる期間を短縮させる上米を出すなどの改革をおこなった。

問９　空らん［E］にあてはまる人物を漢字で答えなさい。

問10　次の１～８は江戸時代に起きた出来事です。＜カードD＞よりも後に起きた出来事を古い順番に並べ，３番目になるものを一つ選び，番号で答えなさい。

１　水野忠邦が株仲間の解散を命じた。
２　オランダ商館を出島へ移した。
３　天明の飢饉《ききん》が発生した。
４　ラクスマンが根室へ来航し，通商を要求した。
５　大坂夏の陣で豊臣氏が滅亡した。
６　異国船打払令が発令された。
７　大塩平八郎が大坂で反乱を起こした。
８　生類憐みの令が出された。

＜カードE＞

肥前藩(佐賀藩)の出身で(ウ)総理大臣に２回就任している。政治，外交の分野で活躍しただけでなく，教育者としてもその名を残しており，1882年に設立した東京専門学校は，早稲田大学と名称を変更し，現在に至っている。

問11　下線部(ウ)について，＜カードＥ＞の人物が総理大臣に就いていたときに起きた出来事として正しいものを次の１～４から一つ選び，番号で答えなさい。すべて誤っていれば５と答えなさい。

１　治安維持法を制定した。　　２　立憲改進党を結成した。

３　関税の自主権を回復した。　４　ベルサイユ条約を締結した。

＜カードＦ＞

第105回全国高等学校野球選手権記念大会において，(エ)慶應義塾高等学校が決勝戦で仙台育英学園高等学校に勝利し，(オ)107年ぶりに全国制覇を果たした。慶應義塾高等学校は，戦前の旧制中学時代の慶應義塾普通部として優勝しており，1949年に現在の名称に変更し，日吉に移った学校である。

問12　下線部(エ)について，慶應義塾を創設した人物を漢字で答えなさい。

問13　下線部(オ)について，2023年の107年前は1916年です。この間に起きた出来事について説明した文として，内容が誤っているものを次の１～４から一つ選び，番号で答えなさい。すべて正しければ５と答えなさい。

１　池田勇人首相によって所得倍増計画が発表された。

２　犬養毅首相が二・二六事件のときに殺害された。

３　東条英機首相のときに太平洋戦争が始まった。

４　安倍晋三首相のときに平成から令和へ改元された。

3　としおさんは社会科の夏休みの宿題で「新聞を読んで考える」という問題を作成しました。としおさんが作った【Ｉ】～【Ⅳ】の新聞記事に関するそれぞれの問いに答えなさい。

※《カッコ内》は新聞の見出しになります。

【Ｉ】

《G［A］「核なき世界へ関与」 原爆資料館を訪問，慰霊碑《いれいひ》に献花《けんか》　［B］サミット開幕》

主要［A］カ国首脳会議（G［A］サミット）が19日，［B］市で開幕した。G［A］首脳は［B］平和記念資料館（原爆資料館）を初めてそろって訪問し，岸田文雄首相が「被爆の実相」を伝える展示について説明した。首脳らは被爆地で開くサミットで「(ア)核兵器のない世界」の実現に向けて取り組む姿勢をアピールした形だ。

（2023/５/20　朝日新聞より引用）

問１　空らん［A］・［B］にあてはまる語句の組合せとして正しいものを次の１～６から一つ選び，番号で答えなさい。

１　［A］－７　［B］－長崎　　２　［A］－８　［B］－長崎

３　［A］－20　［B］－長崎　　４　［A］－７　［B］－広島

５　［A］－８　［B］－広島　　６　［A］－20　［B］－広島

問２　下線部(ア)について，1968年に表明され1971年に国会で決議された「日本の核兵器政策」を漢字５字で答えなさい。

問３　日本の平和主義について，次の日本国憲法の条文の下線部(a)～(d)が正しい場合は○を，誤りの場合には正しい語句を答えなさい。(正しい語句は条文通りに記しなさい。)

(第9条)

1　日本国民は，(a)安全と秩序を基調とする国際平和を誠実に希求し，(b)国会の発動たる戦争と，武力による威嚇又は武力の行使は，(c)戦争を解決する手段としては，永久にこれを(d)放棄する。

【Ⅱ】

《職場女性トイレ制限「違法」 (イ)トランスジェンダー訴《うった》え，(ウ)最高裁認める　高裁判決破棄》

トランスジェンダーの経済産業省の職員が，省内での女性トイレの使用を不当に制限されたのは違法だと国を訴えた訴訟《そしょう》で，最高裁第三(エ)小法廷は11日，この制限に問題ないとした人事院の判定を違法とする判決を言い渡した。

(2023/7/12　朝日新聞より引用)

問4　下線部(イ)について，トランスジェンダーの意味を説明した文として最も正しいものを次の1～4から一つ選び，番号で答えなさい。

1　こころの性と，からだの性が一致《いっち》していない状態にある人の総称《しょう》。

2　日本を中心に活躍《やく》しているアメリカ人女性の総称。

3　1980年から1995年の間に生まれたおよそ25歳から40歳ぐらいの世代の総称。

4　男女65歳以上で仕事を継続して年金を受給していない高齢者の総称。

問5　下線部(ウ)について，次の問いに答えなさい。

(1)　下線部(ウ)は裁判を慎《しん》重，公正に行うためにあるしくみに基づいて行われた結果です。その制度を漢字3字で答えなさい。

(2)　最高裁判所が「憲法の番人」ともいわれているのは，裁判所がもつ国会に対する権限のためです。その権限を漢字7字で答えなさい。

問6　下線部(エ)について，最高裁判所には大法廷と小法廷がありますが大法廷は最高裁判所長官を含めて何人の裁判官で構成されていますか。解答用紙にあうように算用数字で答えなさい。

【Ⅲ】

《[　C　]高　対策指示　首相が与党に　電気・ガスも念頭》

岸田文雄首相は22日，9月末に期限を迎える(オ)価格高騰《とう》に対する激変緩和措置《かんわそち》の延長を含め，燃料油価格対策を8月中に与党でとりまとめるよう指示した。

(2023/8/23　朝日新聞より引用)

問7　空らん[C]にあてはまる語句をカタカナ4字で答えなさい。

問8　価格高騰の要因について説明した次の文の下線部(a)～(d)には誤りが1ヶ所あります。誤りがある記号を一つ選び，さらに正しい語句を答えなさい。

一番の理由は，世界的に新型コロナウイルスの感染者が(a)減少し，経済活動が回復する中，原油の需要が高まっているためである。また主要産油国の(b)減産の動きや(c)円高の進行，ウクライナの戦争により天然ガスの価格が(d)上昇し代替として原油への需要が増えているためである。

問９　下線部(オ)について，一般に市場経済における価格の決定は，買いたい量(需要量)と売りたい量(供給量)により変化しますが，需要量と供給量が等しくなったときの価格を何といいますか。解答らんにあうように漢字２字で答えなさい。

【Ⅳ】

《福島第一 [D] 水放出　国産全水産物 [E] が禁輸　日本政府抗議，撤廃求める》

(カ)東電は24日午前，海水で希釈《しゃく》した [D] 水の [F] 濃度の測定結果を発表した。計画で定める１リットルあたり1500ベクレル(国の放出基準の40分の１)を大きく下回った。ほかの放射性物質の濃度も希釈前に基準未満と確認しており，午後１時過ぎから放出を始めた。

(2023/８/25　朝日新聞より引用)

問10　空らん [D] にあてはまる語句を漢字２字で答えなさい。

問11　空らん [E]・[F] にあてはまる語句の組合せとして正しいものを，次の１～６から一つ選び番号で答えなさい。

１　[E]ーアメリカ　[F]ーナトリウム
２　[E]ーアメリカ　[F]ートリチウム
３　[E]ー中国　[F]ーナトリウム
４　[E]ー中国　[F]ートリチウム
５　[E]ーインド　[F]ーナトリウム
６　[E]ーインド　[F]ートリチウム

問12　下線部(カ)について，東電は電力会社ですが，エネルギーについて説明した文として誤っているものを次の１～５から二つ選び，番号で答えなさい。

１　1962年，石油が石炭を抜いてエネルギー供給首位となったことを「エネルギー革命」という。

２　1973年，オイルショックを機に未来のエネルギーとして注目されていた原子力発電の商業化が本格化した。

３　2011年，東日本大震災での福島第一原子力発電所の事故で政府は今後国内すべての原子力発電所の再稼《か》働を禁止した。

４　2011年，国会は再生可能エネルギー特別措置法を制定し，家庭で発電した再生エネルギーを電力会社が買い取ることを義務付けた。

５　2012年，アメリカが商業化に成功したメタンを主成分とする氷状の化石燃料であるシェールガスやバイオマスなどがエネルギーとして期待されている。

【理　科】〈第１回試験〉（40分）〈満点：75点〉

［注意］ 定規，三角定規，分度器，コンパス，計算機は使ってはいけません。

１　東京都市大学付属中学校では週に１時間，理科の実験授業があります。中学１年生は生物分野の実験です。次の文は，オオカナダモという水草の葉の表側を上にしてプレパラートを作り，けんび鏡で観察していたトシオ君と先生との会話です。

先　生：前回の授業でけんび鏡の使い方を説明しましたね。それを思い出しながら，今日の実験を進めていきましょう。みなさんが使っているけんび鏡には，倍率の異なる対物レンズが３種類あります。４倍，10倍，40倍です。今日は倍率を変えて，使ってみましょうね。

トシオ：まずは（ Ａ ）倍からですよね。横を見ながら調節ねじを少しずつ回して，対物レンズとスライドガラスを（　 Ｂ 　）。これで準備完了ですね。あとは，接眼レンズをのぞきながら調節ねじを回して，ピントを合わせるのでしたよね。うわーっ！　たくさんの細ぼうが見えます。でも，もう少し真ん中にもってきたいなぁ。

先　生：ピントが合ったら，対物レンズの倍率を変えてみましょう。

トシオ：はい。調節ねじを回していくと最初は小さい細ぼうが見えて，さらに調節ねじを回していくと大きい細ぼうが見えてきました！　先生！　２回ピントが合いましたよ！

先　生：よく気がつきましたね！　ということは，観察した部分のオオカナダモの葉は２層の細ぼうが重なってできているということですね。

トシオ：しかも，調節ねじを同じ速さで回していると，小さい細ぼうはすぐにピントが合わなくなります。大きい細ぼうが見えている時間の方が長いです！

問１　トシオ君が観察したオオカナダモの葉の細ぼうは，どのような様子だったでしょうか。最も適当な図を次の１～４から一つ選び，番号で答えなさい。なお，細ぼうの大きさのちがいは無視して考えなさい。

1
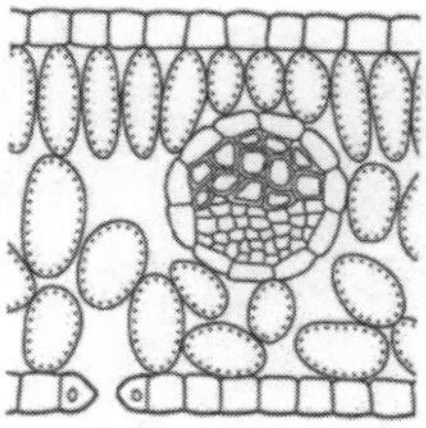

2
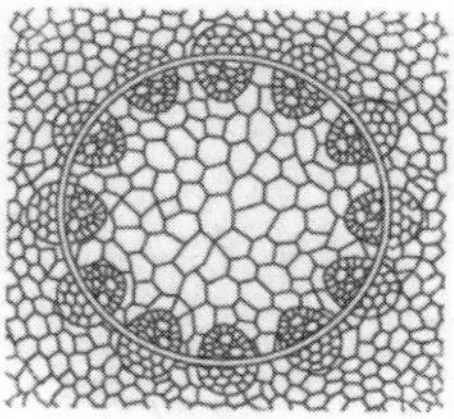

3
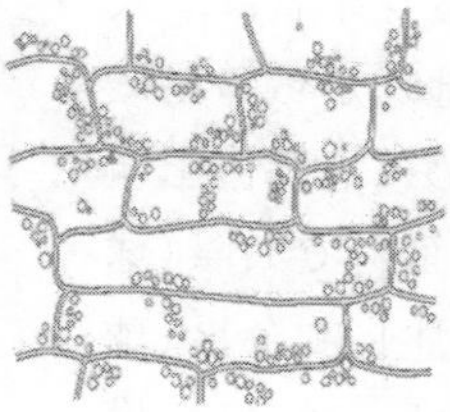

4
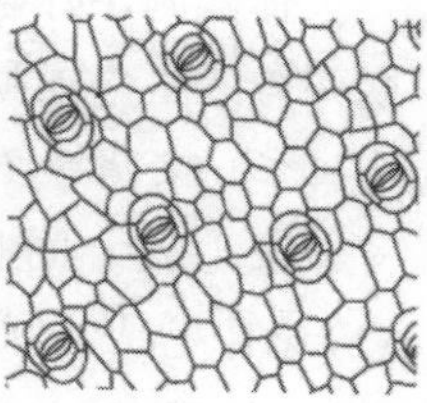

問２　文中の（Ａ）に当てはまる適当な数値を次の１～３から一つ選び，番号で答えなさい。

１　4　　２　10　　３　40

問３　文中の（Ｂ）に当てはまる適当な文を次の１～４から一つ選び，番号で答えなさい。

１　できるだけはなす　　２　できるだけ近づける

３　ぴったりとくっつける　　４　決められたきょりで固定する

問４　今，けんび鏡をのぞいているトシオ君には「ア」という文字が右図のように見えているとすると，スライドガラスにある「ア」は実際にはどのような向きになっていると考えられますか。次の１～４から正しいものを一つ選び，番号で答えなさい。なお，接眼レンズと対物レンズはそれぞれ１枚で，その間にはさまれているものは何も無いものとします。

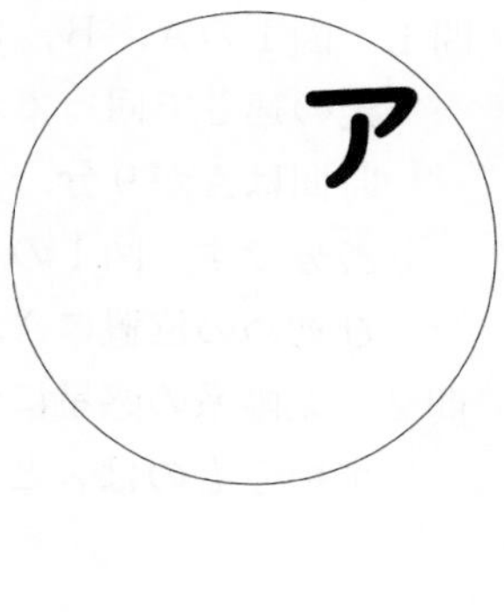

１　ア　２　　３　　４　

問５　今，けんび鏡をのぞいているトシオ君には「ア」という文字が問４の図の位置に見えていたとします。これを視野の真ん中に移動させたいとき，スライドガラスをどの向きに移動させる必要がありますか。次の１～４から必要な移動方向を**すべて**選び，番号で答えなさい。

１　上　２　下　３　右　４　左

問６　けんび鏡の倍率が低いときの見えるはん囲と明るさは，倍率が高いときと比べてどうなりますか。次の１～４の中から適当なものを一つ選び，番号で答えなさい。

１　見えるはん囲はせまく，明るい。
２　見えるはん囲は広く，明るい。
３　見えるはん囲はせまく，暗い。
４　見えるはん囲は広く，暗い。

問７　トシオ君と先生の会話をもとに考えると，オオカナダモの葉の断面の模式図として最も適当なものを次の１～８から一つ選び，番号で答えなさい。ただし，模式図の上側は葉の表側であり，▩は細ぼうの形と大きさを示しています。

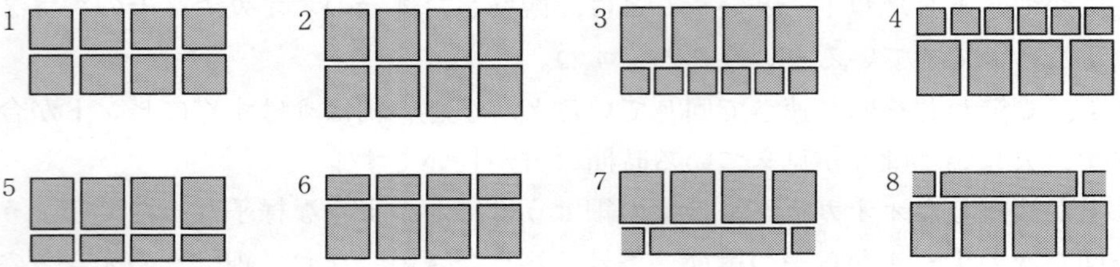

2　天体観測が好きなトシオ君は，太陽系の惑星《わくせい》の運動や地球からの見え方について考えるために，装置をつくりました。同じ平面内で太陽（球Ｏ）を中心とした円周上に金星（球Ａ），地球（球Ｂ），火星（球Ｃ）を模した球を配置し，それぞれの球が円周上を回るようにつくりました。図１は装置を上から見たものになります。

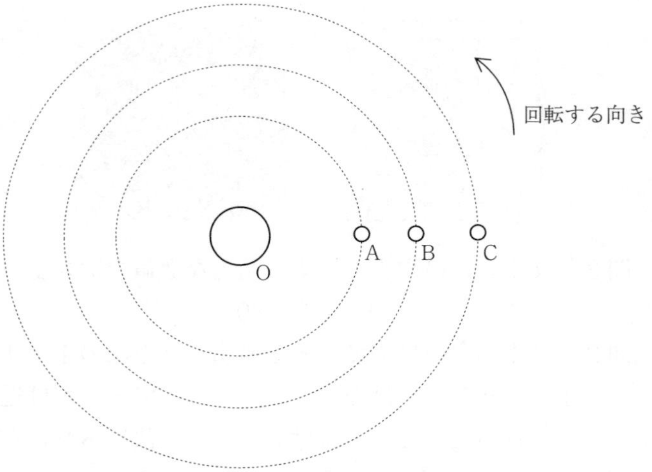

図１

問１　図１のＡ，Ｂ，Ｃはそれぞれ一定の速さで回っており，１周する時間はＡが９分，Ｂが15分，Ｃが27分です。図１のようにＡ，Ｂ，Ｃが一直線上に並んでいるときを初めの位置とします。再び初めの位置にＡ，Ｂ，Ｃが一直線上に並ぶには何分かかりますか。

問２　太陽系の惑星について書かれた次の文中の下線部１～６について，正しいものは○，誤っているものは×として答えなさい。

太陽に近いところから順に水星，金星，地球，火星，木星，土星，天王星，海王星があり，最も大きな惑星は 1土星です。土星には輪があり，その輪は氷などの小さな粒子《りゅうし》からできています。土星の輪は非常に大きく地球から 2肉眼で観測することができます。水星はその名の通り表面が 3液体の水で覆《おお》われています。

金星は朝方に 4東の空に観測できることがあり，満ち欠けを観測することができます。火星は 5赤く光って見える惑星で，表面に液体の水を観測することはできませんが，川として流れていたと思われる跡《あと》などがみつかっています。木星は主に水素やヘリウムからできているガス型の惑星で，多くの衛星があります。木星には複数の横しまが見られ，その中に 6大きな赤い斑点《はんてん》(大赤斑《だいせきはん》)が見られます。

問3　冬至の日の北緯《ほくい》36度の地点における太陽の南中高度は何度ですか。最も適当なものを次の1～8から一つ選び，番号で答えなさい。ただし，地軸《ちじく》の傾《かたむ》きを23度とします。

1　13度　　2　23度
3　31度　　4　43度
5　54度　　6　65度
7　77度　　8　86度

問4　太陽と地球が図2のような位置にあるとき，午前6時の地点はどれですか。最も適当なものを図中の1～4から一つ選び，番号で答えなさい。

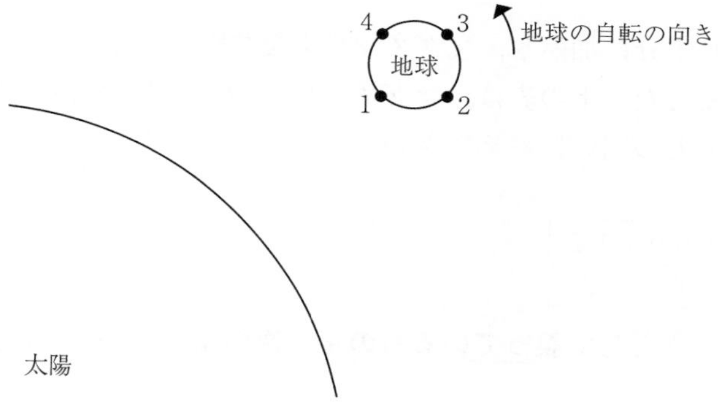

図2

問5　北半球のある地点から観測した金星が図3のような形(黒い部分が影《かげ》)に見えるとき，太陽，金星，地球の位置関係はどのようになっていますか。金星の位置として最も適当なものを図4の1～8から一つ選び，番号で答えなさい。

図3

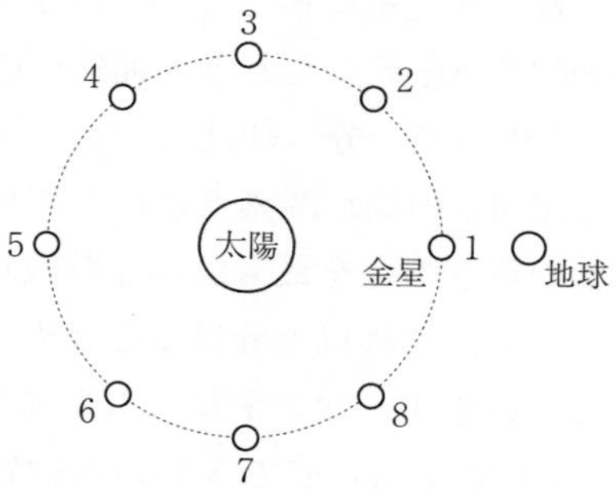

図4

問６　北半球のある地点から火星を観測し，同じ地点から１か月後に観測したところ，火星の位置は星座の間を西から東にずれた位置に見えました。このような場合を順行といい，同じように観測したときに星座の間を東から西にずれる位置に見える場合を逆行といいます。火星の逆行が起こる場合の太陽，地球，火星の位置関係の変化(矢印の左から右への変化で地球と火星は反時計回りに回る)として適当なものを次の１～４から一つ選び，番号で答えなさい。

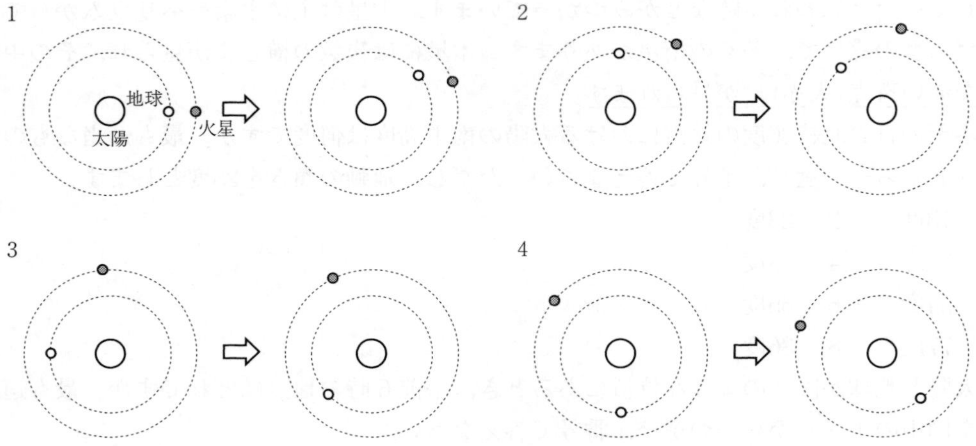

3　マグネシウムをステンレス皿に入れ十分に加熱し，マグネシウムをすべて反応させ，加熱前と加熱後の重さを調べる実験を行いました。下の表は，マグネシウムの重さを変えて，実験したときの結果をまとめたものです。あとの問いに答えなさい。

表

マグネシウムの重さ[g]	0.3	0.6	0.9	1.2
加熱後の物質の重さ[g]	0.5	1	1.5	2

問１　この実験のやり方について述べた文として**誤っているもの**を，次の１～５から一つ選び，番号で答えなさい。

１　実験に使用するマグネシウムは大きな固まりではなく，粉末状のものを使う。
２　加熱後の物質の重さが一定になるまで，十分に加熱する。
３　マグネシウムが飛び散らないように，金あみ等でおおいをする。
４　マグネシウムはステンレス皿に広げるように入れ，強火で皿ごと加熱する。
５　加熱後の物質の重さは，その物質を薬包紙に移してからはかる。

問２　マグネシウム2.1gを用いて同様の実験を行ったとき，加熱後の物質の重さは何gですか。

問３　マグネシウムのかわりに銅1.6gを用いて十分に加熱し，よく冷ました後の重さを測定したところ，1.9gでした。このとき，0.4gの銅が酸素と反応していないことがわかりました。以上のことから，反応した銅と酸素の重さの比を最も簡単な整数比で答えなさい。

問４　物質は，重さや大きさが決まっていて，これ以上分けることのできない「原子」という微《び》小《しょう》な粒《つぶ》からできていることが知られています。マグネシウムを加熱してできた物質は，マグネシウムの原子と酸素の原子が，１：１で反応してできている物質です。このことと実験の結果から，マグネシウムの原子１個の重さは，酸素の原子１個の何倍ですか。

問５　マグネシウムと銅の混合物6.5gを十分に加熱したところ，すべてのマグネシウムと銅が酸化物となり，その合計の重さは10gになりました。混合物中にマグネシウムは何g含《ふく》まれていましたか。ただし，銅を加熱してできた物質は，銅の原子と酸素の原子が，１：１で反応してできている物質です。

問６　次の文を読み，［　　］内に当てはまる最も適当なものを，あとの１～４から一つ選び，番号で答えなさい。

> 　マグネシウムを加熱すると，空気中の酸素と反応して，酸化マグネシウムができた。反応後，反応した酸素の分だけ重さが増えた。この反応を密閉した容器の中で実験すると，反応の前後で容器を含めた全体の重さは変わらないと考えられる。これは，この化学変化の前後で，［　　　　］からである。
> 　ただし，密閉容器中の酸素は，マグネシウムがすべて反応する以上の量が存在しているものとする。

１　物質をつくる原子の組み合わせ，全体の原子の数ともに変わらない
２　物質をつくる原子の組み合わせ，全体の原子の数ともに変わる
３　物質をつくる原子の組み合わせは変わらないが，全体の原子の数は変わる
４　物質をつくる原子の組み合わせは変わるが，全体の原子の数は変わらない

4　静電気に関する，トシオ君と先生の会話文を読み，あとの問いに答えなさい。

トシオ：先生，下じきで髪《かみ》の毛をこすったあと，髪の毛が下じきに吸いつくようになることがありますが，なぜそのようなことが起こるのか教えてください。

先　生：まず，物質はすべて＋《プラス》の電気と－《マイナス》の電気を同じ数だけ持っていて，異なる物質どうしがこすり合わさると，一方の持つ－の電気の一部が他方の物質へ移動し，一方の物質は＋の電気が－の電気より多くなり，他方は－の電気が＋の電気より多くなるのです。その結果，２つの物質の間には引き合う力がはたらきます。

トシオ：＋の電気と－の電気の間には引き合う力がはたらくのですね。では，髪の毛と下じきをこすったあと，下じきを遠ざけると，髪の毛が広がったり，さか立っていることがありますが，これはなぜでしょうか。

先　生：例えば，髪の毛が＋の電気が多い状態では，髪の毛１本１本が持つ＋の電気によって反発し合う力がはたらくのです。また，＋の電気が多いほど反発し合う力も大きくなります。そして，これは－の電気どうしでも同じです。

トシオ：最後にもう一つ教えてほしいことがあります。冬では，げた箱で靴《くつ》をはきかえようとするとき，金属製のげた箱だと，ふれたときに「パチッ」として痛いときがあります。これも電気が関係していると聞いたことがありますが，何が起こっているのでしょうか。

先　生：日常生活で起こる様々な摩《ま》擦《さつ》によって服や体が＋の電気または－の電気が多い状態になることがあります。その場合，金属などの電気を通す物質にふれると，そこで電気が移動し，その具合によっては「パチッ」として痛いこともあるのです。この現象を「放電」といいます。

トシオ：人間の体も電気を通すのですね。

先　生：はい。このように，＋の電気または－の電気が多い状態のものが，電気を通す物質とふれると放電が起こり，ふれたものどうしはそれぞれ電気を持っていない状態になろうとします。

［Ⅰ］　トシオ君は下線部についてくわしく調べ，右の表を得ました。表中の２つの物質をこすり合わせたとき，表の右側にあるものは＋の電気が多くなり，表の左側にあるものは－の電気が多くなります。また，順序のはなれている物質どうしであるほど電気の移動は起こりやすくなります。

表

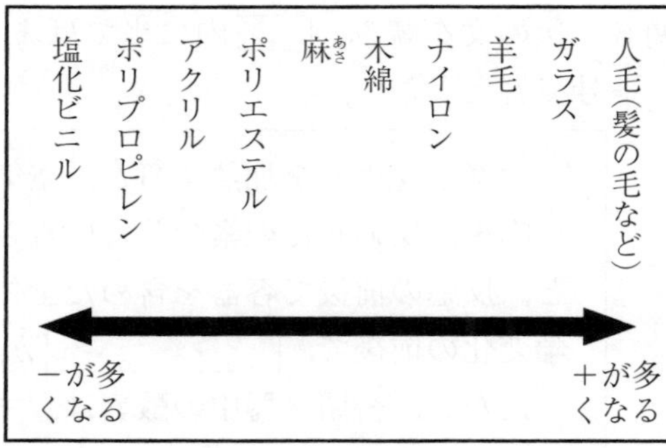

　そこで，トシオ君は２つの棒ａ，ｂとストローｃ及び３つの木綿の布Ｐ，Ｑ，Ｒを用意し，下図に示す□で囲まれた２つの物体の全体をそれぞれこすり合わせました。なお，棒ａはアクリル製，棒ｂはガラス製，ストローｃはポリプロピレン製です。

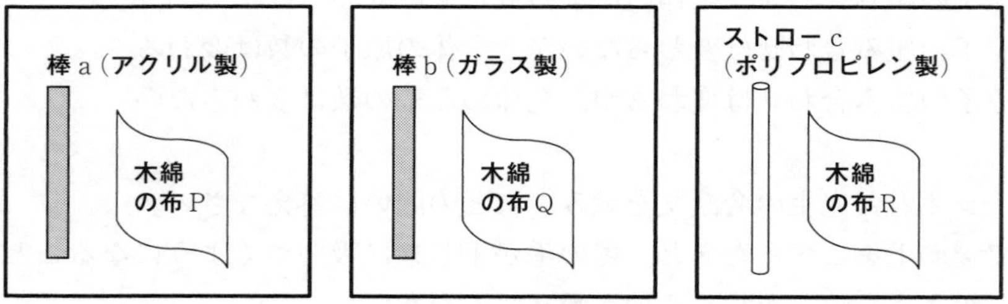

　その後，図１のように，ストローｃを台の上に置き，棒ａ及びｂをそれぞれ手前側から近づけて，ストローｃのようすを観察しました。これについてあとの問いに答えなさい。なお，台とストローｃの間で電気の移動は起こらないものとします。

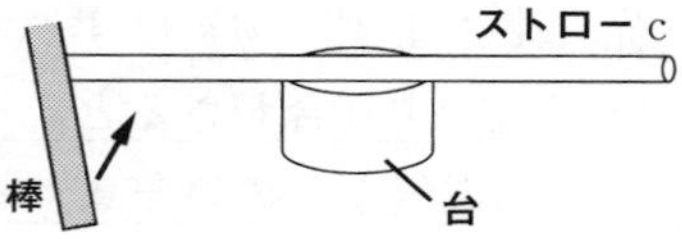

図１

問１　図１において，棒ａまたはｂを近づけていくとき，それぞれの場合でストローｃはどうなりますか。次の１～３から最も適当なものを一つずつ選び，番号で答えなさい。

　１　棒を近づけた部分が引き寄せられるように回る。

　２　棒を近づけた部分がはなれるように回る。

　３　動かない。

問２　木綿の布Ｐ，Ｑ，Ｒをそれぞれ図１と同様にストローｃに近づけたとき，棒ｂを近づけたときと同じことが起こるのは，どの木綿の布を近づけたときですか。最も適当なものを次の１～６から一つ選び，番号で答えなさい。

　１　Ｐのみ　　２　Ｑのみ　　３　Ｒのみ

　４　ＰとＱ　　５　ＱとＲ　　６　ＰとＲ

［Ⅱ］　トシオ君と先生は，電気の移動のようすについてさらに深く調べるために，下の図２のような「箔検電器《はくけんでんき》」という装置を用いて実験・観察を行いました。箔検電器の金属板《きんぞくばん》から２枚の箔までは１つの導体になっています。はじめ，図２のように，＋の電気と－の電気は同じ数だ

けあり，箔は閉じています。

そこで，図３のように，－の電気が多い棒１を近づけると，箔検電器内の－の電気は移動し，箔は開きました。さらに続いて，次の**ア**～**ウ**の操作とその結果の観察を順番に行いました。これについてあとの問いに答えなさい。ただし，図４以降は，箔検電器内の＋の電気及び－の電気の絵は省略してあります。

図２

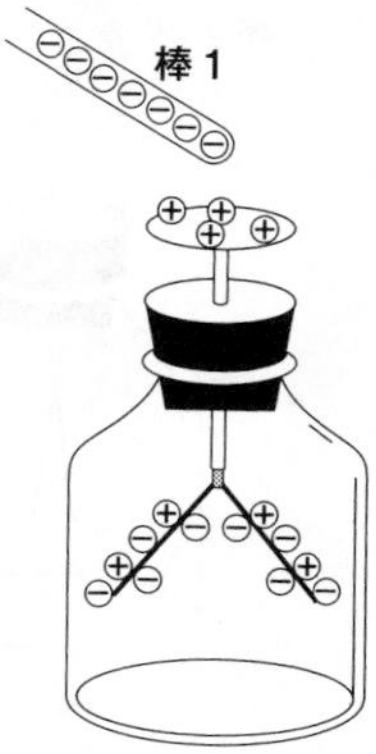

図３

図４

ア　金属板に指をふれると，図４のように箔が閉じた。

イ　図４の状態から，棒１は動かさず，指だけをはなしたところ，箔は閉じたままだった。

ウ　指をはなしてから，棒１を遠ざけたところ，箔は開いた。

問３　**ア**の操作について，箔が閉じるときの電気の流れと，その結果，箔が持つ電気について説明したものとして最も適当なものを，次の１～６から一つ選び，番号で答えなさい。

１　－の電気が指から箔検電器へ移動し，箔は＋の電気が多い。

２　－の電気が箔検電器から指へ移動し，箔は＋の電気が多い。

３　－の電気が指から箔検電器へ移動し，箔は－の電気が多い。

４　－の電気が箔検電器から指へ移動し，箔は－の電気が多い。

５　－の電気が指から箔検電器へ移動し，箔は＋の電気と－の電気の量が同じ数だけある。

６　－の電気が箔検電器から指へ移動し，箔は＋の電気と－の電気の量が同じ数だけある。

問４　**イ**の操作のあと，箔検電器全体が持つ電気について説明したものとして最も適当なものを，次の１～３から一つ選び，番号で答えなさい。

１　＋の電気が多い。

２　－の電気が多い。

３　＋の電気と－の電気が同じ数だけある。

問５　**ウ**の操作について，棒１を遠ざけると，－の電気は金属板から箔までの全体に均一に広がり，その結果箔は開きます。このとき，箔の開く程度はどのようになりますか。最も適当なものを次の１～３から一つ選び，番号で答えなさい。

１　図３と同じ程度に開く。　　２　図３よりも大きく開く。

３　図３よりも小さく開く。

問６　今度は，箔検電器をはじめの状態（図２）に戻し，＋の電気を帯びた棒２を，棒１を用いたときと同じ位置まで近づけたところ，図５のように，箔は図３のときよりも小さく開きました。そこへ，図６のように，棒１を近づけていくと箔は閉じ，さらに近づけると図７のように再び開きました。

図５

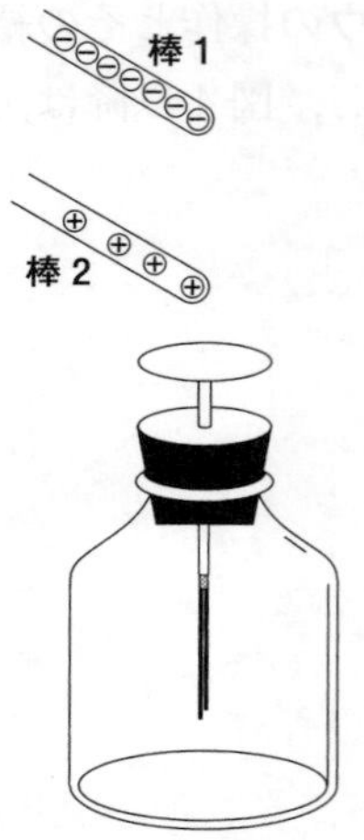

図６

図７

図７において，箔が持つ電気について説明したものとして最も適当なものを次の１～３から一つ選び，番号で答えなさい。

１　＋の電気が多い。　２　－の電気が多い。

３　＋の電気と－の電気が同じ数だけある。

5　コロナ後も感染《かんせん》の防止にツトめなければならない。

問2　後のA～Eには上下左右と組み合わせて漢字を作ることができる共通の部首が入ります。その部首の説明として最もふさわしいものを後の1～10からそれぞれ一つずつ選び、番号で答えなさい。

（注1）　同じ番号をくり返し使うことはありません。

（注2）　組み合わせて成り立つ漢字はすべて小学校までに習う字です。

（注3）　同じ意味を表す部首は形が異なっていても同じと見なします。

【例】

	士	
生	心	相
	青	

［答え］　0　できる漢字　志・想・情・性

	才	
化	A	分
	次	

	主	
寺	B	走
	聿	

	火	
少	C	多
	重	

	田	
市	D	北
	巴	

	土	
兄	E	林
	且	

0　気持ちや心の動きなどに関するもの。

1　建物やその中、その付属物などに関するもの。

2　神や神がもたらす幸い・災《わざわ》いなどに関するもの。

3　道や町などに関するもの。

4　水やその状態などに関するもの。

5　お金やそれにかかわる行い・状態などに関するもの。

6　衣服やその状態・動作などに関するもの。

7　米や麦などの実りなどに関するもの。

8　草や草で作るものなどに関するもの。

9　身体の各部やその状態などに関するもの。

10　女性や親族などに関するもの。

れは、他人に対するどのような態度にあらわれていますか。文中より最もふさわしい二十五字の一文をぬき出し、はじめの四字を答えなさい。

三

次の詩を読んで、後の問いに答えなさい。なお、問題を作成するにあたり、表記を改めたところがあります。

したたり止《や》まぬ日のひかり
うつうつまは《(わ)》る水ぐるま
あを《(お)》ぞらに
越後《えちご》の山も見ゆるぞ
さびしいぞ
一日《いちにち》もの言は《(わ)》ず
野にいでてあゆめば
菜種のはなは
遠きかなたに波をつくりて
いまははや
しんにさびしいぞ

（室生犀星『抒情小曲集』より）

問1　この詩はもともと二連構成の詩です。第二連はどこから始まりますか。はじめの三字をぬき出しなさい。

問2　この詩はいつの季節をよんだものですか。最もふさわしいものを次から一つ選び、番号で答えなさい。

1　春　2　夏　3　秋　4　冬

問3　――線「うつうつまはる水ぐるま」とありますが、この「水ぐるま」の説明として最もふさわしいものを次から一つ選び、番号で答えなさい。

1　激しく音を立ててものすごい速さで回っている。
2　水の中ではしゃぐ子どもたちの力によって回っている。
3　今にも止まりそうになりながらぎこちなく回っている。
4　止まることなくゆっくりとしたリズムで回っている。

問4　この詩の表現の特徴《とくちょう》として最もふさわしいものを次から一つ選び、番号で答えなさい。

1　表現技法をまったく使わないことで心情を直接的に述べている。
2　定型詩ではないが部分的には一定のリズムを意識してよんでいる。
3　はっきりとは感情を述べずに情景から心情を描《えが》き出している。
4　一行ごとに文を切ることで説明的にならないように工夫《くふう》している。

問5　この詩では主題としてどのようなことが描かれていますか。最もふさわしいものを次から一つ選び、番号で答えなさい。

1　のどかな自然の景色と対比して描かれる作者の際立《きわだ》つ孤独《こどく》。
2　自然の雄大《ゆうだい》さの中で寂《さび》しくも一人で生きる作者のたくましさ。
3　自然の静寂《せいじゃく》さと力強さが調和して生まれる作者の感動。
4　楽しい日々と寂しい日々が繰《く》り返されることへの作者のむなしさ。

四

次の各問いに答えなさい。

問1　次の各文の――線のカタカナを漢字で書きなさい。

1　我々はクマのセイタイをもっと知るべきだろう。
2　日本人選手のMVP受賞はカイキョだ。
3　少子化が経済にシンコクな影響《えいきょう》を与え始めている。
4　日常のいそがしさから早くカイホウされたい。

のピッチャーの実力を確かめてやりたくなった。

2　野球をあきらめなければならない自分と相手を比べることで、羨望《せんぼう》や嫉妬《しっと》の対象として強く興味をひかれた。

3　くたくたに疲れているにもかかわらず、自らの選択《せんたく》を変えることにもつながる才能を見てみたいと感じた。

4　最後に記念的な意味で、監督のいうピッチャーを見ておくのも悪くはないだろうというぐらいに思った。

問４　――線②「はがゆかった」とありますが、この「はがゆい」と同じような意味のことばとして最もふさわしいものを次から一つ選び、番号で答えなさい。

1　いらだたしい　　2　わずらわしい

3　まぎらわしい　　4　ふてぶてしい

問５　――線③「『せつない』という言葉の意味が、生々しい感覚としてせまってきた」とありますが、このときの豪がせつなくなっているのはどうしてですか。その理由として最もふさわしいものを次から一つ選び、番号で答えなさい。

1　自分の希望を言っても母親が許してはくれそうにないから。

2　自分と巧とでは才能に大きな差があると感じてしまうから。

3　自分の気持ちを巧にうまく伝えられないと思っているから。

4　自分の願いなどどうやってもかないそうにないと思うから。

問６　――線④「五百円玉を二枚、賽銭箱に投げこんだ」とありますが、ここで豪はどのようなことを願ったと考えられますか。次の空らん［Ⅰ］・［Ⅱ］に入ることばを、それぞれ文中より八字～十二字でぬき出しなさい。

［　Ⅰ　］とわかったので、［　Ⅱ　］ことができるよう願った。

問７　――線⑤「自主トレだって、言っただろう」とありますが、巧が自主トレをしようとしたのはどのような思いからですか。その説明として最もふさわしいものを次から一つ選び、番号で答えなさい。

1　きつい練習に負けないだけの体力をつけ、入部後は自分や豪が一年の中心になってやろうという思い。

2　今のままでは練習についていけるか自信がなかったので、ひそかに体力をつけておきたいという思い。

3　部の練習ぶりにばくぜんと不安を感じ、自分や豪だけはもっと厳しい練習をしておきたいという思い。

4　だれにも負けない体力をつけて、顧問《こもん》や上級生たちから一目おかれる存在になってやろうという思い。

問８　――線⑥「巧の眉がかすかによって、ほおが少し赤くなった」とありますが、このときの巧の気持ちとして最もふさわしいものを次から一つ選び、番号で答えなさい。

1　豪にからかわれてしまったので、ひどく焦《あせ》っている。

2　豪の態度が投げやりなので、少し怒りを感じている。

3　豪に痛いところをつかれたので、やや動揺《どうよう》している。

4　豪が真意を理解してくれないので、いらだっている。

問９　――線⑦「速球に目の慣れた打者に対し、タイミングをはずすスローボールを投げるように」とありますが、これは巧のどのような言い方をたとえた表現ですか。最もふさわしいものを次から一つ選び、番号で答えなさい。

1　相手をばかにするように上からものを言うこと。

2　人をくったような思いがけない発言をすること。

3　相手の思いに配慮《はいりょ》せず思いつきで発言すること。

4　自分の考えを相手に悟《さと》られまいとごまかすこと。

問10　本文では巧は自信家で気の強い人物として描《えが》かれています。そ

「だから、おれも入学してすぐ入部届、出すつもりだったんだけどな。練習してるの見たら、やたらグラウンドがひろく見えるだろ。それでちょっと不安になってさ。だから、どういうふうに言えばいいかなあ」

　巧がだまりこむ。自分に説明する言葉を一生懸命《けんめい》さがしていると感じたから、豪もだまって待つことにした。

「うん、ようするにグラウンドもひろい。ひろいけど、めいっぱい動けばひろすぎるってほどじゃないだろ。今もそうだけど、グラウンドがひろいっていうよりがらんとして見えたのは、練習してるやつらの動きが、鈍くて、ちんたらしてたからなんだ。春なんて、しっかり基《き》礎《そ》体力つけとかなくちゃいけない時期なんだぜ。でなきゃ、夏の試合なんてもたないもんな。そういうの、ちょっと不安だろうが」

　つまり、野球部の練習に不安があるから、この一週間近く自分たちなりのトレーニングをやってきた。巧はそう言うのだ。

「わかったか」

「よく、わかった」

「ならいいけど。今度から、いちいち説明なんかさせるな。かったるくてしょうがないだろ。それと、月曜日には入部届、忘れんなよ」

「月曜日に出すんじゃな」

「しょうがないだろ。いつまでも、ふたりでやってるわけにいかないし、あったかくなったから、グラウンドの連中も少しはましな動きになったんじゃないの」

　こんな会話、野球部のメンバーに聞かれたら、おおごとじゃな。なんとなくおかしくなる。

「なに、にやついてるんだよ」

「いやいや、べつに。じゃあ今日も昼飯食ったら、公園に行くわな」

「当然」

豪はキャンディーを口に入れた。ソーダの味がした。

「まだ、あるぞ」

今度は黄色いキャンディーのつつみがわたされる。

「おほっ、こんなん、いっつも持ってきとるんか」

「おれ、糖尿病《とうにょうびょう》だからな、甘《あま》い物がいるんだ」

キャンディーが、のどの奥に転がり落ちそうになる。

「糖尿病って、そんな、うそじゃろ」

「うそだよ」

にやりともしないでそう言うと、巧は足早に歩きだした。

　⑦速球に目の慣れた打者に対し、タイミングをはずすスローボールを投げるように、巧は時々、こんな冗《じょう》談《だん》を言う。

ソーダ味のつばをのみこんでから、豪は、つまんねえ冗談とつぶやいてみた。

（あさのあつこ『バッテリーⅡ』より）

問1　空らん A ・ B にあてはまる最もふさわしいものをそれぞれ次から一つずつ選び、番号で答えなさい。

1　いつだすんじゃ？　2　もうだしたか？

3　ださないのか？　4　出すのやめるよ

5　出さんでええんか　6　出すの待てよな

問2　次の一文はもともと本文中にあったものですが、どこに入れるのがふさわしいですか。あてはまる部分の直前の五字を答えなさい。

　巧はたぶん開きもせずにすてたのだろう。

問3　――線①「ちょっとはんぱじゃないぞ」という監督のことばを聞いた豪についての説明として最もふさわしいものを次から一つ選び、番号で答えなさい。

1　自分はほめられたことなどないので、ひそかな対抗心《たいこうしん》からそ

「⑤自主トレだって、言っただろう」

たしかに放課後、公園でふたり、トレーニングをやっていた。走りこみ、柔軟《じゅうなん》体操、キャッチボール、ストレッチ。

「だってな、自主トレなんてもんは、プロの選手がキャンプインに向けてするもんなんじゃろ。おれらがそんなまねせんでも、早う入部届出したら、グラウンドでちゃんと練習できるがな」

豪は、グラウンドの方向に少しあごを動かした。動きにそうように、巧の目がひろいグラウンドに向く。

「そりゃまあ、おまえがなにか考えて届を出さんかったんならええけど、ちょっと説明というか」

「不安だったんだよ」

豪の言葉をひとことでたち切って、巧がまた歩きだす。

「は？　なんじゃと、なんて言うた？」

「だから、ちょっと不安になったんだよ」

ふあん、フアン、不安。今聞いた言葉の意味がよくわからない。

「おい、ちょっと、巧。待てよ、ふあんて、このふあんか？　安心でないて意味の」

豪は、指で空中に不安という字を書いてみた。

「ほかに、どういう字があるんだ。ばかなこと聞くなよな」

不安。どこにでもごろごろ転がっている言葉だけど、巧が口にするなんて信じられなかった。自分に対する絶対的な自信。うぬぼれでなく、ひとりよがりでなく、自分の中にあるものを信じきる力。そんなものを巧は持っていた。こいつでも、不安になったり、こわかったり、迷ったりするのかと、意外だった。

「うそじゃろう」

思わず大きな声が出た。巧がふりむく。そばを通っていた何人かの女生徒もふりかえった。そして、きゃはっという笑い声をあげる。

「ひとりで、なに大声出してんだ」

「だって、なんでおまえが不安になったりするんじゃ。そりゃ、新田の野球部は部員も多いし、練習わりにきついて聞いとるけどな。けど、おまえの実力だったら、そんな不安にならんでもえかろうが。おれ、おまえの言うとることがようわからん」

言いながら、⑥巧の眉がかすかによって、ほおが少し赤くなったのに気がついた。

（あ、怒《おこ》らせたかな）

そう思ったとき、巧がポケットから手を出した。手首から先が動く。赤い小さなものが飛んできた。よけるひまはなかった。右肩《みぎかた》に当たる。鈍《にぶ》い痛みがした。はねて落ちようとする赤いものを右手で受けとめる。丸いミニキャンディーだった。目にしみるほど真っ赤な紙につつまれている。かたい。顔に当たっていたら、そうとう痛かっただろう。むろん、巧が、無防備の顔をねらうわけはなかった。そのくせ、顔の近く、けっこうドキッとさせられる場所を選んで、まっすぐに当ててきた。かなり怒っているのだ。

「巧、怒ってるんか」

「当たり前だ。なんで、そんなあほな勘《かん》ちがいするんだ」

「勘ちがい？」

「おれが不安だと言ったのは、自分のことじゃなくてあちらさんのことだよ」

あちらさんというのが、野球部のことだとはわかった。わからないのはその先だ。豪は大またで巧に近づき、横にならんだ。待っていたように巧がひとつ、息をつく。

「グラウンドがずいぶんひろく見えるだろう」

「ああ、そうじゃな。新田中のグラウンドはここらへんでもひろいほうじゃけん。けど、それがどうした？」

勉強に重点をおくと母に約束していた。適当に楽しめるクラブに入って、勉強も適当にやって、それでいいと思っていた。

　しかし、めったに人をほめない監督が、ちょっとはんぱじゃないと真顔で言った。そう言わせたピッチャーを見とくのも思い出になるかなと、なっとくした。

　午後一時からの二回戦第二試合。真夏の熱と光に、めまいがするようなグラウンド。そこで、巧の球に出会った。マウンドにいる少年が同い年だとは信じられなかった。身体だけをくらべれば、自分のほうがはるかに大きい。縦縞《たてじま》のユニフォームを着たピッチャーは、華奢《きゃしゃ》にさえ見えた。それなのに、あの球はなんなのだろう。バットにかすりもせず、ボールがキャッチャーのミットにおさまる。その音が聞こえるような気がした。

　――あ、あのボール受けてみたい。

　バッターとして打ちかえすのではなく、キャッチャーとして受けてみたい。身体の奥《おく》から思いがせりあがってくる。五、六球に一度、受けそこねて前にこぼすキャッチャーが、②はがゆかった。

　自分ならあんなまねはしない。一球、一球に心を集中して、ていねいに球をつかまえる。自分なら、もっと……せりあがってきた感情が、心臓といっしょに激しく鼓動《こどう》する。生まれてはじめての経験だった。

　次の日の準々決勝も、準決勝も見た。一週間後の決勝戦もひとり見に行った。バスで二時間以上の道程も、八月の熱も気にならなかった。県大会だけではない。中国大会まで見に行った。広島まで、巧の球だけを見に行ったのだ。十月だった。

　――あの球を受けてみたい。

　秋の日差しの中で、また強烈《きょうれつ》にそう思った。思っても手立てがあるわけではない。あきらめるよりほかなかった。自分の中に芽生えた強烈な思いをすててしまう。自分がちっぽけなつまらない人間だと感じてしまう。母がよく使う③『せつない』という言葉の意味が、生々しい感覚としてせまってきた。

　広島から帰って、しばらく落ちこんでいた。だから、巧が、新田に越《こ》してくると聞いたとき、それがほんとうだと確かめたとき、本気で神様を信じようと思った。新田神社に行って④五百円玉を二枚、賽銭《さいせん》箱に投げこんだ。おしいなんて思いもしなかった。

　巧の球を受けること、受け続けること。

　巧に出会って、はじめてその球を自分のミットに捕《と》らえたときから決めた。まず、中学に入って、本格的にバッテリーを組むのだ。だから、一日も早く野球部へ入部届を出して、練習したかった。巧が自分のことをどう考えているのかわからない。しかし、野球よりほかにやることなんてないはずだ。少なくともそのことだけはわかっていた。なのに、一週間待てと巧は言ったのだ。巧が言うから理由も聞かず待った。六日待った。

　今日は土曜日。明後日の月曜日が入部届のタイムリミットだ。豪のいる四組でもほとんどの者が入部先を決めていた。〝新田スターズ〟の仲間だった東谷や沢口も、とっくに野球部に入り、今もグラウンドで走っている。豪は少しあせっていた。

「巧」

　カバンをわきにかかえ、両手をポケットにつっこんだまま、巧は返事もしない。こういう態度には慣れっこになったから腹はたたない。

「ちゃんと教えてくれてもよかろうが。なんで、わざわざ一週間ものばさんとあかんかったんじゃ」

　巧の足がとまる。身体が九十度動いて、目尻《めじり》のあがったきつい目がまっすぐに豪に向かいあった。巧は、他人としゃべるとき、絶対に視線をそらさない。思わず相手が身をひくような目つきをする。その目にもだいぶ慣れてきた。

思いを巡《めぐ》らしてそれを感じとることは、かつて天地自然の諸々と話をしていた時代の感覚・感性に通じることであるとしている。

二

次の文章を読んで、後の問いに答えなさい。

「巧」

ならんで歩きながら、豪は何度かグラウンドに目をやった。

「おまえ、なんで入学してすぐ、野球部に入らんかったんじゃ？」

入学式から六日たっていた。式が終わってすぐ、入部届をくばってもらった。これに入部希望クラブ名、本人と保護者の氏名を記入し、捺印《なついん》して学校に提出すれば、その日からクラブ活動に参加できるのだ。豪は、入学式から帰ってすぐに届を書いた。巧も当然、そうするものと思っていた。だから、その夜おそくかかってきた電話にはびっくりした。一瞬《いっしゅん》、息がつまったほどだ。

「入部届、　A　」

巧は、そう言った。一瞬つまった息をはきだしてから、豪は、なんでじゃと聞きかえした。

「なんでもいいだろ。ともかく明日、出したりするなよ」

「じゃ、　B　」

「いつまでに出せばいいんだっけ？」

新田東中の生徒は全員、なんらかのクラブに所属すること。ただし、一週間の猶予《ゆうよ》期間をあたえる。そのあいだにクラブを見学して決めること。一度決めたクラブは最低一学期間は続けること云々《うんぬん》。『生徒の心得』という小冊子に書いてあったと思う。服装から、勉強のやりかた、休日のすごしかたまで細かい字でびっしり書いてあった。ばかばかしいと思いながら、クラブ活動に関係あるところだけは読んだ。

受話器をにぎりなおして、豪は答えた。

「一週間は、出さんでええんとちがうか」

「じゃ、一週間待て」

「待ってどうするんじゃ」

なんのために一週間待つのかわからない。

「一週間待って、そのあいだ、なにをするんじゃ」

「自主トレ」

それだけで、電話はきれた。

ツィーン、ツィーンと電子音が耳に響《ひび》く。

「なんなんじゃ、巧、どういうことなんじゃ」

きれた電話から答えがかえってくるわけもなかった。それでも声に出してたずねてしまった。

中学では、野球部に入ると決めていた。決めていたというもんじゃない。野球をするために中学に行くぐらいの思いはあったはずだ。少なくとも豪は、巧とバッテリーを組んで野球をすることを目的にしていた。中学校の三年間だけじゃない。それから先もずっとそのつもりだった。まだ十三歳《さい》にもなっていない。将来の自分の姿など、影《かげ》も見えなかった。しかし、巧の球を受けること、受け続けること。キャッチャーとしての自分の姿だけはたしかに見える。巧の球には、それだけの魅力《みりょく》があった。はじめて見たのは去年の夏。少年野球県大会の会場だった。豪のいた〝新田スターズ〟は、二回戦で負けた。一回戦見たかぎりでは、

「豪、次の試合に出るピッチャー見てみぃや。①ちょっとはんぱじゃないぞ」

帰り支度《じたく》をしていたとき、監督《かんとく》から声をかけられた。正直、かんべんしてくださいよという気持ちだった。八月である。炎天下《えんてんか》で二試合戦って、くたくたに疲《つか》れていた。帰りのバスが来るまで木かげでアイスクリームでもなめていたかった。それでも監督の言葉にしたがったのは、野球もこれで最後という思いがあったからだ。中学に入ったら

ょう。これからもこの感覚と習慣をもっともっと大事にしていかねばならないと思います。

（宇根　豊『日本人にとって自然とはなにか』より）

問1　空らん A にあてはまる最もふさわしいことばを次から一つ選び、番号で答えなさい。

1　精神性　2　多様性　3　論理性　4　偶然性《ぐうぜんせい》

問2　空らん B にあてはまる最もふさわしいことばを文中より四字でぬき出しなさい。

問3　空らん C にあてはまる最もふさわしいことばを漢字一字で答えなさい。

問4　――線①「すべてのものはアニマ（魂）を持っている、という考え方」とありますが、この考え方を何と言っていますか。文中より漢字五字でぬき出しなさい。

問5　――線②「自然に対して、現代の主流である理知的な、科学的な見方」とありますが、この見方を強めていくとどうなっていくと筆者は言っていますか。文中より十六字でぬき出しなさい。

問6　――線③「そういう境地」とありますが、それはどのようなものですか。最もふさわしいものを次から一つ選び、番号で答えなさい。

1　稲を主役として人間の技術で稲の生育を守ろうとするもの。
2　稲が発する声を人間の考えにそって理解しようとするもの。
3　稲を主役にすえることで稲に寄り添っていこうとするもの。
4　稲の生育と共に自己の内面性の成長を目指そうとするもの。

問7　――線④「わが家でとれた食べものは、みんな物語があるよね」とありますが、ここで示されている具体的な物語はどのようなものですか。「というもの。」に続くように三十五字以内で説明しなさい。

問8　――線⑤「品質と価格と安全性だけが表示され、評価されつつあります」とありますが、それはどのようなことですか。その説明として最もふさわしいものを一つ選び、番号で答えなさい。

1　生産者や産地が明記され、食べものの物語が価値として評価されるということ。
2　食べもののもつ物語の価値を認めず、商品の性質だけが評価されるということ。
3　生きものの命とひきかえに食べものがつくられ、その安全性が評価されるということ。
4　食べものの付加価値が重視され、生産者の声を伝えることが評価されるということ。

問9　――線⑥「この能力・感覚」とありますが、それはどのようなものですか。「能力や感覚。」に続くように文中より十七字でぬき出しなさい。

問10　本文の内容として最もふさわしいものを次から一つ選び、番号で答えなさい。

1　現代の理知的な見方において、生の根源には、生を生まれさせ、支え、終わらせるいのちがあるとし、それは生の時も生を失った後も存在し続ける確かなものの力で貫かれているとしている。
2　稲の状態を科学的に観察、分析したりして知ることは、人間だけに与《あた》えられた能力であり、そうした力を使って稲が何を求めているかを読み取ることは大切なことであるとしている。
3　自ら育て収穫《しゅうかく》した米とそうではない米とを食べ比べたとき、多くの生産者は自ら育てた米の方がおいしいとするが、目隠しをして食べると米に対する物語が消え味も変わるとしている。
4　食べものが食卓に上がってくるまでのいきさつに、あれこれれをした記憶《きおく》が甦《よみがえ》ります。田んぼの風景が目の前に広がり、夏の涼《すず》しい風が思い出されます。我《わ》が子のように育てた米ですから、おいしく感じるはずです。これも立派なアニミズムでしょう。

私の妻が食事をしながら「④わが家でとれた食べものは、みんな物語があるよね」と言います。私も「そうだな」と応じます。みんな田畑で、私たちと一緒に、生きものだった時を過ごして、こうして、最後は私たちの身体の中に入っていくのですから。

しかし百姓でなくても、食べものを前にすると「これはどこで穫れたものかな」と思うことが多いでしょう。それは別に「産地表示」を求めているのではありません。その食べものは生きものだったときに、どういう自然の中で、どういう自然のめぐみを受けて育ったのか、そして自身も自然のめぐみとして、この食卓《しょくたく》に上がったいきさつを物語として伝えようとしている、とあなたが感じているからです。そう感じるからこそ、「きみはどこから来たの。どのように育ってきたの」とあなたは尋《たず》ねるのです。

食べものを食べることは、生きものを殺して、その命をもらうことです。その生きものと話をする最後のひとときが食卓なのです。ぜひ、そういう会話をしてほしいと思います。

残念ながら、工業製品にはこういう気持ちが湧《わ》きません。「この時計はどこで、だれがどういう気持ちで製造したのだろうか」と想像することすらなくなりました。まだ時計が職人の手でつくられていたときには、そういう感覚もあったでしょう。しかし大量に同じ製品が工場生産されるようになると、関心は性能と価格とデザインとブランドだけになりました。

じつは、食べものも同じような道をたどっているのです。⑤品質と価格と安全性だけが表示され、評価されつつあります。「中身がよければ、どこでとれたものでもいいんです」と言われつつあります。生きものの生を「中身」とか、「品質・価格・安全性」などの性質で表現できるでしょうか。妻が言う「物語」とは、生きものが語る「物語」なのです。

これこそ、食べものアニミズムの豊かな世界です。

アニミズムが現代人にとっても、かけがえのない豊かな文化だと見直されてきた理由のひとつは「心の理論」が一九七〇年代に生まれたからです。あなたはなぜ、友だちの気持ちがわかるのですか。友だちの表情や言葉や行動や仕草から、読み取っているからでしょう。どうやら他の動物にはこうした能力はないことがわかってきました。みなさんの相手の心を読む能力は人間だけのものです。このように人類は進化してきた、と言われています。

ところがみなさんは、この相手の心を読み取る能力を動物や植物や、そして物にも使ってしまうのです。あなたが生きものを好きなのは、生きものの中に通い合うものを感じるからなのです。これこそ、アニミズムの正体なのではないでしょうか。約五万年前から、人類には死んだ人の墓に花を添《そ》える習慣が始まりました。「あの人が好きだった花を供えよう」という気持ちは現代でも続いています。こうしたアニミズムが生まれたからこそ、虫や草だけでなく、雲や雨や太陽や山や川にも心や意図を読み取るのです。「どうして、こんなに雨が降らないんだ。そろそろ降ってくれ」と本気で空を見上げて祈《いの》るのです。まるで空に意志があるかのように、相手にしているのです。

私たちが「物語」を生みだすのも、そして宗教までつくりあげて信《しん》仰《こう》するのも、こういう能力を備えてしまったからなのです。「擬人法」という表現の仕方は、決して昔の古い習慣などではなく、現代にいかす大切なものなのです。

⑥この能力・感覚と習慣がなかったなら、日本人に限らず人間が自然を好きになったり、自然にひかれたりすることなどはなかったでし

し、花を咲かせ、実を稔《みの》らせるのは、「生」そのものです。しかし、その生の根源には、その生を生まれさせ、支え、終わらせ、そして再生させる何かがあるはずだと感じ、そう思う時にそれを「いのち」と命名したのです。さらにその「いのち」は、生のときも、生を失った後も存在し続ける、もっとたしかな、それでいて姿ははっきりしないものの力で貫《つらぬ》かれているような気がするとき、その存在を「たましい」(霊性)と呼んだのです。

ただ近年気になるのは、「生命」が科学的に説明できるものとして、「いのち」から分離《ぶんり》していっていることです。まるで「いのち」から[A]を抜《ぬ》き取ったものが、「生命」であるかのような説明を科学がしがちなのは、薄《うす》っぺらな思想ではないでしょうか。

「いのち」や「たましい」のない生きものは、生きものではなかったのです。お玉杓子《たまじゃくし》の死骸《しがい》を前にして、そこにはもうお玉杓子の「生」も「いのち」もありませんが、済まなかったと詫《わ》びて声をかける時、お玉杓子の「[B]」はそこにまだ存在しているような気がします。「生」と「いのち」の名残《なごり》として、そこで私の詫びを聞いているという気がするのです。

(中略)

「稲の声が聞こえるようになれ」という百姓の教えも、擬人《ぎじん》法と言うよりは、アニミズムと言った方がいいかもしれません。稲の表情から、稲が何を求めているかを読み取るというのなら、やはり人間の能力で読み取るのですから、人間が主役です。科学的に観察したり、分析したりして、稲の状態を知ることとあまり変わりません。そうではなく、稲が出している声が、聞こえてくるのですから、稲が主役で、百姓は受け身です。

つまり「声を聞いてやろう」と思っているうちは、人間が主体ですから、稲の声は聞こえないでしょう。むしろ受け身になって、稲の声に耳を傾《かたむ》けているときに、稲の方から声がするのです。そういう感じになるのです。もちろんその声は、自分の身体の中で、人間の声に翻《ほん》訳《やく》されます。

稲の葉が、虫(コブノメイ蛾《が》や稲苞虫《イネツトムシ》など)に食べられているのを目にすると、悲鳴が聞こえるのです。日照りが続いて水が極端《きょくたん》に少なくなって、田んぼの中でも特に乾《かわ》いた部分の稲は葉が巻き始めます。じっと耐《た》えているように感じるのです。もちろん、爽《さわ》やかな夏の風にそよいで、葉が複雑な模様を描《えが》いているときは、まるで踊《おど》っているように見えます。風の音を、稲が歌っているように聞こえる時があります。

それにしても年寄りはなぜ「稲の声が聞こえるようになれ」と私に言ったのでしょうか。たぶん、人間がえらそうに技術を行使するのではなく、稲を主役に立たせて、人間は受け身になって耳を傾けなさい。そうするなら、稲という生きもののもっと深いところまで感じることができるよ。③そういう境地になるなら、田んぼのことも水のことも、そして天地のこともわかるようになるよ、と教えてくれようとしたのではないでしょうか。それなのに、若かった私は心の中で「何と[C]科学的で、時代遅れの発想だ」と思ったのでした。つくづく反省しています。

面白《おもしろ》い実験があります。米の食味テストで、あまり味に差のないごはんを二つ用意します。一方はその百姓の田んぼで穫《と》れた米です。それを明かして食べてもらうと、ほとんどの百姓がわが家の米の方がおいしいと答えます。ところが、次に目隠《めかく》しして、どちらがわが家の米かわからないようにして食べてもらうと、わが家の米がおいしいという比率は50％に近づきます。これは何を物語っているのでしょうか。

人間はごはんに限らず食べものを舌だけで味わっているのではありません。わが家の米を食べるときには、田んぼに通ってその稲の手入

2024年度 東京都市大学付属中学校

【国　語】〈第一回試験〉（五〇分）〈満点：一〇〇点〉

［注意］国語の問題では、字数制限のあるものは、特別な指示がない限り句読点等も一字に数えます。

一　次の文章を読んで、後の問いに答えなさい。

「アニミズム」という言葉を聞いたことがありますか。イギリスの民族学者タイラーが一八七一年に、原始宗教の特色を表す言葉として、はじめて用いました。①すべてのものはアニマ（魂《たましい》）を持っている、という考え方で、文明の発達していない民族特有のものだとされてきたのです。したがって、現代では通用しない古い時代の遅《おく》れた精神状態だと決めつけられて、評判が悪かったものです。なにしろ、動物や植物はもちろんのこと、石や水や土や道具などにも、そして自然現象にも命や魂や心があり、人間と話をしたり、精神的な交流ができるとする感覚ですから。

ところが最近では「アニミズム」が見直されてきています。それは②自然に対して、現代の主流である理知的な、科学的な見方ではない、深い見方として、再評価されているのです。また、アニミズムは決して文明が遅れている状態ではなく、現代人である私たちも身につけている人間らしさの現れだと考えられています。

たとえば、きれいな花が咲《さ》いているのを見たら「ラッキー」と叫《さけ》んだり、蝿《はえ》が顔の周りを飛び始めたら、「あっちへ行け」と追い払《はら》ったり、まるで生きもの同士が会話している雰囲気《ふんいき》です。そもそも花を摘《つ》んで飾《かざ》ったり、鉢《はち》植えの花を育てるのも、花と目を合わせるのを楽しんだり、花に挨拶《あいさつ》することもあるぐらいですから、アニミズムだと言えるかもしれません。ペットを飼っている人は、飼っているというよりも家族の一員として一緒《いっしょ》に暮らしているという気持ちではないでしょうか。これもアニミズムでしょう。

つまり「アニミズム」という西洋由来のカタカナ言葉を使うから、何か特別な感覚のように感じますが、これまで説明してきたように、「生きもの同士」という感覚です。これは日本人だけでなく、人間なら誰《だれ》でも持ち合わせているものなのです。百姓《ひゃくしょう》の「稲《いね》の声が聞こえるようになれ」という教えも、日本人の伝統的な天地有情《うじょう》の自然観なのです。

生きものに限らず、山も水も土も生きているだけではなく、魂（精神）を持っているという感覚は農業が狩猟《しゅりょう》採集の時代から引き継《つ》ぎ、さらに深めて来たものではないでしょうか。そこで私はアニミズムを「万物有魂観《ばんぶつゆうこん》」と訳しています。

ところが現代では生きものの生や命まで、科学的に解析《かいせき》し、操作できるという考え方が強くなっています。蛙《かえる》を見て「わっ、かわいい」と言うよりも、「それはトノサマガエルで、絶滅危惧種《ぜつめつきぐしゅ》ⅠB類です」と言う方が科学的かもしれません。これでは生きものと情が通わなくなっていくでしょう。このことへの反省から、かつて生きものだけでなく、天地自然の諸々《もろもろ》と話をしていた時代の感覚・感性が見直されて来ているのです。

「草木も生きている」と言えば、反対する人はいないでしょう。ところが「草にも命がある」と言うと、違和感《いわかん》を感じる人が増えてきます。さらに「草木には魂が宿っている」と言えば、多くの人が眉《まゆ》をひそめ「それは宗教的な見方ですね」と反応します。

ここには(1)生、(2)生命・いのち、(3)魂・霊性《れいせい》、の三層があることがわかります。もとは一つだったものが、現代社会では三層に分かれてしまった、と言ってもいいでしょう。草木が芽生え、葉を伸《の》ば

2024年度
東京都市大学付属中学校 ▶解説と解答

算　数　＜第１回試験＞（50分）＜満点：100点＞

解　答

1 **問１**　$1\frac{1}{5}$　**問２**　788.8m　**問３**　3600円　**問４**　45分後　**問５**　４列目　**問６**　138　**問７**　８cm　**問８**　$52\frac{1}{3}\text{cm}^3$　2 **問１**　３：７　**問２**　１：１　**問３**　$\frac{7}{80}$倍　3 **問１**　160杯　**問２**　2200個　**問３**　4336個　4 **問１**　$1\frac{1}{3}$倍　**問２**　54倍　5 **問１**　24通り　**問２**　可能性はない／**理由**…(例)　解説を参照のこと。

解　説

1 **逆算，単位の計算，倍数算，速さと比，旅人算，数列，周期算，辺の比と面積の比，体積**

問１　$3-2\frac{1}{4}\div\left(\frac{2}{5}+\square\times\frac{2}{3}\right)=1\frac{1}{8}$より，$2\frac{1}{4}\div\left(\frac{2}{5}+\square\times\frac{2}{3}\right)=3-1\frac{1}{8}=\frac{24}{8}-\frac{9}{8}=\frac{15}{8}$，$\frac{2}{5}+\square\times\frac{2}{3}=2\frac{1}{4}\div\frac{15}{8}=\frac{9}{4}\times\frac{8}{15}=\frac{6}{5}$，$\square\times\frac{2}{3}=\frac{6}{5}-\frac{2}{5}=\frac{4}{5}$　よって，$\square=\frac{4}{5}\div\frac{2}{3}=\frac{4}{5}\times\frac{3}{2}=\frac{6}{5}=1\frac{1}{5}$

問２　１km＝1000ｍより，1.6km＝1600ｍとなる。また，１ｍ＝100cm，１cm＝10mmより，100000mm＝10000cm＝100ｍ，18280cm＝182.8ｍとわかる。よって，1.6km－100000mm－894ｍ＋18280cm＝1600ｍ－100ｍ－894ｍ＋182.8ｍ＝788.8ｍと求められる。

問３　Ａ君，Ｂ君がはじめに持っていた金額をそれぞれ⑤円，②円とすると，(⑤－1500)：(②－240)＝７：４という式を作ることができる。ここで，$C:D=E:F$のとき，$C\times F=D\times E$となるから，(⑤－1500)×４＝(②－240)×７，⑳－6000＝⑭－1680，⑳－⑭＝6000－1680，⑥＝4320より，①＝4320÷６＝720(円)と求められる。よって，Ａ君がはじめに持っていた金額は，720×５＝3600(円)である。

問４　３人の進行のようすをグラフに表すと，右の図１のようになる。Ａ君が24分で進む道のりをＢ君は，24－10＝14(分)で進むので，Ａ君とＢ君の速さの比は，$\frac{1}{24}:\frac{1}{14}=7:12$となる。また，Ａ君が40分で進む道のりをＣ君は，40－30＝10(分)で進むから，Ａ君とＣ君の速さの比は，$\frac{1}{40}:\frac{1}{10}=1:4$とわかる。よって，Ａ君，Ｂ君，Ｃ君の速さの比は，$7:12:\left(7\times\frac{4}{1}\right)=7:12:28$なので，Ｂ君とＣ君の速さの比は，12：28＝３：７と求められる。そこで，Ｂ君の速さを毎分３，Ｃ君の速さを毎分７とすると，アの道のりは，３×(30－10)＝60となる。また，かげをつけた部分では，Ｂ君とＣ君の間の道のりは１分間に，７－３＝４の割合で縮まるから，かげをつけた部分の時間は，60÷４＝15(分)とわかる。したがって，Ｂ君がＣ君に追いつかれたのは，Ａ君が歩き始めてから，30＋15＝45(分後)である。

図１

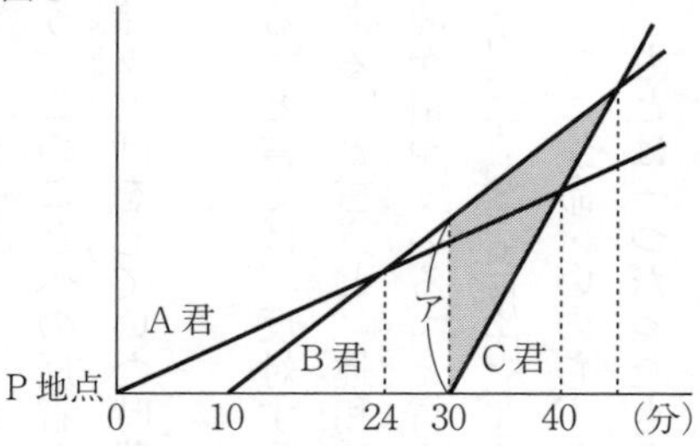

問５　１行目には，$1\times1=1$，$2\times2=4$，$3\times3=9$，…のように，同じ整数を２個かけた数(平方数)が並ぶ。よって，１行目の10列目の数は，$10\times10=100$なので，11行目の１列目の数は101とわかる。したがって，右の図２のようになるから，104が並ぶのは４列目である。

図２

	１列目	２列目	３列目	４列目	…	10列目
１行目	1	4	9	16		100
２行目	2	3	8	15		
３行目	5	6	7	14		
４行目	10	11	12	13		
⋮						
11行目	101	102	103	104		

問６　$\frac{43}{135}=43\div135=0.3/185/185\cdots$となるので，小数第２位以降は｛1，８，５｝の３個の数字がくり返される。また，小数第２位から小数第30位までには，$30-2+1=29$(個)の数字があるから，$29\div3=9$余り２より，これが９回くり返され，さらに２個の数字があることがわかる。さらに，３個の数字の和は，$1+8+5=14$なので，小数第１位から小数第30位までの和は，$3+14\times9+1+8=138$と求められる。

問７　㋐と㋑について，面積の比は３：４であり，横の長さの比は，$7:14=1:2$だから，たての長さの比は，$\frac{3}{1}:\frac{4}{2}=3:2$となる。よって，㋑のたての長さは，$10\times\frac{2}{3+2}=4$(cm)とわかる。次に，㋑と㋒について，面積の比は，$4:6=2:3$である。また，㋒の横の長さは，$14+7-14=7$(cm)なので，横の長さの比は，$14:7=2:1$となり，たての長さの比は，$\frac{2}{2}:\frac{3}{1}=1:3$とわかる。したがって，㋒のたての長さは，$4\times\frac{3}{1}=12$(cm)だから，$x$の長さは，$12-4=8$(cm)と求められる。

問８　右の図３で，三角形DBEを１回転させてできる円すい㋐の体積から，三角形DAFを１回転させてできる円すい㋑と，三角形GAFを１回転させてできる円すい㋒の体積をひいて求める。ここで，同じ印をつけた角の大きさは等しいから，３つの三角形DAF，GAF，GCEは合同であり，$DF=GF=GE=4\div2=2$(cm)とわかる。また，$BE=2+1=3$(cm)なので，円すい㋐の体積は，$3\times3\times3.14\times(2+4)\div3=18\times3.14$(cm³)，円すい㋑と円すい㋒の体積はどちらも，$1\times1\times3.14\times2\div3=\frac{2}{3}\times3.14$(cm³)である。よって，求める体積は，$18\times3.14-\frac{2}{3}\times3.14\times2=\left(18-\frac{2}{3}\times2\right)\times3.14=\frac{50}{3}\times3.14=\frac{157}{3}=52\frac{1}{3}$(cm³)となる。

図３

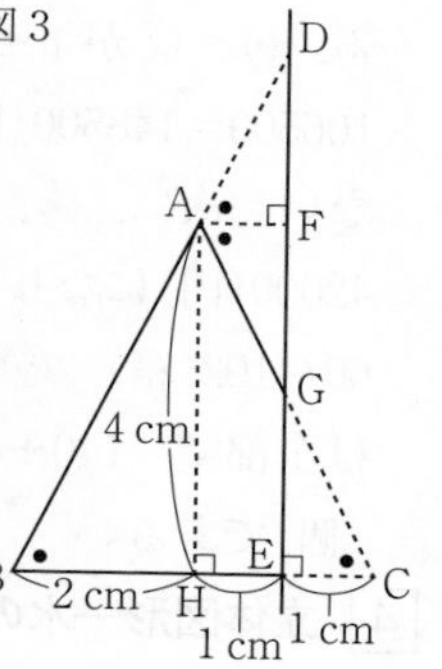

$\boxed{2}$ 平面図形―相似，辺の比と面積の比

問１　右の図で，三角形ABFと三角形AEGは相似で，相似比は，$AB:AE=(3+1):3=4:3$だから，$EG=\boxed{2}\times\frac{3}{4}=\boxed{1.5}$となる。また，$EH=\boxed{2}+\boxed{3}=\boxed{5}$なので，$GH=\boxed{5}-\boxed{1.5}=\boxed{3.5}$となり，$EG:GH=1.5:3.5=3:7$とわかる。

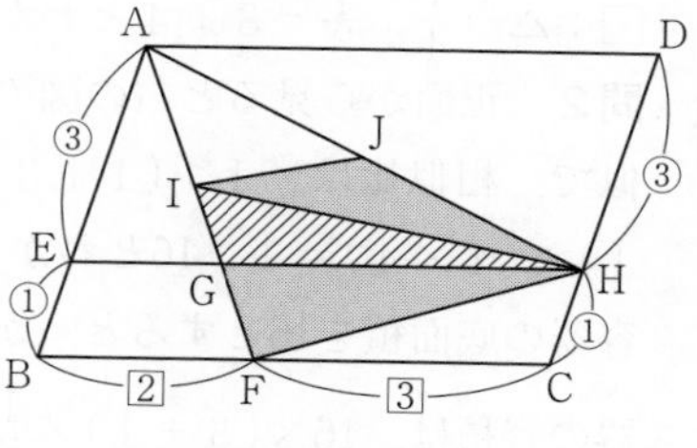

問２　三角形FGHと三角形GHIの面積が等しいから，FGとGIの長さは等しい。また，$FG:GA=1:3$なので，$FG=GI=1$とすると，$IA=3-1=2$となる。すると，三角形GHIと三角形IHAの面積の比は$1:2$になるから，三角形HIJと三角形AIJの面積は等しいことがわかる。よって，$AJ:JH=1:1$である。

問３　平行四辺形ABCDの面積を１とすると，平行四辺形AEHDの面積は，$1\times\frac{3}{4}=\frac{3}{4}$なので，三角形AEHの面積は，$\frac{3}{4}\times\frac{1}{2}=\frac{3}{8}$となる。また，$EG:GH=3:7$より，三角形AGHの面積は，$\frac{3}{8}$

$\times\frac{7}{3+7}=\frac{21}{80}$とわかる。さらに，AI：IG＝２：１，AJ：JH＝１：１だから，三角形AIJの面積は，$\frac{21}{80}\times\frac{2}{2+1}\times\frac{1}{1+1}=\frac{7}{80}$と求められる。よって，三角形AIJの面積は平行四辺形ABCDの面積の，$\frac{7}{80}\div1=\frac{7}{80}$(倍)である。

3 表―つるかめ算，比の性質

問１　箱Ａによる売上金額は，500×80＝40000(円)，箱Ｂによる売上金額は，800×120＝96000(円)だから，これらの合計は，40000＋96000＝136000(円)となる。よって，ジュースによる売上金額は，168000－136000＝32000(円)なので，ジュースは，32000÷200＝160(杯《ぱい》)売れたことがわかる。

問２　右の図１のようにまとめることができる。箱Ｂが200箱売れたとすると，売上金額は，800×200＝160000(円)となり，実際よりも，160000－122500＝37500(円)多くなる。箱Ｂのかわりに箱Ａが売れると，１箱あたり，800－500＝300(円)少なくなるから，箱Ａは，37500÷300＝125(箱)，箱Ｂは，200－125＝75(箱)売れたことがわかる。また，箱Ａには８個，箱Ｂには16個のたこ焼きが入っているので，売れたたこ焼きの個数は，８×125＋16×75＝2200(個)と求められる。

図１

箱Ａ(１箱500円)
箱Ｂ(１箱800円)｝合わせて200箱で122500円

問３　あ，う，えの比をそろえると右の図２のようになる。そこで，あ＝21箱，う＝70箱，え＝40箱を１セットとすると，１セットの売上金額は，500×21＋800×70＋(800＋200)×40＝106500(円)とわかる。よって，あ，う，えが１セット売れたとすると，いによる売上金額は，255000－106500＝148500(円)になる。すると，い＝148500÷(500＋200)＝212.1…(箱)となり，条件に合わない。次に，あ，う，えが２セット売れたとすると，いによる売上金額は，255000－106500×２＝42000(円)になり，このとき，い＝42000÷(500＋200)＝60(箱)になる。すると，あ＋い＝21×２＋60＝102(箱)，う＝70×２＝140(箱)だから，条件に合う。したがって，箱Ａは全部で102箱，箱Ｂは全部で，140＋40×２＝220(箱)売れたから，売れたたこ焼きの個数は，８×102＋16×220＝4336(個)である。

図２

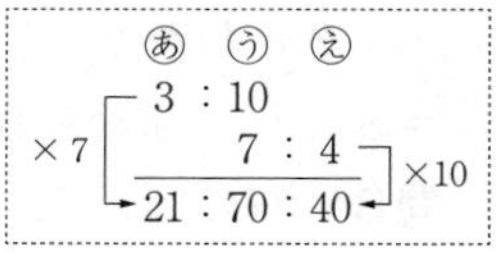

4 立体図形―水の深さと体積，相似

問１　円柱の容器の高さを□cm，円すいの容器の高さを△cmとすると，２つの容器の容積は等しいから，２×２×(円周率)×□＝３×３×(円周率)×△×$\frac{1}{3}$となる。よって，４×□＝３×△より，□：△＝$\frac{1}{4}$：$\frac{1}{3}$＝３：４とわかるので，△は□の，４÷３＝$\frac{4}{3}$＝$1\frac{1}{3}$(倍)である。

問２　正面から見ると右の図のようになる。かげの部分と容器全体は相似で，相似比は，１：(１＋３)＝１：４だから，底面積の比は，(１×１)：(４×４)＝１：16とわかる。よって，かげの部分の底面積を１，容器の底面積を16とすると，かげの部分の体積は，１×１×$\frac{1}{3}$＝$\frac{1}{3}$，容器の容積は，16×(３＋１)×$\frac{1}{3}$＝$\frac{64}{3}$となる。また，円柱の棒の底面積も１なので，円柱の棒の体積は，１×３＝３である。したがって，斜線《しゃせん》部分の体積は，$\frac{64}{3}$－$\frac{1}{3}$－３＝18と求められるから，追加して入れた水(斜線部分)の量は，はじめに入っていた水(かげの部分)の量の，18÷$\frac{1}{3}$＝54(倍)である。

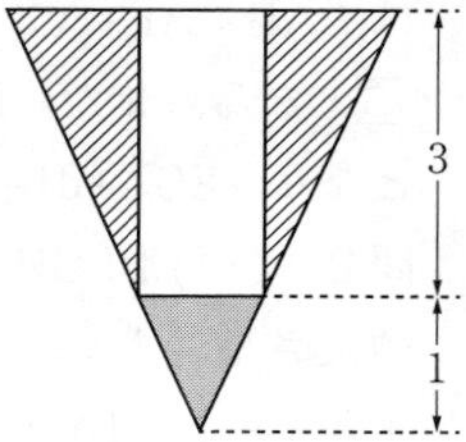

5 場合の数，条件の整理

問１　右の図１のように，奇数《きすう》回目にはＡ君，偶数《ぐうすう》回目にはＢ君が投げる。また，９回目に終了したから，５，７，９回目は図のように決まる(○は表，×は裏)。Ａ君の１回目と３回目の出方は，(○，×)，(×，○)，(×，×)の３通りが考えられる。また，Ｂ君の２，４，６，８回目の出方は，右の図２の８通りが考えられるので，全部で，３×８＝24(通り)とわかる。

図１

回	1	2	3	4	5	6	7	8	9
投げる人	A	B	A	B	A	B	A	B	A
表裏					×		○		○

図２

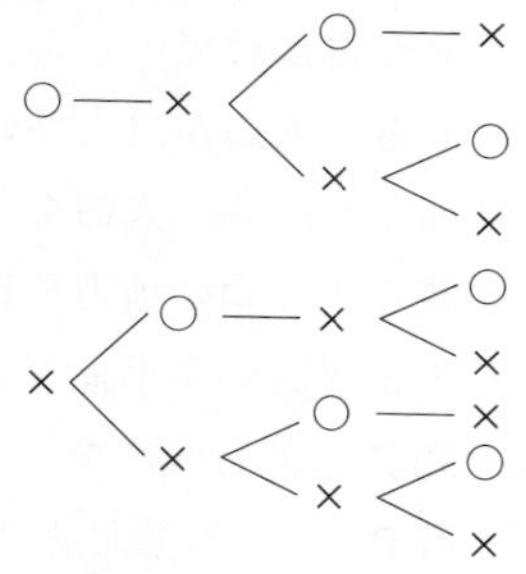

問２　考えられるＡ君の最低得点は，表が２回，裏が３回出た場合の，３×２＋１×３＝９(点)である。一方，考えられるＢ君の最高得点は，表が２回，裏が２回出た場合の，３×２＋１×２＝８(点)となる。よって，ゲーム終了時に，Ｂ君はＡ君よりも得点が高くなる可能性はない。

社会 ＜第１回試験＞(40分)＜満点：75点＞

解答

1 **問１**　1　**問２**　前橋，さいたま　**問３**　神戸(市)，大津(市)，津(市)　**問４**　3　**問５**　1　**問６**　5　**問７**　北上　**問８**　最上　**問９**　水戸　**問10**　3　**問11**　2　**問12**　4　**問13**　5　**2** **問１**　4　**問２**　6　**問３**　7　**問４**　壬申の乱　**問５**　天武，4　**問６**　5(7)　**問７**　**C**　源実朝　**D**　後鳥羽　**問８**　2　**問９**　徳川吉宗　**問10**　6　**問11**　5　**問12**　福沢諭吉　**問13**　2　**3** **問１**　4　**問２**　非核三原則　**問３**　(a)　正義　(b)　国権　(c)　国際紛争　(d)　○　**問４**　1　**問５**　(1)　三審制　(2)　違憲立法審査権　**問６**　15　**問７**　ガソリン　**問８**　(c)，円安　**問９**　均衡　**問10**　処理　**問11**　4　**問12**　3，5

解説

1 日本の国土と自然，産業などについての問題

問１　1　都道府県名と都道府県庁所在地名が異なるのは，北海道，岩手，宮城，群馬，栃木，茨城，神奈川，石川，山梨，愛知，三重，滋賀，兵庫，島根，香川，愛媛，沖縄の17道県で，これに埼玉県(県庁所在地はさいたま市)を加えれば18となる。したがって，最も多いのは関東地方である。　2　信濃川は日本最長の河川であるが，流域面積は利根川・石狩川についで全国３位である。　3　海に面していない「内陸県」は，群馬・栃木・埼玉・山梨・長野・岐阜・滋賀・奈良の８県となるので，関東地方が３つ，中部地方が３つ，近畿地方が２つである。　4　地方別の面積で最も広いのは北海道の83424km²(北方領土を含《ふく》む)。２位は東北地方(66948km²)で，３位は中部地方(66807km²)，４位は九州地方(44512km²・沖縄県を含む)などとなっている。

問２　長野県は接する都道府県が最も多く，中部地方６県(新潟・富山・岐阜・愛知・静岡・山梨)と関東地方２県(群馬・埼玉)の計８県と接している。ここでは中部地方以外の２県の県庁所在地を

緯度の高い順に答えるのであるから，前橋市(群馬県)，さいたま市(埼玉県)になる。

問３　京都府と接しているのは福井・滋賀・三重・奈良・大阪・兵庫の６府県。それらのうち府県名と府県庁所在地名が異なるのは滋賀・三重・兵庫の３つであるから，人口の多い順に神戸市(約151万人)，大津市(約34万人)，津市(約27万人)となる(2023年１月現在)。

問４　資料の文章に，瀬戸内地方の気候の特色と，周辺でブドウや桃などの生産がさかんであることが書かれているので，ここでは岡山市が当てはまる。

問５　人口が最も多いイは関東地方，面積が最も広いウは北海道と判断できる。残る２つのうち，面積が広く，人口も多いアが中部地方で，残るエが中国・四国地方である。

問６　３つの地方を比べて，野菜の産出額が多いアは関東地方，乳用牛の産出額が多いイは北海道，米と果実の産出額が多いウは東北地方と判断できる。

問７　北上川について述べた文章で，東北地方では最も長く(全国５位)，流域面積も最大である。

問８　「日本三大急流の一つ」とあることから，最上川と判断できる。問題文の句は，松尾芭蕉が最上川河口の港町として知られる酒田で詠《よ》んだものである。なお，有名な「五月雨《さみだれ》を　あつめて早し　最上川」の句は，最上川中流の大石田(現在の山形県大石田町)で詠んだものである。

問９　関東地方にある県のうち，東北地方の県と陸地で接しているのは，いずれも福島県と接している群馬・栃木・茨城の３県である。３県の面積・人口・人口密度(2022年10月現在)は，群馬県が6362km^2・約191.3万人・約300.7人/km^2，栃木県が6408km^2・約190.9万人・約297.9人/km^2，茨城県が6097km^2・約284万人・約465.7人/km^2となっている。３県の面積はほぼ同じであるが，南西部が東京大都市圏《けん》に含まれ，人口の多い茨城県の人口密度がいちばん高い。したがって，県庁所在地は水戸市になる。

問10　１　シラス台地は九州地方南部に広がる火山灰地である。　２　世界遺産に登録されたブナの原生林が広がるのは，青森県と秋田県にまたがる白神山地である。　３　フォッサマグナは中部地方を南北に横断する大地溝帯である。その西端にあたるのが糸魚川(新潟県)—静岡構造線で，地質学において日本列島を東北日本と西南日本に分ける境界線になっているが，東端ははっきりわかっていない。　４　日本アルプスと呼ばれるのは中部地方にある飛騨《ひだ》・木曽《きそ》・赤石の３つの山脈で，日高山脈は北海道にある山脈である。

問11　近畿地方の府県を面積が広い上位４県を順にならべると兵庫・三重・和歌山・京都の順となる。１は和歌山県，２は三重県，３は京都府，４は兵庫県について述べた文であるから，ここでは２が当てはまる。

問12　１は高知県，２は島根県，３は岡山県，４は広島県，５は山口県が当てはまる。熊野筆は広島市に隣接《りんせつ》する広島県熊野町の特産品として知られる工芸品，宮島は，厳島神社がある厳島のこと。なお，雲州そろばんは島根県の奥出雲町で，石州和紙は島根県の西部で生産される伝統工芸品。「雲州」とは島根県東部の旧国名である出雲，「石州」とは島根県西部の旧国名である石見《いわみ》のことである。

問13　すいかやトマトの収穫《しゅうかく》量が日本一という点から文章は熊本県について述べたものだと判断できる。また，世界最大級のカルデラがあるのは阿蘇山である。なお，北里柴三郎は現在の熊本県小国町の出身である。

２　各時代の出来事や人物についての問題

問１　邪馬台国や卑弥呼についての記述が見られる中国の歴史書は『魏志《ぎし》』倭人《わじん》伝で，３世紀ごろの日本のようすを知ることができる。なお，１には１世紀に奴《な》国の王が後漢(中国)に使いを送り，皇帝から金印を授《さず》けられたことなどが，２には５世紀に派遣《はけん》された使節のようすなどが，３には紀元前１世紀ごろの倭(日本)のようすなどが記されている。

問２　寝殿《しんでん》造は平安時代の貴族の邸宅《ていたく》などに用いられた建築様式であるから，ａは誤り。青銅器は主に祭器や宝器などに用いられ，農具としては利用されなかったから，ｂも誤りである。ｃは正しい。

問３　601年から700年までが７世紀なので，672年は７世紀となる。

問４，**問５**　天智天皇の死後の672年，天皇の子である大友皇子と天皇の弟である大海人《おおあま》皇子の間で皇位をめぐる争いが起き，戦いに勝利した大海人皇子が，即位して天武天皇となった。この出来事は，672年が十干《じっかん》十二支の壬申《じんしん》の年であったことから，壬申の乱と呼ばれる。なお，山背大兄王《やましろのおおえのおう》は聖徳太子の子。有力な皇位後継《こうけい》者のひとりとされていたが，643年，蘇我入鹿《いるか》の軍勢に斑鳩《いかるが》宮を襲《おそ》われ，一族もろとも自害した。長屋王は天武天皇の孫。左大臣として朝廷内で大きな権力をにぎったが，729年，謀反《むほん》の疑いをかけられ，藤原武智麻呂《むちまろ》(不比等の子)らに屋敷《やしき》を囲まれ，自害に追い込《こ》まれた。

問６　班田収授法にもとづき，６歳以上の男子には２反(約2000m^2)，女子にはその３分の２の口分田が支給されたから，ａは誤り。ｂは正しい。ｃの「庚午年籍《こうごねんじゃく》」は，天智天皇の時代の670年に初めてつくられた全国的な戸籍《こせき》である。これについては，〈カードＢ〉の時代を壬申の乱以後ととらえれば当てはまらないことになるが，時期がきわめて近く，天武天皇の時代にもこの戸籍にもとづいて班田収授法が行われたはずであるから，同じ時代と考えることもできる。したがって，ここでは５と７の両方とも正解と考えられる。

問７　カードＣの鎌倉幕府の第３代将軍であった源実朝は，1219年，甥《おい》の公暁《くぎょう》によって暗殺された。Ｄの後鳥羽上皇は1221年，北条義時を討《う》つ命令を全国の武士に呼びかけたが，これに応じて集まる者は少なく，源頼朝の妻であった北条政子の演説などもあって結束を固めた幕府軍にわずか１か月で敗れ，隠岐《おき》(島根県)に流された。この出来事を承久の乱という。

問８　鎌倉幕府によって保護された禅宗としては，栄西によって開かれた臨済宗と道元によって開かれた曹洞《そうとう》宗が当てはまるから，ｃは誤り。また，親鸞《しんらん》は浄土真宗の開祖である。

問９　徳川吉宗は紀伊藩主から1716年に第８代将軍となり，上げ米の制など享保《きょうほう》の改革をおし進めた。

問10　１は天保の改革が始まった1841年，２は1641年，３は1782～87年，４は1792年，５は1615年，６は1825年，７は1837年，８は1687年ごろである。したがって，享保の改革よりも後に起きた出来事は１，３，４，６，７の５つであり，３→４→６→７→１の順になる。

問11　カードＥは大隈重信《おおくましげのぶ》について述べた文である。大隈重信は1898年と1914～16年の２度，内閣総理大臣を務めている。１は加藤高明内閣のときの1925年，２は内閣制度の創設以前の1882年に大隈らが結成した政党，３は第二次桂太郎内閣のときの1911年，４は原敬《たかし》内閣のときの1919年のことであるから，いずれも大隈内閣のときの出来事ではない。

問12　福沢諭吉が開いた慶應義塾は，1858年に江戸の鉄砲洲《てっぽうず》(現在の中央区明石町)にあった中津藩の藩邸《はんてい》内に設けた蘭学塾《らんがくじゅく》を起源とする。1868年，芝《しば》に移転し慶應義塾と改称《かいしょう》した。その後，三田に移り，1890年には大学部を設置し，1920年，大学令により日本で最初の私立大学となった。

問13　犬養毅《いぬかいつよし》首相が海軍の青年将校らに暗殺されたのは1932年の五・一五事件であるから，２が誤り。二・二六事件は1936年に一部の陸軍将校らが起こした反乱である。なお，１は1960年，３は1941年，４は2019年の出来事。

３ 2023年の新聞記事を題材とした問題

問１　第49回主要国首脳会議（Ｇ７広島サミット）は，2023年５月19日から21日にかけて広島市で開《かい》催《さい》された。Ｇ７と呼ばれるのは，現在のサミットの参加国であるアメリカ，イギリス，フランス，ドイツ，イタリア，カナダ，日本の７か国である。

問２　日本政府が核兵器についてとっている「持たず，つくらず，持ち込《こ》ませず」という基本原則は，非核三原則と呼ばれる。1967年に佐藤栄作首相が政府の基本政策であることを国会答弁で述べ，1971年には国会で決議されている。

問３　日本国憲法第９条は，日本国憲法の基本原則の１つである平和主義について具体的に規定した条文。(a)は「正義」，(b)は「国権」，(c)は「国際紛争」が，それぞれ正しい。

問４　トランスジェンダーとは，「超《こ》える」を意味するトランスと「性別」を意味するジェンダーを合わせた造語。自分自身が認識する性（こころの性）と，生物学的な性（からだの性）が一致《いっち》していない状態にある人のことであるから，ここでは１が正しい。

問５　(1)　審理《しんり》を慎重《しんちょう》・公正に行うため，裁判は原則として，３回まで受けることができる。これを三審《さんしん》制という。　(2)　裁判所は具体的な裁判を通して，国会が定めた法律などが憲法に違反《いはん》していないかどうかを判断することができる。これを違憲《いけん》立法審査《しんさ》権といい，憲法違反とされた法律は効力を失う。全ての裁判所が持つ権限であるが，最終審を行う最高裁判所は，憲法違反かどうかを最終的に判断することになるため，「憲法の番人」と呼ばれる。

問６　最高裁判所には，長官を含めた15名の裁判官により審理が行われる大法廷《ほうてい》と，３～５名の裁判官により審理が行われる小法廷がある。通常の裁判は小法廷で審理が行われるが，憲法問題について新しく判断するような重要な案件については，審理は大法廷で行うものとされている。

問７　Ｃに当てはまるのはガソリン。ガソリン税はガソリンの小売価格に上乗せされる間接税であり，国税の「揮発油《きはつゆ》税」と地方税の「地方揮発油税」からなる。近年，ガソリン価格の高騰《こうとう》が続いていることから，政府は消費者の負担を軽減するため，ガソリンなどの燃料油元売り会社に補助金を支給することで，小売価格の上昇を抑制《よくせい》するなどの対策をとっている。

問８　為替《かわせ》相場において，たとえば１ドル＝100円であったものが１ドル＝80円になるような場合を円高，１ドル＝120円になるような場合を円安という。一般に円高の場合は輸出に不利，輸入に有利となり，円安の場合は輸出に有利，輸入に不利となる。近年の為替相場は円安が進行しており，その影響《えいきょう》で輸入品の価格が上昇《じょうしょう》している。近年の原油価格の上昇には，本文にもあるようにいくつかの要因があるが，日本の場合は円安が進行していることが大きな理由の１つとなっている。したがって，(c)が誤りである。

問９　自由主義経済においては，一般に商品の価格は需要《じゅよう》量と供給量のバランスにより変化するが，最終的には需要量と供給量が一致したときの価格で落ち着く。その場合の価格を均衡《きんこう》価格という。

問10，問11　2011年３月の東日本大震災《だいしんさい》の際に原発事故を起こした東京電力福島第一原子力発電所では，溶《と》け出した核燃料（燃料デブリ）が原子炉《げんしろ》内に残されており，これを冷却《れいきゃく》するために多くの水を使用している。また，原子炉建屋《たてや》には雨水や地下水もたまっている。これらの水は大量の放射性物質を含んでいるために汚染《おせん》水と呼ばれるが，原発の施設《しせつ》内にある浄化《じょうか》設備により，大部分の放射性物質を取り除いた後，「処理水」として専用のタンクに貯蔵されている。しかし，トリチウム(「三重《さんじゅう》水素」とも呼ばれる物質で，微量《びりょう》ではあるが自然界にも存在する)は除去が難しいため，タンク内の処理水も多くのトリチウムを含んでいる。そのため，海水で希釈《きしゃく》(うすめること)し，基準値を下回った状態にして処理水を海に放出することになった。放出にあたっては，IAEA(国際原子力機関)による調査も行われ，安全性に問題がないとの報告も受けていたが，中国は処理水の放出に強く反発し，日本からの水産物の輸入を禁止したため，外交問題へと発展する事態となっている。

問12　福島第一原子力発電所の事故を受け，政府は全国の原子力発電所の稼働《かどう》を休止させ，点検作業を行わせた。そして，原子力規制委員会が定めた安全基準に合格し，なおかつ地元自治体の了解を得た発電所から再稼働が認められるようになり，2015年に再稼働が認められた川内《せんだい》原発(鹿児島県)を皮切りに，玄海原発(佐賀県)，伊方原発(愛媛県)，大飯《おおい》原発・美浜原発・高浜原発(いずれも福井県)などの発電所が再稼働しているから，３は誤り。また，バイオマスとは生物由来の資源(残飯やパルプの廃液《はいえき》，農作物などを発酵《はっこう》させて得るバイオエタノール，生ごみや家畜の排せつ物などを発酵させて得るメタンガスなど)のことであり，化石燃料ではないから，５も誤りである。

理　科　＜第１回試験＞（40分）＜満点：75点＞

解　答

1　**問１**　3　**問２**　1　**問３**　2　**問４**　4　**問５**　1，3　**問６**　2　**問７**　3
2　**問１**　135分　**問２**　**１**　×　**２**　×　**３**　×　**４**　○　**５**　○　**６**　○　**問３**　3　**問４**　4　**問５**　2　**問６**　1
3　**問１**　5　**問２**　3.5ｇ　**問３**　4：1　**問４**　1.5倍　**問５**　4.5ｇ　**問６**　4
4　**問１**　**棒ａ**…2　**棒ｂ**…1　**問２**　6　**問３**　6　**問４**　1　**問５**　3　**問６**　2

解　説

1　けんび鏡を使った植物の観察についての問題

問１　オオカナダモは水中に生える植物なので，気こうがない。よって，気こうが見られる１と４ではない。また，単子葉植物なので，維管束《いかんそく》(道管と師管の集まり)の並びが２のような輪状ではない。

問２　けんび鏡で観察するとき，初めは見える範囲《はんい》が広く，対象物を見つけやすい低い倍率の対物レンズを用いる。

問３　対物レンズとプレパラートがぶつかってレンズが傷つくのを防ぐために，まずは対物レンズとプレパラートをできるだけ近づけ，その後，対物レンズとプレパラートをはなすようにしながらピントを合わせる。

問４　一般《いっぱん》的なけんび鏡では，実物と上下左右が逆になった像が見られる。したがって，けんび鏡で「ア」と見えている場合，スライドガラス上では上下左右が逆になった４の向きになっている。

問５　「ア」の文字は視野の右上にあるので，実際には左下の方にある。よって，これを視野の真ん中に持ってくるには，プレパラートを右上に動かすとよい。

問６　けんび鏡では倍率が低いほど見える範囲は広くなる。また，光は見える範囲からレンズに入るので，見える範囲が広いほど，それだけ多くの光が入ってきて，明るく見える。

問７　最初は小さい細ぼうが見えて，さらに調節ねじを回していくと大きい細ぼうが見えたことから，オオカナダモの葉は大きい細ぼうの層と小さい細ぼうの層の２層でできていると考えられる。そして，対物レンズとプレパラートをはなすようにしながらピントを合わせるので，最初にピントが合うのは２層のうち下の層となる。よって，３のように大きい細ぼうの層が上にあり，小さい細ぼうの層が下にある。

２　惑星《わくせい》とその見え方についての問題

問１　初めの位置に来るのは，Ａが(９の倍数)分ごと，Ｂが(15の倍数)分ごと，Ｃが(27の倍数)分ごとであるから，Ａ，Ｂ，Ｃが再び初めの位置に一直線上に並ぶには(９と15と27の最小公倍数)分かかる。よって，右の計算より，３×３×１×５×３＝135(分)かかることがわかる。

3)	9	15	27
3)	3	5	9
	1	5	3

問２　**１**　太陽系の惑星のうち，最も大きな惑星は木星で，２番目に大きいのが土星である。　**２**　地球から見た土星は，肉眼では光っている小さな円にしか見えず，輪を確認することはできない。ただし，望遠鏡を使えば輪も見ることができる。　**３**　水星の表面は岩石でおおわれており，大気や水はなく，クレーターがいくつも見られる。この様子は月面に似ている。　**４**　金星は地球の内側を公転している惑星のため，日没《にちぼつ》後の西の空(よいの明星《みょうじょう》)か，日の出前の東の空(明けの明星)でしか見ることができない。　**５**　火星の表面は赤っぽい色の岩や土でおおわれている。そのため，地球から見た火星は赤色に見える。　**６**　木星はガスを主成分とする惑星で，赤道よりやや南のところに大赤斑《だいせきはん》と呼ばれる巨大《きょだい》なうずがあるのが特徴《とくちょう》の一つである。

問３　北緯《ほくい》36度の地点における太陽の南中高度は，春分の日や秋分の日には，90－36＝54(度)となり，冬至の日にはそれより地軸《ちじく》の傾《かたむ》きの分だけ低くなって，54－23＝31(度)になる。

問４　図２で，太陽の方向にある１が正午の位置，太陽と反対の方向にある３が真夜中(午前０時)の位置である。よって，地球の自転の向きから考えて，４が日の出のころ(午前６時)の位置，２が日没のころ(午後６時)の位置となる。

問５　金星が左側半分だけ光って見えるとき，太陽と金星を結ぶ線と，地球と金星を結ぶ線は直角に交わっていて，地球から見たときに金星の左側に太陽がある。

問６　地球から火星を通ってその先までのびる直線を引いて考える。２，３，４の場合は，図の同じ向き(たとえば上向き)に対して直線の先が東(左)側にずれるため，火星の位置は星座の中で東にずれていき，順行となる。しかし，１の場合は，直線の先が西(右)側にずれるため，火星の位置は星座の中で西にずれていき，逆行となる。なお，火星が逆行するのは，太陽―地球―火星の順にまっすぐ並ぶころ，つまり地球が火星に追いつき，追いこすころに起こる。

３　金属の燃焼についての問題

問１　加熱後の物質を薬包紙に移すと，そのさいにステンレス皿の方に加熱後の物質が残ることがあり，調べた重さが正しい値でなくなってしまうおそれがある。

問２　表において，マグネシウムの重さと加熱後の物質の重さは比例していて，その比は，(マグネシウムの重さ)：(加熱後の物質の重さ)＝0.3：0.5＝３：５である。よって，マグネシウム2.1ｇを用いたときには，加熱後の物質の重さが，$2.1\times\frac{5}{3}=3.5$(ｇ)になる。

問３　反応した銅の重さは，1.6－0.4＝1.2(ｇ)である。また，反応した酸素の重さは，加熱によって増えた分の重さにあたるので，1.9－1.6＝0.3(ｇ)とわかる。したがって，反応した銅と酸素の重さの比は，1.2：0.3＝４：１となる。

問４　問２で述べたことより，反応したマグネシウムと酸素の重さの比は，３：(５－３)＝３：２である。マグネシウムの原子と酸素の原子は１：１で反応するので，マグネシウムの原子１個の重さと酸素の原子１個の重さの比は，(３÷１)：(２÷１)＝３：２となる。よって，マグネシウムの原子１個の重さは酸素の原子１個の重さの，３÷２＝1.5(倍)と求められる。

問５　もし混合物6.5ｇがすべて銅だとすると，加熱後の物質の重さは，$6.5\times\frac{4+1}{4}=\frac{65}{8}$(ｇ)となるが，これは実際よりも，$10-\frac{65}{8}=\frac{15}{8}$(ｇ)少ない。また，混合物中の銅１ｇをマグネシウム１ｇに置きかえると，加熱後の物質の重さは，$\frac{5}{3}-\frac{4+1}{4}=\frac{5}{12}$(ｇ)増える。したがって，混合物中に含《ふく》まれるマグネシウムは，$\frac{15}{8}\div\frac{5}{12}=4.5$(ｇ)である。

問６　マグネシウムの原子と酸素の原子が結びついて酸化マグネシウムができたことから，化学変化の前後で物質をつくる原子の組み合わせは変化している。しかし，反応の前後で容器を含めた全体の重さは変わらないことから，化学変化の前後で全体の原子の数は変わらないと考えられる。

４　静電気についての問題

問１　表より，アクリル製の棒ａと木綿の布Ｐをこすり合わせると，棒ａは－の電気が多くなり，布Ｐは＋の電気が多くなる。ガラス製の棒ｂと木綿の布Ｑをこすり合わせると，棒ｂは＋の電気が多くなり，布Ｑは－の電気が多くなる。ポリプロピレン製のストローｃと木綿の布Ｒをこすり合わせると，ストローｃは－の電気が多くなり，布Ｒは＋の電気が多くなる。よって，－の電気が多いストローｃに－の電気が多い棒ａを近づけると，－の電気どうしには反発し合う力がはたらくので，棒を近づけた部分がはなれるように回る。一方，ストローｃに＋の電気が多い棒ｂを近づけると，＋の電気と－の電気の間には引き合う力がはたらくので，棒を近づけた部分が引き寄せられるように回る。

問２　棒ｂと同じく＋の電気が多い布Ｐと布Ｒをストローｃに近づけると，棒ｂのときと同じように，棒を近づけた部分が引き寄せられるように回る。

問３　図３では，金属板にある－の電気が棒１の－の電気に反発し，箔《はく》の方に移動する。このとき，図３からもわかるように，移動しているのは－の電気だけで，＋の電気は移動しない。すると，２枚の箔は－の電気が多い状態となり，箔どうしが反発して開く。ここで，図４のように金属板に指をふれると，－の電気の一部が金属板を通って指の方に流れていき，箔には＋の電気と－の電気が同じ数ずつある初めの状態になり，箔は閉じる。

問４　初めは＋の電気と－の電気が同じ数だけあったのが，金属板に指をふれることで－の電気の一部が出ていったから，指をはなしたとき，箔検電器全体では＋の電気の方が多くなっている。

問５　棒１を遠ざけると，箔にある－の電気の一部が金属板の方に移動してくる。すると，２枚の箔は＋の電気が多い状態となり，箔どうしは反発して開く。このときの＋の電気が多い状態は，図３で－の電気が多い状態よりも電気の数の差が少なくなっているため，箔の開く程度は図３より小さくなる。

問6　図6で箔が閉じているということは，棒2によって－の電気が箔から金属板の方に移動しようとするはたらきと，棒1によって－の電気が金属板から箔の方に移動しようとするはたらきがつり合っていて，箔でも金属板でも＋の電気と－の電気が同じ数ずつある状態になっているということである。この状態からさらに図7のように棒1を近づければ，－の電気の一部が金属板から箔の方に移動し，箔では－の電気が多い状態となるから箔が開いたと考えられる。

国　語　＜第1回試験＞（50分）＜満点：100点＞

解　答

一 **問1**　1　**問2**　たましい　**問3**　非　**問4**　万物有魂観　**問5**　生きものと情が通わなくなっていく　**問6**　3　**問7**　（例）　わが家の米は私たちの手によって田んぼで我が子のように育てられてきた（というもの。）　**問8**　2　**問9**　生きものの中に通い合うものを感じる（能力や感覚。）　**問10**　4　**二** **問1**　**A**　6　**B**　1　**問2**　は読んだ。　**問3**　4　**問4**　1　**問5**　4　**問6**　Ⅰ　巧が，新田に越してくる　Ⅱ　バッテリーを組む　**問7**　3　**問8**　4　**問9**　2　**問10**　巧は，他　**三** **問1**　一日も　**問2**　1　**問3**　4　**問4**　2　**問5**　1　**四** **問1**　下記を参照のこと。　**問2**　**A**　5　**B**　3　**C**　7　**D**　9　**E**　2

●漢字の書き取り

四 **問1**　1　生態　2　快挙　3　深刻　4　解放　5　努

解　説

一 **出典：宇《う》根《ね》豊《ゆたか》『日本人にとって自然とはなにか』。**自らも農業に従事する筆者が，自然に対する日本人独特の考え方や，あらゆるものに魂《たましい》があるとする「アニミズム」について分析《ぶんせき》している。

問1　前の部分で筆者は，「生の根源」に存在する「何か」を，「いのち」であるとしたうえで，近年は「生命」が「科学的に説明できるもの」とされ，科学では説明ができず「はっきりしない」ものである「たましい」がふくまれている「いのち」とは区別されていると述べている。よって，空らんAには，「科学的」なものとは反対の「たましい」のようなものが入るとわかるので，1の「精神性」が合う。

問2　空らんBには，お玉《たま》杓《じゃく》子《し》が死んだ後も「そこにまだ存在しているような」気がするものが入る。筆者は前の部分で，これを「生を失った後も存在し続ける」もの，すなわち「たましい」と呼んでいる。

問3　筆者が若いころに言われたことを，当時はどのように感じて素直に受け入れられなかったのかを表している。「稲《いね》の声が聞こえるようになれ」ば，稲作《いなさく》がうまくできるようになるという教えは，かつての筆者にとって「科学的に説明できるもの」とは対極にあったと考えられるので，「非科学的」という表現になるとわかる。

問4　冒頭《ぼうとう》で，あらゆるものが「魂（精神）」を持っているとする考え方を「アニミズム」というと書かれており，第五段落で，筆者はアニミズムのことを「万物有魂《ばんぶつゆうこん》観」と呼んでいると述べられている。

問５　「現代の主流」である「科学的な見方」は，第六段落で「生きものの生や命まで，科学的に解析し，操作できるという考え方」と言いかえられており，筆者は，このような見方が強まっていくと「生きものと情が通わなくなっていく」だろうと主張している。

問６　前の部分で，「稲を主役に立たせて，人間は受け身になって耳を傾《かたむ》け」れば，稲を深く感じ取ることができるようになり，稲が発する声が自然と聞こえてくるような気がすると筆者は説明している。よって，３がふさわしい。

問７　前の部分で筆者は，手塩にかけて「我《わ》が子のように育てた米」を食べる時は，「田んぼに通ってその稲の手入れをした記憶《きおく》」が甦《よみがえ》ると述べている。「田畑で，私たちと一緒《いっしょ》に，生きものだった時を過ごして」きた農作物にまつわる一連の思い出が，「物語」と言い表されていることがわかる。

問８　前の段落に，時計などの工業製品を見るときの関心事は「どこで，だれがどういう気持ちで製造した」かではなく，「性能と価格とデザインとブランドだけ」になってしまったと述べられている。生きものである農作物も同様に，どのように育ち，どのような経緯《けいい》で食卓《しょくたく》までたどり着いたかという「物語」よりも，「品質・価格・安全性」など「性質」に関する情報のみが注目されるようになりつつあると筆者は説明している。よって，２が合う。

問９　前の部分で，人類は「相手の心を読み取る能力」があるおかげで進化してきたと述べられており，人間はこの能力を動植物にも使うことで，「生きものの中に通い合うものを感じる」と説明されている。筆者はこうした能力や感覚が，「物語」や宗教，アニミズムの根源だと述べている。

問10　問９でみたように，動植物や物にも「物語」を見出す人間の感覚は，アニミズム，すなわち自然現象にも命や魂や心があるとする考え方に通じると筆者は述べている。そしてこの感覚は，食べものがどのように育って食卓に上がってきたのかを感じ取ろうとする感覚と共通するものである。よって，４が正しい。

二　**出典：あさのあつこ『バッテリーⅡ』**。天才的なピッチャーである巧《たくみ》とバッテリーを組む豪《ごう》は，巧の奔放《ほんぽう》な行動に振《ふ》り回されながら，中学校での新生活を始める。

問１　**A**　巧が豪に言った言葉であり，巧は直後にも「明日」入部届を「出したりするなよ」と念を押《お》している。よって，６の「出すの待てよな」がふさわしい。　　**B**　入部届を出すなと言う巧に対し豪がかける言葉であり，豪のこの言葉を受けて巧は「いつまでに出せばいいんだっけ？」と質問している。よって，豪が「いつだすんじゃ？」と尋《たず》ね，巧が入部届を提出する最終期限を尋ね返したことがわかるので，１が合う。

問２　もどす文は，巧が「開きもせずにすてた」何かについて書かれている。空らんＡとＢをふくむ会話に続く段落の「～は読んだ」の直後に入れると，豪が「ばかばかしい」と思いながらもクラブ活動に関する部分だけは読んだ「『生徒の心得』という小冊子」を，巧は読まずにすてたために，入部届の提出に関する猶予《ゆうよ》期間のことを知らなかったという流れになり，文意が通る。

問３　続く部分で，豪が小学生のときに所属していた野球チームの監督《かんとく》は「めったに人をほめない」人でありながら，巧のことは「真顔」で「はんぱじゃない」と賞賛したとある。豪は，監督にそこまで言わしめた投手がどんなものか興味をひかれる気持ちもあり，「くたくたに疲《つか》れて」はいたが自分の野球人生の「最後」の「思い出」のつもりで次の試合を見に行ったことがわかる。よって，４がよい。

問４　「はがゆい」は，思うようにいかなくていらいらするようす。巧の球を時々受けそこねるキャッチャーを見て，自分ならもっとうまくやれると豪がもどかしく思う場面なので，１が選べる。

問５　巧の投球を見て衝撃《しょうげき》を受けた豪は，「あの球を受けてみたい」と強く願いながらも，そのような機会を得る「手立てがあるわけではな」く，「あきらめるよりほかなかった」。このことから，豪は「自分の中に芽生えた」心からの希望をただすてるしかない現実に対して，「せつない」と感じていることがわかるので，４が合う。

問６　Ⅰ，Ⅱ　巧の球を受けるという願いを一度はあきらめた豪だが，「巧が，新田に越《こ》してくる」と知って，豪にとっては大金である五百円玉二枚を賽銭《さいせん》箱に投げこんでいる。豪は，巧が近所に引っ越してくるならば，巧と「バッテリーを組む」という自分の希望がかなうかもしれないと感じ，神様に願ったことがわかる。

問７　続く部分で，巧は豪に，一週間の自主トレを提案した理由を説明している。巧は，野球部が練習しているようすを見たさい，部員たちの動きの鈍《にぶ》さに不安を感じ，夏の試合を乗り切る基礎《きそ》体力をつけるために，自分たちだけでも厳しいトレーニングを積んでおくべきだと考えたからだと話しているので，３がふさわしい。

問８　豪に「おまえの実力」なら「不安」になる必要はないと言われた巧は，豪にキャンディーを投げつけ怒《いか》りをあらわにしている。巧は，自分自身が野球部の練習についていけるかどうか不安に思ったのだと豪は誤解しており，巧は豪の「あほな勘《かん》ちがい」，つまり的外れな解釈《かいしゃく》に腹を立てたとわかるので，４が合う。

問９　前の部分で巧は，自分は糖尿《とうにょう》病だと発言し，困惑《こんわく》する豪にすかさず「うそだよ」とかわしている。このように，会話においても意外な言葉を投げ，タイミングをずらして相手の調子を狂《くる》わせる巧のやり方が，投手としての技巧《ぎこう》にたとえられているので，２がよい。

問10　豪は巧を，「自分に対する絶対的な自信」や，「うぬぼれでなく，ひとりよがりでなく，自分の中にあるものを信じきる力」を持っていると評している。その巧という人物の性質として「他人としゃべるとき，絶対に視線をそらさない」ことが，ぼう線⑤の直前の部分に書かれている。巧の気持ちの強さや絶対的な自信を象徴《しょうちょう》する習慣なので，この部分がぬき出せる。

三　**出典：室生犀星《むろうさいせい》「寂《さび》しき春」（『抒情《じょじょう》小曲集』所収）**。筆者は，おだやかでうららかな春の日にしんからのさびしさを感じている。

問１　筆者は詩全体を通じて「さびしい」と感じているが，その中でも「水ぐるま」や「越後《えちご》の山」をながめている第一連と，野に出て歩き始めている第二連とに分けられ，いずれも「さびしいぞ」の言葉で結ばれている。

問２　「菜種のはな」，すなわち菜の花が咲《さ》いていると書かれていることから，春であると読み取れる。

問３　「うつうつと」は，半分眠《ねむ》っているような状態を表す。「水ぐるま」が静かになめらかに回り続けるさまを表すと考えられるので，４が選べる。

問４　この詩では，基本的に，七五調を含《ふく》め一定のリズム感が保たれているので，２が正しい。なお，「さびしいぞ」をくり返す反復法が見られるので，１は間違《まちが》っている。「さびしいぞ」という感情が明確に書かれているので，３はふさわしくない。「菜種のはなは」「遠きかなたに波をつくりて」など，二行にまたがる文もあるので４は合わない。

問５　筆者は春の日を心地よい自然の中で過ごしながら，「越後の山」のほうを見ており，一人でいるために「一日」何も話すことなく，強い孤独《こどく》を感じていると読み取れるので，１がよい。

四　**漢字の書き取り，漢字のパズル**

問１　**１**　生物が自然界で生活するようすや，その実態。　**２**　難易度が高いなかで達成された，胸がすっとするようなすばらしい行為《こうい》。　**３**　厳しい事態を迎《むか》えているさま。　**４**　しめつけたり，制限したりしている状態から解き放つこと。　**５**　音読みは「ド」で，「努力」などの熟語がある。

問２　**A**　「貝(かい)」という部首を加えると，上から時計まわりに「財」「貧」「資」「貨」という漢字ができる。　**B**　「彳(ぎょうにんべん)」という部首を加えると，上から時計まわりに「往」「徒」「律」「待」という漢字ができる。　**C**　「禾(のぎへん)」という部首を加えると，上から時計まわりに「秋」「移」「種」「秒」という漢字ができる。　**D**　「月(にくづき)」という部首を加えると，上から時計まわりに「胃」「背」「肥」「肺」という漢字ができる。　**E**　「ネ・示(しめすへん)」という部首を加えると，上から時計まわりに「社」「禁」「祖」「祝」という漢字ができる。

Dr.福井の 入試に勝つ！ 脳とからだのウルトラ科学

歩いて勉強した方がいい？

みんなは座って勉強しているよね。だけど，暗記するときには歩きながら覚えるといいんだ。なぜかというと，歩いているときのほうが座っているときに比べて，心臓が速く動いて（脈はくが上がって）脳への血のめぐりがよくなるし，歩いている感覚が背骨の中を通って脳をつつくので，頭が働きやすくなるからだ（ちなみに，運動による記憶力アップについては，京都大学の久保田名誉教授の研究が有名）。

具体的なやり方は，以下のとおり。まず，机の上にテキストを広げ，1ページぐらいをざっと読む。そして，部屋の中をゆっくり歩き回りながら，さっき読んだ内容を思い出す。重要な語句は，声に出して言ってみよう。その後，机にもどってテキストをもう一度読み直し，大切な部分を覚え忘れてないかをチェック。もし忘れている部分があったら，また部屋の中を歩き回りながら覚え直す。こうしてひと通り覚えることができたら，次のページへ進む。あとはそのくり返しだ。

さらに，この“歩き回り勉強法”にひとくふう加えてみよう。それは，なかなか覚えられないことがら（地名・人名・漢字など）をメモ用紙に書いてかべに貼っておくこと。ドンドン貼っていくと，やがて部屋中がメモでいっぱいになるハズ。これらはキミの弱点集というわけだが，これを歩き回りながら覚えていくようにしてみよう！　このくふうは，ふだんのときにも自然と目に入ってくるので，知らず知らずのうちに覚えることができてしまうという利点もある。

歴史の略年表や算数の公式などを大きな紙に書いて貼っておくのも有効だ。

Dr.福井（福《ふく》井《い》一成《かずしげ》）…医学博士。開成中・高から東大・文Ⅱに入学後，再受験して翌年東大・理Ⅲに合格。同大医学部卒。さまざまな勉強法や脳科学に関する著書多数。

2024年度 東京都市大学付属中学校

【算　数】〈第２回試験〉（50分）〈満点：100点〉

［注意］ 定規，三角定規，分度器，コンパス，計算機は使ってはいけません。

1　次の□に当てはまる数を答えなさい。

問１　$\left\{\frac{3}{8}\times\left(\square-3\frac{3}{5}\right)-0.75\div\frac{9}{10}\right\}\times1\frac{2}{3}=\frac{1}{9}$

問２　$150\,\mathrm{m}^2+2.5\,\mathrm{a}+20000\,\mathrm{cm}^2+1.2\,\mathrm{ha}=\square\,\mathrm{m}^2$

問３　仕入れ値が600円の品物を１個仕入れ□％の利益を見込《こ》んで定価をつけました。売れなかったので，定価の１割引きで売ったところ，利益が75円でした。ただし，消費税は考えないものとします。

問４　ある仕事をＡ君１人で行うと30日かかり，Ａ君とＢ君の２人で行うと15日かかり，Ａ君，Ｂ君，Ｃ君の３人で行うと６日かかります。この仕事をＣ君１人で３日行った後，Ａ君とＢ君の２人で３日行い，残りをＡ君１人で行ったら全部で□日かかりました。

問５　次のような規則にしたがって

$\frac{2}{5},\ \frac{5}{10},\ \frac{8}{15},\ \frac{11}{20},\ \cdots$

と分数が並《なら》んでいます。最後まで約分したあとの分子の数が100になる最初の分数は□番目にあります。

問６　４で割ると１あまり，５で割ると１あまり，７で割ると３あまる整数の中で最も小さい数は□です。

問７　下の図において，㋐と㋑の角度の和は□°です。

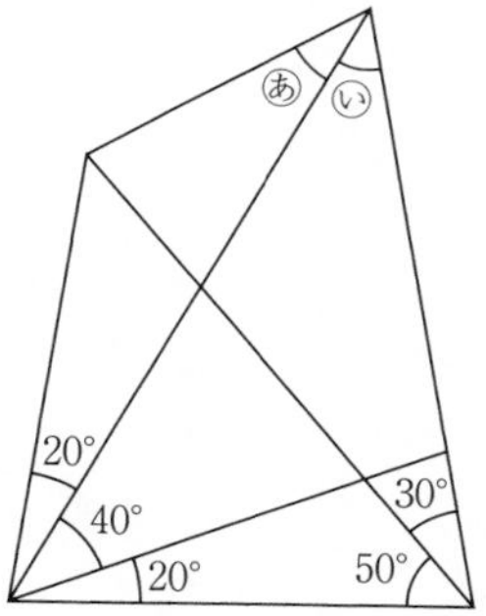

問８　右の図のような立体の面の数は全部で□個あります。

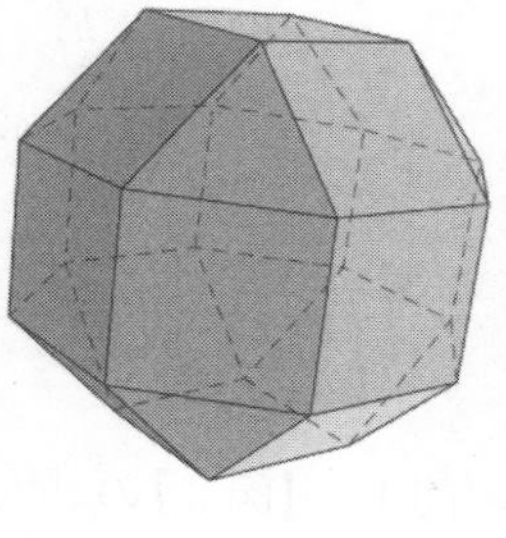

2　三角形ABCがあり，辺ABを５等分する点のうちAに最も近い点をD，辺BCを５等分する点のうちBに最も近い点をE，辺CAを５等分する点のうちCに最も近い点をFとします。また，AEとCD，BFとAE，CDとBFが交わった点をそれぞれG，H，Iとします。次の問いに答えなさい。

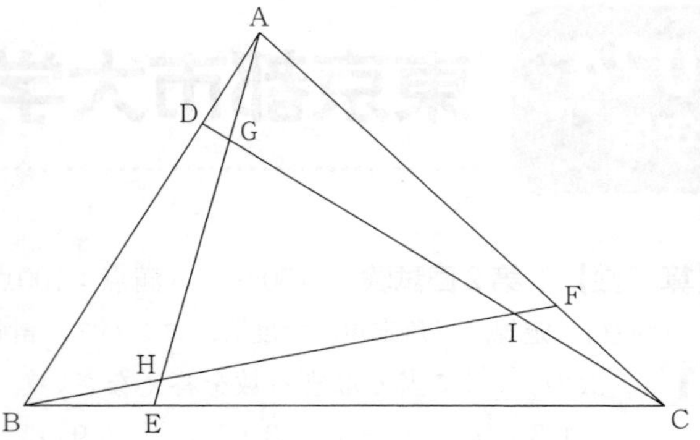

問１　EとFを結ぶとき，(三角形ABFの面積)：(三角形BEFの面積)を最も簡単な整数の比で表しなさい。

問２　(三角形ABCの面積)：(三角形GHIの面積)を最も簡単な整数の比で表しなさい。

3　ある大会では，参加した人を以下のようにグループに分け，試合を行います。

・１つのグループの人数は４人，５人，６人のいずれかとします。

・１つのグループにおいて，そのグループの中で，それぞれが他のすべての人と１回ずつ試合を行います。

次の問いに答えなさい。

問１　ある日，この大会に36人が参加し，６人ずつ６グループ作って試合を行いました。この日，全部で何試合行われましたか。

問２　別の日，４人のグループに入る人をA，５人のグループに入る人をB，６人のグループに入る人をCとして，(Aの人数の合計)：(Bの人数の合計)：(Cの人数の合計)＝6：5：4になるように，大会に参加した人を分けました。その後，試合を行ったところ，全部で696試合行われました。この日，大会には何人が参加しましたか。

4　下の【図１】の１辺が１cmの「小さい立方体」を64個組み合わせて，【図２】のような「大きい立方体」をつくりました。あとの問いに答えなさい。

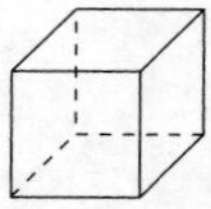

【図１】

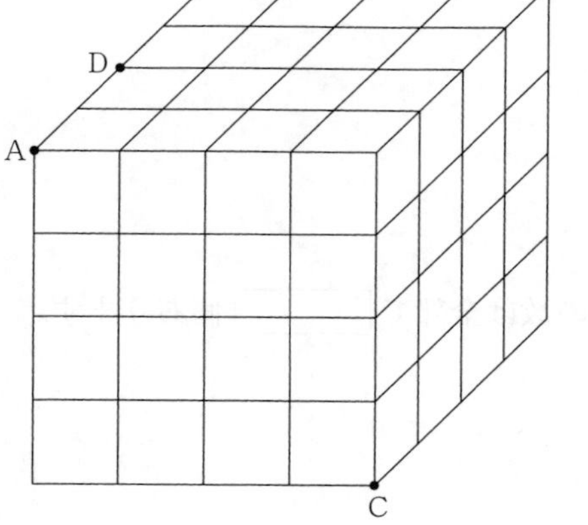

【図２】

問１　【図２】の「大きい立方体」を，３点A，B，Cを通る平面で切断すると，切断される「小さい立方体」は何個ですか。

問２　【図２】の「大きい立方体」を，３点Ｃ，Ｄ，Ｅを通る平面で切断すると，切断される「小さい立方体」は何個ですか。

問３　【図１】の「小さい立方体」を60個組み合わせて，【図３】のように１辺が３cm，４cm，５cmの直方体をつくりました。その後，３点Ｐ，Ｑ，Ｒを通る平面で切断すると，切断される「小さい立方体」は何個ですか。【図４】を利用してもかまいません。

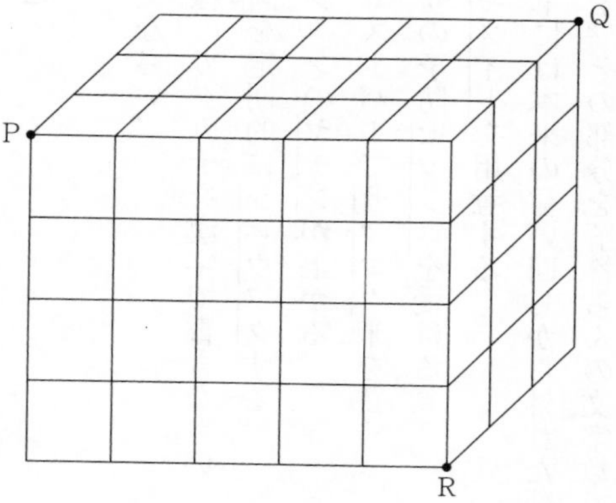

【図３】

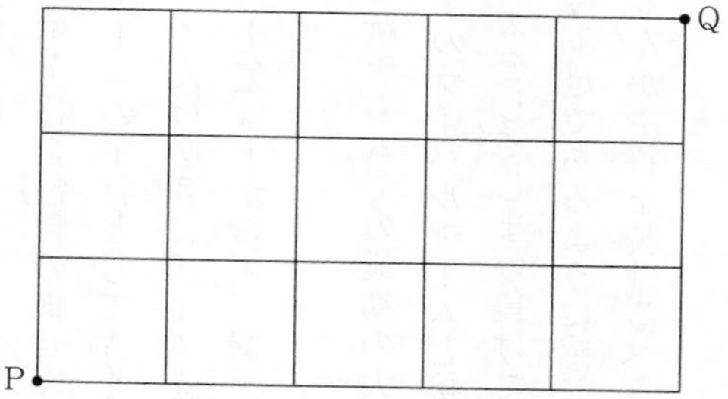

【図４】

5　下のように，どの位にも１，３，７があらわれない整数を２から小さい順に並べます。次の問いに答えなさい。

２，４，５，６，８，９，20，22，24，25，26，28，29，40，…

問１　上のように並べたとき２けたの整数は何個ありますか。

問２　2024は何番目の整数ですか。

問３　2024番目の整数はいくつですか。

4　自分の言動に気をつかわなくてもよい気楽さと、その言動が他者に影響《えいきょう》を及《およ》ぼすことのない孤独《こどく》さを「僕」が同時に味わっているということ。

四

次の各問いに答えなさい。

問1　次の各文の――線のカタカナを漢字で書きなさい。

1　世界遺産の壁画《へきが》を定期的にシュウフクする。

2　来月からマンションのヤチンが上がる。

3　健康を意識してスーパーでザッコク米を買う。

4　インフルエンザの予防セッシュを受ける。

5　手芸のためにキヌイトを用意する。

問2　次のⅠ～Ⅴの文章には本来の言い回しから外れた部分がそれぞれ一つずつあります。その部分を解答らんの文字数でぬき出し、本来の言い回しに直して答えなさい。

Ⅰ　トシコー野球部では、毎年主将を監督《かんとく》の推せんによって決めている。監督は今年の新チームの主将としてＡくんに白羽の矢をさした。主将となったＡくんは必死にチームをまとめ上げようとするものの、チームの士気は上がらず、選手たちの気持ちはバラバラのままであった。

Ⅱ　そのような状況《じょうきょう》の中で新チームでの最初の大会を迎《むか》えた。トシコー野球部は対戦相手のライバルチームと接戦を演じていたが、終盤《しゅうばん》にＡくんがミスをしてしまい負けてしまった。Ａくんは自分が主将として役不足であるように感じ、主将を降りようとするが、監督はＡくんが主将を続けるべきだと説得をした。

Ⅲ　監督の説得により、主将をもう少しだけ続けることに決めたＡくんは、次の試合では今回の試合の二の舞《まい》を踏《ふ》まないようにしようと心に固く誓《ちか》った。この日から、Ａくんは雨が降る日でも風が吹《ふ》く日でも練習を欠かさなかった。

Ⅳ　熱にうなされたようなＡくんの姿を見た他の選手たちにも気持ちの変化があらわれ始めた。それに伴《ともな》い、チームの士気も徐々《じょじょ》に上がってきた。チームはＡくんを中心として、寝食《しんしょく》も忘れるほどに練習に明け暮れた。

Ⅴ　厳しい練習に耐《た》え抜《ぬ》いた選手たちは、今までにないほどに団結力を高めることができた。半年後に行われた大会では、見事ライバルチームに雪辱《せつじょく》を晴らすことができ、そのままの勢いでチームは優勝した。Ａくんは最後まで主将としての責務を全《まっと》うした。

黙っている奴《やつ》があるか
一歩でも二歩でも前に出ればよかったのだと

夕方のビヤホールはいっぱいのひとである
誰《だれ》もが口々に勝手な熱をあげている
②そのなかでひとり
ジョッキを傾《かたむ》ける僕の耳には
だが何ひとつことばらしいものはきこえない

たとえ僕が何かを云《い》っても
たとえ僕が何かを云わなくても
それはここでは同じこと
③見知らないひとの間で心安らかに
一杯《いっぱい》のビールを飲む淋《さび》しいひととき

僕はただ無心にビールを飲み
都会の群衆の頭上を翔ぶ
一匹《いっぴき》の紋白蝶《もんしろちょう》を目に描《えが》く
彼女《かのじょ》の目にうつる
はるかな菜の花畑のひろがりを

（『ある日ある時』より）

問１　第六連に用いられている表現技法として最もふさわしいものを次から一つ選び、番号で答えなさい。

１　倒置法　２　省略法　３　体言止め　４　直喩《ちょくゆ》

問２　空らん□にあてはまる最もふさわしいことばを詩の中から五字以内でぬき出しなさい。

問３　二つの――線①「何か」が指すものとして最もふさわしいものを次から一つ選び、番号で答えなさい。

１　内なる「僕」　２　熱をあげる人々
３　没《ぼっ》個性な群衆　４　美しい紋白蝶

問４　――線②「そのなかで……きこえない」はどのようなことを表していますか。最もふさわしいものを次から一つ選び、番号で答えなさい。

１　ビヤホールの人々が発している「ことば」は、「僕」にとって意味のあるように聞こえるものではないということ。
２　ビヤホールでさかんに話す人々の「ことば」は、自分勝手でひとりよがりな内容のものばかりであるということ。
３　ビヤホールで熱をあげている人々の「ことば」は、各々《おのおの》が好き勝手なタイミングで話すため雑音にしか聞こえないということ。
４　ビヤホールで心安らかにビールを飲みたい「僕」が、人々の発する「ことば」を拒絶《きょぜつ》しているということ。

問５　――線③「見知らない……ひととき」はどのようなことを表していますか。最もふさわしいものを次から一つ選び、番号で答えなさい。

１　顔見知りの相手の機嫌《きげん》をうかがわなくてよい気安さと、かるがると会話の輪の中に入ることのできない物足りなさを「僕」が同時に味わっているということ。
２　自分の行いがだれにも妨《さまた》げられない開放感と、あらゆる発言が無視されることに対する疎外《そがい》感を「僕」が同時に味わっているということ。
３　好みのビールをじっくりと味わえる安心感と、無心でビールを飲むことしかできないむなしさを「僕」が同時に味わっているということ。

めだったと気づき、とんでもないことをしてしまったと思うとともに、我慢が足りなかった自分を責めた。

4　大事にしていた扇子を引き裂くほどおかしくなっていた父親を見てショックを受け、言葉を失うとともに、我慢していた痛みもどこかへ行ってしまった。

問7　――線⑤「ひさしもやがてゆっくりと目を閉じた」とありますが、その説明として最もふさわしいものを次から一つ選び、番号で答えなさい。

1　父親の怒りは戦争を始めた国の指導者たちに向けられているが、その感情を押し殺して耐えている父親の強さをひさしは感じ取り尊敬している。

2　親しい知人や大切なものを戦争で次々と失ったことによるやりきれなさを隠せない父親を見て、ひさしは親の老いに悲しい思いをしている。

3　世の中は美しいものを保つことすらできないほど行きづまり、そこで窮屈に生きる父親の姿にひさしは子として複雑な思いを抱《いだ》いている。

4　すでに敗戦が濃厚《のうこう》な状況《じょうきょう》を今回の遠出で感じとり、自暴自《じ》棄《き》になっている父親や世の中の人々の姿に不安を感じたひさしは弱気になっている。

問8　この文章の表現に関する説明として最もふさわしいものを次から一つ選び、番号で答えなさい。

1　登場人物の心中まで語り手に語らせることで、読者はこの後に訪《おとず》れる歴史上の出来事を想像しつつ、その時代を生きる家族の物語として読むことができるようになっている。

2　父と子の会話を中心にしつつ、そこにほかの登場人物の会話が加わって構成され、読者は人物の表に現れない心理・心情を想像しながら読むようになっている。

3　主人公の語りとともに物語が進行しているため、主人公がわかっている範囲《はんい》のことだけが語られており、書かれていないところは読者が補うようになっている。

4　複数の出来事が複雑に絡《から》み合った物語の筋が、舞台《ぶたい》を見下ろすような視点を持った語り手によって語られることで、読者の想像力をかき立てるようになっている。

三　次の詩を読んで、後の問いに答えなさい。

ビヤホールで　黒田三郎

沈黙《ちんもく》と行動の間を
□のように
かるがると
美しく
僕《ぼく》はかつて翔《と》んだことがない
黙《だま》っておれなくなって
大声でわめく
すると①何かが僕の尻尾《しっぽ》を手荒《てあら》く引き据《す》える
黙っていれば
黙っていればよかったのだと
何をしても無駄《むだ》だと
白々しく黙りこむ
すると①何かが乱暴に僕の足を踏《ふ》みつける

読者の想像力をかき立てている。

3　物語の流れと主人公の心情の変化をつなぐ役割を果たし、主人公が時代の波に翻弄《ほんろう》されていることを痛みという具体例で明示し、読者が読みまちがえないようにしている。

4　物語のはじめからクライマックスまでの展開を導く仕掛けであるとともに、主人公の心理・心情を読者にわかりやすく伝え、共感を呼びやすくしている。

問3　空らん□にあてはまることばとして最もふさわしいものを次から一つ選び、番号で答えなさい。

1　手錠《てじょう》　2　目隠《めかく》し　3　さるぐつわ　4　耳せん

問4　――線②「それだけは、ひさしにも、母親にも言わなかった」とありますが、それはなぜだと考えられますか。最もふさわしいものを次から一つ選び、番号で答えなさい。

1　戦局の悪化とともに暮らしの自由がますますきかなくなっていくことに父親は気づいているが、それを口にしたら家族に心配をかけてしまうから。

2　戦局の悪化を仕事で知っている父親は、そのことを家族に言って広まってしまったら後で責任をとらなければならなくなることを恐《おそ》れているから。

3　戦局の悪化は何年も前から予測できたことではあるが、そのことを実感できない家族には説明しても仕方ないとあきらめているから。

4　戦局の悪化はすでにだれの目に見ても明らかであり、そのことを家族に言えばいまさら何を言っているのかとばかにされてしまうから。

問5　――線③「『ありがとうございました。』」とありますが、この時のひさしについての説明として最もふさわしいものを次から一つ選び、番号で答えなさい。

1　父親は困っているであろう店の女将の助けになればと思ってひさしを連れてきたのだが、ひさしには女将が困っているようには見えなかった。大人には子どもが理解できない側面があるのだと知り、あたりさわりのない言葉であいさつをした。

2　父親は親しくしていた同業者の死を悼《いた》むついでにひさしを店に連れてきたのだが、ひさしはこの一件で急速に成長することができた。他人を大事にする大人の人間関係を知ったひさしは、実に適切な言葉で女将をはげますことができた。

3　父親はもう二度と会えなくなるだろう店の女将に別れを告げに来たが、ひさしははっきり言えない父親の姿に人生の難しさを読み取った。父親の代わりに何かを言わなければならないと思ったが、ひと言お礼を言うのが精いっぱいであった。

4　父親は純粋《じゅんすい》にひさしを喜ばせようと思って店に連れてきたのだが、ひさしは大人には微妙《びみょう》な人間関係があることに気づいてしまった。しかし、ここで言うべき言葉が出てこなかったため、できる限り気持ちが伝わる言葉を選んで言った。

問6　――線④「『蘭が……。』」とありますが、この前後のひさしについての説明として最もふさわしいものを次から一つ選び、番号で答えなさい。

1　父親は思案顔をしていたのである程度予測のできた行動だったが、それでもいざそうなってみると自分にも責任があると思い、我慢しなかったことを後悔した。

2　父親の性格からすれば十分に可能性のある行動ではあったが、実際にこのような場面に出会うと元気を失うことになり、我慢しなければという気もなくなった。

3　思いもよらない父親の行動を見て驚いたが、それが自分のた

「少しだけ。」

と答えた。

すると父親は、手にしていた扇子を開きかけ、いきなり縦に引き裂《さ》いた。そして、その薄《うす》い骨の一本を折り取ると、呆気《あっけ》にとられているひさしの前で、更《さら》に縦に細く裂き、

「少し大きいが、これを楊枝の代《かわ》りにして。」

と言って差し出した。

ひさしは、頭から冷水を浴びせられたウようだった。その扇子は、亡くなった祖父譲《ゆず》りのもので、父親がいつも持ち歩いているのを知っていたし、扇面には、薄墨《うすずみ》で蘭が描《えが》かれていた。その蘭を、いいと思わないかと言ってわざわざ父親に見せられたこともある。

ひさしは、

④「蘭が……」

と言ったきり、あとが続かなくなった。

父親に促《うなが》されるまま、ひさしは片手で口を蔽《おお》うようにして、細くなった扇子の骨を歯に当てた。

熱が退《ひ》くエように、痛みは和《やわ》らいでいった。ひさしから痛みが消えたのを見届けると、父親はハンカチーフでゆっくり顔を一と拭《ふ》きした。

それからまた、元のように目を閉じた。

ひさしは、自分の意気地《いくじ》なさを後悔《こうかい》した。

父親が惜《お》し気《げ》もなく扇子を裂いてくれただけに、責められ方も強かった。うれしさも、ありがたさも通り越《こ》して、何となく情なくなっていた。

しかし、ひさしはその一方で、ずっと大切にしてきたものを父親に裂かせたのは、自分だけではないかもしれないとも思い出していた。はっきりとは言葉に出来ないのだが、決して望むようにではなく、やむを得ない場所で否応なしの勧めをさせられているように見えるこの頃《ごろ》の父親を、ひさしは気の毒にも健気《けなげ》にも思い始めていた。

静かな音を立てて水の流れる掘割のそばを、ぎごちない足どりで駅に向かっていた父親の背が、対いの席で目を閉じている父親に重なった。今頃あの女のひとはどうしているだろう。列車の振動に身をまかせて、⑤ひさしもやがてゆっくりと目を閉じた。

※国民服…戦時中、日本国民の男性が常用すべきものとして定められた、軍服に似た服装。一九四〇年に制定された。

※モンペ…腰、膝まわりにゆとりを持たせ、裾《すそ》を細くしぼった形のズボン状の衣服。もとは農山村の労働着。戦時中に女性の標準服として広まった。

※鎧戸…直射日光を防ぎ、通風を保つために、幅《はば》の狭《せま》い横板を一定の傾《けい》斜《しゃ》・間隔《かんかく》で何枚も取り付けた戸のこと。

※水炊き…鶏《とり》肉や野菜を出汁《だし》湯で煮《に》、ポン酢醤油《ずしょうゆ》などをつけて食べる鍋《なべ》料理。

※仕舞屋…町中にある、商家ではないふつうの家。もとは商売をやめた家の意。

※女将…料理屋や旅館などの女主人。

問1　‖線ア〜エの「よう」をふくむことばのうち、意味・用法の異なるものを一つ選び、記号で答えなさい。

問2　──線①「歯の痛み」に関する表現は、この文章ではどのような働きをしていますか。その説明として最もふさわしいものを次から一つ選び、番号で答えなさい。

1　物語の展開を予感させる暗示的な表現として用いられ、急激な場面の転換《てんかん》をあらかじめそれとなく読者に伝えることで、本文を読みやすくしている。

2　物語の中の事件を時間の流れの順に整理する役割を果たしながら、主人公の複雑な心理・心情を痛みの変化で示すことで、

食卓《しょくたく》をととのえてくれた。父親はちょっと箸《はし》をつけただけで専《もっぱ》ら酒をふくみ、ひさしの食欲を満足そうにながめていた。

ひさしは、初めて会った女将の物言いや仕種《しぐさ》を見て、他人の死をこんなにまでかなしむのは、きっと優《やさ》しいひとに違《ちが》いないと思ったが、そのうちに、そのかなしみの一《ひ》と通りでない様子から、自分を可愛がってくれた人の今まで知らなかった一面を、それとなく知らされもした。

あの小父《おじ》さんは、自分はさきにさようならしたからいいようなものの、この女のひとはこれからどうやって生きていくのだろう。今日という日に、大事な人のお葬式にも出られないで、同じ土地にひっそり働いている女のひとを知ったことが、ひさしに、漠然《ばくぜん》とながら人生の奥行《おくゆ》きのようなものを感じさせた。

玄関《げんかん》を出る時、女将は父親に、あまり遠くない時期にぜひもう一度おたずね下さいと言い、父親が女将に、あなたもどうぞ気を強く持って下さいと言っているのをひさしは聞いた。ひさしは、今自分がこの女のひとのために出来るのは、心からお礼を言うことだけだと思ったので、父親のそばからただ一と言、

③「ありがとうございました。」

と丁寧《ていねい》に言って頭を深く下げた。

町中の掘割《ほりわり》を、静かな音を立てて水の流れている町だった。あの世へ旅立ったばかりの人が、今にも後から追って来そうなその掘割のそばを、父親はもう二度と通ることもないだろうと思いながら、一歩一歩を踏《ふ》みしめるイように、黙《だま》って駅に向かっていた。

父親が黙っているので、ひさしも黙って少し後から歩いていた。靴《くつ》をはいた父親の歩き方は、和服に下駄《げた》の普段の歩き方よりも、ずっとぎごちなくひさしには見えた。

帰りの列車に乗ると間もなく始まったひさしの歯痛は、時間が経《た》ってもいっこうに楽にはならなかった。少し前に続けていた治療《ちりょう》の際の詰物《つめもの》がとれて、そこに何かの繊維《せんい》がきつくくい込《こ》んだらしい。治療の半ばでほうり出したことも悔《くや》まれる痛み方だった。

対いの席で時々額の汗を押えていた父親は、いつの間にか目を閉じていた。隣の老人に倚りかかられて、心持ちからだを斜《はす》に倒《たお》している。ひさしの周囲で不機嫌そうな顔をしていた大人達も、列車が走り続けるうちに、振動《しんどう》にまかせて一様に首をかしげ、一様に目を閉じていた。

何とか我慢《がまん》しよう、とひさしは思った。父親に訴えたところで、父親も困るだろう。楊枝《ようじ》もなければ痛み止めの薬があるわけでもない。ところが、改めてあたりを見廻《みまわ》してみて、目覚めているのがどうやら自分一人と分《わか》ると、痛みは耐え難くつのってきた。窓の外の景色に気を紛《まぎ》らせるというわけにもいかないし、嗽《うがい》に立つことも出来ない。

ひさしは、眠《ねむ》っているらしい人達に気を遣《つか》って声を立てず、指で父親の膝《ひざ》をつついた。驚《おどろ》いて目を開いた父親に、ひさしは片頬《かたほお》を片手で押えて、しかめっ面をしてみせた。

「歯か？」

と即座《そくざ》に父親は反応した。眉《まゆ》の間に皺《しわ》を寄せたままひさしはうなずいた。

父親は、困った、という表情になったが、困った、とは言わなかった。その表情を見た途端《とたん》、ひさしは、

「何か挟《はさ》まっているみたいだけど、大丈夫《だいじょうぶ》、取れそうだから。」

と言ってしまった。取れそうな気配もなかった。

今度はひさしのほうが目を閉じた。あと一時間半の辛抱《しんぼう》だ。そう自分に言いきかせて、自分の手をきつく抓《つね》った。

いっときして目を開くと、父親が思案顔で見詰めている。

「まだ痛むか？」

ひさしは、息を詰めたくなるような痛さにいっそう汗ばんでいたが、

二人掛《が》けの座席はいたるところで三人掛けになり、窮屈《きゅうくつ》そうに身を寄せ合った乗客が、霽《は》れない顔付きで扇子《せんす》や団扇《うちわ》を使っている。網《あみ》棚《だな》の荷物をしきりに気にしている老婆《ろうば》は耳が遠いらしく、隣《となり》の男に、この次はどこの駅かと大きな声でたずねていた。

窓際《まどぎわ》の席で父親と対《む》かい合っているひさし少年は、頑丈《がんじょう》そうでもないからだを腰板に押《お》しつけられながら、さっきから①歯の痛みをじっと怺《こら》えているのだが、こんな時は、遠くの席の赤ん坊《ぼう》の泣き声まで耳に立った。

小学校も最後の夏休みに、父親の出席する葬儀《そうぎ》について行ったのはいいけれど、帰りの列車に乗ると間もなく、思いがけない歯痛になった。いつ父親に言い出したものかと、周囲の乗客にも気兼《が》ねして、すっかり固くなっている。

父親は、扇子を片手に握《にぎ》りしめたまま、反対の手で、時々、胸のポケットからハンカチーフを取り出して額の汗《あせ》を押《おさ》えていた。家にいる限り、暑さを訴《うった》えることも、寒さを訴えることも滅多《めった》にない父親であるが、その父親がこの車内の暑さを耐《た》え難《がた》く思っているのはほかでもない。平素着馴《きな》れない国民服というものを着用しているのと、列車の窓に※鎧戸《よろいど》が下ろされているためだった。

列車は、内海に沿って東に走っていた。

しかし、この鉄道の沿線にはずっと軍需《ぐんじゅ》工場が続いているので、乗客はその地域を通る間中、どんなに暑くても当局の命令通り窓に鎧戸を下ろさなければならなかった。

見るからに暑苦しいカーキ色の服の襟元《えりもと》を詰《つ》めて、わざと風通しを悪くした部屋でゆるい□をされているような時間が、さすがの父親にも耐え難く思われた。

戦争をする相手の国が増えて、質素と倹約《けんやく》の生活を政府がすすめるのと見合うように、近郊《きんこう》へ買い出しに出掛ける人の数も次第《しだい》に増えている。現にこの車輛《しゃりょう》の網棚の荷物も半ばは大きなリュックサックで占《し》められていた。通路も塞《ふさ》がっているので、互《たがい》に気軽に洗面所へ立つことも出来ない。

ひさしには、座席にいて見渡《みわた》せる乗客のどの顔も、一様に不機嫌《ふきげん》そうに見えた。自分の痛みが嵩《こう》じると、人々の不機嫌も嵩じるアように思われた。

父親は、工場を休んでの葬儀への出席だった。離《はな》れた土地にまでわざわざ一人息子《むすこ》を伴《ともな》う気になったのは、長い間、親戚《しんせき》以上の懇意《こんい》で頼《たよ》り合った同業の故人に、ひさしが格別可愛《かわい》がられていたのも理由の一つだが、この時勢では、息子を連れて旅する機会も、これからはなくなるだろうという見通しもあってのことだった。しかし②それだけは、ひさしにも、母親にも言わなかった。

何年か前までは、家族で避暑地《ひしょち》に滞在《たいざい》する生活もあった。けれども父親の見る限り、再びそうした生活に戻《もど》れるあてはなく、工場での働き手も、一人、また一人と兵役《へいえき》に抜《ぬ》き取られて、次々に戦場に送られていた。工場の規模でさえ、否応《いやおう》なしに縮小を迫《せま》られる日のそう遠くはないことも、この父親にはすでに充分《じゅうぶん》予感されていた。

父親は、ひさしを伴うのに、葬儀という名目があってむしろよかったと思った。それで、葬儀が終《お》わると、予《あらかじ》め頼《たの》んでおいた店に寄って、ひさしに好物の※水炊《みずた》きを食べさせた。

店と言っても、表に看板も掲《かか》げていない※仕舞屋《しもたや》ふうの造りである。ここの※女将《おかみ》と亡《な》くなった人とが普通《ふつう》の親しさではなかったところから、父親はそれまでにも幾度《いくど》かこの店に案内されていたが、水炊きのよかった記憶《きおく》がひさしに繋《つな》がって、無理を承知で頼んでみた。

ひとしきり思い出話に涙《なみだ》を拭《ぬぐ》い続けた女将は、こんな時ですから、材料も大っぴらには手に入りませんし、板前も兵隊さんに取られてしまって、いつまで営業出来ますやらと言いながら、それでも贅沢《ぜいたく》なないという意味。

問4　――線③「人間はパンのみにて生きるにあらず」とありますが、このことばと対応する表現を含む一文を文中からぬき出し、はじめの五字で答えなさい。

問5　――線④「文化」、――線⑤「趣味」とありますが、本文における「文化」や「趣味」に関する説明として**ふさわしくないもの**を次から一つ選び、番号で答えなさい。

1　文化は芸術・芸能・学問などを幅《はば》広く含む人間の精神活動の成果であり、科学もその一つであると言える。

2　趣味は文化の発祥になる可能性を持っているが、社会性を伴わず完全に個人のレベルに閉じているものである。

3　初めは個々人の趣味でしかなかった植物学・動物学・鉱物学が、多くの人々の支持によって博物学という文化に発展していった。

4　個人の趣味を超《こ》えて社会性を獲得した文化を維持するためには、個人の努力だけでなく社会の受容も不可欠である。

問6　空らん［ウ］にあてはまることわざを考えて書きなさい。

問7　――線⑥「科学・技術を進めていく上での決定的なカギ」とありますが、筆者の「科学・技術」に対する考えに最も近いものを次から一つ選び、番号で答えなさい。

1　基礎的な研究を積み上げた先にある経済的な価値を目指し、強い信念を持った科学者たちを長い目で見てゆっくり育て上げることこそが、科学・技術の未来を守っていく。

2　企業が追い求めるイノベーションにとらわれることなく、文化的な価値を創造することこそが、科学・技術を進めていく上での大きな成功とみなすことができる。

3　科学・技術はお金をかければかけるほど成果が出るものではなく、目先の利益をあげるよりもじっくりと自然を理解することこそが、科学・技術の進歩につながっていく。

4　科学がもたらすあたらしい物質観や世界観を企業活動に取り入れ、イノベーションのあり方を根本から見直すことこそが、科学・技術の発展に不可欠である。

問8　この文章の表現に関する説明として最もふさわしいものを次から一つ選び、番号で答えなさい。

1　ノーベル賞受賞者のエピソードを挿入《そうにゅう》することによって、「科学がどう役に立つか」に対する考え方の違いを浮《う》き彫《ぼ》りにしている。

2　「イノベーション」ということばを随所《ずいしょ》にちりばめることによって、筆者がこの文章で伝えたいテーマを明確にしようとしている。

3　全体を通して「です・ます」調で書くことによって、一部の人間しか理解できないような科学の問題を理解してもらえるよう努めている。

4　「～でしょうか?」「～でしょう。」など、明言を避《さ》けることによって、筆者の主張が絶対的に正しいわけではないとほのめかしている。

二

次の文章は竹西寛子の小説「蘭《らん》」の全文です。これを読んで、後の問いに答えなさい。

列車の中は、※国民服や※モンペ姿の人達《ひとたち》で混み合っていた。立ったままで座席に倚《よ》りかかっている者がある。通路に荷物を置いてそれに腰《こし》を下ろしている者もいる。

暑い。すでに西陽《にしび》の時刻でもあった。

その一例として、日本の企業が行った半導体のＣＣＤ（電荷結合素子）の開発があります。光を照射すると電子が飛び出してくる光電素子で、電子の輸送法を工夫して、素子のどの部分に、どのような色（波長）の光が、どのような強度で当たったか、をコンピューターで割り出せるように工夫したものです。その結果、碁盤《ごばん》のようにＣＣＤを縦横に格子状に並べた版上に像を撮《と》ることができ、それを刻々とコンピューターに記憶《きおく》することでデジタル撮影《さつえい》が可能になりました。素子の感度を上げることによって弱い光でも像が撮れ、格子上の網目《あみめ》（メッシュ）の点の数を増やして詳細《しょうさい》な像が撮影できるまでに進歩させました。この可視光用のＣＣＤを世界で最初に作ったのは日本の企業で、ケータイのカメラなどに使われ、一時世界のカメラ市場を制覇《せいは》しました。ＣＣＤの開発段階ではほとんど成功の見込《みこ》みはなく、投資のムダではないかと非難されたのですが、その困難を乗り切って成功したのです。

（中略）

以上のように、当面の効用が第一で科学・技術が直ちに役に立つことを追求するよりは、長い目で見て基礎的な研究からしっかり積み上げていく研究が重要であることがわかると思います。大学等の研究者はこのような信念を持っている人が多く、そのような科学者を大事にすることこそ、⑥科学・技術を進めていく上での決定的なカギであるのです。ともすれば、近視眼的にすぐに「役立つ」ことを求めたがるのですが、それではかえって大きな成功を逃《のが》すことになるのではないでしょうか。

また、科学の文化的な価値を大事にし、科学がもたらす新しい物質観や世界観を学び直し、より深く自然を理解することが科学の重要な役割であることを忘れてはなりません。科学・技術を通常の企業活動と同じとみなし、投資を集中すれば成果が上がるとする考えでは、本当のイノベーションに結びつかないでしょう。根本から問題を見直し、長い目で見てじっくり育てていくという姿勢こそが、科学・技術の育成に求められているのです。

（池内　了『なぜ科学を学ぶのか』より）

問１　空らん［ア］・［イ］にあてはまることばを、それぞれ漢字一字で答えなさい。

問２　――線①「小石を積み上げるような粘り強い作業」とありますが、どういうことですか。最もふさわしいものを次から一つ選び、番号で答えなさい。

１　危険が伴い手を出すのがはばかられる実験に、安心して取り組ませること。

２　名声や確かな成果は保証されないが、次の研究の成功を支えていくこと。

３　先行する研究よりも、ほんのわずかな成功を期待して行われること。

４　大した業績も出せず、研究の発展に寄与しない研究を諦《あきら》めずに続けること。

問３　――線②「何の役にも立たない」とありますが、この小柴氏の発言にはどのような意味がありますか。最もふさわしいものを次から一つ選び、番号で答えなさい。

１　実利的な成功だけを追い求める人たちを説き伏《ふ》せる力を持つものではないという意味。

２　世間からたたえられたり、今後の基礎研究の成功を支えるものではないという意味。

３　人類をとりまく自然や宇宙がどんなものかを解き明かすものではないという意味。

４　経済全体の活性化や、企業の金儲けに繋がっていくものでは学・鉱物学というふうに分科して「科学」へと発展しました。その意味では、科学は趣味に出自（生まれ故郷）を持つ個人の楽しみであったのです。

趣味と文化の決定的な違《ちが》いは、趣味は個人だけの楽しみですが、文化は社会性があるということ、つまり文化は多くの人々の支持によって広く共有されるものだということです。だから、文化は人々の支えによって維持《いじ》できるもので、税金が使われたり、浄財《じょうざい》で賄《まかな》ったり、対価を求めたり、ボランティアの助けを得たり、というような形で社会と結び合うことになります。文化が健全に育ち社会に生き続けるためには、個人の努力と社会の受容が両輪とならねばならず、蓄積《ちくせき》と発展のための努力が個人及び社会の双方《そうほう》に求められるわけです。こう考えると、文化こそ社会に生きる人間的行為であると言えるでしょう。私が「文化としての科学」と言うとき、科学は商売や経済の手先になるのではなく、「文化としての科学こそ人間の証明」であるということを言いたいのです。

他方、多くの科学者は、文化としての科学という抽象的《ちゅうしょうてき》な概念《がいねん》だけではなく、いつの日かそこから新しい技術が開発され、人々の生活に役立つようになると考えています。これが基礎研究の第三の「役立ち方」で、今はまだ何の役にも立たない純粋な基礎科学だけれど、そのうちに技術と結びついて、実際の物質に応用できるようになり、私たちの生活を豊かにするに違いない、と信じているのです。だから、焦《あせ》らず長い目で見守って欲しい、と願っています。今確実に役に立つようになるとは言えないけれど、過去を振《ふ》り返ってみれば何度もそんなことがあったのだから、またいつの日かそうなるだろう、という気持ちを持っています。

例えば、電子や原子の運動を記述する量子力学は、最初は人間の生活とは縁《えん》がない極微《ごくび》のミクロ世界の基礎的な物理法則でしかないと思われていました。しかし、１９５０年頃《ころ》から、ＩＣ（集積回路）の発明を通じてコンピューターを動かす上での作動原理であり、Ｘ線や電子や陽子を用いた病気の治療《ちりょう》や物質の診断《しんだん》に応用するための動作規則として働き、原子・分子レベルでの物質の振る舞《ま》いを記述しており、さまざまな新物質を作り出すための基本法則である、というふうに今や量子力学を抜きにしては成り立たない分野が数多く拓《ひら》かれてきました。

（中略）

このように、基礎科学として始まった分野であったけれど、広い範《はん》囲《い》に応用分野が展開し、人間の生活に大きな影響を与えるようになったことが何度もありました。科学者は「いずれ役に立つから」と人々や政府に期待を持たせて、研究費を保証するよう求めているのです。

これとは対照的に、日本の産業力の活性化のためだとして、政府や産業界は大学に基礎研究をすっ飛ばして、直ちにイノベーション（技術的革新）の種を提供するようしきりに要求しています。しかし、いくらイノベーション狙《ねら》いの掛《か》け声をかけ研究費を投じても、最初からイノベーション狙いの研究は底が浅く、たいしたものはなかなか生まれません。遠回りのように見えるけれど、「いつか役に立つ」としか言えない基礎研究から始めた方がよいのです。「　ウ　」という言葉があるように、近道をしようとすると、かえって道がわからなくなることが多く、基礎研究という遠回りに見える道を選ぶ方が得策なのです。

その意味で、基礎研究の第四の「役立ち方」があります。最初は実験段階で企業化や商業化はとても無理だけれども、じっくり時間をかけて基礎的な実験を積み重ねて技術開発に繋げていくという方法です。この場合、取りかかった時点では困難な技術で簡単に応用できそうにはないけれど、「いずれ役に立つ」との信念の下で、慌《あわ》てずに基礎研究に没頭《ぼっとう》する、というものです。

役にも立たない！」と返答されたそうです。ニュートリノは、太陽内部や星の最終段階から多数放出され、星の進化に影響《えいきょう》を及《およ》ぼすことは理論的に予想されていましたが、私たちの生活に何かの役に立つとは考えられない粒子《りゅうし》です。物質とほとんど反応せずにスカスカと通り過ぎていくために、幽霊《ゆうれい》のような粒子と言えるかもしれません。通常の検出器では捉《とら》えることができず、カミオカンデという巨大《きょだい》な水槽《すいそう》でやっと捕《つか》まえることができたのです。

このようにニュートリノはカミオカンデで実際に存在することが確認でき、その性質が調べられるようになって素粒子の理論が確立することになりました。その結果、宇宙を構成する上で不可欠な物質の一つであり、宇宙の進化に重要な役割を果たしていることが実証されたのです。

実際のところ、ニュートリノは、純粋《じゅんすい》に科学の世界でのみ非常に大切な物質ですから、まったく経済論理や商業的利用とは関係がありません。だからといって、「何の役にも立たない」と言い切ることはできませんね。科学のため、文化のために、ニュートリノ研究は「役に立っている」ことになりますから。私は、これを「無用の用」と言っています。ある目的のためには役に立たない（無用）けれど、別の目的から見れば（異なった視点で見れば）役に立つ（用）という意味です。

科学研究の社会に対する役立ち方を考えてみましょう。

一つは科学・技術の効能について先に述べたように、それによって人間の生活が便利で効率的になり、生産力が増大し、人々の暮らしが健康的で豊かになるということです。特に技術は人間の生活に密着した人工物を製作することが本来の目標ですから、技術の効能がより大きくなるためには人々の生活により役立たねばなりません。そして、当然、技術の発達による効能が経済的利得と結びつくことが求められます。要するに、儲かるための技術開発であることが、一般《いっぱん》に受け取られている「社会の役に立つ」という意味になります。先のニュートリノに対する質問も、ニュートリノが遠隔《えんかく》通信に使えるというようなことを期待したのだろうと思われますが、科学・技術の研究はこのように役立つことが当然と通常は考えられているわけです。

しかし、「役立ち方」はそれだけではありません。もう一つは、ニュートリノの研究がそうであったように、純粋科学や文化の創造に寄与するという役割です。私は常々「科学は文化である」とか「文化としての科学」と言っていますが、金儲けや経済的利得は［イ］の次で、人間の精神的活動としての文化の一つとして科学を考えています。モーツァルトの音楽もゴッホの絵画もロダンの彫刻《ちょうこく》もモリエールの演劇も、これらの芸術の成果は文化であり、「無用の用」と言えるでしょう。これらが無くなっても私たちは生きていけるのですが、これらがない世界は精神的に貧しくて空《むな》しく感じられるでしょう。「③人間はパンのみにて生きるにあらず」で、物質世界から言えば「無用」ですが、精神世界には「用」なのです。

ここで「④文化」というものが持つ意味を考えてみましょう。文化は人間の精神的活動の成果で、芸術のみならず芸能や学問や宗教や道徳などが含《ふく》まれ、科学もその一つです。文化とは、「あることが大事で、無くなれば寂《さび》しい」というもので、基本的には個人の心を満たすためのかけがえのない先人の贈り物と言えるでしょう。

文化のための行為ですが、まったく個人のレベルに閉じているのが「⑤趣味《しゅみ》」です。切手集めや小石集めや貝殻《かいがら》集めなどの趣味は、通常は利益や見返りを求めず、自分が楽しければよいというものですね。それが文化の発祥《はっしょう》であり、それはとても大事な人間の営みなのです。西洋では、珍《めずら》しい植物や動物や鉱物を蒐集《しゅうしゅう》する趣味から、やがて蒐集物の共通する部分と異質な部分に着目して分類するという「博物学」になりました。さらに、その各々の分野が独立して植物学・動物

2024年度

東京都市大学付属中学校

【国語】〈第二回試験〉（五〇分）〈満点：一〇〇点〉

［注意］　国語の問題では、字数制限のあるものは、特別な指示がない限り句読点等も一字に数えます。

一　次の文章を読んで、後の問いに答えなさい。

21世紀に入って「役に立つ科学」ということがしきりに強調されるようになりました。通常、「役に立つ」とはイノベーション（技術革新とそれに伴《ともな》う生産・経営形態の更新《こうしん》）に大きく寄与《きよ》するという意味であり、単純に言えば、経済の活性化に役立ち、金儲《もう》けにつながる革新的技術への貢献《こうけん》と言えるでしょうか。企業《きぎょう》が新規事業を起こすことに力を尽《つ》くすとか、企業が売り上げを伸《の》ばして成長するのに役立つというふうに、科学が実利的な意味で役に立たねば意味がない、とまで言う人もいます。あるいは、「我々は霞《かすみ》を食べて生きているのではない」とか「誇《ほこ》りや倫理《りんり》ではお腹が膨《ふく》れない」と言い、実際の経済的な価値が生み出せない科学を否定する人もいます。むろん、そのような人でも、問われれば「基礎《きそ》的な研究が必要」とは言うのですが、それはすぐに応用され利益を生むものでなければならず、「いつまでも基礎研究だといって甘《あま》えていては困る」と念を押《お》すのです。

基礎研究とは、モノになるかどうかわからない野心的なテーマに研究者が果敢《かかん》に挑戦《ちょうせん》する研究で、そこからノーベル賞級の大きな成果が得られて成功することもあるけれど、何ら［ア］ぼしい成果が得られず不成功に終わることもあります。というより、成功するよりも不成功である（あるいはごく小さな成功でしかない）方が圧倒《あっとう》的に多いでしょう。実際、多くの研究者がノーベル賞を目指して研究に勤《いそ》しんでいますが、ほんの少数しか成功せず、ほとんどはたいした業績を残せずにいます。では、そんな研究はムダで無意味であり、研究者が多くいる必要はないのでしょうか？

そんなことはありません。研究において不成功であった場合も、大きな仕事に繋《つな》がらなかった場合も、やはり意味があるのです。次の世代の研究者が同じ失敗をせずに済むからであり、次の研究が成功するためのヒントを与《あた》えることになるからです。研究とは、いわば、まだ誰《だれ》も通ったことがない荒野《こうや》に道をつけて、なんとか目的地に辿《たど》りつこうとする行為《こうい》のようなものです。その過程で研究者は、雑草を刈《か》り取り、倒木を片付け、岩や石を取り除き、川があれば橋をかけ、というふうな作業を行っているのです。そのようにして、数多くの研究者がけもの道から徐々《じょじょ》に人が通る道へと整備した結果、険しい断崖《だんがい》を越《こ》えて目的の豊穣《ほうじょう》の地に行き着いた最後の研究者がノーベル賞を獲得《かくとく》しているのと言えるのです。

その意味で、ほとんどの研究者はゴールまで長く続く道の一部を整備し、人が通れるように固めるという、地味で目立たない研究を積み重ねています。一見すると、たいした業績も出せず、研究の発展に役に立っていないように見えるので、研究費を出すのは無意味だと思うかもしれません。しかし、そう決めつけるのは正しくありません。研究の世界には、このような①小石を積み上げるような粘《ねば》り強い作業が不可欠なのですから。数知れない下積みの努力があってこそのノーベル賞であるということなのです。

もう一つの基礎研究として、自然の法則や根本的な原理を追究する分野、つまり物質観・自然観・宇宙観など人間の文化のみに寄与する分野の研究があります。例えば、２００２年に小柴昌俊氏がニュートリノの研究でノーベル賞を授与されたとき、記者から「ニュートリノは何の役に立つのですか？」と聞かれて、小柴氏はただ一言「②何の

2024年度

東京都市大学付属中学校　▶解説と解答

算　数　＜第２回試験＞（50分）＜満点：100点＞

解　答

1 問１　6　問２　12402m²　問３　25％　問４　21日　問５　167番目　問６　101　問７　70度　問８　26個　2 問１　20：1　問２　7：3　3 問１　90試合　問２　360人　4 問１　16個　問２　28個　問３　23個　5 問１　42個　問２　352番目　問３　8942

解　説

1 逆算，単位の計算，売買損益，相当算，仕事算，数列，整数の性質，角度，構成

問１　$0.75\div\frac{9}{10}=\frac{3}{4}\times\frac{10}{9}=\frac{5}{6}$より，$\left\{\frac{3}{8}\times\left(\square-3\frac{3}{5}\right)-\frac{5}{6}\right\}\times1\frac{2}{3}=\frac{1}{9}$，$\frac{3}{8}\times\left(\square-3\frac{3}{5}\right)-\frac{5}{6}=\frac{1}{9}\div1\frac{2}{3}$ $=\frac{1}{9}\div\frac{5}{3}=\frac{1}{9}\times\frac{3}{5}=\frac{1}{15}$，$\frac{3}{8}\times\left(\square-3\frac{3}{5}\right)=\frac{1}{15}+\frac{5}{6}=\frac{2}{30}+\frac{25}{30}=\frac{27}{30}=\frac{9}{10}$，$\square-3\frac{3}{5}=\frac{9}{10}\div\frac{3}{8}=\frac{9}{10}\times\frac{8}{3}=\frac{12}{5}$ よって，$\square=\frac{12}{5}+3\frac{3}{5}=\frac{12}{5}+\frac{18}{5}=\frac{30}{5}=6$

問２　1 m²は１辺の長さが１m（＝100cm）の正方形の面積だから，1 m²＝1 m×1 m＝100cm×100cm＝10000cm²となる。また，１aは１辺の長さが10m，１haは１辺の長さが100mの正方形の面積なので，１a＝10m×10m＝100m²，１ha＝100m×100m＝10000m²である。よって，150m²＋2.5a＋20000cm²＋1.2ha＝150m²＋250m²＋2m²＋12000m²＝12402m²と求められる。

問３　定価の１割引きが，600＋75＝675(円)にあたるから，(定価)×(1－0.1)＝675(円)より，定価は，675÷0.9＝750(円)と求められる。これは仕入れ値に，750－600＝150(円)の利益を見込《みこ》んだものなので，仕入れ値に対する利益の割合は，150÷600×100＝25(％)とわかる。

問４　仕事全体の量を30と15と６の最小公倍数の30とすると，Ａ君が１日に行う仕事の量は，30÷30＝１となる。また，Ａ君とＢ君が１日に行う仕事の量の和は，30÷15＝２とわかる。さらに，Ａ君とＢ君とＣ君が１日に行う仕事の量の和は，30÷６＝５だから，Ｃ君が１日に行う仕事の量は，５－２＝３と求められる。すると，Ｃ君が３日で行った仕事の量は，３×３＝９，Ａ君とＢ君が３日で行った仕事の量は，２×３＝６となるので，残りの仕事の量は，30－(９＋６)＝15とわかる。これをＡ君が１人で行うと，15÷１＝15(日)かかるから，仕事が終わるまでの日数は，３＋３＋15＝21(日)である。

問５　分子には３で割ると２あまる数が並んでいるので，約分せずに分子が100になることはない。また，分母には５の倍数が並んでいるから，約分できるのは分子が５の倍数のときであり，右の図１のようになる。よって，約分したあとの分子には，１に次々と３を加えてできる数が並ぶので，(100－１)÷３＝33より，

図１

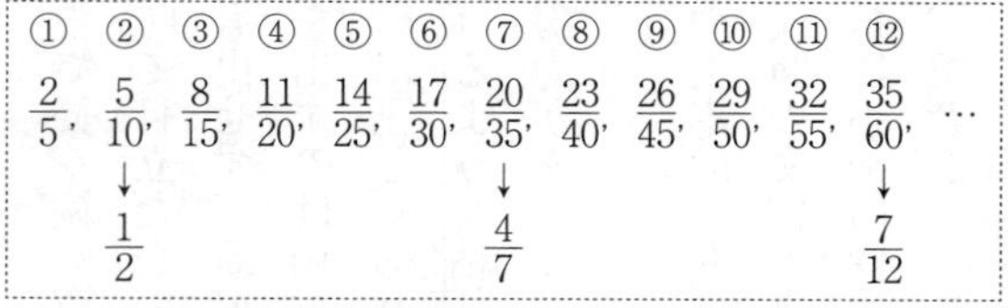

①	②	③	④	⑤	⑥	⑦	⑧	⑨	⑩	⑪	⑫	
$\frac{2}{5},$	$\frac{5}{10},$	$\frac{8}{15},$	$\frac{11}{20},$	$\frac{14}{25},$	$\frac{17}{30},$	$\frac{20}{35},$	$\frac{23}{40},$	$\frac{26}{45},$	$\frac{29}{50},$	$\frac{32}{55},$	$\frac{35}{60},$	…
	↓					↓					↓	
	$\frac{1}{2}$					$\frac{4}{7}$					$\frac{7}{12}$	

分子が100になるのは，約分したあとの数列の，33＋１＝34(番目)とわかる。つまり，②，⑦，⑫，…という数列の34番目だから，もとの数列の，２＋５×(34－１)＝167(番目)と求められる。

問６　５で割ると１あまる数は，１，６，11，…であり，これらは５の倍数よりも，５－１＝４小さい数と考えることができる。同様に，７で割ると３あまる数は，３，10，17，…であり，これらは７の倍数よりも，７－３＝４小さい数と考えることができる。よって，この２つに共通する数は，５と７の公倍数(35の倍数)よりも４小さい数なので，31，66，101，…とわかる。このうち，４で割ると１あまる最も小さい数は101である。

問７　右の図２で，角BCE＝50＋30＝80(度)だから，角BEC＝180－(20＋80)＝80(度)となり，三角形BCEは，BC＝BEの二等辺三角形とわかる。同様に，角ABC＝20＋40＋20＝80(度)なので，角CAB＝180－(80＋50)＝50(度)となり，三角形BCAも，BC＝BAの二等辺三角形とわかる。よって，角ABE＝20＋40＝60(度)，BE＝BAより，AとＥを結ぶと三角形BEAは正三角形になる。さらに，三角形DBEに注目すると，角EDB＋角DBE＝角BEC(＝80度)となるから，角EDB＝80－40＝40(度)とわかる。したがって，三角形EDBも二等辺三角形なので，三角形EDAも二等辺三角形になる。ここで，角AED＝180－(80＋60)＝40(度)だから，角EDA(㋐＋㋑)は，(180－40)÷２＝70(度)と求められる。

図２

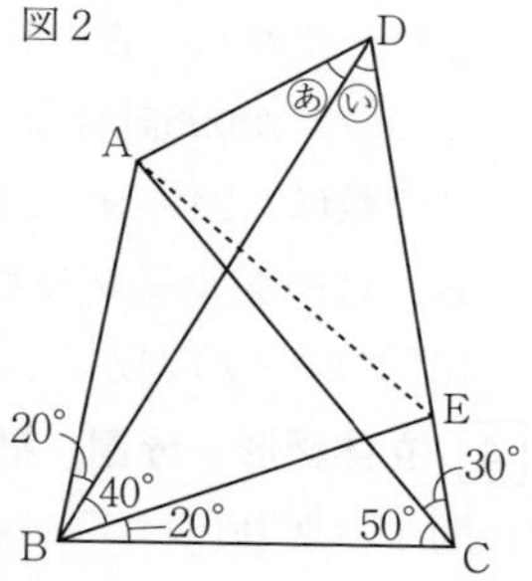

問８　この立体を上段，中段，下段に分けて考える。真上から見ると右の図３のようになるので，上段には，四角形が５個，三角形が４個あることがわかる。また，中段には図３の周りの部分に四角形が８個ある。下段は上段と同様だから，四角形の個数の合計は，５＋８＋５＝18(個)，三角形の個数の合計は，４＋４＝８(個)となり，全部で，18＋８＝26(個)と求められる。

図３

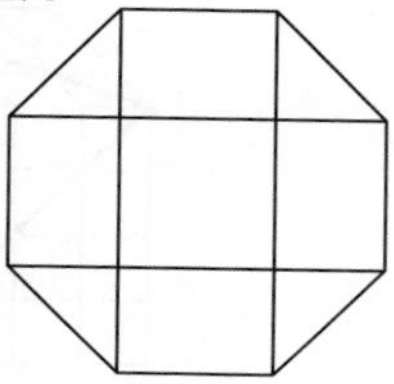

2 平面図形―辺の比と面積の比

問１　右の図１で，三角形ABFと三角形BCFの面積の比は４：１であり，三角形BEFと三角形ECFの面積の比は１：４である。よって，三角形BEFの面積を１とすると，三角形ECFの面積は４となるから，三角形BCFの面積は，１＋４＝５とわかる。すると，三角形ABFの面積は，$5\times\frac{4}{1}=20$となるので，三角形ABFと三角形BEFの面積の比は20：１と求められる。

図１

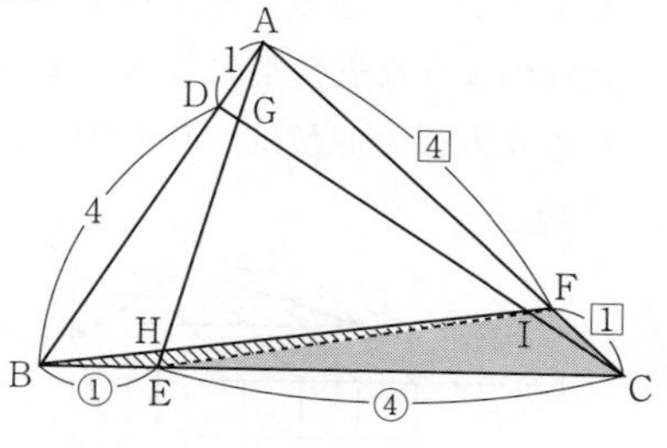

問２　問１より，AH：HE＝20：１とわかる。よって，三角形ABCの面積を１とすると，三角形ABEの面積は，$1\times\frac{1}{1+4}=\frac{1}{5}$，三角形ABHの面積は，$\frac{1}{5}\times\frac{20}{20+1}=\frac{4}{21}$となる。また，Ｄ，Ｅ，Ｆはすべて三角形ABCの辺を１：４に分ける点だから，右の図２の三角形ABH，CAG，BCIの面積はすべて$\frac{4}{21}$になる。よって，三角形GHIの面積は，$1-\frac{4}{21}\times 3=\frac{3}{7}$となるので，三角形ABCと三角形GHI

図２

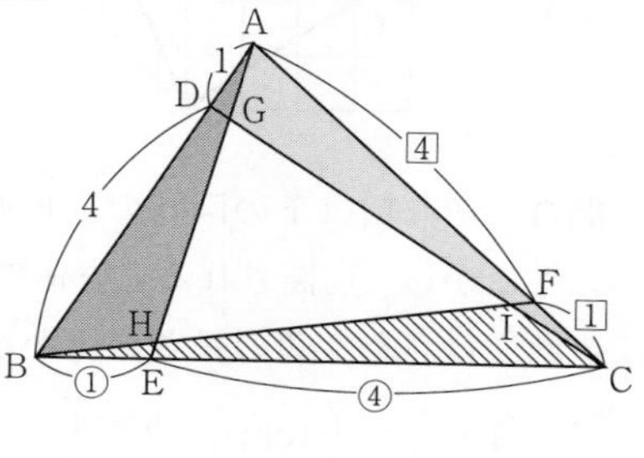

の面積の比は，１：$\frac{3}{7}$＝７：３と求められる。

3　場合の数，比の性質

問１　６人のグループの場合，１つのグループの試合数は，６人から２人を選ぶ組み合わせの数と等しいから，$\frac{6\times5}{2\times1}$＝15(試合)になる。よって，６グループでは全部で，15×６＝90(試合)になる。

問２　Ａ，Ｂ，Ｃのグループの数をそれぞれa，b，cとすると，(４×a)：(５×b)：(６×c)＝６：５：４なので，a：b：c＝$\frac{6}{4}$：$\frac{5}{5}$：$\frac{4}{6}$＝９：６：４とわかる。また，それぞれのグループの試合数は，４人のグループの場合は，$\frac{4\times3}{2\times1}$＝６(試合)，５人のグループの場合は，$\frac{5\times4}{2\times1}$＝10(試合)だから，Ａ，Ｂ，Ｃの試合数の比は，(６×９)：(10×６)：(15×４)＝９：10：10とわかる。この合計が696試合なので，比の１にあたる試合数は，696÷(９＋10＋10)＝24(試合)となり，Ａの試合数は，24×９＝216(試合)，ＢとＣの試合数は，24×10＝240(試合)と求められる。よって，Ａ，Ｂ，Ｃのグループの数はそれぞれ，216÷６＝36(グループ)，240÷10＝24(グループ)，240÷15＝16(グループ)だから，大会に参加した人の数は，４×36＋５×24＋６×16＝360(人)である。

4　立体図形─分割，構成

問１　切り口は下の図①の正三角形ACBである。よって，段ごとに分けて調べると下の図②のようになる(図②で，実線は上の面の切り口，点線は下の面の切り口を表している)。切断される立方体は図②のかげをつけた立方体だから，その個数は，７＋５＋３＋１＝16(個)とわかる。

図①

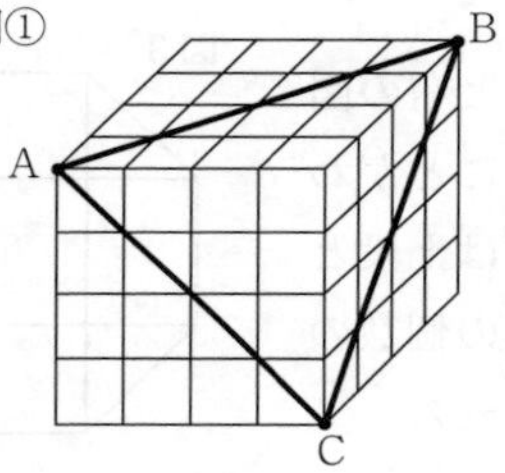

図②

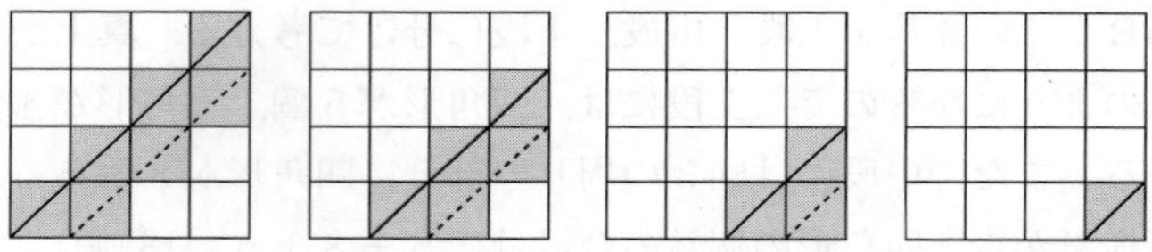

上から１段目　上から２段目　上から３段目　上から４段目

問２　下の図③のように，EDと立方体の辺を延長した直線が交わる点をＦとし，ＦとＣを結ぶと，ちょうどＧを通ることがわかる。右側の面についても同様に考えるとちょうどＨを通り，切り口は太線のような五角形になる。よって，段ごとに分けて調べると下の図④のようになるので，切断される立方体の個数は，９＋10＋６＋３＝28(個)と求められる。

図③

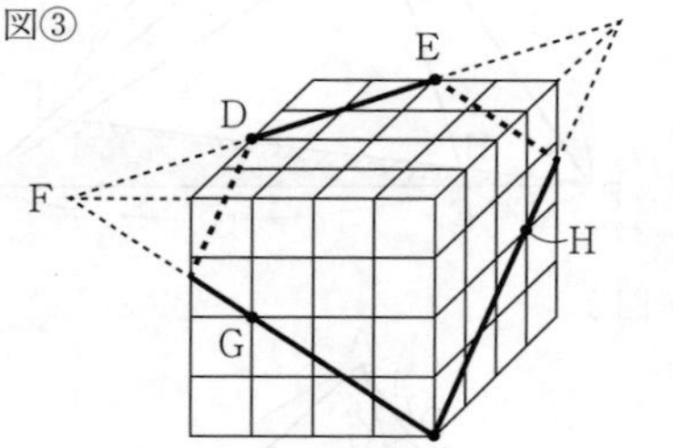

図④

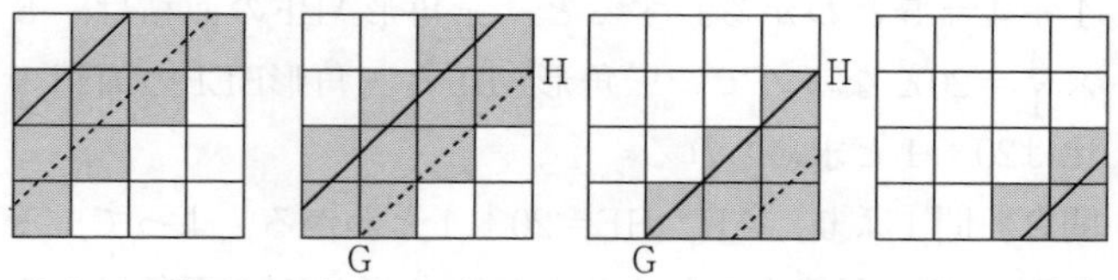

上から１段目　上から２段目　上から３段目　上から４段目

問３　切り口は下の図⑤の三角形PQRになる。よって，段ごとに分けて調べると下の図⑥のようになるから，切断される立方体の個数は，９＋８＋４＋２＝23(個)とわかる。なお，直角三角形の直角をはさむ２辺の長さの比から，図⑤，図⑥のアの長さは，１×$\frac{5}{4}$＝$\frac{5}{4}$(cm)とわかる。すると，イ＝３－$\frac{5}{4}$＝$\frac{7}{4}$(cm)，ウ＝$\frac{7}{4}$×$\frac{3}{5}$＝$\frac{21}{20}$(cm)となり，上から１段目の斜線《しゃせん》をつけた三角形は★の立方体を通らないことがわかる。上から３段目の斜線をつけた三角形についても同様に考えることができる。

図⑤

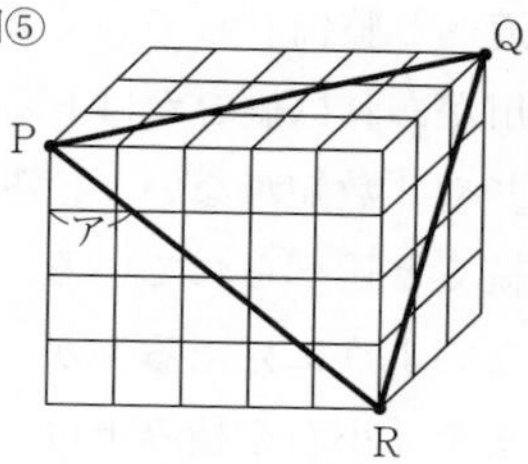

図⑥

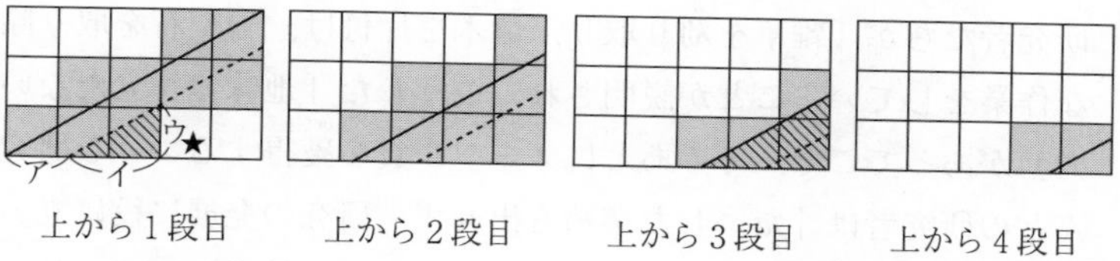

5 場合の数，*N*進数

問１　十の位には{2，4，5，6，8，9}の６通り，一の位にはこれに０を含《ふく》めた７通りの数字を使うことができるから，２けたの整数は，６×７＝42(個)ある。

問２　１けたの整数は６個ある。また，問１と同様に考えると，３けたの整数は，６×７×７＝294(個)あることがわかるので，３けた以下の整数の個数は，６＋42＋294＝342(個)と求められる。さらに，４けたの整数を小さい順に並べると，2000，2002，2004，2005，2006，2008，2009，2020，2022，2024，…となるから，2024は４けたの整数の中で小さい方からかぞえて10番目の数とわかる。よって，全体では，342＋10＝352(番目)となる。

問３　問題文中の数列は，{0，2，4，5，6，8，9}の７個の数字を使って表せる数を２から順に並べたものになる。そこで，７進法で表した数を１から順に並べたとき，2024番目になる数を求めると，右の図より，5621とわかる。ただし，７進法は，{0，1，2，3，4，5，6}の７個の数字を使って数を表すから，問題文中の数列では，７進法の５，６，２，１をそれぞれ，８，９，４，２におきかえる必要がある。したがって，この数列で2024番目の整数は8942になる。

7) 2024
7) 289…1
7) 41…2
5…6

国語 ＜第２回試験＞（50分）＜満点：100点＞

解答

一 **問１** ア　目　イ　二　**問２**　2　**問３**　4　**問４**　あるいは，　**問５**　3　**問６**　急がば回れ　**問７**　3　**問８**　1　二 **問１**　ア　**問２**　4　**問３**　2　**問４**　1　**問５**　4　**問６**　3　**問７**　3　**問８**　1　三 **問１**　2　**問２**　紋白蝶　**問３**　1　**問４**　1　**問５**　4　四 **問１**　下記を参照のこと。　**問２**　Ⅰ　さした→立てた　Ⅱ　役不足→力不足　Ⅲ　踏まない→演じない　Ⅳ　うなされた→うかされた　Ⅴ　晴らす→果たす

●**漢字の書き取り**

四 問１　1　修復　2　家賃　3　雑穀　4　接種　5　絹糸

解説

一 **出典：池内了《いけうちさとる》『なぜ科学を学ぶのか』**。筆者は，科学や技術が「社会の役に立つ」とはどういうことかについて，ノーベル賞受賞者の発言もふまえて説明している。

問１　**ア**「目ぼしい」は，特に目立っていて価値があるさま。　**イ**「二の次」は，優先順位が低く後回しにされること。

問２　前の部分で，研究の過程では「けもの道」を「徐々《じょじょ》に人が通る道へと整備」していくように，研究者たちが「雑草を刈《か》り取り，倒木《とうぼく》を片付け，岩や石を取り除き，川があれば橋をかけ」るような作業をしていることが説明され，こうした「地味で目立たない研究」や「数知れない下積みの努力」があってこそ，そのあとにノーベル賞を獲得《かくとく》するような研究者が続くと述べられている。ほとんどの研究者は「たいした業績も出せず，研究の発展に役に立っていないように見える」が，実は次世代の研究者の成功を支えているのである。筆者は，その地道なさまを「小石を積み上げるような粘《ねば》り強い作業」と表現しているので，２がふさわしい。

問３　ぼう線②をふくむ段落の二つ後の段落で，ニュートリノは「純粋《じゅんすい》に科学の世界でのみ非常に大切な物質」であり，「経済論理や商業的利用」とは関係がないと書かれている。一方で，ノーベル賞を受賞した小柴昌俊《こしばまさとし》氏に対する記者の「ニュートリノは何の役に立つのですか？」という質問は，「社会の役に立つ」科学研究とは「儲《もう》かるための技術開発」であるという思い込《こ》みから出たものだった。よって，小柴氏の発言は，商業的に役立つかどうかという視点から見れば「何の役にも立たない」という意味だと考えられるので，４が正しい。

問４　「人間はパンのみにて生きるにあらず」という表現は，物質的には無用でも「精神的活動」には有用なものを認める言葉として紹介《しょうかい》されている。これとは逆の表現として，「経済の活性化に役立ち，金儲けにつながる」技術でなければ意味がないという，「経済的な価値が生み出せない科学を否定する」言葉である，「我々は霞《かすみ》を食べて生きているのではない」「誇《ほこ》りや倫理《りんり》ではお腹《なか》が膨《ふく》れない」といった言い回しが第一段落にある。

問５　続く部分には，「珍《めずら》しい植物や動物や鉱物を蒐集《しゅうしゅう》する趣味《しゅみ》」が「博物学」となり，さらに各分野が独立した結果，「植物学・動物学・鉱物学」に分かれたとある。よって，３がふさわしくない。

問６　直後に，「近道をしようとすると，かえって道がわからなくなる」ため，「遠回りに見える道を選ぶ方が得策」だと書かれている。一見遠回りに見える基礎《きそ》研究をおろそかにしないことが，かえって「イノベーション」への近道になると筆者は説明しているので，急いでいるときこそ安全で確実な道を選んだ方が目的地に早く着くことを意味する「急がば回れ」が合う。

問７　筆者は，最後の二段落で，科学・技術は企業《きぎょう》活動のように「投資を集中すれば成果が上がる」ものではなく，商業的にすぐ「役に立つことを追求するより」も「長い目で見て基礎的な研究からしっかり積み上げていく」ことが重要であり，このような信念を持つ科学者を「じっくり育てていくという姿勢こそが，科学・技術の育成に求められている」と主張している。よって，３が合う。

問８　筆者は，問３でみた小柴氏の「何の役にも立たない」という発言を通じて，商業的な意味で「役に立つ」か，科学や文化の発展のために「役に立つ」かという異なる視点を明示しているので，１がよい。

二　**出典：竹西寛子《たけにしひろこ》「蘭《らん》」（『蘭―竹西寛子自選短篇集《たんぺんしゅう》』所収）**。父に連れられ，自分を可愛《かわい》がってくれた「小父《おじ》さん」の葬儀《そうぎ》に出席したひさしは，帰りの道中で急に歯が痛くなったことから思いがけない体験をする。

問１　イ～エがいずれも“まるで～のようだ”というたとえを表すのに対し，アのみ“どうやら～のようだ”という推定を意味する。

問２　本文では，ひさしが帰りの列車で歯の痛みを感じ始めたようすが描《えが》かれた後，水炊《みずた》きを食べたお店にまつわる回想が入り，ひさしがいよいよ痛みに耐《た》えられなくなった終盤《しゅうばん》へと展開されている。「歯の痛み」を仕掛《しか》けに用いることで，ひさしの我慢《がまん》や動揺《どうよう》，後悔《こうかい》といった心情もわかりやすく書かれているので，４がふさわしい。

問３　ひさしの父が，混み合った列車内の暑さや窮屈《きゅうくつ》さを耐え難《がた》く感じているさまを表す。列車の窓に「鎧戸《よろいど》」が下ろされているために，乗客の視界も悪くなっていると想像できるので，２の「目隠《めかく》し」が選べる。

問４　直前で，ひさしの父が「息子を連れて旅する機会も，これからはなくなるだろう」と見通しており，続く部分に，その背景として，生活に戦争の影響《えいきょう》が表れ始めていることが書かれている。父親が不穏《ふおん》な予感を家族に伝えないのは，いたずらに不安をあおらないためだと想像できるので，１がふさわしい。

問５　前の部分でひさしは，女将《おかみ》が知人の死を悲しむ程度が「一《ひ》と通りでない」のを見て，女将と知人の関係が「普通《ふつう》の親しさ」以上のものだったことを察している。ひさしにおいしい水炊きを食べさせたいという父の純粋な思いから連れてこられたお店で，ひさしは思わぬ複雑な事情を知り，かといって自分から女将にかけるべき言葉がわからず，「今自分がこの女のひとのために出来る」こととして，ただ心を込めてお礼を言ったとわかる。よって，４がよい。

問６　前の部分でひさしの父は，歯の痛みを訴《うった》えた息子のために，それまでずっと大事にしてきた扇子《せんす》を何のためらいもなく引き裂《さ》いた。こうした父の意外な行動に対して，ひさしは「蘭が」の「あとが続かなく」なるほどの驚《おどろ》きを感じ，歯の痛みを我慢し切れなかった「意気地《いくじ》なさを後悔」して自分を「責め」ている。よって，３がふさわしい。

問７　前の段落で，ひさしは，大切な扇子を父に裂かせたものは「自分だけではないかもしれない」と考えている。暮らしに戦争の影《かげ》が差してきている結果，それまでと同じ生き方ができなくなってきている父のやりきれない思いを，ひさしもなんとなく感じ取っていると想像できるので，３が合う。

問８　本文は，主人公のひさしだけでなく父親の心の内も描きつつ，父親の行動に色濃《こ》く影響している戦争の存在をところどころでにおわせている。よって，１がふさわしい。

三　出典：黒田三郎《くろださぶろう》「ビヤホールで」（『ある日ある時』所収）。都会の混み合ったビヤホールで，ひとりビールジョッキを傾《かたむ》ける「僕《ぼく》」の思いが描かれている。

問１　第六連で，僕は「都会の群衆の頭上を翔《と》ぶ」「一匹《いっぴき》の紋白蝶《もんしろちょう》を目に描」きながら，その紋白蝶が見ている「はるかな菜の花畑のひろがり」をも思いうかべている。よって，２の省略法が正しい。

問２　第六連で「僕」は，都会の群衆の頭上を翔ぶ「紋白蝶」を心に描いている一方で，第一連からは「僕」が，紋白蝶のように「沈黙《ちんもく》と行動の間を」「かるがると美しく」翔ぶことができない自分の不器用さに気がめいっているようすが読み取れる。

問３　騒《さわ》がしく，他人に関心がない客ばかりのビヤホールで，ひとりビールを飲む「僕」が黙《だま》りこんだり大声でわめいたりするたびに，その行動を乱暴に戒《いまし》める存在とは，「僕」自身であることが想像できる。

問４　「いっぱいのひと」で騒がしいビヤホールでひとり飲んでいる「僕」は，黙っていようか前に出てみようかと迷いながら，ここでなくとも自分が「何かを云《い》っても」「云わなくても」他人にとっては同じことだと感じている。同じように，ビヤホールにいる人々が何を話していても，交流のない「僕」にとっては彼《かれ》らのどんな「ことば」も意味のないざわめきでしかないことが読み取れる。よって，１がよい。

問５　問４でみたように，ビヤホールで「僕」は誰《だれ》と話すでもなくひとりで過ごしている。ほかの人と関わらない孤独《こどく》な時間が気楽であると同時に，淋《さび》しさや物足りなさもあることが読み取れるので，４が合う。

四　漢字の書き取り，ことばの知識

問１　**１**　破損した部分を元の状態に直すこと。　**２**　家や部屋などを借りるさいに支払《しはら》うお金。　**３**　米や小麦以外の穀類の総称《そうしょう》。　**４**　微生物《びせいぶつ》などを人為《じんい》的に植え付けること。ウイルスや細《さい》菌《きん》，ワクチンを体に投与《とうよ》すること。　**５**　蚕《かいこ》の繭《まゆ》からとった繊維《せんい》を精錬《せいれん》してねじり合わせた糸。

問２　Ⅰ「白羽の矢が立つ」は，大勢の中から選ばれること。　Ⅱ「力不足」は，与《あた》えられた役目に対して自分の実力が足りていないこと。「役不足」は，自分の実力に対して与えられた役目が軽すぎること。　Ⅲ「二の舞《まい》を演じる」は，前と同じ失敗をくり返すことのたとえ。「二の足を踏《ふ》む」は，ものごとを進めてよいものか決心がつかずにためらうこと。　Ⅳ「熱にうかされる」は，感情がたかぶって冷静さを失い，無我夢中《むがむちゅう》になる状態。　Ⅴ「雪辱《せつじょく》を果たす」は，悔《くや》しい経験をした後で再挑戦《さいちょうせん》し，成功すること。

2023年度 東京都市大学付属中学校

【算　数】〈第１回試験〉（50分）〈満点：100点〉

［注意］定規，三角定規，分度器，コンパス，計算機は使ってはいけません。

1　次の□に当てはまる数を答えなさい。

問１　$7-2\times\left\{0.8\div\left(\frac{1}{3}+\square\right)-\frac{1}{2}\right\}=5$

問２　$100000\,\text{cm}^2+20\text{a}+200\,\text{m}^2=\square\,\text{a}$

問３　全部で□ページある本を，１日目は全体の$\frac{1}{3}$より20ページ多く読み，２日目は残りの$\frac{5}{6}$より10ページ少なく読み，３日目は残りの60ページ全部を読み，この本を読み終えました。

問４　A，B，Cの３種類の文具を合計56個買いました。１個の値段はそれぞれAが50円，Bが70円，Cが80円で，買った代金の合計は4000円でした。また，Bを買った個数は，Aを買った個数の３倍でした。このときAを□個買いました。ただし，消費税は考えないものとします。

問５　A君は，毎分□mで４kmを歩きました。B君は，A君と同じ時間で７km走ったところ，A君より１分あたり60m速く走りました。

問６　[0]，[2]，[4]，[6]，[8]の５枚のカードから４枚を取り出して並べて，４けたの整数をつくります。このうち，４の倍数となる整数は全部で□個つくることができます。

問７　下の図は，縦20cm，横40cmの長方形と，半径10cmの円を２つ組み合わせた図です。斜線《しゃせん》部分の面積の合計は□cm^2です。ただし，円周率は3.14とします。

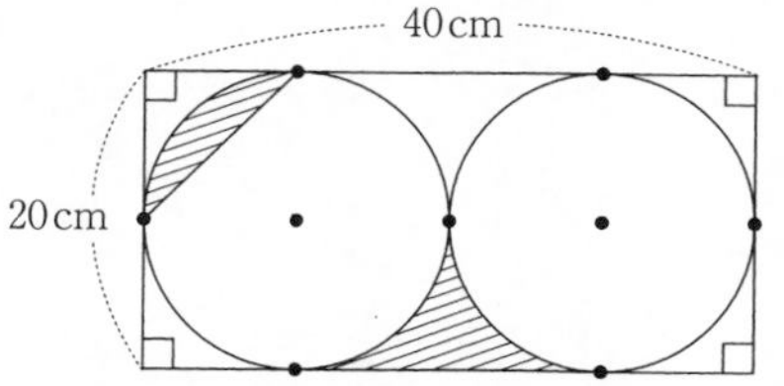

問８　右の図の直角三角形ABCにおいて，辺AB上にAD：DB＝2：1となる点Dがあり，点Dを通りBCに平行な直線をlとします。

このとき，直線lを軸《じく》にして１回転してできる立体の体積は□cm^3です。ただし，円周率は3.14とします。

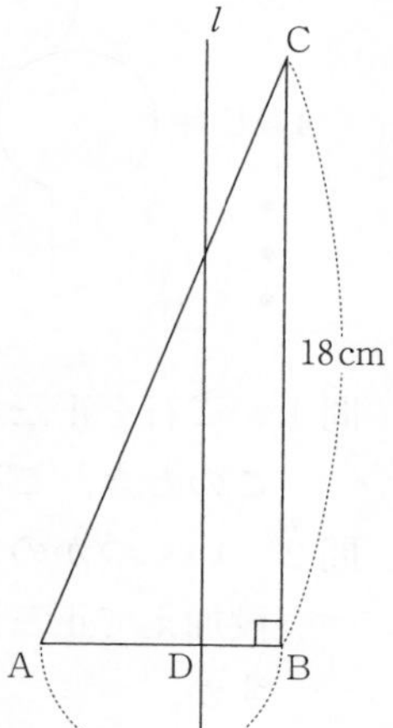

2　右の図の平行四辺形ABCDにおいて，辺BC, CDのちょうど真ん中の点をそれぞれE，Fとし，辺AD上でAG：GD＝2：3となる点をGとします。また，AEとBGが交わった点をH，AFとBGが交わった点をIとします。あとの問いに答えなさい。

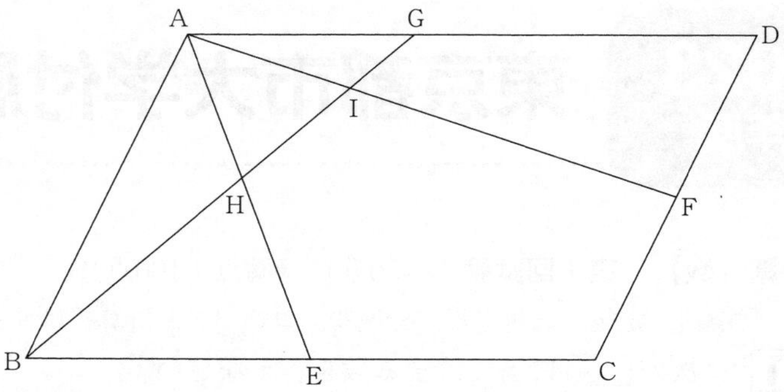

問１　GI：IH：HBを，最も簡単な整数の比で表しなさい。

問２　(三角形BEHの面積)：(四角形GIFDの面積)を，最も簡単な整数の比で表しなさい。

3　Ｔ町の住民を対象に，「はい」と「いいえ」のどちらかで答える調査をしました。調査の結果をまとめたところ，Ｔ町の中にある地域Ａで調査に答えた人数は，Ｔ町全体で調査に答えた人数の２％にあたりました。Ｔ町全体で「はい」と答えた人数は，Ｔ町全体で調査に答えた人数の7.5％でした。

また，地域Ａで「はい」と答えた人数は18人，地域Ａ以外で「はい」と答えた人数は，Ｔ町全体で調査に答えた人数の６％でした。調査に答えた人は，全員「はい」または「いいえ」のどちらかで答えたものとして，あとの問いに答えなさい。

問１　Ｔ町全体で調査に答えた人は何人ですか。

問２　(地域Ａ以外で「いいえ」と答えた人数)：(地域Ａで「いいえ」と答えた人数)を，最も簡単な整数の比で表しなさい。

4　下の【図１】のように，白のご石を正三角形の形に並べます。あとの問いに答えなさい。

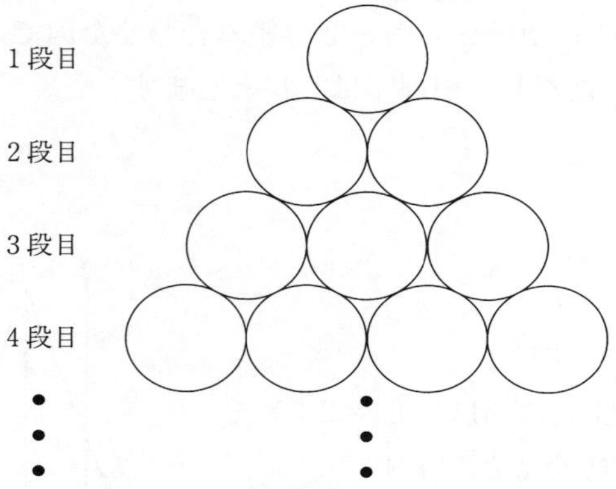

【図１】

問１　ご石を正三角形の形に並べたとき，一番外側を囲んでいるご石の数が63個になりました。このとき，ご石は全部で何個並んでいますか。

問２　いくつかのご石を使って正三角形の形に並べたあと，さらに，96個のご石を使って下に３段加えて正三角形の形を大きくしました。このとき，最初に並んでいたご石は全部で何個ですか。

問３　いくつかの白のご石を使って正三角形の形に並べたあと，さらに，【図２】のように585個の黒のご石を，外側に３周囲むように並べ，正三角形の形を大きくしました。このとき，白のご石は何個並んでいますか。

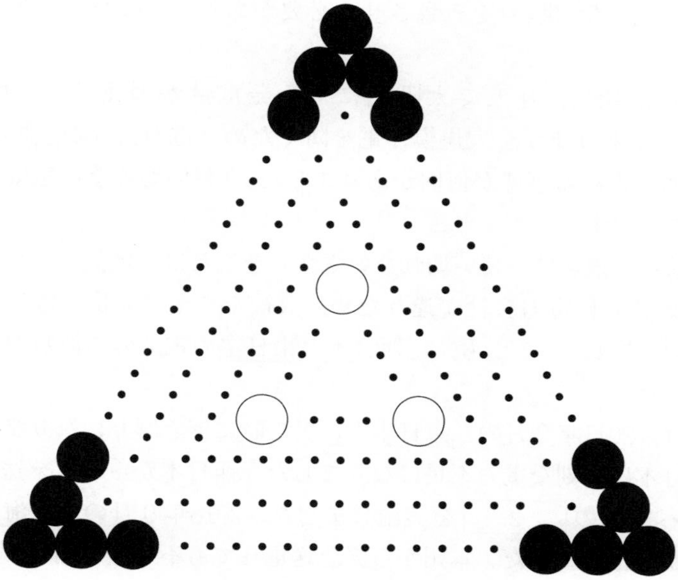

【図２】

5 右の図は１辺の長さが８cmの立方体です。点Mは辺FGのちょうど真ん中の点で，点Pが辺BF上を動くとき，あとの問いに答えなさい。

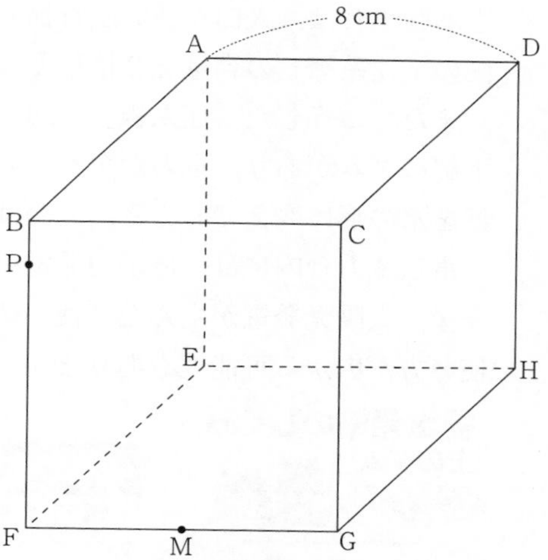

問１　BP＝２cmのとき，３点A，P，Mを通る平面で立方体を切ったときの切り口を，解答用紙の図にかき入れなさい。

問２　BP＝６cmのとき，３点A，P，Mを通る平面で立方体を切り，立方体を２つの立体に分けました。この２つの立体のうち，点Eを含《ふく》む立体について，切り口以外の面の面積の和は何cm²ですか。

問３　３点A，P，Mを通る平面で立方体を切り，点Eを含む立体を立体㋐とします。

(BP＝２cmのときの立体㋐の体積)：(BP＝６cmのときの立体㋐の体積)を，最も簡単な整数の比で表しなさい。

【社　会】〈第１回試験〉（40分）〈満点：75点〉

1　次の文章を読み，あとの問いに答えなさい。

電気は，使用量（ 1 ）と発電量（供給）を一致させる必要があり，このバランスが崩れると大規模停電が起きます。

冷暖房の使用が少ない(ア)春や秋に，好天で太陽光による発電量が増えると，供給が 1 を上回ってしまうことがあります。大規模停電を防ぐため，電力会社が(イ)再生可能エネルギーの受け入れを一時的に止める事態が何回かありました。「使い切れない電気」が出てしまうのは，もったいないことです。

悪天候で太陽光の発電量が減った地域に「使い切れない電気」を送れば，電気をむだなく利用できます。しかし日本は地域ごとに電力会社が違うため，会社をこえて大量の電気を送る「連系線」が十分に整備されていません。しかも，(ウ)西日本と東日本の電気の周波数が異なるため，そのままでは送電できません。

こうした「連系線」の弱さは，2011年３月の(エ)東日本大震災の時に浮き彫りになりました。多くの発電所が止まって，東日本は深刻な電力不足になりました。西日本から電気を送ろうとしても難しく，東京電力はのべ32回の 2 を実施しました。2018年９月の(オ)北海道地震では，道内最大の火力発電所が停止しました。本州から緊急送電しても不足分を補えず，北海道は全域停電（ 3 ）する事態に陥りました。

太陽光発電や風力発電の適地は，北海道や東北，(カ)九州といった地方に多いので，「連系線」を増強すれば，人口が多い(キ)首都圏や関西圏の電力不足を補うことができます。現在，国は全国の「連系線」の容量を２倍程度に増やす計画を立てているそうです。

また，こうした「連系線」の弱さを補うものとして，揚水発電が注目されています。上部と下部にダムがあり，電力が余っている時に水をくみ上げ，必要な時に放流して発電します。電気を水の形に変えて貯える，いわば巨大な 4 のような存在です。

東京電力管内には，原子力発電所１基分に相当する出力を持つ揚水発電所もあるそうです。今後，太陽光発電が生んだ「使い切れない電力」を使って水をくみあげ，必要な時に発電する使い方が広がる可能性もあります。

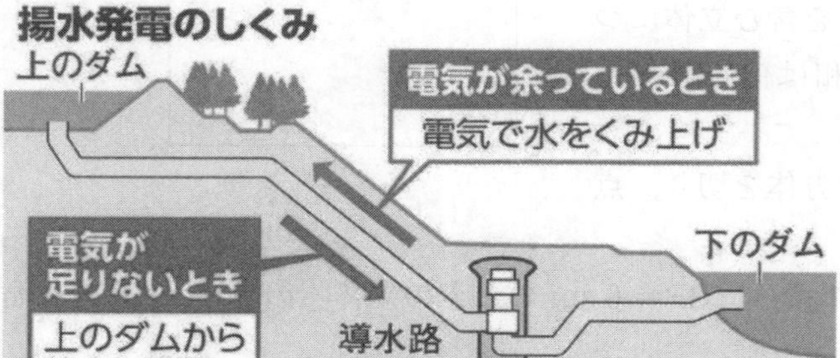

画像の出典　朝日新聞デジタル　2022年３月23日付記事より
(https://www.asahi.com/articles/ASQ3R6FMKQ3RULFA012.html)

問１　文中の空らん 1 ～ 4 にあてはまる語句を，解答らんの字数にしたがってそれぞれ答えなさい。

問２　下線部(ア)について，春の地上天気図にあてはまるものを次の１～４から一つ選び，番号で答えなさい。

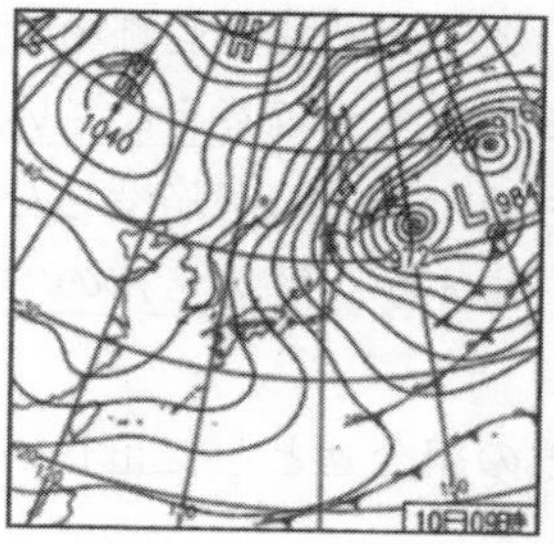

1

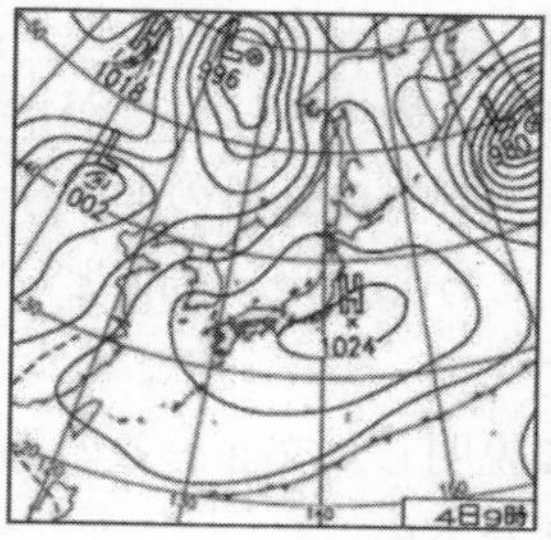

2

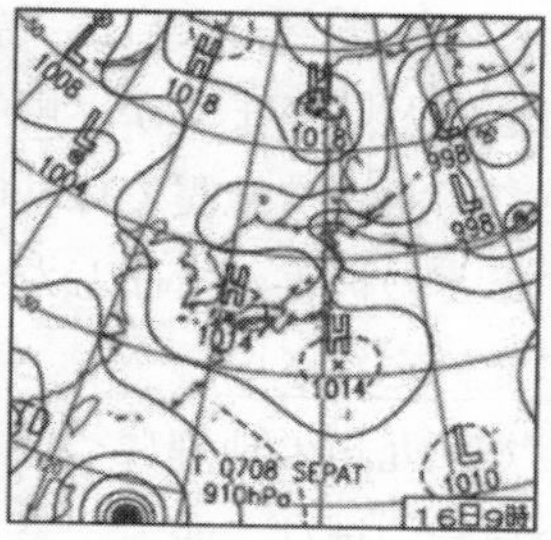

3

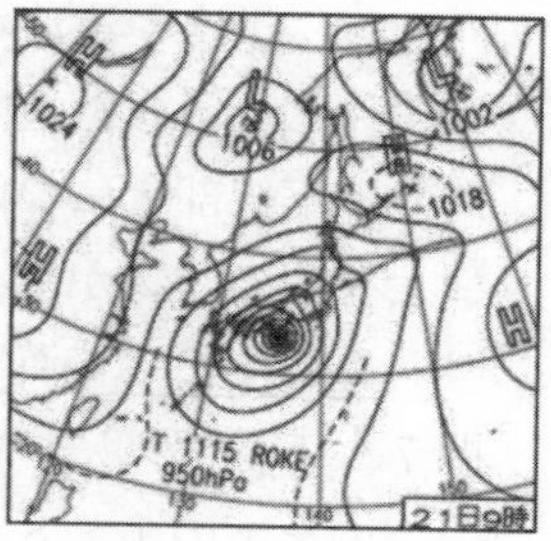

4

出典　気象庁 HP（https://www.jma.go.jp/jma/kishou/know/kisetsu_riyou/tenkou/gaisetu.html）より

問３　下線部(イ)について，再生可能エネルギーについて説明した文ａ～ｃの正誤の組合せとして正しいものを下の１～８から一つ選び，番号で答えなさい。

ａ　再生可能エネルギーは，くり返し使えて，環境への負担が少ない。

ｂ　日本の地熱発電所は，火山や地熱地域の分布から東北と九州に集中している。

ｃ　日本の発電電力量に占める再生可能エネルギーの比率はドイツよりも高い。

１　ａ－正　ｂ－正　ｃ－正　　２　ａ－正　ｂ－正　ｃ－誤
３　ａ－正　ｂ－誤　ｃ－正　　４　ａ－正　ｂ－誤　ｃ－誤
５　ａ－誤　ｂ－正　ｃ－正　　６　ａ－誤　ｂ－正　ｃ－誤
７　ａ－誤　ｂ－誤　ｃ－正　　８　ａ－誤　ｂ－誤　ｃ－誤

問４　下線部(ウ)について，西日本と東日本について説明した文ａ～ｃの正誤の組合せとして正しいものを下の１～８から一つ選び，番号で答えなさい。

ａ　平安時代末期，源頼朝は西日本の武士団を，平清盛は東日本の武士団を配下に置いた。

ｂ　江戸時代，西日本ではおもに銀貨が，東日本ではおもに金貨が使われていた。

ｃ　明治時代，地質学者のフェノロサが発見した「糸魚川静岡構造線」を西日本と東日本の境目とする見解がある。

１　ａ－正　ｂ－正　ｃ－正　　２　ａ－正　ｂ－正　ｃ－誤
３　ａ－正　ｂ－誤　ｃ－正　　４　ａ－正　ｂ－誤　ｃ－誤
５　ａ－誤　ｂ－正　ｃ－正　　６　ａ－誤　ｂ－正　ｃ－誤
７　ａ－誤　ｂ－誤　ｃ－正　　８　ａ－誤　ｂ－誤　ｃ－誤

問５　下線部(エ)について，次の問いに答えなさい。

(1)　東日本大震災で深刻な被害を受けた三陸地方について説明した文ａ～ｃの正誤の組合せとして正しいものを下の１～８から一つ選び，番号で答えなさい。

ａ　入り組んだリアス海岸の入り江では，かきなどの養殖が行われている。

ｂ　沖合には寒流の親潮と暖流の黒潮が出会う潮目があり，かつおやさんまなどのたくさんの魚が集まる豊かな漁場となっている。

ｃ　日本最初の第三セクターとしてスタートした三陸鉄道は，震災で被災したJR気仙沼線の一部区間の経営を引き継ぎ，復興に取り組んでいる。

１　ａ－正　ｂ－正　ｃ－正　　２　ａ－正　ｂ－正　ｃ－誤
３　ａ－正　ｂ－誤　ｃ－正　　４　ａ－正　ｂ－誤　ｃ－誤
５　ａ－誤　ｂ－正　ｃ－正　　６　ａ－誤　ｂ－正　ｃ－誤
７　ａ－誤　ｂ－誤　ｃ－正　　８　ａ－誤　ｂ－誤　ｃ－誤

(2)　洪水や津波などのさまざまな自然災害による被害の可能性や，災害発生時の避難場所などを示した地図を何といいますか。解答らんの字数にしたがってカタカナで答えなさい。

問６　下線部(オ)について，北海道地震では札幌市郊外の地盤の弱い住宅地で，道路が陥没したり多くの建物が傾くなどの被害がでました。こうした現象を何といいますか。解答らんの字数にしたがって漢字で答えなさい。

問７　下線部(カ)について，九州の地理について説明した文ａ～ｃの正誤の組合せとして正しいものを下の１～８から一つ選び，番号で答えなさい。

ａ　九州の中央部には桜島の巨大なカルデラがあり，その南には険しい九州山地が連なっている。

ｂ　佐賀県の南には，日本最大の干潟をもつ日向灘があり，日本有数の養殖のりの産地となっている。

ｃ　冬でも温暖な気候を生かした野菜の抑制栽培が盛んで，ビニールハウスを利用して熊本平野ではきゅうりやピーマンなどが生産されている。

１　ａ－正　ｂ－正　ｃ－正　　２　ａ－正　ｂ－正　ｃ－誤
３　ａ－正　ｂ－誤　ｃ－正　　４　ａ－正　ｂ－誤　ｃ－誤
５　ａ－誤　ｂ－正　ｃ－正　　６　ａ－誤　ｂ－正　ｃ－誤
７　ａ－誤　ｂ－誤　ｃ－正　　８　ａ－誤　ｂ－誤　ｃ－誤

問８　下線部(キ)について，首都圏には都道府県なみの行財政権をもつことができる政令指定都市が５つあります。このうち２番目に古い政令指定都市はどこですか。

2　和義さんは，歴史の勉強をするためにいろいろな時代の史料文をカードにまとめました。次の＜カードＡ＞～＜カードＦ＞について，あとの問いに答えなさい。

＜カードＡ＞

(ア)わたしの父祖たちは，よろいやかぶとに身を固め，山や川をわたり歩き，そのおかげで，東は蝦夷《えみし》の55か国，西は熊襲《くまそ》の66か国をおさえ，さらに海をわたり(イ)朝鮮半島の95か国をしたがえました。

問１　＜カードＡ＞は５世紀後半に「武」が中国の皇帝に送った手紙の一部で，下線部(ア)は，倭の五王の「武」と考えられています。これについて，次の問いに答えなさい。

(1)　５世紀にあたる期間として正しいものを次の１～４から一つ選び，番号で答えなさい。すべて誤っていれば５と答えなさい。

１　400年～499年　　２　400年～500年
３　401年～500年　　４　401年～501年

(2)　倭王「武」とは誰のことですか。解答らんにあうように漢字で答えなさい。

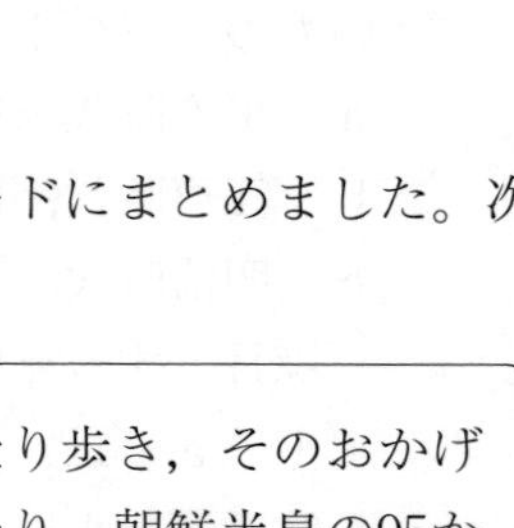

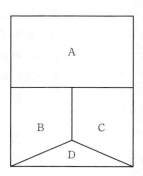

問２　下線部(イ)について，５世紀頃の朝鮮半島を右のように簡略化して描《えが》いたときにＡ・Ｂにあてはまる国名の組合せとして正しいものを次の１～４から一つ選び，番号で答えなさい。

１　Ａ－高句麗　Ｂ－百済

2　Ａ－高句麗　Ｂ－新羅

3　Ａ－高麗　Ｂ－百済

4　Ａ－高麗　Ｂ－新羅

＜カードＢ＞

この世をば　我が世とぞ思う　望月《もちづき》の　欠けたることも　なしと思えば

問３　＜カードＢ＞が詠《よ》まれた平安時代の政治や文化について説明した文ａ・ｂの正誤の組合せとして正しいものを下の１～４から一つ選び，番号で答えなさい。

ａ　尾張の国司である藤原元命《もとなが》は郡司や農民から悪政を訴えられ，国司を解任された。

ｂ　三大随筆に数えられる清少納言の『枕草子』，兼好法師の『徒然草』，鴨長明の『方丈記』は，平安時代に成立した。

1　ａ－正　ｂ－正　　2　ａ－正　ｂ－誤

3　ａ－誤　ｂ－正　　4　ａ－誤　ｂ－誤

問４　この歌を詠んだ人物を漢字で答えなさい。

＜カードＣ＞

問注所，(ウ)公方《くぼう》様への直訴《じきそ》とその判決状況，意見とその裁定《さいてい》，評定衆《ひょうじょうしゅう》等についてご説明を頂きたく存じます。

問５　＜カードＣ＞は，江戸時代に用いられた教科書の一節です。町人の子どもなどに「読み・書き・そろばん」を教えていた教育施設の名前を，漢字３字で答えなさい。

問６　下線部(ウ)について，公方とは将軍を指すことばです。鎌倉，室町，江戸時代の将軍について説明した文として正しいものを次の１～６からすべて選び，番号の小さい順に答えなさい。

1　源頼朝は，征夷大将軍となった後に，対立した弟の源義経と奥州藤原氏を滅ぼした。

2　源実朝は，歌人としても優れており，『新古今和歌集』をのこした。

3　足利尊氏は，対立する後醍醐天皇を吉野へ追いやった。

4　足利義政の死後，将軍職をめぐり守護大名も数多く巻き込んだ応仁の乱が発生した。

5　徳川秀忠が将軍のときに，大坂(阪)夏の陣の後，武家諸法度が発令された。

6　徳川吉宗は，生活に苦しむ武士を救うために徳政令を発令し，借金を帳消しにした。

＜カードＤ＞

『実語教』に，「人学ばざれば智なし，智なき者は愚人なり」とあり。されば賢人と愚人との別は学ぶと学ばざるとによりてできるものなり。

問７　＜カードＤ＞は『学問のすすめ』の一節です。これについて，次の問いに答えなさい。

(1)　『学問のすすめ』を書いた人物の名前を漢字で答えなさい。

(2)　この一節が書かれた本が出版された明治時代について説明した文として正しいものを次の１～３から一つ選び，番号で答えなさい。すべて誤っていれば４と答えなさい。

1　西南戦争で西郷隆盛が敗れた後に，板垣退助らによって政府に民撰(選)議院設立建白書が提出された。

2　日刊新聞の創刊やラジオ放送が開始され，人びとは多くの情報に触れるようになった。

3　この時代に日本に招かれた外国人として岩宿遺跡を発見したエドワード・モースや札幌農学校の教頭を務めたクラークがいる。

＜カードＥ＞

堺の街のあきびとの　老舗《しにせ》を誇《ほこ》るあるじにて，
親の名を継《つ》ぐ君なれば，　君死にたまふことなかれ。
旅順《りょじゅん》の城はほろぶとも，　ほろびずとても，何事ぞ，
君は知らじな，あきびとの　家の習ひに無きことを…

問８　＜カードＥ＞の歌について，次の問いに答えなさい。

(1)　この歌を詠んだ人物の名前を漢字で答えなさい。

(2)　この歌はある戦争にいった弟を心配して詠んだ歌です。この戦争について説明した文として正しいものを次の１～３から一つ選び，番号で答えなさい。すべて誤っていれば４と答えなさい。

1　東郷平八郎率いる連合艦隊は，太平洋上でロシアのバルチック艦隊を撃破した。
2　この講和条約によって得た賠償金をもとに八幡製鉄所の建設をおこなった。
3　講和会議は，ロシアの軍港で開かれ，日本からは伊藤博文と小村寿太郎が全権として出席した。

＜カードＦ＞

(エ)国際連合の原加盟国とは，サン・フランシスコにおける国際機構に関する連合国会議に参加した国又はさきに(オ)1942年１月１日の連合国宣言に署名した国で，この憲章に署名し，且《か》つ，第110条に従ってこれを批准《ひじゅん》するものをいう。

問９　下線部(エ)について，日本が国際連合に加盟したときの内閣総理大臣の名前を漢字で答えなさい。また，日本が国際連合に加盟した年に起きた出来事として正しいものを次の１～４から一つ選び，番号で答えなさい。すべて誤っていれば５と答えなさい。

1　日ソ共同宣言が出された。　2　日韓基本条約が締結《ていけつ》された。
3　日中共同声明が締結された。　4　日米安全保障条約が出された。

問10　下線部(オ)について，1942年よりも前に起きた出来事ａ～ｃを古い順番に並べたものを，下の１～６から一つ選び，番号で答えなさい。

a　真珠湾への攻撃をきっかけに太平洋戦争が始まった。
b　ドイツがポーランドに侵攻《しんこう》したことをきっかけに第二次世界大戦が始まった。
c　盧溝橋事件をきっかけに日中戦争が始まった。

1　a→b→c　2　a→c→b
3　b→a→c　4　b→c→a
5　c→a→b　6　c→b→a

3　としおさんは夏休みの宿題に2022年度上半期に関心を抱《いだ》いた社会の出来事と，自分の生活で思い出に残ったことを表にまとめてお兄ちゃんと意見交換をしました。表と会話文を読んで問いに答えなさい。

	社会の出来事	としおさんの思い出
1月	南太平洋のトンガ諸島付近で海底火山噴火	大学入学共通テスト受験体験に参加
2月	ロシアがウクライナへ軍事侵攻	中学入試で補助員を体験
3月	東日本大震災から11年目	G7がロシアのウクライナ侵攻を非難
4月	ロッテ佐々木朗希投手が28年ぶり完全試合	多摩川徒歩ラリーで完歩 道徳講演会で障がい者の方との交流についてを学ぶ
5月	沖縄復帰 う 年，香港返還25年 スウェーデンと お がNATO加盟申請	連休中の練習試合で初ホームラン
6月	円相場が1ドル136円台まで値下がり	東京六大学野球観戦で東大キャプテンの松岡先輩を応援
7月	安倍元首相が銃撃される 第26回参議院議員通常選挙	蓼《たて》科での林間学校に参加
8月	岸田総理が第10回核兵器不拡散条約(NPT)運用検討会議に出席	兄弟校の都市大塩尻野球部との合宿に参加

お兄ちゃん：1月の海底火山噴火の映像には驚いたね。気候変動の影響もあるのかな？　気候変動や地球環境に興味をもって(ア)SDGsへの取り組み意識を高めることも大切だよね。

と　し　お：大学入学共通テスト体験は難しくて驚いたな。はじめから出来ないと思ったけど(イ)教育を受ける権利としてトライしました！

お兄ちゃん：2月のウクライナへの軍事侵攻は本当に驚いたし悲しいニュースだったね。こんなことが許されるのか，どうして起こったのか未だに考えているよ。

と　し　お：(ウ)ウクライナとロシアに対して関心を高めたいね。
中学入試の補助員は緊張したな。自分が受験した時の緊張を思い出したから受験生に少しでもリラックスしてもらえるように努めたよ。先生がこれからの(エ)少子化で受験も大変だと心配していたことが印象的だったな。

お兄ちゃん：3月11日は東日本大震災から11年目だね。今も復興作業が続いていることを忘れちゃいけないね。

と　し　お：ロシアの軍事侵攻が世界的に非難されていることはわかるけど，G7は何の略だったかな？

お兄ちゃん：授業で習ったけど(オ)「先進7か国首脳会議」のことだよ。多くの国がロシアに対する批判を表明したことからも1日も早く戦争の終結が実現すると良いな。

と　し　お：4月の佐々木選手の完全試合は興奮したな。ぼくも頑張って佐々木選手のようになるぞ！

お兄ちゃん：佐々木選手は東日本大震災でお父さんを亡くされてるんだ。頑張っている姿は立派だし目標になるよね。お父さんは毎年 あ 納税を被災地から選んで続けているよ。

と　し　お：学校の伝統行事の多摩川徒歩ラリーでは完歩出来て嬉しかったな。閉会式では先生が多摩川の自然や景観を守ると共に，災害に備えることにも関心をもつ大切さを教えてくれたんだ。

お兄ちゃん：河川敷《しき》でのバーベキューや危険なゴルフの練習などには規制する［　い　］の制定などを積極的に行って欲しいね。

と　し　お：４月の道徳講演会ではパラリンピックパリ大会でブラインドサッカー日本代表を目指している先生からお話を聞いたんだ。先生から聞く障がい者の方々のお話は本当に勉強になるんだ。(カ)すべての人が差別されることなく生活できる社会の実現にみんなで取り組む必要を強く感じたな。

お兄ちゃん：パラリンピックを目指している先生から世界を目指す意識や障がい者の方との交流についてお聞きすることは勉強になるね。

と　し　お：５月には戦争について学んだんだ。2022年は沖縄が日本に復帰して［　う　］年を迎えるけど［　え　］基地から辺野古への移設などの問題にも改めて関心をもちたいと感じたな。

お兄ちゃん：としおはNATOについても習っている？　北大西洋条約機構のことで西側の軍事機構だけど今回のロシアのウクライナへの軍事侵攻の影響から５月にスウェーデンと［　お　］が加盟申請したんだ。

と　し　お：(キ)為替《かわせ》相場にも軍事侵攻が影響して物価が上がる心配があるね。

お兄ちゃん：６月の東京六大学野球の応援はどの球場で行ったの？

と　し　お：明治神宮野球場だよ。松岡先輩はとってもカッコ良かったな，ぼくも先輩のようになりたいな。帰りに(ク)明治神宮まで散策してきたんだ。

お兄ちゃん：７月に起きた安倍元総理の銃撃事件は，民主主義に対するテロ，挑戦と報じられたね。

と　し　お：その後の(ケ)国葬に対しては様々な意見があったね。ところでお兄ちゃんは(コ)参議院選挙は投票したの？

お兄ちゃん：当然投票には行ったよ。国内政治はもちろんだけど，世界平和に日本がどのように貢献できるかに興味があるんだ。岸田総理は日本として初めてNPTの会議に参加したけど，世界で唯一の被爆国としてできることをしっかり考えたいね。最後に野球部の合宿はどうだったの？

と　し　お：３年ぶりの合宿は事前に全員がPCR検査を受けたり，部屋や食事に感染予防対策を徹底して実施したんだ。塩尻は長野県だけど，以前軽井沢へ旅行に行ったよね。長野県は広いから政治面でも様々な政策が必要で(サ)地方自治の充実が求められる県だとバスガイドさんが話していたよ。練習では夏の長野県大会で準優勝した塩尻高校の投手が投げてくれたんだ！　感動したしバットに当たって自信になったよ。

問１　下線部(ア)について，SDGsについて説明した文として，誤っているものを次の１～６から二つ選び，番号で答えなさい。

１　Sustainable Development Goalsの日本語訳「持続可能な開発目標」の頭文字で読み方は，エス・ディー・ジーズ。

2　2050年までに世界が協力して持続可能で多様性と包括性のある社会の実現を目指す，17の国際目標。

3　「持続可能な開発レポート2022」の発表によると，世界の国々のSDGs達成度は，第1位フィンランド　第2位スウェーデン　第3位日本となっている。

4　目標の一つ「ジェンダー平等を実現しよう」において，日本のジェンダーギャップ指数は調査国の中で下位に位置している。

5　目標の一つ「海の豊かさを守ろう」では，マイクロプラスチックなど海洋ゴミ問題への対応，生物多様性の保全などに取り組んでいる。

6　目標の一つ「気候変動に具体的な対策を」では二酸化炭素排出量制限において先進国と発展途上国間での対立も予想される。

問2　下線部(イ)について，この権利は社会権の一つですが，社会権について説明した文として正しいものを次の１～４から一つ選び，番号で答えなさい。

1　憲法第25条では「すべて国民は，健康で文化的な一定水準の生活を営む権利を有する。」と生存権を規定している。

2　戦中戦後の混乱で教育を受けることが出来なかった方々が学び直す機会や，病院に設置することがある院内学級なども教育を受ける権利に基づいている。

3　憲法第28条では，勤労者の団結権及び団体行動権を18歳から65歳までの男女に保障している。

4　水俣病裁判とは，朝日茂さんが受給した生活保護費の額が生存権に違反するとして争われた裁判であった。

問3　下線部(ウ)について，二国間の歴史やこれまでの軍事侵攻関連について説明した文としてもっとも正しいものを次の１～４から一つ選び，番号で答えなさい。

1　ロシアとウクライナは，1991年のソビエト連邦崩壊までそれぞれソビエトを構成する15の共和国のひとつであった。

2　ウクライナはEU結成当初からの加盟国であるため，他の加盟国と共にロシアへの軍事行動を行っている。

3　軍事侵攻に対する国際連合の対応として事務総長は，二国間の問題であり国連では一切関与しないと表明した。

4　ロシア領内にあるチェルノブイリ原発へのウクライナの攻撃は世界的な関心を呼んだ。

問4　下線部(エ)について，日本の少子化問題への対策について説明した文ａ・ｂの正誤の組合せとして正しいものを下の１～４から一つ選び，番号で答えなさい。

a　政府は少子化対策担当の大臣制度を廃止し，2023年４月から，「こども家庭庁」の設置を決定した。

b　幼稚園，保育所などの利用料の無償化を行った。

1　ａ－正　ｂ－誤　　2　ａ－正　ｂ－正

3　ａ－誤　ｂ－正　　4　ａ－誤　ｂ－誤

問5　下線部(オ)について，７か国に入らない国を次の１～６から二か国選び，番号で答えなさい。

1　カナダ　　2　フランス　　3　中国

4　オーストラリア　　5　ドイツ　　6　イタリア

問６　[あ] にあてはまる，自分の故郷や応援したい自治体に寄付できる税制を何といいますか。解答らんにしたがってひらがな４字で答えなさい。

問７　[い] にあてはまる，地方公共団体が地方議会の議決によって制定する地域だけに適用される決まりを何といいますか，漢字２字で答えなさい。

問８　下線部㈮について，障害や能力だけではなく，文化・言語・国籍などあらゆる個人差を問わずに利用することができる施設や製品のデザインのことを何と言いますか。解答らんにあうようにカタカナ６字を答えなさい。

問９　[う]，[え]，[お] にあてはまる語句の組合せとして正しいものを次の１～６から一つ選び，番号で答えなさい。

１　[う]―40年　[え]―嘉手納《かでな》　[お]―スイス
２　[う]―40年　[え]―普天間《ふてんま》　[お]―フィンランド
３　[う]―50年　[え]―嘉手納　[お]―スイス
４　[う]―50年　[え]―普天間　[お]―フィンランド
５　[う]―60年　[え]―嘉手納　[お]―フィンランド
６　[う]―60年　[え]―普天間　[お]―スイス

問10　下線部㈯について，１ドル100円から90円への変動を「円 [か] 」になったといいます。空らん [か] にあてはまる語句を漢字１字で答えなさい。

問11　下線部㈰について，明治天皇の時代に制定された大日本帝国憲法と現在の日本国憲法を比較した場合，次の１～４の語句で大日本帝国憲法にのみあるものには１，日本国憲法にのみある語句には２，どちらにもある，又はどちらにもないものには３と答えなさい。

１　天皇　　２　永久の権利　　３　貴族院　　４　国民

問12　下線部㈸について，第二次世界大戦後二人目の首相の国葬となりましたが，一人目の首相在任中の出来事として正しいものを次の１～６から二つ選び，番号で答えなさい。

１　自衛隊のPKO派遣　　２　日中平和友好条約の締結　　３　所得倍増計画の発表
４　日本国憲法の公布　　５　朝鮮戦争による特需景気　　６　郵政民営化の実施

問13　下線部㈺について，参議院議員通常選挙に関係することを次の１～５から一つ選び，番号で答えなさい。

１　被選挙権満25歳以上　　２　任期６年
３　小選挙区制　　４　解散の日から40日以内に実施
５　最高裁判所裁判官国民審査の実施

問14　下線部㈹について説明した文として正しいものを次の１～６から二つ選び，番号で答えなさい。

１　地方交付税交付金とは自治体の財政格差をなくすため，国から支給されるお金である。
２　地域の問題や政策について，その賛否を住民自身が直接投票して決めることを監査の請求という。
３　1999～2010年にかけて政府の主導で行われた市町村の合併《べい》を「昭和の大合併」という。
４　2006年６月に財政破綻《たん》した小樽《おたる》市を教訓に，2007年には自治体財政健全法が制定された。
５　2020年大阪府における大阪都構想の提案は，住民投票の結果小差で賛成が上回った。
６　住民が議会の解散を請求する権利を直接請求権という。

【理　科】〈第１回試験〉（40分）〈満点：75点〉

［注意］　定規，三角定規，分度器，コンパス，計算機は使ってはいけません。

1　日本国内のある島では，何百年と昔から残る森林や昔の噴火《ふんか》によって溶岩《ようがん》が固まってできた土地をみることができます。そのため，様々な段階の森林が見られ，年月の経過とともに森林がどのように変化するかが観察しやすい地域です。①溶岩が固まり裸地《らち》になった土地では，まず乾燥《かんそう》に強い②コケ植物などが生えます。③土壌《どじょう》が形成されると多年生草本などの植物が侵《しん》入《にゅう》して草原となります。草原の中に陽樹が侵入し低木林となり，高木となる陽樹が成長すると森林ができあがります。④陽樹の幼木は育たなくなりますが，⑤陰樹《いんじゅ》の幼木が育ち樹種の交代が進み，陽樹が枯《か》れると，陰樹を中心とした何百年と残る森林ができます。

問１　下線部①について，植生の始まりの土壌に含《ふく》まれる養分と地表の植物に届く光の強さに関する記述として最も適当なものを次の１～４から一つ選び，番号で答えなさい。

１　土壌に含まれる養分は多く，地表の植物に届く光の強さは強い。

２　土壌に含まれる養分は多く，地表の植物に届く光の強さは弱い。

３　土壌に含まれる養分は少なく，地表の植物に届く光の強さは強い。

４　土壌に含まれる養分は少なく，地表の植物に届く光の強さは弱い。

問２　下線部②について，コケ植物の特徴《とくちょう》として最も適当なものを次の１～６から一つ選び，番号で答えなさい。

１　根・くき・葉の区別があり，胞子《ほうし》で増える。

２　根・くき・葉の区別があり，種子で増える。

３　根・くき・葉の区別があり，分裂《ぶんれつ》で増える。

４　根・くき・葉の区別がなく，胞子で増える。

５　根・くき・葉の区別がなく，種子で増える。

６　根・くき・葉の区別がなく，分裂で増える。

問３　下線部③について，森林ができる過程で，最初に侵入してくる草本の種子の特徴として最も適当なものを次の１～４から一つ選び，番号で答えなさい。

１　風によって運ばれやすいように，小形のものや，ススキのように毛をもつもの，イタドリのように翼《よく》をもつものが多くみられる。

２　動物が運びやすいように，果実として食べられたり，オナモミのように動物にくっつくものが多くみられる。

３　重く移動しにくいものが多く，分布を広げる速度も遅《おそ》い。

４　光が少ない場所でも発芽して生育できるものが多い。

問４　下線部④について，木がすき間なく密集している森林に生えている低木や草本はどのような性質のものでなければならないでしょうか。次の文章の空らんに入る語句を**5字以内**で答えなさい。

□□□□□**でも生育できる低木や草本。**

問５　下線部⑤について，陰樹として適当な植物を次の１～６から**すべて**選び，番号で答えなさい。

１　クヌギ　　２　シイ　　３　アカマツ　　４　カシ　　５　ブナ　　６　コナラ

問６　この島で植生調査を行い，【結果】として表にまとめました。あとの⑴，⑵の問いに答えなさい。

【調査の手順】

① 生えている植物種を調べ，右のような方形の枠《わく》を設定します。（今回は一辺50cmの区画を８個設定しました。）

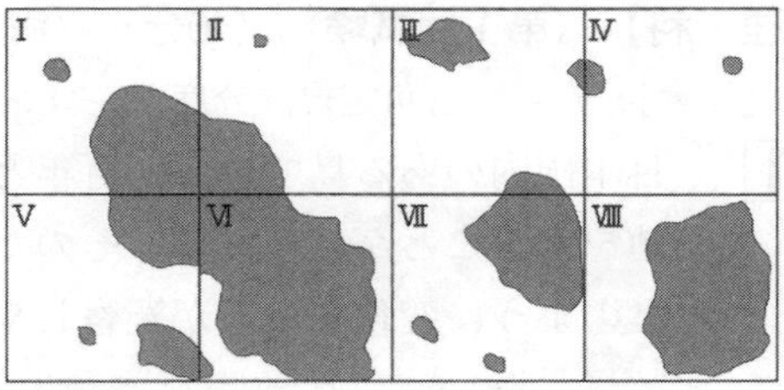

② Ⅰ～Ⅷの方形枠ごとに，被度《ひど》を測定します。

被度とは各植物が地表のどれだけの割合をおおっているかを表す値です。今回は，おおっている面積の割合をもとに次のような被度記号を使って表します。

（例） 被度＋ 被度４

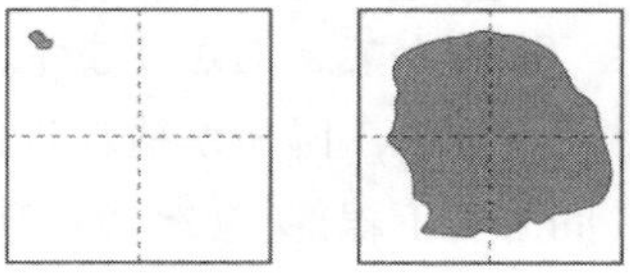

「５」：75％以上，　「４」：50％以上75％未満，

「３」：25％以上50％未満，「２」：５％以上25％未満，

「１」：１％以上５％未満，　「＋」：１％未満，「－」：出現なし

③ ①と②の【結果】を表にまとめます。なお，＜平均被度＞とは各植物の被度記号の合計を全区画数で割ったものです。平均被度を求める際，「＋」は0.8として計算することとします。また，被度％とは被度が一番高い植物を100％として計算します。今回はシロツメクサの平均被度が一番高いため，被度％を100としました。例えばセイヨウタンポポの被度％は［ア］と［イ］の値がわかれば求めることができます。

【結果】

	Ⅰ	Ⅱ	Ⅲ	Ⅳ	Ⅴ	Ⅵ	Ⅶ	Ⅷ	平均被度	被度％
シロツメクサ	3	2	1	−	2	5	3	−	［ア］	100
オオバコ	−	＋	2	−	2	1	−	4	1.225	［ウ］
セイヨウタンポポ	1	−	−	＋	1	−	＋	−	［イ］	23
ニワホコリ	−	−	＋	1	−	−	1	−	0.35	［エ］

(1) 【結果】の空らんア，イに入る数字を答えなさい。

(2) 【結果】の空らんウ，エに入る数字を**小数第１位を四捨五入し整数**で答えなさい。

2 次の図は，日本の東北地方の東西断面の模式図です。地震《じしん》の震源《しんげん》・火山の分布・プレートの位置を示しています。太平洋の（ ア ）で生成された海洋プレートは，図のAで示される（ イ ）で大陸プレートの下に，１年で５cmの速さで沈《しず》み込《こ》んでいます。

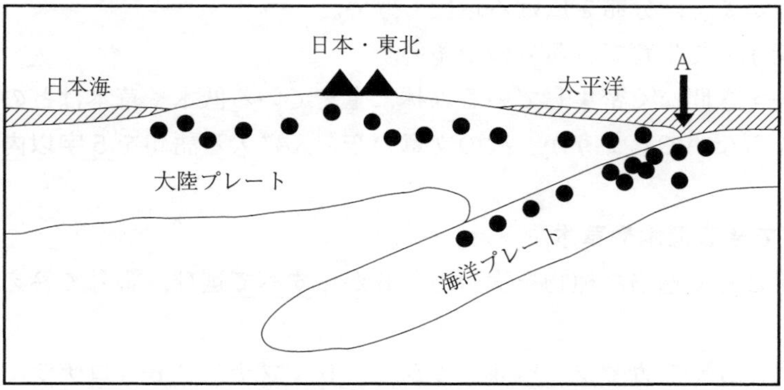

▲は火山，●は地震の震源を示しています。

問１　前ページの文章中の空らん(ア)，(イ)に入る語句の組み合わせとして，最も適当なものを次の１～４から一つ選び，番号で答えなさい。

	ア	イ
1	ホットスポット	海溝《かいこう》
2	海嶺《かいれい》	断層
3	ホットスポット	断層
4	海嶺	海溝

問２　日本の東北地方の太平洋沖では，大陸プレートと海洋プレートとの境界でマグニチュード７以上の地震が発生することがあります。このことについて述べた文として，最も適当なものを次の１～４から一つ選び，番号で答えなさい。

１　このような地震の発生のくりかえしの間隔《かんかく》は，数千年から数億年である。

２　このような地震に伴《ともな》うマグマの発生が，火山形成の原因である。

３　このような地震は，大陸プレートがはね上がることによって起きている。

４　このような地震は，日本特有の現象である。

問３　図の海洋プレートが大陸プレート下に沈み込んだ部分の長さは1000kmでした。沈み込みの向きと速さが変わらなかったとすると，この海洋プレートの先端《せんたん》部分が沈み込みを開始したのはいつ頃《ごろ》だと考えられますか。最も適当なものを次の１～４から一つ選び，番号で答えなさい。

１　2000万年前　　２　200万年前

３　20万年前　　４　２万年前

地球は，内核《ないかく》・外核《がいかく》・下部マントル・上部マントル・地殻《ちかく》からなります。これらを構成する物質に関して，次の問いに答えなさい。

問４　地球の内核・外核・上部マントルは，主にどのような物質で構成されていますか。次の物質ａ～ｄの組み合わせとして，最も適当なものをあとの１～４から一つ選び，番号で答えなさい。

ａ　鉄を主とする固体

ｂ　鉄を主とする液体

ｃ　ぎょうかい岩

ｄ　かんらん岩

	内核	外核	上部マントル
1	a	b	c
2	a	b	d
3	b	a	c
4	b	a	d

問５　地殻を構成する岩石は，そのでき方から火成岩・たい積岩・変成岩の３種類に分けられます。たい積岩には，生物の死がいが集まってできる生物岩，水中に溶《と》けている成分が水の蒸発によって沈殿《ちんでん》してできる蒸発岩，おもに岩石や鉱物の破片《はへん》からできているさいせつ岩など

があります。

(1)　たい積岩について述べた文として**誤っているもの**はどれですか。次の１～４から一つ選び，番号で答えなさい。

１　れき岩は，さいせつ岩の中で最も粗《あら》い粒子《りゅうし》で構成されている。

２　チャートは，主に炭酸カルシウムでできている殻《から》をもつ有孔虫《ゆうこうちゅう》や貝の死がいが集まり，固化したものである。

３　ぎょうかい岩は，火山灰などが固まってできた岩石で，やわらかいが熱に強い。

４　岩塩は，海水や湖水の蒸発によってできたたい積岩の一種である。

(2)　上の文章中の下線部について，さいせつ岩ができる一般的《いっぱんてき》な作用の順番を示すものとして最も適当なものを，次の１～４から一つ選び，番号で答えなさい。

ただし，続成《ぞくせい》作用とは，たい積物が固まることを示しています。

１　風化作用→侵食《しんしょく》作用　→運搬《うんぱん》作用→続成作用　→たい積作用

２　風化作用→続成作用　→侵食作用→運搬作用　→たい積作用

３　風化作用→たい積作用→侵食作用→運搬作用　→続成作用

４　風化作用→侵食作用　→運搬作用→たい積作用→続成作用

3　水にものをとかす実験に関する次の会話文を読んで，あとの問題に答えなさい。ただし，水の蒸発量は無視できるものとします。

トシオ：先生，先週の理科の授業では，水にホウ酸をとかす実験をしましたね。同じような実験を家でもやってみたいと思い，この前の日曜日にやってみたのですが，授業のときほどうまくできませんでした。

先　生：実験条件が異なると，実験結果も異なることがあります。どのような実験をしたのか，くわしく説明してもらえますか？

トシオ：はい。授業では，①100ｇの水にホウ酸を少しずつとかしていったら，加えたホウ酸の量が５ｇをこえたところで，わずかにとけ残りました。つまり，100ｇの水にはホウ酸が５ｇまでとけるということになるので，［　②　］ｇの水には，１ｇのホウ酸がちょうどとけるのではないかと考え，それを確かめようと思ったのです。

先　生：単純な計算としては間違《まちが》っていませんが，少し気になるところもありますね。実験結果はどうなりましたか？

トシオ：それが，予想とはまったく違ってしまったのです。最初に［　②　］ｇの水と１ｇのホウ酸を準備し，水にホウ酸を少しずつ入れていきました。最初に準備したホウ酸がすべてとけきったので，念のためにもう一回１ｇのホウ酸をはかりとって，それも少しずつ加えていきました。すると，追加で用意したホウ酸も，ほとんどがとけてしまったのです。

先　生：なるほど。では，まず実験条件から確認しましょう。授業のときには，実験手順や結果のほかに，実験したときの状況《じょうきょう》を書いておくように言いましたね。その中で，とけるホウ酸の量に最も大きく影響《えいきょう》を与《あた》えるのは何でしょうか？

トシオ：あっ！　確かに，［　③　］。それでは，その違いが，授業のときよりもホウ酸が多くとけた原因ですか？

先　生：いいえ。日曜日の実験条件だったとしても，100ｇの水にとけるホウ酸の限度の量は，

５gよりもほんの少しだけ多くなる程度です。それだけが原因なら，トシオくんの言うような，予想の量よりも２倍近くのホウ酸がとけるような状況にはならないでしょう。それよりもむしろ，重さのはかり方が気になりますね。授業では，実験用のデジタルはかりを使いましたが，トシオくんはどのようにはかりましたか？

トシオ：料理用のデジタルはかりを使いました。ただ，実験用のはかりは表示が小数第２位までありますが，ぼくがつかった料理用はかりは，表示が整数でした。それでも，ぼくは表示が「１」になるようにはかりましたよ。

先　生：それでは，トシオくんが家で使ったものと同様のはかりを家庭科室で借りてきて，１gをはかってみましょう。・・・それではトシオくん，そのはかりにほんの少しだけホウ酸をのせてみてください。

トシオ：はい。のせました。

先　生：はかりにはホウ酸がのっていますね。ですが，表示は「０」のままですね。それでは，そこにのっているホウ酸は０gということでいいですか？

トシオ：先生，それはおかしいです。重さがないということはありえません。

先　生：その通り，おかしいですよね。実験結果が予想通りにならなかった要因は，この点に問題があるのです。いま目の前のはかりにのっているホウ酸は，もちろん０gではありません。整数表示のはかりは，０gと１gの間の重さを表示することができないので，重さの値の小数第１位を四捨五入した値を表示するのです。つまり，表示が「０」となっているときには，重さが0.5g未満だということです。

トシオ：そういうことですか。すると，料理用はかりの表示が「１g」になる最大の重さと最小の重さの間には約［　④　］gのずれがあるということですね。これでは実験が予想通りにならなかったのも納得できます。

先　生：そういうことなので，実験用のはかりは小数第２位までの表示があるのです。この場合だと，表示できない小数第３位を四捨五入した値が表示されるので，「1.00g」と表示されたとき，先ほどと同様に考えると，ずれは料理用はかりの場合の［　⑤　］倍になりますね。

トシオ：結局，料理用のはかりでは，今回の実験はうまくいかないのですね…。

先　生：確かに，実験用のはかりを使ったほうが正確ですが，トシオくんが使った料理用はかりを使って，できるだけ理想的な(教科書に載《の》っている)値に近い実験結果を導くための方法を考えることも大切ですよ。たとえば，100gの水にとける食塩の限度の量はどのくらいか覚えていますか？

トシオ：たしか，30gと40gの間の重さだったと思いますが，くわしくは覚えていません。

先　生：それでは，⑥<u>その量をより正確に調べる方法</u>を考えてみましょう。

問１　下線部①に関して，ホウ酸を少量(一定量)ずつ加えてかき混ぜる操作を繰《く》り返していくときの様子として，最も適当なものを次の１～３から一つ選び，番号で答えなさい。ただし，かき混ぜ方は常に一定だとします。

１　少量のホウ酸がとけるまでの時間は，最初から最後(とけ残る直前)までほぼ同じであった。

２　最初のうちは，かき混ぜるとすぐにホウ酸がとけたが，とかしたホウ酸の量が多くなるほどに，ホウ酸がとけるまでの時間は長くなった。

3　最初のうちは，かき混ぜてからホウ酸がとけるまでの時間は長かったが，とかしたホウ酸の量が多くなるほどに，ホウ酸がとけるまでの時間は短くなった。

問２　空らん②に入る適当な数値を整数で答えなさい。

問３　空らん③に入る最も適当な文を次の１～６から一つ選び，番号で答えなさい。

1　授業のときの気温は23℃で，日曜日の気温は25℃でした

2　授業のときの気温は25℃で，日曜日の気温は23℃でした

3　授業のときは，日曜日よりも高い気圧でした

4　授業のときは，日曜日よりも低い気圧でした

5　授業のときの湿度《しつど》は70％で，日曜日の湿度は50％でした

6　授業のときの湿度は50％で，日曜日の湿度は70％でした

問４　空らん④に入る最も適当な数値を次の１～６から一つ選び，番号で答えなさい。

1　0.1　　2　0.2

3　0.4　　4　0.5

5　1　　6　1.5

問５　空らん⑤に入る最も適当な数値を次の１～６から一つ選び，番号で答えなさい。

1　2　　2　10　　3　100

4　$\frac{1}{2}$　　5　$\frac{1}{10}$　　6　$\frac{1}{100}$

問６　下線部⑥に関して，100gの水にとける食塩の量を，実験と計算によって求める場合，次の１～３を比べたときに，教科書に載っている値に最も近い結果が得られるのはどの方法であると考えられますか。次の１～３から一つ選び，番号で答えなさい。ただし，食塩の重さはトシオくんが使用したものと同様の料理用はかりで計測し，水の体積は100mLのメスシリンダーで計測することとし，計算の際には，100mLの水の重さが100gだとしてよいものとします。

1　１gの食塩をちょうどとかすために必要な水の量を実験で求め，その値から計算する。

2　５gの食塩をちょうどとかすために必要な水の量を実験で求め，その値から計算する。

3　50gの食塩をちょうどとかすために必要な水の量を実験で求め，その値から計算する。

4　底面積が10cm^{2}で高さが12cmの円柱形をした重さが20gの浮《う》きがあります。この浮きの底面の中央に自然の長さが15cmのばねを図１のように取り付けました。ばねのもう片方の端《はし》は図２のように，底面積が50cm^{2}で高さ50cmの容器の底の中央に取り付け，底に垂直になるようばねと浮きを立てます。ばねは10gのおもりをつるすと0.5cm伸《の》びることがわかっています。

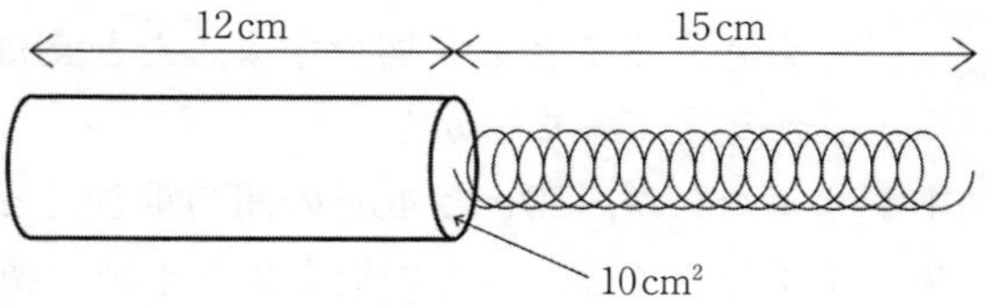

図１

容器に１cm^{3}あたりの重さが１gの水をゆっくりと入れていき，ばねの伸びを調べます。ばねの重さや体積，容器の壁《かべ》の厚さは無視し，浮きは変形することや水を吸うこと，容器の壁に触《ふ》れることはないものとして，あとの各問いに答えなさい。

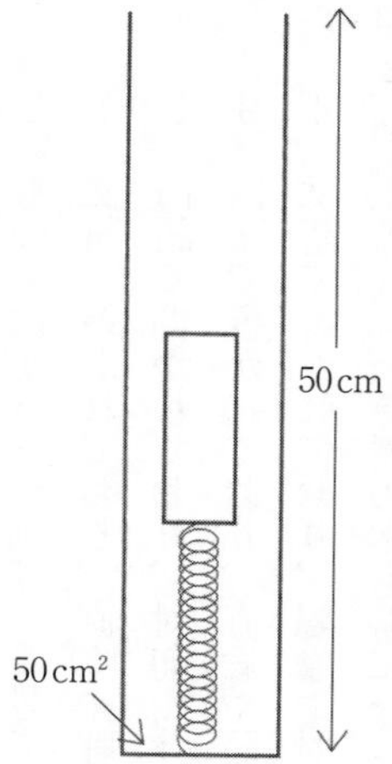

図２

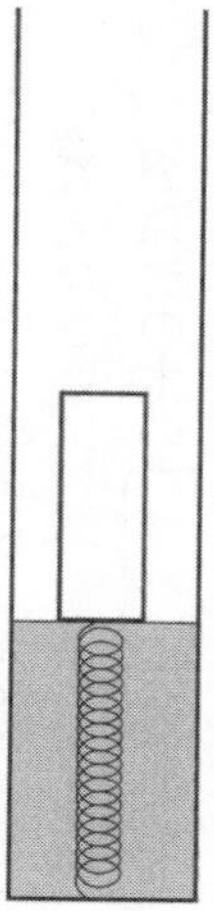
図３

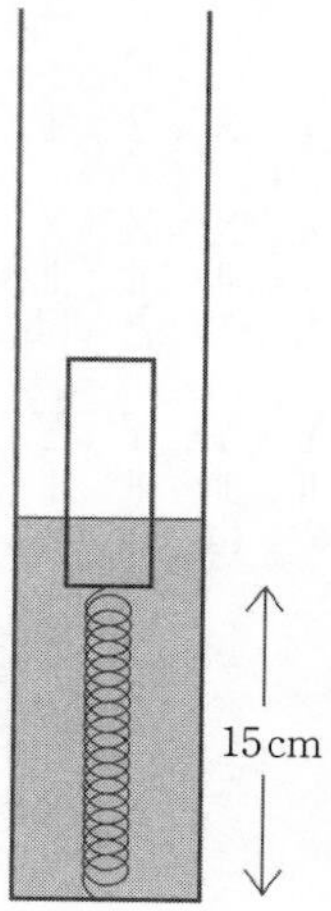

図４

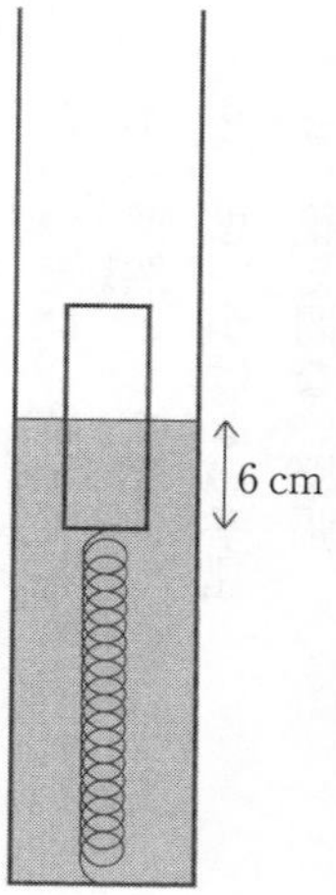

図５

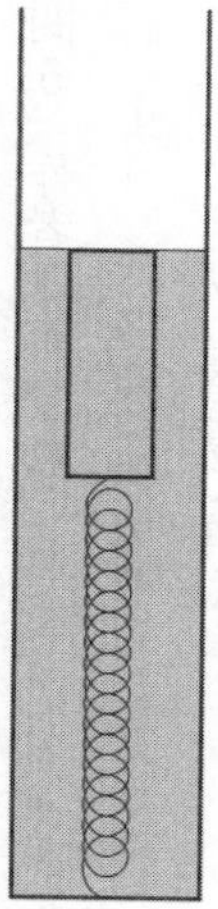
図６

問１　図３のように，容器に入れた水の水面が浮きの底面につくのは，容器の水が何 cm^3 のときですか。使用しているばねは 10g のおもりをのせると 0.5cm 縮みます。

さらに水を入れていくと，ばねは少しずつ問１のときよりも伸び，図４のように自然の長さ(15cm)になりました。

問２　浮きにはたらいている浮力《ふりょく》の大きさは何 g ですか。

問３　浮きの水中につかっている部分は，浮きの底面から何 cm までですか。

問４　容器内の水は何 cm^3 ですか。

さらに水を入れていくと，浮きは次第に水中に沈《しず》んでいきます。

問５　図５のように，浮きの半分(浮きの底面から６cm)だけが水中につかっているとき，ばねの長さは何 cm ですか。

問６　図６のように，浮きの上面が水中に沈むのは，容器内の水が何 cm^3 になったときですか。

問７　問６からさらに水を $100cm^3$ 容器に入れました。ばねの長さは何 cm ですか。

問１　この詩に用いられている表現技法の組合せとして、最もふさわしいものを次から一つ選び、番号で答えなさい。

１　文語で書かれており、直喩《ちょくゆ》や呼びかけが用いられている。
２　口語で書かれており、対句や体言止めが用いられている。
３　口語で書かれており、直喩や隠喩《いんゆ》が用いられている。
４　文語で書かれており、隠喩や対句が用いられている。

問２　――線Ａ「公孫樹の木も箒になった」とは、どういうことを表そうとしていますか。次の空らん□に入ることばを五字以内で答えなさい。

公孫樹の木の□てしまったということ。

問３　文中の空らん X ・ Y に入る助詞の組合せとして、最もふさわしいものを次から一つ選び、番号で答えなさい。

１　Ｘ＝は　Ｙ＝の
２　Ｘ＝と　Ｙ＝は
３　Ｘ＝の　Ｙ＝は
４　Ｘ＝も　Ｙ＝の

問４　作者がとらえている「冬」として、最もふさわしいものを次から一つ選び、番号で答えなさい。

１　漠然《ばくぜん》とした不安
２　思いがけない幸運
３　絶え間ない緊張
４　越《こ》えるべき試練

問５　作者は彫刻《ちょうこく》家としても有名な人物ですが、この詩からはどのような作者の姿が感じられますか。最もふさわしいものを次から一つ選び、番号で答えなさい。

１　芸術家として、身近な人々の幸福を願おうとしている作者。
２　芸術家として、今までのあり方を振《ふ》り返ろうとしている作者。
３　芸術家として、生きていく喜びをうったえようとしている作者。
４　芸術家として、今よりも一層高い境地を目指そうとしている作者。

四　次の①～⑤の各組の中には、構成のしかたが違《ちが》うものが、それぞれ一つずつ含《ふく》まれています。その熟語の番号を答えなさい。

①　１　創造　２　得失　３　省略　４　勤務
②　１　出発　２　加熱　３　帰国　４　着陸
③　１　自動　２　暗示　３　長考　４　国連
④　１　未開　２　不明　３　後味　４　無礼
⑤　１　整然　２　劇的　３　公立　４　酸性

からないでいる。

２　読もうと思っていたマンガのことが頭にうかんできて困ってしまっている。

３　マンガの主人公のようにふるまいたいのに、そうできない自分を恥じている。

４　じゅんちゃんともっと長くいっしょにいたかった、と悲しみをこらえている。

問８　――線⑤「僕の言葉」とありますが、これはどの言葉を指していますか。文中からぬき出しなさい。

問９　じゅんちゃんとふつうの子とのちがいは、言動だけではなく表情にもあらわれていると考えられます。それはどんな表情ですか。文中から十字以内でぬき出しなさい。

問10　本文の内容についての説明としてふさわしいものを次から**二つ**選び、番号で答えなさい。

１　「僕」は幼なじみであるじゅんちゃんとずっと仲良くしていきたいと考えているが、周囲の人々がじゅんちゃんを遠ざけていくにつれて、「僕」自身もじゅんちゃんと距離を置くことを決心した。

２　じゅんちゃんは、人ができないようなことを思い切ってやることでみんなの人気者となっていたが、自らみんなとは違うことを意識するようになった結果、まわりからうとまれることになった。

３　担任の山口先生は、あえて冷たく接することでじゅんちゃんを精神的に強くさせようとしているが、それをじゅんちゃんにまったく理解してもらえないことで、悔し涙を流すことさえあった。

４　以前は「僕」と目が合うと笑ってくれた「おばさん」も、二月になってじゅんちゃんが手に負えなくなると笑顔を見せることもなくなり、外見も実際の年齢以上にふけこんで見えることもあった。

５　「父」は自分の考えや意見をできるだけ押しつけないように、また「僕」のじゅんちゃんに対する気持ちにも配慮しながら、「僕」がじゅんちゃんと一緒に学校生活を送るのが無理だと伝えようとした。

三

次の詩を読んで、後の問いに答えなさい。

冬が来た　　高村光太郎

きっぱりと冬が来た
八つ手の白い花も消え
A 公孫樹《いちょう》の木も箒《ほうき》になった
きりきりともみ込《こ》むような冬が来た
人にいやがられる冬
草木に背かれ、虫類に逃《に》げられる冬が来た
冬よ
僕《ぼく》に来い、僕に来い
僕は冬の力、冬 X 僕 Y 餌食《えじき》だ
しみ透《とお》れ、つきぬけ
火事を出せ、雪で埋《う》めろ
刃《は》物のような冬が来た

（重松　清「じゅんちゃんの北斗《ほくと》七星」より）

問1　――線A「すっとんきょうな」、B「ひとりごちて」の意味として最もふさわしいものを下から一つずつ選び、それぞれ番号で答えなさい。

A　1　突然《とつぜん》で調子はずれな　2　すっかり音程の狂《くる》った
　3　機械的で無感情な　4　テンポに乗り遅《おく》れた

B　1　ひとり納得して　2　ひとりつぶやいて
　3　ひとり考えて　4　ひとりうなずいて

問2　次の文は、もともと文中にあったものですが、どこにあったと考えられますか。入るべき部分として最もふさわしいものを文中の［1］～［4］から一つ選び、番号で答えなさい。

　追いかけようとする僕を、先生が「ああ、いいから、座ってなさい」と止めるようになったのも、二学期になってからだった。

問3　空らん［　］に入ることばとして最もふさわしいものを次から一つ選び、番号で答えなさい。

　1　僕だって、うんざりだよ　2　うるさいんだよ、おまえ
　3　先生、なんとか言ってよ　4　寝《ね》るなよ、じゅんちゃん

問4　――線①「一緒にいても、僕たちはもう、じゅんちゃんの歌や踊りにおなかが痛くなるほど笑うことはないだろう」とありますが、これは、僕たちがじゅんちゃんに対してどのように感じはじめたからですか。次の文の空らん《　》に入れるのにふさわしいことばを文中から十五字でぬき出しなさい。

　じゅんちゃんに対して《　》ようになっていたから

問5　――線②「やっぱりなあ、という顔になった友だちのほうが多かった」とありますが、どういうことに対して「やっぱりなあ」と感じていると考えられますか。その説明として最もふさわしいものを次から一つ選び、番号で答えなさい。

1　校長先生がじゅんちゃんの両親を呼び出したということに対して、じゅんちゃんの両親だって苦労をせおっているにちがいないと感じた、ということ。

2　じゅんちゃんが学校をクビになりそうだという噂がたったことに対して、じゅんちゃんの両親が抗議のために学校に乗りこんできたと感じた、ということ。

3　じゅんちゃんを無事に卒業させるための話し合いが年明けもおこなわれていることに対して、こたえなど出せるはずがないと感じた、ということ。

4　教育委員会のひとや校長先生とじゅんちゃんの両親が話し合っていることに対して、じゅんちゃんの処分についての話し合いだと感じた、ということ。

問6　――線③「正座をして、背筋を伸ばしていた」とありますが、この時の「母」についての説明として最もふさわしいものを次から一つ選び、番号で答えなさい。

1　「僕」にとってはいやな話しをしなければならないので、母親としての威厳を示して「僕」を説きふせようと考えている。

2　これから話そうとすることがとても大切であると同時にむずかしいことでもあるので、あらたまった態度になっている。

3　自分の話すことが「僕」やじゅんちゃんを傷つけることになってしまうので、無意識のうちにも緊張してしまっている。

4　まずは自分がきっかけを作るので、うまく話せないときには父にまかせたいという思いを示そうとしている。

問7　――線④「僕はうつむいてしまった」とありますが、この時の「僕」についての説明として最もふさわしいものを次から一つ選び、番号で答えなさい。

1　母親からこたえをせまられているが、どうこたえていいかわ

ればいつも楽しくいられるか、ってことだよなあ」と言い直した。

だったら答えは簡単だ。じゅんちゃんの笑顔が浮《う》かぶ。じゅんちゃんはいつでも笑っている。うれしいときも、悲しいときも、寂しいときも、怒《おこ》っているときも、笑顔以外の表情はない。僕たちはみんな、じゅんちゃんの笑顔しか知らない。でも、もう、じゅんちゃんがどんなに笑っても、笑い返す友だちはいないのかもしれない。

「このままだと四年生になっても席が隣同士になるし、五年生のクラス替えでも同じだから。これから勉強もどんどん難しくなるし、いまみたいに授業がストップしちゃうと、みんなの迷惑になるし、隣の席にいたら、いちばん大変だし……」

母はそう言って、「だから、素直に、正直に言ってほしいの」と身を乗り出した。

④僕はうつむいてしまった。

なぜだろう、頭の中に、いろんなマンガのいろんな主人公の顔が浮かんだ。みんなカッコいい奴《やつ》らばかりだった。男らしくて、勇気があって、友情を大切にして、こういうときには、きっと顔を上げて、正々堂々と……。

うつむいたまま、口を小さく動かした。

ちょっと、迷惑してる——つぶやくように言った。

母には聞き取れなかったようで、「え？」と返されたが、父は「うん、よし、わかった、うん、うん」と部屋にこもった重苦しさを振り払うようにさばさばと言って、「お風呂《ふろ》に入れよ、もう沸《わ》いてるだろ？」と笑いながら言った。

⑤僕の言葉がなにかの決め手になったわけではないだろう。子どもの一言に大切なことを委ねてしまうほど、おとなは無責任ではないし、残酷《ざんこく》でもない——と信じている。

僕がなにを答えようとも、すでに結論は出ていたのだ。

じゅんちゃんはおじさんに頬をぶたれた翌日から、学校に来なくなった。給食のパンを届けに行ってもずっと留守で、郵便受けからあふれた新聞は、母が片づけていた。

じゅんちゃんの一家が県庁のある大きな市に引《ひ》っ越《こ》すんだと母から聞いたのと、じゅんちゃんが転校するんだと山口先生から聞いたのは、どっちが先だっただろう。いずれにしても、三月に入って早々に団地の部屋は引き払われてしまった。

じゅんちゃんは最後まで学校には来なかった。

引っ越しのときにも姿を見なかった。

運送業者のひとと段ボールを運び出しているのは、おばさんだけだった。廊下で引っ越しの様子を見ている僕に気づくと、おばさんは「いままでありがとうね」と笑って、「これ、お別れにあげる」とエプロンのポケットから写真を一枚取り出した。まだ僕とじゅんちゃんが幼稚園に通っていた頃に、動物園でおばさんに撮《と》ってもらった写真だった。

白黒の写真の中で、キリンを背にして僕と手をつないだじゅんちゃんは、やっぱりふにゃふにゃと、幸せそうに笑っていた。

じゅんちゃんは、元気ですか？

新しいウチの住所と電話番号を教えてください。

じゅんちゃんに、「さよなら」と伝えてください。

訊きたいことや伝えたいことはたくさんあるのに、言葉にならない。写真の中の僕たちを見つめたまま、顔を上げられない。

運送業者のひとに「すみませーん、奥《おく》さん、ちょっといいですかあ？」と呼ばれたおばさんは、じゃあね、と家に駆《か》け戻った。僕はおばさんのいなくなった廊下にぺこんとおじぎをして、自分の家に戻った。

早くからわかっていたのかもしれないし、おばさんにも、わかってしまったのだろう。僕と目が合っても、おばさんはもう笑わない。肩《かた》をすぼめ、背中を丸めて、いたたまれない様子で頭を下げるだけだった。ずいぶん痩《や》せた。ウチの母よりも歳《とし》が若いはずなのに、白髪《しらが》が増えて、光のあたる具合によってはおばあさんのように見えてしまうことまであった。

学校にはおじさんも来た。教室を飛び出したじゅんちゃんをつかまえると、おじさんは廊下中に音が響《ひび》きわたるほど強くじゅんちゃんの頬《ほお》をぶった。そして、声を裏返して泣きわめくじゅんちゃんを抱《だ》きかかえて、そのまま家に連れ帰ってしまった。

廊下に出てそれを見送った山口先生は、自分までぶたれたように顔をゆがめて教室に戻ると、「はい、授業授業」と僕たちに声をかけ、無理やり笑った。

夕食のあとで部屋に入ってマンガを読もうとした僕が、母に「ちょっと、ここに座って」と呼び止められたのは、その翌日のことだった。

母は僕の正面に座った。③正座をして、背筋を伸《の》ばしていた。夕食の途中《とちゅう》だった父も箸《はし》を置き、僕を黙《だま》って見つめていた。

「ほんとうのところを教えてくれる?」

母はそう前置きして、「とっても大事なことだから、正直に言って」と念を押《お》した。僕は小さくうなずいた。口の中が急に渇《かわ》いてしまった。

「じゅんちゃんのことだけど……どう?」

さすがに訊《き》きづらかったのだろう、母はあいまいな言い方をして、助けを求めるように父を見た。

父も最初は何度も咳払《せきばら》いをするだけだったが、やがて意を決したように僕をあらためて見つめ、「授業の邪魔になってるんじゃないか?」と言った。

「じゅんちゃんが?」

「そう。いまはおばさんが一緒について行ってるけど、同級生から見てどうなんだ、おばさんがいないとやっぱり騒がしいのか、じゅんちゃん」

「……ちょっと」

おばさんがいても変わらないけど、とは言えなかった。

「ちょっとって、どのくらいだ? 先生の話が聞こえなくなるほどか?」

「……ときどき」

「正直に言えばいいんだからね」と母が口を挟《はさ》んだ。

父は僕の緊張《きんちょう》をほぐすように「おまえまで正座しなくていいよ」と笑って、「でもなあ」とのんびりした声でつづけた。

「じゅんちゃんだって、もっと騒ぎたいのかもな。それをずっと我慢《がまん》してるんだったら、かわいそうかもな」

そうかもしれない。でも、そうではないのかもしれない。

「特別な学校に行ったら、じゅんちゃんみたいな子もたくさんいるし、もっと自由に、伸び伸びできるのかもしれないよな」

そうかもしれない。でも、そうではないのかもしれない。

「まあ、せっかくみんなと同じ学校に入って、あと残り半分なんだから、卒業まで一緒にっていうのもわかるけど……」

そうかもしれない。でも、そうではないのかもしれない。

父は「ちょっと難しすぎることを言うかもしれないけど、ごめんな、わかりやすく説明できないんだ」と僕に言った。その言葉じたい、まだ九歳《きゅうさい》の僕には難しすぎたが、黙ってうなずいた。

「要するに、じゅんちゃんにとって、どうするのがいちばん幸せなんだっていうことなんだよなあ、問題は」

幸せって言ってもわかんないか、と父はＢひとりごちて、「どうすだった。でも、山口先生は本気で——というより、心の中のブレーキがはずれたような怒鳴《どな》り声をあげて、じゅんちゃんを叱る。グラウンドで遊ぶじゅんちゃんを教室に連れ戻《もど》すときの手の引っぱり方は、荒々《あらあら》しくて、不機嫌《ふきげん》そのもので、ときには悔《くや》しさなのか情けなさなのか、目が赤く潤《うる》んでいることもあった。［2］

　でも、じゅんちゃんは懲《こ》りない。叱られている最中はおびえた様子で「ごめんなさい、ごめんなさい」と謝っても、しばらくたつとまたふにゃふにゃした笑顔に戻って、同じことを繰り返してしまう。［3］

「じゅんちゃん、座ってなきゃだめだよ」

　僕は何度も言った。「少し静かにしてろよ」とも言ったし、「［　　　　］」とも、強い口調で言った。［4］

　みんなと同じことを、同じようにやってほしかった。じゅんちゃんがみんなから、うんざりしたり迷惑がったりする目で見られてしまうのが、嫌《いや》だった。

　でも、僕だってほんとうは迷惑だと思っていた。うんざりもしていた。

　でも、僕たちは「あいぼー」だった。

　でも、僕はもう知っていた。じゅんちゃんは、大きくなっても、僕たちとは違うおとなになってしまうのだろう。

　でも、一緒《いっしょ》にいたい。

　でも、①一緒にいても、僕たちはもう、じゅんちゃんの歌や踊りにおなかが痛くなるほど笑うことはないだろう。

「でも」を何度繰《く》り返せば正しい答えにたどり着けるのか、あの頃の僕にも、いまの僕にも、わからない。

　教室に連れ戻されるのを嫌がったじゅんちゃんが山口先生の手に噛《か》みついたのは、二学期の終わり頃だった。先生のケガは軽かったが、腕《うで》っぷしのからきし弱い——そもそも「戦う」ということがピンと来ていないようなじゅんちゃんが、そんな反抗《はんこう》的な態度をとったのは初めてだった。

　三学期は、おばさんが毎日学校に来るようになった。廊下《ろうか》から教室の中のじゅんちゃんの様子を見て、騒ぎすぎるようならおばさんが外に連れ出して、そのまま早退させる。じゅんちゃんが勝手に教室を飛び出してしまったときに校内を捜《さが》し回るのもおばさんの役目だった。

　ときどき僕と目が合うと、おばさんは笑ってくれる。寂《さび》しそうに、申し訳なさそうに、泣きだしそうな顔で笑うのだ。

　じゅんちゃんが学校をクビになるらしいという噂《うわさ》が流れたのも、三学期が始まって間もない、ちょうどその頃だった。

　冬休みに、教育委員会のひとと校長先生がじゅんちゃんの両親を学校に呼んで、これからのことを話し合ったのだという。年が明けて学校が始まってからも、話し合いはつづいているのだという。

なんで——とは、僕たちの誰も思わなかった。②やっぱりなあ、という顔になった友だちのほうが多かった。

　四年生に進級すると、もっと勉強が難しくなって、じゅんちゃんのことがもっと迷惑になってしまうだろう。五年生、六年生、中学生……これからずっと、じゅんちゃんはひとりぼっちのままだろう。ひとりぼっちでも、じゅんちゃんは、ふにゃふにゃの笑顔で幸せそうに笑いつづけるのだろうか。

　二月になっても、おばさんはじゅんちゃんの様子を見るために——見張りのために、学校に通いつづけた。

　じゅんちゃんはおばさんの前でもおかまいなしに大きな声をあげ、授業中にうろうろと立ち歩く。やっぱりだめだ。じゅんちゃんは、もう僕たちと一緒にはいられない。僕にもわかったし、先生にはもっと

3　過去に生きてきた記憶と不気味な夢のような世界が一緒になった芭蕉の感覚と、人の夢で蝶となったのか蝶の夢で人となったのかわからないような「荘子胡蝶」の主人公の感覚。

4　現在の目の前にある状況と過去見てきた情景がごちゃまぜになったように感じた芭蕉の感覚と、現実の世界と夢の世界がどちらだかわからなくなった「荘子胡蝶」の主人公の感覚。

問７　――線⑤「人生とは、その基本的な存在様式において夢という存在様式と区別しえないほど酷似している」とありますが、人生と夢のどのような点が酷似していると筆者は述べていますか。四十字以内で答えなさい。

問８　――線⑥「人生の『客観的な長さ』」とありますが、これと最も関連が深いものを文中の＝＝線ア～オから一つ選び、記号で答えなさい。

問９　われわれが人生を一炊の夢と譬えるのは、なぜだと筆者は述べていますか。次の文の（　）にふさわしい語句を文中から十六字でぬき出して答えなさい。

われわれが実感できない（　　　　　）を心の中に持っているから。

二

次の文章を読んで、後の問いに答えなさい。

「僕《ぼく》」とじゅんちゃんは同じ団地のお隣《となり》に住む幼なじみであり、小学一年生からずっと同じクラスで席もいつもとなり同士であった。じゅんちゃんは、ふつうの子とは違《ちが》っていることから、トラブルを起こすことが多かったが、そんなときはいつも「僕」が助ける役目だった。

三年生の一学期あたりまでのじゅんちゃんは幼稚園《ようちえん》の頃《ころ》と変わらず人気者だったが、二学期に入ると教室の雰囲気《ふんいき》が変わってきた。

じゅんちゃんが授業中に騒《さわ》いでも、みんないままでのようには笑わない。また始まった、という顔になって、そっぽを向いたりうつむいたりしてしまう。

実際、じゅんちゃんはなにか冗談《じょうだん》を言うわけではない。いきなり立ち上がって大声を出したり、Aすっとんきょうな声ででたらめな歌を歌ったり、ひょうきんな身振《みぶ》りで踊《おど》ったりするだけだ。いままではそれが面白かった。一つひとつの言葉やしぐさというより、恥《は》ずかしいことを恥ずかしがらずに、やってはいけないことをやってしまう――じゅんちゃんはみんなとは違うんだ、ということを笑っていたのだ。

でも、それは、授業の邪魔《じゃま》になることと紙一重だった。

僕たちは少しずつ、じゅんちゃんの騒がしさを迷惑《めいわく》と感じるようになっていた。

勉強の内容が難しくなってきた。テストや宿題も増えてきたし、引き替《か》えに、授業中に先生が冗談を言ってみんなを笑わせる回数が減った。授業中の教室が静かになればなるほど、じゅんちゃんは退屈《たいくつ》する。体をもぞもぞさせて、机を太鼓《たいこ》のように手のひらで叩《たた》いて、やがて声をあげはじめ、誰《だれ》にもかまってもらえないとよけい意地を張って大声を出しつづけ、最後は教室を飛び出してしまう。［1］

先生は黒板に自習用の問題をいくつか走り書きしてから、やれやれ、まいったなあ、という大きなため息をついて、一人でじゅんちゃんを探しに行く。

クラス担任は、山口先生というまだ若い男性教師だった。マイペースすぎるじゅんちゃんの行動にいつも困っているのは、僕たちにもよくわかっていた。一年生と二年生のときの河合先生はベテランの女の先生だったから、じゅんちゃんを叱《しか》るときもお母さんみたいな言い方に不思議なのです。

和泉式部が、熱い恋に明け暮れた日々の日記を「夢よりもはかなき世の中を……」と書きはじめているのも、同じ心境なのでしょう。沸《ふっ》騰《とう》した体験であればあるほど、それが過去に転じ「もはやない」ことを実感しますと、とても不思議な気がします。

いかに長く豊かな人生でも、振り返ればやはり「一炊の夢」のようなものである。時間の「長さ」に対する懐疑《かいぎ》は過去時間の客観的長さに対する懐疑であり、それがいかなる実感も呼び起こさないということこそ、この譬えの要なのではないでしょうか。旅籠で不思議な夢をみた若者は、実人生で何もしないうちに華々しい生涯《しょうがい》を送った後に死ぬときと同じ実感を獲得《かくとく》してしまった。逆に言いますと、多分一〇〇年の波瀾に富んだ人生でも、死ぬときの実感は若者が「もしもし」と揺り起こされてふと目を醒ましたときと同じだろう、ということです。

（中島義道『「時間」を哲学《てつがく》する―過去はどこへ行ったのか』より）

問1　――線a～dを漢字を用いて書きなさい。送り仮名となる部分はひらがなに直しなさい。

問2　この文章からは次の段落がぬけています。この段落を正しい位置に入れたとき、直後に来る三字をぬき出して答えなさい。

しかし、この直観をいざ論理的に探《さぐ》ってゆきますと、次から次に疑問がわき出てきて収拾《しゅうしゅう》がつかなくなる。そこで、多くの哲学者は、ここにはトリックが仕掛《しか》けられており、わかったつもりになっているがじつは何にもわかってはいないのだ、と決めつけます。

問3　――線①「『邯鄲の夢』という古い中国のお話があります」とありますが、筆者がこのお話を挙げたのはどうしてですか。最もふさわしいものを次から一つ選び、番号で答えなさい。

1　盧生青年のように自分の将来への高望みを安易にさせないため。

2　すばらしい人生でも夢のようにむなしいものであることを述べるため。

3　「時間」というものについて具体例から考えてもらうため。

4　人生を振り返って夢のようであると溜め息をつくことを戒《いまし》めるため。

問4　――線②「それ」が指し示すことばを一単語でぬき出しなさい。

問5　――線③「人生や恋の儚さの譬えとして『□』という言葉がたくさん出てきます」について次の問いに答えなさい。

(1)　空らん□に入る語句を藤原俊成女の和歌から七字以内でぬき出しなさい。

(2)　――線⑦「『……難波のことも夢のまた夢』」の全文は以下の通りです。この中から(1)の答えと同じ意味を表すことばをぬき出しなさい。

露《つゆ》と落ち　露と消えにし　わが身かな
難波のことも　夢のまた夢

問6　――線④「この心境は、私には『荘子胡蝶』の世界にきわめて近いように思われます」とありますが、何と何が近いと筆者は述べていますか。最もふさわしいものを次から一つ選び、番号で答えなさい。

1　目の前に散っていく桜花と過去の人生を二重写しにしている芭蕉の感覚と、蝶としての生活と人間としての生活の実感がまぜこぜになった「荘子胡蝶」の主人公の感覚。

2　花びらが乱舞する様子に時間の経過を重ね合わせた芭蕉の感覚と、春に漂う人生の虚しさと蝶がひらひらと舞う様子を同じように感じた「荘子胡蝶」の主人公の感覚。

ここで、とりわけ夢の過去性に注目する必要があります。夢とはことごとく「みた」というかたちで、すなわち「もはやない」というかたちで意味づけられるのです。そして、じつはこれまでの各人の人生とは――いかに波瀾に富んだものであろうと――この短い現在という時をcノゾイてことごとく「もはやない」過去のことなのです。われわれは自らの人生の大部分を「もはやない」時として了解しているのです。

としますと、「人生一炊の夢」とは、人生とはいつかは醒める夢をみつつある時のようなものだという意味ではなくて、わが人生とはわが過去にほかならず、わが過去であるかぎりの⑤人生とは、その基本的な存在様式において夢という存在様式と区別しえないほど酷似《こくじ》している、という意味ではないかと思われます。

この現在という一時をノゾイてすべて過去世界であり、すでにいかなる仕方でも知覚の到達《とうたつ》できない世界です。あなた自身が昨日体験したことですら、いかにアリアリとその記憶《きおく》が残っていようとも、それは見えず・聞こえず・触《ふ》れられず、その意味でその存在はまさに夢のように儚いものである。つまり、「邯鄲の夢」というお話は、人生の儚さを一般的《いっぱんてき》に語っているというより、それぞれの人生の大部分を占《し》める過去の儚さを直感的に語ったものではないのか。七〇年前も数時間前も、過去は現在知覚が到達できないという意味で、まったく同じように儚いのです。

さらに、人生を「悠久《ゆうきゅう》の夢」ではなく「一炊の夢」と譬えているところが、「邯鄲の夢」というお話のもう一つのポイントでしょう。つまり、この夢の譬えの中心にその「短さ」があります。ここでも、長い苦しい人生という夢から醒めて死後あの世からそれを振《ふ》り返《かえ》ればじつはア一瞬のことであった、というようなおとぎ話をもち出す必要はありません。

若者が経験した人生は夢の中ではイ五〇年におよぶ大ドラマでした。しかし、醒めてみると、それはたった数時間の夢だったのです。同一の体験が、進行中のときはそれ相応に「長い」のに、過去に退いた途《と》端《たん》に「短く」なること、この大きな差異は日常的に誰《だれ》でもウ奇妙《きみょう》な感じとともによく知っていることです。

いかに平凡《へいぼん》に見える一日でも、じつは新鮮《しんせん》な出来事に溢《あふ》れ限りないエ変化に富んだ豊かな舞台なのですが、夜ベッドの中で想い起こすとアッという間に終わってしまっている。朝からの出来事を詳細《しょうさい》に次から次に思い出していっても、まとめてみるとやはりまったくオ「厚み」が感じられず、昨日の夜のすぐ隣《となり》に今日の夜がある。

夏休みも、いかにそこに刺激的《しげきてき》な体験が詰《つ》まっていようと、終わってしまえばやはりアッという間であった。今年もアッという間に過ぎた。一〇年間もアッという間のことであった。これまでの人生もアッという間であった。とすると、死の床《とこ》で七〇年あるいは八〇年の一生を振り返ってもやはりアッという間であった、と感ずるにちがいない。誰でも知っていることですが、⑥人生の「客観的な長さ」は振り返ったときの実感にまったくそぐわないのです。

秀吉のdジセイの句⑦「……難波のことも夢のまた夢」も、まさしく死の床において過去の儚さの実感を訴えたものです。過去の人生が華々《はなばな》しければ華々しいほど、今死にゆく身から振り返るとそれはあたかもなかったかのように儚いものとして実感される。たしかに、俺《おれ》は今自分にひれ伏《ふ》す名高い武将や金銀の調度に囲まれ豪華絢爛《ごうかけんらん》たる一室に横たわる天下人である。ここに至るには、困難ないくつもの山を越《こ》えてきた。だが、今あらためて振り返ると、不思議なことに、アレだけのことをしてきたのに、その一つ一つをまざまざと憶《おぼ》えているのに、泥《どろ》にまみれて遊んだ少年がたちまち白髪になり今死ななければならないようなのだ！　その齟齬《そご》、実感の差がまさに「夢のまた夢」のようめた後の状態はこの場合不可欠の要因ではなく、いかなる確定的な来世の期待なしにも、単純に人生は夢のようなものだと、しみじみ思いたくなるのではないでしょうか。

では、それはいかなる了解なのか。これは、以上のような表層の論理ではなく、もっと根深いわれわれの実感にもとづいているようです。それはどのような実感なのか、答えを保留して想《おも》い起こしてみますと、人生を夢に譬えることはほかにいくらでもあります。『新古今和《しんこきんわ》歌集《かしゅう》』には、③人生や恋《こい》の儚《はかな》さの譬えとして「　　」という言葉がたくさん出てきます。とりわけbアッカンは次のものです。

風通ふ《(う)》寝《ね》覚《ざ》めの袖《そで》の花の香《か》にかを《(お)》る枕の春の夜の夢（藤原俊成女）

ぼんやり霞《かす》む大気や散りゆく桜花のイメージと相まって、春は秋にも増して、人生の虚しさを実感させてくれる時のようです。例えば「春高楼《こうろう》の花の宴《えん》……」とか「ああ玉杯《ぎょくはい》に花受けて……」とかの歌を聞きますと、私は青春の盛《さか》り春爛漫《らんまん》に漂《ただよ》う虚しさを痛いほど感じます。霞《かすみ》たなびき陽炎《かげろう》の揺《ゆ》れる春の季節こそ、現実世界が最も夢に近いものとなり、そこで甘美《かんび》な夢に耽《ふけ》り夢の世界にそのまま入りこむというイメージもわき出てくる。有名な「荘子胡蝶《そうしこちょう》」の世界です。

昔は荘周、夢に胡蝶となれり。ひらひらと舞《ま》いて胡蝶なり。自ら愉《たの》しみて志《こころ》に適《かな》えるかな。周たるを知《さと》らざるなり。俄然《にわか》にして覚むれば、まぎれもなく周なり。周の夢に胡蝶となれるか、胡蝶の夢に周となれるかを知らず。……

【現代語訳】むかしむかし、荘周というものが夢の中で蝶になった。ひらひらと舞っていて蝶そのものであった。心底楽しんでいて、思い通りに舞っていたことだ。自身が荘周であることを忘れてしまっていた。突然目覚めると自身は蝶でなく荘周であった。荘周の夢の中で蝶になったのか、蝶の夢の中で荘周となったのかがわからなかった。

そして、桜の花の散り方は——梅などと異なり——時間のイメージに訴《うった》えやすい。一斉《いっせい》に、しかも目で追えるほど適度の速さで、はっきりした形状をとって花びらが散ってゆき、梢《こずえ》から地面までその散りゆくあいだの空間も充分《じゅうぶん》に広がっている。この花びらの乱舞《らんぶ》する運動と重ね合わせて時間の経過を読みこむこと、いや二重写しのようにイメージすることは、きわめて自然です。

さまざまのこと思ひ《(い)》出す桜かな（芭蕉）

芭蕉は眼前の桜花を見ながら過去のさまざまな情景を思《おも》い描《えが》いている。④この心境は、私には「荘子胡蝶」の世界にきわめて近いように思われます。夜桜の方がいいでしょう。暗い背景に桜花がくっきりしろじろと浮《う》かびあがっている。そして、その花びらはハラハラ舞い踊《おど》りながら深い闇《やみ》の中に吸いこまれてゆく。その闇に過去の情景を思い浮かべながら、芭蕉は一瞬《いっしゅん》現在に生きているのか過去に生きているのかわからなくなったにちがいない。現実感覚を離《はな》れた不気味な、まさに夢のような世界がそこに繰《く》り広《ひろ》げられております。

このように、人生を夢と譬えることは単なる勘違《かんちが》いや偶然《ぐうぜん》とは思われません。そこには、時間に対するある根本的洞察《どうさつ》が潜んでいるような気がします。夢にわれわれは単に儚さを見ているわけではない。

2023年度

東京都市大学付属中学校

【国　語】〈第一回試験〉（五〇分）〈満点：一〇〇点〉

［注意］　国語の問題では、字数制限のあるものは、特別な指示がない限り句読点等も一字に数えます。

一　次の文章を読んで、後の問いに答えなさい。なお、【現代語訳】は本校でつけ加えました。

①「邯鄲《かんたん》の夢」という古い中国のお話があります。

盧生という名の若い男が都（邯鄲）に出て一旗《ひとはた》揚《あ》げようと故郷を後にする。そしてある村を通りかかったとき、白髪《はくはつ》の老人（呂翁）に「お若いの。そんなに急いでどこまで行くのじゃ」と呼びとめられる。青年は貧相《ひんそう》な老人を見下し、立身出世する自分の野望を語る。これを聞いて「ほう。それは、大儀《たいぎ》なことじゃ。では、この枕《まくら》でちょっと休んでいきなされ」と老人は答える。老人の休んでいる旅籠《はたご》の店先にはうまそうな野菜や魚が並べられている。野望に充《み》たされた若者は老人の饗応《きょうおう》など受ける暇《ひま》はないと、彼《かれ》を払《はら》いのけて進もうとしますが、「まあ、ここらで休むのもいいだろう。ずいぶん歩いてきたことだから」と思いなおして足を止めます。

旅籠の主人が黄粱《きび》を炊《た》いているあいだ、つい若者はうとうと眠《ねむ》り込《こ》んでしまう。そして、美しい妻とかわいい五人の子供たちに囲まれ、aコウダイな邸宅《ていたく》に住む夢を見る。夢の中で、若者は波瀾《はらん》に富んだ人生を送り、思いどおり大出世したわけなのです。すると、……どこからか「もしもし」という声が聞こえる。「さあ、ご飯が炊けましたよ」。若者はハッと目を醒《さ》ます。妻も子供も邸宅もかき消え、自分が元の見すぼらしい一人の青年であることを悟《さと》ります。あれほどの大ドラマは、じつは飯が炊けるあいだの夢だったのだ！　若者は大きなショックを受けます。何もかも見通している老人は、ただにこやかに若者を見ている。彼は自分の抱《いだ》いていた野望の虚《むな》しさを悟り、その足で故郷に戻《もど》ってゆく、というお話です。

これを聞いて「なるほどそういうことか、人生が夢のように虚しいと言いたいのだな」という了解《りょうかい》で終わってはならない。このお話に潜《ひそ》む豊かなヒントを読みとり、分け入ってゆくと、そこには「時間」という大きな問いが控《ひか》えております。この物語は昔からのわれわれの人生（すなわち時間）に対する直観を物語っている。それは、大変説得力のあるもので、われわれの人生自体は本物の目（老人の目）から見ればこの若者がみた「一炊《いっすい》の夢」のようなものだ、という直観です。

若者の体験はよくわかる。だが、人生自体をこの夢に移しかえて「一炊の夢」という言葉で何を意味しているのか、と突《つ》きつめてゆきますと、じつはそれは何ごとも語ってはいないのではないか。人生を夢と譬《たと》えても、それから「醒める」経験を現にもっていないわれわれには、その譬えはうまく機能しない。夢の意味了解には「醒める」という経験が不可欠のものとして含《ふく》まれているのに、②それから醒める経験を含んでいない人生を「夢」と呼んでも無意味である、というわけです。

だが、はたしてそうでしょうか。こう指摘《してき》されてわれわれは一挙に「夢」という言葉の誤用に気づき、死の床《とこ》で「人生は一炊の夢のようだ」と溜《た》め息《いき》をつくことをやめるでしょうか。どうもそうではないようです。

よく考えてみますと、人生を夢と譬えることによって、われわれはかならずしも夢である現世から「醒めれば」別のもっと現実の世界に生きるようになるということを了解しているのではない。つまり、醒

2023年度

東京都市大学付属中学校 ▶解説と解答

算 数 ＜第１回試験＞（50分）＜満点：100点＞

解 答

1 問１ $\frac{1}{5}$ 問２ 22.1ａ 問３ 480ページ 問４ ８個 問５ 毎分80m 問６ 60個 問７ 71.5cm^2 問８ 301.44cm^3
2 問１ ３：５：10 問２ 25：39
3 問１ 1200人 問２ 184：１
4 問１ 253個 問２ 465個 問３ 1830個
5 問１ 解説の図１を参照のこと。 問２ $161\frac{1}{3}$cm^2 問３ 37：55

解 説

1 逆算，単位の計算，相当算，つるかめ算，速さと比，場合の数，面積，体積

問１ $7-2\times\left\{0.8\div\left(\frac{1}{3}+\square\right)-\frac{1}{2}\right\}=5$より，$2\times\left\{0.8\div\left(\frac{1}{3}+\square\right)-\frac{1}{2}\right\}=7-5=2$，$0.8\div\left(\frac{1}{3}+\square\right)-\frac{1}{2}=2\div2=1$，$0.8\div\left(\frac{1}{3}+\square\right)=1+\frac{1}{2}=1\frac{1}{2}$，$\frac{1}{3}+\square=0.8\div1\frac{1}{2}=\frac{4}{5}\div\frac{3}{2}=\frac{4}{5}\times\frac{2}{3}=\frac{8}{15}$ よって，$\square=\frac{8}{15}-\frac{1}{3}=\frac{8}{15}-\frac{5}{15}=\frac{3}{15}=\frac{1}{5}$

問２ １m^{2}は１辺の長さが１m（＝100cm）の正方形の面積だから，１m^2＝１m×１m＝100cm×100cm＝10000cm^{2}となる。また，１ａは１辺の長さが10mの正方形の面積なので，１ａ＝10m×10m＝100m^{2}である。よって，100000cm^2＋20ａ＋200m^2＝10m^2＋2000m^2＋200m^2＝2210m^2＝22.1ａとなる。

問３ 全体のページ数を１，１日目に読んだ後の残りのページ数を①として図に表すと，右の図１のようになる。図１で，$①-\frac{⑤}{⑥}=\frac{①}{⑥}$にあたるページ数が，60－10＝50（ページ）だから，$①=50\div\frac{1}{6}=300$（ページ）と求められる。すると，$1-\frac{1}{3}=\frac{2}{3}$にあたるページ数が，300＋20＝320（ページ）になるので，全体のページ数は，$320\div\frac{2}{3}=480$（ページ）とわかる。

図１

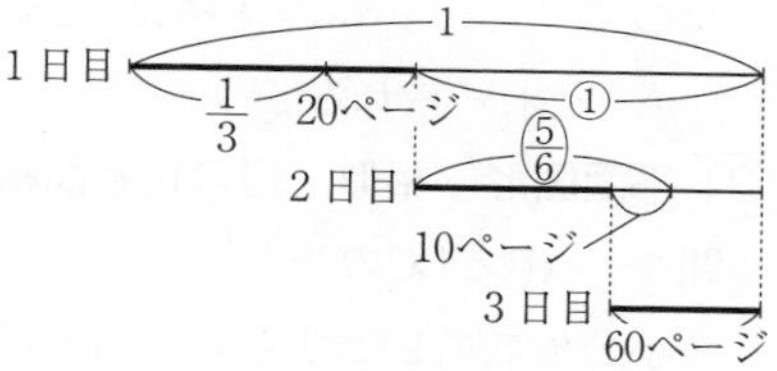

問４ Ａ１個とＢ３個の値段の合計は，50×１＋70×３＝260（円）だから，ＡとＢの１個あたりの平均の値段は，260÷（１＋３）＝65（円）になる。そこで，１個65円の文具をABとすると，右上の図２のようにまとめることができる。Ｃを56個買ったとすると，80×56＝4480（円）となり，実際よりも，4480－4000＝480（円）高くなる。ＣのかわりにABを１個買うと，80－65＝15（円）安くなるので，ABの個数，つまりＡとＢの個数の合計は，480÷15＝32（個）とわかる。また，ＡとＢの個数の比は１：３だから，Ａの個数は，$32\times\frac{1}{1+3}=8$（個）である。

図２

AB（１個あたり65円）
Ｃ（１個あたり80円）　} 合わせて56個で4000円

問５ Ａ君が歩いた道のりとＢ君が走った道のりの比は４：７である。このとき，Ａ君が歩いた時間とＢ君が走った時間が等しいので，Ａ君が歩く速さとＢ君が走る速さの比も４：７になる。この差が毎分60ｍだから，比の１にあたる速さは毎分，60÷（７－４）＝20(ｍ)となり，Ａ君が歩く速さは毎分，20×４＝80(ｍ)とわかる。

問６　４の倍数になるのは下２けたが４の倍数(または00)になるときである。よって，考えられる下２けたは，04，08，20，24，28，40，48，60，64，68，80，84の12通りある。下２けたが04の場合，残りのカードは{2，６，８}なので，上２けたの並べ方は，３×２＝６(通り)ある。また，下２けたが24の場合，残りのカードは{0，６，８}だから，上２けたの並べ方は，２×２＝４(通り)ある。このように，下２けたに０を含《ふく》む６通りについては６個ずつ，０を含まない６通りについては４個ずつ整数ができるので，全部で，６×６＋４×６＝60(個)と求められる。

問７　斜線《しゃせん》部分の一部を移動すると，右の図３のようになる。図３で，台形ABCDの面積は，(10＋10＋10)×10÷２＝150(cm^2)であり，四分円DACの面積は，10×10×3.14÷４＝78.5(cm^2)だから，斜線部分の面積は，150－78.5＝71.5(cm^2)となる。

図３

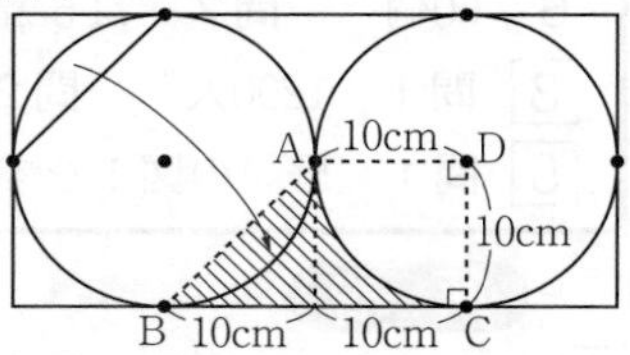

問８　DB＝６×$\frac{1}{2+1}$＝２(cm)，AD＝６－２＝４(cm)なので，直線 l の右側の部分を，直線 l を軸《じく》として線対称《たいしょう》の位置に移動すると，右の図４のようになる。図４で，斜線部分の三角形は合同だから，これらの三角形の高さはすべて，18÷３＝６(cm)である。また，この図形を３つの段に分けて，上段を１回転すると円柱から円すいを取り除いた形の立体，中段を１回転すると円柱，下段を１回転すると円すいから円すいを取り除いた形の立体(円すい台)になる。よって，上段の体積は，２×２×3.14×６－２×２×3.14×６÷３＝(24－８)×3.14＝16×3.14(cm^3)，中段の体積は，２×２×3.14×６＝24×3.14(cm^3)，下段の体積は，４×４×3.14×(６＋６)÷３－２×２×3.14×６÷３＝(64－８)×3.14＝56×3.14(cm^3)なので，この立体の体積は，16×3.14＋24×3.14＋56×3.14＝(16＋24＋56)×3.14＝96×3.14＝301.44(cm^3)と求められる。

図４

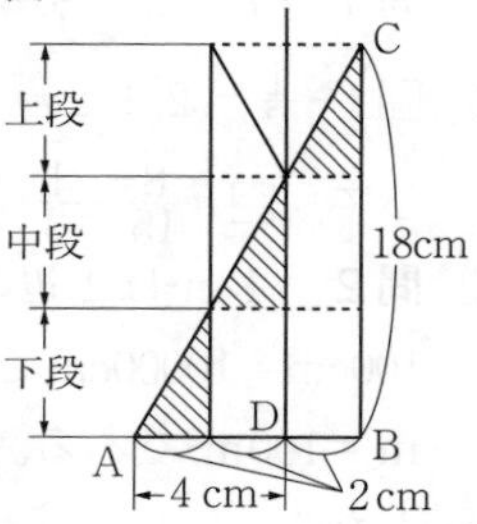

2　平面図形―相似，辺の比と面積の比

問１　ADとBCの長さを，２＋３＝５と，１＋１＝２の最小公倍数の10とすると，右の図１のようになる。はじめに，三角形AHGと三角形EHBは相似で，相似比は，AG：EB＝４：５だから，GH：HB＝４：５となる。また，AFとBCを延長して交わる点をＪとすると，三角形AFDと三角形JFCは合同なので，CJ＝10となる。次に，三角形AIGと三角形JIBは相似で，相似比は，AG：JB＝４：(10＋10)＝１：５だから，GI：IB＝１：５とわかる。そこで，BGの長さを，４＋５＝９と，１＋５＝６の最小公倍数の18とすると，BG上の比は上の図２のようになる。よって，GI：IH：HB＝３：(８－３)：10＝３：５：10と求められる。

図１

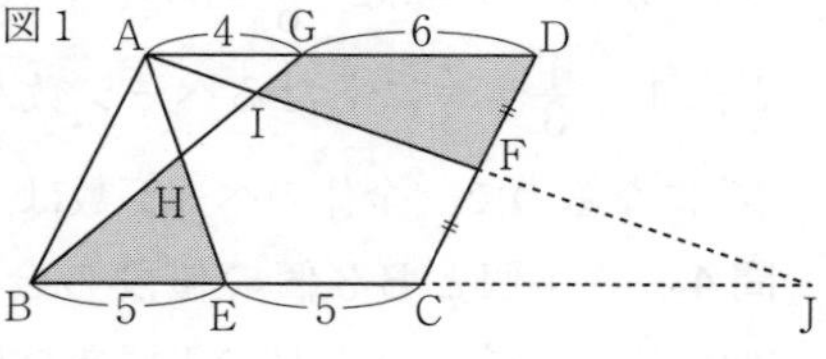

図２

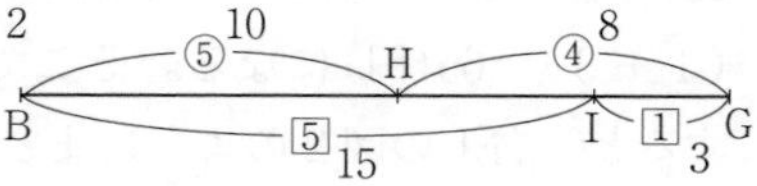

問２　平行四辺形ABCDを対角線で半分に分けた三角形の面積を１とすると，三角形ABEの面積は，１×$\frac{5}{5+5}$＝$\frac{1}{2}$なので，三角形BEHの面積は，$\frac{1}{2}$×$\frac{5}{5+4}$＝$\frac{5}{18}$となる。また，三角形ABGの

面積は，$1\times\frac{4}{4+6}=\frac{2}{5}$だから，三角形AIGの面積は，$\frac{2}{5}\times\frac{1}{5+1}=\frac{1}{15}$とわかる。さらに，三角形AFDの面積は，$1\times\frac{1}{1+1}=\frac{1}{2}$なので，四角形GIFDの面積は，$\frac{1}{2}-\frac{1}{15}=\frac{13}{30}$と求められる。よって，三角形BEHと四角形GIFDの面積の比は，$\frac{5}{18}:\frac{13}{30}=25:39$である。

3 集まり，相当算

問１　わかっていることをまとめると，右の図のようになる。地域Ａで「はい」と答えたのは全体の，7.5－６＝1.5(％)にあたる。これが18人だから，(全体の人数)×0.015＝18(人)と表すことができ，全体の人数は，18÷0.015＝1200(人)とわかる。

	はい	いいえ	合計
地域Ａ	18人	ア	２％
Ａ以外	６％	イ	98％
合計	7.5%	92.5%	100%

問２　図のイとアの比を求めればよい。はじめに，地域Ａの人数の合計は，1200×0.02＝24(人)なので，ア＝24－18＝６(人)とわかる。また，「いいえ」と答えた人の人数の合計は，1200×0.925＝1110(人)だから，イ＝1110－６＝1104(人)となる。よって，イ：ア＝1104：６＝184：１と求められる。

4 方陣算

問１　下の図①のように，一番外側を囲んでいるご石を３つの部分に分けて考える(図①は正三角形の１辺に並んでいる数が５個の場合であり，１つの部分に並んでいる数は４個である)。一番外側を囲んでいる数が63個のとき，１つの部分に並んでいる数は，63÷３＝21(個)だから，正三角形の１辺に並んでいる数は，21＋１＝22(個)とわかる。よって，上の段から順に，１個，２個，…，22個のご石が並んでいるので，ご石の数は全部で，１＋２＋…＋22＝(１＋22)×22÷２＝253(個)とわかる。

問２　下の図②で，下の３段に並んでいる数の合計が96個だから，この中の真ん中の段に並んでいる数は96個の平均であり，96÷３＝32(個)とわかる。よって，最初の正三角形の１辺に並んでいた数は，32－２＝30(個)なので，最初に並んでいたご石の数は全部で，１＋２＋…＋30＝(１＋30)×30÷２＝465(個)と求められる。

図①

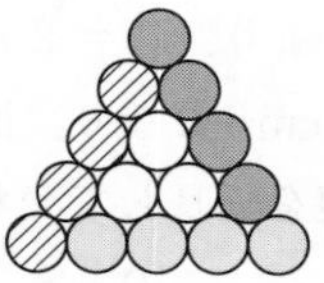

図②

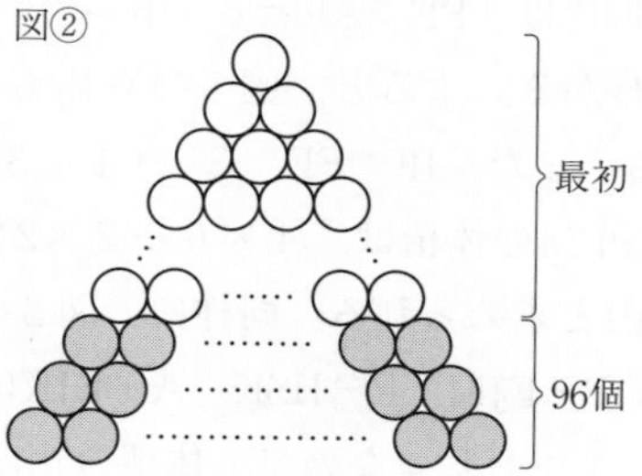

図③

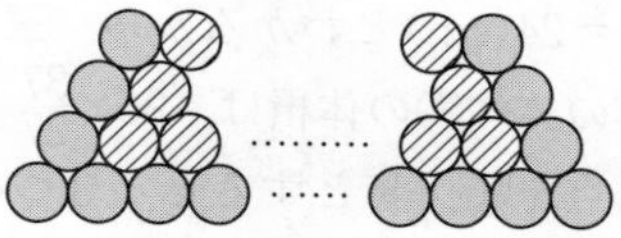

問３　図②と同様に考えると，外側から２周目に並んでいる数は585個の平均であり，585÷３＝195(個)になる。よって，外側から２周目を図①のように分けると，１つの部分に並んでいる数は，195÷３＝65(個)になるから，外側から２周目の正三角形の１辺に並んでいる数は，65＋１＝66(個)とわかる。また，上の図③からわかるように，１周増えるごとに正三角形の１辺に並んでいる数は３個ずつ増えるので，白いご石の一番下の段に並んでいる数は，66－３×２＝60(個)と求められる。したがって，白いご石の数は全部で，１＋２＋…＋60＝(１＋60)×60÷２＝1830(個)である。

5 立体図形─分割，相似，表面積，体積

問１　下の図１で，ＡとＰ，ＰとＭはそれぞれ同じ面上にあるから，直接結ぶことができる。また，Ａを通りPMと平行な直線をAQとし，ＭとＱを結ぶと，切り口は台形APMQになる。

図１

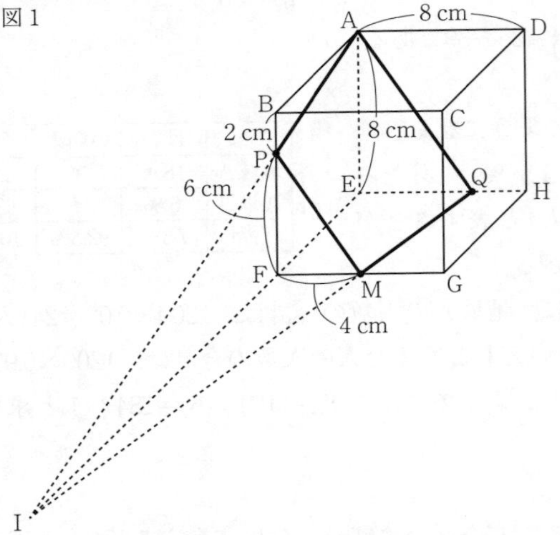

図２

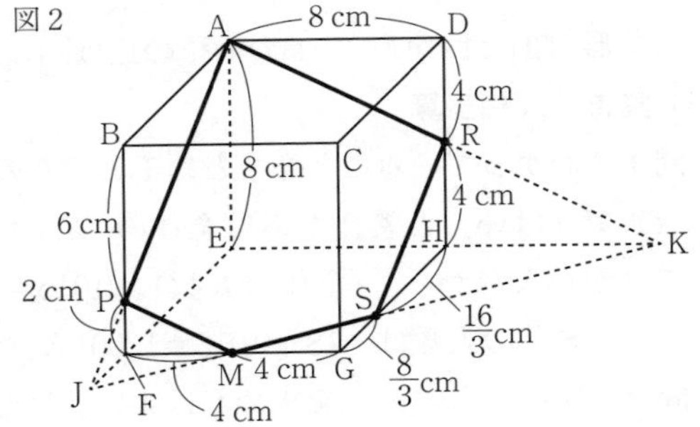

問２　上の図２で，ＡとＰ，ＰとＭはそれぞれ同じ面上にあるので，直接結ぶことができる。また，Ａを通りPMと平行な直線をAR，Ｒを通りAPと平行な直線をRSとし，ＭとＳを結ぶと，切り口は五角形APMSRになる。ここで，三角形PFMと三角形RDA，三角形ABPと三角形SHRはそれぞれ相似だから，各部分の長さは図２のようになる。よって，台形APFEの面積は，$(2+8)\times 8 \div 2 = 40$(cm^2)，台形AEHRの面積は，$(4+8)\times 8 \div 2 = 48$(cm^2)，三角形PFMの面積は，$4\times 2\div 2 = 4$ (cm^2)，三角形RSHの面積は，$\frac{16}{3}\times 4\div 2 = 10\frac{2}{3}$(cm^2)，五角形EFMSHの面積は，$8\times 8 - 4\times\frac{8}{3}\div 2 = 58\frac{2}{3}$(cm^2)とわかる。したがって，点Ｅを含む立体の切り口以外の面の面積は，$40+48+4+10\frac{2}{3}+58\frac{2}{3}=161\frac{1}{3}$(cm^2)と求められる。

問３　図１で，AP，EF，QMを延長して交わる点をＩとすると，三角すいI－PFMと三角すいI－AEQは相似になる。このとき，相似比は，PF：AE＝６：８＝３：４なので，体積の比は，$(3\times 3\times 3):(4\times 4\times 4)=27:64$とわかる。すると，図１の立体㋐の体積は三角すいI－PFMの体積の，$(64-27)\div 27=\frac{37}{27}$(倍)になる。また，IF：FE＝３：(４－３)＝３：１より，$\mathrm{IF}=8\times\frac{3}{1}=24$(cm)とわかるから，三角すいI－PFMの体積は，$4\times 6\div 2\times 24\div 3 = 96$(cm^3)となり，図１の立体㋐の体積は，$96\times\frac{37}{27}=\frac{1184}{9}$(cm^3)と求められる。同様に，図２のように辺を延長して交わる点をＪ，Ｋとすると，３つの三角すいP－FJM，R－HSK，A－EJKは相似になる。このとき，相似比は，PF：RH：AE＝２：４：８＝１：２：４なので，体積の比は，$(1\times 1\times 1):(2\times 2\times 2):(4\times 4\times 4)=1:8:64$とわかる。すると，図２の立体㋐の体積は三角すいP－FJMの体積の，$(64-1-8)\div 1 = 55$(倍)になる。また，三角形FJMと三角形GSMは合同だから，$\mathrm{JF}=\frac{8}{3}$cmであり，三角すいP－FJMの体積は，$4\times\frac{8}{3}\div 2\times 2\div 3=\frac{32}{9}$(cm^3)と求められる。したがって，図２の立体㋐の体積は，$\frac{32}{9}\times 55=\frac{1760}{9}$(cm^3)なので，図１と図２の立体㋐の体積の比は，$\frac{1184}{9}:\frac{1760}{9}=37:55$となる。

社　会　＜第１回試験＞（40分）＜満点：75点＞

解　答

□1 **問１**　**１**　需要　**２**　計画停電　**３**　ブラックアウト　**４**　蓄電池　**問２**　2　**問３**　2　**問４**　6　**問５**　(1)　2　(2)　ハザードマップ　**問６**　液状化(現象)　**問７**　8　**問８**　川崎(市)　□2 **問１**　(1)　3　(2)　雄略(天皇)　**問２**　1　**問３**　2　**問４**　藤原道長　**問５**　寺子屋　**問６**　3，5　**問７**　(1)　福沢諭吉　(2)　4　**問８**　(1)　与謝野晶子　(2)　4　**問９**　**人物名**…鳩山一郎　**番号**…1　**問10**　6　□3 **問１**　2，3　**問２**　2　**問３**　1　**問４**　3　**問５**　3，4　**問６**　ふるさと(納税)　**問７**　条例　**問８**　ユニバーサル(デザイン)　**問９**　4　**問10**　高　**問11**　**１**　3　**２**　2　**３**　1　**４**　2　**問12**　4，5　**問13**　2　**問14**　1，6

解　説

□1 電気の使用量と発電量を題材とした問題

問１　**１**　市場経済においては，一般に需要と供給の関係により，商品の流通量や価格などが決定される。電気の場合は，使用量が需要，発電量が供給ということになる。　**２**　電気の需要が大幅に増大したり，事故などが原因で供給が減少したりして電力不足になることが予測される場合に，全面的な停電を防ぐために地域と時間を区切って電気の供給を止めていくことを計画停電という。対象地域を順に回していくことから，輪番停電ともよばれる。2011年３月11日に起きた東日本大震災のときには各地の発電所が被害を受け，送電を停止したことから，供給不足による大規模停電に陥《おちい》る可能性があった。そのため東京電力の管内では，３月14日から28日までにのべ32回におよぶ計画停電が実施された。　**３**　広範囲にわたり送電が止まる大規模停電は，ブラックアウトと呼ばれる。2018年９月６日に起きた北海道胆振《いぶり》東部地震では，震源に近かった北海道最大の発電所である苫東厚《とまとうあつ》真《ま》火力発電所が故障したことで操業が停止した。これにより，電気の需要と供給のバランスが崩《くず》れたことから，送電線でつながる他の発電所も次々と操業を停止する事態となり，北海道全域で２日間，電気が止まる大規模停電となった。　**４**　揚水《ようすい》発電は，本文や図にあるように，電力が余っているときは電気で上のダムに水をくみ上げ，電気が足りないときは上のダムから放水して発電するしくみである。つまり，必要なときに電気を得られるわけであるから，巨大な蓄電池のような存在ということができる。

問２　1はいわゆる「西高東低」といわれる気圧配置であるから冬，2は日本全体が移動性高気圧におおわれているから春か秋，3は日本が太平洋高気圧におおわれており，南の海上に台風も見られることから夏，4は日本付近に停滞《ていたい》前線がかかっており，そこに台風も接近しているから９月ごろと判断できる(この場合の停滞前線は秋雨前線と考えられる)。よって，ここでは2が春の天気図にあてはまる。

問３　再生可能エネルギーとは化石燃料を用いない自然由来のエネルギーのことで，一般的には太陽光，風力，地熱，バイオマス，潮力などがあてはまる。再生可能エネルギーを用いた発電は，二酸化炭素や二酸化硫《い》黄《おう》などの排出ガスを出さず，くり返し使えることから環境への負担が少ない。よって，aは正しい。地熱発電は地下の熱水や高温の水蒸気を利用するもので，発電所は火山の近くに建設されることが多く，日本では東北地方と九州地方に集中しているから，ｂも正しい。日本の発電において再生可能エネルギーの占《し》める割合は年々増加してきているが，2020年においては12.0％程度で，脱化石燃料の政策を進めているヨーロッパでは再生可能エネルギーの占める割合が高い国が多く，ドイツでも40％を超《こ》えているので，ｃは誤りである。

問４　ａ　平安時代末期，源氏はおもに東日本で，平氏はおもに西日本で多くの武士団を従えていた。　ｂ　江戸時代，江戸を中心とする東日本ではおもに金貨が，大阪を中心とする西日本ではおもに銀貨が使われていた。そのため，江戸と大阪の間で取り引きを行う場合には通貨を両替《りょうがえ》する必要があり，そうした仕事を請《う》け負っていたのが両替商である。　ｃ　明治時代に日本各地の地質構造を調査し，糸魚《いとい》川静岡構造線を発見してフォッサマグナと名づけたのはドイツ人の地質学者ナウマンである。なお，フェノロサは明治時代前半に哲学《てつがく》などを教えたアメリカ人で，教え子の岡倉天心とともに日本美術の復興に努めた人物。

問５　(1)　ａ　三陸海岸は代表的なリアス海岸として知られ，入り江ではかきやわかめなどの養殖が行われている。　ｂ　三陸海岸の沖合は暖流の黒潮と寒流の親潮がぶつかって潮目が形成されており，かつおなどの暖流系の魚やさんまなどの寒流系の魚の両方が集まるため，豊かな漁場となっている。　ｃ　三陸鉄道は岩手県の太平洋岸を走る鉄道で，久慈《くじ》駅と宮古駅を結ぶ北リアス線（旧国鉄の久慈線と宮古線を引き継ぐ路線）と釜石《かまいし》駅と盛《さかり》駅（大船渡市）を結ぶ南リアス線（旧国鉄の盛線を引き継ぐ路線）を合わせ，1984年に日本最初の第三セクターの鉄道として営業を開始した。さらに2019年，東日本大震災で被災したJR山田線のうちの宮古駅―釜石駅間の経営を引き継ぎ，久慈駅と盛駅を結ぶ三陸鉄道リアス線の全線が開通した。なお，JR気仙沼線は気仙沼駅と前谷地《まえやち》駅（石巻市）を結ぶ宮城県の路線で，現在はそのうちの気仙沼駅―柳津《やないづ》駅の区間でBRT（バス・ラピッド・トランジット）とよばれるバス高速輸送システムが運行されている。　(2)　津波や洪水，土砂崩《どしゃくず》れなどの自然災害について，被害の発生が予想される範囲《はんい》や避難《ひなん》経路と避難場所などを示した地図はハザードマップとよばれ，多くの地方自治体によって作成されている。

問６　地震の振動《しんどう》により，地下水位の高い砂地盤が液体状になる現象を液状化現象という。埋め立て地やかつて河川や沼であった地域で発生しやすく，建物が傾《かたむ》いたり，地下の水道管が浮き上がったりする被害が生じる。2018年の北海道胆振東部地震の際には北海道各地で発生したが，このうち札幌市清田区では，かつて沢であった場所に盛り土をして造成した住宅地で液状化現象が起こり，道路が陥没《かんぼつ》したり建物が傾いたりする被害が出た。

問７　ａ　九州中央部にある巨大なカルデラをもつ火山は阿蘇山。桜島は鹿児島県にある活火山である。　ｂ　佐賀県の南にある日本最大の干潟をもつ海は有明海。日向灘《ひゅうがなだ》は宮崎県の沖合いにある海である。　ｃ　ビニールハウスを利用した野菜の促成栽培がさかんで，キュウリやピーマンなどが生産されているのは宮崎平野。熊本平野は稲作地帯で，米のほかすいか，メロン，トマトなどの栽培がさかんである。

問８　政令で指定された都道府県なみの行財政権をもつことが認められた都市を政令指定都市といい，2022年までに全国で20の都市が指定されている。規定では人口50万人以上の都市から選ばれることになっているが，実際には人口70万人以上の都市が指定されている。首都圏（関東地方と山梨県の１都７県）には５つの政令指定都市があり，年代の古い順に横浜市（1956年），川崎市（1972年），千葉市（1992年），さいたま市（2003年），相模原市（2010年）となる。

2　各時代の史料を用いた歴史的なことがらについての問題

問１　(1)　紀元元年から100年までが１世紀，101年から200年までが２世紀，…と数えていくから，５世紀は401年から500年までということになる。　(2)「倭《わ》の五王」とは，５世紀に中国の南朝に使いを送ったことが中国の歴史書『宋書』などに記されている倭(日本)の５人の王のこと。「武」はその５番目の王で，雄略天皇のこととされている。また，稲荷山《いなりやま》古墳(埼玉県)から出土した鉄剣にその名が刻まれていることで知られる「ワカタケル大王」と同一人物であると考えられている。

問２　図中のＡは高句麗《こうくり》，Ｂは百済《くだら》，Ｃは新羅《しらぎ》，Ｄは加羅《から》諸国である。

問３　a　10世紀末，尾張国(愛知県西部)の国司であった藤原元命《もとなが》は，重税や不当な徴用《ちょうよう》などの悪政を郡司や農民らに訴えられ，国司を解任された。郡司や百姓らが朝廷に提出した31条にわたる訴状が「尾張国郡司百姓等解文《らのげぶみ》」である。　b『枕草子』は平安時代中期，『方丈記《ほうじょうき》』は鎌倉時代初期，『徒然草《つれづれぐさ》』は鎌倉時代末期に書かれた随筆である。

問４　藤原道長は４人の娘を天皇の妃《きさき》としたが，史料の歌は３女の威子《いし》を後一条天皇の妃にした祝いの席でその喜びの気持ちをよんだものである。

問５　農民や町人の子どもに「読み・書き・そろばん」などを教えた教育施設を寺子屋という。僧や神官，浪人《ろうにん》などが教師となり，江戸時代中期以降，全国に広まった。「寺子屋」の名称は，室町時代に寺院の僧が近所の子どもらに読み書きを教えることが広まり，集まった子どもが「寺子」と呼ばれたことに由来する。

問６　1　源頼朝と対立して平泉(岩手県)にのがれた弟の義経は，1189年，奥州藤原氏の第４代泰《やす》衡《ひら》に攻められ自害した。その直後に頼朝は平泉を攻撃し，奥州藤原氏を滅ぼした。頼朝が征夷大将軍の座についたのは，その３年後の1192年のことである。　2　第３代将軍源実朝の歌集は『金《きん》槐《かい》和歌集』。『新古今和歌集』は同時期に後鳥羽上皇の命により編さんされた勅選《ちょくせん》和歌集である。　3　1336年，足利尊氏は後醍醐《ごだいご》天皇にそむいて挙兵し，天皇を京都から追いやった。　4　応仁の乱(1467～77年)は，有力守護大名どうしの対立に第８代将軍足利義政の後継ぎをめぐる争いなどが結びついて起こったもの。義政が亡くなったのは1490年のことである。　5　第２代将軍徳川秀忠のときの1615年，大阪夏の陣で豊臣氏が滅ぼされ，その直後に秀忠により大名統制のための武家諸法度が制定された。　6　徳政令は1297年に鎌倉幕府が初めて出したもので，江戸時代には，松平定信が寛政の改革で旗本・御家人の借金を帳消しにする棄捐《きえん》令を出している。

問７　(1)『学問のすすめ』は，明治時代初期に福沢諭吉が著したもの。人間の平等や学問の重要性などを説き，多くの人に影響をあたえた。　(2)　1　西南戦争は1877年の出来事。板垣退助らが「民撰《みんせん》議院設立建白書」を政府に提出したのは1874年のことである。　2　ラジオ放送が始まったのは1925年(大正14年)のことである。　3　エドワード・モースが1877年に発見したのは，大森貝塚(東京都)。岩宿遺跡(群馬県)は，1940年代後半に考古学愛好家の相沢忠洋《ただひろ》が発見した旧石器時代の遺跡である。

問８　(1)　史料の詩は，歌人の与謝野晶子《よさのあきこ》が日露戦争中の1904年に雑誌「明星」で発表したもの。
(2)　1　1905年５月，東郷平八郎の率いる連合艦隊は，対馬《つしま》沖でロシアのバルチック艦隊を撃破した。「日本海海戦」と呼ばれるこの戦いは，日本の勝利を決定づける１つのきっかけとなった。
2　八幡製鉄所は，日清戦争の講和条約(下関条約)で清(中国)から得た賠償《ばいしょう》金をもとに，多額の政府資金をつぎ込んで建設された官営工場である。日露戦争の講和条約(ポーツマス条約)では，日本は賠償金を得ることはできなかった。３　講和会議が開かれたポーツマスは，アメリカの東海岸にある軍港都市。日本全権は外相の小村寿太郎《じゅたろう》で，伊藤は出席していない。

問９　1956年10月，鳩山一郎首相がモスクワを訪れ，日ソ共同宣言に調印。これにより第二次世界大戦末期から途絶えていたソ連との国交が回復した。また，それまで常任理事国であるソ連の反対で実現しなかった日本の国際連合への加盟が，同年12月に実現することとなった。なお，２は1965年，３は1972年，４は1951年のことである。また，３は「出された」，４は「締結された」が適当と思われる。

問10　ａは1941年，ｂは1939年，ｃは1937年の出来事であるから，６があてはまる。

3　2022年のできごとを題材とした問題

問１　2015年に「国連持続可能なサミット」で採択されたSDGs(持続可能な開発目標)は，2030年までに達成すべき17の目標と169のターゲット(具体的目標)からなる。したがって，２は「2050年」とあるのが誤り。国際連合が発表した「持続可能な開発レポート2022」によると，世界の国々のSDGs達成度は，１位フィンランド，２位デンマーク，３位スウェーデン，４位ノルウェーと北欧諸国が上位を占めている。日本は前年より１つ順位を落として19位となっているから，３も誤りである。

問２　１　日本国憲法第25条１項では，「すべて国民は，健康で文化的な最低限度の生活を営む権利を有する」と規定されている。　２　教育を受ける権利は，生存権や労働基本権などとともに社会権に属する権利であり，夜間学級などで学び直す機会の保障や，病院に設けられる院内学級の設置などもそうした権利に含まれる。　３　日本国憲法第28条には，「勤労者の団結する権利及び団体交渉その他の団体行動をする権利は，これを保障する」とあり，対象年齢は特に設定されていない。　４　朝日茂さんは1957年，結核で療養中の自分に支給される１か月600円の生活保護の給付金の増額を求め，国を相手取って訴訟《そしょう》を起こした人物。「朝日訴訟」と呼ばれるこの裁判は，最高裁に上告中の1964年に朝日さんが死亡したため打ち切りになったが，社会保障のあり方をめぐって議論が深まるきっかけとなった。水俣病裁判は，熊本県で発生した公害病について，原因物質である有機水銀を排出した企業に対し患者《かんじゃ》らが起こした裁判である。

問３　１　ソビエト連邦(ソ連)はロシアやウクライナなど15の共和国で構成される連邦国家であった。1991年の連邦解体後は，それぞれの共和国が独立国家となっている。　２　EU(欧州連合)の加盟国は27か国(2022年)。ウクライナも加盟を申請しているが，まだ実現していない。　３　ロシアによるウクライナへの軍事侵攻《しんこう》が始まると，国連のグテーレス事務総長はロシアを非難するとともに，停戦に向けて仲介の用意があるとする声明を発表している。　４　チェルノブイリ原子力発電所はソ連時代の1986年に爆発事故を起こしたウクライナにある発電所。現在はウクライナが管理しているが，ロシアがこれをたびたび攻撃しており，世界に不安が広がっている。

問４　ａ　少子化対策担当大臣は，従来からある内閣府の特命担当大臣の１つ。2023年４月に発足した「こども家庭庁」の事務も管轄《かんかつ》することになったが，大臣制度が廃止されたわけではない。

ｂ　2019年10月より，３歳から小学校に入学するまで，幼稚園や保育園，認定こども園などの利用が月額25700円を上限として無償化された。

問５　先進７か国首脳会議に出席するのは，Ｇ７と呼ばれるアメリカ，イギリス，フランス，ドイツ，イタリア，日本，カナダの７か国の首脳である。

問６　納税者が特定の地方自治体を選んで一定額以上を寄付すると，その分，住民税や所得税が免除される制度は，「ふるさと納税」とよばれる。寄付を行った納税者に返礼品を贈る自治体が多いが，高額の返礼品を用意する自治体が現れるなど競争が過熱したことから，現在は返礼品の種類や価格に制限が設けられている。

問７　地方議会は法律の範囲内でその地方公共団体だけに適用される決まりである条例を制定でき，法律と同じように罰則を設けることができる。

問８　障害の有無や能力，言語などの個人差に関わりなく，だれでも利用できる施設や製品のデザインは，ユニバーサルデザインとよばれる。バリアフリーと重なる面も多い。

問９　う　第二次世界大戦後もアメリカの統治下に置かれていた沖縄は，1972年に日本に返還された。　え　沖縄県宜野湾《ぎのわん》市にあるアメリカ軍の普天間飛行場（普天間基地）は，日本へ返還されることが決まっているが，政府が決定した名護市辺野古への移転には反対意見も多く，移転は計画通りには進んでいない。　お　フィンランドとスウェーデンは，これまで外交的に中立の立場をとってきたが，ロシアによるウクライナ侵攻を受けて国内世論が変化したこともあり，2022年５月にNATO（北大西洋条約機構）への加盟を申請。2023年３月には，フィンランドの加盟が認められている。

問10　為替《かわせ》相場が１ドル＝100円から１ドル＝90円になるような状況は，ドルに対する円の価値が上がったわけであるから，円高である。

問11　**1**　大日本帝国憲法では国の主権者とされていた天皇は，日本国憲法では日本国および日本国民統合の象徴と位置づけられた。　**2**　国民の権利について，大日本帝国憲法では「法律の範囲内」で認められるとされていたが，日本国憲法では基本的人権を「侵《おか》すことのできない永久の権利」として保障している。　**3**　貴族院は大日本帝国憲法の下で置かれていた議院である。
4　大日本帝国憲法では，国民は天皇の家来という意味で「臣民」とされていた。

問12　吉田茂は1946年５月～1947年５月と1948年10月～1954年12月に首相を務めた人物で，1967年に亡くなった際には国葬《こくそう》が行われた。４は1946年11月，５の朝鮮戦争は1951～53年の出来事であるから，いずれも吉田の首相在任中にあてはまる。１は1992年以降，２は1972年，３は1960年，６は2007年のことである。

問13　１　参議院議員の被選挙権は30歳以上である。　２　参議院議員の任期は６年である。
３　小選挙区制が取り入れられているのは衆議院。参議院議員通常選挙は，原則として各都道府県を選挙区とする選挙区選挙と比例代表選挙により行われる。　４　解散があるのは衆議院だけである。　５　最高裁判所裁判官が適任かどうかを問う国民審査は，衆議院議員総選挙の際に行われる。

問14　１　地方交付税交付金は自治体間の財政格差をなくすために国から支給されるお金。同じく国から自治体に交付される国庫支出金とは異なり，使い道は自由である。　２　地域の問題や政策について，その賛否を住民自身の投票によって決めるのは住民投票。監査は，自治体の財務や仕事が適切に行われているかどうかを調べることで，首長が任命する監査委員が行う。　３　1990～2000年代，政府の主導で多くの市町村の合併《がっぺい》が進められた。これを「平成の大合併」という。
４　深刻な財政状況から財政破綻《はたん》し，2007年に財政再生団体に指定されたのは北海道の夕張市である。　５　いわゆる「大阪都構想」と呼ばれるのは，大阪市を廃止して東京23区のような特別区に再編し，業務や権限の多くを大阪府に譲渡するというもの。大阪維新の会によって提唱されたが，2015年と2020年に行われた住民投票では，いずれも反対票が過半数を占め，事実上廃案に追い込まれた。　6　議会の解散は住民の直接請求権として認められており，有権者の３分の１以上の署名を集めることで，住民が選挙管理委員会に対して請求することができる。

理　科　＜第１回試験＞（40分）＜満点：75点＞

解　答

[1] 問１　3　問２　4　問３　1　問４　弱い光　問５　2，4，5　問６　⑴　ア　2　イ　0.45　⑵　ウ　61　エ　18　[2] 問１　4　問２　3　問３　1　問４　2　問５　⑴　2　⑵　4　[3] 問１　2　問２　20　問３　1　問４　5　問５　6　問６　3　[4] 問１　700cm^3　問２　20 g　問３　2 cm　問４　830cm^3　問５　17cm　問６　1480cm^3　問７　20cm

解　説

[1] 生えている植物の移り変わりについての問題

問１　溶岩《ようがん》が固まってできた裸地《らち》は，土壌《どじょう》がほとんどないので含《ふく》まれる養分が少なく，また，光をさえぎるものがないので地表の植物に届く光の強さは強い。

問２　コケ植物は，根・くき・葉の区別がなく，根のかわりに仮根という部分で地面などに体を固定している。また，維管束《いかんそく》がなく，体の表面全体で水を吸収しており，胞子《ほうし》で増える。

問３　コケは地中に水分をたくわえるのを助け，長い時間をかけて岩をもろくし，土をつくっていく。すると，小形の種子や毛をもつ種子，翼《よく》をもつ種子などが風によって運ばれてきて芽を出し，やがて草原がつくられる。

問４　木が密集している森林では，木がしげらせている葉によって太陽光がさえぎられ，地面に届きにくい。そのため，強い光を好む植物は育たなくなり，弱い光でも生育できる低木や草本しか育たなくなる。

問５　シイ，カシ，ブナは陰《いん》樹，クヌギ，アカマツ，コナラは陽樹である。

問６　⑴　**ア**　シロツメクサの８区画の被度《ひど》記号の合計は，３＋２＋１＋２＋５＋３＝16なので，平均被度は，16÷８＝２である。　**イ**　セイヨウタンポポの被度記号の合計は，１＋0.8＋１＋0.8＝3.6なので，平均被度は，3.6÷８＝0.45となる。　⑵　**ウ**　オオバコの平均被度1.225の，シロツメクサの平均被度２に対する割合を求めればよい。よって，1.225÷２×100＝61.25より，61になる。　**エ**　ニワホコリの被度％は，0.35÷２×100＝17.5より，18である。

[2] 地球と大地についての問題

問１　地球の表面は十数枚のプレート（大きい岩盤《がんばん》）におおわれていて，それらはごくわずかながら動いている。海洋プレートが生成される場所を海嶺《かいれい》，海洋プレートが沈《しず》み込《こ》む場所を海溝《かいこう》という。

問２　東北地方の太平洋沖《おき》では，大陸プレートが海洋プレートの沈み込みに引きずり込まれている。そのため少しずつひずみがたまっていき，そのひずみにたえられなくなると，大陸プレートがはね上がる。このようにして起こる地震《じしん》を海溝型地震といい，東北地方の太平洋沖では数十年の間隔《かんかく》でマグニチュード７以上の地震が繰《く》り返し起こっており，変動が大規模になると2011年の東北地方太平洋沖地震(東日本大震災)のような巨大《きょだい》地震となる。

問３　沈み込みの速さは１年あたり５cmで，これは100年あたり５mの速さである。したがって，１km沈み込むのに，$100\times\frac{1000}{5}$＝２万(年)かかるので，プレートの先端《せんたん》部分が沈み込みを開始したのは，２万×1000＝2000万(年前)とわかる。

問４　地球の核《かく》は鉄を主としていて，内核では固体，外核では液体になっていると考えられている。また，マントルは岩石が主となっていて，上部マントルがとけてできたマグマの成分から考えて，上部マントルは主にかんらん岩から構成されているとされる。

問５　(1)　２は，チャートではなく石灰岩の説明である。チャートは，放散虫の殻《から》などがたい積してできた，二酸化ケイ素を主成分とする岩石である。　(2)　陸上の大きな岩石が風化されてくだけ，その破片《はへん》が流れる水の侵食《しんしょく》を受け，川によって運搬《うんぱん》され，海底などでたい積し，そのたい積物が固まって(続成作用)，さいせつ岩ができる。

3　ものをとかす実験についての問題

問１　物質を水にとかすとき，濃《こ》さがうすいうちは比較《ひかく》的とけやすいが，濃くなってくるととけるまでにかかる時間が長くなる。

問２　100ｇの水にホウ酸がちょうど５ｇとけるとすると，１ｇのホウ酸がちょうどとける水の重さは，100÷５＝20(ｇ)と考えることができる。

問３　固体の物質が水にとける最大の量は，水の温度と水の重さによって決まり，気圧や湿度《しつど》は関係しない。ホウ酸は水の温度が高いほど多くとけるので，日曜日の気温が授業のときよりも高かったために，日曜日の実験では授業のときよりもホウ酸が多くとけたと考えている内容があてはまる。

問４　料理用はかりが１ｇを表示しているとき，実際の重さは0.5ｇ以上1.5ｇ未満である。よって，表示が１ｇになる最大の重さと最小の重さの間には，約，1.5－0.5＝１(ｇ)のずれがある。

問５　実験用はかりが1.00ｇを表示しているとき，実際の重さは0.995ｇ以上1.005ｇ未満である。したがって，表示が1.00ｇになる最大の重さと最小の重さの間には，約，1.005－0.995＝0.01(ｇ)のずれがある。このずれは料理用はかりの場合の，$0.01\div1=\frac{1}{100}$(倍)である。

問６　水の体積の計測はメスシリンダーで行うので，その計測では誤差がほとんど生じないと考えられる。一方，とかす食塩の重さは料理用はかりで計測するので，はかりに表示される値と実際の値には最大で0.5ｇの誤差が生じる。よって，とかす食塩の重さをできるだけ大きくすれば，それだけ全体(はかりの表示の値)にしめる誤差の割合が小さくなるので，教科書に載《の》っている値により近い結果が得られる。

4　ばねと浮力《ふりょく》についての問題

問１　図３のとき，ばねには浮《う》きの重さ20ｇがかかる(浮力ははたらいていない)ので，ばねは，$0.5\times\frac{20}{10}$＝１(cm)縮んで，15－１＝14(cm)になる。よって，容器の水の体積は，50×14＝700(cm^3)である。

問２　図４では，ばねが自然の長さ(15cm)になっている。これは，浮きの重さ20ｇと浮きにはたらく浮力がつり合っていて，ばねにかかる重さがなくなっているからである。よって，このとき浮きにはたらく浮力の大きさは20ｇである。

問３　20ｇの浮力がはたらいているとき，浮きは20ｇの水をおしのけている。つまり，20cm^3の水をおしのけているので，浮きの水中につかっている部分は20cm^3である。したがって，水中につかっているのは，浮きの底面から，20÷10＝２(cm)までとわかる。

問４　水面の高さは容器の底から，15＋２＝17(cm)なので，容器内の水の体積は見かけ上，50×17＝850(cm^3)である。しかし，これには浮きの水中につかっている部分の体積が含まれているので，実際の水の体積は，850－20＝830(cm^3)となる。

問５　図５で，浮きの水中につかっている部分の体積は，10×６＝60(cm^3)だから，浮きにはたらいている浮力の大きさは60ｇである。これより，浮きは，60－20＝40(ｇ)の力でばねを伸《の》ばしていることがわかるので，ばねの長さは，$15+0.5\times\frac{40}{10}=17$(cm)となっている。

問６　図６で，浮きは全体が水中にあり，その体積は，10×12＝120(cm^3)なので，浮きにはたらいている浮力の大きさは120ｇとなる。よって，浮きは，120－20＝100(ｇ)の力でばねを伸ばしているから，ばねの長さは，$15+0.5\times\frac{100}{10}=20$(cm)になっている。水面の高さは容器の底から，20＋12＝32(cm)とわかるので，容器内の水の体積は，50×32－120＝1480(cm^3)である。

問７　図６の状態からさらに水を入れても，浮きにはたらく浮力の大きさは変わらない。したがって，ばねの長さは図６のときと同じ20cmとなる。

国　語　＜第１回試験＞（50分）＜満点：100点＞

解　答

一　**問１**　下記を参照のこと。　**問２**　若者の　**問３**　3　**問４**　人生　**問５**　(1) 春の夜の夢　(2) 露　**問６**　4　**問７**　(例)　両者とも過去のもので，ふり返ると短く感じられる点と知覚が到達できないという点。　**問８**　イ　**問９**　過去時間の客観的長さに対する懐疑　二　**問１**　Ａ　1　Ｂ　2　**問２**　1　**問３**　2　**問４**　うんざりしたり迷惑がったりする　**問５**　4　**問６**　2　**問７**　3（1）　**問８**　ちょっと，迷惑してる　**問９**　ふにゃふにゃした笑顔　**問10**　4，5　三　**問１**　3　**問２**　(例)　葉が落ち　**問３**　1　**問４**　4　**問５**　4　四　①　2　②　1　③　4　④　3　⑤　3

●漢字の書き取り

一　**問１**　ａ　広大　ｂ　圧巻　ｃ　除い　ｄ　辞世

解　説

一　**出典は中島義道《なかじまよしみち》の『「時間」を哲学《てつがく》する―過去はどこへ行ったのか』による。**昔から人々は，「人生」を「夢」にたとえてきた。その背景にある考え方について，筆者はいろいろな例をあげて説明している。

問１　ａ　広くて大きいこと。　ｂ　全体のなかで最もすぐれている部分。　ｃ　音読みは「ジョ」「ジ」で，「除去」「掃除《そうじ》」などの熟語がある。　ｄ　死を前にして残す言葉や詩歌《しいか》。

問２　もどす文に，「この直観」とあることに注目する。「直観」について説明された部分を探すと，五つ目の段落に「われわれの人生自体は～という直観です」と説明されているので，この後に入れると文意が通る。

問３　「邯鄲《かんたん》の夢」という話の直後の段落に，「そこには『時間』という大きな問いが控《ひか》えております」と述《の》べられている。そして，この後筆者は「時間」について説明しているので，３がふさわしい。

問４　「人生」を「夢」にたとえることについて説明している部分である。「夢」には，夢から「醒《さ》める」という経験が不可欠だが，それに対して「人生」は，人生から「醒める」という経験がないというのである。

問５　⑴　藤原俊成女《ふじわらのしゅんぜいのむすめ》の和歌を見ると，「人生や恋《こい》の儚《はかな》さ」を表しているのは「春の夜の夢」という言葉である。　⑵　秀吉《ひでよし》の辞世の句では，「人生」の儚さを「露《つゆ》」と表現している。

問６　続く部分に注目する。芭蕉《ばしょう》は，桜の花が舞《ま》い踊《おど》るなかで過去のさまざまな情景を思いうかべ，「現在に生きているのか過去に生きているのかわからなくなった」のではないかと筆者は述べている。その心境が「荘子胡蝶《そうしこちょう》」において荘周が「夢の中で蝶になったのか，蝶の夢の中で荘周となったのかがわからなかった」のと似ていると説明しているので，４がふさわしい。

問７　続く部分に注目する。人生と夢の似ている点として，「すべて過去世界であり，すでにいかなる仕方でも知覚の到達《とうたつ》できない世界」であることが説明されている。また，夢も人生も「進行中のときはそれ相応に『長い』のに，過去に退いた途端《とたん》に『短く』なる」と述べられている。これをもとに，「両者とも過去の，知覚が到達できない世界であり，ふり返ると短く感じられる点」のようにまとめる。

問８　ぼう線⑥は，自分で感じる長さとは対照的な進行中における実際の長さを表している。ア～オのなかでそのような意味で使われているのは，イの「五〇年におよぶ」である。

問９　本文の最後の段落に注目する。ふり返ったとき短く感じられ「いかなる実感も呼び起こさない」という「過去時間の客観的長さに対する懐疑《かいぎ》」こそ「一炊《いっすい》の夢」というたとえの要なのではないかと筆者は述べている。

二　**出典は重松清《しげまつきよし》の『サンタ・エクスプレス』所収の「じゅんちゃんの北斗《ほくと》七星」による。**「僕《ぼく》」は幼なじみの「じゅんちゃん」とずっと同じクラスで過ごしてきたが，人気者だった「じゅんちゃん」を取り巻く教室の雰囲気《ふんいき》は段々と変わっていった。

問１　**A**　「すっとんきょうな」は，調子のはずれた声を出したり，間のぬけた行動をしたりするようす。　**B**　「ひとりごちる」は，“ひとりごとを言う”という意味。

問２　もどす文に「追いかけようとする僕」とあるので，「じゅんちゃん」が「教室を飛び出してしまう」ことが書かれている後の[１]に入れるのがふさわしい。

問３　授業中にさわぐ「じゅんちゃん」に対して，「僕」が「強い口調」で言う言葉なので，２がふさわしい。直後に「じゅんちゃんがみんなから，うんざりしたり迷惑《めいわく》がったりする目で見られてしまうのが，嫌《いや》だった」とあるので，１は合わない。

問４　少し前の部分に，「じゅんちゃんがみんなから，うんざりしたり迷惑がったりする目で見られてしまう」とある。みんなが以前のように笑わなくなったのは，「じゅんちゃん」がさわぐと授業の邪魔《じゃま》になり，みんなが迷惑だと感じるようになったからだということをおさえる。

問５　教育委員会のひとと校長先生が「じゅんちゃん」の両親と話し合っていると知っても，「なんで」話し合っているのだろうとはだれも思わず，「やっぱりなあ」と感じていたという文脈である。教育委員会のひとや校長先生と「じゅんちゃん」の両親が今後のことを話しているのだろうとみんなが自然に受けいれていたということであるから，４がふさわしい。

問６　続く部分に注目する。「母」は，「じゅんちゃん」のことについて「僕」に難しい話をしなければならず，「僕」の正直な気持ちを聞こうとしているので，ぼう線③のようなあらたまった態度をとったのだとわかる。よって，２が選べる。

問７　直後に注目する。「僕」は，頭のなかにカッコいいマンガの主人公たちを思いうかべている。「男らしくて，勇気があって，友情を大切に」する彼《かれ》らのように「顔を上げて，正々堂々と」迷惑ではないと言いたいが，そうできなくて「うつむいて」いるのだから，３が合う。なお，「友情を大切に」したいが，「迷惑してる」ことも事実なので，母からきかれたことにどうこたえたらいいかわからずにいる，ともとらえられる。よって，１を選んでも誤りではない。

問８　その後，「じゅんちゃん」は学校に来なくなり，「じゅんちゃん」の一家は引《ひ》っ越《こ》すことになった。そして「僕」は，自分の言葉がそのきっかけになったのではないと信じようとしている。その言葉とは，両親と話したときに「僕」が言った「ちょっと，迷惑してる」という言葉である。

問９　「じゅんちゃん」の学校でのようすが書かれている部分に「ふにゃふにゃした笑顔《えがお》」という「じゅんちゃん」の表情を表す言葉がある。また，ぼう線②の少し後には「ふにゃふにゃの笑顔」とも書かれている。

問10　「じゅんちゃん」のお母さんは，学校に来るようになったころは「僕」と目が合うと笑ってくれていたが，そのうちに笑わなくなり「おばあさんのように見えてしまう」ほどふけこんだようすが書かれているので，４が選べる。また，「僕」の両親が「僕」に「じゅんちゃん」の話をする場面で，「父」は，「僕」の気持ちを考えながら，やさしい言葉で正直な気持ちを聞いてくれているので，５がふさわしい。

三　**出典は高村光太郎《たかむらこうたろう》の詩「冬が来た」による。**厳しい冬がやってきたようすや，冬に立ち向かっていく作者の姿勢が表現されている。

問１　全体を通して，現代の話し言葉で書かれている。また，「ような」を使ってほかのものにたとえる直喩《ちょくゆ》や「ような」などを使わずにたとえる隠喩《いんゆ》が用いられている。

問２　木が「箒《ほうき》になった」というのは，公孫樹《いちょう》の木の葉がすべて落ちて枝だけになったことを表す隠喩である。

問３　「冬よ／僕に来い，僕に来い」とあるように，作者は厳しい冬にも負けずに立ち向かい，冬を自分が生きていくための「餌食《えじき》」にしようとしているので，１が合う。

問４　第二連や第四連から，作者が冬を厳しいものとしてとらえていることが読み取れる。しかし，作者はそれを乗りこえていこうとしているので，４があてはまる。

問５　問４で見たように，作者は冬を厳しいものととらえ，それを乗りこえようとしている。そこには，冬を乗りこえることでより一層高い境地に行けるという思いがあると考えられる。

四　**熟語の組み立て**

①　「得失」は，反対の意味の漢字を重ねた組み立て。そのほかは，似た意味の漢字を重ねた組み立てである。　②　「出発」は，似た意味の漢字を重ねた組み立て。そのほかは，上の漢字が動作を表し，下の漢字が動作の対象や目的を表す組み立てである。　③　「国連」は，長い言葉を省略した熟語。そのほかは，上の漢字が下の漢字を修飾《しゅうしょく》する組み立てである。　④　「後味」は，上の漢字が下の漢字を修飾する組み立て。そのほかは，上に打ち消しの意味を表す漢字がつく

組み立てである。　⑤ 「公立」は，上の漢字が主語，下の漢字が述語の組み立て。そのほかは，下に意味をそえる漢字がつく組み立てである。

2023年度 東京都市大学付属中学校

【算　数】〈第２回試験〉（50分）〈満点：100点〉

［注意］定規，三角定規，分度器，コンパス，計算機は使ってはいけません。

1　次の□に当てはまる数を答えなさい。

問１　$\left(1-\frac{1}{2}\right)\times\left(1-\frac{1}{3}\right)\times\left(1-\frac{1}{4}\right)\times\cdots\times\left(1-\frac{1}{100}\right)\times\left(1+\frac{1}{2}\right)\times\left(1+\frac{1}{3}\right)\times\left(1+\frac{1}{4}\right)\times\cdots\times\left(1+\frac{1}{100}\right)=\square$

問２　0.2kg＋10g－7300mg－0.0004kg＝□g

問３　今から８年前，母の年令は子の年令の７倍でした。また，今から18年後，母の年令は子の年令の1.8倍になります。現在の母の年令は□才です。

問４　毎時□kmの速さで走る急行列車と，急行列車の３分の２の速さで走る普通《ふつう》列車が同時に鉄橋の両端《はし》にさしかかり，その12秒後に鉄橋の中央から60mだけ離《はな》れた地点ですれ違《ちが》い始めました。

問５　ある学年には生徒が243名います。生徒１名につき１人だけを選んで投票を行い，票の数の多い方から３名を委員として選びます。このとき，生徒Ａ君は□票以上得られれば，必ず委員として選ばれます。ただし，無効票はないものとします。

問６　次のような規則にしたがって

$\frac{1}{1},\ \frac{1}{2},\ \frac{2}{1},\ \frac{1}{3},\ \frac{2}{2},\ \frac{3}{1},\ \frac{1}{4},\ \frac{2}{3},\ \frac{3}{2},\ \frac{4}{1},\ \frac{1}{5},\ \cdots$

と分数が並んでいます。最初から数えて200番目の分数は□です。

問７　下の図で点Ｐは辺AFのちょうど真ん中の点です。また，EQ：QD＝1：3です。斜線《しゃせん》部分の三角形DQPの面積は正六角形ABCDEFの面積の□倍です。

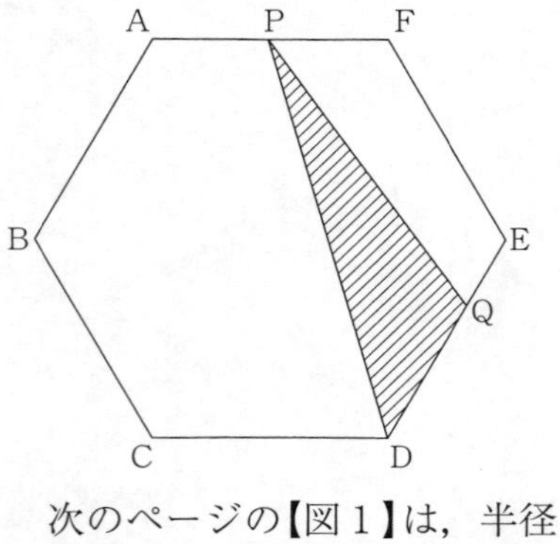

問８　次のページの【図１】は，半径15cm，高さ30cmの円柱から一部を切り取ってできた立体で，点Ｏは底面の円の中心です。底面と３つのおうぎ形は平行で，底面と３つの長方形は垂直です。この立体を真上から見たところ【図２】のようになります。この立体の表面積は□cm^2です。ただし，円周率は3.14とします。

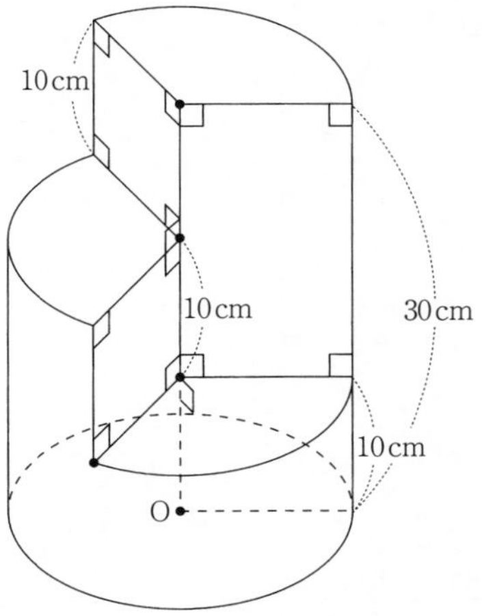

【図１】

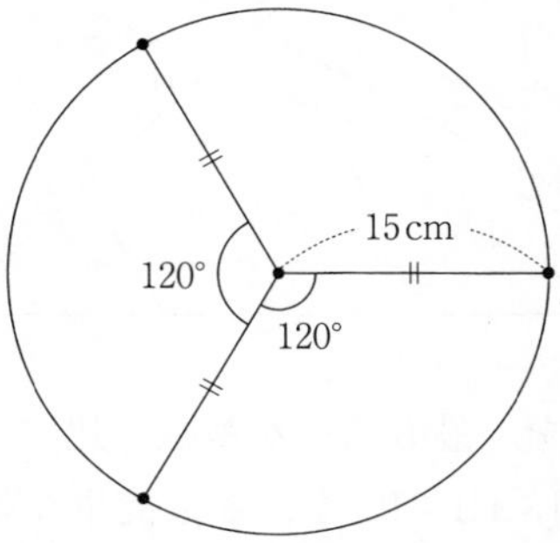

【図２】

2　ある容器には，３つの管Ａ，Ｂ，Ｃがあり容器に水が入っている状態で管を開けるとそこから水が出ていきます。また，蛇口《じゃぐち》からは水が毎分 10L 出て，この容器に入れます。

はじめに，蛇口を開けて容器に水を入れると同時にＡだけを開けて水を出します。10分後，Ｂも開けて水を出し，さらに10分後にＣも開けて３つの管で水を出したところ，時間と容器の中の水の量の関係は，【図１】のようになりました。あとの問いに答えなさい。

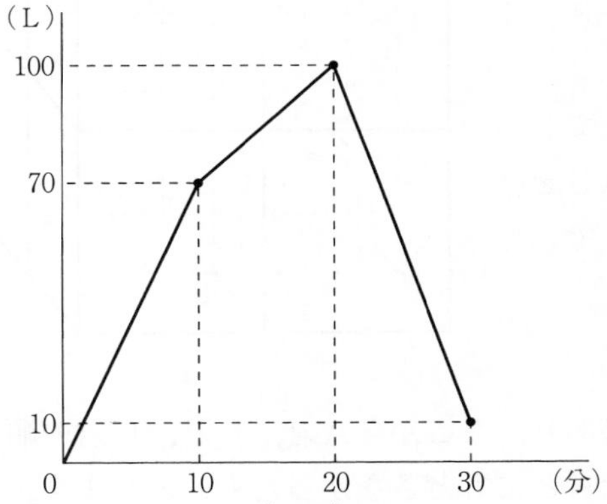

【図１】

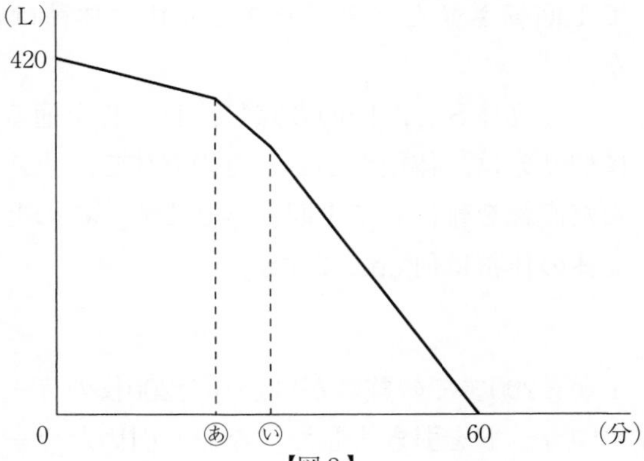

【図２】

問１　Ｃからは毎分何Ｌの水が出ていきますか。

問２　容器の中に 420L の水が入っている状態から，蛇口で水を入れると同時にＣだけを開けて水を出します。その後，Ｂも開けて水を出し，さらに数分後，Ａも開けて水を出したところ，はじめから60分後に容器の中の水がすべてなくなり，時間と容器の中の水の量の関係は，【図２】のようになりました。

(あの数)：(いの数)＝3：4 のとき，あの数はいくつですか。

3　次のページの図のような平行四辺形 ABCD があります。また，点Ｅ，Ｆはそれぞれ辺 AD，BC 上にあり，AB と EF は平行です。AC と BE，BD が交わる点をそれぞれＧ，Ｈとし，EF と AC，BD が交わる点をそれぞれＩ，Ｊとします。

(三角形 ABE の面積)：(三角形 ABC の面積)＝3：4 であるとき，あとの問いに答えなさい。

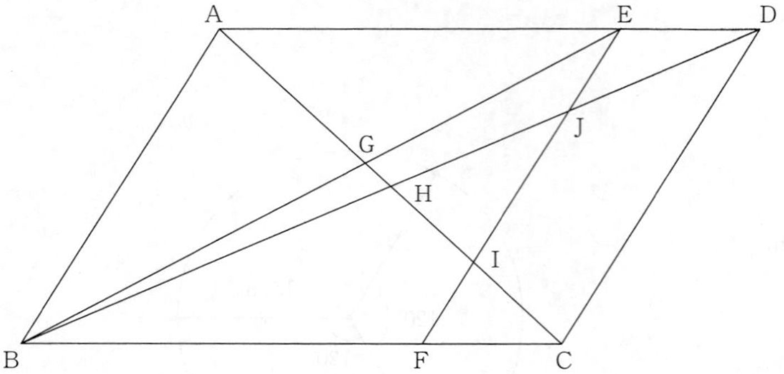

問１　AI：ICを，最も簡単な整数の比で表しなさい。

問２　AG：GH：HI：ICを，最も簡単な整数の比で表しなさい。

問３　GE上に点Kをとったとき，三角形BDEの面積が四角形KJDEの面積のちょうど２倍になりました。このとき，四角形GHJKの面積は平行四辺形ABCDの面積の何倍ですか。

4　右の図のように１辺が５cmの立方体が８個すき間なく重なってできた立体Sがあります。円周率を3.14として，あとの問いに答えなさい。

問１　この立体Sを，図の点Aと点Bを結んだ直線を軸《じく》にして１回転させたとき，できた立体の体積は何cm³ですか。

問２　この立体Sを，図の３点C，D，Eを通る平面で２つに切り分け，体積が小さい方の立体を，点Aと点Bを結んだ直線を軸にして１回転させます。このとき，できた立体の体積は何cm³ですか。

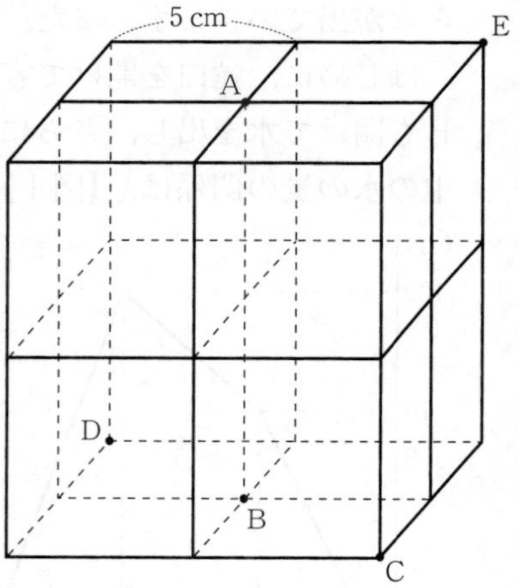

5　１から200までの整数が書かれた200枚のカードがあり，ここからA君，B君，C君の順に１枚ずつカードを引きました。なお，引いたカードはもとにもどさなかったものとします。

B君が引いたカードに書かれていた数は，同じ整数を２回かけた数でした。また，３人がそれぞれ引いたカードに書かれていた数の最大公約数と，A君とB君の２人がそれぞれ引いたカードに書かれていた数の最大公約数はともに12でした。あとの問いに答えなさい。

問１　A君が引いたカードに書かれていた数は，全部で何通り考えられますか。

問２　A君が引いたカードに書かれていた数が７の倍数であったとします。A君が引いたカードに書かれていた数の約数の個数と，B君の引いたカードの数の約数の個数の和が最も大きくなるとき，この約数の個数の和はいくつですか。

問３　A君が引いたカードに書かれていた数が５の倍数であったとします。B君が引いたカードに書かれていた数と，C君が引いたカードに書かれていた数の和が，A君が引いたカードに書かれていた数で割り切れたとき，３人がそれぞれ引いたカードに書かれていた数の組合せは全部で何通り考えられますか。

「はし」を意味したり、「へり」「ふち」を意味する。

④□の部の総画数９画の漢字。「むかしのこと。ふるい」などの意味で用いる。漢文の「〜人」は、「死者」ではなくて「旧友」の意味。

⑤□の部の総画数13画の漢字。人間がしてはならないおこないを意味する。道徳や法律を犯すと「〜に問われる」ことになる。

問１　①〜③の説明にふさわしい漢字を、それぞれ答えなさい。

問２　④・⑤の空らん□に入るべき部首名を次から一つずつ選び、それぞれ番号で答えなさい。

１　れっか　　２　ぼくづくり　　３　まだれ

４　えんにょう　　５　あみがしら　　６　ひ

①その先に未知の何かがある
そう思って生きてきた
②科学はヒトの肉体を離《はな》れて
光速で遠さを測り
数式で宇宙の単位を刻んで
不死に近づこうとするが
③魂《たましい》は人語の限界で揺《ゆ》らいでいる

小さな体は宇宙服の中でも
眠《ねむ》り起きそして働き
時々刻々の日常を過ごす
永遠は詩に生きるしかない
無限は数式で夢見るしかない

（朝日新聞二〇二二年五月十一日夕刊掲載《けいさい》）

問１　この詩に使われている表現技法としてふさわしいものを次から一つ選び、番号で答えなさい。

１　倒置《とうち》法　２　反復法　３　対句《ついく》法　４　直喩《ちょくゆ》法

問２　――線①「その先」とありますが、「その」が指している部分を詩の中からさがし、最初と最後の七字をぬき出しなさい。

問３　――線②「科学はヒトの肉体を離れて」とありますが、「科学」と「ヒトの肉体」との関係を示したものとして最もふさわしいものを次から一つ選び、番号で答えなさい。

１　感覚と感情　２　可能性と限界
３　創造と現実性　４　時間と空間

問４　――線③「魂は人語の限界で揺らいでいる」とありますが、どのようなことを言おうとしているのですか。それを説明したものとして最もふさわしいものを次から一つ選び、番号で答えなさい。

１　数式や単位に比べて、人間の発する言葉は生命の限界をこえることができないことに、複雑な思いを抱《いだ》いているということ。
２　数式がものごとを明解に説明できることに比べ、人間の言葉はあいまいであるということに、嫌気がさしているということ。
３　宇宙の真理に近づこうとする時、言葉で表現できることとできないことがあることに、不満を感じざるをえないということ。
４　永遠の命を追い求めようとすると、言葉を話すことがさまたげになるということに、やりきれない気持ちでいるということ。

問５　この詩で作者が表現したかったこととして**ふさわしくないもの**を次から一つ選び、番号で答えなさい。

１　人間は自分の限界をこえたいと思う生き物であり、そのために文明や文化を発展させてきた。
２　数式や単位は、人間の日常生活をはるかにこえた世界を表現することができるものである。
３　自分の分をわきまえない人間の貪欲さに疑問をもつ作者は、詩に救いを求めようとしている。
４　詩と科学とは異なる側面をもつが、人間の日常生活との関係からみると共通点をもっている。

四

次の①～⑤について後の問いに答えなさい。文中の空らん□には部首名が、「～」には、答えとなる漢字が入ります。

①　「ころも」の部の７画の漢字。「隠《かく》れた。見えない」というのがもとの意味で、「～づけ」では「根拠《こんきょ》」という意味にあたる。
②　「き」の部の総画数８画の漢字。木の上にいくつもの実がなったことを表す。「終わり。できばえ」などの意味でも用いる。
③　「すすむ」「行く」を表す部首の部２画の漢字。物の中央に対して

2　父親が釣人とけんかしては困るのでそうならないよう戒《いまし》めつつ外出を促《うなが》し、だれにも言えない家族の秘密を囲炉裏の灰にだけ書き付けておこうという気持ち。

3　体が不自由になった父親を傷つけないように気を配って外に出し、自分は家に残って家事をしながら一人になりたいという気持ち。

4　つらい気持ちを紛《まぎ》らわせるように威勢《いせい》のよい言葉を父親に投げかけ、ひとり家事に打ち込むことによって悲しみを乗り越えようという気持ち。

問６　――線⑤「自分のおふくろの涙」とありますが、母親の思いがこめられた涙をもっとも象徴的《しょうちょうてき》かつ詩的に表現した部分を、本文から二十五字ちょうどでぬき出しなさい。

問７　――線⑥「あまり釣人が寄りつかないような淵へそっと沈めてくるのも悪くないと思っている」のはなぜですか。最もふさわしいものを次から一つ選び、番号で答えなさい。

1　家族の悲しみはみんなで分かち合うべきものだと思ってはいるが、すでに両親もいなくなってしまったのでそうするわけにもいかず、悲しみをなみだつぼごと水に流してなかったものにしてしまうのがふさわしいと思ったから。

2　母親がひとりで背負った家族の悲しみを引《ひ》き継《つ》ぐのは自分しかいないと思う一方、涙に暮れる母親をそっと見守ったように、なみだつぼは自分だけがわかる人目につかないところに隠《かく》してしまうのがふさわしいと思ったから。

3　家族の悲しみを母親一人に負わせてしまったことを反省して忘れないようにしようとしたが、なみだつぼは汚《よご》れていて家の中に置いておけないため、屋外の自分だけがわかるところに隠しておこうと思ったから。

4　順番からいえば母親に代わって姉が家族の悲しみを受けつぐべきだが、その姉は現実の生活で手いっぱいであるためなみだつぼを押しつけることはせず、家族ゆかりの川にそっとしまっておこうと思ったから。

問８　本文の表現の特徴を説明したものとして最もふさわしいものを次から一つ選び、番号で答えなさい。

1　私の視点で見た家族が比喩を多用して表現され、心情が読者に訴《うった》えかけるように描かれている。

2　現在から過去にさかのぼるかたちで家族を語り、いきいきとした会話を中心として描いている。

3　家族それぞれの視点で物語が語られ、家族の出来事が時間の順にダイナミックに描かれている。

4　現在時点の私が記憶をたどりながら家族を語り、人々の内面を簡潔な表現で静かに描いている。

三

次の詩を読んで、後の問いに答えなさい。

心の貪欲《どんよく》　谷川俊太郎

いま見えているもの
聞こえているもの
いま匂《にお》うもの
触《ふ》れているものだけで
どうして満足できないのか
心の貪欲に
嫌気《いやけ》がさすことがある
さらに遠くさらに深く

3　だれかに教えられたわけではなく
4　何かでたとえようというわけではなく

問2　――線①「あの囲炉裏がなくなったら、おふくろのなみだつぼは、どうなるのだろう」という部分は表現としてどのような効果があると考えられますか。最もふさわしいものを次から一つ選び、番号で答えなさい。

1　「どうなるのだろう」と問いかけることによって読者の興味を強くひき、これから始まるなみだつぼの不思議な物語の世界に素早く引き込む効果。
2　囲炉裏という物の名を提示することで実家の情景を思い起こさせ、母親の思い出というだれもがわかる話題をすぐに共有できるようにする効果。
3　「どうなるのだろう」と問いながら否定的な真意をこめて作品に奥行《おくゆ》きを与《あた》え、母親のなみだつぼに関する悲劇を際立たせようとする効果。
4　「あの囲炉裏が」と出しぬけに文章を始めて意外な感じを与え、なみだつぼという聞き慣れない物の名によって読者の想像力をかき立てる効果。

問3　――線②「軽い脳梗塞を患っていた父親」とありますが、この文章の中で父親はどのように描かれていますか。最もふさわしいものを次から一つ選び、番号で答えなさい。

1　病になってしまったにもかかわらず、煙草をやめないなどわがままな生活を送っており、家族が苦々しく思う人物として描かれている。
2　不幸にして病を得たために家族に負担をかけてしまい、思うに任せない日々を送っているが、憎《にく》めない人物として淡々《たんたん》と描かれている。
3　たまたま病になってしまったとはいえ、いまだに家族の中心であり、主人公に準ずる重要な人物として描かれている。
4　難しい病にかかってしまった割には、釣人をどんどん批判するなど元気であり、家族に希望をもたらす人物として描かれている。

問4　――線③「実際、口開けの客になったりすると、湯船に鮎の稚魚が浮いているのを見ることがあった」とありますが、この部分はどのようなことを表していますか。最もふさわしいものを次から一つ選び、番号で答えなさい。

1　小説の中でアクセントとなる印象的なエピソードで、ややもすると深刻になりがちな物語を和らげるためのちょっとしたユーモアを表している。
2　非常にインパクトのある場面だがあり得ないシチュエーションであり、私の記憶がもはや混乱してきてしまったというネガティブな悲しみを表している。
3　舞台《ぶたい》である実家が大自然の中にあるということをダイレクトに示す証拠《しょうこ》であり、フィクションとしての小説が持っているリアリティを表している。
4　父親の人物像をことばで表すには微妙《びみょう》なニュアンスが必要なので、私の父親に対する心情をユニークな比喩《ひゆ》を用いたイメージとして表している。

問5　――線④「『橋の上から、釣人たちの悪口でもいいながら、しばらく見物してきてくんしゃんせ』」と言った母親の心情として最もふさわしいものを次から一つ選び、番号で答えなさい。

1　釣りが好きであった父親をはげますために言いたくもない冗談《じょうだん》を口にして、自分が父親のことで悩《なや》んでいることをさとられないようにしようとする気持ち。

いた。巡礼《じゅんれい》の鈴《すず》のような形をしたものもあった。数珠《じゅず》の一部のように、おなじ大きさの玉がいくつか繋《つな》がっているのもあった。いずれも脆《もろ》いかたまりだから、すこし離《はな》れたところから注意深く掘《ほ》り進めなければならない。

掘り出したものは、火箸ですばやく掌《てのひら》に取る。途中で崩《くず》れてしまうものもすくなくないが、崩れても涙のかたまりにはちがいないから、※移植鏝《いしょくごて》で残らず掬《すく》い取る。やがて、変色した灰のちいさなかたまりや、もっとちいさな粒々《つぶつぶ》が、私の掌の窪《くぼ》みを埋《う》める。

けれども、私は、⑤自分のおふくろの涙を吸った灰だからといって、それを小綺麗《こぎれい》な壜《びん》かなにかに入れて保存しておくほど物好きではない。私は、掌の灰を囲炉裏の片隅に置いてある何焼きとも知れない黒いつぼのなかにこぼして、蓋をする。おふくろは、十数年前に他界して、もう囲炉裏の灰にものを書く家族はいなくなったが、いまでもなみだつぼだけが元のままに残っている。

いまは、いくら田舎《いなか》でも、茅葺《かやぶき》屋根を持つ農家でない限り、薪《たきぎ》を焚いて煮炊きをしたり煖をとったりするための囲炉裏など、無用の長物といっていいだろう。姉もガスで煮炊きをし、石油ストーブで部屋を暖めている。もはやなんの役にも立たない囲炉裏を早く塞いでしまいたいのは無理もない。

どうぞ、あんたの都合のいいように、と私は答えて、ついでに例の黒いつぼのことを尋《たず》ねてみた。姉には、そのつぼが、おそらくただの囲炉裏のつぼにすぎないのである。

「まだいつものところにあるわえ。」と姉はいった。「塞ぐとき、自在鉤やなんかと一緒《いっしょ》に捨てようと思ってたけんど、要《い》るなら残しておく。」

べつに要るわけではないが、邪魔にならないような残しておいてくれるようにと、私は頼《たの》んだ。

春になって、川を覆《おお》っている氷が融《と》けはじめたら、私はいちど様子を見に帰郷してくるつもりだが、その折に、あのなみだつぼを抱《だ》いて泥濘《ぬかる》んだ崖道をくだり、⑥あまり釣人が寄りつかないような淵《ふち》へそっと沈《しず》めてくるのも悪くないと思っている。

（三浦哲郎「なみだつぼ」全文）

※自在鉤…炉・かまどなどの上に、上からつるし、鉄瓶《てつびん》・鍋・釜《かま》などを自在に上下させる装置の鉤。（『広辞苑』第七版より）

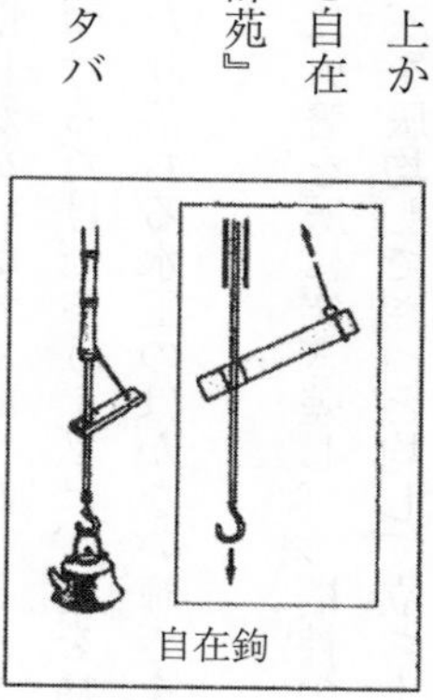
自在鉤

※ゴールデンバット…低価格の国産タバコの名。

※鉈豆煙管…ナタマメのさやの形に似た喫煙具《きつえんぐ》。

※襦袢…和服の下着。

※都落ち…都会を離れて地方に移り住むこと。

※移植鏝…草花や野菜を植え替《か》えるときに使う小型のシャベル。

問１　――線Ａ～Ｃのことばについて、文中での意味として最もふさわしいものを後から一つずつ選び、それぞれ番号で答えなさい。

Ａ「くすんだ」
１　よごれた　２　壊《こわ》れた
３　黒ずんだ　４　目立った

Ｂ「無心して」
１　命じて　２　あきれさせて
３　同情させて　４　ねだって

Ｃ「とりとめもなく」
１　何かを表そうというわけではなく
２　だれかに伝えようというのではなく

六十を過ぎても不思議に白髪《しらが》の出ない頭に相変わらず手ぬぐいで姉さんかぶりをし、襷《たすき》を掛け、裾《すそ》が足の甲《こう》まで届く前掛けをして、いそいそと掃除に取り掛かる。まず、自在鉤の埃《ほこり》を払い、金網の篩で灰を篩い、それから水で絞《しぼ》った雑巾《ぞうきん》で炉縁《ろぶち》を拭《ふ》く。篩に残った煙草の吸殻《すいがら》や、ちびた鉛筆《えんぴつ》や、なにかの紐の燃え残りなどの異物は、火から最も遠い隅《すみ》に置いてある蓋《ふた》つきのつぼに捨てる。

このつぼは、私たちがその旧養蚕農家へ越《こ》してきたときから、そこにあった。先住者が忘れていったというよりも、捨てていったと思う方がふさわしいような、お粗末《そまつ》なつぼである。色は黒、厚手の焼きものだが、何焼きかはわからない。よほど粗雑に扱《あつか》われてきたらしく、外側は疵《きず》だらけで、素材の壁土のようなものが露出《ろしゅつ》している。大きさは、古陶器《とうき》の種つぼより一回り大きいくらいだが、無論、名のある窯《かま》で焼かれたものであるはずがない。

おふくろは、掃除を済ませたあと、さっぱりとした炉端にぽつんと独りでいることがあった。そんなときは、横坐《よこずわ》りになり、炉縁に左手を突《つ》いて上体を支え、右手の親指と人差指とで火箸《ひばし》の一本の頭をつまみ上げて、それをふらふらさせながら、自分がよく均《なら》したばかりの灰の上に、なにかを書いては消し、書いては消しするのである。

それは、子供のころから、おそらく何百回となく目にしてきた光景であった。はじめは習字の稽古《けいこ》でもしているのかと思った。けれども、それにしては火箸の先端の動きに秩序《ちつじょ》がなさすぎる。それとなく見ていると、文字のほかに、図形や模様のようなものも混じっている。それで、おそらく、物思いに耽《ふけ》りながら、心に浮かんでくる雑多なことを、Cとりとめもなく文字や形に描《えが》き出しているのではないかと思うようになった。

おふくろが火箸の一本を手にすると、炉端はなにやら近寄り難い静《せい》寂《じゃく》に包まれる。おふくろはなにかに没入《ぼつにゅう》しているようで、声を掛けるのも憚《はばか》られる。遊び疲《つか》れて外から帰ってきた子供の私も、休暇で帰省している学生の私も、座敷《ざしき》に寝《ね》そべってうたた寝を装いながら薄目《うすめ》で炉端のおふくろをただ眺《なが》めているほかはなかった。

うつむいたおふくろの尖《とが》った鼻の先に、不意に水玉が宿って、きらと光るのを初めて見たのは、いつだったか、もう思い出せない。ああ、おふくろが独りでひっそりと泣いている、そう思って物悲しくなった記憶だけが微《かす》かに残っている。

その後、炉端のおふくろの鼻の先に水玉が宿るのを、何度見たことだろう。最初に宿った水玉は、光り、顫《ふる》え、やがて堪《たま》りかねて、落下する。落ちたあとには、すでに次の水玉が光っている。そうなると、水玉は次から次へと鼻梁《びりょう》を滑《すべ》り落ちてきて、しばらくは途絶《とだ》えることがない。

おふくろが、いま、なにを思い出し、なにを悲しみ、なにを哀《あわ》れみ、なにを悔んでいるかを、いい当てることはできなかったが、その人生が悲しみに満ちた日々の積み重ねだったことを私は知っていた。おふくろには、押《お》せば水玉の噴《ふ》き出る記憶しかないはずであった。どんな同情も、慰《なぐさ》めも、おふくろの心を傷つけるだけだろう。私は、胸《むね》を痛めながら、炉端の人の鼻先からしたたり落ちる水玉のはかない輝《かがや》きを、ただ黙《だま》って見守っているだけであった。

しばらくすると、我に返ったように火箸を灰に突き差し、※襦袢《じゅばん》の袖口《そでぐち》で目頭を抑《おさ》え、自分が荒《あ》らした灰を灰均しでざっと均して立ち上がる。ふと、思いついたように、仏壇《ぶつだん》の鉦《かね》をちいさく叩《たた》いてくることもある。

私は、二十八の年に※都落ちをして、一年、郷里の家で厄介《やっかい》になったが、その折に、おふくろが去ったあとの囲炉裏の灰のなかから、火箸で涙のかたまりを取り出す癖がついた。涙のしたたりを吸い込んだ灰は、大概《たいがい》、細長い円錐《えんすい》を逆様にした形に固まって、茶色に変色して住者たちは、もっぱらこの囲炉裏に薪を焚《た》いて煮炊《にた》きをし、煖《だん》をとったものとみえ、頭上に交錯《こうさく》している大小の梁《はり》も、天井板も、真っ黒に煤《すす》けていて、どのようにして出来るものか知らないが、かなりの長さの煤の紐《ひも》が天井からも梁からも何本となく垂れ下がっている。

郷里の家族も、その囲炉裏を大いに利用したが、薪ではなくてもっぱら木炭を使っていた。当時、郷里のあたりでは炭焼きがさかんで、木炭ならたやすく手に入ったからである。けれども、木炭の火力では大した煮炊きはできない。せいぜい※自在鉤《じざいかぎ》に鉄鍋《てつなべ》の鉉《つる》を掛《か》けてなかのものを温めるとか、金串《かなぐし》に刺《さ》した魚を炭火のまわりに立て並べて焼くとかするぐらいである。

その家へ移ってくる前から②軽い脳梗塞《のうこうそく》を患《わずら》っていた父親は、自分の生家にもあったという囲炉裏を懐《なつ》かしがって、一日の大半を炉端《ろばた》で過ごすことが多かった。なにをするともなく炉端にいて、医者に禁じられていた煙草《たばこ》を日に一本だけ目を細くして喫《の》んでいた。

おふくろにB無心して、やっと許された一本である。おふくろは、いちどに一本喫んでしまうよりも、楽しみは多い方がよかろうと、一本の※ゴールデンバットを鋏《はさみ》で五等分して父親に渡《わた》していた。父親は、一つずつ※鉈豆煙管《なたまめぎせる》に差《さ》し込《こ》み、うっかり落とさぬように細心の注意を払《はら》いながら炉の炭火を移して、煙管のなかで脂《やに》がじゅくじゅくと音を立てるまで喫んでいた。

父親の姿《すがた》が炉端から消えるのは、外へ歩行練習に出かけるときと、川沿いに橋《はし》のたもとの銭湯へいくときだけであった。私も、学生時代、休暇《きゅうか》で帰省すると、毎日父親のお供をして銭湯へいくのがならわしであった。父親は、道を歩くとき、両手を腰《こし》のうしろに組むのが癖《くせ》であったが、病気のために片方の手がひとりでに動き、石鹸《せっけん》箱のなかの石鹸が絶えずことことと音を立てていた。

橋のたもとの銭湯では、前の川から水を引いているという噂《うわさ》があった。③実際、口開けの客になったりすると、湯船に鮎《あゆ》の稚魚《ちぎょ》が浮《う》いているのを見ることがあった。父親は、元気なころ、打ち釣《づ》りというのに熱中していた。細身の竿《さお》に、ちいさな擬餌鉤《ぎじばり》をつけ、川面《かわも》を打つようにして雑魚《ざこ》を引っ掛ける釣りである。川沿いの道を帰ってくると、水際の手頃《てごろ》な石に腰を下ろし、両足を川に浸《ひた》して打ち釣りをする人たちが、あちこちにいた。父親は、石鹸箱をかたかたと鳴らして歩きながら、目に入る釣人たちを、あれは餌《えさ》の荏胡麻《えごま》の撒《ま》き方がまずい、あれは竿の操《あやつ》り方がなっていない、などと片っ端から批判した。その口吻《ふん》には、老いぼれてもはや打ち釣りさえもできなくなった悔《くや》しさが籠《こも》っていた。

囲炉裏の管理は、おふくろに任されていた。おふくろは、どういうものか、私の子供時分から炉の掃除《そうじ》を好んでいたとみえて、手ぬぐいで姉さんかぶりをし、炉端に背中をまるくして、金網《かなあみ》で拵《こしら》えた手軽な篩《ふるい》で丁寧《ていねい》に灰を篩《ふる》っていた様子が、古い記憶《きおく》に鮮明《せんめい》である。旧養蚕農家の囲炉裏は、私自身の生家の炉を二つ並べたほども大きかった。けれども、おふくろは却って掃除の遣《や》り甲斐《がい》があると喜んでいて、晴れて穏《おだ》やかな日の昼下がりに、しばしば、まず邪魔《じゃま》になる父親を散歩に追い立てた。確かに、脳の血管を病む人は、一日にいちどは戸外へ出て新鮮な空気を呼吸しながら歩き回ってきた方がいいのである。

「裏の橋までいってきなしゃんせ。」

と、おふくろは素足にゴムの短靴《たんぐつ》を履《は》いている父親の背にいった。裏の橋というのは、ちょうど町の裏手に架《か》かっている、橋脚《きょうきゃく》の高い古びた木の橋である。

④「橋の上から、釣人たちの悪口でもいいながら、しばらく見物してきてくんしゃんせ。」

父親は、両手を腰に組んでのろのろと出かけていく。おふくろは、

④

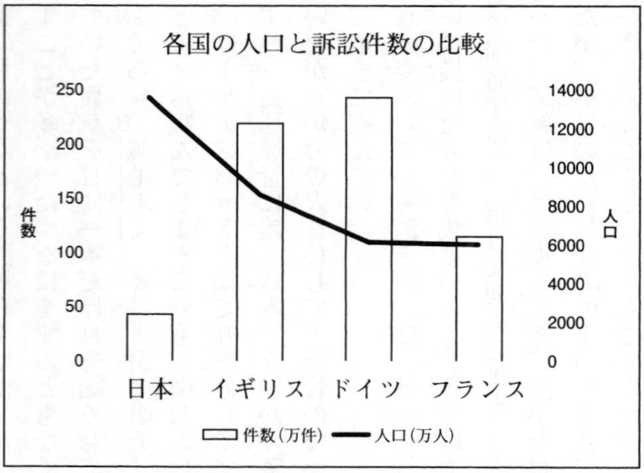

問８　——線⑥「四〇年以上も前の出来事だと一笑に付すわけにはいかない」とありますが、どうしてそのように言えるのですか。最もふさわしいものを次から一つ選び、番号で答えなさい。

１　溜池での水死事故をめぐる世間の人々の反応は、集団の秩序を乱したものに対しては攻撃的になる日本人の心性の表れであり、コロナ禍においても起こり得るものだと言えるから。

２　法務省が強く訴えた裁判を受ける権利の重要性は四〇年以上経った今も変わらず、ただの民衆が人を裁こうとする「自粛警察」になってしまうコロナ禍においてこそ保障されるべきだと言えるから。

３　中傷や脅迫にさらされた原告側が控訴を取り下げたのは、日本人の融通性が発揮された好例であり、「自粛警察」が横行するコロナ禍でこそ過去の出来事が見直されるべきだと言えるから。

４　隣人を対象として裁判を起こすということは、融通性が発揮される日本ではなかなかないことだったが、コロナ禍によって溝《みぞ》ができてしまった現代の人々の間では容易に起こりうることだと言えるから。

問９　〰〰線について、文字と文字の間にある小さな「㆑」は「レ点」と言い、昔の日本人が中国語で書かれた文章を日本人も読めるように発明した記号です。これに従うと、「以㆑和為㆑貴」は「和《わ》を以《もっ》て貴《とうと》しと為《な》す」と読むことができます。では「吾能料生、不能料死」を「吾《われ》能《よ》く生を料《はか》るも、死を料る能《あた(わ)》はず」（「不」は「ず」を表しています）と読むためには、レ点をどのようにつければよいですか。解答らんに書きなさい。

二

次の文章は三浦哲郎の小説「なみだつぼ」の全文です。これを読んで、後の問いに答えなさい。

①あの囲炉裏《いろり》がなくなったら、おふくろのなみだつぼは、どうなるのだろう。

北の郷里の家で独り暮らしをしている姉から、近いうちにもはや無用になった囲炉裏を塞《ふさ》いでしまおうかと思っているが、異存はないか、といってきたとき、真っ先に私の脳裡《のうり》をかすめたのはそのことであった。

郷里の家族が数十年も前から借りて住んでいる漆喰壁《しっくいかべ》の A くすんだ家は、もともと養蚕農家として建てられたもので、背戸から崖下《がけした》を流れる川音がきこえる台所の板の間に、大きな囲炉裏が切ってある。先問７　――線⑤「日本の民事訴訟件数は諸外国に比べて著しく少ない」とありますが、本文からうかがえる各国の人口と民事訴訟件数（一九九七年当時）を示したグラフとして最もふさわしいものを次から一つ選び、番号で答えなさい。

①

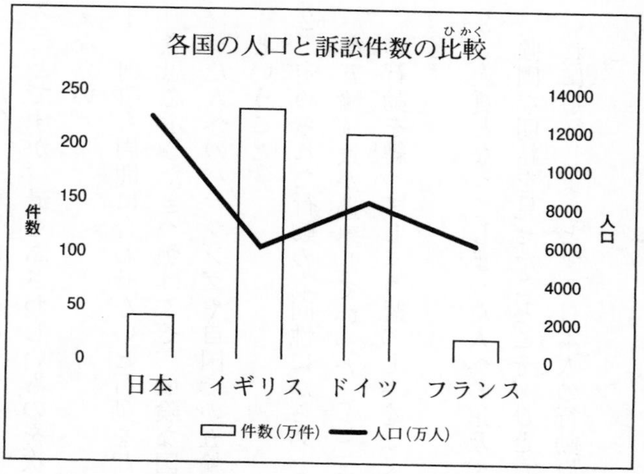

②

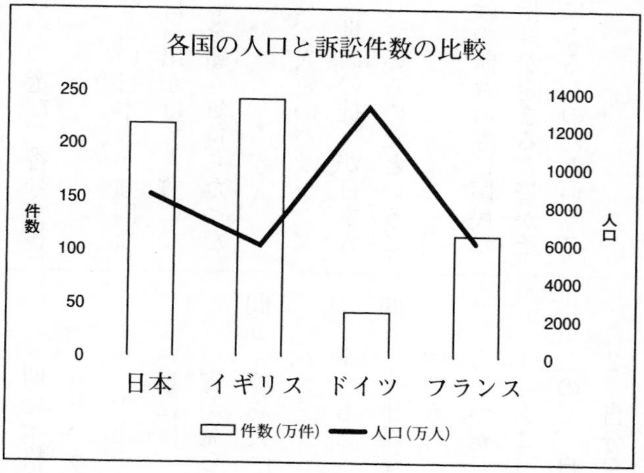

③

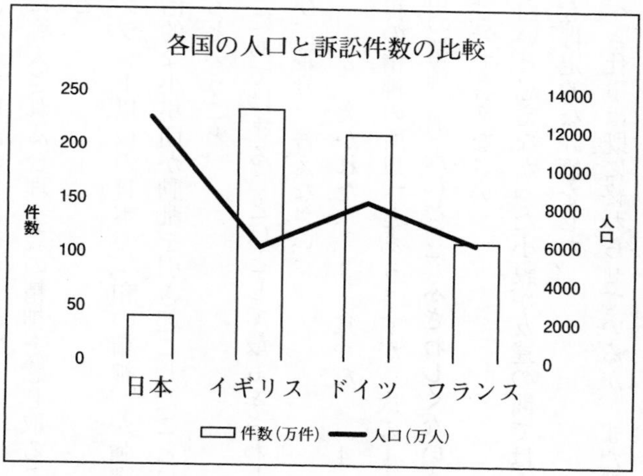

知し自らもそれにならおうとする日本人の心性。

2　非科学的な知識に対する盲信《もうしん》と、自分さえ感染しなければ周囲はどうなってもよいとする日本人の心性。

3　感染対策の常識を疑う批判的思考力と、周囲の人間が嫌がることでも自ら進んでひきうけようとする日本人の心性。

4　ウイルスに感染した人に対する偏見と、何事においても一人で意思を決定することが苦手な日本人の心性。

問３　――線②「一枚岩はまさにそれだった」とありますが、どういうことですか。最もふさわしいものを次から一つ選び、番号で答えなさい。

1　何事も周囲に合わせないと行動を起こせない日本人が強固な意思を示したきっかけこそ、危険な国に自ら出かけて人質になった人へのバッシングや自国での五輪開催《かいさい》を願う気持ちだったということ。

2　定められた行動の方向性にからめとられ、人質のバッシングや五輪誘致が過熱していったことこそ、「世間の掟」が日本人の行動を縛《しば》ってしまう恐ろしさをよく示しているのだということ。

3　人質となってしまった人への追及や五輪の誘致の際に国民が強固な団結を見せたことこそ、ひとたび指針が定まると皆がそれに追従しようとする日本人の行動原理によるものだということ。

4　自ら危険地帯に出かけた人質への追及や東京五輪を誘致しようと日本国民が強いまとまりを見せたことこそ、近代合理主義によって培われた日本人の伝統によるものだということ。

問４　――線③「日本人の意識にはこの惣が沈んでいる」とありますが、どういうことですか。最もふさわしいものを次から一つ選び、番号で答えなさい。

1　時には武装蜂起も辞さない「惣」が持つ攻撃性は、刀狩りによって解体させられた後も、強烈《きょうれつ》なバッシングなどの日本人の行動に見え隠《かく》れしているということ。

2　中世における「惣」に代表されるような、集団の団結や秩序を重んじる精神性は、現代に至るまで受け継がれているということ。

3　中央集権化が進む以前の自治的な「惣」のあり方には、明治期に本格的に導入される合理主義の精神を感じ取ることができるということ。

4　大正デモクラシー以後の日本で「和の精神」が強調された背景には、自治的な小集団が動乱を引き起こしたことに対する反省が見られるということ。

問５　空らん□にあてはまることばとして最もふさわしいものを次から一つ選び、番号で答えなさい。

1　もらった　2　突《つ》かれた　3　食った　4　取られた

問６　――線④「和の精神の所以」とありますが、次の1～4の具体例のうち、「和の精神」の表れとして**ふさわしくないもの**を次から一つ選び、番号で答えなさい。

1　あまり面白いと思えなかった小説が友達の間では人気だったので、自分も肯定的《こうていてき》な評価をした。

2　自分がすべき仕事は既《すで》に終わらせているが、まだ残業をしている同僚《どうりょう》の目を気にして職場に残った。

3　討議で出た意見に違和感《いわかん》を覚えたものの、班でまとめることを重視して自分の意見を飲み込んだ。

4　自分が憧《あこが》れている俳優に少しでも近づけるように、自分も同じファッションに身を包んだ。

（中略）

⑤日本の民事訴訟件数は諸外国に比べて著しく少ない。最高裁判所によれば、一九九七年の一年間で日本の地方裁判所、簡易裁判所に持ち込まれた民事第一審《しん》訴訟の新受件数は合計で四二万二七〇八件、アメリカではおよそ三七倍の一五六七万五七三件（連邦《れんぽう》地方裁判所と州の裁判所の合計。日本の簡易裁判所に相当する裁判所の件数は含《ふく》まず）、イギリスでは二三三万八一四五件、日本の人口の約六五％のドイツでは二一〇万九二五一件、日本の約半数の人口のフランスでも一一一万四三四四件となっていて桁《けた》数が違《ちが》うのだ。これはいまから二〇年以上前の数字ではあるが、二〇一七年の日本の新受件数が四八万三〇六二件と微増《びぞう》であることを考えると、この差は現在でもあてはまると見ていい。

訴訟に訴えるということは公に喧嘩《けんか》を吹《ふ》っ掛《か》けるということであり、理性的な社会の空間では当然の権利である一方で、感情的な世間という空間では秩序を破壊《はかい》する行為《こうい》ともみなされかねない。

具体的な例を示そう。

一九七七年五月八日、三重県鈴鹿市で三歳《さい》の男児が農業用の溜池《ためいけ》で水死するという事件が起きた。この水死をめぐって亡くなった三歳児の両親が、子どもを預かってくれた隣人《りんじん》の母親らを相手取って損害賠《ばい》償《しょう》の訴えを起こした。世に知られた隣人訴訟だ。

（中略）

一審の津地方裁判所は一九八三年二月二十五日の判決で、七割の過失相殺を認めたうえで、被告《ひこく》側に五二六万円の賠償を命じた。被告は控訴《こうそ》し、原告も国や自治体の管理責任が認められなかったことから控訴を検討した。ところが、判決直後から原告夫婦への匿名《とくめい》の嫌《いや》がらせが始まり、「恩を仇《あだ》で返すとは何事か」「ひとでなし」「子供をエサに金もうけするのか」「死ね」などの中傷や脅迫《きょうはく》の電話が五〇〇～六〇〇本かかり、はがきや手紙は五〇通を超《こ》えた。原告の夫は電気工事の請負《うけおい》の仕事を打ち切られ、転職を余儀《よぎ》なくされた。小学生の長女も近所や学校で嫌がらせを受けたという。このため原告側は控訴を断念し、さらに訴えそのものを取り下げざるを得ない事態に追い込まれた。そのことが報道されると今度は被告側にも非難の電話などがくるようになって、結局、被告側も訴訟を取り下げた。

法務省は「国民のひとりひとりが、法治国家体制のもとでの裁判を受ける権利の重要性を再認識し、再びこのような遺憾《いかん》な事態を招くことのないよう慎重《しんちょう》に行動されることを強く訴えるものである」と異例のコメントを出した。

⑥四〇年以上も前の出来事だと一笑に付すわけにはいかない。ひとりよがりの〝正義感〟は時代を超えて折々に顔を出す。二〇二〇年のコロナ禍《か》で盛んに聞かれた「自粛警察《じしゅく》」なる言葉も根は同じだ。あその店は自粛していないと店に張り紙して回ったり、ネットを通じて攻撃《こうげき》したり、警察や県庁に通報したりする。

（中略）

融通性が発揮されるのは世間の秩序を乱さない限りにおいてであり、暗黙《あんもく》の掟が破られたとみなされたときには激しい不寛容《ふかんよう》が〝逸脱《いつだつ》者〟に向くのである。

（齋藤雅俊『自己責任という暴力

―コロナ禍にみる日本という国の怖《こわ》さ』より）

問１　――線ａ～ｄのカタカナを漢字に直しなさい。

問２　――線①「日本人のマスク重視はどこからきたのだろうか」とありますが、この問いに対する筆者の答えはどのようなものだと考えられますか。最も ふさわしいものを次から一つ選び、番号で答えなさい。

１　政府やメディアによる過剰《かじょう》な煽りと、周囲の空気を敏感《びんかん》に察日本で空気が醸成《じょうせい》されやすい背景には聖徳太子以来培《つちか》われてきた「和の精神」も関係している。日本の社会では徹底《てってい》したケンカを好まず、どこかで和解することが仕組まれてきた。

明治以前の社会構造は、ムラと言われるような共同体的な小集団で成り立っていた。特に中世では「惣《そう》」と呼ばれる村落の結合組織があり、かなり自治的だった。大人(乙名)たちが惣の政治を寄合によって決め、重要な事項《じこう》を決める際には一味神水という神前に供えた水を一同で飲んで団結を図ることもあったという。各地で起きた徳政一揆《いっき》は、惣を基盤《きばん》に各地の農民が連絡《れんらく》を取って蜂起《ほうき》したものだった。のちに豊臣秀吉が刀狩《かたなが》りで全国の惣から武器を取り上げ、惣は解体させられていくが、③日本人の意識にはこの惣が沈《しず》んでいると司馬遼太郎は言う。

徳川時代には、なるべく当該《とうがい》の地域社会の顔役(庄屋《しょうや》・名主・組頭など)や、本家の家長等のbチュウサイによって「内々ニテ相済」まさせるという方法で解決する施策《しさく》がとられ、もし、庄屋・組頭等による調停を経ないで訴訟《そしょう》に及《およ》んだ場合には、訴《うった》え出た本人のみならず、庄屋・組頭まで処罰《しょばつ》されたのだという。

共同体的な中間集団の秩序維持《ちつじょいじ》のためにも重要であった和の精神は、中央集権化が進み、中間集団が一定程度解体される明治以降も引き継《つ》がれた。特に、大正デモクラシー以後、個人の権利意識が芽生え、さらにロシア革命の影響《えいきょう》を受けた大衆の諸要求が提示されればされるほど、その反作用として和の精神の強調が図られ、全体主義の強化が図られていく。政府による当時の思想教育の中核《ちゅうかく》をなした「国体の本義」(昭和十二年)に、この「和の精神」が強調されている。

(中略)

あらゆる価値観がひっくり返った戦後も「和の精神」は受け継がれた。昭和二十九年に発行された「調停読本」の序文にこう記されている。

云《い》うまでもなく調停の基本理念は和であって、聖徳太子が今から千三百五十年前制定された十七条憲法の第一条に「以レ和為レ貴」と示されているとおり、和を尊ぶのがわが国民性であるから、わが国において調停制度が発達するのも当然であろう。

私の小中学生時代、朝礼のたびに行進させられて各教室へ入った思い出がある。いまの小中学校ではどうなのか知らないが、当時は足の上げ下げや手の振《ふ》りをそろえないと体育の教諭《きょうゆ》から大目玉を□。集団は個人に和を求め、個人は集団に和していく。和の精神が尊ばれるところでは、個人の突出《とっしゅつ》は許されない。学級で全員がオール3、運動会の徒競走では皆《みな》が一着、学芸会では複数のシンデレラ役が登場し、遠足で持参できるお菓子《かし》や小遣《こづか》いに制限が設けられるのも④和の精神の所以《ゆえん》なのだろうか。

和の精神と融通《ゆうずう》性はつながっている。日本では和を保つという至上命題を成就するために融通性が発揮《はっき》されてきたからだ。

日本人の融通性について、法律を座標軸《ざひょうじく》にして考えてみよう。

本来、法律はそのことばの意味を明確にし、恣意《しい》的な運用を避《さ》ける方向で努力がなされてきた。しかし日本は法律のことばの意味を本来不確定的・非固定的なものとして意識し承認している社会だと川島武宜は指摘《してき》する。もちろん西洋の社会でも法律のcモンゴンの意味を、時代や社会の変化に応じて妥協《だきょう》させているし、そもそも現実とのギャップを埋《う》める努力が払《はら》われなければ、法律の機能を損なってしまうことさえあり得る。しかし、現実への妥協ないし調整は、日本社会におけるように「なしくずし」にではなく、それdソウオウの努力や抵抗《ていこう》と公の手続きを経てなされてきた。

2023年度

東京都市大学付属中学校

【国語】〈第二回試験〉（五〇分）〈満点：一〇〇点〉

［注意］国語の問題では、字数制限のあるものは、特別な指示がない限り句読点等も一字に数えます。

一 次の文章を読んで、後の問いに答えなさい。一部表記を改めた所があります。

二〇〇九年五月、連休明けの日本を新型インフルエンザが襲《おそ》った。ウイルスに感染した患者《かんじゃ》への心ない偏見《へんけん》と共に、〝マスク騒動《そうどう》〟が起きた。どこの店に行ってもマスクは売り切れ、通勤通学では人々のマスク姿があふれ、本当に必要な医療《いりょう》現場でマスクが足りなくなる事態が生じた。科学的にマスクがインフルエンザウイルスへの感染防御《ぼうぎょ》に役立つなどということは証明されていない。感染症《しょう》を専門にする医師の間では常識だ。それだけに世界的にも奇異《きい》の目で見られた①日本人のマスク重視はどこからきたのだろうか。

新型インフルエンザ対策をaショカンする厚生労働省のトップ、舛添厚生労働大臣（当時）は、予防対策として国民に対し、ことあるごとに「うがい、手洗いそしてマスクの着用」の三点セットを繰《く》り返《かえ》し訴《うった》えた。

メディアもまた、当初この三点セットをステレオタイプに繰り返した。患者を隔離《かくり》した病院前からマスクをして中継《ちゅうけい》する記者、マスクをしたうえゴーグルをかけて学校関係者の会見に臨《のぞ》む記者など、メディアは必要以上の「恐怖《きょうふ》」を煽《あお》ったという批判が起きた。その一方で、次の調査結果はマスク騒動の裏に潜《ひそ》む日本人の心性というものを透《す》かして見せる。「人と防災未来センター」と「東京大学総合防災センター」が、神戸市に住む二五〇人に対して共同で行ったアンケート調査だ。

「あなたは、マスクをつけることを、どのように感じますか」（複数回答）という問いに対して、次のような回答が寄せられた。

・マスクをしても、自分への感染を防ぐ効果は低いと思う。　四二％
・マスクをしても、他人への感染を防ぐ効果は低いと思う。　二五％
・マスクをみんなつけるべきだと思う。　五〇％
・息苦しくてつけるのは難しい。　五三％
・見た目が悪くなるので、人前ではつけたくないと思う。　一二％
・マスクをしないといけないような周囲の雰囲気《ふんいき》を感じる。　六五％

注目したいのは「マスクをしないといけないような周囲の雰囲気を感じる」と答えた人が六五％に達していることである。きょろきょろと周囲を見回して空気を感じ取り、周囲に合わせる。恐《おそ》ろしいのはおうおうにしてそうせざるを得ない心理に追《お》い込《こ》まれてしまうことである。

阿部謹也は、私たちが営む共同体には伝統的な行動原理としての「世間の掟《おきて》」が生きていて、明治以来導入された近代合理主義の精神・法律とは別のルールで私たちの行動を律していると述べている。

日本ではある方向性が見出されたとき、その方向に激流のごとく流れ、歯止めが利かなくなる。イラク人質事件の自己責任バッシングや二〇一三年、オリンピックを再び東京に誘致《ゆうち》する際の驚《おどろ》くほどの②一枚岩はまさにそれだった。そして一時がたつと跡形《あとかた》もなく忘却《ぼうきゃく》が広がる。まるで、そんな騒《さわ》ぎがなかったかのように、つぎの話題に移るのである。

2023年度

東京都市大学付属中学校 ▶解説と解答

算 数 ＜第２回試験＞（50分）＜満点：100点＞

解 答

1 **問１** $\frac{101}{200}$ **問２** 202.3ｇ **問３** 36才 **問４** 毎時108km **問５** 61票 **問６** $\frac{10}{11}$ **問７** $\frac{3}{16}$倍 **問８** 3897cm^2 **2** **問１** 毎分12Ｌ **問２** 15 **3** **問１** ３：１ **問２** 12：２：７：７ **問３** $\frac{3}{112}$倍 **4** **問１** 1570cm^3 **問２** $1046\frac{2}{3}$cm^3 **5** **問１** 11通り **問２** 27 **問３** ７通り

解 説

1 **計算のくふう，単位の計算，年令算，速さと比，条件の整理，数列，辺の比と面積の比，表面積**

問１ 前半の式と後半の式をそれぞれ計算すると，下の図１のようになる。よって，これらをかけると，$\frac{1}{100}\times\frac{101}{2}=\frac{101}{200}$と求められる。

図１

$$\left(1-\frac{1}{2}\right)\times\left(1-\frac{1}{3}\right)\times\left(1-\frac{1}{4}\right)\times\cdots\times\left(1-\frac{1}{99}\right)\times\left(1-\frac{1}{100}\right)=\frac{1}{\cancel{2}}\times\frac{\cancel{2}}{\cancel{3}}\times\frac{\cancel{3}}{\cancel{4}}\times\cdots\times\frac{\cancel{98}}{\cancel{99}}\times\frac{\cancel{99}}{100}=\frac{1}{1}\times\frac{1}{100}=\frac{1}{100}$$

$$\left(1+\frac{1}{2}\right)\times\left(1+\frac{1}{3}\right)\times\left(1+\frac{1}{4}\right)\times\cdots\times\left(1+\frac{1}{99}\right)\times\left(1+\frac{1}{100}\right)=\frac{\cancel{3}}{2}\times\frac{\cancel{4}}{\cancel{3}}\times\frac{\cancel{5}}{\cancel{4}}\times\cdots\times\frac{\cancel{100}}{\cancel{99}}\times\frac{101}{\cancel{100}}=\frac{1}{2}\times\frac{101}{1}=\frac{101}{2}$$

問２ 0.2kg＋10ｇ－7300mg－0.0004kg＝200ｇ＋10ｇ－7.3ｇ－0.4ｇ＝202.3ｇ

問３ 母の年令と子の年令の比は，今から８年前が７：１であり，今から18年後には，1.8：１＝９：５になる。ここで，母と子の年令の差は何年たっても変わらないから，これらの比の差をそろえると右の図２のようになる。よって，そろえた比の，27－14＝15－２＝13にあたる年令が，８＋18＝26(才)なので，比の１にあたる年令は，26÷13＝２(才)となり，８年前の母の年令は，２×14＝28(才)とわかる。したがって，現在の母の年令は，28＋８＝36(才)である。

図２

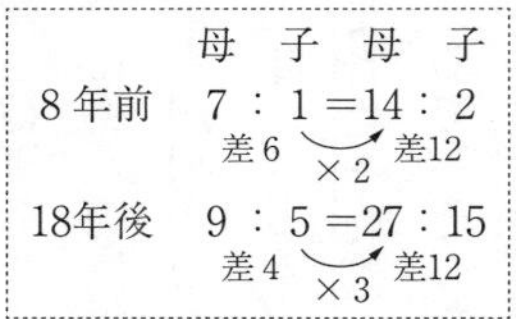

問４ 右の図３で，急行列車が走った距離《きょり》は鉄橋の長さの半分よりも60ｍ長く，普通《ふつう》列車が走った距離は鉄橋の長さの半分よりも60ｍ短いから，急行列車と普通列車が12秒で走った距離の差は，60＋60＝120(ｍ)である。よって，急行列車と普通列車の速さの差は毎秒，120÷12＝10(ｍ)とわかる。また，急行列車と普通列車の速さの比は，$1:\frac{2}{3}=3:2$なので，比の１にあたる速さは毎秒，10÷(３－２)＝10(ｍ)となる。したがって，急行列車の速さは毎秒，10×３＝30(ｍ)だから，毎時，30×60×60÷1000＝108(km)である。

図３

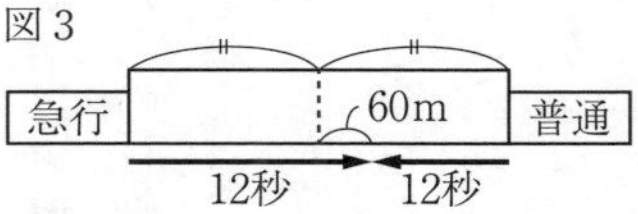

問５ 243÷４＝60余り３より，４人が60票ずつ得たとすると，残りの票数は３票になる。この中の１票を得れば必ず選ばれるから，当選が確実になる票数は，60＋１＝61(票)である。

問６　$\frac{1}{1}\Big|\frac{1}{2},\ \frac{2}{1}\Big|\frac{1}{3},\ \frac{2}{2},\ \frac{3}{1}\Big|\frac{1}{4},\ \frac{2}{3},\ \frac{3}{2},\ \frac{4}{1}\Big|$…のように組に分けると，各組に含《ふく》まれる分数の個数は１個ずつ増える。ここで，１から20までの整数の和は，１＋２＋…＋20＝(１＋20)×20÷２＝210なので，１組目から20組目までの個数の合計が210個であり，１組目から19組目までの個数の合計が，210－20＝190(個)とわかる。よって，最初から数えて200番目の分数は，20組目の，200－190＝10(番目)の分数である。したがって，分母は，20－９＝11，分子は10だから，$\frac{10}{11}$と求められる。

問７　正六角形の１辺の長さを，１＋１＝２と，１＋３＝４の最小公倍数の４とする。また，AFとDEを延長して交わる点をOとすると，右の図４のようになる。図４で，三角形PEFと三角形FEOの高さは等しいので，三角形PEFの面積を[2]とすると，三角形FEOの面積は[4]となる。さらに，三角形PDQと三角形PEOの面積の比は，DQ：EO＝３：４だから，三角形PDQの面積は，([2]＋[4])×$\frac{3}{4}$＝[4.5]とわかる。また，正六角形の面積は三角形FEOの面積の６倍なので，[4]×６＝[24]である。よって，斜線《しゃせん》部分の面積は正六角形の面積の，4.5÷24＝$\frac{3}{16}$(倍)と求められる。

図４
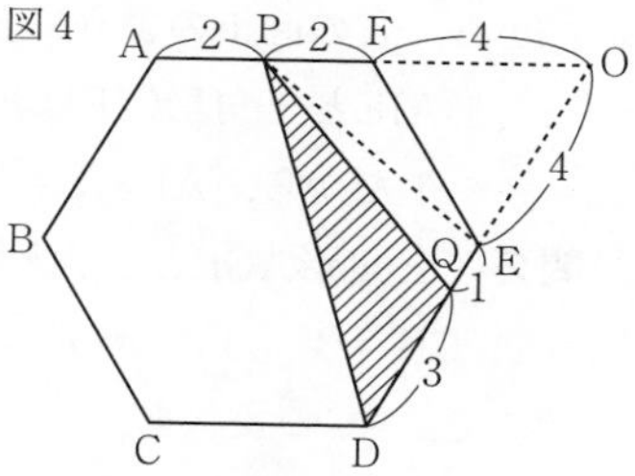

問８　真上と真下から見ると半径15cmの円に見えるから，これらの面積の合計は，15×15×3.14×２＝450×3.14(cm^2)となる。また，円柱の側面にあたる曲面の部分は，底面のおうぎ形の中心角がいずれも120度であり，高さの合計が，10＋(10＋10)＋30＝60(cm)なので，これらの面積の合計は，15×２×3.14×$\frac{120}{360}$×60＝600×3.14(cm^2)とわかる。さらに，長方形の部分の面積の合計は，(10＋10)×15＋10×15×２＝600(cm^2)だから，この立体の表面積は，450×3.14＋600×3.14＋600＝(450＋600)×3.14＋600＝1050×3.14＋600＝3297＋600＝3897(cm^2)と求められる。

[2] グラフ―仕事算，つるかめ算

問１　０～10分後は毎分，70÷10＝７(L)の割合で増え，10～20分後は毎分，(100－70)÷10＝３(L)の割合で増え，20～30分後は毎分，(100－10)÷10＝９(L)の割合で減っている。よって，A，B，Cから１分間に出る水の量をそれぞれⒶ，Ⓑ，Ⓒとすると，右の図１のような式を作ることができる。アから，Ⓐ＝10－７＝３(L)となり，これをイにあてはめると，Ⓐ＋Ⓑ＝10－３＝７(L)，Ⓑ＝７－３＝４(L)とわかる。さらに，これらをウにあてはめると，Ⓐ＋Ⓑ＋Ⓒ＝９＋10＝19(L)，Ⓒ＝19－(３＋４)＝12(L)と求められる。よって，Cからは毎分12Lの水が出る。

図１

10－Ⓐ＝７(L)　…ア
10－(Ⓐ＋Ⓑ)＝３(L)　…イ
(Ⓐ＋Ⓑ＋Ⓒ)－10＝９(L)…ウ

問２　０～(あ)分後は毎分，12－10＝２(L)の割合で減り，(あ)～(い)分後は毎分，４＋12－10＝６(L)の割合で減る。ここで，０～(あ)分後の時間と(あ)～(い)分後の時間の比は，３：(４－３)＝３：１だから，０～(い)分後を平均すると毎分，(２×３＋６×１)÷(３＋１)＝３(L)の割合で減ることになる。また，(い)～60分後は毎分，３＋４＋12－10＝９(L)の割合で減るので，上の図２のようにまとめることができる。図２で，☆の時間が60分だとすると，９×60＝540(L)減るから，実際よりも，540－420＝120(L)多く減ることになる。☆と★を１分ずつ交換《こうかん》すると，減る量は，９－３＝６(L)少なくなるので，★の時間は，120÷６＝20(分)と求められる。つまり，

図２

★(０～(い)分後)毎分３L｝合わせて
☆((い)～60分後)毎分９L｝60分で420L

(い)＝20だから，(あ)＝$20\times\frac{3}{4}=15$となる。

3 平面図形─相似，辺の比と面積の比

問１　三角形ABEと三角形ABCの面積の比が３：４だから，三角形ABEと三角形ABDの面積の比も３：４である。よって，AE：AD＝３：４なので，AE：ED＝３：(４－３)＝３：１となる。さらに，ABとEFは平行だから，右の図１のように表すことができる。図１で，三角形AIEと三角形CIFは相似で，相似比は，AE：CF＝３：１だから，AI：IC＝３：１とわかる。

図１
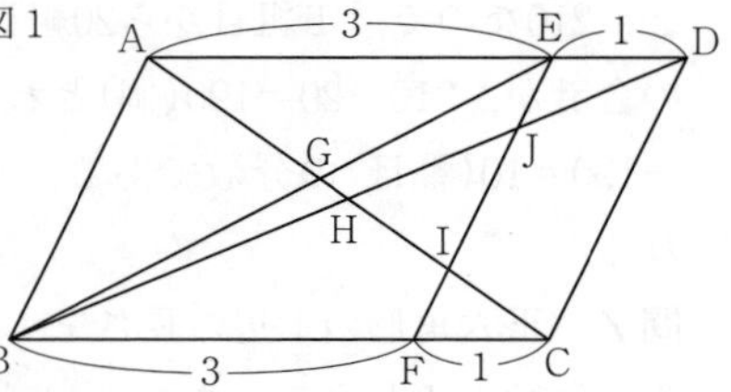

図２
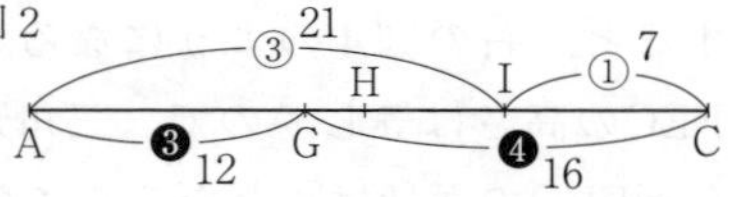

問２　三角形AGEと三角形CGBは相似で，相似比は，AE：CB＝３：４だから，AG：GC＝３：４とわかる。そこで，ACの長さを，３＋１＝４と，３＋４＝７の最小公倍数の28とすると，AC上の比は上の図２のようになる。また，Hは平行四辺形ABCDの対角線の交点なので，HはACの真ん中の点であり，AH＝28÷２＝14とわかる。よって，AG：GH：HI：IC＝12：(14－12)：(21－14)：７＝12：２：７：７と求められる。

問３　右の図３で，三角形BJKの面積を$\boxed{1}$とすると，四角形KJDEの面積も$\boxed{1}$になる。すると，三角形BDEの面積は，$\boxed{1}+\boxed{1}=\boxed{2}$だから，三角形ABDの面積は，$\boxed{2}\times\frac{3+1}{1}=\boxed{8}$，平行四辺形ABCDの面積は，$\boxed{8}\times2=\boxed{16}$になる。また，三角形ABCの面積も$\boxed{8}$なので，三角形BHGの面積は，$\boxed{8}\times\frac{2}{12+2+7+7}=\boxed{\frac{4}{7}}$，四角形GHJKの面積は，$\boxed{1}-\boxed{\frac{4}{7}}=\boxed{\frac{3}{7}}$と求められる。よって，四角形GHJKの面積は平行四辺形ABCDの面積の，$\frac{3}{7}\div16=\frac{3}{112}$(倍)である。

図３
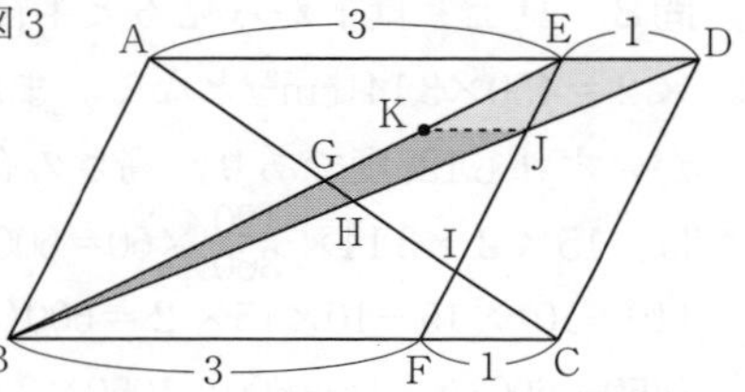

4 立体図形─体積

問１　真上から見ると下の図１のようになり，AEの長さを□cmとすると，底面の円の半径が□cm，高さが，５×２＝10(cm)の円柱になる。ここで，□×□÷２＝５×５＝25より，□×□＝25×２＝50とわかるから，この円柱の体積は，□×□×3.14×10＝50×3.14×10＝1570(cm³)である。

図１
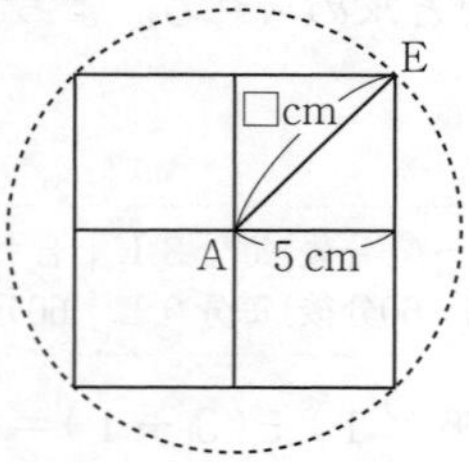

図２
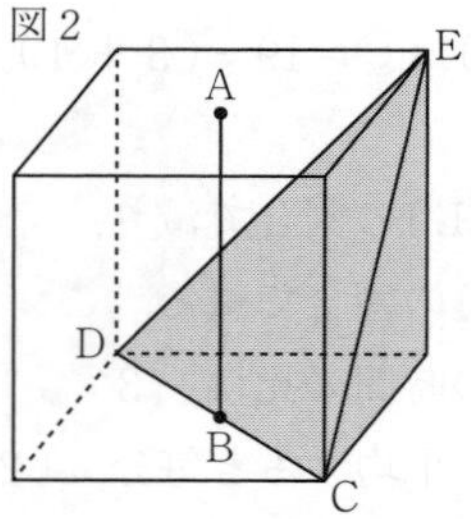

図３
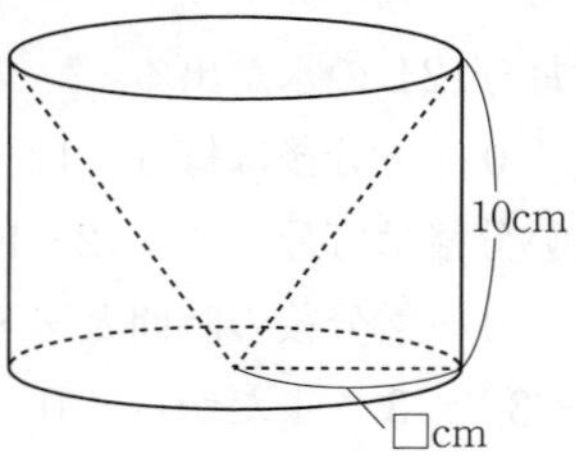

問２　上の図２のかげをつけた三角すいを，直線ABを軸《じく》にして１回転させるので，上の図３のように，円柱から円すいをくり抜《ぬ》いた形の立体になる。よって，この立体の体積は，□×□×3.14×10－□×□×3.14×10×$\frac{1}{3}$＝□×□×3.14×10×$\left(1-\frac{1}{3}\right)$＝50×3.14×10×$\frac{2}{3}=\frac{1000}{3}\times3.14=1046\frac{2}{3}$

(cm^3)と求められる。

5 整数の性質

問１　Ｂ君が引いたカードは，12(＝２×２×３)の倍数のうち同じ数を２回かけた数だから，２×２×３×３×□×□＝36×□×□と表すことができる。よって，Ａ君が引いたカードが36の倍数だとすると，Ａ君とＢ君の最大公約数が36になってしまうので，Ａ君が引いたカードは，12の倍数のうち36の倍数ではない数である。200÷12＝16余り８，200÷36＝５余り20より，200以下の12の倍数は16個，36の倍数は５個あることがわかるから，Ａ君が引いたカードとして考えられる数は，16－５＝11(通り)ある。

問２　Ａ君が引いたカードは12と７の公倍数のうち36の倍数ではない数なので，12×７＝84，12×７×２＝168の２通りである。また，Ｂ君が引いたカードとして考えられる数は，36×１×１＝36，36×２×２＝144の２通りとなる。ただし，168と144の最大公約数は，２×２×２×３＝24になってしまうので，この組み合わせは条件に合わない。また，整数を素数の積で表したとき，$\overbrace{(\square\times\cdots\times\square)}^{a\text{個}}\times\overbrace{(\bigcirc\times\cdots\times\bigcirc)}^{b\text{個}}\times\overbrace{(\triangle\times\cdots\times\triangle)}^{c\text{個}}$のようになったとすると，この整数の約数の個数は，(a＋１)×(b＋１)×(c＋１)(個)と求めることができることを利用すると，それぞれの約数の個数は右上の図１のようになる。したがって，約数の個数の和が最も大きくなるのは，Ａ君が84，Ｂ君が144の場合であり，12＋15＝27(個)と求められる。

図１

Ａ君	84＝２×２×３×７ →(２＋１)×(１＋１)×(１＋１)＝12(個) 168＝２×２×２×３×７ →(３＋１)×(１＋１)×(１＋１)＝16(個)
Ｂ君	36＝２×２×３×３ →(２＋１)×(２＋１)＝９(個) 144＝２×２×２×２×３×３ →(４＋１)×(２＋１)＝15(個)

問３　Ａ君が引いたカードは12と５の公倍数のうち36の倍数ではない数だから，12×５＝60，12×５×２＝120の２通りである。よって，考えられる数は右の図２のようになる。ただし，図１と同様に120と144の組み合わせは条件に合わない。次に，Ｃ君が引いたカードを□とすると，Ａ君が60，Ｂ君が36の場合，(36＋□)が60の倍数(→60，120，180)になるので，□＝24，84，144とわかる。また，Ａ君が60，Ｂ君が144の場合，(144＋□)が60の倍数(→180，240，300)になるから，□＝36，96，156と求められる。さらに，Ａ君が120，Ｂ君が36の場合，(36＋□)が120の倍数(→120)になるので，□＝84である。よって，考えられる組み合わせは上の図３の７通りとわかる。

図２

Ａ君	60＝２×２×３×５ 120＝２×２×２×３×５
Ｂ君	36＝２×２×３×３ 144＝２×２×２×２×３×３

図３

Ａ君	60	60	60	60	60	60	120
Ｂ君	36	36	36	144	144	144	36
Ｃ君	24	84	144	36	96	156	84

国　語　＜第２回試験＞（50分）＜満点：100点＞

解　答

一　問１　下記を参照のこと。　問２　１　問３　３　問４　２　問５　３　問６　４　問７　③　問８　１　問９　(吾能料)ㇾ(生，不)ㇾ(能)ㇾ(料)ㇾ(死)　二　問１　Ａ　３　Ｂ　４　Ｃ　１　問２　４　問３　２　問４　１　問５　３　問６　炉

端の人の鼻先からしたたり落ちる水玉のはかない輝き　**問7**　2　**問8**　4　**三**　**問1**　3　**問2**　いま見えている～触れているもの　**問3**　2　**問4**　1　**問5**　3

四　**問1**　①　裏　②　果　③　辺　**問2**　④　2　⑤　5

●漢字の書き取り

一　**問1**　a　所管　b　仲裁　c　文言　d　相応

解説

一　**出典は齋藤雅俊《さいとうまさとし》の『自己責任という暴力―コロナ禍《か》にみる日本という国の怖《こわ》さ』による。**日本人のなかに根付く「世間の掟《おきて》」や「和の精神」について，その表れである例をあげながら説明している。

問1　**a**　ある事務をそこの責任で行うこと。　**b**　争っている者の間でとりなし，仲直りさせること。　**c**　文章のなかの言葉。　**d**　ふさわしいこと。

問2　続く部分に，厚生労働大臣が新型インフルエンザの予防対策としてマスクの着用を繰《く》り返し訴《うった》え，メディアもマスク着用を煽《あお》ったことが，「周囲を見回して空気を感じ取り，周囲に合わせる」といった日本人の心性によるものではないかと説明されている。よって，1がふさわしい。

問3　前の部分で，「日本ではある方向性が見出《みいだ》されたとき，その方向に激流のごとく流れ，歯止めが利《き》かなくなる」と述べられている。その例として，イラク人質《ひとじち》事件の自己責任バッシングや二〇一三年のオリンピック誘致《ゆうち》の際の団結があげられている。よって，3が選べる。

問4　直前に，豊臣秀吉《とよとみひでよし》が全国の惣《そう》から武器を取り上げ惣が解体されたとあるが，日本人の意識のなかにはまだ惣の意識が残っているというのである。続く部分に，その精神が受け継《つ》がれている例が説明されている。よって，2が合う。

問5　「大目玉を食う」は，“ひどくしかられる”という意味。

問6　直前に注目すると，「和の精神」とは，「個人の突出《とっしゅつ》」を許さず「集団は個人に和を求め，個人は集団に和していく」というものだと説明されている。4は，集団に和するのではなく，自分の憧《あこが》れの俳優に合わせているだけなので，「和の精神」にはあてはまらない。

問7　民事訴訟《そしょう》件数を表す棒グラフに注目する。「イギリスでは二三三万八一四五件」，「ドイツでは二一〇万九二五一件」，フランスでは「一一一万四三四四件」と述べられているので，③が合う。

問8　本文を通して，日本人には「和の精神」という暗黙《あんもく》の掟があることが説明されてきたが，最後の段落に，「暗黙の掟が破られたとみなされたときには激しい不寛容《かんよう》が“逸脱《いつだつ》者”に向く」と述べられている。「隣人《りんじん》訴訟」におけるそのような人々の反応は，決して過去のものではなく，「コロナ禍」においても同じような「ひとりよがりの“正義感”」による行動が見られたと述べられているので，1が合う。

問9　「吾→能→生→料→死→料→能→不」の順で読むので，上から順に「料」，「不」，「能」，「料」の後にレ点をつける。

二　**出典は三浦哲郎《みうらてつお》の『わくらば』所収の「なみだつぼ」による。**郷里の家の囲炉裏《いろり》がなくなるかもしれないという知らせを受けた「私」は，囲炉裏の隅《すみ》のつぼのことを思い，郷里の家で過ごした日々を思い出す。

問1　**A**　「くすむ」は，“黒ずんだ色になる”という意味。　**B**　「無心する」は，“人に金銭や物をねだる”という意味。　**C**　「とりとめのない」は，“まとまりや目的がはっきりしない”という意味。

問２　「あの囲炉裏が」と，読者の知らない「囲炉裏」の話を突然始めることで興味をひき，「なみだつぼ」という聞き慣れない言葉によって，読者は想像力をかき立てられながらその後の話を読むことになる。

問３　父親は，病気のために母親に苦労をかけたり，自分が打ち釣《づ》りができない悔《くや》しさから釣人《つりびと》たちの悪口を言ったりする面もあるが，母親に許された一日一本の煙草《たばこ》をうれしそうに喫《の》むようすなどから，憎《にく》めない人物であることが読み取れるので，２が合う。

問４　直前に書かれた，橋のたもとの銭湯が前の川から水を引いているという噂《うわさ》を裏付けるエピソードであるが，場面を想像すると面白さを感じさせ，物語の悲しさや深刻さを和《やわ》らげる役割をはたしている。

問５　続く部分から，父親の散歩の時間は，母親にとっても一人になれる大切な時間であったことがわかる。また，父親に対して冗談《じょうだん》もまじえて散歩をうながすことで，父親をじゃま者扱《あつか》いして傷つけてしまわないようにしている母親の心づかいが読み取れる。

問６　「私」が母親のひっそりと泣いている姿を見ている場面に，「炉端《ろばた》の人の鼻先からしたたり落ちる水玉のはかない輝《かがや》き」という言葉がある。「母親」と書かずに「炉端の人」，「涙《なみだ》」ではなく「水玉のはかない輝き」と詩的に表現されている。

問７　「私」にとってこのつぼは，母親の涙を閉じこめた大切な物であることをおさえる。ぼう線⑥からは，母親が亡《な》くなった今も，人の目につかない所に沈《しず》めることで，母親の涙を人目にさらしたくないという「私」の思いが読み取れる。

問８　郷里の家で暮らしている姉から，囲炉裏を塞《ふさ》いでしまおうかと思っているという連絡《れんらく》を受けたところから始まり，その家で過ごしたころを思い出して，「私」の目から見た家族を語っている。

三　**出典は谷川《たにかわ》俊《しゅん》太郎《たろう》の詩「心の貪欲《どんよく》」による。**人間は目の前のものだけでは満足できず，もっと遠く，もっと深くを求めて科学を発展させてきた。「詩」は「永遠」であり，「数式」は「無限」であると作者は言っている。

問１　第三連に，対照や強調のために似た言葉を並べる「対句《ついく》法」が用いられている。

問２　目の前の「いま見えているもの〜触《ふ》れているもの」だけで満足できずに，「さらに遠くさらに深く」を求めるという内容である。

問３　直後に書かれた「光速で遠さを測り／数式で宇宙の単位を刻んで」は，「科学」の大きな可能性を表している。それに対して，「ヒトの肉体」は第一連にある「いま見えているもの〜触れているもの」といった限られた範囲《はんい》を表しているので，２がふさわしい。

問４　直前に，「科学」や「数式」には大きな可能性があり「不死に近づこうとする」と書かれているが，それとは対照的に，人間の発する言葉には限界があると言いたいのだと考えられる。

問５　第一連に「心の貪欲に／嫌気《いやけ》がさすことがある」とはあるが，筆者は詩も人間の限界をこえて「永遠」を追求する手段であると考えており，「人間の貪欲さに疑問」をもち，「詩に救いを求めようとしている」という説明は合わない。

四　**漢字の知識**

問１　①「裏」は，「衣」の部の７画の漢字で，“内側”という意味である。　②「果」は，

「木」の部の総画数８画の漢字で，“木の実”や“終わり”などの意味がある。　③「すすむ」「行く」を表す部首は「しんにょう」である。「しんにょう」の部２画の「辺」は，“はし”や“そば”という意味である。

問２　④“古い”や“昔の”という意味の「故」の部首は，「ぼくづくり」である。　⑤“法に反する行為《こうい》”を表す「罪」の部首は，「あみがしら」である。

2022年度　東京都市大学付属中学校

〔電　話〕　(03) 3415－０１０４
〔所在地〕　〒157-8560　東京都世田谷区成城１－13－１
〔交　通〕　小田急線－「成城学園前駅」より徒歩８分
バス－東京都市大付属中高前

【算　数】〈第１回試験〉（45分）〈満点：100点〉

［注意］ 定規，三角定規，分度器，コンパス，計算機は使ってはいけません。

1　次の□に当てはまる数を答えなさい。

問１　$\frac{2}{7}-\left(\square\div3+\frac{1}{5}\right)\times\frac{1}{3}=\frac{19}{140}$

問２　5.5 a＋2.5 ha＋100000 cm²＝□ m²

問３　４％の食塩水 250 g に，水 200 g と食塩を加えたところ，□％の食塩水が 500 g できました。

問４　太郎《ろう》君は全部で□ページの本を，１日目に全体の $\frac{3}{13}$ より５ページ多い分だけ読み，２日目に残りのページの $\frac{2}{5}$ より１ページ少ない分だけ読み，３日目に，まだ読んでいないページの $\frac{1}{2}$ より２ページ多い分だけ読み，４日目に60ページ読んだところ，本をすべて読み終えました。

問５　１から500までの整数の中で，５の倍数でも６の倍数でもない数は□個あります。

問６　左から順に101個の数が小さい順に並んでいて，一番左の数は０です。これら101個の数の和は2022で，となり合う２つの数の差はどれも同じです。このとき，左から26番目の数は□です。

問７　右の【図１】は，直径 40 cm の半円と，２つのおうぎ形を組み合わせた図形です。斜線《しゃせん》部分の面積の和は□cm² です。ただし，円周率は3.14とします。

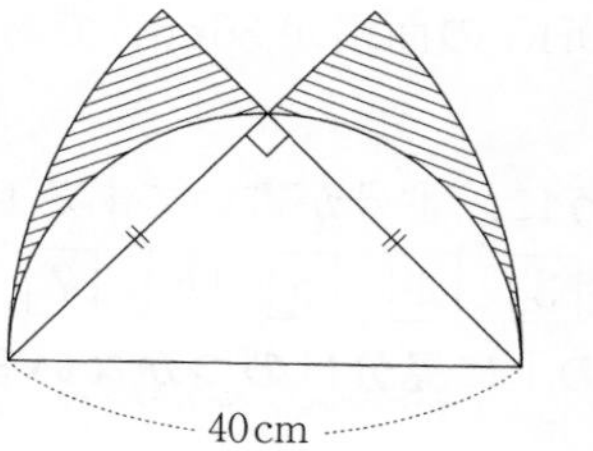

【図１】

問８　右の【図２】は１辺が 10 cm の正方形と，底辺と高さがともに 10 cm の二等辺三角形を２つ組み合わせた図形です。この図形を，直線 l を軸《じく》にして１回転してできる立体の体積は□cm³ です。ただし，円周率は3.14とします。

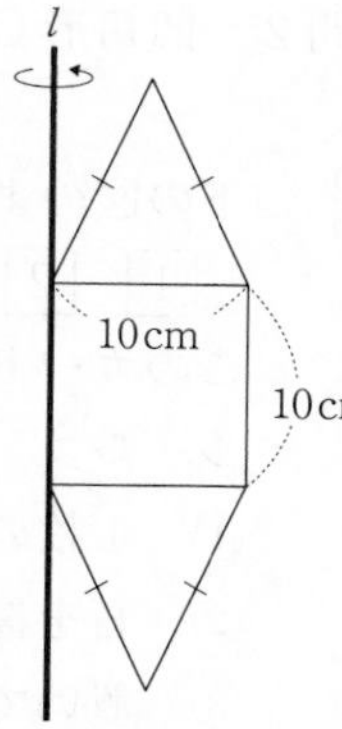

【図２】

2　太郎君のクラスでは，文化祭でポップコーン1000食分を用意しました。

ポップコーンは豆 280 g と塩 13 g，油 90 mL を混ぜ合わせて機械に入れて作り，これがポップコーン10食分にあたります。

また，材料の豆は１袋《ふくろ》3.2 kg 入りで2000円，塩は１袋 110 g 入りで440円，油は１L のびんが１本700円です。いずれも袋またはびん単位でしか買うことができません。

消費税を考えないものとして，あとの問いに答えなさい。

問１　ポップコーン1000食分を用意するのに使ったお金はいくらですか。

問２　太郎君は文化祭の日に，はじめは１食100円で売りましたが，途《と》中から２割引で売ったところ，全部で845食売れて，利益は50000円でした。２割引で売ったポップコーンは何食ですか。

3　下の図のように平行四辺形ABCDと三角形EFGを組み合わせたところ，点Gは辺BC上，点Bは辺FG上になり，ABとEFは平行になりました。また，ADとEGが交わる点をH，ABとFHが交わる点をＩとするとき，

AH：HD＝2：9

(四角形CDHGの面積)：(四角形BGHIの面積)：(三角形AIHの面積)＝12：9：1になりました。あとの問いに答えなさい。

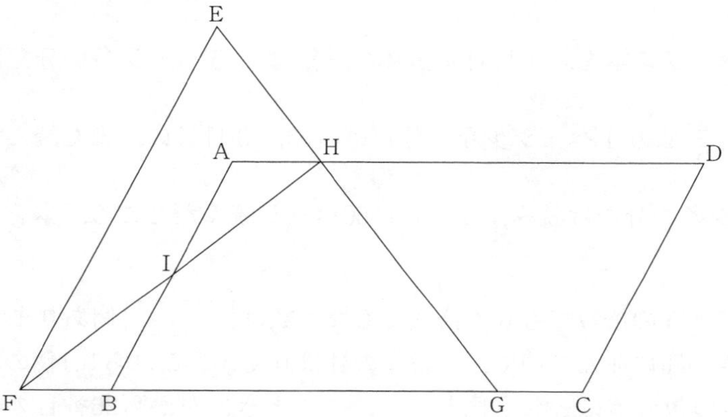

問１　AI：IBを，最も簡単な整数の比で表しなさい。

問２　四角形CDHGの面積が36cm^2であるとき，三角形EFGの面積は何cm^2ですか。

4　下の図のように，番号が書いてある９枚のカードが横に一列に置いてあります。

1　2　3　4　5　6　7　8　9

このカードの上に**見分けのつかない**３個の石を，以下の＜ルール＞にしたがって置きます。

＜ルール＞

①　１枚のカードの上には１個の石しか置くことができません。

②　石を置くときは，石と石の間に２枚以上のカードがあるように置きます。

③　置いてあるカードは動かしてはいけません。

問１　３個の石が置かれた３枚のカードに書いてある番号の組み合わせは全部で何通りありますか。

次に，一度置いてある３個の石をとりのぞき，10から13の４枚のカードを9の右側に小さい順に一列に置きます。その上に同じ＜ルール＞で再び**見分けのつかない**３個の石を置きます。あとの問いに答えなさい。

問２　1のカードの上に石を１個置いたとき，残りの２個の石が置かれた２枚のカードに書いてある番号の組み合わせは何通りありますか。

問３　３個の石が置かれた３枚のカードに書いてある番号の組み合わせは全部で何通りありますか。

5　底面が正方形である直方体の容器Ａと，容器Ａと底面が同じ正方形で高さも等しい四角すいＢがあります。あとの問いに答えなさい。

問１　右の【図１】のように，容器Ａの中に四角すいＢを置き，水があふれることがないように満水まで入れたとき，入れた水の量は容器Ａの体積の何倍ですか。

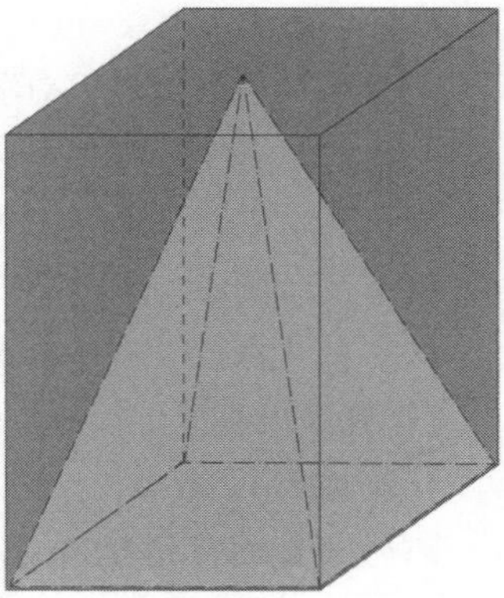

【図１】

問２　容器Ａの体積の $\frac{1}{3}$ の量の水と四角すいＢを用いて，【図２】のように，四角すいＢをまっすぐに入れて，四角すいＢの底面から $\frac{1}{3}$ の高さまでの部分が水につかるような状態にしました。次に，【図３】のように，容器Ａに四角すいＢを逆さまにしてまっすぐ入れ，頂点Ｐから四角すいＢの高さの $\frac{1}{3}$ までの部分が水につかるような状態にしました。

【図２】の水面の高さを(あ)，【図３】の水面の高さを(い)とするとき，(あ)：(い)を，最も簡単な整数の比で表しなさい。

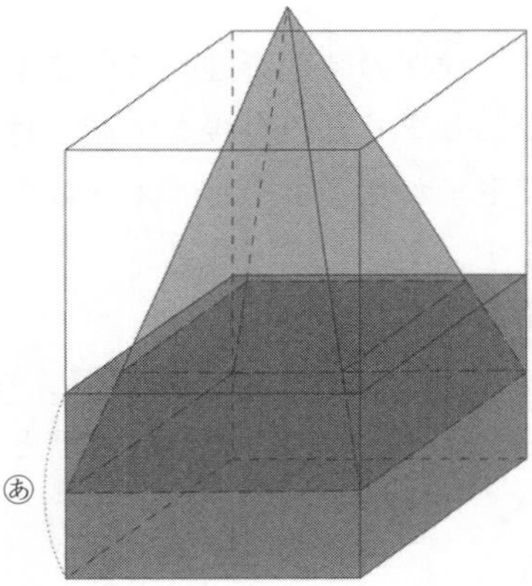

【図２】

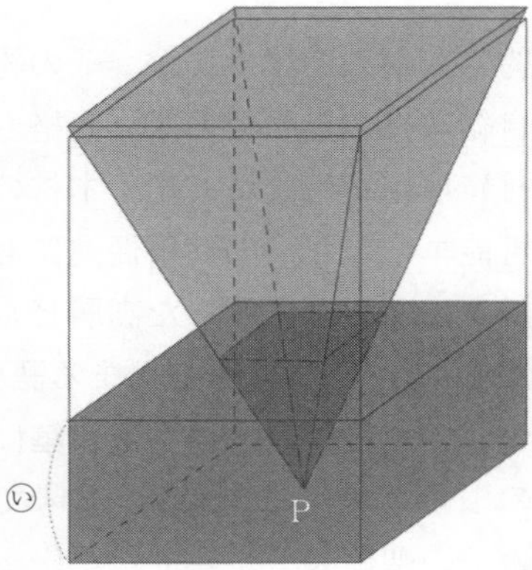

【図３】

問３　右の【図４】のように，四角すいＢを容器Ａの底面までまっすぐ入れたあと，水面が容器Ａのちょうど半分の高さになるまで水を入れました。このとき，入っている水の体積は，容器Ａ全体の体積の何倍ですか。

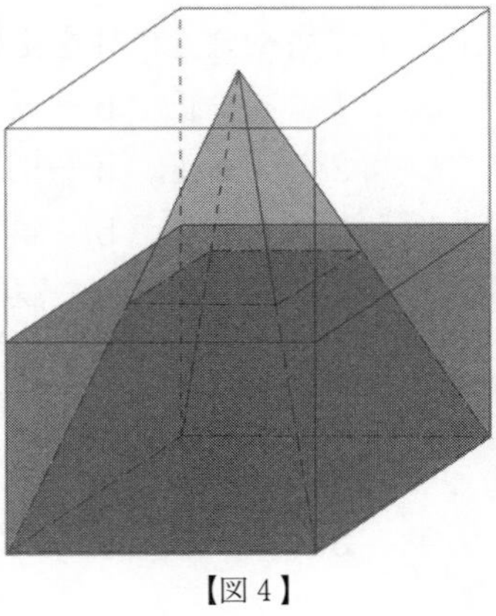

【図４】

【社　会】〈第１回試験〉(理科と合わせて45分)〈満点：50点〉

1　次の文章を読み，あとの問いに答えなさい。

日本では，江戸時代まではほとんどが(ア)木造建築でした。経済成長にともなって，(イ)都市部では鉄筋コンクリートの高層ビルが建ち並ぶようになりましたが，住宅に関しては今も約８割が木造建築です。木には調湿《ちょうしつ》効果があり，室内の温度を一定に保つので，(ウ)日本の気候に合っているのでしょう。

近年，(エ)鉄道の駅や学校，オフィスビルなどで，燃えにくく加工した木材を使う動きが広がっています。東急電鉄は東京・多摩地方の木材をホームの屋根などに使い，駅の構内を木のぬくもりのある空間にする「木になるリニューアル」を展開しています(写真は東急池上線旗の台駅)。

2020年以降の[1]ガス排出削減などのための新たな国際的枠組みである「パリ協定」は，[1]ガスの人為的《じんいてき》な排出量と吸収量のバランスを達成することを目標としています。国産の木材を建築物などに使った場合，この吸収量として計算されます。木を使うほど「カーボン[2]」に貢献できるのです。東急池上線の旗の台駅の場合，鉄骨でつくった場合と比べて，約180トンの二酸化炭素放出量を削減できたそうです。

日本の森林の約４割が人工林ですが，その約半数がいま，伐採《ばっさい》の時期を迎えています。近年，日本の木材の(オ)自給率は上昇しており，価格も輸入材と変わりません。今後も国産木材の需要が高まれば，山村に雇用が生まれます。木材の製造過程で生まれた端材《はざい》をバイオマス燃料にするなど，(カ)再生可能エネルギーの利用促進にもつながります。

近い将来，木材をふんだんに使った高層ビル街が出現するかもしれません。

問１　文中の空らん[1]・[2]にあてはまる語句を，解答らんの字数にしたがって答えなさい。

問２　下線部(ア)について，世界最古の木造建築について述べた文ａ～ｃの正誤の組合せとして正しいものを下の１～８から一つ選び，番号で答えなさい。

ａ　推古天皇の子の聖徳太子が建てたと伝えられている。
ｂ　中国やインドの文化の影響を受けた文化財が残されている。
ｃ　塔や金堂は柱を土に直接立てる方式でつくられている。

１　ａ－正　ｂ－正　ｃ－正
２　ａ－正　ｂ－正　ｃ－誤
３　ａ－正　ｂ－誤　ｃ－正
４　ａ－正　ｂ－誤　ｃ－誤
５　ａ－誤　ｂ－正　ｃ－正
６　ａ－誤　ｂ－正　ｃ－誤
７　ａ－誤　ｂ－誤　ｃ－正
８　ａ－誤　ｂ－誤　ｃ－誤

問３　下線部(イ)について，日本の都市について述べた文ａ～ｃの正誤の組合せとして正しいものを下の１～８から一つ選び，番号で答えなさい。

ａ　国民のおよそ３分の１が東京23区，名古屋市，大阪市を中心とする三大都市圏に暮らしている。

ｂ　政令指定都市になると，都道府県や知事がもっている事務権限の一部がうつされるなど，都道府県なみの行財政権をもつことができる。

ｃ　緑地の減少や冷暖房《れいだんぼう》・産業活動の排熱によって都市の中に気温の高い部分があらわれることをヒートアイランド現象という。

１　ａ－正　ｂ－正　ｃ－正
２　ａ－正　ｂ－正　ｃ－誤
３　ａ－正　ｂ－誤　ｃ－正
４　ａ－正　ｂ－誤　ｃ－誤
５　ａ－誤　ｂ－正　ｃ－正
６　ａ－誤　ｂ－正　ｃ－誤
７　ａ－誤　ｂ－誤　ｃ－正
８　ａ－誤　ｂ－誤　ｃ－誤

問４　下線部(ウ)について，右の図は2012年12月10日９時の地上天気図です。この天気図を参考に冬の一般的な気候の特徴を述べた文ａ～ｃの正誤の組合せとして正しいものを下の１～８から一つ選び，番号で答えなさい。

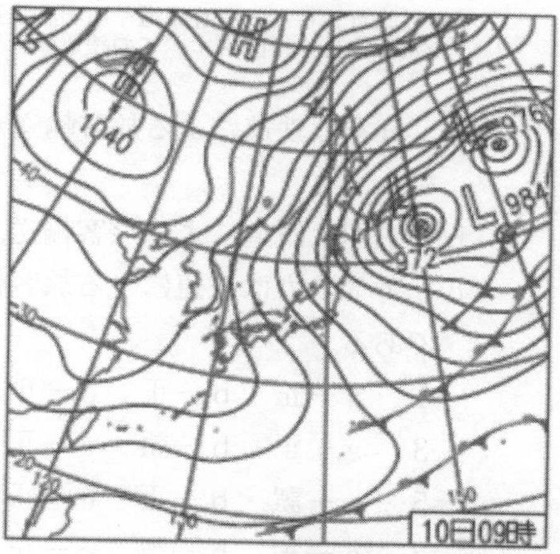

（出典　気象庁 HP より）

ａ　ユーラシア大陸には発達した高気圧，北太平洋には発達した低気圧がある。

ｂ　日本付近は等圧線が縦縞模様の冬型の気圧配置となって，北東の季節風が吹く。

ｃ　日本海側では雪が多く降る一方，太平洋側では乾いた晴天となる。

１　ａ－正　ｂ－正　ｃ－正
２　ａ－正　ｂ－正　ｃ－誤
３　ａ－正　ｂ－誤　ｃ－正
４　ａ－正　ｂ－誤　ｃ－誤
５　ａ－誤　ｂ－正　ｃ－正
６　ａ－誤　ｂ－正　ｃ－誤
７　ａ－誤　ｂ－誤　ｃ－正
８　ａ－誤　ｂ－誤　ｃ－誤

問５　下線部(エ)について，次のグラフはおもな国の鉄道輸送量（2018年）を表しています。このグラフの内容を述べた文ａ～ｃの正誤の組合せとして正しいものを下の１～８から一つ選び，番号で答えなさい。

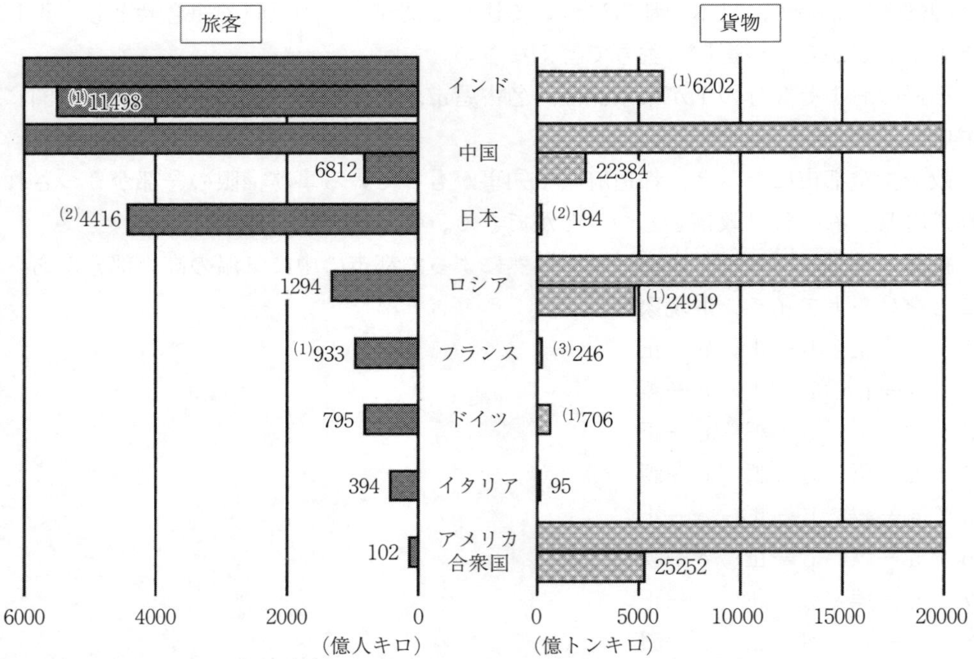

世界銀行しらべ。国有鉄道や旧《きゅう》国有鉄道など，おもに全国的なネットワークを持つ鉄道が対象です。
ただし，日本は国内すべての鉄道の合計です。(1) 2017年。(2) 2018年度。(3) 2014年。
(出典『日本のすがた2021』168ページより)

a　日本は鉄道による旅客輸送がインド，中国についでさかんだが，貨物輸送はさかんではない。

b　中国は鉄道による旅客輸送，貨物輸送のいずれもさかんである。

c　アメリカは鉄道による旅客輸送はさかんではないが，貨物輸送はロシアについでさかんである。

1　a－正　b－正　c－正　　2　a－正　b－正　c－誤
3　a－正　b－誤　c－正　　4　a－正　b－誤　c－誤
5　a－誤　b－正　c－正　　6　a－誤　b－正　c－誤
7　a－誤　b－誤　c－正　　8　a－誤　b－誤　c－誤

問6　下線部(オ)について，日本の食料自給率に関連して述べた文a～cの正誤の組合せとして正しいものを下の1～8から一つ選び，番号で答えなさい。

a　1960年代前半には70%台あった日本のカロリーベースの食料自給率は，現在は30%を切る水準にまで下がっている。

b　コメや鶏卵《けいらん》で9割を超える自給率を達成している一方，大豆のように自給率が1割に満たない農産物がある。

c　家畜のえさとなるとうもろこしはアメリカや中国からの輸入にたよっているため，畜産業は世界の飼料価格の変動によって大きな影響を受ける。

1　a－正　b－正　c－正　　2　a－正　b－正　c－誤
3　a－正　b－誤　c－正　　4　a－正　b－誤　c－誤
5　a－誤　b－正　c－正　　6　a－誤　b－正　c－誤
7　a－誤　b－誤　c－正　　8　a－誤　b－誤　c－誤

問７　下線部(カ)について，再生可能エネルギーについて述べた文ａ～ｃの正誤の組合せとして正しいものを下の１～８から一つ選び，番号で答えなさい。

ａ　再生可能エネルギーは国内で生産できることから，エネルギー自給率の改善にも寄与する。

ｂ　太陽光や風力といった一部の再生可能エネルギーは，発電量が季節や天候によって左右されることがある。

ｃ　経済産業省は昨年(2021年)，2030年には太陽光発電の方が原子力発電よりおおむねコストが低くなる試算を発表した。

１　ａ－正　ｂ－正　ｃ－正　　２　ａ－正　ｂ－正　ｃ－誤
３　ａ－正　ｂ－誤　ｃ－正　　４　ａ－正　ｂ－誤　ｃ－誤
５　ａ－誤　ｂ－正　ｃ－正　　６　ａ－誤　ｂ－正　ｃ－誤
７　ａ－誤　ｂ－誤　ｃ－正　　８　ａ－誤　ｂ－誤　ｃ－誤

２　建仁《たつひと》さんは，来日した人物についてカードにまとめました。次の＜カードＡ＞～＜カードＤ＞について，あとの問いに答えなさい。

＜カードＡ＞

(ア)唐の僧であったが，渡航に失敗を重ね失明しながらも来日した。(イ)754年に(ウ)都に入り，戒律《かいりつ》を伝えた。

＜カードＢ＞

(エ)平氏による南都焼打ちで消失した東大寺の大仏の鋳造《ちゅうぞう》と大仏殿の再建に協力した。後に鎌倉に行き，(オ)源実朝と面会した。

＜カードＣ＞

清の政治家として近代化に努め，(カ)日清戦争後に結ばれた(キ)講和条約では，清国側の全権として会議に参加した。

＜カードＤ＞

連合国軍最高司令官として戦後の(ク)日本の占領政策に関わった。(ケ)朝鮮戦争では，トルーマン大統領と対立した。

問１　下線部(ア)の王朝よりも前の王朝と日本の関係について説明したａ～ｃを古い順番に並べたものを，下の１～６から一つ選び，番号で答えなさい。

ａ　雄略天皇が朝鮮半島の支配権を得るために，中国に使いを送った。

ｂ　聖徳太子が小野妹子を中国に使者として派遣した。

ｃ　卑弥呼が中国に使いを送り，称号を得たとされている。

１　ａ→ｂ→ｃ　　２　ａ→ｃ→ｂ　　３　ｂ→ａ→ｃ
４　ｂ→ｃ→ａ　　５　ｃ→ａ→ｂ　　６　ｃ→ｂ→ａ

問２　下線部(イ)の年号は，何世紀ですか。解答らんにあうように算用数字で答えなさい。また，この世紀に起きた出来事について説明した文として正しいものを次の１～３から一つ選び，番号で答えなさい。すべて誤っていれば４と答えなさい。

１　和同開珎が鋳造された。

２　壬申の乱が発生した。

３　庚午年籍が作成された。

問３　下線部(ウ)について，この都があった都道府県名を漢字で答えなさい(解答らんには必ず都道府県まで書くこと)。また，この都道府県について説明した文として正しいものを次の１～３から一つ選び，番号で答えなさい。すべて誤っていれば４と答えなさい。

１　この都道府県には，最澄が開いた天台宗の寺院である比叡山延暦寺がある。

２　この都道府県から東に向かって紀ノ川が流れている。

３　この都道府県には，新幹線の駅はあるが空港はない。

問４　下線部(エ)は，1181年に発生しています。この年号よりも前に発生した出来事について説明した文ａ・ｂの正誤の組合せとして正しいものを下の１～４から一つ選び，番号で答えなさい。

ａ　平清盛が武士として初めて摂政に就任し，平氏の全盛期を迎えた。

ｂ　白河天皇が自身の子に天皇の位をゆずり，院政を開始した。

１　ａ－正　ｂ－正

２　ａ－正　ｂ－誤

３　ａ－誤　ｂ－正

４　ａ－誤　ｂ－誤

問５　下線部(オ)の人物について説明した文として正しいものを次の１～６からすべて選び，番号の小さい順に答えなさい。

１　父は二代将軍・源頼家である。

２　母方の祖父は，鎌倉幕府の初代執権となった。

３　叔父《おじ》に，御成敗式目を制定した北条泰時がいる。

４　自身の甥《おい》である公暁に鶴岡八幡宮で殺害された。

５　三代将軍として在位中に承久の乱が発生した。

６　和歌を詠《よ》むことを好み，『金槐《きんかい》和歌集』を作成した。

問６　下線部(カ)に関連して，日清戦争後に起きた出来事として誤っているものを次の１～３から一つ選び，番号で答えなさい。すべて正しければ４と答えなさい。

１　日英同盟が締《てい》結された。

２　大日本帝国憲法が発布された。

３　八幡製鉄所が操業を開始した。

問７　下線部(キ)について，この条約が結ばれた都道府県名を漢字で答えなさい(解答らんには必ず都道府県まで書くこと)。また，この条約の内容について説明した文ａ・ｂの正誤の組合せとして正しいものを下の１～４から一つ選び，番号で答えなさい。

ａ　清国は，日本が朝鮮半島を併合することを承認する。

ｂ　清国は，遼東半島と台湾などを日本にゆずる。

１　ａ－正　ｂ－正

２　ａ－正　ｂ－誤

３　ａ－誤　ｂ－正

４　ａ－誤　ｂ－誤

問８　＜カードＣ＞で説明している人物の名前を次の１～４から一つ選び，番号で答えなさい。

１　李鴻章　　２　李舜臣　　３　李承晩　　４　李参平

問９　下線部(ク)に関して，戦後のGHQ(連合国軍総司令部)による占領政策について説明した文として誤っているものを次の１～３から一つ選び，番号で答えなさい。すべて正しければ４と答えなさい。

１　選挙法が改正され，20歳以上の男女に選挙権が認められた。

２　農地改革が実施され，小作農の多くが経営規模が小さいながらも自作農となった。

３　所得倍増計画を出し，経済復興を効率よく進めていった。

問10　下線部(ケ)が発生したときの日本の総理大臣を次の１～４から一人選び，番号で答えなさい。

１　池田勇人　２　岸信介

３　鳩山一郎　４　吉田茂

3　2021年の大晦《おおみそ》日《か》，としお君はお父さんと一年の出来事について振り返りました。二人の会話を読んで，あとの問いに答えなさい。

お父さん：今年も終わるね。色々な出来事があったけど(ア)コロナ禍《か》がこんなに長く続くとは思わなかったな。

としお：そうだね。昨年の今頃はオリンピックが出来るかどうか心配してたんだ。

お父さん：オリンピックの開会式は感動したね。日本選手団が男女の旗手に掲げられた国旗を先頭に入場してきたときはとても嬉しかったよ。

としお：ぼくもそうだった。男女二人での旗手や母国の紛争や抑《よく》圧を逃れた［　1　］選手団の参加などは，大会の(イ)基本コンセプトである「多様性と調和」を示していたよね。

お父さん：政治面では，国内外ともに大きな出来事がたくさんあったね。特に［　2　］で起こったクーデターは関心が高かったよ。日本政府がサッカーワールドカップ予選で［　2　］代表として来日していた選手の［　1　］申請《せい》を認めたことは，これからの日本の外国人受け入れ問題に影響するかもしれないね。また，［　3　］での政変も驚いたな。20年前のタリバン政権での出来事もよく覚えているから，女性の教育，就労など人権が保障されるかが心配なんだ。

としお：人権に関しては学校で勉強した(ウ)自分の生き方を自由に決定する権利につながる新しい人権に興味をもったな。

お父さん：人権も権利だから正しく行使して大切に受け継《つ》がなければならないね。権利を獲得するまでには多くの時間と人々の努力が必要だったからね。だからこそ愛知県(エ)知事のリコール請求に関して起きた署名偽《ぎ》造事件は残念な事件だったよ。

としお：真相はこれから裁判で明らかになると思うけど，(オ)日本の裁判制度は裁判を慎重に行うことは大切だけど，反面時間がかかりすぎるという課題も聞かれるよね。

お父さん：国内の政治でも９月以降，菅首相の退任，自民党総裁選挙，(カ)衆議院議員総選挙と様々あったね。としおには選挙権をもつまでにしっかり勉強して，日本についてはもちろん，世界にも目を向ける姿勢を身につけて欲しいと願っているよ。来年も目標をしっかりもって頑張って欲しいね。

としお：わかったよ，少しお説教っぽくなってきたね。そろそろ紅白歌合戦だからテレビ観ようよ。ぼくの大好きな歌手が出るんだ。(キ)国民の各年齢層の人気を考慮して出場者が選ばれているから楽しめるよ，お父さんも早くおいでよ。

問１　空らん[1]～[3]にあてはまる適語を記しなさい。ただし，[1]は漢字２字，[2]・[3]は国名が入ります。

問２　下線部(ア)について，首相官邸のホームページには各省庁が作った新型コロナウイルス感染症に関する「お役立ち情報」がまとめて掲載《けいさい》されていました。次のａ・ｂの情報が知りたいときはどの省庁を検索《さく》しますか。知りたい内容についてもっとも多くの情報が得られる省庁を下の１～６からそれぞれ一つずつ選び，番号で答えなさい。

ａ　国内のコロナ感染発生状況や予防法などについて知りたい。

ｂ　海外への渡航に際して日本人に対する入国制限の情報を確認したい。

１　国土交通省　　２　文部科学省　　３　防衛省

４　経済産業省　　５　外務省　　　　６　厚生労働省

問３　下線部(イ)に関連して，異なる文化をもつ人を互いに認め合い尊重して生きることを「多文化共生」といいますが，国内で北海道の先住民族固有の文化を何といいますか。解答らんにしたがって答えなさい。

問４　下線部(ウ)について，この「新しい人権」は何と呼ばれていますか。解答らんにしたがって漢字４字で答えなさい。また，としお君がこの「新しい人権」について学んだ授業で使われた教材としてもっとも関係が深いものを次の１～４から一つ選び，番号で答えなさい。

1

2

3

4

問５　下線部(エ)に関連して，地方自治についてあとの問いに答えなさい。

(1)　下線部(エ)は住民の直接請求権に基づいておこなわれた首長の解職請求での事件ですが，その制度を一般的（有権者総数が40万人をこえない地方公共団体）に説明した次の文の空らんにあてはまる語句を答えなさい。なお，空らん[A]・[B]・[D]はそれぞれ下の１～４から一つずつ選び番号で，空らん[C]は漢字４字で答えなさい。

有権者の[　A　]の署名を集め，[　B　]に請求し，[　C　]をおこなって[　D　]の同意があれば解職となる。

空らん[A]＝１　３分の１以上　　２　４分の１以上

　　　　　　３　５分の１以上　　４　６分の１以上

空らん[B]＝１　議会　　　　　　２　選挙管理委員会

　　　　　　３　人事委員会　　　４　予算委員会

空らん[D]＝１　過半数　　　　　２　３分の１以上

　　　　　　３　４分の１以上　　４　５分の１以上

(2)　首長と地方議員の選挙権と被選挙権に関する次のａ・ｂについて正しいものを下の１～５からそれぞれ一つずつ選び，番号で答えなさい。

a　都道府県知事の被選挙権年齢

b　地方議員選挙の選挙権年齢

1　16歳以上

2　18歳以上

3　20歳以上

4　25歳以上

5　30歳以上

問６　下線部(オ)について，次の図は民事裁判での日本の裁判制度を示しています。下の問いに答えなさい。

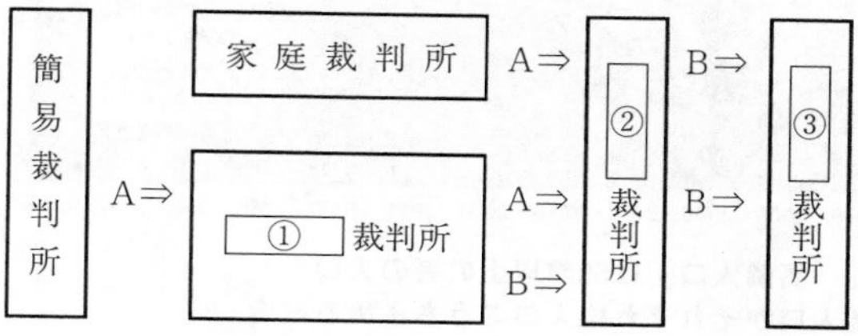

(1)　図中①～③にあてはまる裁判所の中で②にあたる裁判所の名称を解答らんにしたがって，漢字２字で答えなさい。

(2)　図中のA，Bのように，判決に不服の場合，上級の裁判所に訴えることができます。Bを何といいますか。漢字２字で答えなさい。

(3)　全国に８か所ある②の裁判所の所在地で，北から南に数えて５番目にあたる所在地を漢字で答えなさい。

問７　下線部(カ)に関して，次の表とその説明文の空らん［A］・［B］にあてはまる語句を答えなさい。ただし，空らん［B］は６字で答えなさい。

衆議院小選挙区の［A］の格差

人口が多い区	①東京９区(練馬区)	2.016倍
	②東京22区(三鷹市など)	2.016倍
	③兵庫６区(伊丹市など)	2.008倍
	④神奈川15区(平塚市など)	2.007倍
	⑤東京13区(足立区)	2.004倍
	⑥東京16区(江戸川区)	2.003倍
人口がもっとも少ない区	鳥取１区	1.000倍

(注)　カッコ内は選挙区内の主な地域

(日本経済新聞デジタル版，2020/8/5より)

この表は衆議院議員小選挙区の議員一人あたりの有権者数を鳥取１区を１としたときの［A］の格差を表します。［A］の重みが大きく異なることは，憲法第14条に規定された［B］に反するという主張もあります。

問８　下線部(キ)について，紅白歌合戦の出場者を年齢別の人口構成比に応じて人数(組)配分し，投票で選ぶと仮定します。2050年の出場者数を60人(組)とし白組，紅組それぞれ半数ずつ配分すると，65歳以上の人から選ばれる白組の出場者枠はおよそ何人(組)になりますか。もっとも近いものを次のグラフを参考に下の１～４から選び，番号で答えなさい。

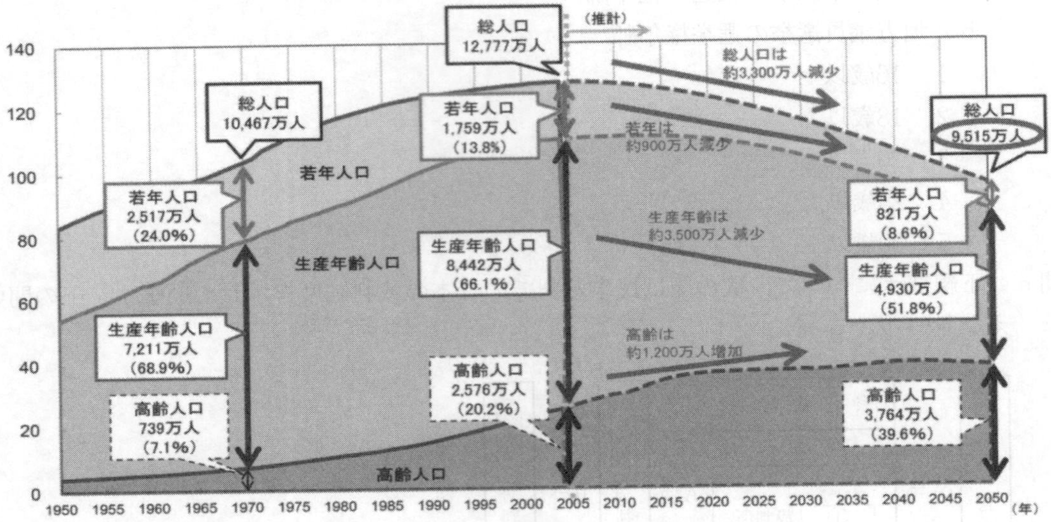

（注１）「生産年齢人口」は15～64歳の者の人口，「高齢人口」は65歳以上の者の人口
（注２）（　）内は若年人口，生産年齢人口，高齢人口がそれぞれ総人口のうち占める割合
（注３）2005年は，年齢不詳の人口を各歳別に按分して含めている
（注４）1950～1969，1971年は沖縄を含まない

（我が国における総人口の推移　総務省 HP より）

1　3人　　2　12人　　3　24人　　4　30人

【理　科】〈第１回試験〉（社会と合わせて45分）〈満点：50点〉

［注意］ 定規，三角定規，分度器，コンパス，計算機は使ってはいけません。

1 次の〔１〕，〔２〕の各問いに答えなさい。

〔１〕

図１はヒトを正面から見た際の血液の流れを表しています。心臓は血液を送り出すポンプとしてはたらき，全身へ酸素と栄養分を運んでいます。血液の(ア)は赤い色素である①ヘモグロビンを含《ふく》み，②肺で酸素と結合する性質をもち，酸素と結合したヘモグロビンは酸素ヘモグロビンと呼ばれます。

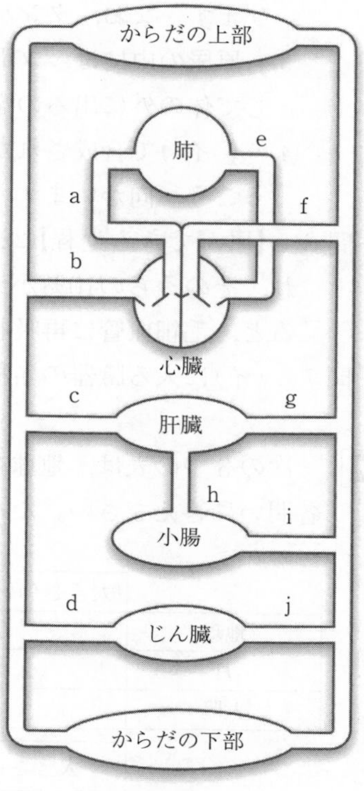

図１

問１　血管ａの名称《めいしょう》を答えなさい。

問２　空腹時に最も栄養分を含む血管をａ～ｊから一つ選び，記号で答えなさい。

問３　文中の(ア)に入る名称を答えなさい。

問４　下線部①について，正常なヘモグロビンは１ｇあたり1.4mLの酸素と結合できます。血液100mLあたりのヘモグロビン量を15ｇとすると，１Ｌの血液は何mLの酸素を運搬《うんぱん》できますか。

問５　下線部②について，肺で酸素ヘモグロビンの量を調べると，全ヘモグロビンの95％が酸素ヘモグロビンでした。その後，肝臓《かんぞう》で酸素ヘモグロビンの量を調べると，酸素ヘモグロビンの割合が40％でした。肺の酸素ヘモグロビンのうち，肝臓で何％の酸素がはなれたでしょうか。小数第１位を四捨五入して，整数で答えなさい。

〔２〕

ヒトのじん臓は，尿《にょう》をつくり有害な物質や過剰《かじょう》な物質を体外に出す臓器です。じん臓は腰《こし》の背中側にあり，握《にぎ》りこぶしぐらいの大きさです。血液中の有害な物質はじん臓でこしとられて尿になり，輸尿管を通って，ぼうこうに運ばれます。尿ができる過程とその過程の中で見られる成分について詳《くわ》しく見ていきましょう。図２はじん臓の模式図を表しており，図３はじん臓の中で尿を生成する場所を表しています。

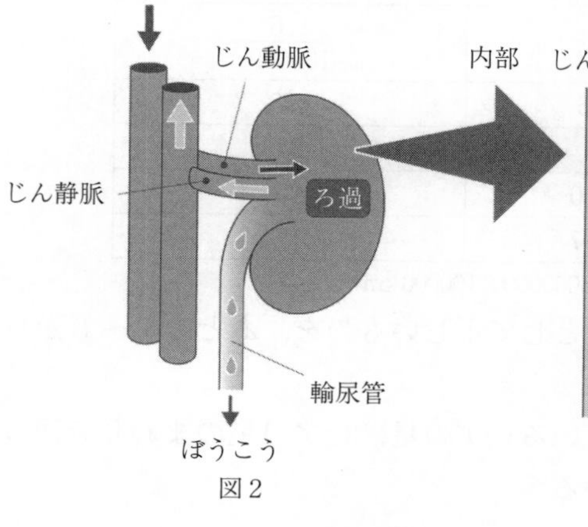

図２

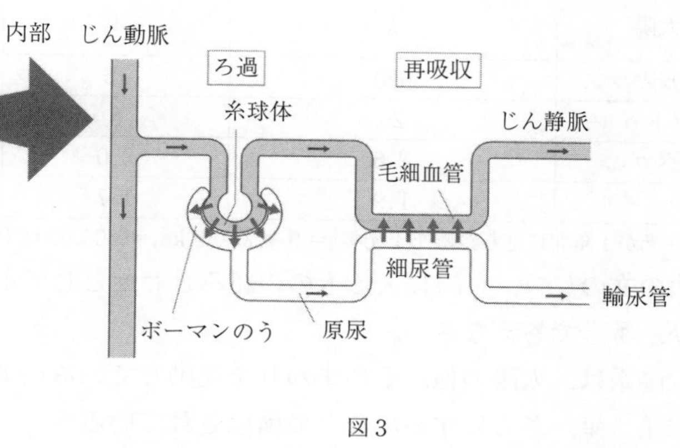

図３

【尿ができる過程】

(1)　じん動脈からじん臓の糸球体へ血液が流れます。

(2)　糸球体には小さい穴が開いており，血液中の水分の一部やその穴より小さな物質はボーマンのうへ入ります。このことをろ過といい，ボーマンのうへろ過されたものを原尿と呼びます。なお，タンパク質のような糸球体の穴より大きな物質はろ過されません。

(3)　原尿の中には，ブドウ糖のような，体に必要な物質も含まれています。その物質が尿として体の外に出るのを防ぐため，細尿管から毛細血管へ再吸収されます(血管へ戻《もど》ります)。

(4)　(　イ　)で合成された尿素は体に不要な物質であり，ろ過された後，そのまま尿となりぼうこうへ向かいます。

問６　【尿ができる過程】(2)，(3)について，じん動脈から糸球体を一分間に1200mLの血液が流れ，そのうちの10%がろ過され原尿となります。その後，一分間に１mLの尿ができたとすると，毛細血管に再吸収された原尿は一分間に何mLとなりますか。

問７　(イ)に入る臓器の名称を答えなさい。

2　次の３つの表は，地球をはじめとするいろいろな星のさまざまな値を表しています。あとの各問いに答えなさい。ただし，問４～問７は，次の表の値を用いなさい。

表　いろいろな星のさまざまな値

	大きさ(直径)　(地球＝１)	重さ　(地球＝１)
地球	1	1
月	0.27	0.012
太陽	109	332000

	大きさ(直径)　[km]	※1 重さ	母天体
月	3470	0.012	地球
イオ	3640	$\frac{4.7}{100000}$	木星
エウロパ	3120	$\frac{2.5}{100000}$	
タイタン	5150	$\frac{23.7}{100000}$	土星

※1　重さはそれぞれの母天体の重さを１とした値で示している。

	大きさ(直径)　(太陽＝１)	重さ　(太陽＝１)	地球からの距離《きょり》[※2 光年]
太陽	1	1	$\frac{1.6}{100000}$
ベテルギウス	690	15	498
アークトゥルス	26	8	37
ベガ	2.6	3.0	25
アルタイル	1.9	1.7	17

※2　光が１年間に進む距離を１光年(＝９兆5000億km＝95000000×100000km)という。

問１　次の文の(ア)，(イ)に入るものの組み合わせとして正しいものを，あとの１～６から一つ選び，番号で答えなさい。

太陽系は，太陽の他，そのまわりを運動している(　ア　)星，(　ア　)星のまわりを回っている(　イ　)星，さらにすい星などで構成されている。

	ア	イ
1	恒《こう》	惑《わく》
2	恒	衛《えい》
3	惑	恒
4	惑	衛
5	衛	恒
6	衛	惑

問２　問１の(ア)星の中で，地球が公転している軌道《きどう》の内側を公転しているものを，次の１～６から**すべて**選び，番号で答えなさい。

１　木星　　２　土星　　３　金星　　４　天王星　　５　火星　　６　水星

問３　次の文の(ウ)，(エ)に入るものの組み合わせとして正しいものを，下の１～６から一つ選び，番号で答えなさい。

14ページの表の中にある２つの星に加えて，(　ウ　)を入れると，(　エ　)の大三角となる。

	ウ	エ
1	デネブ	夏
2	デネブ	冬
3	シリウス	夏
4	シリウス	冬
5	プロキオン	夏
6	プロキオン	冬

問４　エウロパの重さはイオの重さの何倍ですか。小数第３位を四捨五入し，小数第２位まで答えなさい。

問５　ベテルギウスの大きさは地球の大きさの何倍ですか。

問６　光の速さは毎秒(秒速)300000(30万)kmです。太陽光が地球に届くまでに何秒かかりますか。小数第１位を四捨五入し，整数で答えなさい。

問７　現在私たちが(地球上で)見ているベテルギウスは何年前のようすを見ていることになりますか。

3　５つの容器ア～オに，ある濃《こ》さの塩酸を５ cm^3 ずつ入れました。その後，実験１～３を行いました。あとの問いに答えなさい。ただし，すべての水溶液《すいようえき》は，１ cm^3 あたり１ｇとして考えなさい。また，実験中の室温は一定で，発生した気体は水に溶《と》けないものとします。

実験１：アの容器に重曹《じゅうそう》を入れたら，気体Ａが22.4 cm^3 発生した。このとき，未反応の重曹が容器の中に残っていることが確認できた。

実験２：イの容器に亜鉛《あえん》を入れたら，気体Ｂが11.2 cm^3 発生した。このとき，未反応の亜鉛が容器の底に残っていた。

実験３：ウの容器に，ある濃さの水酸化ナトリウム水溶液を５ cm^3 加えた。よく混ぜた後，赤色と青色のリトマス紙で調べたところ，どちらも色が変化しなかった。

問1　実験1～3を行った後に，それぞれをろ過して，ろ液を蒸発皿に入れて加熱したとき，固体が残るものはどれですか。**すべて**選び，ア～ウの記号で答えなさい。

問2　次の1～7の各文は，気体Aについて述べたものです。**誤っている**ものを**すべて**選び，番号で答えなさい。ただし，**答えは番号の小さい順に書きなさい**。

1　空気より軽い気体で，上方置換《ちかん》で集める。

2　気体Aを固体にしたものは，保冷剤《ほれいざい》として利用されることがある。

3　気体Aを固体にしたものは，昇華《しょうか》性をもち，20℃・大気圧下では白煙《はくえん》が生じる。この白煙はAの小さい粒《つぶ》が集まったものである。

4　ある種の入浴剤《にゅうよくざい》から，発生する気体の主成分である。

5　気体Aはメタン・フロンと同じように，温室効果ガスとしてはたらいていることが知られている。

6　水に少し溶けて，水溶液は弱アルカリ性を示す。

7　植物が光合成をする際に，必要な気体である。

問3　気体A，Bの名称《めいしょう》を答えなさい。

問4　エの容器に水を$10\mathrm{cm}^3$加えてよく混ぜた後，半分に分けた水溶液に，ウの容器に入れたものと同じ濃さの水酸化ナトリウム水溶液を加えました。完全に中和するのは何cm^3加えたときですか。

問5　オの容器に水を$30\mathrm{cm}^3$加えてよく混ぜた後，$\frac{1}{4}$に分けた水溶液に，亜鉛を溶けなくなるまで入れました。発生した気体Bは，何cm^3ですか。

問6　塩酸$1000\mathrm{cm}^3$中には，塩化水素7.3gが含《ふく》まれていました。また，塩化水素36.5gと水酸化ナトリウム40gで完全に中和することが分かっています。問4で答えた体積の水酸化ナトリウム水溶液中には，何gの水酸化ナトリウムが含まれていますか。

4　熱の量(熱量)を表す単位の一つとして「カロリー」があります。1カロリーは水1gを1℃上昇《じょうしょう》させるのに必要な熱量です。たとえば，40gの水を30℃から50℃まで上昇させるには40×(50−30)=800で，800カロリーの熱量を加える必要があります。<実験1>，<実験2>，<実験3>についてあとの問いに答えなさい。

<実験1>

20gの氷に一定の熱量を加え続けると，氷→水→水蒸気と変化する。このときの温度と，熱を加えた時間の関係は図1のようになった。加えた熱は氷や水の温度上昇，または氷→水→水蒸気の変化のみに使われる。

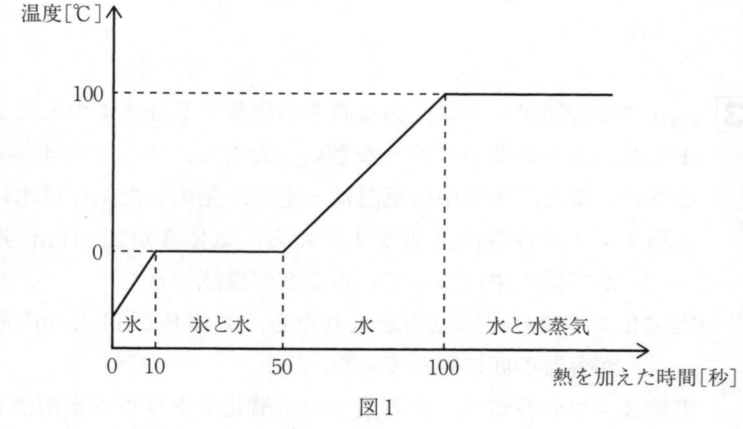

図1

問１　図１のグラフで，１秒間に加えている熱量は何カロリーですか。

問２　０℃の氷20ｇを０℃の水20ｇに変えるのに必要な熱量は何カロリーですか。

＜実験２＞

低温の水に高温の水を混ぜ，時間がたつと，水の温度は等しい温度になる。このとき，低温の水は高温の水から熱を得て，高温の水は低温の水によって熱を失う。20℃の低温の水と80℃の高温の水を用意し，２つの温度の水の量を変えながらＡ～Ｅの組み合わせで，混ざった後の温度を調べたところ表１のようになった。

表１

	A	B	C	D	E
20℃の水の重さ［ｇ］	20	30	40	60	80
80℃の水の重さ［ｇ］	80	（ア）	40	20	20
混ざった後の水の温度［℃］	68	60	50	35	（イ）

問３　表１の結果からわかることとして，最も適当なものを次の１～６から一つ選び，番号で答えなさい。

１　混ざった後の水の温度は，どの組み合わせでも混ざる前の低温の水よりも混ざる前の高温の水の温度に近かった。

２　混ざった後の水の温度は，どの組み合わせでも混ざる前の高温の水よりも混ざる前の低温の水の温度に近かった。

３　混ざった後の水の温度は，どの組み合わせでも混ざる前の低温の水と高温の水のちょうど中間の温度になった。

４　低温の水が高温の水から得た熱量は，高温の水が低温の水によって失う熱量より，どの組み合わせでも大きくなった。

５　低温の水が高温の水から得た熱量は，高温の水が低温の水によって失う熱量より，どの組み合わせでも小さくなった。

６　低温の水が高温の水から得た熱量は，高温の水が低温の水によって失う熱量と，どの組み合わせでも等しくなった。

問４　表１の(ア)に入る数値はいくらですか。

問５　表１の(イ)に入る数値はいくらですか。

＜実験３＞

＜実験２＞問３の結論は水と油の場合でも成り立つものとする。油１ｇを１℃上昇させるのに必要な熱量は0.5カロリーである。80℃の水100ｇに，20℃の油を入れたところ，水と油の温度が68℃で一定になった。

問６　水から油が得た熱量は何カロリーですか。

問７　入れた油の重さは何ｇですか。

1　雨足　　2　雨具　　3　梅雨　　4　小雨

問10　次の①～③は「雨」が使われたことわざや慣用句です。空らん□にあてはまることばを考え、それぞれひらがなで答えなさい。

①　雨降って□固まる

②　雨だれ□をうがつ

③　雨後の□

（北原白秋「雨」）

【Ｂ】　村雨《むらさめ》の露《つゆ》もまだ干《ひ》ぬ真木の葉に霧《きり》立ちのぼる秋の夕暮れ　寂蓮法師

【Ｃ】　五月雨《さみだれ》の晴れ間に出《い》でてながむれば青田涼《すず》しく風わたるなり　良寛

【Ｄ】　雨のふる牡丹《ぼたん》の花に傘すれば妬《ねた》み顔なる垣《かき》の山吹《やまぶき》　正岡子規

【Ｅ】　初時雨《しぐれ》猿《さる》も小蓑《こみの》をほしげなり

【Ｆ】　本降りになって出て行く雨宿り

【Ｇ】　夕立や草葉をつかむむら雀《すずめ》

【Ｈ】　さみだれや大河を前に家二軒《けん》

【Ｉ】　五月雨をあつめて早し最上川

問１　【Ａ】の表現上の特色について説明した次の文のうち、**間違《まちが》いをふくむもの**を一つ選び、番号で答えなさい。

１　口語詩ではあるものの、ところどころに文語表現を使っており、定型を基本とした独特のリズムを生んでいる。

２　すべての連に対句法《ついくほう》を用いることで、雨が降りつづくようすを強調し、情景を印象づける工夫《くふう》がなされている。

３　人物そのものが描《えが》かれてはいないものの、作品の中に登場する小道具によって、人物とその心情が把握《はあく》できる。

４　具体的な場面を描写《びょうしゃ》した連を重ねて、読者に時間の流れを感じさせることで、最終連の表現効果を高めている。

問２　【Ａ】の第三連と同じような心情や情景がよまれた作品が【Ｂ】～【Ｆ】の中に一つあります。その作品をＢ～Ｆの記号で答えなさい。

問３　【Ａ】～【Ｄ】の作品に描かれている情景を、雨に注目して分類したものとして最もふさわしいものを次から一つ選び、番号で答えなさい。

１　{Ａ・Ｂ}{Ｃ・Ｄ}　２　{Ａ・Ｃ}{Ｂ・Ｄ}

３　{Ａ・Ｄ}{Ｂ・Ｃ}　４　{Ａ}{Ｂ・Ｃ・Ｄ}

５　{Ａ・Ｂ・Ｃ}{Ｄ}　６　{Ａ・Ｃ・Ｄ}{Ｂ}

問４　【Ｂ】【Ｄ】の句末に共通して使われている表現技法の名前を四字で答えなさい。

問５　【Ｅ】～【Ｉ】の中には、「川柳《せんりゅう》」とよばれる作品が一つあります。次の説明を参考にして川柳を一つさがし、Ｅ～Ｉの記号で答えなさい。

「川柳」とは、江戸《えど》時代中期ごろから盛《さか》んになった文芸で、俳句と同様の十七字の短い詩である。俳句とはちがって季語や切れ字などは必要としない。人情や世の中のようすなどを題材に、軽みやおもしろみなどをもって描くところに特色がある。

問６　【Ｅ】～【Ｈ】の中から、冬をよんだ作品を一つ選び、Ｅ～Ｈの記号で答えなさい。

問７　【Ｅ】～【Ｉ】の中から、次の①・②の説明にあうものを一つずつ選び、Ｅ～Ｉの記号で答えなさい。

①　東北地方を旅しながらよんだ松尾芭蕉の句。現地での体験をもとにした句で、ひたすら自然の力強さに光を当てている。

②　画家としても有名だった与謝蕪村の句。情景を細かく描写した絵画のような作品で、対象へのあたたかさも感じられる。

問８　松尾芭蕉や与謝蕪村が活躍《かつやく》した時代はいつですか。次から一つ選び、番号で答えなさい。

１　平安時代　２　室町時代

３　江戸時代　４　明治時代

問９　漢字二字の熟語のほとんどは、音読み＋音読み、または訓読み＋訓読みで構成されていますが、重箱読み（音読み＋訓読み）や湯《ゆ》桶《とう》読み（訓読み＋音読み）のような例外もあります。次から湯桶読みとなる熟語を一つ選び、番号で答えなさい。

を文中から五字でぬき出しなさい。

問9 ――線⑥「風景の果てしない広がりの中を、点景になった私が少しずつ進んでゆく」とありますが、この表現を説明したものとして最もふさわしいものを次から一つ選び、番号で答えなさい。

1 自分に温かい言葉をかけてくれた天羽さんとも別れた今、東京での仕事に戻るため孤独《こどく》に進むしかないという「私」の内面を表現している。

2 再来週には帰るとその場しのぎで約束してしまったものの、スケジュール帳が真っ白なことを思い出し不安に駆《か》られる「私」の内面を表現している。

3 タンチョウの飛び立つ姿に魅《み》せられた一方で、自分が輝くべき場所はこんな田舎《いなか》ではないと気付き、早く仕事に復帰しなければと焦《あせ》る「私」の内面を表現している。

4 東京を飛び出してくるきっかけとなった横川君との関係も修復され、東京で待つ仕事に対し新鮮な気持ちで向き合おうとする「私」の内面を表現している。

問10 本文の表現に関する説明として最もふさわしいものを次から一つ選び、番号で答えなさい。

1 物語の地の文は一貫《いっかん》して「私」の視点で描かれているため、「私」の心情は直接的に描写《びょうしゃ》されており、天羽さんの心情は「私」を通した描写となっている。

2 「おつかれさまです。あの、……横川です」「え。いま、ここから……ですか?」などのように、本文中の「…」はわかり切っている内容を省略するために用いられている。

3 登場人物のセリフはかぎかっこで括《くく》り、心の中のつぶやきは地の文で書くという厳密な区別があることで、読者に話の内容が伝わりやすいような工夫《くふう》がされている。

4 タンチョウや雪など、物語の随所《ずいしょ》に白を連想させるような言葉をちりばめることによって、「私」のスケジュールが「真っ白」であることを強調している。

三

次の【A】~【I】の作品にはすべて「雨」が出てきます。これらを読んで、後の問いに答えなさい。

【A】

雨がふります 雨がふる
遊びにゆきたし 傘《かさ》はなし
紅緒《べにお》の木履《かっこ》も 緒が切れた

雨がふります 雨がふる
いやでもお家《うち》で 遊びましょう
千代紙折りましょう たたみましょう

雨がふります 雨がふる
けんけん小雉子《こきじ》が 今啼《な》いた
小雉子も寒かろ 寂《さび》しかろ

雨がふります 雨がふる
お人形寝《ね》かせど まだ止《や》まぬ
お線香花火も みな焚《た》いた

雨がふります 雨がふる
昼もふるふる 夜もふる
雨がふります 雨がふる

3　新たなことに挑戦《ちょうせん》する勇気はないし、かといって今までと同じようには働けないだろうと思うとどうしていいかわからない私に、天羽さんはなぐさめの言葉をかけてくれるとひそかに期待していたのに、私をとがめる言葉をかけたのが意外だったから。

4　東京で仕事をしていた経験もある天羽さんなら自分の苦労がわかってくれると信じて弱音をこぼした私が、天羽さんから一介の会社員として実現できることの限界をつきつけられたことで、会社員としての自分の能力を低く見積もられいらだっているから。

問4　――線③「その単純な事実に、私は静かに胸を打たれた」とありますが、ここでの「私」を説明したものとして最もふさわしいものを次から一つ選び、番号で答えなさい。

1　天羽さんの言葉に励《はげ》まされてまた仕事に対する意欲が湧《わ》き始めたものの、充実《じゅうじつ》した人生を送る天羽さんと自分の大きな差を感じて胸を痛めている。

2　天羽さんの言葉に共感し前向きな気持ちを取り戻すとともに、自分の葛藤《かっとう》が取るに足りないものだと思わせる自然の壮大《そうだい》さを目《ま》の当《あ》たりにして感動している。

3　自分に対する好意を隠《かく》しきれない天羽さんの態度に気付き、自分の一方的な片想《かたおも》いだと思っていたものが両想いだったと知って気分が高揚《こうよう》している。

4　自分の悩《なや》みと向き合って助言してくれた天羽さんに感謝していたが、天羽さんへの感謝の気持ちを忘れてしまうほどの絶景に心を奪《うば》われている。

問5　――線④「『四井』から『陣野』まで、文字の上に一気に横線を引いた」とありますが、ここでの「私」の気持ちを説明したものとして最もふさわしいものを次から一つ選び、番号で答えなさい。

1　共に旅をして親密な関係になった天羽さんには、親しみをこめて名前で呼んでほしいと思っている。

2　既《すで》にデザインに携《たずさ》わる会社を辞めた天羽さんには、仕事で使う名刺を渡すべきではないと思っている。

3　新しい人生を歩み始めた天羽さんに、自分も東京に帰り次第会社を辞める覚悟《かくご》を示そうと思っている。

4　自分に真剣に向きあってくれた天羽さんとは、肩書きなどにこだわらず一人の人間として接したいと思っている。

問6　――線⑤「そう言われて、笑ってしまった」とありますが、ここでの「私」の気持ちを説明したものとして最もふさわしいものを次から一つ選び、番号で答えなさい。

1　直属の部下という立場にもかかわらず、「私」が休暇をとって北海道に旅行に来ていることを知らない横川君の言動に呆《あき》れてしまっている。

2　上司である「私」に電話するのに緊張《きんちょう》するあまり、思わずまぬけな声を出してしまった横川君との会話を楽しんでいる。

3　業務中でないことを知っているはずの横川君が、「私」との電話に緊張するあまり「お忙しいですか」と尋《たず》ねたことをこっけいに感じている。

4　「私」が仕事を放り出してきたことを知っているのにあえて皮肉を言う横川君にむっとしたが、東京に帰った後のことを考慮して叱るのを我慢《がまん》している。

問7　空らん□に入ることばとしてふさわしいものを文中から五字でぬき出しなさい。

問8　〰〰線について、「私」が見ている「クレーン」にあたるもの

「え。いま、ここから……ですか？」

彼の席からは、建設中のプロジェクトの現場が見えるはずだ。

「工事中の『ザ・メインタワー』が見えますが」

その頭頂部には、クレーンが蠢《うごめ》いている。

「クレーン、見える？」

「ええ」

「こっちもよ」

「え？」

「私も、見てる」

こっちのは飛んでるけどね。そうは言わずに、私はただ笑った。

「さ来週には戻ります。ありがとう」

電話を切って、シートに寄りかかった。ハンドルを握《にぎ》って、カーナビを見る。

私がいまいる地点が、せわしなく点滅《てんめつ》している。周囲には何もない。白い画面が広がるばかりだ。

ゆっくりとアクセルを踏む。⑥風景の果てしない広がりの中を、点景になった私が少しずつ進んでゆく。

（原田マハ「冬空のクレーン」より）

※レンジャー…野生鳥獣《ちょうじゅう》の保護や公園の管理などを仕事とする人のこと。

問１　――線Ａ「上気した顔」・Ｂ「面食らった」のことばの意味として最もふさわしいものを後から一つずつ選び、それぞれ番号で答えなさい。

Ａ「上気した顔」

１　興奮しほてった顔　２　得意気で気取った顔

３　照れて赤くなった顔　４　気持ちのうわついた顔

Ｂ「面食らった」

１　なやんだ　２　あきれた

３　あやしんだ　４　おどろいた

問２　――線①「私はまた、うなずくことができなかった」とありますが、どうしてですか。最もふさわしいものを次から一つ選び、番号で答えなさい。

１　「私」が仕事を放り出して東京を出て来たと気付いた天羽さんに仕事の完成を楽しみにしていると皮肉られ、ぶつけようのない憤《いきどお》りを覚えたから。

２　「私」の仕事が東京を変えるのを楽しみにしている天羽さんに仕事を放り出して東京を出て来たとは言い出せず、後ろめたく感じているから。

３　出会ったばかりの「私」に優しく接してくれた天羽さんに東京へ帰る予定を聞かれたものの、本心では北海道で一緒に暮らしていきたいと思ったから。

４　素直な気持ちで「私」の仕事を応援《おうえん》してくれている天羽さんに東京での再起を誓《ちか》いたかったが、帰ってからの忙しさを想像すると憂鬱《ゆううつ》な気分になったから。

問３　――線②「私は返答に詰まった」とありますが、どうしてですか。最もふさわしいものを次から一つ選び、番号で答えなさい。

１　東京の風景を変えると意気込《いきご》んでいたにもかかわらず、会社から期待されるプレッシャーに負けて遠くまで逃げてきた私に、天羽さんはきびしい言葉をかけてくるだろうと予想していたところ、私を勇気づける言葉をかけてくれてとても感動したから。

２　東京に戻りたくないという思いと会社のことを考えると戻らざるをえないという現実の間でもがいている私に、天羽さんが東京での仕事に意欲的だった過去の私の姿を思い出させたことで、自分自身も本心がわからなくなって動揺《どうよう》しているから。

路《ろ》のようだ。

ふたつめの角を曲がるのと同時に、ひさしく静かだった携帯電話が鳴った。

天羽さん？

あわてて車を路肩《ろかた》に停《と》める。

バッグの中を引《ひ》っ掻《か》き回《まわ》して携帯を取り出す。液晶《えきしょう》画面には、会社の番号が表示されていた。

胸がぎくんとした。しばらく番号をみつめてから、思い切って通話ボタンを押《お》した。

「はい、陣野です」

一瞬、沈黙《ちんもく》があった。もぞもぞと、しゃべりにくそうな声が聞こえてきた。

「おつかれさまです。あの、……横川です」

電話をかけてきたのは、横川忠志だった。

「横川君？」

思わず素《す》っ頓狂《とんきょう》な声を出してしまった。もぞもぞした声が耳の奥に響《ひび》く。

「すいません。いま、お忙《いそが》しいですか」

⑤そう言われて、笑ってしまった。少し前の私なら、何を嫌《いや》みな、とむっとしただろう。

「全然、大丈夫《だいじょうぶ》よ。どうしたの」

一緒《いっしょ》に仕事を始めた頃と同じ口調で、私は横川君に語りかけた。部長に直接頼《たの》みこんで、優秀《ゆうしゅう》な人材である彼を私は自分でチームに引き入れたのだった。がんばります、と嬉《うれ》しそうに言っていた横川君のA上気した顔が蘇《よみがえ》る。

「あの、陣野さんが作っておられた企画書《きかくしょ》……商業施設《しせつ》の箇所《かしょ》なんですが、どうしてもわからないところがあって」

課長に聞くと、陣野に直接聞け、と言われたらしい。最初は聞きにくそうに、やがてはきはきと、横川君はいくつかの案件を質問してきた。それに答えながら、私は職場の風景をなつかしく思い起こした。そして、その近くで少しずつ着実に完成に向かって立ち上がっていく高層ビルを思《おも》い描《えが》いていた。

目の前にどこまでも続く［　　　］。その消失点をみつめながら、いまは遠くにある場所を、私は見ていた。

ひと通りの質疑応答を終えると、横川君の明るい声がした。

「よくわかりました。ありがとうございました」

私は微笑した。ぺこり、と律儀《りちぎ》に頭を下げる彼の姿が見える気がした。

「あの、またわからないことがあったらお電話してもいいでしょうか」

私は黙《だま》ってうなずいた。見えないとわかっていて、何度もうなずいた。

「もちろん」

ようやくひと言応えたときに、不覚にも涙声《なみだごえ》になってしまった。気づかれたくなくて、「じゃあ」と急いで切ろうとすると、

「あの、もうひとつだけ質問があります」

口早に問いかけてきた。

「いつ、会社に戻られるんですか」

私は息を止めた。言葉を探して、一本道の上に広がる空に視線を投げた。

まぶしい冬空を、白い翼《つばさ》が一直線に横切っていく。

「ねえ、横川君。いま、何が見える？」

答える代わりにそう聞いた。唐突《とうとつ》な質問に、横川君は少々B面食らったようだ。

戻りたいという欲求と戻れないという絶望のはざまで、私はもがいていた。

　進むことも、戻ることもできない。立ち止まったままでぽかんとしている自分が、どうしようもなく切なかった。

　天羽さんは私の目をみつめ返していたが、少したしなめるような口調で言った。

「弱気だなあ。東京の風景を変えるって、あんなに言ってたじゃないですか」

　②私は返答に詰《つ》まった。心のどこかでは、慰《なぐさ》めかアドバイスか、優しい言葉を期待していたのだ。

「一介《いっかい》の会社員が、そんな大それたことできるわけないですよ」

　ちょっとむくれて言うと、

「どんな大それたことでも、誰《だれ》かがそう考えるところから始まるんじゃないかな」

　天羽さんは微笑《びしょう》して言った。

「おんなじですよ、このサンクチュアリだって。この世から消えかけた風景を残そうと、立ち上がった個人がいた。それが大きなうねりになったんですから」

　そうして、まぶしそうに雪原を振《ふ》り向《む》いた。

　天羽さんの背後で、風景は輝《かがや》いていた。どうしようもなくまぶしい一瞬を、私たちは同じリズムで呼吸していた。③その単純な事実に、私は静かに胸を打たれた。

　車に乗りこんで、窓を下げる。天羽さんは腰《こし》を屈《かが》めて覗《のぞ》きこむと、

「じゃあ、いってらっしゃい」

　そう声をかけた。

「いってきます」

ふるさとに残る友に語りかけるように、そう応えた。

「いつでも帰ってきてください。待ってますから」

　私はひとつ、うなずいてみせた。

「あ。そうだ、僕の携帯《けいたい》番号。もし道に迷ったりわからないことがあったら、いつでも電話ください。０９０……」

　バッグからあわててペンとスケジュール帳を取り出す。真っ白な十二月のスケジュール表の上に、天羽さんの携帯番号を控《ひか》えた。

「よかったら陣野さんの名刺《めいし》、ください。去年プレゼンしたとき、いただきそびれちゃって」

　私は名刺入れから一枚、名刺を取り出した。まさか北海道で名刺を誰かに渡すはずはないと思いながらも、つい持ってきてしまったのだ。

　四井都市開発株式会社　東京セントラルシティ開発チーム　課長補佐　陣野志保

　名前の後ろに携帯番号を書《か》き添《そ》えて、④「四井」から「陣野」まで、文字の上に一気に横線を引いた。

「志保です。よろしく」

　そう言って、名刺を差し出した。天羽さんは軍手を外してそれを受け取ると、

「また会いましょう、志保さん」

　大切そうに、ポケットにしまった。

　ゆっくりとアクセルを踏《ふ》む。そろそろと車が走り出す。バックミラーに映る天羽さんが手を振っている。最初は遠慮《えんりょ》がちに、次第《しだい》に大きく。角を曲がる瞬間に、両手を振り回しているのが見えたので、小さく噴《ふ》き出《だ》してしまった。

　フロントガラスに広がる空の青さ。まっすぐな雪の一本道は、滑走《かっそう》

二　次の文章を読んで後の問いに答えなさい。

東京の都市開発会社に勤める「私」（陣野志保）が仕事でミスを犯した後輩《こうはい》・横川忠志を叱《しか》ったところ、彼《かれ》はその件に関して会社を訴《うった》えると言い出した。事を荒立《あらだ》てまいとする上司から横川に謝罪するようとがめられた「私」は納得《なっとく》がいかず、無理矢理一か月間の休暇《きゅうか》をとって北海道の釧路湿原《くしろしつげん》に来ていた。そこで出会ったタンチョウ※レンジャー・天羽翔一は、東京のデザイン会社に勤めた経験を持ち、「私」のプレゼンを聞いたことがあると知る。

朝九時を少し回った頃《ころ》、きのうと同じいでたちの天羽さんが雪原に出てきた。きんと冷えた空気のなかに、トウモロコシを放つ。タンチョウたちが、ゆっくりと遠巻きに天羽さんを囲み始める。

この風景の中に入っていける人間は、この瞬間《しゅんかん》、天羽さんただひとり。私は両手をダウンジャケットのポケットに突《つ》っこんで、そのまま絵になってしまいそうな風景を目に焼きつけた。

柵《さく》の外へ天羽さんが出てくる。今度はつんのめることなく、私はゆっくりと近づいていった。私の姿を見ると、天羽さんは手を上げて笑顔《えがお》になった。

「行き先は決まりましたか」

私はうなずかなかった。その代わりに、弱々しく笑ってみせた。実際、目的地など最初からないのだ。

「東京へはいつ帰るんですか」

そう聞かれて、微《かす》かな戸惑《とまど》いが胸のうちに立ち上ってきた。

私、帰るんだろうか。

帰れるんだろうか。

逃《に》げ出《だ》してきてしまった場所へ。

「いちおう、週末には帰る予定です」

真っ白なスケジュール帳を頭の中に広げながら、そう答えた。天羽さんはうなずいて、

「陣野さんのプロジェクトが完成したら、僕《ぼく》も見にいきます。どんなふうに東京が変わるか、楽しみにしてますんで」

邪気《じゃき》のないまなざしでそう言った。①私はまた、うなずくことができなかった。

「じゃあ、また遊びにきてください。たまには、こんななんにもない風景もいいもんでしょ。僕は来年いっぱい、ここにいますから」

タンチョウレンジャーの任期は一年、場合によっては二年いることもある、と天羽さんはゆうべ教えてくれた。

そのあとどうするか、というところまで話は及《およ》ばなかった。

天羽さんの頭上を飛んでいくタンチョウの群れがあった。それにつられて、隅々《すみずみ》まで晴《は》れ渡《わた》ったすがすがしい空を見上げる。青は目にしみて痛いくらいだ。

タンチョウが去っていった方向を視線で追いながら、ふと、言葉が口をついて出た。

「私、もう職場に戻《もど》れないかもしれない」

メガネの奥《おく》のおだやかな目に、驚《おどろ》きの色が浮《う》かんだ。その目をみつめながら、私は続けた。

「逃げてきちゃったんです。都市とは真逆の、なんにもないところへ行きたいって。だからもう、戻らないほうがいいのかもしれない」

負けちゃったんですから。

小さく、そう付け加えた。

自分が積み上げてきた経験を捨てて、思い切ってこの土地にやってきた天羽さんがうらやましかった。そんな勇気は、どうしたって私にはない。もう職場に戻れないかもしれない、と告白しておきながら、

【頭痛薬の使用上の注意事項】

	内容
製品名	▲▲▲頭痛薬
効能・効果	○頭痛・歯痛・関節痛・筋肉痛・神経痛・骨折痛・だぼく痛・耳痛・ねんざ痛・発熱時の解熱《げねつ》・肩《かた》こり痛・腰痛《ようつう》・外傷痛の鎮痛《ちんつう》
使用上の注意	○本剤《ほんざい》を服用している間は、次のいずれの医薬品も服用しないでください 他の解熱鎮痛剤、かぜ薬、鎮静薬、乗物のよい止め薬 ○服用後、乗物または機械類の運転をしないでください ○服用前後は飲酒しないでください ○長期連用しないでください ○次の人は服用しないでください (1)本剤または他の解熱鎮痛剤、かぜ薬を服用してぜんそくを起こしたことがある人。 (2)本剤または本剤の成分によりアレルギー症状を起こしたことがある人。 (3)十五歳未満の小児。 ○次の人は服用前に医師、歯科医師、薬剤師または登録販売《はんばい》者に相談してください (1)医師または歯科医師の治療を受けている人。 (2)授乳中の人。 (3)高れい者。 (4)薬などによりアレルギー症状を起こしたことがある人。 ○服用後、発赤やかゆみ、むくみがあらわれた場合は副作用の可能性があるので、直ちに服用を中止し、この説明書を持って医師、薬剤師または登録販売者に相談してください ○服用後、便秘やねむ気があらわれることがあるので、このような症状の持続または増強が見られた場合には、服用を中止し、この説明書を持って医師、薬剤師または登録販売者に相談してください ○５～６回服用しても症状がよくならない場合は服用を中止し、この説明書を持って医師、歯科医師、薬剤師または登録販売者に相談してください
用法・用量	次の１回量を１日３回を限度とし、なるべく空腹時をさけて水またはぬるま湯で服用してください。服用の間かくは4時間以上おいてください。 〔年れい：１回量〕成人：２錠《じょう》
保管、および取りあつかう上での注意	○直射日光の当たらないしめり気の少ないすずしい所に保管してください ○小児の手の届かない所に保管してください ○他の容器に入れかえないでください（誤用の原因になったり品質が変わることがあります） ○使用期限をすぎたものや不明なものは服用しないでください（使用期限は外箱に印字）

3　彼女はとても背が高い。だから彼女はバスケットボールが得意に違いないと考える。

4　うちの子どもはイチゴが大好きだ。子どもはみんなイチゴが大好きだと考える。

問6　――線③「演繹論理」の正しい推論の型の例として最もふさわしいものを次から一つ選び、番号で答えなさい。

1
大前提　ある図形が正三角形ならばそれは二等辺三角形でもある
条　件　図形Aは正三角形ではない
結　論　図形Aは二等辺三角形ではない

2
大前提　もし台風警報が発令されたら、学校は休みである
条　件　台風警報が発令された
結　論　学校は休みである

3
大前提　努力が足りないと、業績は上がらない
条　件　業績が上がっていない
結　論　努力が足りない

4
大前提　テレビよりもインターネットの方が人気がある
条　件　インターネットを視聴《しちょう》する人が増えた
結　論　テレビの人気がなくなった

問7　空らん□にふさわしいことばを五字で答えなさい。

問8　――線④「マニュアルが多い」とありますが、どういうマニュアルの多さを言っていますか。次の空らんに入ることばを文中より十字以内でぬき出しなさい。

□も不明なマニュアルが多い。

問9　この文章を読んだAさんは、身のまわりにあるマニュアルとして26ページの【頭痛薬の使用上の注意事項】を見つけました。これを読んだAさんの行動として明らかに**適切でないもの**を次から**三つ**選び、番号でそれぞれ答えなさい。ただし、次の【条件】を踏《ふ》まえて考えることとします。

【条件】　Aさんは四十歳《さい》の男性で、特に病気やアレルギー症状《しょうじょう》はない。

【Aさんの行動】

(1)　ひどく頭が痛いが歯科医院で鎮痛剤をもらっているため、本剤の服用を我慢《がまん》した。

(2)　急に歯が痛み出したので、本剤で痛みを抑《おさ》えたあと、最寄《もよ》りの歯医者を探して、車で送ってもらった。

(3)　小学生の息子が頭痛を訴《うった》えてきたため、1回の服用量を1錠にして本剤を服用させた。

(4)　頭痛を治すために二日間朝昼晩に本剤を服用したが、改善されなかったので翌日も服用した。

(5)　頭は痛くなかったが、発熱していて体力も失われているため、本剤と一緒《いっしょ》に栄養剤を服用した。

(6)　急な発熱があったので、薬を探したところ、外箱のない本剤がたまたま見つかったため服用した。

論理的にわかるにしても、行動的にわかるにしても、「わかった」理由がわかったという点では共通している。

しかし、こうした分析《ぶんせき》的わかり方とは違《ちが》って、「ともかくわかった」、「理屈《りくつ》はわからないがわかった」というわかり方がある。それが、ここでいう「直観的」わかり方である。その特徴は、次のような点にある。

・わかるレベルが深い。ことの本質がきちんとわかっている。
・まとめてたくさんのことがわかる。
・きわめて主観的である。場合によっては、「誤っている」ことさえある。
・瞬間《しゅんかん》的にわかる。とはいっても、わかる以前には、わからない状態がかなり長く続くのが普通《ふつう》である。
・確信を持ってわかったと言える。自己評価が伴うわかり方である。
・わかった理由を説明できない。理由を説明できたとしても、あとづけ説明に過ぎないことが多い。

子供のわかり方、創造活動でのわかり方の多くが、質の違いこそあれ、この型である。また、多分、帰納法的飛躍によるわかり方も、直観的であろう。

直観的わかり方の情報メカニズムがわかると、人のわかり方についてのｄケンキュウも飛躍的に進歩するはずである。

（海保博之『読ませる技術聞かせる技術』より）

問１　――線ａ～ｄのカタカナを漢字に直しなさい。

問２　〰線「いとも」とありますが、次の各文の〰線のうち、これと同じ意味のものを一つ選び、番号で答えなさい。

１　彼《かれ》は重たい荷物を楽々と持ち上げた。
２　わざわざご足労くださりありがとうございました。
３　先生はすぐに対応をしてくれた。
４　彼女《かのじょ》は非常に親切で丁寧《ていねい》な対応をした。

問３　次の文はもともと文中にあったものです。どこに入れるのが最もふさわしいですか。あてはまる部分の直前の五字をぬき出しなさい。

すなわち、行動と環境変化との間に介在する過程をブラック・ボックスにして、「わかってしまおう」というものである。俗に言う「やり方、手順はわかる」がこれに相当する。

問４　――線①「近代教育がもっとも価値をおいてきたわかり方が、この論理的わかり方であるといってよいであろう」とありますが、論理的わかり方に価値をおくことによってどのような結果を得られましたか。最もふさわしいものを次から一つ選び、番号で答えなさい。

１　多くの人々が共通したわかり方の枠組みを持つことができるようになり、社会や文化の維持と発展につながった。
２　論理的わかり方の代表である帰納論理が、私的感情によって強固な信条にまでなってしまうことを明らかにした。
３　合理性を繰《く》り返《かえ》し学ぶことで一般的な規則性を体得し、人類のすぐれた創造や個々の主観的な解釈《かいしゃく》を生み出した。
４　「経験科学」や「形式科学」を理解したことで、本来起こりうる「心理的な」影響を少なくすることができた。

問５　――線②「転導推理」とありますが、これに**あてはまらない例**を次から一つ選び、番号で答えなさい。

１　友達と公園で待ち合わせをしたが約束の時間になっても来ない。友達は寝坊《ねぼう》したと考える。
２　すべての野菜は栄養がある。ニンジンは野菜である。ニンジンは栄養があると考える。

推論の仕方がきちんと決まっている③演繹論理にしても、誰《だれ》でもが、いつでも誤りなくその推論規則に従えるというわけではない。たとえば、仮言三段論法で、前件否定の誤りとして知られている、非常によく起こる誤った推論の型がある。たとえば、次のようなものである。

大前提　もし風が吹《ふ》けば桶屋《おけや》がもうかる
条　件　風が吹かない
結　論　ゆえに桶屋がもうからない

これは、推論規則の上から誤りとも正しいとも決められないというのが正しい。しかし、きわめて多くの人が、これを正しい推論であると判断してしまうことが知られている。「論理的な」演繹と、「心理的な」演繹とが必ずしも一致《いっち》するわけではないことを示す好例である。そして、わかるという主観的体験は、「心理的な」論理の方が強く影《えい》響《きょう》しているらしいことを、またここでも強調しておかねばならないであろう。このあたりのことについては、人の合理的推論とは何か、人とはどのようなヒューリスティクス(発見法)を展開するのかという問題として、認知《にんち》心理学者のみならず、行動経済学者からも熱い関心が向けられている。

行動的にわかる

「あるボタンを押《お》すと画面の状態が変わることがわかる」「お金を入れるとジュースが出てくることを知っている」などなど。いずれも、ある動作と環境《かんきょう》のある変化との間に関係のあることがわかっていることを示している。これを行動的わかり方と呼んでおく。

行動的わかり方の特徴《とくちょう》は、行動と環境変化との間に介在《かいざい》しているbキコウについては知ろうとしないところにある。

行動的わかり方は、観点を変えれば、一種の因果的なわかり方とも言える。つまり、ある状態の変化を引き起こす原因をみずからcソウサして、その結果をみずから確かめる、ということであるから、まさに体験的に因果律を確認していることになる。

ここで一つ問題になるのが、原因から結果までの[　　]である。この距離《きょり》が、通常は短期記憶におさまるくらいの範囲《はんい》(たかだか20秒以内)にとどまれば、「わかった」ということになる。しかし、この間《かん》隔《かく》が大きくなるにつれて、短期記憶から原因となる行為《こうい》に関する情報が消えてしまい、ある状態が起こっても、それが原因と連合しない、ということが起こる。このとき、わからない状態が発生する。

あるいは、原因と結果とが時間的に離《はな》れてくると、何かを待たされるイライラを体験させられることになり、気持ちがよくない。人間は、自分のしたことの効果をすぐに確かめたい存在らしい。

> 次の文章のうち、どれが一番自然か。
> a　電源を入れると、矢印が点滅《てんめつ》します。これで正常です。
> b　正常であることを示すために、電源を入れると矢印が点滅します。
> c　電源を入れると、正常であることを示すために、矢印が点滅します。

子供でも大人でも、あることを学習しはじめた頃《ころ》には、こうした行動的なわかり方が、とりあえずの方略として最適であることが多い。

また、マニュアルなどの「わかり方」も、このたぐいのわかり方ができればいい、ということがある。現実は、これさえ満たしてくれない④マニュアルが多いのはご承知の通りである。

直観的にわかる

二〇二二年度
東京都市大学付属中学校

【国　語】〈第一回試験〉（四五分）〈満点：一〇〇点〉

［注意］国語の問題では、字数制限のあるものは、特別な指示がない限り句読点等も一字に数えます。

一　次の文章は「わかり方」の種類を説明したものです。この文章を読んで、後の問いに答えなさい。

論理的にわかる

①近代教育がもっとも価値をおいてきたわかり方が、この論理的わかり方であるといってよいであろう。いくつかの個別的事実から一般《いっぱん》的結論を引き出す帰納論理、あるいは、大前提（公理：例「人間は死ぬ」）と小前提（条件：例「太郎は人間である」）とから結論（例「ゆえに太郎は死ぬ」）を引き出す演繹《えんえき》論理とが、よく知られている。

学校では、帰納論理を鍛《きた》えるために生物などの経験科学が、演繹論理を鍛えるために数学などの形式科学が、もっぱら教えられてきた。論理に従って展開されたわかり方を執拗《しつよう》に教《おし》え込《こ》むのが、近代教育の目標であった。これによって、知識の世界で、多くの人々が一つの共通のわかり方の枠組《わくぐ》みを持つことができるようになり、それがひいては社会、文化の維持《いじ》と発展につながることにもなってきた。

しかし、帰納論理にしても演繹論理にしても、その「わかり方」は、必ずしもすべての人が同じというわけではない。たとえば、帰納論理ならこんなことが起こる。

帰納論理の一つの問題として、個別的な事例のいくつについてルールが成立すれば、それを一般的な法則としてよいか、ということがある。この点については、子供では、たった一つの個別的な事例から、いとも簡単に一般的な結論を引き出してしまう（aブンミャクや条件の異なるところへ個別事例に含《ふく》まれるルールを適用してしまう）ことが知られている。②転導推理と呼ばれているものがそれである。たとえば、つぎのような例である。

a　泣いている子供を見て、お母さんに叱《しか》られたんだと結論づける。

b　物が倒《たお》れているのを見て、地震《じしん》があったという。

大人でも、日常的な知恵《ちえ》の多くは帰納的な推論からなっているが、その中には転導推理と同じような推論で導かれたものがかなり含まれているはずである。大人の場合は、強い感情的な体験、たとえば、非常にうれしいことや悲しいこと、大きな失敗などを伴《ともな》うとき、こうした転導推理に近い推論がなされているようである。偏見《へんけん》、俗説《ぞくせつ》の多くが、このようにして形成される。こうしたことが起こるのは、帰納法に、帰納法的飛躍《ひやく》と言われるものがあるからである。つまり、帰納法では、限られた個別的事例についての結論から、あるところで一気に飛躍して、一般的な結論を引き出さなければならない。それが一つの事例だけからなされるのが転導推理、また感情的に強烈《きょうれつ》な体験に遭《そう》遇《ぐう》し、感情論理によって強固な信条にまでなってしまったのが偏見、俗説である。

いくつの個別的事例からの結論なら一般的法則として十分かはわからない。多分、それは数の問題ではないはずである。この飛躍が、何らかの合理的な背景（ただし、これをはっきりとことばで説明することは不可能であろう）のもとでなされたときに、すぐれた創造がなされるし、主観的には「わかった」という強烈な感じを持つことができる。

2022年度

東京都市大学付属中学校 ▶解説と解答

算 数 ＜第１回試験＞（45分）＜満点：100点＞

解 答

[1] 問１ $\frac{3}{4}$　問２ 25560m^2　問３ 12％　問４ 273ページ　問５ 333個　問６ $10\frac{1}{101}$　問７ 228cm^2　問８ 6280cm^3　[2] 問１ 29580円　問２ 246食
[3] 問１ １：１　問２ 50cm^2　[4] 問１ 10通り　問２ 28通り　問３ 84通り
[5] 問１ $\frac{2}{3}$倍　問２ 23：14　問３ $\frac{5}{24}$倍

解 説

[1] 逆算，単位の計算，濃度《のうど》，割合と比，相当算，整数の性質，集まり，数列，面積，体積

問１ $\frac{2}{7}-\left(\square\div3+\frac{1}{5}\right)\times\frac{1}{3}=\frac{19}{140}$より，$\left(\square\div3+\frac{1}{5}\right)\times\frac{1}{3}=\frac{2}{7}-\frac{19}{140}=\frac{40}{140}-\frac{19}{140}=\frac{21}{140}=\frac{3}{20}$，$\square\div3+\frac{1}{5}=\frac{3}{20}\div\frac{1}{3}=\frac{3}{20}\times\frac{3}{1}=\frac{9}{20}$，$\square\div3=\frac{9}{20}-\frac{1}{5}=\frac{9}{20}-\frac{4}{20}=\frac{5}{20}=\frac{1}{4}$　よって，$\square=\frac{1}{4}\times3=\frac{3}{4}$

問２　１aは１辺の長さが10mの正方形の面積，１haは１辺の長さが100mの正方形の面積である。また，１m^{2}は１辺の長さが１m（＝100cm）の正方形の面積である。よって，5.5a＝(5.5×10×10)m^2＝550m^2，2.5ha＝(2.5×100×100)m^2＝25000m^2，100000cm^2＝(100000÷100÷100)m^2＝10m^{2}より，550m^2＋25000m^2＋10m^2＝25560m^{2}となる。

問３　最後にできた食塩水の重さが500ｇだから，加えた食塩の重さは，500－(250＋200)＝50(ｇ)である。また，(食塩の重さ)＝(食塩水の重さ)×(濃度)より，４％の食塩水250ｇに含《ふく》まれていた食塩の重さは，250×0.04＝10(ｇ)とわかるので，最後にできた食塩水に含まれている食塩の重さは，10＋50＝60(ｇ)と求められる。よって，最後にできた食塩水の濃度は，60÷500×100＝12(％)である。

問４　全体のページ数を⑬，１日目に読んだ後の残りのページ数を[5]，２日目に読んだ後の残りのページ数を❷として図に表すと，右の図１のようになる。図１から，❷－❶＝❶にあたるページ数が，２＋60＝62(ページ)とわかるから，❷にあたるページ数は，62×２＝124(ページ)となり，[5]－[2]＝[3]にあたるページ数が，124－１＝123(ページ)と求められる。よって，[5]にあたるページ数は，123÷３×５＝205(ページ)なので，⑬－③＝⑩にあたるページ数は，205＋５＝210(ページ)とわかる。したがって，⑬にあたるページ数，つまり全体のページ数は，210÷10×13＝273(ページ)である。

図１

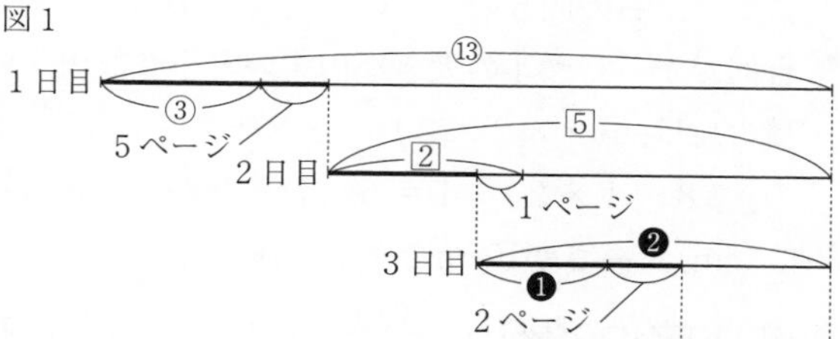

問５　500÷５＝100より，１から500までに５の倍数は100個，500÷６＝83余り２より，１から500までに６の倍数は83個あることがわかる。また，５と６の最小公倍数は，５×６＝30なので，500

÷30＝16余り20より，１から500までに５と６の公倍数は16個ある。よって，右の図２のように表すことができるから，１から500までに５または６の倍数は，100＋83－16＝167(個)あるから，５の倍数でも６の倍数でもない数は，500－167＝333(個)ある。

図２

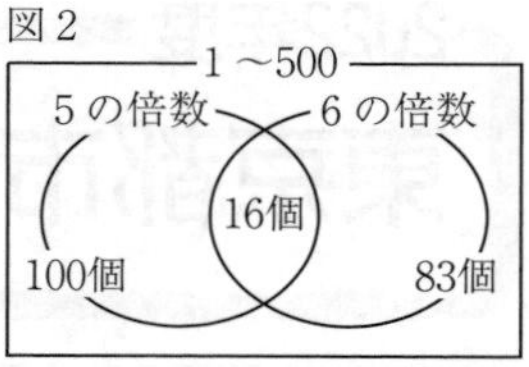

問６　となり合う数の差をNとすると，２番目の数は，$0+N=N$，３番目の数は，$N+N=N\times2$，４番目の数は，$N\times2+N=N\times3$，５番目の数は，$N\times3+N=N\times4$，…のようになる。よって，101番目の数は($N\times100$)なので，２番目から101番目までの，101－１＝100(個)の数の和は，$N\times(1+2+\cdots+100)=N\times(1+100)\times100\div2=N\times5050$と表すことができる。これが2022だから，$N\times5050=2022$より，$N=2022\div5050=\frac{1011}{2525}$と求められる。また，26番目の数は($N\times25$)なので，$\frac{1011}{2525}\times25=\frac{1011}{101}=10\frac{1}{101}$とわかる。

問７　右の図３で，三角形ABCは直角二等辺三角形だから，角ABCの大きさは45度である。よって，おうぎ形BCDの面積は，$40\times40\times3.14\times\frac{45}{360}=200\times3.14(cm^2)$となる。また，BE，EC，AEの長さは，$40\div2=20(cm)$なので，おうぎ形ECAの面積は，$20\times20\times3.14\times\frac{90}{360}=100\times3.14(cm^2)$，三角形ABEの面積は，$20\times20\div2=200(cm^2)$と求められる。よって，斜線《しゃせん》部分１か所の面積は，$200\times3.14-100\times3.14-200=(200-100)\times3.14-200=100\times3.14-200=314-200=114(cm^2)$だから，斜線部分の面積の和は，$114\times2=228(cm^2)$とわかる。

図３

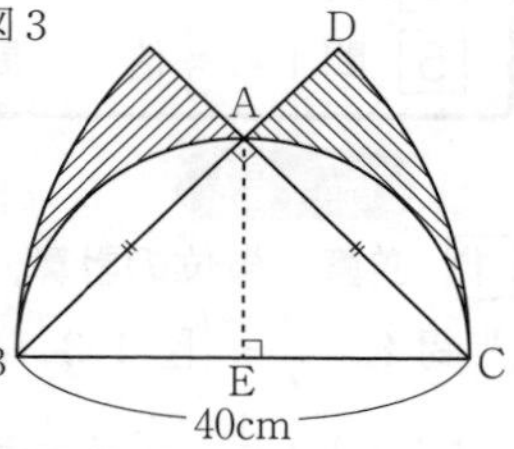

問８　正方形を１回転してできる図形は，底面の円の半径が10cm，高さが10cmの円柱なので，その体積は，$10\times10\times3.14\times10=1000\times3.14(cm^3)$となる。また，上側の二等辺三角形を１回転してできる図形は，右の図４のように，大きな円すいから小さな円すいを２個取り除いた形の立体になる。ここで，右の図５の４つの三角形はすべて合同だから，図４の大きな円すいと小さな円すいは相似になる。また，相似比は２：１なので，体積の比は，$(2\times2\times2):(1\times1\times1)=8:1$となり，図４の立体の体積は小さな円すいの体積の，$(8-1\times2)\div1=6$(倍)とわかる。さらに，小さな円すいは，底面の円の半径が，$10\div2=5(cm)$，高さが10cmだから，体積は，$5\times5\times3.14\times10\times\frac{1}{3}=\frac{250}{3}\times3.14(cm^3)$である。よって，図４の立体の体積は，$\frac{250}{3}\times3.14\times6=500\times3.14(cm^3)$と求められる。これと同じ立体が下側にもあるので，全部で，$1000\times3.14+500\times3.14\times2=(1000+1000)\times3.14=2000\times3.14=6280(cm^3)$となる。

図４

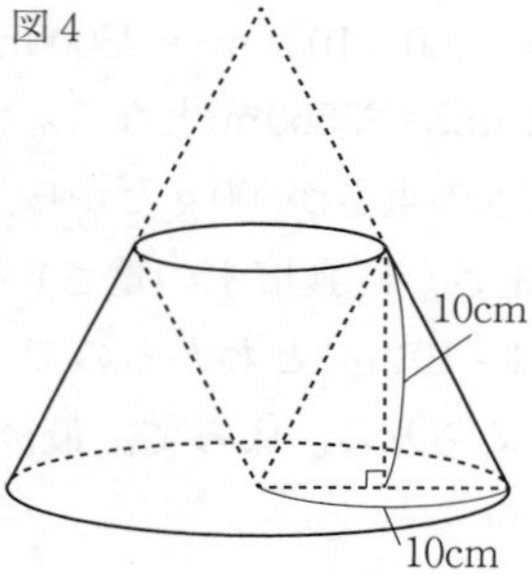

図５

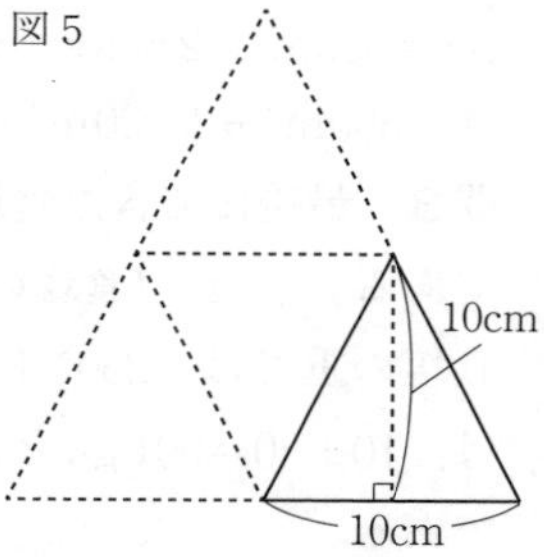

2　正比例と反比例，つるかめ算

問１　10食分の量の，1000÷10＝100(倍)の量が必要だから，材料はそれぞれ右の図１のようになる。よって，豆は，28÷3.2＝８余り2.4より，８＋１＝９(袋《ふくろ》)，塩は，1300÷110＝11余り90より，11＋１＝

図１

豆…280ｇ×100＝28000ｇ
　　　　　　　＝28kg
塩…13ｇ×100　＝1300ｇ
油…90mL×100＝9000mL
　　　　　　　＝９Ｌ

12(袋)，油は，９÷１＝９(本)必要なので，使ったお金は，2000×９＋440×12＋700×９＝29580(円)と求められる。

問２　２割引の値段は，100×(１－0.2)＝80(円)である。また，売り上げ高は，29580＋50000＝79580(円)だから，右の図２のようにまとめることができる。１食100円で845食売ったとすると，売り上げ高は，100×845＝84500(円)となり，実際よりも，84500－79580＝4920(円)多くなる。１食100円のかわりに１食80円で売ると，１食あたり，100－80＝20(円)ずつ安くなるので，１食80円で売ったのは，4920÷20＝246(食)とわかる。

図２

１食100円 ｝合わせて
１食 80円 ｝845食で79580円

3 平面図形—辺の比と面積の比，相似，面積

問１　右の図１のように面積を決めると，平行四辺形ABCDの面積は，$\boxed{1}+\boxed{9}+\boxed{12}=\boxed{22}$となる。すると，三角形ABDの面積は，$\boxed{22}\div 2=\boxed{11}$だから，三角形ABHの面積は，$\boxed{11}\times\frac{2}{2+9}=\boxed{2}$となる。よって，三角形IBHの面積は，$\boxed{2}-\boxed{1}=\boxed{1}$なので，AI：IB＝１：１とわかる。

図１

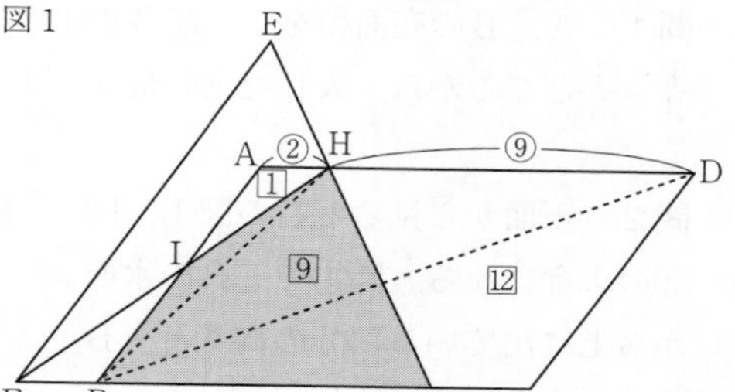

問２　三角形AIHと三角形BIFは合同だから，FB＝②である。また，Hを通りABと平行な直線HJを引くと，右の図２のようになる。図２で，三角形HBJと三角形HJGの面積の比は，２：６＝１：３なので，JG＝②×$\frac{3}{1}$＝⑥とわかる。次に，三角形EFGと三角形HJGは相似で，相似比は，FG：JG＝(２＋２＋６)：６＝５：３だから，面積の比は，(５×５)：(３×３)＝25：９である。よって，三角形EFGの面積は，$\boxed{6}\times\frac{25}{9}=\boxed{\frac{50}{3}}$となる。さらに，四角形CDHGの面積が36cm²なので，$\boxed{1}$にあたる面積は，36÷12＝３(cm²)であり，三角形EFGの面積は，３×$\frac{50}{3}$＝50(cm²)と求められる。

図２

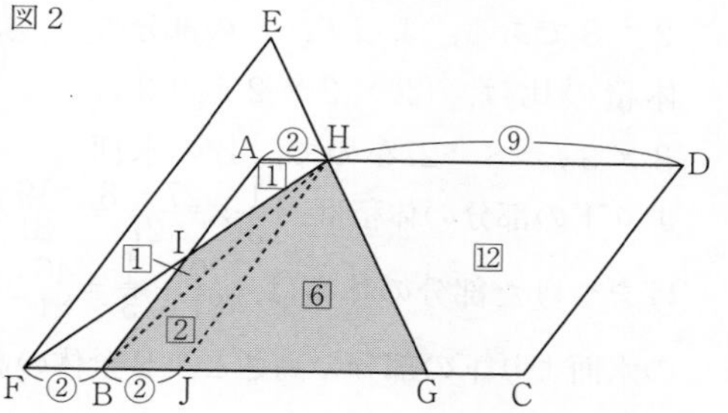

4 場合の数

問１　右の図１のアのように，左から１個目を$\boxed{1}$，２個目を$\boxed{4}$に置く場合，３個目を置くことができるのは$\boxed{7}$，$\boxed{8}$，$\boxed{9}$の３通りある。また，イのように，１個目を$\boxed{1}$，２個目を$\boxed{5}$に置く場合，３個目を置くことができるのは$\boxed{8}$，$\boxed{9}$の２通りある。さらに，ウのように，１個目を$\boxed{1}$，２個目を$\boxed{6}$に置く場合，３個目を置くことができるのは$\boxed{9}$だけである。同様にして調べると，図１のエ～カのようになるから，全部で，３＋２＋１＋２＋１＋１＝10(通り)とわかる。

図１

	1	2	3	4	5	6	7	8	9	
ア	●			●						３通り
イ	●				●					２通り
ウ	●					●				１通り
エ		●			●					２通り
オ		●				●				１通り
カ			●			●				１通り

図２

	1	2	3	4	5	6	7	8	9	10	11	12	13	
キ	●			●										７通り
ク	●				●									６通り
ケ	●					●								５通り
														⋮
コ	●									●				１通り

問２　右の図２のキのように，２個目を

[4]に置く場合，3個目を置くことができるのは[7]～[13]の7通りある。また，クのように2個目を[5]に置く場合は6通り，ケのように2個目を[6]に置く場合は5通りある。このように，2個目を置く位置を1つずつずらすのにともなって1通りずつ少なくなるので，全部で，$7+6+\cdots+1=(7+1)\times 7\div 2=28$(通り)と求められる。

問3　1個目を[2]に置く場合，2個目を置くことができるのは[5]～[10]である。これは図2のク～コにあたるから，$6+5+\cdots+1=21$(通り)とわかる。また，1個目を[3]に置く場合は図2のケ～コにあたるので，$5+4+\cdots+1=15$(通り)となる。同様に考えると，$28+21+15+(4+3+2+1)+(3+2+1)+(2+1)+1=28+21+15+10+6+3+1=84$(通り)とわかる。

[5] 水の深さと体積，相似

問1　A，Bの底面積を1，高さを1とすると，Aの体積は，$1\times 1=1$，Bの体積は，$1\times 1\times\frac{1}{3}=\frac{1}{3}$となるから，入れた水の量は，$1-\frac{1}{3}=\frac{2}{3}$となる。これはAの体積の，$\frac{2}{3}\div 1=\frac{2}{3}$(倍)である。

問2　正面から見ると右の図①，図②のようになる。図①で，Bの水面から上に出ている部分の高さと，B全体の高さの比は，$\left(1-\frac{1}{3}\right):1=2:3$である。よって，この部分の体積の比は，$(2\times 2\times 2):(3\times 3\times 3)=8:27$なので，Bの水面より下の部分の体積は，$\frac{1}{3}\times\frac{27-8}{27}=\frac{19}{81}$とわかる。また，入れた水の量は，$1\times\frac{1}{3}=\frac{1}{3}$だから，かげをつけた部分の体積は，$\frac{19}{81}+\frac{1}{3}=\frac{46}{81}$となり，㋐$=\frac{46}{81}\div 1=\frac{46}{81}$と求められる。次に，図②で，Bの水面より下の部分の高さと，B全体の高さの比は，$\frac{1}{3}:1=1:3$なので，この部分の体積の比は，$(1\times 1\times 1):(3\times 3\times 3)=1:27$となり，Bの水面より下の部分の体積は，$\frac{1}{3}\times\frac{1}{27}=\frac{1}{81}$とわかる。すると，かげをつけた部分の体積は，$\frac{1}{81}+\frac{1}{3}=\frac{28}{81}$となるから，㋑$=\frac{28}{81}\div 1=\frac{28}{81}$と求められる。したがって，㋐：㋑$=\frac{46}{81}:\frac{28}{81}=23:14$である。

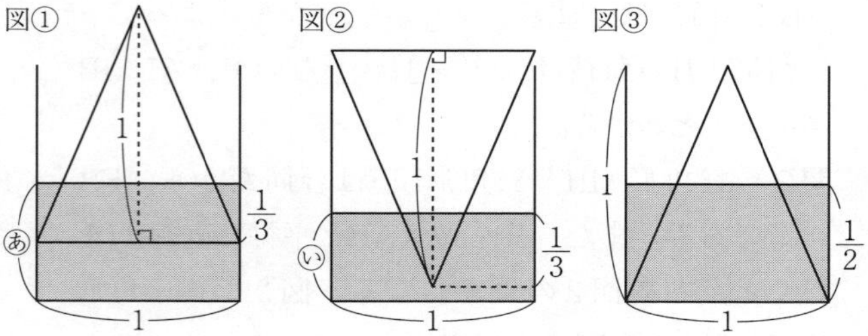

問3　右上の図③で，Bの水面から上に出ている部分の高さと，B全体の高さの比は，$\left(1-\frac{1}{2}\right):1=1:2$なので，この部分の体積の比は，$(1\times 1\times 1):(2\times 2\times 2)=1:8$となり，Bの水面より下の部分の体積は，$\frac{1}{3}\times\frac{8-1}{8}=\frac{7}{24}$とわかる。また，かげをつけた部分の体積は，$1\times\frac{1}{2}=\frac{1}{2}$だから，水の体積は，$\frac{1}{2}-\frac{7}{24}=\frac{5}{24}$と求められる。これはAの体積の，$\frac{5}{24}\div 1=\frac{5}{24}$(倍)である。

社 会　<第1回試験>（理科と合わせて45分）<満点：50点>

解 答

[1] **問1**　**1**　温室効果　**2**　ニュートラル　**問2**　6　**問3**　5　**問4**　3　**問5**　2　**問6**　6　**問7**　1　[2] **問1**　5　**問2**　8(世紀)，1　**問3**　奈良県，4

問４　3　**問５**　2，4，6　**問６**　2　**問７**　山口県，3　**問８**　1　**問９**　3
問10　4　**3**　**問１**　**1**　難民　**2**　ミャンマー　**3**　アフガニスタン　**問２**　**a**
6　**b**　5　**問３**　アイヌ(文化)　**問４**　自己決定(権)，2　**問５**　(1)　**A**　1　**B**
2　**C**　住民投票　**D**　1　(2)　**a**　5　**b**　2　**問６**　(1)　高等(裁判所)　(2)
上告　(3)　大阪　**問７**　**A**　一票　**B**　法の下の平等　**問８**　2

解　説

1　木造建築の発達や森林の働きを題材にした問題

問１　**1**　地球温暖化の原因となる二酸化炭素やメタン，フロンなどの気体を温室効果ガスという。この中で，石油・石炭などの化石燃料の大量消費によって大気中に増え続けている二酸化炭素は，地球上から放出される熱をとらえて宇宙空間に逃《に》がさない性質があることから，大気中にその量が増えると，地表の気温が上昇する温室効果が起こる。　**2**　パリ協定は，2015年にフランスの首都パリで開かれた第21回気候変動枠組《わくぐみ》条約締約《ていやく》国会議(COP21)で採択《さいたく》され，翌年に発効した気候変動の抑制《よくせい》に関する多国間の国際的な協定である。この協定では，温室効果ガスの排出量と吸収量のバランスをとることを目標としているが，これをカーボンニュートラルという。たとえば，バイオエタノール(植物由来の燃料)を燃やすと二酸化炭素が発生するが，原料となる植物はその生長過程で二酸化炭素を吸収しているので，二酸化炭素の排出量はゼロとみなされる。

問２　a　法隆寺は現存する世界最古の木造建築物で，推古天皇の甥《おい》にあたる聖徳太子(厩戸《うまやと》皇子)が607年に大和国斑鳩《いかるが》(奈良県)に建てたとされる。　b，c　法隆寺は中国ばかりでなく，遠くギリシアやペルシア・インドなどの文化の影響も見られ，建物の土台には敷石《しきいし》が設けられている。

問３　a　東京23区・大阪・名古屋の三大都市圏《けん》(50km圏)の人口は合計約6931万人で，日本の総人口約１億2617万人の約半分にあたる。　b　政令指定都市は全国に20市あり，行財政権の一部が都道府県からうつされている。　c　大都市では中心部の気温が郊外より高くなるヒートアイランド現象が見られる。統計資料は『日本国勢図会』2021／22年版などによる(以下同じ)。

問４　a　資料の天気図は典型的な冬型の気圧配置を表しており，ユーラシア大陸には高気圧，北太平洋には低気圧が見られる。　b，c　一般に，風は等圧線に沿って気圧の高いほうから低いほうへ吹《ふ》くので，おおむね北西から季節風が吹いていることがわかる。そのため，日本海側に雪や雨が降り，太平洋側は晴天になる。

問５　a，b　旅客と貨物の輸送量を見ると，日本は旅客輸送量は多いが，貨物輸送量は少ない。一方，中国は旅客輸送量と貨物輸送量のどちらも非常に多いことがわかる。　c　アメリカ合衆国は日本と反対に旅客輸送量は少なく，貨物輸送量は多い。しかも，貨物輸送量はロシアよりも多い。

問６　a　日本の食料自給率(カロリーベース)は1960年代には70％台であったが，現在(2019年)は38％で，先進国の中では最低の水準にある。　b　米と鶏卵《けいらん》の自給率はそれぞれ97％，96％と高いが，大豆は６％に過ぎない。　c　家畜のえさとなるとうもろこしは，おもにアメリカ合衆国とブラジルから輸入している。

問７　「再生可能エネルギー」は自然の力で再生され，半永久的に使えるエネルギーのことで，太陽光・風力・地熱・水力・波力・潮力・バイオマス(エネルギーや原材料に用いる生物体の総称)などがある。これらは国内で自給できるので，再生可能エネルギーの導入はエネルギー自給率を高めることにつながる。ただし，太陽光や風力は季節や天候などによって発電量が左右される。また，2021年７月，経済産業省の資源エネルギー調査会は，15種類の電源ごとに2030年の発電コストを試算した結果，太陽光発電のコストが原子力発電のコストを下回ると発表した。

2　各時代の訪日外国人を題材にした問題

問１　a　雄略天皇は478年に南朝の宋(中国)に使いを送り，「安東《あんとう》大将軍倭王《わおう》」の称号を授けられた。　b　聖徳太子は607年に小野妹子を遣隋使《けんずいし》として隋(中国)に派遣した。　c　卑弥呼《ひみこ》は239年に魏《ぎ》(中国)に使いを送り，皇帝から「親魏倭王」の称号と金印・銅鏡などを授けられた。

問２　「世紀」は年代を100年ごとに区切った表し方で，下２けたが01から00になる100年間をいう。754年は701～800年の間になるので，８世紀にあたる。１の和同開珎《かいちん》の鋳造《ちゅうぞう》は708年，２の天智天皇の子の大友皇子と天皇の弟の大海人《おおあまの》皇子が皇位継承《けいしょう》をめぐって争った壬申《じんしん》の乱は672年，３の最初の全国的な戸籍である庚午年籍《こうごねんじゃく》ができたのは670年のことなので，１が８世紀のできごとになる。

問３　唐(中国)の高僧であった鑑真《がんじん》は，５度の渡航失敗と失明するという不運を乗り越《こ》え，753年，６度目の渡航で念願の来日をはたした。そして，翌54年に平城京(奈良県)に入って仏教の戒律《かいりつ》(僧の守るべきいましめ)を伝え，その後，唐招提寺《とうしょうだいじ》を建てた。平城京は唐の都・長安を手本としてつくられた都で，710年から784年まで(数年間，都がうつされた期間がある)日本の都として栄えた。１の最澄《さいちょう》が開いた天台宗の総本山・比叡山延暦寺《ひえいざんえんりゃくじ》は滋賀県にある。２の紀ノ川は奈良県から和歌山県にかけて，おおむね東から西へ向かって流れている。３について，奈良県には新幹線の駅も空港もない。

問４　平清盛は1167年に武士として初めて太政《だいじょう》大臣に就任し，政治の実権をにぎった(平氏政権)。また，白河天皇は1086年に子の堀河天皇に位をゆずって上皇となり，院政を始めた。

問５　源実朝《さねとも》は鎌倉幕府を開いた頼朝の次男で，第２代将軍で兄の頼家のあとを受けて第３代将軍に就任した。母は北条政子で，その父の北条時政(幕府の初代執権《しっけん》)は実朝にとって祖父にあたり，第３代執権の北条泰時《やすとき》はいとこになる。実朝は1219年に鶴岡八幡宮《つるがおかはちまんぐう》で頼家の子で甥にあたる公暁《くぎょう》に暗殺され，承久の乱(1221年)はこのあとに起こった。また，実朝は歌人としても知られ，歌集『金槐《きんかい》和歌集』を残した。

問６　日清戦争は1894～95年のことである。１の日英同盟の締結は1902年，２の大日本帝国憲法の発布は1889年，３の八幡製鉄所の操業開始は1901年のことなので，２が日清戦争より前のできごとになる。

問７　日清戦争の講和会議は下関(山口県)で行われ，下関条約が結ばれた。この条約では，清(中国)が朝鮮の独立を認め，日本に多額の賠償《ばいしょう》金を支払い，台湾や遼東《リャオトン》半島などの領土をゆずることとした。なお，遼東半島は条約が結ばれた直後にロシア・フランス・ドイツの三国干渉《かんしょう》により清に返還した。

問８　下関での講和会議における日本の全権は総理大臣の伊藤博文と外務大臣の陸奥宗光《むつむねみつ》，清の全権は李鴻章《りこうしょう》であった。なお，２の李舜臣《りしゅんしん》は豊臣秀吉の朝鮮出兵のときに朝鮮水軍を率いた将軍，３の李承晩《りしょうばん》は韓国(大韓民国)の元大統領，４の李参平《りさんぺい》は佐賀県の有田焼の生みの親として知られる朝鮮人陶工《とうこう》。

問９　所得倍増計画は1960年に池田勇人《はやと》内閣が掲《かか》げた政策なので，３が誤っている。

問10　朝鮮戦争(1950～53年)が始まったときの首相は吉田茂で，第二次世界大戦前は外交官として活躍《かつやく》した。戦後は政治家に転身して1946年に内閣総理大臣となり，延べ７年間にわたり政権を担当した。１の池田勇人，２の岸信介《のぶすけ》，３の鳩山《はとやま》一郎はこれ以後の総理大臣。なお，〈カードＢ〉は陳《ちん》和卿《なけい》という宋(中国)の工人，〈カードＤ〉はダグラス・マッカーサーについて述べた文。

3　**2021年のできごとを題材にした問題**

問１　**1**　2021年７月23日，新型コロナウイルス感染症《しょう》の影響《えいきょう》により１年延期された東京オリンピック大会が開催された。1964年以来２度目となる今回の大会では，紛争や迫害《はくがい》によって国や地域を追われた難民アスリート29人で構成された難民選手団が参加した。　**2**　2021年２月１日，東南アジアのミャンマーで同国国軍がクーデターを起こし，政権をにぎった。　**3**　中央アジアのアフガニスタンに駐留《ちゅうりゅう》していたアメリカ軍が撤退《てったい》すると，2021年８月15日，反政府組織タリバンが首都カブールを制圧し，再び政権をにぎった。

問２　**a**　新型コロナウィルス感染症の対策を担当しているのは厚生労働省で，感染症対策のほか，社会保障制度や労働環境の整備なども担当している。　**b**　日本人の海外渡航についての情報を発信しているのは，外国との交渉を担当する外務省である。

問３　アイヌは北海道の先住民族で，独自の言語や慣習など消えつつあるアイヌ固有の文化の継《けい》承《しょう》が求められている。

問４　自分の生き方を自分で決定できる権利を自己決定権といい，環境権・プライバシーの権利・知る権利(情報の公開を求める権利)などとともに「新しい人権」として注目されている。２は移植を必要としている人のために臓器を提供する意思を表す「臓器提供意思表示カード」で，これが自己決定権にもっとも関係が深い。なお，１は障がいや疾患《しっかん》があることが外見からわからなくても，援助や配慮《はいりょ》を必要としていることを周囲に知らせる「ヘルプマーク」，３は身体障がい者の自立と社会参加をうながすために利用される盲導《もうどう》犬・介助《かいじょ》犬・聴導《ちょうどう》犬などを表す「ほじょ犬マーク」，４は自動車の運転者が身体障がい者であることを表す「クローバー(四つ葉)マーク」。

問５　(1)　首長(都道府県知事や市区町村長)の解職請求(リコール)は，その地方公共団体の有権者の３分の１以上の署名をもって選挙管理委員会に提出する。その後，住民投票を行い，投票の過半数の賛成があれば解職が成立する。　(2)　**a**　都道府県知事の被選挙権は満30歳以上で，参議院議員と同じである。　**b**　選挙権は国政選挙でも地方の選挙でも，満18歳以上の日本国民に認められている。なお，地方議会議員の被選挙権は満25歳以上で，衆議院議員・市区町村長も同じである。

問６　(1)　資料の図において，①は地方裁判所，②は高等裁判所，③は最高裁判所である。　(2)　日本の裁判では，同一事件について３回まで審判を受けられる三審制がとられ，１審から２審に裁判のやり直しを求めるＡを控訴《こうそ》，２審から３審(最終審)に判断を求めるＢを上告という。　(3)　高等裁判所は日本の８地方に１つずつ置かれており，北から順に札幌市(北海道)・仙台市(宮城県)・東京・名古屋市(愛知県)・大阪市・広島市・高松市(香川県)・福岡市になる。

問７　資料の表において，人口が最も少ない鳥取１区を１としたとき，人口が最も多い東京９区などと２倍以上の差があることがわかる。このように選挙区によって議員１人あたりの有権者数に開きがある問題を「一票の格差」という。こうした問題は，日本国憲法第14条が定める「法の下《もと》の平等」に反することになり，改善が求められている。

問８　紅白歌合戦の出場者を年齢別の人口構成比に応じて人数(組)配分すると，2050年の総人口が9515万人で，高齢人口の比率が39.6％なので，白組の出場枠30人(組)のうち，65歳以上の高齢者は，30×0.396＝11.88より，約12人になる。

理　科　＜第１回試験＞（社会と合わせて45分）＜満点：50点＞

解　答

1　**問１**　肺動脈　**問２**　c　**問３**　赤血球　**問４**　210mL　**問５**　58％　**問６**　119mL　**問７**　肝臓　**2**　**問１**　4　**問２**　3，6　**問３**　1　**問４**　0.53倍　**問５**　75210倍　**問６**　507秒　**問７**　498年前　**3**　**問１**　ア，イ，ウ　**問２**　1，3，6　**問３**　**A**　二酸化炭素　**B**　水素　**問４**　$2.5cm^3$　**問５**　$2.8cm^3$　**問６**　0.02ｇ　**4**　**問１**　40カロリー　**問２**　1600カロリー　**問３**　6　**問４**　60　**問５**　32　**問６**　1200カロリー　**問７**　50ｇ

解　説

1　**ヒトの体内の血液循環《じゅんかん》，じん臓のはたらきについての問題**

問１　ｂの大静脈を通る全身から集められた血液は，ａの肺動脈を通って肺に送られる。

問２　小腸から吸収された栄養分は，ｈの門脈を通って肝臓《かんぞう》に送られ，そこで一時的にたくわえられる。空腹時には，この栄養分がｃの血管を通って全身へと送られる。

問３　血液中の赤血球は赤い色素のヘモグロビンを含《ふく》み，酸素を全身へ運んでいる。

問４　血液100mLあたりのヘモグロビン量が15ｇなので，１Ｌ（＝1000mL）の血液中には150ｇのヘモグロビンがある。１ｇの正常なヘモグロビンが1.4mLの酸素と結合できることから，１Ｌの血液が運搬《うんぱん》できる酸素の量は，1.4×150＝210(mL)となる。

問５　肝臓において酸素ヘモグロビンの割合が95％から40％まで，95－40＝55(％)減ったことから，肺の酸素ヘモグロビンのうち，肝臓で酸素とはなれたヘモグロビンの割合は，55÷95×100＝57.8…より，58％と求められる。

問６　１分間に糸球体へと流れこんだ1200mLの血液のうち10％の，1200×0.1＝120(mL)がろ過されて原尿《げんにょう》になった。そのうちで，細尿管を通過するときに毛細血管へと再吸収されず，そのまま尿になったものが１分間に１mLだったので，１分間で，120－１＝119(mL)の原尿が再吸収されたことになる。

問７　体内で発生した有害なアンモニアは，肝臓で毒性の少ない尿素へと変えられたのち，糸球体でろ過されて尿として体外へ排出《はいしゅつ》される。

2　**天体についての問題**

問１　太陽のように，自ら光を出してかがやいている天体を恒星《こうせい》という。また，恒星のまわりを公転している天体を惑星《わくせい》，惑星のまわりを公転している天体を衛星という。

問２　太陽のまわりを公転する惑星を太陽に近い順に並べると，水星，金星，地球，火星，木星，土星，天王星，海王星となる。よって，水星と金星が地球の軌道《きどう》より内側を公転している。

問３　こと座の１等星ベガ，わし座の１等星アルタイル，はくちょう座の１等星デネブを結んでできる三角形を夏の大三角という。

問４　イオとエウロパの母天体である木星の重さを１としたとき，エウロパの重さが$\frac{2.5}{100000}$，イオの重さが$\frac{4.7}{100000}$なので，エウロパの重さはイオの重さの，$\frac{2.5}{100000} \div \frac{4.7}{100000} = \frac{2.5}{4.7} = 0.531\cdots$より，0.53倍となる。

問５　太陽の大きさは地球の109倍で，ベテルギウスの大きさは太陽の690倍なので，ベテルギウスの大きさは地球の，109×690＝75210(倍)になる。

問６　１光年は95000000×100000kmなので，太陽から地球までの距離《きょり》は，$95000000 \times 100000 \times \frac{1.6}{100000} = 95000000 \times 1.6 = 152000000$(km)である。この距離を秒速300000kmの光が進むと，152000000÷300000＝506.6…より，507秒かかる。

問７　１光年は光が１年間に進む距離で，ベテルギウスは地球から498光年離《はな》れた場所にあるので，現在の地球では498年前にベテルギウスが出した光を見ていることになる。

3 化学変化についての問題

問１　塩酸に重曹《じゅうそう》(炭酸水素ナトリウム)を加えると，二酸化炭素(気体Ａ)が発生するとともに塩化ナトリウム(食塩)ができる。塩酸に亜鉛《あえん》を加えると，水素(気体Ｂ)が発生するとともに塩化亜鉛ができる。塩酸に水酸化ナトリウム水溶液《すいようえき》を加えると，塩化ナトリウム(食塩)ができる。これら３つの反応でできた塩化ナトリウムや塩化亜鉛は水に溶《と》ける白色の固体なので，蒸発皿に入れて加熱すると固体が残る。

問２　気体Ａの二酸化炭素は空気より重い気体なので，上方置換《ちかん》で集めることはできない。二酸化炭素が固体になったものをドライアイスといい，これを20℃の空気中に置いておくと白いけむりが出るが，これは空気中の水蒸気がドライアイスによって冷やされてできた細かい水滴《すいてき》や氷の粒《つぶ》の集まりで，二酸化炭素の粒ではない。また，二酸化炭素は水に少し溶けて，水溶液は弱酸性を示す。

問３　実験１では二酸化炭素が，実験２では水素が発生する。

問４　塩酸が５cm^{3}入っているエの容器に，水を10cm^{3}加えてからその半分を取り出すと，取り出した水溶液の中にはもとの塩酸が2.5cm^{3}含まれている。実験３より，もとの塩酸と水酸化ナトリウム水溶液を，５：５＝１：１の割合で混ぜると完全中和するので，2.5cm^{3}の塩酸を完全中和させるのに必要な水酸化ナトリウム水溶液も2.5cm^{3}である。

問５　実験２で未反応の亜鉛が残ったことから，イの容器に入っていた５cm^{3}の塩酸はすべて反応すると，11.2cm^{3}の気体Ｂが発生する。一方，オの容器に入っていた塩酸に水を加えてうすめてから$\frac{1}{4}$に分けた水溶液には，もとの塩酸が$\frac{1}{4}$含まれているので，十分な量の亜鉛を加えたときに発生する水素の量は，$11.2 \times \frac{1}{4} = 2.8$(cm^3)になる。

問６　この実験で用いた塩酸1000cm^{3}には塩化水素7.3ｇが溶けていたことから，エの容器から取り分けた水溶液中に含まれる，もとの塩酸2.5cm^{3}には，$7.3 \times \frac{2.5}{1000} = 0.01825$(ｇ)の塩化水素が溶けている。塩化水素36.5ｇと水酸化ナトリウム40ｇで完全に中和することがわかっているため，問４で答えた2.5cm^{3}の水酸化ナトリウム水溶液中に溶けている水酸化ナトリウムの重さは，$40 \times \frac{0.01825}{36.5} = 0.02$(ｇ)と求められる。

4 水の状態変化と熱量についての問題

問１　20ｇの氷がとけると20ｇの水になる。20ｇの水を０℃から100℃まで100℃上昇《じょうしょう》させるには，20×100＝2000（カロリー）の熱量が必要で，この熱量が，100－50＝50（秒間）に加えられていたので，１秒あたりでは，2000÷50＝40（カロリー）となる。

問２　０℃の氷20ｇを０℃の水に変えるのに，50－10＝40（秒）かかっているので，このときに加えられた熱量は，40×40＝1600（カロリー）になる。

問３　表１のＡで，20℃の水20ｇは，20×（68－20）＝960（カロリー）の熱量を得て，80℃の水80ｇは，80×（80－68）＝960（カロリー）の熱量を失っている。これは，ＣやＤでも同じ結果になることから，低温の水が高温の水から得た熱量は，高温の水が低温の水によって失う熱量と等しくなるといえる。

問４　表１のＢで，20℃で30ｇの水は，60－20＝40（℃）上昇したので，30×40＝1200（カロリー）の熱量を得た。同時に，80℃の水は1200カロリー失って60℃になったので，80℃の水の量は，1200÷（80－60）＝60（ｇ）とわかる。

問５　０℃の水を基準として，表１のＥで混ぜた水が持つ熱量をそれぞれ計算すると，20℃の水80ｇが持つ熱量は，80×20＝1600（カロリー），80℃の水20ｇが持つ熱量も，20×80＝1600（カロリー）になる。これらの水が持つ熱量を使って，80＋20＝100（ｇ）の水を０℃からあたためたと考えると，（1600＋1600）÷100＝32（℃）になる。

問６　温度の高い水から温度の低い油へと熱が移動して，100ｇの水は，80－68＝12（℃）下がったので，移動した熱量は，100×12＝1200（カロリー）となる。

問７　入れた油の重さを□ｇとすると，１ｇの油を１℃上昇させるには0.5カロリーの熱が必要なので，68－20＝48（℃）上昇させるには，□×48×0.5（カロリー）必要で，これが1200カロリーだから，□×48×0.5＝1200より，□＝50（ｇ）と求められる。

国　語　＜第１回試験＞（45分）＜満点：100点＞

解　答

□一 **問１**　下記を参照のこと。　**問２**　4　**問３**　ろにある。　**問４**　1　**問５**　2　**問６**　2　**問７**　時間的距離　**問８**　行動的なわかり方　**問９**　(3)，(4)，(6)　□二 **問１**　Ａ　1　Ｂ　4　**問２**　2　**問３**　3　**問４**　2　**問５**　4　**問６**　3　**問７**　雪の一本道　**問８**　タンチョウ　**問９**　4　**問10**　1　□三 **問１**　2　**問２**　Ｅ　**問３**　3　**問４**　体言止め　**問５**　Ｆ　**問６**　Ｅ　**問７**　①　Ｉ　②　Ｇ　**問８**　3　**問９**　2　**問10**　①　じ　②　いし　③　たけのこ

●漢字の書き取り

□一 **問１**　a　文脈　b　機構　c　操作　d　研究

解　説

□一 **出典は海《かい》保《ほ》博之《ひろゆき》の『読ませる技術聞かせる技術　心を動かす，わかりやすい表現のコツ』による。**「わかり方」について，論理的わかり方，行動的わかり方，直観的わかり方に分けて説明している。

問１　a　文の意味のつづき具合。すじみちのこと。　b　しくみ。組み立て。　c　機械などを動かして働かせること。　d　物事を深く考え，細かく調べること。

問２　波線部の「いとも」は“実に”“非常に”という意味なので，４が選べる。

問３　もどす文の最初にある「すなわち」は前の内容を別の言葉で言いかえるときに使う。「行動と環境《かんきょう》変化との間に介在《かいざい》」という言葉がぼう線ｂの前にあるが，この機構について知ろうとしないということは，もどす文の「過程をブラック・ボックスに」することにあたるので，「機構については知ろうとしないところにある」の後に入れるのがよい。

問４　ぼう線①をふくむ段落と次の段落で，「論理的わかり方」としてよく知られている帰納論理と演繹《えんえき》論理を教えこむことが近代教育の目標だったが，その結果，多くの人々が共通したわかり方の枠組《わくぐ》みを持つことができるようになり，社会や文化の維持《いじ》と発展につながったと述べられている。

問５　「転導推理」とは，「たった一つの個別的な事例から，いとも簡単に一般的な結論を引き出してしまう」ものだと説明されている。２はこれにあたらず，演繹論理にあたる。なお，１は，約束の時間に遅《おく》れる理由は寝坊《ねぼう》だけではないこと，３は，背が高い人すべてがバスケットボールが得意ではないこと，４は，子ども全員がイチゴが大好きなわけではないことから，転導推理といえる。

問６　第一段落で説明されているように，大前提と小前提とから正しく結論が導き出せているので，２が正しい。なお，１の図形Ａは正三角形でなくても二等辺三角形である可能性はあること，３の「業績が上がっていない」理由は，たとえば体調不良などのように「努力が足りない」こと以外の可能性もあること，４ではテレビもインターネットほどではなくても人気がある場合も考えられることから，正しい推論といえない。

問７　次の文に，「この距離《きょり》が～(たかだか20秒以内)にとどまれば」とある。「この」はすぐ前を指すので，空らんには時間によって表される距離を意味する「時間的距離」が入るとわかる。

問８　同じ文中の「これ」は，前文にある「このたぐいのわかり方」を指す。「このたぐいのわかり方」とは，さらに前の文の「行動的なわかり方」を指すので，ぼう線④は「『行動的なわかり方』も不明なマニュアルが多い」ことを言っているとわかる。

問９　十五歳《さい》未満の小児の服用を禁じていることから(3)，二日間朝昼晩に服用すると服用は６回になるが，５～６回服用しても症状《しょうじょう》が改善しないなら服用を中止するように書かれていることから(4)，外箱がないと使用期限がわからないが，使用期限が不明なものの服用は禁じられていることから(6)が選べる。

二　**出典は原田《はらだ》マハの『さいはての彼女《かのじょ》』所収の「冬空のクレーン」による。**職場を飛び出した「私」は，雄大《ゆうだい》な自然の中，天羽さんと話すうちに前向きな気持ちを取り戻《もど》し，新たな気持ちで東京に戻《もど》ろうと決める。

問１　**Ａ**　「上気」は，興奮《こうふん》して顔がほてること。　**Ｂ**　「面食らう」は，とつぜんのことにまごつくこと。

問２　この後，「私」が職場に戻れないかもしれないと聞いて天羽さんは驚《おどろ》いている。よって，２がふさわしい。なお，この時点では，天羽さんは仕事を放り出してきたと気付いていないので，１はふさわしくない。また，前書きに天羽さんは「私」を知っていたとあるので，「出会ったばかり」とある３も合わない。「私」が職場に戻ることが前提である４も誤り。

問３　前後に注意する。職場から逃《に》げてきた「私」は，新しいことに挑戦《ちょうせん》した天羽さんのような勇気はなく，一方で職場に戻ることもできないと考え，どうすればよいかわからずにいた。だが，天羽さんからは，ひそかに期待していた慰《なぐさ》めの言葉ではなく，たしなめる言葉をかけられたので，

３が合う。

問４　東京の風景を変えることなど一人ではできないと言うと，天羽さんは，この釧路《くしろ》のサンクチュアリも個人の意志から始まったと話し，「私」をはげました。壮大《そうだい》な風景の中，感動で心が解き放たれた「私」は天羽さんの言葉を受け入れ，前向きな気持ちを取り戻したと考えられるので，２がよい。

問５　この後，「私」は「志保です。よろしく」と名刺《めいし》を差し出している。自分にまっすぐ向き合ってくれた天羽さんに対しては，公的な肩書《かたが》きを外した一人の人間として接したいと「私」は考えたのだと想像できる。よって，４がふさわしい。

問６「少し前の私なら，何を嫌《いや》みな，とむっとしただろう」と続いており，横川君は「私」が休《きゅう》暇《か》中だと知っていることがうかがわれる。休暇中だと知りながら，「私」に電話することに緊張《きんちょう》して，「お忙《いそが》しいですか」というずれた質問を横川君がしたことをこっけいに感じているのである。

問７　空らんには，「私」の目の前にどこまでも続くものの名前が入る。「私」は「雪の一本道」を車で走っている最中，電話を受けて車を停《と》めたことが前に書かれている。

問８「私」は，自分の見ている「クレーン」は「飛んでる」と心の中でつぶやいて笑っている。東京ではクレーンが空中を蠢《うごめ》いているが，釧路で空中を飛んでいるのは「タンチョウ」である。

問９　職場を飛び出した「私」は，雄大《ゆうだい》な自然の中，天羽さんとの会話で前向きな気持ちを取り戻し，横川君との電話で彼《かれ》との関係も修復され，職場に戻る気持ちになっている。真っ白に広がる風景を少しずつ進む姿は，新しい気持ちでまた仕事に向き合おうとする「私」の内面を表している。

問10　本文の地の文は，最初から最後まで「私」の視点を通して表現されている。よって，１がふさわしい。なお，本文中の「…」はためらいやとまどいで言葉が切れるようすを表していること，「負けちゃったんですから」という「私」の言葉が地の文に書かれていること，タンチョウや雪は北海道の壮大《そうだい》な自然の一部として描《えが》かれており，「私」のスケジュールとは関係がないことから，２～４は合わない。

三 **さまざまな詩歌《しいか》**。北原白秋《きたはらはくしゅう》の「雨」，正岡子規《まさおかしき》や良寛《りょうかん》，寂蓮法師《じゃくれんほうし》などの短歌（和歌）が紹介《しょうかい》されている。

問１　すべての連の最初に「雨がふります　雨がふる」という一行がくり返されているのは，くり返しによって強調を期待する技法である「反復法」にあたる。２にある「対句《ついく》法」は，関連がある内容で組み立てる似た言葉を並べる技法なので，合わない。

問２　【Ａ】の第三連では，雨の中にいる小雉子《こきじ》について，寒くて寂《さび》しい思いをしているだろうとその心情を思いやっている。【Ｅ】では，その年初めての時雨に打たれて寒い中，猿《さる》も小さな蓑《みの》で時雨から身を守りたいことだろうと，やはり動物を思いやる気持ちがよまれている。

問３　【Ａ】には「雨がふります　雨がふる」，【Ｄ】には「雨のふる～傘《かさ》すれば」とあり，雨が降っている最中の情景であることが明らかである。一方，「村雨《むらさめ》の露《つゆ》もまだ干《ひ》ぬ」とある【Ｂ】は雨が上がってから間もないことがわかり，「五月雨の晴れ間」とある【Ｃ】と同様に，雨が上がった情景を描いている。

問４　【Ｂ】は「夕暮れ」，【Ｄ】は「山吹《やまぶき》」と，いずれも体言（名詞）で終わっており，文末を体言で止めることによって余韻《よいん》を生み，印象を深める技法である「体言止め」が使われている。

問５　【Ｆ】には季語がない。また，急な雨に雨宿りをしていたところ，雨ははげしくなるばかりなので，本降りになってから雨の中をかけ出す羽目になったというおもしろみのある内容である。

問６　【Ｅ】の季語の「時雨《しぐれ》」は，冬の初めごろ，一時的に降ったりやんだりする雨を指し，冬の季語となっている。なお，【Ｇ】の「夕立」，【Ｈ】の「さみだれ」は夏の季語。【Ｆ】は川柳《せんりゅう》なので季語がない。

問７　①　東北地方を流れる急流で知られる「最上川」が，降り続く五月雨で水量が増し，ごうごうと早く流れているようすを見てよんだ句である【Ｉ】が選べる。　②　急に降ってきた夕立から身をかくそうと，すずめの群れが草の葉をつかみ，雨宿りをしようとしている情景をよんだ【Ｇ】が合う。

問８　松尾芭蕉《まつおばしょう》と与謝蕪村《よさぶそん》は，いずれも江戸時代中ごろの俳人である。

問９　２の「あまぐ」が湯桶《ゆとう》読みにあたる。

問10　①「雨降って地固まる」は，一度もめた後はかえって落ち着いてうまくいくということ。②「雨だれ石をうがつ」は，根気強く続ければ必ず成功するということ。　③「雨後のたけのこ」は，同じようなものが次々と現れることのたとえ。

Memo

2022年度　東京都市大学付属中学校

〔電　話〕(03) 3415－０１０４
〔所在地〕〒157-8560　東京都世田谷区成城１－13－１
〔交　通〕小田急線－「成城学園前駅」より徒歩８分
バス－東京都市大付属中高前

【算　数】〈第２回試験〉（50分）〈満点：100点〉

［注意］定規，三角定規，分度器，コンパス，計算機は使ってはいけません。

１　次の□に当てはまる数を答えなさい。また，問８の解答をかきなさい。

問１　$\left(\frac{5}{3}+\frac{8}{5}\right)\div\frac{7}{6}-2\frac{1}{5}=$□

問２　25 cm×3 m×4000 mm＝□L

問３　20人で毎日８時間働くとちょうど42日で終わる仕事を，□人で毎日４時間働くとちょうど30日で終わらせることができます。

問４　太郎《ろう》君は毎分 90 m で家から公園へ，二郎君は毎分 60 m，三郎君は毎分 45 m で公園から家へ３人が同時に出発しました。途《と》中で太郎君と二郎君がすれちがってから２分後に太郎君と三郎君がすれちがいました。家から公園までは□m です。

問５　０から６までの７個の数字で４けたの整数をつくり，小さい順に並べます。同じ数字をくり返して使ってもよいとき，2022は□番目になります。

問６　右の図のような１辺の長さが６cm の正方形と半径６cm の円の一部を合わせた図形があります。斜線《しゃせん》部分の面積は□cm² です。ただし，円周率は3.14とします。

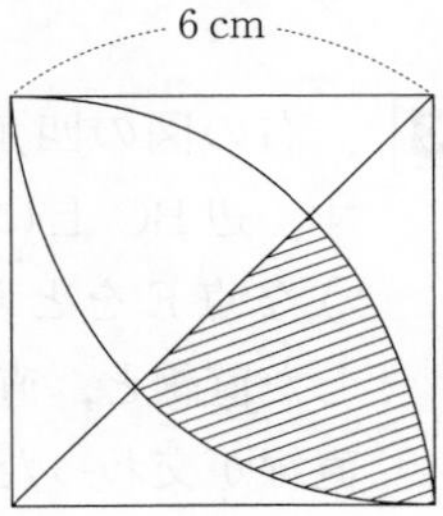

問７　下の図の点線の１マスは１辺の長さが１cm の正方形です。斜線部分の図形を，直線 DE を軸《じく》にして１回転させたときにできる立体の体積は□cm³ です。ただし，円周率は3.14とします。

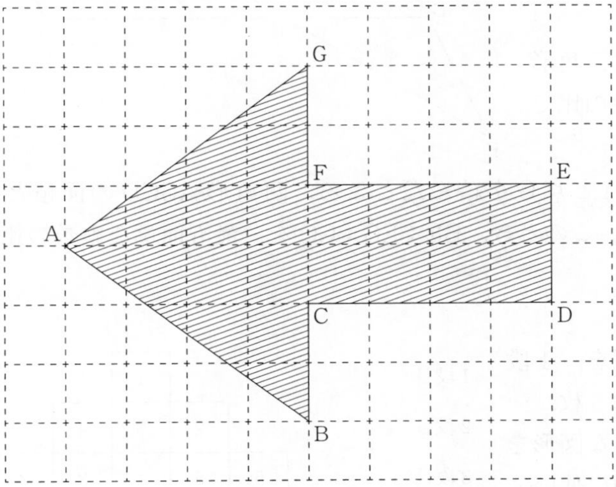

問８　AさんとBさんがサイコロ３個を同時に投げてゲームをすることにしました。Aさんが「出た目の数の和が９なら私の勝ち，出た目の数の和が10ならBさんの勝ち，それ以外の時は引き分けにしよう。和が９になる組合せは，(1，2，6)，(1，3，5)，(1，4，4)，

(2, 2, 5), (2, 3, 4), (3, 3, 3)であって，和が10になる組合せは，(1, 3, 6), (1, 4, 5), (2, 2, 6), (2, 3, 5), (2, 4, 4), (3, 3, 4)の６通りどうしで，出やすさが同じだから公平だよね。」

と言いました。Ａさんの主張は正しいか正しくないか答えなさい。さらに，その理由も答えなさい。

2　あるキャンプ場では，入場料は大人１人あたり700円，子ども１人あたり400円です。また，キャンプをするための場所である「区画」を貸し出していて，その代金は入場料に加えて１か所あたり3000円かかります。このキャンプ場では，１か所の「区画」に大人２人と子ども２人を入れて，すべての「区画」を貸し出すと，合計で312000円の売り上げがあります。また，すべての「区画」には少なくとも１人の大人がいなければなりません。消費税は考えないものとして，あとの問いに答えなさい。

問１　「区画」は，全部で何か所ありますか。

問２　ある日，このキャンプ場には大人と子どもが合わせて95人入場しました。また，「区画」を32か所貸し出し，売り上げは149300円でした。この日，子どもは何人入場しましたか。

問３　別のある日，キャンプ場の売り上げは91300円でした。また，この日はできるだけ多くの「区画」を貸し出し，入場する人をできるだけ少なくなるようにしました。この日，大人は何人入場しましたか。

3　右の図の四角形ABCDは平行四辺形です。辺BC上にBE：EC＝３：５になるような点Ｅをとり，辺ABをＢの方へのばした直線と，直線DEをＥの方へのばした直線が交わった点をＦとします。あとの問いに答えなさい。

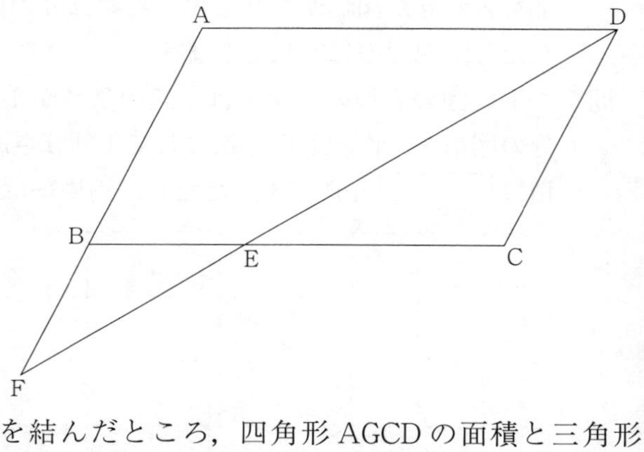

問１　(平行四辺形ABCDの面積)：(三角形AFDの面積)を，最も簡単な整数の比で表しなさい。

問２　辺BC上に点Ｇをとり，頂点Ａと点Ｇを結んだところ，四角形AGCDの面積と三角形AFDの面積が等しくなりました。このとき，BE：EG：GCを，最も簡単な整数の比で表しなさい。

4　１から６の数字が書かれたカードを，１段目に１枚，２段目に３枚，３段目に５枚，…と左から順に並べて，右の図のような図形を作ります。カードは１から６まで順に使い，６の次は１を使います。あとの問いに答えなさい。

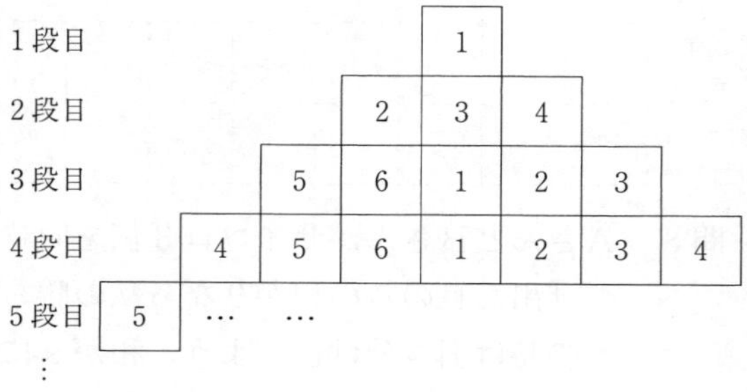

問１　１段目から11段目の最後までカードを並

べたとき，カードに書かれている数字をすべて足すと合計はいくつになりますか。

問２　１段目から24段目の最後までカードを並べたとき，それぞれの段の両端《はし》のカードに書かれている数字をすべて足すと合計はいくつですか。ただし，１段目は１を１回だけ足すこととします。

5　右の【図１】のような，直方体から直方体を切り取った形をした水そうがあります。水そうにはＡ，Ｂの２つのじゃ口《ぐち》が底面Ｐを含む部分に水が入るようについていて，水そうの中は【図１】のようにしきり板で二つの部分に分けられています。なお，しきり板の厚みは考えないものとします。

この空《から》の水そうに，はじめにじゃ口Ａから水を毎分５Ｌ入れました。水を入れ始めてから５分30秒後にじゃ口Ａを閉めて，じゃ口Ｂを開いて水を毎分３Ｌ入れました。さらにその後，じゃ口Ａを再び開いて，そのまま満水になるまで２つのじゃ口から合わせて水を毎分８Ｌ入れました。

また，下の【図２】は空の状態から水を入れ始めてからの時間と底面Ｐからはかった水面までの高さの関係を表したグラフで，【図３】は空の状態から水を入れ始めてからの時間と底面Ｑからはかった水面までの高さの関係を表したグラフです。あとの問いに答えなさい。

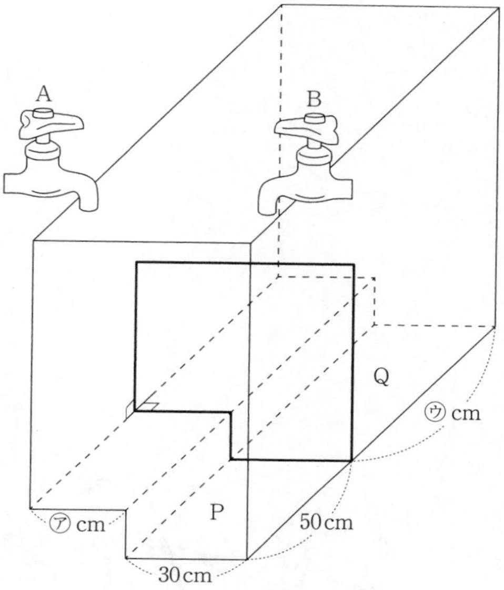

【図１】

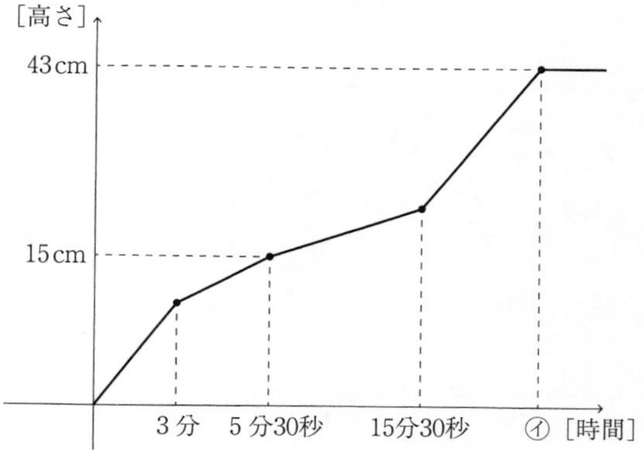

【図２】

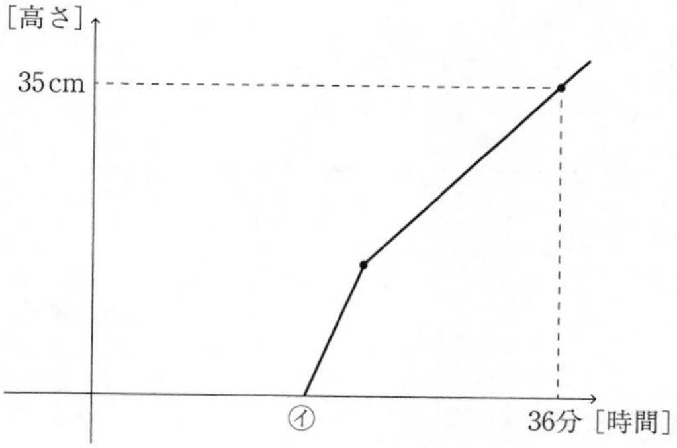

【図３】

問１　㋐の長さは何cmですか。

問２　㋑の時間は何分何秒ですか。

問３　㋒の長さは何cmですか。

【社　会】〈第２回試験〉（40分）〈満点：75点〉

［注意］　解答は，特に指定がない場合は，ひらがなで構いません。

1　次の地図を見て，あとの問いに答えなさい。

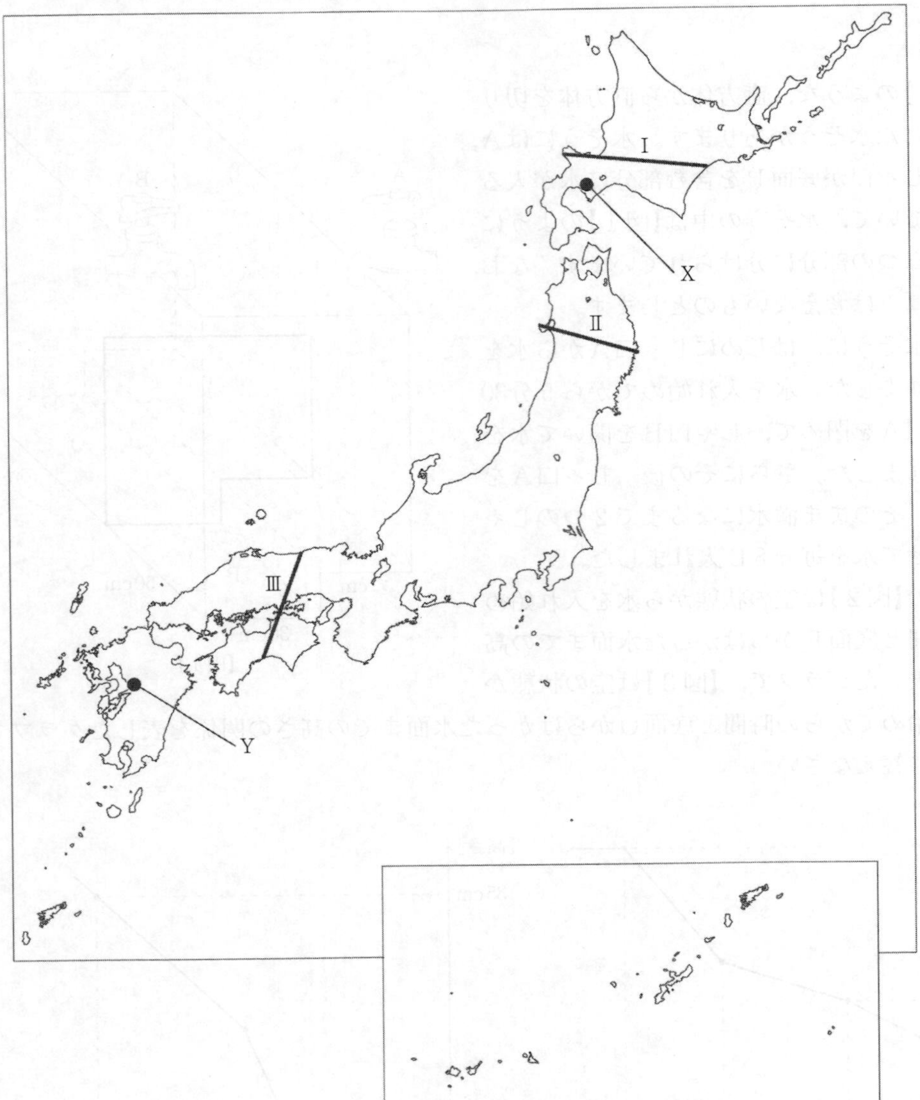

図１

問１　次の図２は，図１中の線分Ⅰの断面図です。あとの問いに答えなさい。

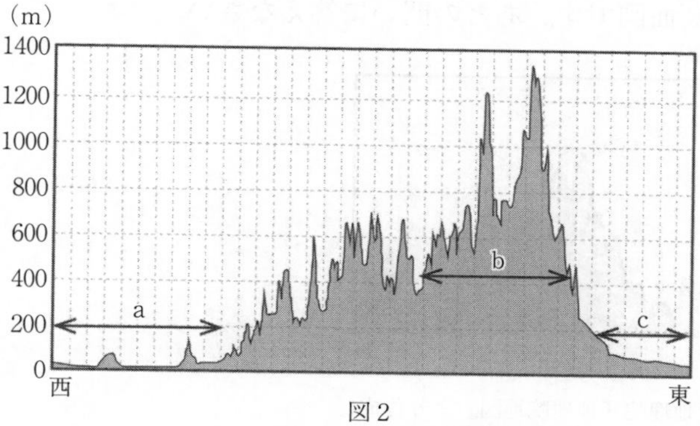

図２
(国土地理院『地理院地図』より作成)

(1)　図２中のａ(平野)・ｂ(山脈)の名称をそれぞれ答えなさい。

(2)　図２中のｃについて，地域の中心都市の名称と地域で行われている農業について説明した文の正しい組合せを下の１～４から一つ選び，番号で答えなさい。

〈説明文〉

あ　農業に不向きな泥《でい》炭地が広がる土地であったが，河川の整備や土壌《どじょう》を入れかえる改良を重ねた結果，現在では米の生産が盛んに行われている。

い　農業に不向きな火山灰土が広がる土地であったが，土壌の改良を進めた結果，現在では広い耕地を活かした大豆やじゃがいもの大生産地となっている。

１　都市―帯広　説明―あ

２　都市―帯広　説明―い

３　都市―釧路　説明―あ

４　都市―釧路　説明―い

問２　図１中のＸについて，観光地として知られているこの地域では，2008年に北海道洞爺湖サミットが開催され，G7と呼ばれる主要国のトップによる会議が開催されました。次の問いに答えなさい。

(1)　G7に含まれる国々を次の１～５からすべて選び，番号の小さい順に答えなさい。

１　イタリア

２　カナダ

３　スペイン

４　中国

５　ロシア

(2)　日本で開催されたG7サミット(主要国首脳会議)は，現在まで６回開催されています。１～４のサミットを開催順に正しく並べかえなさい。

１　伊勢志摩サミット(三重県伊勢市)―開催国首相：安倍晋三

２　沖縄サミット(沖縄県名護市)　　―開催国首相：小渕恵三

３　東京サミット(東京都港区)　　　―開催国首相：宮澤喜一

４　洞爺湖サミット(北海道虻田《あぶた》町)　―開催国首相：福田康夫

(3)　洞爺湖は火山の爆発によって作られた大きなくぼ地に水がたまって形成された湖です。

このような湖を何と呼びますか。解答らんにあうように答えなさい。

問３　次の図３は，図１中の線分Ⅱの断面図です。あとの問いに答えなさい。

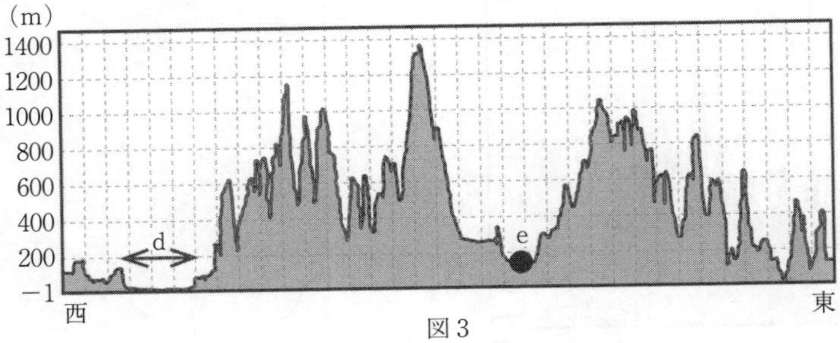

図３

(国土地理院『地理院地図』より作成)

(1)　図３中のｄは，かつて琵琶湖に次ぐ広さの湖でしたが，大規模な干拓を行って広大な水田が作られました。この干拓地の名称を漢字で答えなさい。

(2)　図３中のｄには，北緯40度と東経140度の交点があります。

①　北緯40度線上に位置する都市を次の１～４から一つ選び，番号で答えなさい。

１　上海　　２　ロンドン　　３　ニューヨーク　　４　北京

②　東経140度を通過する都道府県の正しい組合せを次の１～４から一つ選び，番号で答えなさい。

１　宮城県・福島県

２　茨城県・千葉県

３　群馬県・埼玉県

４　東京都・神奈川県

(3)　次の文は図３中の都市ｅに県庁を置く県について説明したものです。都市ｅの名称を漢字で答えなさい。

この県では古くから地元に豊富にあった砂鉄や漆，燃料にする木材などの資源を用いて工芸品が作られてきた。また，県の南西部の地域には「仏国土(浄土)を表す建築・庭園及び考古学遺跡群」として世界文化遺産に登録されている。

問４　次の図４は，図１中の線分Ⅲの断面図で，都市ｆ～ｈには全て県庁が置かれています。あとの問いに答えなさい。

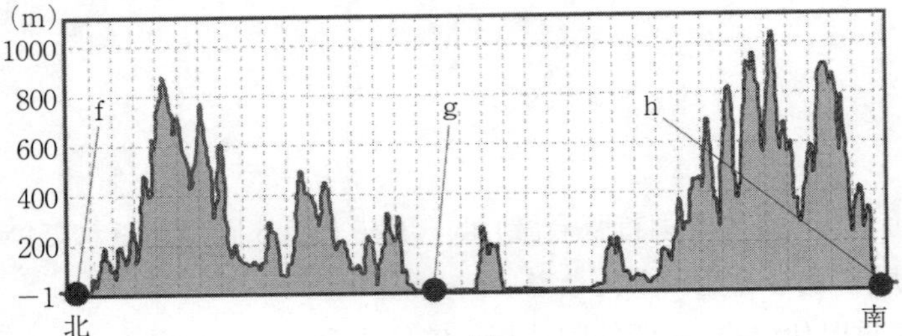

図４

(国土地理院『地理院地図』より作成)

(1)　次のページの図５は，図４中の都市ｆ～ｈの雨温図で，１～３のグラフはそれぞれ都市ｆ～ｈのいずれかにあてはまります。都市ｆにあてはまるものを１～３から選び，その雨温図を選択した理由を20字以内で答えなさい。

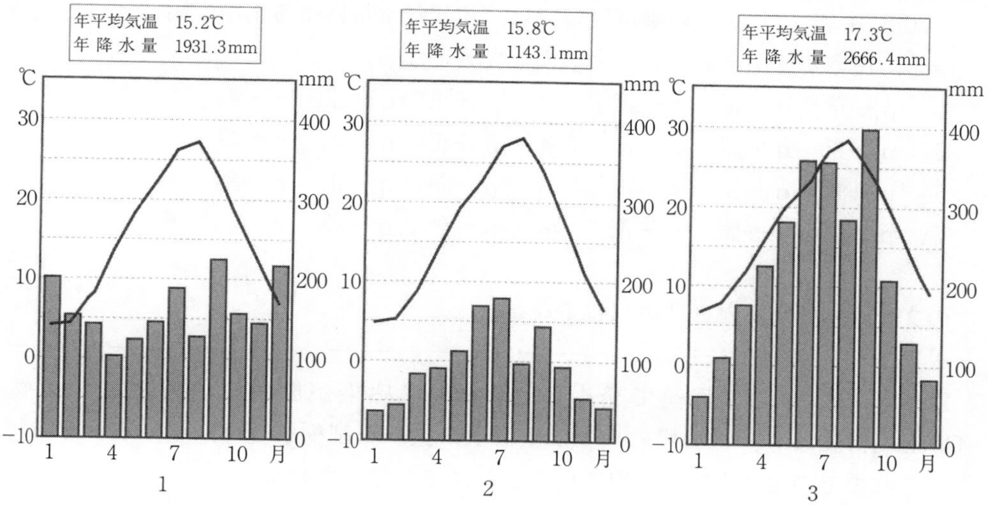

図５

⑵　図４中の都市ｇの名称を漢字で答えなさい。

⑶　次の図６は，図４中の都市ｈにおける津波災害を予測した地図です。このような地図の名称をカタカナ７字で答えなさい。

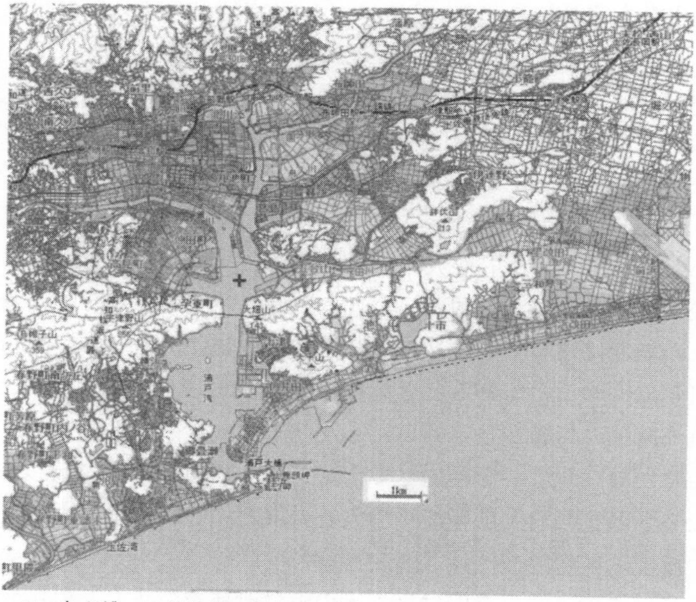

※　色が濃いほど被害の度合いが大きい。

図６

（地方自治体のHPより引用）

問５　図１中の都市Ｙを県庁所在地とする県で発生したｐ～ｒの出来事の正誤をそれぞれ判定して，正しい組合せを下の１～８から一つ選び，番号で答えなさい。

ｐ　県内を中心に大規模な神経性の中毒症状が発生し，1959（昭和34）年に原因物質が工場排水に含まれるカドミウムであることが認められた。

ｑ　2016（平成28）年４月の地震では，震源周辺の町村では多くの家屋が倒壊《とうかい》したほか，観光地でもある城址の屋根瓦《かわら》や石垣が崩壊《ほうかい》するなどの甚大《じんだい》な被害が生じた。

r　2021(令和3)年7月の豪雨災害では，線状降水帯による集中豪雨によって筑後川がはん濫《らん》し，住宅が流出するなどの大規模な災害となった。

1　p－正　q－正　r－正　　2　p－正　q－正　r－誤
3　p－正　q－誤　r－正　　4　p－正　q－誤　r－誤
5　p－誤　q－正　r－正　　6　p－誤　q－正　r－誤
7　p－誤　q－誤　r－正　　8　p－誤　q－誤　r－誤

2　次の文を読んで，あとの問いに答えなさい。

2019年末に中国の武漢で発生し，世界中に感染が広がった新型コロナウイルス(Covid-19)により，世界中の人々が生活上の大きな制約を受け，発生から2年経った今も，それまでの生活を完全に取り戻すことはできていません。

歴史を振り返ると，このような感染症や疫病の広がりによって多数の犠牲者が出たり，人々の生活に大きな影響を与えたことは，これまでにもたくさんありました。

(ア)弥生時代から(イ)飛鳥・奈良時代にかけて，日本は(ウ)朝鮮半島や中国大陸との交流の中でヤマト政権を成立させ，仏教を導入して(エ)中国王朝をモデルとした国家建設を進め，(オ)中国の正史をまねた歴史書も編纂しました。このため，日本列島の感染症の記録もかなり古くまでさかのぼることができます。それによると，新羅からの使節がやってきたり，遣唐使が中国人や(カ)ペルシア人をともなって帰国したりする中で，735(天平7)年に大宰府で天然痘《てんねんとう》とみられる感染症が流行し，その後，平城京でも多くの人が亡くなったようです。東大寺の大仏は，その平癒《へいゆ》を願って建立されたものでした。

(キ)14世紀にはモンゴル帝国がユーラシア全域に支配を広げて東西交流が活発化したことから，ユーラシア全土で(ク)ペスト(黒死病)が大流行し，特にヨーロッパにおいて甚大な被害が出ました。13世紀後半にはモンゴル帝国(元)が日本に侵攻しましたが，このときに日本にペストが持ち込まれた記録は残っていません。歴史書の記録によると，中国(元)でペストが流行したのは1331年以後のことであると考えられています。

16世紀になると，大航海時代の影響が日本列島にも及びます。この結果，アメリカ大陸を起源とする感染症の梅毒《ばいどく》がヨーロッパを経由して南アジア，東南アジアに伝わり，日本を含む東アジアにももたらされました。加藤清正や大谷吉継といった(ケ)戦国大名も梅毒に罹患《りかん》したと考えられています。

17世紀初めから19世紀半ばまで，江戸幕府は日本人の海外渡航を禁止し，外国貿易を長崎に限定する政策をとりました。しかし，薩摩藩・［　A　］王国を通じて中国と，［　B　］藩を通じて朝鮮と，［　C　］藩を通じてアイヌとの貿易がおこなわれていました。このような中，江戸時代には天然痘や麻疹(はしか)が度々大流行をおこしたことが記録に残されています。

19世紀には，欧米列強が植民地を求めて海外進出を強化したことで，インドの風土病だったコレラが世界中に広がり，(コ)開国した日本でも大流行して江戸を中心に多くの犠牲者が出ました。これも一因となって，幕末には(サ)攘夷運動も高まりました。(シ)明治時代に入ると日本でも産業革命が進み，労働者が不衛生な環境で過酷な労働を強いられたことなどから結核《けっかく》が「国民病」と呼ばれるほど流行し，(ス)昭和20年代まで日本人の死因の第一位を占めるほどでした。

(セ)第一次世界大戦中には，スペイン風邪と呼ばれる新型インフルエンザが世界中で猛威を振るい，日本でも波状的に感染が拡大し，若い世代を中心に多くの犠牲者を出しました。

このように，いつの時代も人間の歴史は感染症や疫病とともにあり，現在に至っています。そしてこれからも，わたしたち人間は感染症などの危機を乗り越えながら，よりよい世界の構築を目指して前に進んでいく他ないでしょう。

問１　下線部(ア)について述べた文ａ・ｂの正誤の組合せとして正しいものを下の１～４から一つ選び，番号で答えなさい。

ａ　青森県の三内丸山遺跡の周囲には濠《ほり》や柵《さく》が張り巡らされていて，他の集落との争いがあったことが推定されている。

ｂ　１世紀中頃に邪馬台国の女王卑弥呼が中国に遣いをおくったことが，『後漢書』東夷伝に記録されている。

１　ａ－正　ｂ－正　　２　ａ－正　ｂ－誤

３　ａ－誤　ｂ－正　　４　ａ－誤　ｂ－誤

問２　下線部(イ)について述べた文として誤っているものを次の１～５から一つ除外し，残った四つの文を年代順に並べかえなさい。

１　大海人《おおあま》皇子が壬申の乱に勝利した。

２　厩戸《うまやど》皇子が十七条の憲法を定めた。

３　中大兄皇子らが大化の改新をおこなった。

４　藤原道長が摂政に就任した。

５　聖武天皇が東大寺の大仏の造立を命じた。

問３　下線部(ウ)について，次の１～４の文を，年代順に並べかえなさい。

１　鑑真が来日した。

２　最澄と空海が中国で仏教を学んだ。

３　小野妹子が中国に派遣された。

４　白村江の戦いで日本が敗れた。

問４　下線部(エ)について，８世紀初めに藤原不比等らが中心となって作成し，制定された法令の名称を，漢字で答えなさい。

問５　下線部(オ)について，720年に成立した日本初の正史(歴史書)の名称を，漢字で答えなさい。

問６　下線部(カ)について，「ペルシア」とは主に現在のどの国家に相当する地域ですか。現在の国名をカタカナで答えなさい。

問７　下線部(キ)について，この時期に日本でおこった出来事として誤っているものを，次の１～５からすべて選び，番号の小さい順に答えなさい。

１　建武の新政がおこなわれた。

２　文永の役・弘安の役がおこった。

３　六波羅探題が設置された。

４　永仁の徳政令が出された。

5　南北朝が合一された。

問8　下線部(ク)について，1894年にペスト菌《きん》を発見し，「日本の細菌学の父」と呼ばれる人物は誰ですか。漢字で答えなさい。

問9　下線部(ケ)について，最初の戦国大名とも言われ，小田原を拠点に支配を広げた人物は誰ですか。漢字で答えなさい。

問10　文中の A ～ C にあてはまる語句をそれぞれ漢字で答えなさい。

問11　下線部(コ)について述べた文として，内容が正しいものを次の1～4から一つ選び，番号で答えなさい。

1　1858年，幕府の大老井伊直弼《なおすけ》は，朝廷の許可を得ることなく日米和親条約を結んだ。

2　日本は主に綿糸・綿織物などを輸入し，日本からは主に生糸や茶が輸出された。

3　日本と諸外国では金と銀の交換比率が異なっていたことから，大量の銀が日本から流出した。

4　外国製の安い輸入品が流入したことから，日本の物価は大きく下落した。

問12　下線部(サ)について，これはどのような運動ですか。解答らんにしたがって，簡潔に答えなさい。

問13　下線部(シ)について述べた文として，内容が正しいものを次の1～5からすべて選び，番号の小さい順に答えなさい。

1　廃藩置県を実施し，旧藩主を府知事や県令に任命した。

2　学制や徴兵令を発布し，地租改正を実施したが，これらの改革に反対する一揆が各地でおこった。

3　議会の権限が強いイギリスの憲法を参考にして，大日本帝国憲法を制定した。

4　日清戦争に勝利して朝鮮の独立を清に認めさせるとともに，台湾の領有権を獲得した。

5　日露戦争に勝利して北方四島を含む千島列島の領有権を獲得した。

問14　下線部(ス)について，この時期におこった出来事として誤っているものを次の1～5から一つ除外し，残った四つの出来事を年代順に並べかえなさい。

1　日米安全保障条約を結んだ。

2　日本が国際連合に加盟した。

3　日本国憲法が施行された。

4　自衛隊が創設された。

5　朝鮮戦争が始まった。

問15　下線部(セ)について，第一次世界大戦中におこった出来事として誤っているものを，次の1～5から二つ選び，番号の小さい順に答えなさい。

1　日本は中国におけるドイツの拠点である山東省の青島(チンタオ)を占領した。

2　日本は二十一カ条の要求を中国(中華民国)につきつけ，大部分を認めさせた。

3　第一次憲政擁護《ようご》運動(護憲運動)がおこり，桂太郎内閣が倒れた。

4　米騒動が発生して日本全国に広がり，寺内正毅《まさたけ》内閣が倒れた。

5　25歳以上のすべての男子に選挙権が与えられた。

3 次の表は，今年，東京都市大学付属中学校を受験している君たちが生まれた2009(平成21)年～2010(平成22)年の主な出来事をまとめたものです。あとの問いに答えなさい。

【2009(平成21)年】

月日	出来事
4月5日	アメリカ合衆国の(ア)オバマ大統領が，プラハで演説
5月15日	国内で初めて(イ)新型インフルエンザの感染者確認
5月15日	［ウ］ポイントがスタート
5月21日	(エ)裁判員制度がスタート
8月30日	第45回衆議院議員総選挙で(オ)民主党に政権が交代
9月1日	(カ)消費者庁が発足
9月19日～	(キ)初めての「シルバーウィーク」
10月20日	［ク］省が「貧困率」を初めて公表

【2010(平成22)年】

月日	出来事
2月11日	(ケ)EU が財政危機のギリシャへの金融支援へ
2月～3月	(コ)バンクーバー冬季オリンピック・パラリンピック開幕

問1　下線部(ア)について，次の問いに答えなさい。

(1)　この演説が行われた国名として正しいものを次の1～4から一つ選び，番号で答えなさい。すべて誤っていれば5と答えなさい。

1　オーストリア　　2　ハンガリー

3　スイス　　4　チェコ

(2)　この演説が評価され，オバマ大統領は同年10月にノーベル平和賞を受賞しましたが，演説の主な内容として正しいものを次の1～4から一つ選び，番号で答えなさい。

1　民主主義の危機を受け，白人至上主義や国内テロを打倒することを明言した。

2　核兵器のない世界の平和と安全を追求する決意を明言した。

3　国があなたのために何をしてくれるのかを問うのではなく，あなたが国のために何ができるのかを問うてほしいと訴えた。

4　公民権法が国民一人ひとりに何を意味しているのかを，人種と肌の色の側面から訴えた。

問2　下線部(イ)について，WHO がアメリカ合衆国とメキシコ周辺で豚が感染するインフルエンザウイルスに数百人が感染しており，死者が相次いでいることを発表したことから，日本では，ウイルスの国内侵入を阻止するための対策が行われました。この世界中のパンデミック阻止等のために活動をしている WHO の正式名称を，漢字6字で答えなさい。

問3　表中の空らん［ウ］にあてはまる，政府の経済対策として実施された省エネ基準を満たした電化製品購入の際に付与されるポイント名を答えなさい。

問4　下線部(エ)について，次の文は裁判員制度を説明したものです。空らん［A］～［C］にあてはまる語句を，それぞれ漢字2字で答えなさい。

> [A] 裁判所における第一審のうち，一定の重大な [B] 裁判で，国民から事件ごとに選ばれた裁判員が，裁判官とともに審理に参加する裁判制度のこと。裁判員は裁判官とともに証拠調べを行い，有罪か無罪かの判断を，有罪の場合の量刑の判断を行う。この制度の対象となるのは，重大な犯罪の疑いで [C] された事件である。

問5　下線部(オ)について，この総選挙において民主党が1つの政党が獲得した議席としては戦後最多となる308議席を獲得しました。選挙後に内閣総理大臣に選出され，社会民主党・国民新党による連立政権を発足させた人物として正しいものを次の1～4から一人選び，番号で答えなさい。すべて誤っていれば5と答えなさい。

1　鳩山由紀夫　　2　野田佳彦　　3　枝野幸男　　4　菅直人

問6　下線部(カ)について説明した文a・bの正誤の組合せとして正しいものを下の1～4から一つ選び，番号で答えなさい。

a　日本の文化を守り，芸術を世界に，そして次の世代へ伝えていく仕事を行っている。

b　日本国内の観光地をPRし，旅行を楽しむ日本人や外国人を増やす仕事を行っている。

1　a－正　b－正　　2　a－正　b－誤

3　a－誤　b－正　　4　a－誤　b－誤

問7　下線部(キ)について，2009(平成21)年のシルバーウィークに関係する祝日を次の1～4から一つ選び，番号で答えなさい。すべて誤っていれば5と答えなさい。

1　みどりの日　　2　勤労感謝の日　　3　憲法記念日　　4　建国記念の日

問8　表中の空らん [ク] にあてはまる語句として正しいものを次の1～4から一つ選び，番号で答えなさい。すべて誤っていれば5と答えなさい。

1　国土交通　　2　経済産業　　3　文部科学　　4　厚生労働

問9　下線部(ケ)について，次の文はEUについて説明したものです。空らん [D] ～ [F] にあてはまる語句を，それぞれカタカナで答えなさい。

> EUは，欧州連合のことを指す。1993年に発効した [D] 条約によって設立されたヨーロッパの政治や経済における国家共同体のこと。参加国は，2021年1月現在で全27カ国である。
>
> 1999年には，共通通貨として [E] が導入された。また，2020年1月31日には [F] がEUから正式に離脱した。

問10　下線部(コ)について，冬季オリンピック・パラリンピックが開催された(予定されている)都市の順番として正しいものを下の1～4から一つ選び，番号で答えなさい。

	2006年	2010年	2014年	2018年	2022年
1	長野	バンクーバー	ソルトレークシティ	ソチ	北京
2	アテネ	バンクーバー	北京	ロンドン	パリ
3	トリノ	バンクーバー	ソチ	平昌《ピョンチャン》	北京
4	アテネ	バンクーバー	リオデジャネイロ	東京	パリ

【理　科】〈第２回試験〉（40分）〈満点：75点〉

［注意］ 定規，三角定規，分度器，コンパス，計算機は使ってはいけません。

1 花とそれを訪れる昆虫《こんちゅう》の関わりについて述べた次の文章を読んで，以下の問いに答えなさい。

植物が花をさかせ，おしべの花粉がめしべに受粉すると，その後に種子がつき，子孫をのこす。

おしべとめしべの両方が同じ花の中にあっても，同じ花の中で花粉をわたして受粉する植物は意外と少ない。その理由は，長い目で子孫をのこしていくには，不都合なことも多いからとされている。そこで，多くの植物では同じ種類のものどうしで別の花に花粉を送ろうとする。

自分自身が動けない植物が花粉を他の花に送るには，何かの助けを借りる必要がある。そのため，いま地球上にくらす植物では，鳥などの動物，なかでも昆虫を花に呼びよせるものが多い。そこで植物は，(ア)周囲の環境《かんきょう》のなかで目立つ花をつけて，花の存在を動物にアピールする。成功して動物が花に来てくれたら，蜜《みつ》をえさとしてあたえたりしながら，花粉を運んでもらう。

日本では冬の間，生きものの活動が低調になっている。春をむかえると多くの植物が花をさかせ始め，昆虫が活動を始める。花にひきよせられ，花粉を運ぶ役割をする昆虫を訪花《ほうか》昆虫という。春先のまだ気温の低い時期は，活動を始めている訪花昆虫はまだ少なく，アブが貴重な存在となっている。

アブといえば，ハチと同じようなもようの昆虫，くらいのイメージしかない人も多いかもしれない。もようとはうらはらに，ハエのなかまの昆虫である。危険なハチのふりをすることで天敵につかまらないようにする作戦で，このようなもようになったようだ。擬態《ぎたい》といわれる現象の一つであるが，他にも(イ)ハチの擬態をしている昆虫がいくつもある。

それはさておき，このアブの習性の一つに色の好ききらいがあって，黄色を好む。

よくできたもので，春先の花には黄色い花が多い。この時期にさく花はアブの好きな黄色を見せて，気をひこうとしているわけである。

ただ，来てもらったアブに花粉を運んでもらうには，大きな問題がある。なぜかといえば，たしかにアブは花粉を運んで飛び回るが，それほど行動範囲《はんい》が広くない。アブはどこかで花を訪れると，すぐそばの花のところに行く。黄色い花の植物は生息範囲を一気に拡大できないのだ。

しかも，アブはあまり「頭をはたらかせる」虫ではない。色で花を判断してくれるが，それ以上花の種類を細かく区別しない。種類のちがう花のところにも行ってしまう。しかしそれでは，植物の立場として，花粉をアブに預けた意味がない。タンポポの花粉がナノハナに受粉しても種子はできない。何とかして，自分たちのなかまに直接届けてもらわなければいけない。

(ウ)これに対して，黄色い花の植物はちゃんと対応策を備えている。なかなか面白いものだ。

さて，アブに姿をまねされたハチのなかで，ミツバチなどのハナバチは，優秀《ゆうしゅう》な訪花昆虫である。

ハナバチは一つの巣に，家族集団をつくって生活をしている。はたらきバチが，家族の分までえさを運ぶ。花から見れば，花粉も大量に運んで行ってくれることになる。

ハチはアブとはちがって，相当「頭をはたらかせる」虫である。花の種類を細かく区別し，特定の種類の花だけを選ぶ。他の種類の植物に花粉を持って行く危険性が少ない。そのうえ遠くまで飛ぶので，生息範囲を広げるのにも協力してくれる。植物にとっては実に心強い。

そのハチであるが，アブとはちがい，紫《むらさき》色を好む。

昆虫の色の感じ方は，人間とはちがうらしい。よく知られているのが，人間には見えない紫《し》外線《がいせん》が昆虫には見える一方で，植物の花に多く見られる赤い色をたいていの昆虫はちゃんと認識できない。赤色が見えている場合でも橙《だいだい》色などと区別してないのではないかといわれている。また，昆虫のなかでも感覚は一様ではないらしく，アブとハチで好みの色が分かれる。

さて，紫色の花は，ハチを招くための色をしているといえる。そして，紫色の花はハチの気をひくように，蜜をたっぷりと用意して待ち受ける。

そうすると困ったことも出てくる。蜜が多ければ他の動物もよってきてしまう。紫色の花としては何とかしてハチだけに蜜と花粉を持って行ってもらいたい。

そのため，(エ)紫色の花はさまざまなしくみを発達させた。蜜をかんたんに持ち去られないよう，花の入り口近くには蜜を出さないようにしている。さらに，蜜をとるときの一連の動作がとりにくいように，花の形を複雑にしてしまう。いったん前進したあとで後ずさりするのを苦手とする昆虫が多いなかで，ハチは方向転換《てんかん》を苦にしない。動作が複雑でもへこたれないハチが，蜜を独占《どくせん》的に受けとれるようになる。

ほかにもハチのすぐれた判断能力をいかして，ハチにだけわかるようにサインを送って，呼びよせるしくみすら，紫色の花は持っている。

花の奥《おく》まで入ることなどは，ハチがもとから得意だったのではないのかもしれない。ハチだけが蜜をとれるように紫色の花は進化して，蜜をとれるようにハチも進化する。そのくり返しで植物とハチがともに進化しながら，どんどん蜜のとりにくい花になる一方で，両方で得ができるようになってきたといえるわけである。

問1　下線部(ア)について，以下の問いに答えなさい。

(1)　花びらやがく片が目立たず，見た目では動物にアピールできない花をつける植物もあります。そのような例として，適当なものを次の1～5から**すべて**選び，番号で答えなさい。

1　オオバコ　　2　ヘチマ　　3　トウモロコシ

4　アジサイ　　5　テッポウユリ

(2)　(1)のような花で昆虫や鳥が集まらない場合，種子をつくって子孫をのこすため，何の助けを借りて花粉を運んでいるのでしょうか。一つ答えなさい。

(3)　昆虫や鳥が，花びらやがく片などの見た目以外のもので，花にひきよせられてくることがあります。その場合，動物は花の何にひきよせられるのでしょうか。一つ答えなさい。

問2　下線部(イ)について，ハチと，ハチに擬態している昆虫の例を次の図に示しました。このなかでアブを表した図として最も適当なものを1～4から一つ選び，番号で答えなさい。

1

2

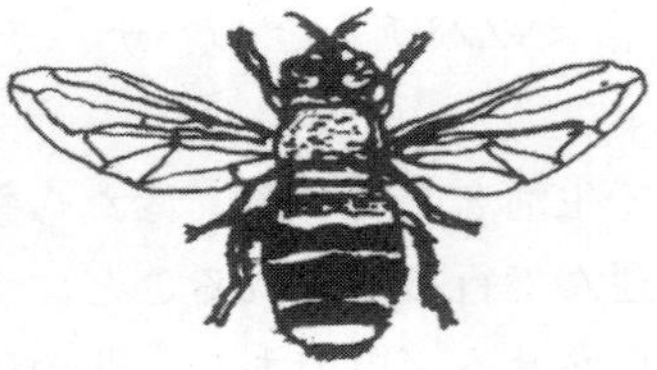

3

4

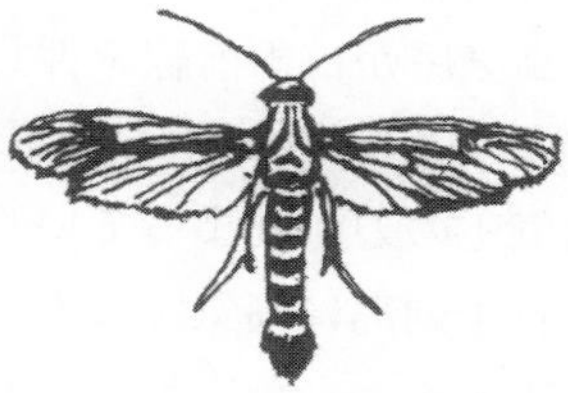

（**注意**）　図はどの昆虫もだいたい同じ大きさになるように調整してあり，実物の大きさどおりではありません。

問３　ある夏の日にアサガオの花を観察すると，朝，つぼみが開いたときには青かった花が，昼になってしぼんできたときには赤っぽい色になっていました。アサガオは同じ花の中だけでなく，他のアサガオの花粉も受粉できます。観察された色の変化が昆虫に花粉を運んでもらう上で役立つことがあるとすると，どのようなことでしょうか。次の１～４から適当なものを一つ選び，番号で答えなさい。

１　朝と昼で別の昆虫にきてもらい，それぞれ受粉をしてもらって成功率をあげる。

２　朝と昼で別の昆虫にきてもらい，花粉の運び出しと受け入れを分担してやってもらう。

３　受粉に適した特定の時間帯だけ，相手の昆虫にきてもらう。

４　日の出以降日ざしの色が変わっていくなかで，一番目立つ色であり続ける。

問４　下線部㈦と㈣について，黄色い花と紫色の花がそれぞれアブとハナバチをパートナーとして花粉を運んでもらって効率よく子孫をのこすために都合のよい特徴《とくちょう》を持っています。次の(1)～(5)の文についてそれぞれ，黄色の花，紫色の花のどちらにあてはまるものか，下の１～３から適当なものを一つずつ選び，番号で答えなさい。

(1)　特定の昆虫にだけ見てわかるような目印を花びらにつけておく。

(2)　すぐ近くに同じ種類の草が多く群れてくらす。

(3)　花粉を出す時期と蜜を出す時期をずらす。

(4)　花は上向きにさき，花びらはよく開いて平たい形に近くなる。

(5)　花の形が細長く，先の方で花びらが分かれる。

１　黄色い花にあてはまる。

２　紫色の花にあてはまる。

３　黄色の花にも紫色の花にもあてはまらない。

2　次の文を読み，あとの問いに答えなさい。

日本はさまざまな災害に見《み》舞《ま》われますが，そのひとつに台風があります。熱帯地域の海上で発生した上昇《じょうしょう》気流がうずを巻《ま》いて周辺の湿《しめ》った空気を集めたものを熱帯低気圧と呼び，熱帯低気圧のうち，とくに北半球の太平洋西部で発生，発達して最大風速が秒速17.2m以上に達したものを台風と呼びます。

台風は海上でたくさんの水蒸気を含《ふく》んで成長しながら風に流されて移動していきます。日本には，まず貿易風という東から西に向かって吹《ふ》く風の影響《えいきょう》を受けて北西へ向かい，しばらくした後に西から東に向かって吹く偏西風《へんせいふう》に流されて一気に北東へカーブしてやってくるのが典型的なコースです。８月から９月頃《ごろ》にかけて日本に上陸することが多いのは，日本の上空にかかる大きな高気圧が理由です。台風は，強い高気圧の中には入れずにそのふちにそって進むという性質があり，６月頃から X 高気圧が梅雨の原因である梅雨前線を北上させながら日本の上空にかかりはじめます。この高気圧が梅雨前線を押《お》し上げると梅雨が明け，高気圧が日本をすっぽりとおおう７月頃は台風が日本に近づくことができず，朝鮮《ちょうせん》半島などの方へ進んでいきます。そこから，少しずつ高気圧の力が弱まっていくと，高気圧のふちが東側へ移動していき，８月から９月頃にちょうど日本列島に高気圧のふちがかかることが多いので，台風は日本列島に上陸することが多くなります。

しかし，2020年はめずらしく，12年ぶりに台風が一度も日本列島に上陸しないという年でした。これはさまざまな現象が重なったためと考えられています。

また，台風は被害《ひがい》をもたらすだけではなく，恩恵《おんけい》をもたらしてくれることもあります。次の図は風速と海面水温の変化を観測したデータです。台風が通過すると，海面付近の温かい水が海深くの冷たい水とかき混ぜられて海水温が低下します。この水温の影響を大きく受けるのがサンゴです。サンゴは，水温が高すぎる状態が続くと白化し，さらには死んでしまうこともあります。サンゴが死んでしまうと，サンゴ礁《しょう》をすみかにする生物が減り，さらにはそれらの生物を食べる生物が減り，最終的には生態系のバランスが崩《くず》れてしまいます。台風は生態系の維《い》持《じ》に大きく貢献《こうけん》しているのです。

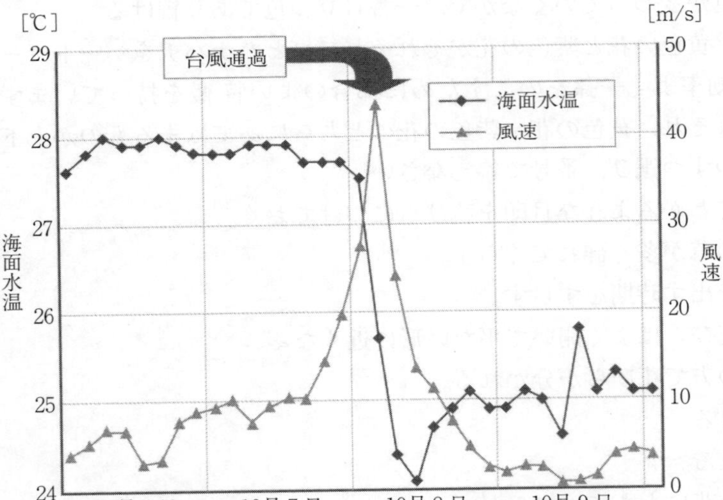

図．四国沖の観測データ(1988年10月６日～９日)　気象庁HPより引用
(http://www.data.jma.go.jp/gmd/kaiyou/data/db/kaikyo/knowledge/taifuu_suionteika.html)
※１m/sは，秒速１mという意味

問１　X 高気圧として最も適当なものを次の１～４から一つ選び，番号で答えなさい。

１　オホーツク海高気圧　　２　シベリア高気圧

３　太平洋高気圧　　４　移動性高気圧

問２　高気圧は同じ場所にとどまりやすく，そこにある空気は長い間地表面の影響を受けることで気温や湿度《しつど》がほぼ同じ空気の塊《かたまり》になりやすく，この空気の塊を気団といいます。X 高気圧によって生じる気団はどのような特徴《とくちょう》があるでしょうか。最も適当なものを次の１～４から一つ選び，番号で答えなさい。

１　あたたかくて湿っている。　　２　あたたかくて乾《かわ》いている。

３　冷たくて湿っている。　　４　冷たくて乾いている。

問３　梅雨前線は次のどの前線に含まれますか。最も適当なものを次の１～４から一つ選び，番号で答えなさい。

１　温暖前線　２　寒冷前線

３　停滞《ていたい》前線　４　閉そく前線

問４　次のうち，台風による恩恵として**適当でないもの**を次の１～４から一つ選び，番号で答えなさい。

１　台風が降らせる雨によって，水不足が解消されることがある。

２　風が海水を巻き上げ，くだものにかかることによって，くだものが甘《あま》くおいしくなる。

３　酸素を多く含む海水が深層にいき，生物に酸素を供給してくれる。

４　台風が熱帯地域から熱を運ぶことによって，日本が温暖な気候を保つことができる。

問５　2020年に日本列島に台風が上陸しなかった理由について，**2**の文章と下の表をもとに次の２つの点について考察します。

［１］　７月までに台風が上陸しなかった理由

［２］　８月～９月に台風が上陸しなかった理由

表．台風の発生件数　(気象庁 HP より引用)

	5月	6月	7月	8月	9月	10月	合計
2020年	1	1	0	8	3	6	19
2019年	0	1	4	5	6	4	20
2018年	0	4	5	9	4	1	23
2017年	0	1	8	6	3	3	21

これら［１］，［２］の理由として最も適当なものを次の１～５から一つずつ選び，番号で答えなさい。ただし，台風の上陸とは北海道や本州，四国，九州の海岸線に台風の中心が達した状態をいい，沖縄のような小さな島や半島は上陸ではなく通過といいます。

１　太平洋の海水温が例年よりも高かったため。

２　発生した台風の数が例年よりも少なかったため。

３　地球の自転の速度が遅《おそ》くなったため。

４　［ X ］高気圧が日本の上空にとどまり続けていたため。

５　［ X ］高気圧が日本にやってこなかったため。

問６　台風は，風だけでなく雨にも注意しなければなりません。成城地域全域に１時間で20mmの雨が降った場合，その雨の合計の重さは何トンになりますか。最も適当なものを次の１～８から一つ選び，番号で答えなさい。ただし，成城の面積はおよそ2.3km^2です。また，雨の重さはすべて水の重さとし，水は１mLあたり１gとします。(１トン＝1,000kg)

１　1,150トン　２　11,500トン

３　1,150,000トン　４　11,500,000トン

５　4,600トン　６　46,000トン

７　4,600,000トン　８　46,000,000トン

3 過酸化水素水を用いた酸素の発生法に関する次の説明を読んで，あとの問いに答えなさい。

過酸化水素水には過酸化水素という物質が含《ふく》まれていて，その含まれる重さの割合は，「%（パーセント）」を用いた濃《こ》さ（濃度《のうど》）で表すことができます。学校の実験で酸素を発生させる一《いっ》般《ぱん》的な方法として，うすい過酸化水素水（オキシドール）に黒色粒状《つぶじょう》の［ ア ］を入れるというものがあります。この方法において，イ発生する酸素の最大量（酸素の発生が完全に止まるまでに発生する量）は過酸化水素の量のみによって決まり，［ ア ］の量には無関係であることがわかっていて，34gの過酸化水素を含む過酸化水素水からは最大で16gの酸素が発生します。このとき，同時に18gの水ができ，過酸化水素はなくなってしまいます。つまり，34gの過酸化水素が16gの酸素と18gの水へと変化したとみなすことができます。このように，変化する前のものの重さ（ここでは過酸化水素の重さ）と，変化してできるものの重さ（ここでは酸素と水の合計の重さ）は同じであるという決まりがあります。以下，酸素の発生実験に際しては，十分な量の［ ア ］を用いるものとし，酸素の体積の測定は常に同じ条件で行います。また，水に溶《と》ける酸素の量は無視できるほど少ないものとし，水の蒸発も考えないものとします。

いま，濃度17%の過酸化水素水100gに［ ア ］を加えたところ，酸素の発生が完全に止まるまでに発生した酸素の体積は６Lでした。このとき，固形物を除く反応後の液体の重さは92gでした。最初の過酸化水素水の重さとの差にあたる８gが，過酸化水素水から外に出ていったもの，つまり発生した酸素の重さであると考えることができます。このことから，濃度［ ウ ］%の過酸化水素水200gを用いて同様の実験をすると，酸素の発生量は３Lとなり，固形物を除く反応後の液体の重さは［ エ ］gになると予想できます。

次に，酸素の発生量と時間の関係について考えます。実際に実験をしてみると，反応開始直後には激しく酸素が発生していますが，時間がたつにつれ，酸素の発生は穏《おだ》やかになっていくように感じられます。そこで，濃度10%の過酸化水素水100gから発生する酸素の量を測定するため，過酸化水素水の重さを１分ごとに測定したところ，次の表のようになりました。ただし，温度は常に一定に保たれ，重さの測定は速やかに行われるものとします。また，表中の濃度の値は，過酸化水素水の重さから計算したもので，小数第２位を四捨五入しています。

<table>
<tr><td>時間[分]
（反応開始時を０とする）</td><td colspan="2">0</td><td colspan="2">1</td><td colspan="2">2</td><td colspan="2">3</td><td colspan="2">4</td><td colspan="2">5</td><td colspan="2">6</td></tr>
<tr><td>過酸化水素水の重さ[g]
（固形物の重さは含まない）</td><td colspan="2">100</td><td colspan="2">99.20</td><td colspan="2">98.53</td><td colspan="2">（カ）</td><td colspan="2">97.51</td><td colspan="2">97.12</td><td colspan="2">96.80</td></tr>
<tr><td>濃度[%]</td><td colspan="2">10</td><td colspan="2">8.4</td><td colspan="2">7.0</td><td colspan="2">5.8</td><td colspan="2">4.8</td><td colspan="2">4.0</td><td colspan="2">（オ）</td></tr>
<tr><td>１分間で発生した酸素の量
[g]</td><td>×</td><td colspan="2">0.80</td><td colspan="2">0.67</td><td colspan="2"></td><td colspan="2"></td><td colspan="2">0.39</td><td colspan="2">0.32</td><td>×</td></tr>
</table>

※設問の都合で，一部空欄《くうらん》にしています。

この結果からも，過酸化水素水の濃度が小さくなっていくにつれ，１分間に発生する酸素の量は少なくなっていくことがわかります。これは，先ほど述べた「酸素の発生が穏やかになっていく」ことにも矛盾《むじゅん》しません。実際，１分間に発生する酸素の量は，濃度と関連があることが知られています。そこで，「濃度」と「１分間に発生する酸素の量」をグラフに表してみると，この実験結果を用いることでも，おおよその関係を読み取ることができます。この際，より多くの実験データ（グラフ上に打った点）から判断したほうが，より正確に関係を読み取ることができると考えられます。ただし，実験的な誤差《ごさ》(ずれ)や四捨五入の影響《えいきょう》などで，実験データが完全に規則性を持った理想的な値とならないこともあります。そこで今回の実験では，グラフにおいて，得られたデータ(点)の最も近くを通る１本の直線が，実験結果から導かれる関係を表すものとします。

問１　空欄[ア]に入る適切な物質の名称《めいしょう》を答えなさい。

問２　下線部イに関して，このことを実験によって確かめるには，どのような実験をしてどのような結果を得られればよいでしょうか。次の１～６から必要と思われるものを**一つまたは二つ**選び，番号で答えなさい。

１　うすい過酸化水素水に[ア]を入れて酸素を発生させ，酸素の発生が終了《しゅうりょう》した後の液体に新たに過酸化水素水を加え，酸素が発生することを確認する。

２　うすい過酸化水素水に[ア]を入れて酸素を発生させ，酸素の発生が終了した後の液体に新たに過酸化水素水を加え，酸素が発生しないことを確認する。

３　うすい過酸化水素水に[ア]を入れて酸素を発生させ，酸素の発生が終了した後の液体に新たに[ア]を加え，酸素が発生することを確認する。

４　うすい過酸化水素水に[ア]を入れて酸素を発生させ，酸素の発生が終了した後の液体に新たに[ア]を加え，酸素が発生しないことを確認する。

５　うすい過酸化水素水に[ア]を入れて酸素を発生させ，酸素の発生が終了した後の液体に新たに過酸化水素水と[ア]を加え，酸素が発生することを確認する。

６　うすい過酸化水素水に[ア]を入れて酸素を発生させ，酸素の発生が終了した後の液体に新たに過酸化水素水と[ア]を加え，酸素が発生しないことを確認する。

問３　空欄[ウ]に入る適切な数値を答えなさい。

問４　空欄[エ]に入る適切な数値を答えなさい。

問５　表中の(オ)に入る適切な数値を答えなさい。ただし，答えは**小数第２位を四捨五入して小数第１位までの値で**書きなさい。

問６　表中の(カ)に入る数値は，次の１～７のどの範囲《はんい》に含まれますか。適当なものを一つ選び，番号で答えなさい。ただし，必要があれば次のページのグラフを利用しても構いません。

１　97.85～97.89
２　97.90～97.94
３　97.95～97.99
４　98.00～98.04
５　98.05～98.09
６　98.10～98.14
７　98.15～98.19

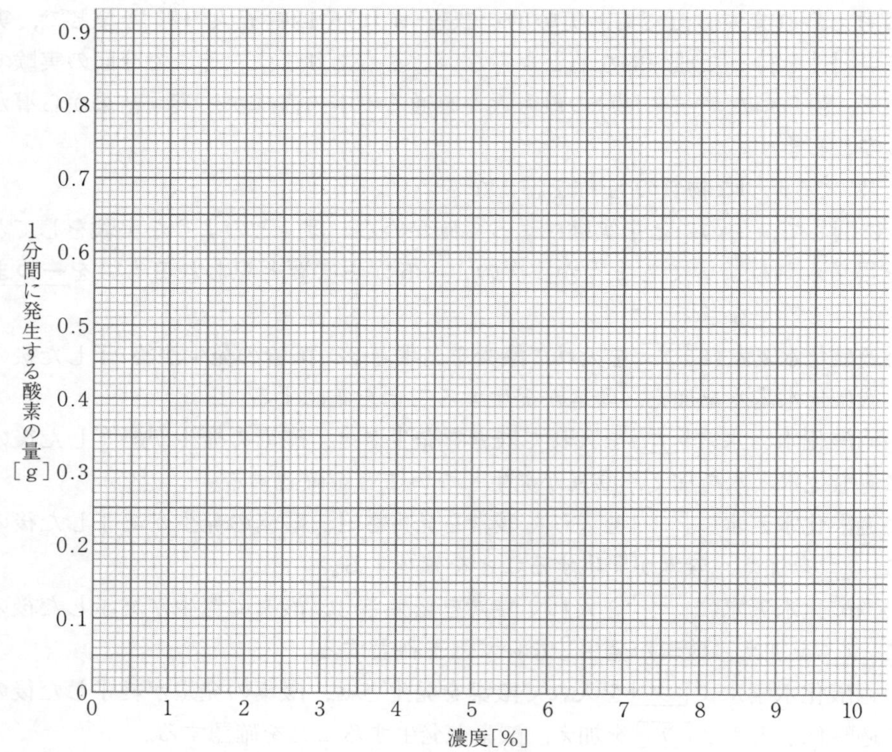

4　図１のように，空気から水に光をあてると境目で光の一部は反射し，残りは屈折《くっせつ》します。境目と垂直な線を法線といい，法線と入射した光線のなす角を入射角，法線と反射した光線のなす角を反射角，法線と屈折した光線のなす角を屈折角といいます。

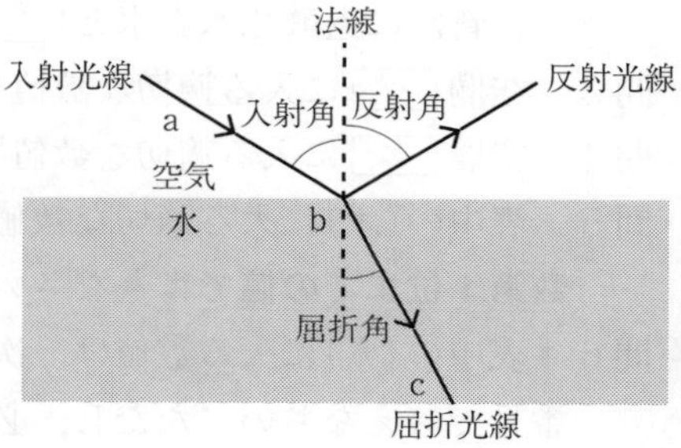

図１

問１　入射角，反射角，屈折角の関係について述べた次の文１～４から正しいものを一つ選び，番号で答えなさい。

１　入射角と反射角は等しい。　　２　入射角と屈折角は等しい。

３　反射角と屈折角は等しい。　　４　入射角，反射角，屈折角はどれも異なる。

問２　図２のように，鏡の前に４つの小物体１～４があります。Ｐ点から見るとＱの方向に見えるのはどれですか。図２中の１～４から最も適当なものを一つ選び，番号で答えなさい。

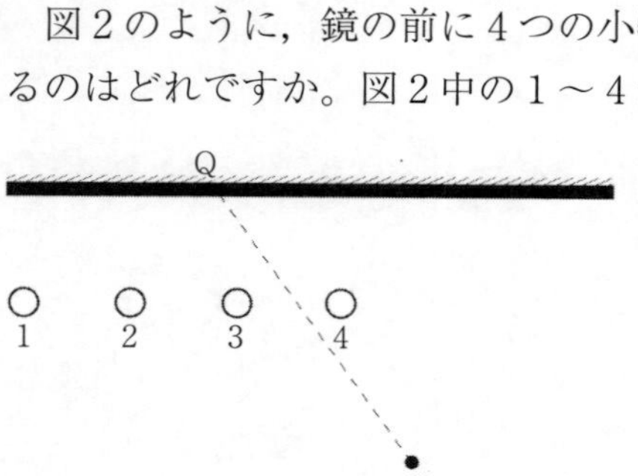

図２

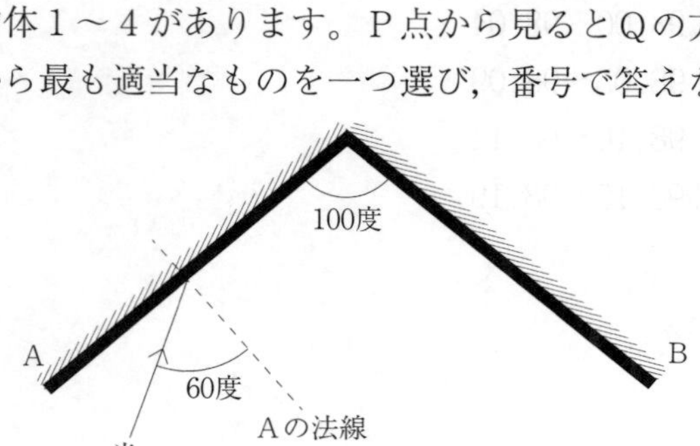

図３

問３　図３のように，鏡Ａと鏡Ｂの鏡面のなす角を100度にして並べ，入射角60度で光を鏡Ａにあてました。鏡Ｂでの光の反射角は何度ですか。

問４　図４のように，鏡Ａと鏡Ｂの鏡面のなす角を90度にして並べ，入射角60度で光を鏡Ａにあてました。反射した光が，最終的に進む向きとして最も適当なものを図４中の矢印１～12から一つ選び，番号で答えなさい。となり合う矢印のなす角はすべて等しくなっています。

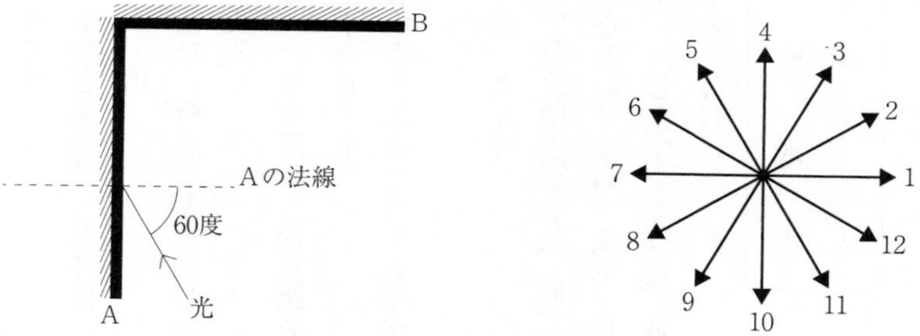

図４

問５　図５のように，鏡Ａと鏡Ｂの鏡面のなす角を60度にして鏡の間に小物体を置きました。このとき鏡に映る小物体の像は最大でいくつ見えますか。

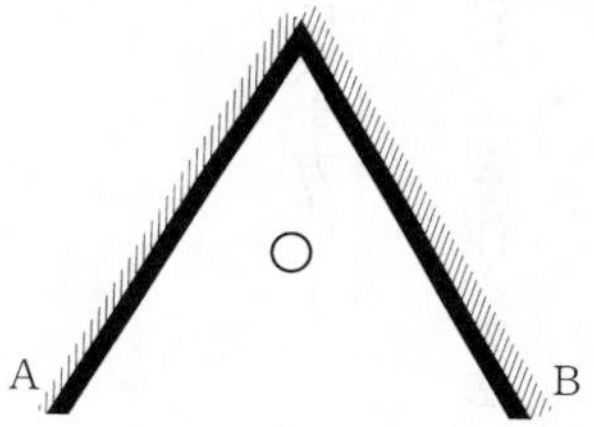

図５

図１で水中のｃからｂに向けて光をあてると，空気中をｂからａの向きに光は進みます。

問６　図６のように，透明《とうめい》でない容器に水をいっぱいまで入れ，水中に発光する小物体を置いて容器にふたをしました。ふたの一部には穴が空いています。その穴から中の小物体を見るためには，どの位置から穴をのぞけばいいですか。図６中の１～４から最も適当なものを一つ選び，番号で答えなさい。

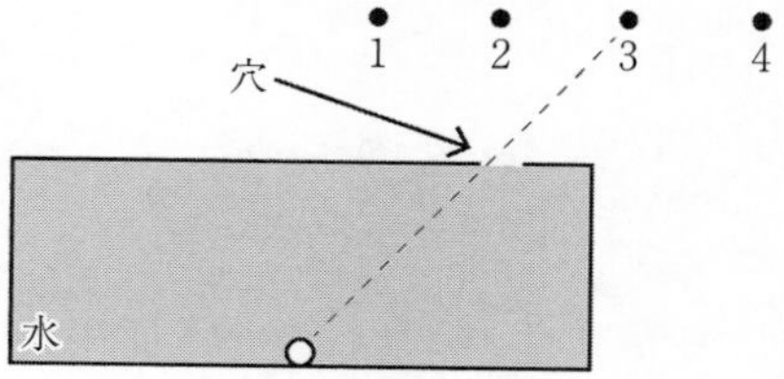

図６

液体Ｇの中から空気中に向けて光を進ませました。入射角を少しずつ大きくしていくと，入射角が45度をこえたところで液体と空気の境目から空気中に屈折して進む光がなくなり，すべての光が反射しました。これを全反射といいます。

問７　図７のように，直径40cm，高さ15cmの透明でない円筒型《えんとうがた》の容器に液体Ｇをいっぱいまで入れて，容器の中心の底に発光する小物体を置きました。円形のふたをすると，どの位置から見ても小物体は見えなくなります。できるだけ小さい円形のふたを使って小物体が見えないようにしたいのですが，直径何cmのふたを用意すればよいですか。

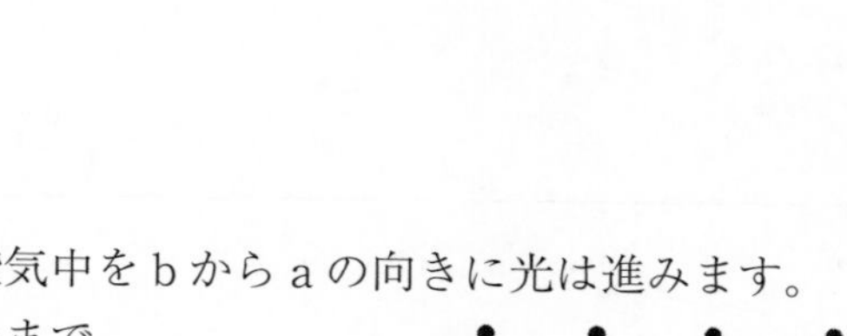

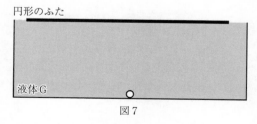

図７

四 次の問いに答えなさい。

漢字の成り立ちにはいくつか種類がありますが、主として次のようなものがあげられます。

象形…目に見える物を絵画的・具体的に表す方法。

〈例〉山・川

指事…目には見えない概念《がいねん》などを記号的・抽象的《ちゅうしょうてき》に示す方法。

〈例〉三・上

会意…意味をもった字や部分を複数組み合わせて新しく字を作る方法。

〈例〉手＋目＝看

形声…意味を表す字や部分と音を表す字や部分を組み合わせて字を作る方法。

〈例〉穴＋九＝究

問　次の□にある漢字のうち、同じ成り立ちの漢字を組み合わせて熟語を作りなさい。なお、象形・指事・会意は一つずつ、形声は二つ作ります。同じ漢字をくり返し使うことはありません。

〈例〉象形→(答)　耳目

歌　好　詩　飛　末
閣　行　組　本　友

続けざまに投げつけたり
わたしのこころ
乗せただけ　ひとつも
こぼれ落ちずに届くかしら
まっすぐに

問１　この詩の形式として最もふさわしいものを次から一つ選び、番号で答えなさい。

１　口語自由詩　２　口語定型詩
３　文語自由詩　４　文語定型詩

問２　この詩に用いられている表現技法の組み合わせとして、最もふさわしいものを次から一つ選び、番号で答えなさい。

１　隠喩《いんゆ》・対句《ついく》　２　隠喩・擬人法《ぎじんほう》
３　直喩・倒置《とうち》　４　直喩・体言止め

問３　――線①「一つの言葉に／丁寧に折り目をつけて」からは、どのような思いが読み取れますか。最もふさわしいものを次から一つ選び、番号で答えなさい。

１　一語一語を力づよくはっきりと話したいという思い。
２　目上の人に対して正しい敬語を使いたいという思い。
３　だらだらと話さないで簡潔に表現したいという思い。
４　自分の考えや気持ちをしっかり伝えたいという思い。

問４　――線②「ときには荒々しく／続けざまに投げつけたり」とありますが、ここから感じられる気持ちとして、最もふさわしいものを次から一つ選び、番号で答えなさい。

１　緊張《きんちょう》　２　困惑《こんわく》　３　怒《いか》り　４　喜び

問５　次にあげるのはこの詩を読んだ先生とＡ君・Ｂ君・Ｃ君・Ｄ君・Ｅ君の話し合いですが、詩の内容として**ふさわしくないと考えられるもの**を１～５から**二つ**選び、それぞれ番号で答えなさい。

先生「言葉」があるから自分の思いや考えを別の人に伝えることができるんだね。

１　Ａ君　でも言葉にしすぎるのはよくないんだよね。「こぼれ落ちずに届くかしら」とあるのは、言葉の量が多すぎて、全部きちんと伝わらないということを言ってるんだろうね。

２　Ｂ君　そうかな。量の問題ではなく、言葉の解釈《かいしゃく》に関して、発信する側と受け取る側の間にあるずれというか、危《あや》うさのようなものを言いたいのだと思うよ。「紙ヒコーキのようなもの」とも言ってるしね。

３　Ｃ君　そうか。「紙ヒコーキ」だから、簡単にしかもたくさん作り出せるけど、目的地にうまく飛んで行けるかわからない。言葉がちゃんと相手に届くかわからない、ということだよね。

４　Ｄ君　うん、そうだと思う。だから、この詩では言葉の限界ということを遠回しに表して、言葉に頼《たよ》りすぎることの危険性を言おうとしているのだと思うな。「沈黙《ちんもく》は金」なんて言うしね。

５　Ｅ君　確かに「言葉」は使い方が難しいかもしれないけど、大きな力や可能性を秘《ひ》めていて、だからこそ使い方に十分気をつけていく必要がある、ということを言いたいのだと思うな。

Ⅲ…1　涼《すず》しい顔　2　大きい顔
3　知らん顔　4　したり顔

問6　——線④「三年生二人は顔を見合わせた」とありますが、この時の二人の思いを説明したものとして、最もふさわしいものを次から一つ選び、番号で答えなさい。

1　来島京が以前は松山というにぎやかな街に住んでいたことを知って、現在の辺鄙な田舎暮らしが嫌《いや》になっているのだろうと推測している。

2　来島京が松山という俳句にゆかりの深い街に住んでいたにも関わらず俳句を嫌《きら》うのは、何かしら理由があるのかもしれないと考えている。

3　来島京がもともと五木の生まれでなかったことがわかって、歳時記も見たことがないに違いないと、俳句を嫌う理由に思い当たっている。

4　来島京がこの学校に来たのには何か事情があることがわかって、自分たちがなんとか力になってあげたいという意識がめばえ始めている。

問7　この文章の表現に関する説明として最もふさわしいものを次から一つ選び、番号で答えなさい。

1　〰〰線Ⅰ「だったら……」には、来島京が自分の短歌を理解しようとしない河野日向子に対する不満の気持ちが表されている。

2　〰〰線Ⅱ「河野女史」には、メンバー集めに必死になり、冷静さを欠いている河野日向子を皮肉る気持ちが表されている。

3　〰〰線Ⅲ「へ？」は、小市航太と斎和彦とが河野日向子の一方的な説明に圧倒《あっとう》されていることを表している。

4　〰〰線Ⅳ「——ふうん。」は、物語の中で語り手的な役割をつとめている小市航太の心中を表している。

問8　この小説に登場する愛媛県松山市にゆかりのある正岡子規の写真を次から一つ選び、番号で答えなさい。

1

2

3

4

三

次の詩を読んで、後の問いに答えなさい。

言葉は　杉本深由起

言葉は
紙ヒコーキのようなものでしょう
①一つの言葉に
丁寧《ていねい》に折り目をつけて
祈《いの》るような気持で飛ばしたり
②ときには荒々《あらあら》しく

2　自分勝手な言葉を否定された
3　偏見《へんけん》的な思い込みを非難された
4　常識外れの発言をしかられた

B「我が意を得たり」
1　自分の思う通りだ
2　人をうまく利用できた
3　人から賞賛された
4　自分が得をした

C「懐柔」
1　黙《だま》って従うように威圧《いあつ》すること
2　優《やさ》しく接して油断させること
3　うまく手なずけて考えに従わせること
4　励《はげ》まし奮い立たせること

D「たきつけた」
1　うそぶいてはぐらかした
2　そそのかしてせかした
3　その気にさせてけしかけた
4　言いくるめて利用した

問2　――線①「早くしてもらっていいですか」とありますが、この時の「来島京」の心情として最もふさわしいものを次から一つ選び、番号で答えなさい。
1　自分の短歌を持ち出してまでメンバーに誘《さそ》う河野女史の姑息《こそく》さに対する呆《あき》れと、短歌と同じ思いを俳句で詠むことなどできるわけがないという自信。
2　短歌に込めた思いを俳句でも詠めるといった河野女史に対する反感と、自分のことを知りもせずさもわかったように短歌を褒《ほ》める河野女史に対する軽蔑《けいべつ》。
3　いかにも自信ありげに短歌に込めた思いを俳句に詠めるという河野女史に対する嫌悪《けんお》と、肝心《かんじん》の俳句をすぐに提示しない河野女史に対する批難。
4　どれほど自分の短歌を褒められてもそもそもメンバーになるつもりはないという反発と、時間を無駄に使われていることへのいらだち。

問3　――線②「彼女の目が赤い」とありますが、この時の来島京について説明したものとして最もふさわしいものを次から一つ選び、番号で答えなさい。
1　河野女史の言葉によって、これまで自分が俳句に対して持っていた誤った認識《にんしき》に気づかされ、涙がにじんだ。
2　作品に込めた思いを熱く語る河野女史の姿に、ずっと心の中に秘《ひ》めていたものが押《お》さえられず、涙がにじんだ。
3　俳句の良さをいかに熱く語ろうとも、しょせん河野女史には自分の気持ちは理解されないのだと思い、涙がにじんだ。
4　必死に自分を説得しようとする河野女史と、その傍《そば》で彼女に協力する航太たちの仲間意識の強さに触れ、涙がにじんだ。

問4　――線③「そうでしたかね……。」とありますが、「斎和彦」が「河野女史」の問いかけに敢《あ》えて断言を避《さ》けた理由を述べた次の文章の〔　〕に当てはまる語句を文中から十字でぬき出しなさい。

斎和彦は来島京が〔　　　　〕ことを知っていたから。

問5　空らん Ⅰ・Ⅱ・Ⅲ に入る語として最もふさわしいものを下から一つずつ選び、それぞれ番号で答えなさい。

Ⅰ…1　新学期　2　月末
　　3　新年　4　年末

Ⅱ…1　羞恥心《しゅうちしん》　2　虚栄心《きょえいしん》
　　3　警戒心《けいかいしん》　4　無関心

航太は驚いて斎和彦を見る。

「え？　お前が彼女《かのじょ》を推薦したんだぞ？」

「まあ、そうなんですが……」

足を止めた河野女史も、斎和彦をじっと見つめる。

「斎君、何かわけがあるの？」

「ええと、このくらいは言ってもいいかな。彼女、五木中学出身じゃないんです」

「あ、そうなんだ」

相槌《あいづち》をうったのは航太、河野女史はほかにも何か思いついたようだ。

「だからさっき、斎君は言葉を濁《にご》したの？　ほら、卒業記念品の歳時記のことを話していた時」

「ああ、そうです。ぼくは先輩たちと同じ歳時記をもらってるけど、彼女の中学はどうだったか知らないから」

「ちょっと待てよ。五木中学出身じゃないってことは、彼女……」

「ええ。この島に来たのは高校入学の時。ま、ぼくの家は家業が家業だからそこそこ家庭の事情がわかっちゃいますけど、彼女は今、親と離《はな》れて暮らしています。この島にいるのは昔からうちの氏子《うじこ》のおじいちゃんと、彼女だけ」

「はあ……」

どこの家にだって、それなりに家庭の事情はあるんだな。実は、航太の家も、母親がいない。その暮らしに悲愴《ひそう》がってもいないけど、表面だけ見る人間は変に気を回しすぎるかもしれない。

河野女史がまた質問した。

「聞いてもいいのかな？　彼女の親はどこに住んでるの？」

「松山市らしいです」

「あ……」

④三年生二人は顔を見合わせた。

わざわざ辺鄙《へんぴ》な島の廃校寸前の分校に、「俳都」と自らを誇《ほこ》らしげに名乗る街から、海を渡《わた》ってやってきた女の子。

なんだか、触れてはいけない事情がありそうだ。

「でも、ま、そんなに深く考えることはないのかもしれませんよ。高校受験にちょっと失敗して、定員に空きがあるのは五木分校だけだったとかね」

斎和彦は軽い調子でそう言うが、河野女史はその顔をまだ見つめている。

「なんです？　先輩」

「ひょっとして斎君、そもそも来島京の反応を見たくて、私をDたきつけた？　彼女の名を持ちだした？」

斎和彦は［　Ⅲ　］だ。

「ええと、そんな深いたくらみはないですよ。ただ、俳句甲子園なんて松山に関連したワードが出た時、彼女がどんな反応をするのか、見たかったのもちょっとはあります」

「こら」

航太が怒《おこ》ってみせると、斎和彦は笑った。

（森谷明子『南風吹く』より）

※俳句甲子園…愛媛県松山市で毎年8月に開催《かいさい》される、高校生を対象にした俳句コンクール「全国高校俳句選手権大会」。

※歳時記…俳諧《はいかい》・俳句の季語を集めて分類し、季語ごとに解説と例句を加えた書物のこと。

問1　――線A「たしなめられた」、B「我が意を得たり」、C「懐柔」、D「たきつけた」の意味として最もふさわしいものを後から一つずつ選び、それぞれ番号で答えなさい。

A「たしなめられた」

1　見当違いの意見をばかにされた

「当たり前。昨日もこの部屋を出たあと、すぐにお世話になった」

「ああ、昨日見ていた辞書みたいなの、あれ、歳時記なんだ」

「小市と話していると脱力《だつりょく》するよ。私たち、五木中学校卒業の時に、全員卒業記念品として学校からもらったでしょ。斎君たちもそうだったんじゃない？」

河野女史がそう言って二年生二人の顔を交互《こうご》に見ると、斎和彦が穏《おだ》やかに答えた。

「③そうでしたかね……。ところで河野先輩、さっきの僕《ぼく》の質問ですけど」

三人の目がまた自分に集まったのを見て、河野女史は改めて説明を再開した。

「実は、『日記買ふ』が季語」

「Ⅲへ？」

叫んだのは、多分男二人だ。

「季語って草や花の名前とか、自然のものじゃないのか？」

「いや、入学式とかクリスマスとかも季語だったはずですよ」

言い合う横で、河野女史が、B我《わ》が意を得たりという顔でにっこりする。

「そう。それで、日記を買うのは、普通《ふつう》……」

男二人の呆然《ぼうぜん》とした声が、またそろう。

「［Ⅰ］か！」

すごい。航太は今度こそ感激した。

日記買ふ。

たったその五音に、自分の過去、これからの未来、どっちも受け入れる思いと、年《とし》の瀬《せ》の空気や新しい年への期待、それをみんな突《つ》っ込《こ》むのか。

さっきの、日記を買い込んだ河野女史の姿が、今度は首にマフラーを巻き付けている。去年見た、ピンクのチェック。あ、コートも着ている。ベージュのダッフルコート。弾《はず》んだ足取りで店を出た河野女史の柔《やわ》らかい髪《かみ》が、そのフードの上で揺《ゆ》れている。傾《かたむ》いた冬の日、風は冷たそうだ。来年はどんなことがあるだろう……。

そこで航太は我に返った。

――やばい、ここまで勝手に想像をふくらませたら、完全に妄想《もうそう》じゃないか。

航太に自分の姿をありありと映像化されていたのも知らず、河野女史は来島京しか見ていない。

「どう？　来島さん。俳句をやってみてくれないかな？」

赤い目のままで、来島京がうなずいた。即座《そくざ》に、河野女史がその肩《かた》をぽんとたたく。

「じゃ、あとで俳句甲子園の説明プリント、持ってくるからね」

「はい」

顔を上げた来島京は、表情がやわらかくなっていた気がした。

Ⅳ――ふうん。

航太は感心する。

――河野女史、結構リーダーシップがあるのかもしれない。

ヤマアラシみたいに［Ⅱ］むき出しだった女の子をC懐柔《かいじゅう》できたのだから。

そして、俳句甲子園のメンバーを、一人確保できたわけだ。

二人が来島京を文芸部室に残して歩き出すと、斎和彦もついてきたが、やがて、こう口を開いた。

「驚《おどろ》きました」

河野女史が、手にしたノートを広げながら尋《たず》ねる。

「驚いたって、斎君、何に？」

「彼女、俳句甲子園に行くと言い出すとは思わなかったんです」

その文字が耳の中で響《ひび》く。二回三回、こだまする。

「来島さん。私、短歌と俳句で同じ心を詠《よ》むことができると昨日言った。でもそれは、ただ言葉を縮めることじゃない。来島さんの歌、自分が悩《なや》んでもがいていた時間を本当に大事に思っている。その思いを噛《か》みしめていることが、『日々』という言葉を繰《く》り返《かえ》すことで伝わってくる。でも、そういうリフレインは、俳句ではあんまり使えない。なんと言っても、俳句は短いから」

「Ⅰだったら……」

思わずというふうに来島京が言いかけて、それからやめた。河野女史があとを引き取った。

「だったら、やっぱり俳句は短歌の代わりにはなれないんじゃないかって？」

「そ、そうです」

河野女史は大きくうなずいた。

「そう。厳密に言ったら、そうかもしれない。だからね、この言葉を使った」

「あ！『日記』？」

航太はそこで思わず叫《さけ》んでしまい、他の三人の視線を浴びて体を縮めた。

「悪い、つい……」

「ううん、そういうことなんだ、小市」

Ⅱ河野女史の声が熱を帯びてきた。

「それから、『愛しき』という言葉。悩んだ日々も動けない日々も、愛しい。その気持ちはよくわかるけど、でも俳句では、『愛しい』とか、そういう感情を直接出す言葉はあまり使わない。だからと言ってそういう思いを詠めないわけではない。日々がいとおしい、そう歌う代わりに、その思いは日記を書くという行為《こうい》に込めることができると考える」

航太の脳裏《のうり》に、買い込んだばかりのかわいらしい日記帳を抱《だ》きしめて毅然《きぜん》と歩く河野女史の姿が、浮かんだ。

「日記を書くのは、自分の過去を大切にすること。愛しく思うこと。たとえそれが楽しいだけの毎日じゃなくても、つらいと泣いた日々でも。きっとこれからだってそういう日々は続く、でもそれも全部自分のものだと受け止めよう。そのために、私はまた日記を買う。それが俳句の表し方。短歌の技法とは違う。でも、俳句で自分の感情や思いを表せないということは、絶対にない」

来島京の反応を窺《うかが》った航太は、あわてた。②彼女の目が赤いのだ。

「だ、大丈夫《だいじょうぶ》？」

来島京は顔をそむける。航太は彼女が目をこするのを見ないようにした。一方、のほほんとした姿勢をくずさない男が一人いる。

「あのお、ちょっと質問いいですか？　河野先輩《せんぱい》」

「はい、斎君、何？」

「河野先輩の説明、すごく面白かったんだけど、ちょっと気になったんです。俳句って、基本、季語を入れなければいけないんですよね？」

航太は内心あっと叫んだ。そうだ、すっかり忘れていたが、その通りだ。昨日恵一も言っていたじゃないか。

「来島さんの歌は最後の『年終はる』で、一年を振《ふ》り返《かえ》っての感慨《かんがい》だということを表してますよね？そこんとこも触《ふ》れられてない気がするんだけど、いいんですか？」

「そうよね。そこはちょっと苦心した。実は、※歳時記《さいじき》を結構ひっくり返して調べたんだ」

「歳時記なんて持ってるんだ、河野女史」

航太が口を挟むと、Aたしなめられた。

問７　空らん□にはどのようなことが書いてあると考えられますか。文章の内容と図をふまえて七字以上十字以内で考えて答えなさい。

問８　筆者は「道」が子どもにとってどのようなものであるべきだと考えていますか。次の二つの条件を満たすように五十字以内でまとめなさい。

(1)　本文中の▼より後の部分からまとめること。

(2)　「発展」と「成長」ということばを必ず用いること。

二　次の文章を読んで後の問いに答えなさい。

河野日向子は再来年に廃校《はいこう》となる愛媛県立越智高校五木分校の三年生で、夏の※俳句甲子園出場を目指し、同級生の小市航太らとメンバー集めに奔走《ほんそう》している。そんななか、一年下の斎和彦が推薦《すいせん》する来島京をメンバーに入れようと説得するがきっぱりと断られる。だが、日向子はあきらめることなく再度説得を試みる。

翌日の放課後。文芸部の部室には四人が集まった。

航太と河野女史。机を挟《はさ》んで来島京、その横には斎和彦もいた。

「すみません。おれも、結末まで見せてもらってもいいですか。面白《おもしろ》そうなんで」

「どうぞどうぞ。おれもやじうまだから」

航太は気軽に答えてから、あわててつけ足した。「あ、来島さんがそれでいいんなら」

来島京は、硬《かた》い顔のまま無言でうなずく。

河野女史が二枚の紙を取り出して、裏向きのまま机に並べた。

「本当は手書きのほうがいいのかもしれないけど、私、字が下手なので。悪筆を見せたらかえって来島さんの歌のよさが損《そこ》なわれそうなので、ワープロ打ちしてプリントアウトしてきた」

河野女史はそう言うと、まず一枚を表に返して、来島京の前に滑《すべ》らせた。

迷ふ《(う)》日々涙《なみだ》して立ちすくむ日々
すべて愛《いと》しき日々年終は《(わ)》る

「来島さん、この歌で間違《まちが》いない？」

来島京は、またうなずいた。

「昨日も言ったけど、この歌を選ばせてもらったのは、私が、すごく好きだから。迷うことも泣くことも立ちすくんで動けなくなることも、みんな無駄《むだ》じゃない、そういう日々ばっかりだったけど、それでもその一年がいとおしい。なんだか、この歌を読んで涙が出そうになったよ。それで……」

「①早くしてもらっていいですか」

河野女史の熱弁を、来島京は表情のない声でそうさえぎった。

「あ、ごめん。この期に及《およ》んで、能書きばっかり言ってちゃいけなかった」

河野女史は、もう一枚の紙に手をかけると、大きく一呼吸して、それからさっと表向きにした。

真っ白な紙に、たった一行。

意味をわかろうと意識するまでもなく、すべての文字が航太の目に飛《と》び込《こ》んでくる。

迷ふ《(う)》泣く立ちすくむまた日記買ふ《(う)》

「近隣地域が子どもらを安全で大きな世界へ招き入れる時、子どもらは複雑さに満ちた都市に出会うよりも前に徐々《じょじょ》に試《ため》しながら自分の能力を磨《みが》くことができる」

子猫が巣から徐々に自分のテリトリーを拡《ひろ》げていくように、住戸まわりの道は、子どもが遊びながら自分の力を試し成長していく場でなければならない。

（木下　勇「子どもの遊びの質の変化」より）

※三世代…図中の1925sが第一世代。1955sが第二世代。1982と1986が第三世代の事を指す。

問1　――線a～dのカタカナを漢字に直しなさい。

問2　――線Ⅰ「ように」と意味、用法が同じものを含む文を次から一つ選び、番号で答えなさい。

1　母から5時に帰ってくるように言われている。
2　練習の結果、さか上がりができるようになった。
3　鉄のような決意を胸に今回のテストにのぞむ。
4　とうがらしのようなからい食べ物は苦手だ。

問3　――線①「子どもたちの遊びの質が変化している」とありますが、昔と比べ変化した今の子どもたちの遊びの特徴《とくちょう》とはどのようなものですか。次からふさわしいものを**すべて**選び、番号で答えなさい。

1　室内でゲームをする。
2　学校帰りの通学路で遊ぶ。
3　道端の草花に立ち止まり考《かんが》え込《こ》む。
4　外遊びの拠点を学校にしている。
5　家の裏のブロック塀渡りをする。
6　秘密基地やたまり場を見つけて集まる。

問4　――線②「遊ばない子どもがいるとしたらどうなるのだろうか」とありますが、筆者はこのことに対してどのように考えていますか。最もふさわしいものを次から一つ選び、番号で答えなさい。

1　子どものために環境を整えるという考えを持つ人がいなくなる。
2　心身の発達が遅《おく》れ仕事をするための体力がつかなくなる。
3　自然や他者との関わりを身に付けることができなくなる。
4　コンピュータ関連以外の仕事に就こうとする人がいなくなる。

問5　――線③「そういう錯覚」とありますが、これはどのようなものですか。最もふさわしいものを次から一つ選び、番号で答えなさい。

1　人間は今や自然を支配することができ、思うがままに環境を変えられるという錯覚。
2　人間はインターネットの中でのみ人間関係を築ければ十分に仕事ができるという錯覚。
3　人間は自然や他者との関係が希薄《きはく》であっても十分に生きていけるという錯覚。
4　人間は幼年期によく外遊びをしていればバランスのとれた大人になれるという錯覚。

問6　――線④「社会の健全な機能へのポジティブな要素」とありますが、「道草を喰う」ことをポジティブに捉えている筆者の考えとして、**ふさわしくないもの**を次から一つ選び、番号で答えなさい。

1　自然の生態を知り関心を高めることができる点。
2　建ち並ぶ建造物を見て哲学的な感想を持てる点。
3　仲間と共に探検することで集団関係を築ける点。
4　家族以外の大人とのコミュニケーションがとれる点。

図は、筆者(木下)が以前に共同研究者と行った※三世代遊び場マップ調査の25年後に、四世代目の遊び場マップづくりを行っている世田谷区太子堂・三宿周辺地区での遊び場の変化を示したものである。調査方法に違いがあるものの、遊び場として［　　　　］ことがわかる。

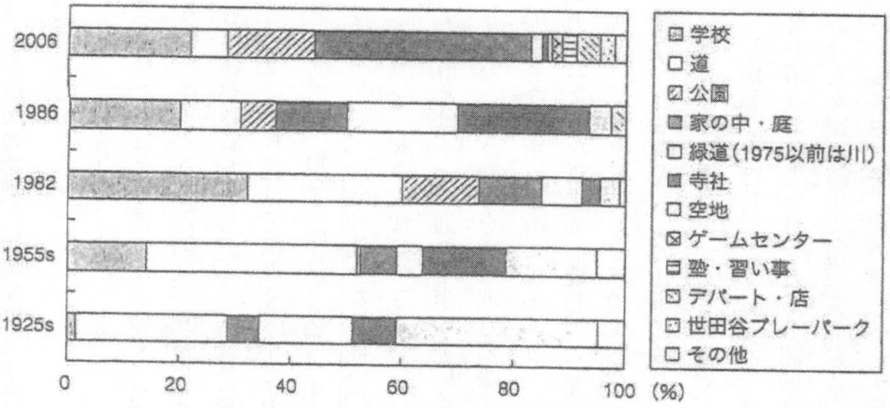

図　三世代から四世代への遊び場の移り変わり

(注：1925s＝1925年前後，1955s＝1955年前後に遊び盛りだった各世代20人ずつへの聞き取り調査による。1982：T小2・4・6年生計237名へのアンケート調査，1986：同計203名へのアンケート調査，2006：TM2小学校1～6年生計478名へのアンケート調査)

その25年前に調査した時は、三世代遊び場マップ調査で子どもに話を聞くのは楽であった。通りで遊んでいる子をつかまえて拠点の小屋に連れてきて、一人あたり1時間～2時間の話を聞く。子どもは恰好《かっこう》の秘密基地か、たまり場を見つけたかのように、その小屋に毎日来て、そこはミニ児童館のようになった。子どもたちは捨《す》て猫《ねこ》を拾ってきて猫のたまり場にもなった。そんな時代にも、すでに子どもの遊び環境は、三世代間の変化から問題として捉えられていたが、現在はさらに悪化の一途《いっと》をたどっている。

▼25年前、当時の調査において、子どもは猫のようだと話題になった。子どもたちへのヒアリングで抜《ぬ》け道《みち》、秘密の道などの話が出る。表の道を歩くのではなく、家の裏のブロック塀《べい》を渡《わた》ったり、アパートの裏など、自分たちで通り抜ける道を発見し、秘密の道にする。抜け道と言いながら正規の公道を歩くより時間が実際はかかるのだが、それは子どもの論理にはない。そんな実態調査の結果から我々が結論に導いたのは子どもが猫ならば、大人は犬だと。犬はちゃんと公道を通り、家の裏のブロック塀渡りなどしないからである。そんな子どもたちのヒアリング調査から、子どもが街を大人以上に使いこなしてよく知っていることを我々は学んだ。四世代目の今はどうであろうか。少なくとも表の道から子どもたちは姿を消した。しかし抜け道や秘密の道はどうであろうか。

そんな探検や冒険《ぼうけん》をする子どもたちの集団関係が薄《うす》れている。そして塾《じゅく》や習いごと、スポーツクラブに多くの時間をとられている。これらは子どもたちの子どもらしい遊びや行動が見られなくなっている要因である。道路は子どもの仲間のつきあいと探索《たんさく》行動を発展させていくという自然なモデルは、C・アレグザンダーやアンネ・マリー・ポロウィーらにより、まちづくりの提案においても古くから指摘《してき》されていることである。またジェーン・ジェイコブスは、子どもの社会化の場所として、道が公園よりも優《すぐ》れていることを力説した。『子どものための都市』を著《あらわ》したバートレットは次のように言う。

し、そのために物理的環境として道路を遊びやすくするなどということも考えられない。そこに、子どもたちが交通事故や犯罪に遭《あ》う恐《おそ》れのある道路の物理的環境を変えようという発想などは微塵《みじん》だに出てはこない。

（中略）

「道草」とはよく言ったもので、道端《みちばた》の草花に目をとられてというように、ゆっくりした速度、立ち止まり、遊び、考えるといった、何でも早いが勝ちといった今の時代に警鐘《けいしょう》をならす言葉の力を持っている。単にそれだけではなく、子どもの成長の面でもたいへん大事なことである。「道草を喰《く》う」をマイナスに捉《とら》えるのではなく、人間の成長、そして④社会の健全な機能へのポジティブな要素と捉えて見直すことが今、求められている。

「都市とは、その通りを歩いている一人の少年が、彼《かれ》がいつの日かなりたいと思うものを感じ取れる場所でなくてはならない」とは20世紀の著名な都市計画家であるルイス・カーンのような哲学的《てつがくてき》な建物で道草するのもそういう感じを得るかも知れないが、道草して自然の生態や、友達と技《わざ》を競《きそ》ったり、そしてまた沿道の店や職人さんの仕事に触《ふ》れたりというのも、将来、何になるかを感じるということかもしれない。

しかし、今は皆《みな》、足早に通りを過ぎるように、道路や都市計画の制度や事業でｄモウけられる公開的空地も通行のためが第一とされている。人々が滞留《たいりゅう》する場に公共空間が用意されていないことはベンチの少なさや、居心地《いごこち》の悪いベンチを見ればよくわかる。

以下は最近子どもに聞いた話である。Sさんは小学6年生。大の生き物好きで、お母さんに内緒《ないしょ》でつかまえてきたオタマジャクシを押入《おしい》れで飼っていたほどである。そのSさんは学校の帰りは登校時と違《ちが》う道を帰る。ちょっと遠回りだけど、商店街の方を通ってくる。それにはいろいろ理由があるようだが、人気のない住宅地の中を通ってくるより、安心できるようだ。そして商店の店先のものを眺《なが》めてくるのも楽しい。

そしていつもの決まりは魚屋さんの前の水をはったバケツの中の生きたドジョウがグチャグチャ動き回るのを見ることだった。それも下校時の楽しみだった。あまりにもずっとドジョウを眺めているので魚屋さんと顔なじみとなり、「今日は学校はどうだった？」などと聞かれて話をするようになった。そしてついには、そこでいつもドジョウを見ているので、「持ってゆくか？」と分けてもらった。それ以外にも時々、お刺身《さしみ》を一口味見させてもらったりというほどの仲になった。この魚屋さんとの関係は親も知らなかった。お母さんもある時、子ども連れで魚屋さんに行った時に、すでにわが子が顔なじみになっているので驚《おどろ》いたという。

子どもはこのように道草から家族以外の地域の人とのコミュニケーションを発達させ、自己の社会を広げてゆく。それは自分を認知《にんち》してくれる人が家族以外にいるという、存在感にもつながる。その地域の人たちがまるで小説かドラマ、漫画《まんが》に出てくるような面白《おもしろ》いオジサン、オバサンであったならば、それは子どもの社会性や情緒《じょうしょ》の発達に大きな栄養となろう。

もちろん、道草の言葉のように、道に接している自然環境からも子どもたちは多くのことを学ぶ。学生が登下校時の子どもの行動を調査した事例によると、道沿いに自然が豊かな通学路と、まったく自然の環境がないところとの違いが明確になった。当然、自然が豊かな通学路の方が子どもたちはかかる時間が長く、自然との接触《せっしょく》も多いし、自然への関心が高いという結果になった。

子どもたちの遊びも社会の変化を映すように、道路を遊ぶ場として、いわば道路で子どもが主役となる時代は、幕を引いたかのようである。

二〇二二年度 東京都市大学付属中学校

【国語】〈第二回試験〉（五〇分）〈満点：一〇〇点〉

［注意］国語の問題では、字数制限のあるものは、特別な指示がない限り句読点等も一字に数えます。

一 次の文章を読んで後の問いに答えなさい。（問題の都合で本文を省略した箇所《かしょ》があります。）

①子どもたちの遊びの質が変化している。道で遊んでいる子どもを見ることが少なくなり、見かけてもゲームをしている、というようなaインショウを持つ人も少なくないだろう。大人は、誰《だれ》もが自分が子どもの時の方がよく遊んだと言うが、もしその通りなら、時代が進むにつれて、子どもたちはますます遊ばなくなることになる。②遊ばない子どもがいるとしたらどうなるのだろうか。動物の子はじゃれ遊び、それが後に餌《えさ》を取ったりする生きる術の基本につながる。では人間の場合はどうか？　コンピュータを前にデスクワークによって生活の糧《かて》を得ている人間社会ならば、子どもの遊びも室内でゲームをするのは必然ではないか、という意見もあるかも知れない。だが人間の社会が成り立っているのはコンピュータだけではないことは自明の理である。コンピュータは応用であり、人間が生きる基本ではない。

人間は自然の環境《かんきょう》との関係のバランスの上に成り立っているという感覚は、今日の環境問題がbシンコクになっている状況《じょうきょう》では、子どもたちに伝えるべき人類の永続性のために優先される課題である。そして人と人との関係のコミュニケーションも「人間」という言葉のように人間社会の基本である。この自然や人との関係を子どもは幼少の頃《ころ》から遊びの中で自ら身につけてゆく。それは動物の持つ本能とでもいうべきものである。しかしながら人間は与《あた》えられた環境への適応力も高いので、それらを欠く環境下でも十分に生きていくことができるかの　Ｉ　ように錯覚《さっかく》してしまう。人類が自ら生み出した文明によって滅《ほろ》んでゆくという予言が的中するとしたら、③そういう錯覚によるものかも知れない。人類が生み出した文明の影響《えいきょう》は、見えない所で次代を担《にな》う子どもたちに及《およ》んでいる。それゆえに大人は子どもたちが成育する環境に気を配るcセキニンがあるのである。それが持続可能性につながる。

人間の創造力、問題解決能力、社会形成能力といった持続可能な人間社会の形成が脅《おびや》かされるとしたら、そのような人間の成長、発達に異常がきたしてからであろう。子どもの遊びは人間の成長、つまり子どもの心身の全面発達に必要な基本である。ゲームの遊びが悪いというのではなく、ゲーム以外にも人類の生存に基本的な体験を含《ふく》めて多様な遊びの体験をすることで子どもの全面発達が保障される。そのための環境を子どもたちにどうつくっていくかが、大人が次世代に負うセキニンである。

遊びの環境となると、実際にここで述べるように、子どもたちの遊びは家の中など室内化している。そして外の遊びというと、拠点《きょてん》は学校となり、道路での遊びは極端《きょくたん》に減っている。道での遊びが減っているということは地域社会との関わりの経験が失われているということであり、その影響の大きさは将来に近隣《きんりん》関係はじめ、地域社会の形成が問題となった時にやっとわかることになるであろう。

唯一《ゆいいつ》、学校帰りの通学路が子どもが集団で地域の環境に関わることができる日常的時間帯である。しかし事故や犯罪の危険性から足早に、早く家に帰るように指導されているのが普通《ふつう》である。よって子どもたちが学校からの帰りに沿道で遊ぶというようなことは奨励《しょうれい》されない

2022年度

東京都市大学付属中学校 ▶解説と解答

算　数　＜第２回試験＞（50分）＜満点：100点＞

解　答

1 **問１**　$\frac{3}{5}$　**問２**　3000 L　**問３**　56人　**問４**　2700m　**問５**　360番目　**問６**　10.26cm²　**問７**　502.4cm³　**問８**　正しくない／**理由**…(例)　解説を参照のこと。
2 **問１**　60か所　**問２**　44人　**問３**　27人　**3** **問１**　5：4　**問２**　15：1：24
4 **問１**　421　**問２**　151　**5** **問１**　20cm　**問２**　20分30秒　**問３**　80cm

解　説

1 **四則計算，単位の計算，仕事算，旅人算，場合の数，面積，体積，条件の整理**

問１　$\left(\frac{5}{3}+\frac{8}{5}\right)\div\frac{7}{6}-2\frac{1}{5}=\left(\frac{25}{15}+\frac{24}{15}\right)\div\frac{7}{6}-\frac{11}{5}=\frac{49}{15}\times\frac{6}{7}-\frac{11}{5}=\frac{14}{5}-\frac{11}{5}=\frac{3}{5}$

問２　単位をcmにそろえて計算すると，25cm×３m×4000mm＝25cm×300cm×400cm＝3000000cm³となる。また，１Lは1000cm³だから，これは，3000000÷1000＝3000(L)である。

問３　１人が１時間にする仕事の量を１とすると，この仕事全体の量は，１×20×８×42＝6720となる。よって，この仕事を毎日４時間ずつ働いて30日で終わらせるには，6720÷４÷30＝56(人)で働けばよい。

問４　太郎君と二郎君がすれちがった地点をＰとする。また，太郎君と二郎君がすれちがったときに三郎君がいた地点をＱとすると，太郎君と二郎君がすれちがったときのようすは右上の図１のようになる。この２分後に太郎君と三郎君がすれちがったので，PQ間の距離《きょり》は，(90＋45)×２＝270(m)とわかる。よって，図１のようになったのは二郎君が三郎君よりも270m多く進んだときだから，出発してから，270÷(60－45)＝18(分後)とわかる。したがって，家と公園の間の距離は，太郎君と二郎君が18分で進んだ距離の和にあたるので，(90＋60)×18＝2700(m)と求められる。

図１
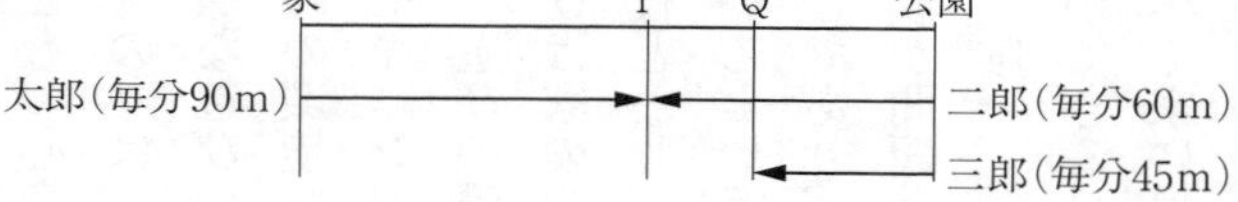

問５　右の図２の㋐～㋓に分けて求める。㋐の場合，百の位，十の位，一の位には０～６の７通りの数字を使うことができるから，４けたの整数は，７×７×７＝343(個)できる。また，㋑，㋒の場合，一の位には０～６の７通りの数字を使うことができるので，４けたの整数は７個ずつできる。さらに，㋓で2022以下の数は{2020，2021，2022}の３個だから，2022は，343＋７＋７＋３＝360(番目)である。

図２
㋐　１□□□
㋑　２００□
㋒　２０１□
㋓　２０２□

問６　右の図３で，斜線《しゃせん》部分の半分を矢印のように移動すると，右の図４のようになる。これは，おうぎ形ABCから三角形ABCを除いたものなので，斜線部分の面積は，

図３
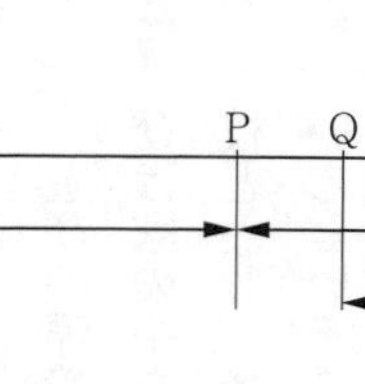

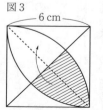

図４
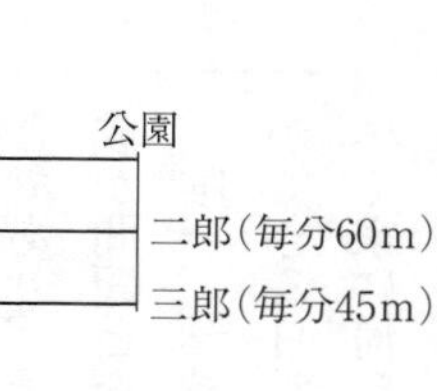

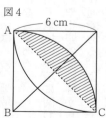

$6\times6\times3.14\times\frac{90}{360}-6\times6\div2=9\times3.14-18=28.26-18=10.26$(cm^2)と求められる。

問７　右の図５の斜線部分を１回転させてできる立体の体積を２倍すればよい。また，斜線部分を１回転させてできる立体は，三角形IAHを１回転させてできる円すい(㋐)から，三角形IGJを１回転させてできる円すい(㋑)と，長方形GFEJを１回転させてできる円柱(㋒)を除いたものである。円すい㋐の体積は，$8\times8\times3.14\times6\div3=128\times3.14$(cm^3)，円すい㋑の体積は，$4\times4\times3.14\times3\div3=16\times3.14$(cm^3)，円柱㋒の体積は，$4\times4\times3.14\times2=32\times3.14$(cm^3)だから，求める立体の体積は，$(128-16-32)\times3.14\times2=160\times3.14=502.4$(cm^3)となる。

図５

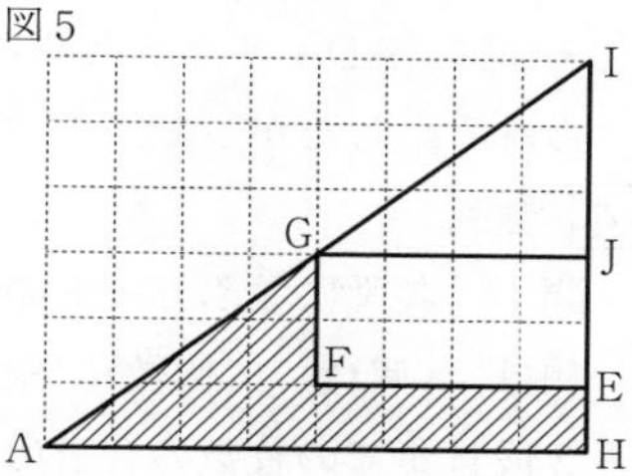

問８　右の図６で，アとア′，イとイ′，ウとウ′，エとエ′，オとオ′は，それぞれ同じ目の個数が一致《いっち》しているので，目の出やすさも同じである。ところが，カとカ′は同じ目の個数が一致していないから，目の出やすさは同じではない。よって，Aさんの主張は正しくない。

図６

和が９	和が10
ア（１，２，６）	ア′（１，３，６）
イ（１，３，５）	イ′（１，４，５）
ウ（１，４，４）	ウ′（２，２，６）
エ（２，２，５）	エ′（２，４，４）
オ（２，３，４）	オ′（２，３，５）
カ（３，３，３）	カ′（３，３，４）

2　つるかめ算，条件の整理

問１　１か所の区画に大人２人と子ども２人を入れる場合の１か所あたりの売り上げは，$700\times2+400\times2+3000=5200$(円)である。この合計が312000円になるから，区画の数は，$312000\div5200=60$(か所)とわかる。

問２　区画の貸し出し料の合計は，$3000\times32=96000$(円)なので，大人と子どもの入場料の合計は，$149300-96000=53300$(円)となり，右のようにまとめることができる。大人だけが95人入場したとすると，入場料の合計は，$700\times95=66500$(円)となり，実際よりも，$66500-53300=13200$(円)多くなる。大人のかわりに子どもが入場すると，１人あたり，$700-400=300$(円)少なくなるから，入場した子どもの数は，$13200\div300=44$(人)と求められる。

大　人(700円)｝合わせて
子ども(400円)｝95人で53300円

問３　はじめに，１つの区画に大人１人だけを入れる場合を考える。このとき，１つの区画の売り上げは，$3000+700=3700$(円)になるので，$91300\div3700=24$余り2500より，区画の数が24か所のとき，売り上げが2500円不足することがわかる。また，$2500=700\times3+400\times1$だから，24か所の区画に大人を１人ずつ入れた状態に，さらに大人３人と子ども１人を加えればよいことになる。よって，入場した大人の数は，$24+3=27$(人)である。

3　平面図形—相似，辺の比と面積の比

問１　三角形DECと三角形FEBは相似で，相似比は，EC：EB＝５：３だから，DC：FB＝５：３となる。よって，各部分の比は右の図のように表すことができる。この比を用いると，平行四辺形ABCDと三角形AFDの面積の比は，$(8\times5):(8\times8\div2)=5:4$とわかる。

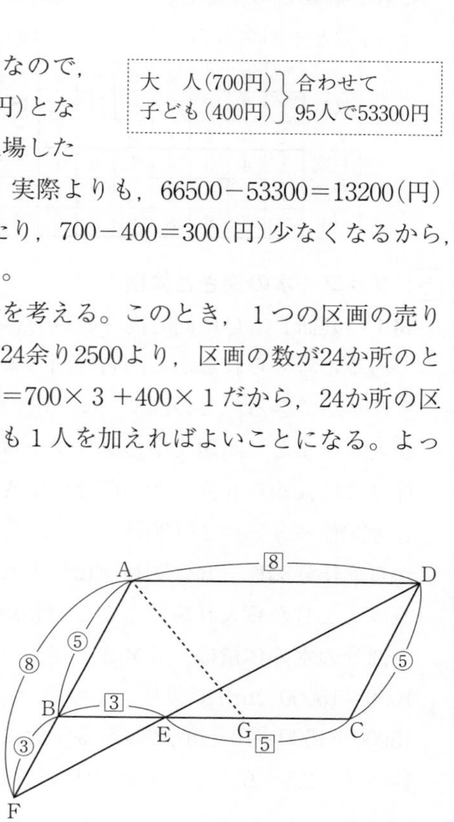

問２　台形AGCDと三角形AFDは面積が等しく，高

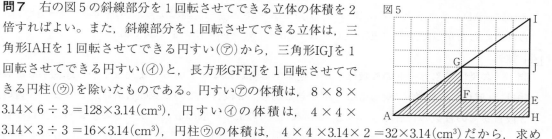

さの比が，AB：AF＝５：８なので，底辺(の和)の比は，$\frac{1}{5}:\frac{1}{8}$＝８：５となる。つまり，(AD＋GC)：AD＝８：５となる。よって，AD＋GC＝$\boxed{8}\times\frac{8}{5}=\boxed{12.8}$だから，GC＝$\boxed{12.8}-\boxed{8}=\boxed{4.8}$と求められる。したがって，BE：EG：GC＝３：(５－4.8)：4.8＝15：１：24である。

4 数列

問１　各段に並ぶカードの枚数は１から連続する奇数《きすう》になっている。また，１から連続する奇数の和は，(個数)×(個数)で求めることができるから，２段目までの枚数の合計は，２×２＝４(枚)，３段目までの枚数の合計は，３×３＝９(枚)，…のように求めることができる。よって，11段目までの枚数の合計は，11×11＝121(枚)とわかる。次に，{１，２，３，４，５，６}の６枚を周期と考えると，121÷６＝20余り１より，11段目までには20個の周期と１枚のカードがあることがわかる。さらに，１つの周期に書かれている数字の和は，１＋２＋３＋４＋５＋６＝21なので，11段目までの和は，21×20＋１＝421と求められる。

問２　たとえば，４段目の右端《みぎはし》の数は４であり，５段目に並ぶ枚数は９枚である。９÷６＝１余り３より，これは１周期と３枚とわかるから，５段目の右端の数は，４段目の右端の数から３枚ずれた数になる。よって，５段目の右端の数は，４＋３－６＝１と求められる。同様に，６段目に並ぶ枚数は11枚なので，11÷６＝１余り５より，６段目の右端の数は，１＋５＝６とわかる。さらに，N段目の左端の数は($N-1$)段目の右端の次の数だから，６段目の右端の数が６のとき，７段目の左端の数は１になる。同様に考えると下のようになるので，太線部分がくり返されることがわかる。これを周期と考えると，１つの周期の合計は，２＋６＋８＋８＋６＋８＝38なので，全部で，38×４＝152と求められる。ただし，１段目の右端と左端は一方だけを足すから，152－１＝151となる。

段	1	2	3	4	5	6	7	8	9	10	11	12	13	14	15	16	17	18	19	20	21	22	23	24
枚数	1	3	5	7	9	11	13	15	17	19	21	23	25	27	29	31	33	35	37	39	41	43	45	47
ずれ	1	3	5	1	3	5	1	3	5	1	3	5	1	3	5	1	3	5	1	3	5	1	3	5
右端	1	4	3	4	1	6	1	4	3	4	1	6	1	4	3	4	1	6	1	4	3	4	1	6
左端	1	2	5	4	5	2	1	2	5	4	5	2	1	2	5	4	5	2	1	2	5	4	5	2
和	2	6	8	8	6	8	2	6	8	8	6	8	2	6	8	8	6	8	2	6	8	8	6	8

5 グラフ―水の深さと体積

問１　底面Ｐ，Ｑに同じ高さの直方体が置いてあると考えられるから，右の図のように表すことができる。この図で，①～⑥の順に水が入る。また，問題文中のグラフから，①の部分にはＡから３分，②の部分にはＡから，５分30秒－３分＝２分30秒，③の部分にはＢから，15分30秒－５分30秒＝10分入れ，その後はＡとＢから入れ続けたことがわかる。①の部分の水の体積は，５×３＝15(Ｌ)，15×1000＝15000(cm^3)であり，①の部分の底面積は，30×50＝1500(cm^2)なので，①の部分の高さは，15000÷1500＝10(cm)とわかる。次に，①の部分と②の部分について，体積の比は，３分：２分30秒＝３：2.5＝６：５，高さの比は，10：(15－10)＝２：１だから，底面積の比は，$\frac{6}{2}:\frac{5}{1}$＝３：

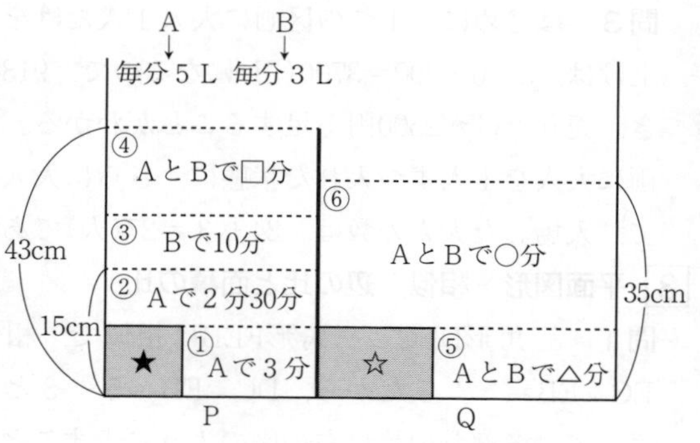

５とわかる。よって，②の部分の底面積は，$1500\times\frac{5}{3}=2500(\mathrm{cm}^2)$なので，★の部分の底面積は，$2500-1500=1000(\mathrm{cm}^2)$である。したがって，㋐の長さは，$1000\div50=20(\mathrm{cm})$と求められる。

問２　③の部分の水の体積は，$3\times10=30$（Ｌ），$30\times1000=30000(\mathrm{cm}^3)$だから，③の部分の高さは，$30000\div2500=12(\mathrm{cm})$とわかる。よって，④の部分の高さは，$43-(15+12)=16(\mathrm{cm})$なので，④の部分の体積は，$2500\times16=40000(\mathrm{cm}^3)$，$40000\div1000=40$（Ｌ）と求められる。したがって，④の部分に入れた時間は，$40\div(5+3)=5$（分）だから，㋑の時間は，15分30秒＋５分＝20分30秒となる。

問３　はじめに，⑥まで入れた時間が全部で36分なので，⑤の部分と⑥の部分に入れた時間の合計は，36分－20分30秒＝15分30秒であり，⑤の部分と⑥の部分の水の体積の合計は，$(5+3)\times15\frac{30}{60}=124$（Ｌ）とわかる。次に，①の部分と②の部分の底面積の比が３：５だから，⑤の部分と⑥の部分の底面積の比も３：５である。さらに，⑤の部分と⑥の部分の高さの比は，$10:(35-10)=2:5$なので，⑤の部分と⑥の部分の体積の比は，$(3\times2):(5\times5)=6:25$とわかる。よって，⑤の部分の体積は，$124\times\frac{6}{6+25}=24$（Ｌ），$24\times1000=24000(\mathrm{cm}^3)$だから，⑤の部分の底面積は，$24000\div10=2400(\mathrm{cm}^2)$と求められる。したがって，㋒の長さは，$2400\div30=80(\mathrm{cm})$である。

社　会　＜第２回試験＞（40分）＜満点：75点＞

解　答

1　**問１**　(1)　**a**　石狩（平野）　**b**　日高（山脈）　(2)　2　**問２**　(1)　1，2　(2)　3→2→4→1　(3)　カルデラ（湖）　**問３**　(1)　八郎潟（干拓地）　(2)　①　4　②　2　(3)　盛岡（市）　**問４**　(1)　1／（例）　冬期の降水量がほかと比べて多いため。　(2)　岡山（市）　(3)　ハザードマップ　**問５**　6　2　**問１**　4　**問２**　2→3→1→5　**問３**　3→4→1→2　**問４**　大宝律令　**問５**　日本書紀　**問６**　イラン　**問７**　2，3，4　**問８**　北里柴三郎　**問９**　北条早雲　**問10**　**A**　琉球　**B**　対馬　**C**　松前　**問11**　2　**問12**　（例）　外国人を打ち払う（運動）　**問13**　2，4　**問14**　3→5→1→4　**問15**　3，5　3　**問１**　(1)　4　(2)　2　**問２**　世界保健機関　**問３**　（家電）エコ　**問４**　**A**　地方　**B**　刑事　**C**　起訴　**問５**　1　**問６**　4　**問７**　5　**問８**　4　**問９**　**D**　マーストリヒト　**E**　ユーロ　**F**　イギリス　**問10**　3

解　説

1　日本各地の自然や都市，産業，災害などについての問題

問１　(1)　図１中の線分Ⅰの断面図は，北海道の積丹《しゃこたん》半島から十勝平野にかけての地域である。その西側のａに石狩平野，やや東側のｂには日高山脈がある。　(2)　ｃの十勝平野の中心都市は帯広市で，十勝平野は火山灰土におおわれた台地状の平野であったが，土地改良により，現在では日本を代表する畑作地帯となっている。なお，「あ」は石狩平野についての説明文。また，釧路《くしろ》市は線分Ⅰの右端から少し東側に位置する。

問２　(1)　Ｇ７は主要７か国首脳会議のことで，アメリカ合衆国・イギリス・フランス・ドイツ・イタリア・カナダ・日本の７か国で構成されている。　(2)　１の伊勢志摩サミットは2016年，２

の沖縄サミットは2000年，３の東京サミットは1993年，４の洞爺《とうや》湖サミットは2008年のことである。よって，年代の古い順に３→２→４→１となる。　⑶　洞爺湖は火山が噴火して火口部が落ちこみ，そこに水がたまってできたカルデラ湖で，北海道には摩周湖，屈斜路《くっしゃろ》湖，支笏《しこつ》湖など，カルデラ湖が多い。

問３　⑴　図１中の線分Ⅱの断面図は，秋田県の男鹿《おが》半島から岩手県の三陸海岸にかけての地域である。ｄはかつて琵琶湖（滋賀県）についで２番目に広い湖だった八郎潟で，干拓されて1964年に新しく大潟村が誕生した。　⑵　①　八郎潟干拓地（大潟村）では，北緯40度の緯線と東経140度の経線が交差している。北緯40度の緯線を西に伸ばすと，中国（中華人民共和国）の首都北京《ペキン》を通る。なお，１の上海《シャンハイ》（中国）はこれより南，２のロンドン（イギリス）とニューヨーク（アメリカ合衆国）はこれより北に位置する。　②　東経140度の経線は北から順に，北海道と，青森・秋田・山形・福島・栃木・茨城・千葉の各県を通る。　⑶　ｅは北上盆地に位置する岩手県の県庁所在地の盛岡市で，伝統的工芸品の南部鉄器の産地として知られる。また，県南西部の平泉町には中尊寺や毛越寺《もうつうじ》など奥州藤原氏の栄えた平安時代の寺院や遺跡群が多く残り，世界文化遺産に登録されている。

問４　⑴，⑵　図１中の線分Ⅲの断面図は，鳥取市から岡山市を経て高知市にいたる地域である。ｆの鳥取市は日本海側の気候に属するので，冬の降水（降雪）量が多い。よって，１があてはまる。ｇの岡山市は瀬戸内の気候に属し，年間降水量が少ないので２，ｈの高知市は太平洋側の気候に属し，夏の降水量が多いので３があてはまる。　⑶　津波や洪水，土砂災害などの自然災害に対し，その被害が想定される範囲《はんい》や避難《ひなん》場所，避難経路などを示した地図をハザードマップといい，各自治体が作成するなどして住民に配布している。

問５　ｐ　熊本県南西部の水俣《みなまた》湾周辺では，かつて化学肥料工場の排水にふくまれる有機水銀により水俣病が発生した。カドミウムは富山県の神通《じんづう》川流域で発生したイタイイタイ病の原因物質である。　ｑ　2016年４月に発生した熊本地震では，多くの家屋が倒壊《とうかい》したほか，熊本城の屋根瓦《がわら》や石垣《いしがき》が崩壊《ほうかい》するなど大きな被害が生じた。　ｒ　2020年の「令和２年７月豪雨」では，熊本県南部を流れる球磨《くま》川が氾濫《はんらん》して周囲に大きな被害を与えた。筑後《ちくご》川は，九州北部を流れている。

２　各時代の感染症《しょう》を題材にした問題

問１　ａ　弥生時代の環濠《かんごう》集落についての説明で，吉野ヶ里遺跡（佐賀県）などがあてはまる。三内丸山遺跡（青森県）は縄文時代の遺跡である。　ｂ　『後漢書』東夷《とうい》伝には，紀元57年に倭《わ》（日本）の奴国《なこく》の王が後漢（中国）に使者を送ったことが記されている。邪馬台国《やまたいこく》の女王卑弥呼《ひみこ》が239年に魏《ぎ》（中国）に使者を送ったことが記されているのは，『魏書』東夷伝（『魏志』倭人伝）である。

問２　１の壬申《じんしん》の乱は672年，２の十七条憲法の制定は604年，３の大化の改新の始まりは645年，４の藤原道長が摂政《せっしょう》に就任したのは1016年で平安時代，５の大仏造立《ぞうりゅう》の詔《みことのり》が出されたのは743年のことである。よって，４を除き年代の古い順に並べると，２→３→１→５となる。

問３　１の鑑真《がんじん》が来日したのは奈良時代の753年，２の最澄と空海が唐（中国）にわたって仏教を学び始めたのは平安時代初めの804年，３の小野妹子が遣隋使として隋（中国）に派遣されたのは飛鳥時代初めの607年，４の白村江《はくすきのえ》の戦いは飛鳥時代半ばの663年のことである。よって，年代の古い順に並べると３→４→１→２になる。

問４　大宝律令は刑部《おさかべ》親王・藤原不比等《ふひと》らがまとめ，701年に完成した律令制度の基本法で，これにより律令制度が確立した。不比等は藤原氏の祖先となった中臣鎌足《なかとみのかまたり》の子で，養老律令の制定にもたずさわっている。

問５　『日本書紀』は720年に舎人《とねり》親王らがまとめた日本初の正史で，712年に成立した『古事記』とともに「記紀」とよばれる。

問６　ペルシアは現在のイランにあたる。イランは遠く西アジアに位置しているが，中国を経て日本の古代文化にも影響をおよぼした。

問７　14世紀は1301年から1400年までの100年間で，鎌倉時代末から室町時代前半にあたる。１の建武の新政は1333～36年，２の文永の役・弘安の役(元寇《げんこう》)は1274・1281年，３の六波羅《ろくはら》探題の設置は1221年，４の永仁の徳政令は1297年，５の南北朝合一は1392年のことである。よって，２，３，４の３つが14世紀のできごとではない。

問８　北里柴三郎《しばさぶろう》は明治時代に活躍《かつやく》した熊本県出身の細菌《さいきん》学者で，ドイツに留学して破傷風の血清療法《りょうほう》を発見し，帰国すると伝染病研究所を設立した。1894年にはホンコン(中国)に派遣され，ペスト菌を発見している。

問９　戦国時代，北条氏は小田原城を根拠《こんきょ》地として関東地方一帯に勢力を広げたが，その基礎をつくったのが北条早雲である。なお，鎌倉時代の執権《しっけん》北条氏とは関係がなく，「後北条氏」などとよばれることもある。

問10　江戸時代の鎖国中，薩摩藩(鹿児島県)の島津氏は琉球《りゅうきゅう》王国(沖縄県)を通じて中国と，対馬《つしま》藩(長崎県)の宗氏は幕府の承認を得て朝鮮と貿易を行い，蝦夷《えぞ》地(北海道)の松前藩は先住民族のアイヌと交易を行っていた。

問11　幕末の欧米諸国との貿易では，毛織物・綿織物・綿糸などが輸入され，生糸・茶などが輸出された。なお，1858年に結ばれたのは日米修好通商条約で，このころの金銀の交換比率は外国ではおよそ１対15，日本では１対５だったことから，金が大量に流出した。また，安い輸入品が大量に流入したことや重要輸出品の生糸・茶の生産が追いつかず国内向けの品物が不足したことから，物価が急上昇した。

問12　開国して貿易が始まると，攘夷《じょうい》運動が高まった。「攘夷」とは，外国人を追い払って国内に入れないという考え方で，天皇を尊ぶ「尊王論」と結びついた尊王攘夷運動が倒幕運動へと発展した。

問13　明治政府は1872年に学制，1873年に徴兵《ちょうへい》令と地租改正条例を発布したが，これらの改革に反対する一揆《いっき》が発生している。また，日清戦争(1894～95年)後の下関条約では清(中国)に朝鮮の独立を認めさせたうえ，多額の賠償《ばいしょう》金や台湾などの領土を獲得《かくとく》した。よって，２，４の２つが正しい。なお，１について，旧藩主を知藩事に任命して引き続き旧藩領を治めさせたのは，版籍奉還(1869年)のときのことである。３について，大日本帝国憲法は，君主権の強いドイツ(プロシア)の憲法を参考に作成された。５について，日露戦争(1904～05年)後にポーツマス条約が結ばれ，日本は南満州鉄道の権利や樺太《からふと》(サハリン)の南半分を獲得した。

問14　昭和20年代は，1945～54年にあたる。１の日米安全保障条約の調印は1951年，２の日本の国際連合加盟は1956年，３の日本国憲法の施行は1947年，４の自衛隊の創設は1954年，５の朝鮮戦争の開始は1950年のことである。よって，２を除き年代の古い順に並べると３→５→１→４となる。

問15　第一次世界大戦は，1914～18年のことである。１のドイツの拠点がある青島《チンタオ》を日本が占領したのは1914年，２の二十一カ条の要求を中国につきつけたのは1915年，３の第一次憲法擁護《ようご》運動(護憲運動)が起こったのは1912年，４の米騒動《そうどう》で寺内正毅《まさたけ》内閣が総辞職したのは1918年，５の普通選挙法が制定されたのは1925年のことなので，３，５の２つが大戦中のできごとではない。

３ 2009年と2010年のできごとを題材にした問題

問１ ⑴ 2009年４月，アメリカ合衆国のバラク・オバマ第44代大統領がチェコのプラハで，核兵器のない世界をめざすとする演説を行った。 ⑵ ⑴の解説を参照のこと。よって，２があてはまる。１は第46代のジョー・バイデン大統領，３は第35代のジョン・Ｆ・ケネディ大統領，４は第36代のリンドン・ジョンソン大統領の演説の内容。

問２ WHOは世界保健機関の略称で，世界の人々の健康増進や伝染病予防，感染症の対策などを行う国際連合の専門機関である。

問３ 2009年５月，省エネ基準を満たした電化製品を購入《こうにゅう》したとき，ポイントを付与する(家電)エコポイント制度がスタートした(2011年終了)。

問４ **Ａ，Ｂ** 2009年５月にスタートした裁判員制度は，裁判に一般国民が参加することで裁判に国民の意思を反映させるとともに，司法に対する国民の理解を深めることを目的としている。有権者の中から抽選《ちゅうせん》(クジ)で選ばれた裁判員６人が３人の裁判官と合議制で裁判を行うが，その対象は重大な刑事裁判についての第一審(地方裁判所)である。 **Ｃ** 犯罪を起こしたとされる被疑者を，検察官が裁判所に起訴《きそ》することで裁判が始まる。

問５ 2009年８月，衆議院議員総選挙で民主党が勝利し政権交代が行われたが，このときの民主党代表は鳩山《はとやま》由紀夫《ゆきお》であった。民主党政権は４の菅直人《かんなおと》，２の野田佳彦《よしひこ》が引き継《つ》ぎ，３の枝野幸男は民主党の幹事長などを歴任した。

問６ 2009年９月に発足した消費者庁は，消費者に関する行政，および消費生活に密接に関連する物資の品質表示についての事務を行うことを目的にした行政機関で，内閣府に属している。ａは文部科学省に属する文化庁，ｂは国土交通省に属する観光庁の説明である。

問７ 「シルバーウィーク」は秋の大型連休で，2009年は９月19日が土曜日，23日の水曜日が「秋分の日」で，21日の月曜日が「敬老の日」(９月の第３月曜日)になり，この間の22日の火曜日は国民の祝日に関する法律にもとづく「国民の休日」であった。そのため，19日から23日までの５連休となった。ただし，「秋分の日」は年によって21～23日と移動するので，５連休となったのはこれまで2009年と2015年の２回しかなく，次は2026年になる。１の「みどりの日」は５月４日，２の「勤労感謝の日」は11月23日，３の「憲法記念日」は５月３日，４の「建国記念の日」は２月11日。よって，あてはまるものがないので５になる。

問８ 貧困率(相対的貧困率)とは，厚生労働省の「国民生活基礎調査」にもとづくもので，収入(所得)から直接税と社会保険料を引いた金額(可処分所得)を高い順に並べたさい，その中央値(中間の値)の半分(貧困線)に満たない人の割合をいう。現在，６人に１人が貧困であるとされる。

問９ **Ａ** EUは欧州(ヨーロッパ)連合の略称で，1993年にマーストリヒト条約が発効したことにより発足した。EUの本部は，ブリュッセル(ベルギー)に置かれている。 **Ｂ** EUはヨーロッパ諸国による協力組織で，統一通貨としてユーロを導入しているが，経済統合ばかりではなく，共通外交や安全保障政策の実施をめざしている。 **Ｃ** 2020年１月にイギリスが正式にEUを離脱《りだつ》したため，2021年末現在の加盟国は27カ国となっている。

問10　冬季オリンピック・パラリンピックは，2018年が平昌《ピョンチャン》（大韓民国），2022年が北京と，２大会連続してアジアで開催された。なお，トリノはイタリア，バンクーバーはカナダ，ソチはロシアの都市である。

理　科　＜第２回試験＞（40分）＜満点：75点＞

解　答

１　**問１**　(1)　１，３　(2)（例）風　(3)　におい　**問２**　２　**問３**　３　**問４**　(1)　２　(2)　１　(3)　３　(4)　１　(5)　２

２　**問１**　３　**問２**　１　**問３**　３　**問４**　２　**問５**　［1］　２　［2］　４　**問６**　６

３　**問１**　二酸化マンガン　**問２**　１，４　**問３**　4.25　**問４**　196　**問５**　3.3　**問６**　３

４　**問１**　１　**問２**　２　**問３**　40度　**問４**　11　**問５**　５つ　**問６**　４　**問７**　30cm

解　説

１　**受粉における花と昆虫《こんちゅう》の関係についての問題**

問１　(1)　花粉を運んでもらうのを昆虫や鳥などの動物にたよらない植物は，花の存在を動物にアピールする必要がないため，一般《いっぱん》に花びらやがく片が目立たない。ここではオオバコとトウモロコシがあてはまる。　(2)　花粉を運んでもらうのを動物にたよらない植物の場合，花粉は風や水の流れに乗って運ばれる。　(3)　昆虫や鳥をひきよせるために，花は花びらやがく片を目立たせることのほかに，においを出して呼びよせている。

問２　アブはハエのなかまの昆虫なので，はねは２枚しかない。よって，２が選べる。

問３　文章より，昆虫は赤色をちゃんと認識できないと考えられる。よって，朝の，つぼみが開いている間に青かった花は昆虫をひきよせるが，花がしぼんだ昼の赤っぽい色は昆虫をひきよせないと考えられる。これは，朝の限られた時間だけ相手の昆虫に来てもらうのに役立つ。

問４　(1)　文章に「ハチにだけわかるようにサインを送って，呼びよせるしくみすら，紫色の花はもっている」とある。　(2)　文章の「ただ，来てもらった…」から始まる段落とその次の段落によると，アブは行動範囲《はんい》が広くなく，花の種類を細かく区別しない。したがって，アブに花粉を運んでもらうのなら，群生した方が受粉しやすい。　(3)　蜜《みつ》は花粉を運ぶ動物をひきよせるために出すのだから，蜜を出す時期は花粉を出す時期と同じでなければ意味がない。　(4)「アブはどこかで花を訪れると，すぐそばの花のところに行く」ので，アブに花粉を運んでもらうには，花を上向きにさかせ，花びらはよく開かせて平たい形に近くした方が都合がよい。　(5)　文章の「そのため，紫色の花は…」から始まる段落で述べられていることから考えると，形が細長く，先の方で花びらが分かれるような複雑なつくりの花に対して，多くの昆虫は苦手としていても，ハチは苦にしない。よって，この花は，ハチだけに蜜と花粉をもっていってもらうためのしくみをもつ紫色の花と考えられる。

２　**梅雨《つゆ》と台風についての問題**

問１　梅雨《ばいう》前線は，北にあるオホーツク海高気圧と南にある太平洋高気圧とがぶつかり合うことで発生する。よって，梅雨前線を北上させるのは南にある太平洋高気圧の方である。

問２　太平洋高気圧によって生じる気団(小笠原《おがさわら》気団という)は，日本の南にあるためあたたかく，海上にあるため湿《しめ》っている。

問３　６月頃《ごろ》に日本を横断するように発生する停滞《ていたい》前線を特に梅雨前線と呼ぶ。停滞前線はその名の通り同じような地域に停滞する前線のことである。

問４　海水は塩分を含《ふく》んでいるため，それが植物にかかるのは成長によくない。海水がかかることで，くだものが甘《あま》くおいしくなることはない。

問５　**［１］**　表で，７月までの台風の発生件数を調べると，2020年が２個，2019年が５個，2018年が９個，2017年が９個となっている。よって，７月までに台風が上陸しなかったのは，発生した台風の数が例年よりも少なかったことによるものと考えられる。　**［２］**　文章の「この高気圧が梅雨前線を押《お》し上げると…」で始まる文とその次の文に，台風の進路が太平洋高気圧の力とふちの位置によって決まることが述べられている。例年だと８月から９月頃は日本列島に太平洋高気圧のふちがかかり，台風が上陸しやすくなるが，2020年は太平洋高気圧が日本の上空にとどまり続けていたため，台風は日本に近づくことができず，上陸しなかったと考えられる。

問６　成城地域の面積は，2.3km^2＝2300000m^{2}で，この全域に高さ，20mm＝２cm＝0.02mの水がたまったと見なして雨量を計算すると，2300000×0.02＝46000(m^3)となる。ここで，水の重さは１mL(＝１cm^3)で１ｇなので，１m^{3}では，100×100×100＝1000000(ｇ)＝1000(kg)＝１(トン)になる。したがって，降った雨の重さは46000トンとわかる。

３　酸素の発生についての問題

問１　実験では一般に，過酸化水素水に含まれる過酸化水素を酸素と水に分解することで酸素を発生させる。また，過酸化水素の分解をうながすため，黒色粒《つぶ》状の二酸化マンガンを加えるのがふつうである。

問２　発生する酸素の最大量が過酸化水素の量のみで決まることは，酸素の発生が終了《しゅうりょう》した後の液体に新たに過酸化水素水を加え，酸素が発生することを確認すればよい。なお，二酸化マンガンは反応において変化しない触媒《しょくばい》としてはたらくので，その量は発生する酸素の量には関係しない。

問３　６Ｌの酸素の重さが８ｇなので，３Ｌの酸素の重さは，$8\times\frac{3}{6}=4$(ｇ)である。よって，分解した過酸化水素は，$4\times\frac{34}{16}=8.5$(ｇ)なので，用いた過酸化水素水200ｇの濃度《のうど》は，8.5÷200×100＝4.25(％)とわかる。

問４　過酸化水素水から４ｇの酸素が発生したので，固形物を除く反応後の液体の重さは，200－４＝196(ｇ)になる。

問５　５分後の4.0％の過酸化水素水97.12ｇ中に含まれる過酸化水素は，97.12×0.04＝3.8848(ｇ)である。また，６分後までの１分間に0.32ｇの酸素が発生しているが，このとき分解した過酸化水素は，$0.32\times\frac{34}{16}=0.68$(ｇ)とわかる。したがって，６分後の過酸化水素水96.80ｇに含まれる過酸化水素は，3.8848－0.68＝3.2048(ｇ)なので，濃度は，3.2048÷96.80×100＝3.31…より，3.3％となる。

問６　ここでは，表をグラフ化した際，得られたデータの最も近くを通る１本の直線が，実験結果から導かれる関係を表すとある。そして，濃度が０％のとき，１分間に発生する酸素の量は０ｇになるから，この直線は比例のグラフとなる。つまり，濃度と１分間に発生する酸素の量は比例の関係にある。両者は表より，(濃度の値)×0.08＝(１分間に発生する酸素の量)という関係にあるといえるので，３分後までに発生した酸素の重さの合計は，0.80＋0.67＋7.0×0.08＝2.03（g）になる。よって，３分後の過酸化水素水の重さは，100－2.03＝97.97（g）となるから，３の範囲に含まれる。

4 光の進み方についての問題

問１　光は入射角と反射角が等しくなるように反射する。また，屈折《くっせつ》するときの屈折角は入射角より小さくなる。

問２　小物体２とＱ点を結ぶ線と法線がなす角度（入射角）と，Ｐ点とＱ点を結ぶ線と法線がなす角度（反射角）が等しくなるので，小物体２から出た光がＱ点で反射してＰ点に届く。

問３　鏡Ａにおける反射角は60度なので，その反射光と鏡Ａがなす角度は，90－60＝30（度）である。よって，鏡Ｂにおいて，入射光と鏡Ｂがなす角度は，180－（100＋30）＝50（度）だから，入射角は，90－50＝40（度），反射角も40度となる。

問４　鏡Ａでの反射光と鏡Ａがなす角度は，90－60＝30（度），鏡Ｂでの入射光と鏡Ｂがなす角度は，180－（90＋30）＝60（度）だから，鏡Ｂでの反射光と鏡Ｂがなす角度も60度である。よって，鏡Ｂでの反射光は矢印11の方向に進む。

問５　鏡に映る像が新たに別の像をつくり，右の図①のように鏡に映る小物体の像（◌）は最大で５つ見える。

図①

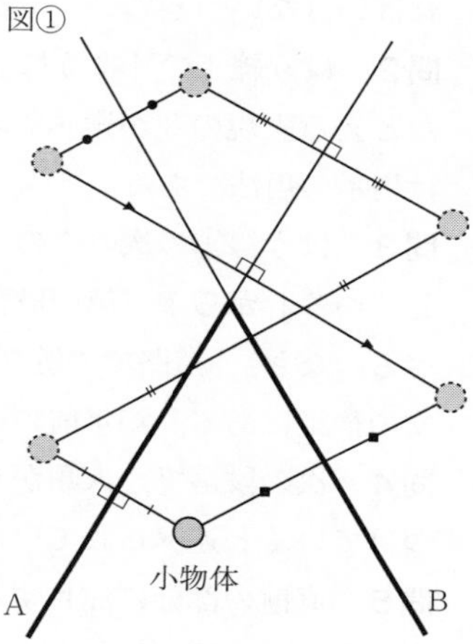

問６　小物体から出た光が水中を穴の方に進み，空気と水の境目にくると，屈折して空気中に出て進む。このとき，空気中に出た光は境目（水面）に近づくように屈折するので，４の方向に進む。

問７　入射角が45度をこえたところで小物体から出た光が全反射するので，このときの光の進む道すじは右の図②のようになる。よって，直径，15×２＝30（cm）の円形のふたをすれば，小物体から出た光が液体Ｇから空気中に出ることがなく，外からは小物体が見えなくなる。

図②

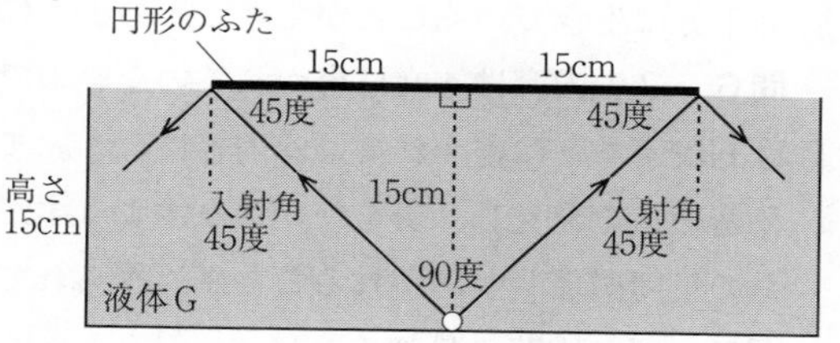

国語　＜第２回試験＞（50分）＜満点：100点＞

解答

一　**問１**　下記を参照のこと。　**問２**　３　**問３**　１，４　**問４**　３　**問５**　３　**問６**　２　**問７**　（例）　道が極端に減った　**問８**　（例）　仲間とのつきあいや探索行動を発展させる場として，徐々に試しながら自分の能力を成長させてくれるもの。　二　**問１**　**Ａ**　４　**Ｂ**　１　**Ｃ**　３　**Ｄ**　３　**問２**　４　**問３**　２　**問４**　五木中学出身じゃない　**問５**　Ⅰ　４　Ⅱ　３　Ⅲ　１　**問６**　２　**問７**　４　**問８**　１　三　**問１**　１　**問２**　３　**問３**　４　**問４**　３　**問５**　１，４　四　**象形**…飛行　**指事**…本末　**会意**…友好　**形声**…組閣，詩歌

●漢字の書き取り

一 問１　a　印象　b　深刻　c　責任　d　設

解　説

一　**出典は仙田《せんだ》 満《みつる》，上岡直見《かみおかなおみ》編の『子どもが道草できるまちづくり―通学路の交通問題を考える』所収の「失われつつある『道草』子どもの遊びの質の変化（木下《きのした》 勇《いさみ》 著）」による。**遊びの環境《かんきょう》が室内化した現代だが，子どもが遊びながら自分の力を試し，成長できる場として道の役割は重要だと述べている。

問１　a　心に生まれる感じ。　b　さしせまって重大なようす。　c　引き受けて，しなければいけないつとめ。　d　音読みは「セツ」で，「設備」などの熟語がある。

問２　ぼう線Ⅰの「ように」は，たとえを表す比ゆの用法なので，同じように「決意」を「鉄」にたとえる表現の３が選べる。１は命令を，２はほかの動詞を「なる」に接続させる「ように」，４は例示の用法である。

問３　ぼう線①の次の文の「道で遊んでいる子どもを見ることが少なくなり，見かけてもゲームをしている」から１，第四段落に書かれている「外の遊びというと，拠点は学校となり」から４が選べる。なお，「道路での遊びは極端《きょくたん》に減っている」と第四段落にあるので，２と３は合わない。本文の後半にある，25年前の遊びの調査に出てくる５と６も適当ではない。

問４　次の段落で，人類が永続するため必要な「自然や人との関係」を，子どもは遊びの中で身につけていくと述べられている。遊ばない子どもはそれを身につけられなくなるので，３がよい。

問５　直前の部分に注目する。自然や人との関係は「動物の持つ本能とでもいうべきもの」で，人間にとって必要不可欠なものだが，ここでいう「錯覚《さっかく》」は，それらとの関係が不足している環境でも十分に生きていくことができるかのように思い違《ちが》いをすることを指すので，３が合う。

問６　２の内容は本文に書かれていないので合わない。なお，１はぼう線④から六段落あとに，４は五段落あとに書かれている内容に合う。また，▼からあとには，25年前の子どもたちが抜《ぬ》け道や秘密の道を発見し，街を使いこなすようすが書かれており，続けてそんな探検や冒険《ぼうけん》で「子どもたちの集団関係」が築かれることが述べられているので，３もよい。

問７　同じ段落の最初の文に，「道路で子どもが主役となる時代は，幕を引いた」とあるとおり，図によると，特に多かった「1955s」では道が遊び場の40％近くを占めていたが，第四世代ではわずかになっている。よって，遊び場として「道が極端に減った」などとすればよい。

問８　最後の三段落に注目すると，まず，道は古くから子どもにとって，「仲間のつきあいと探索《たんさく》行動を発展」させる場とされていると書かれている。最後の文にもあるとおり，筆者は，道は「子どもが遊びながら自分の力を試し成長していく」べき場だと考えている。

二　**出典は森谷明子《もりやあきこ》の『南風《みなみ》吹《ふ》く』による。**俳句甲子園出場メンバーになることを断った来島京を，河野は再度説得して了解《りょうかい》を取り付けるが，来島の思いがけない家庭内の事情ものちに明らかになる。

問１　A　「たしなめる」は，“良くないところを軽くしかったり，注意したりする”という意味。　B　自分の思うとおりに事が運んだということ。　C　うまく人を自分側に引き入れ，思うとおりに従わせること。　D　「たきつける」は，“人をそそのかし，けしかける”という意味。

問２　来島京は，俳句甲子園に出場しないかという誘《さそ》いをすでにきっぱりと断っている。それでもあきらめない河野のためしかたなく部室まで来たものの，そもそもメンバーになるつもりがなく，さっさと断って早く帰りたいと考えていると思われるので，４が合う。

問３　河野は，短歌に込《こ》めた思いを俳句で表すことも可能だとして，自分がつくった俳句の説明をしながら来島京が短歌にたくした気持ちを明らかにしていく。河野が語るのを聞きながら，自分の心の中に秘めていた気持ちがおさえきれなくなり，思わず涙《なみだ》がにじんだと考えられるので，２がよい。

問４　あとの場面で，五木中学の卒業記念品の話をしたときに斎が言葉を濁《にご》したのは，来島京が「五木中学出身じゃない」ことを知っていたからかと河野が斎にたずねており，斎はそうだと答えている。

問５　Ⅰ　普通《ふつう》，日記を買う時季を表す言葉が入るので，「年末」が合う。「日記買ふ」という季語を使うことで，年の瀬《せ》の空気や新年への期待が示されることに，航太は感激している。　Ⅱ　来島京をここでは「ヤマアラシみたい」とたとえている。「ヤマアラシ」は，背中や体の側面に，相手を攻撃《こうげき》するためのするどいとげを持った動物。自分を俳句甲子園のメンバーにしようとしている河野たちへの「警戒《けいかい》心」を，来島京が持っていたことを示している。　Ⅲ　来島京は両親と離《はな》れて島の分校に来たが，両親が住んでいるのは俳句とかかわりの深い松山だと聞いた河野は，来島京の反応が見たくて彼女を俳句のメンバーに推薦《すいせん》したのかと斎に聞いている。その問いかけを，斎は「深いたくらみはない」と軽く流しているので，自分には関係がないとすましているようすを表す「涼《すず》しい顔」が合う。

問６　続く二文に注意する。来島京はもともと俳句と縁《えん》の深い松山に住んでいたことを知り，それにもかかわらずわざわざ島の分校にやって来たこと，松山での俳句甲子園に出るのを嫌《いや》がったことに，何かふれてはいけない事情があるのではないかと感じたと思われるので，２が選べる。

問７　本文が，航太の視点を通して語られていることに注目する。続けて「航太は感心する」とあることから，波線Ⅳは航太の心の中の声なので，４がふさわしい。なお，波線Ⅰに続くはずの言葉は，このあと河野が言ったとおりの内容であり，来島京は自分の短歌が理解されていないと思ったわけではない。波線Ⅱの「女史」は女性に対する尊称《そんしょう》で，河野の俳句への情熱や感性がすぐれていると認める気持ちが表れている。波線Ⅲは，「日記買ふ」が季語だという思いがけないことを聞かされ，航太と斎が驚《おどろ》いたことを表している。よって，１，２，３は合わない。

問８　正岡子規《まさおかしき》の写真は１。なお，２は芥川龍之介《あくたがわりゅうのすけ》，３は石川啄木《いしかわたくぼく》，４は夏目漱石《なつめそうせき》になる。

三　**出典は杉本深由起《すぎもとみゆき》の詩「言葉は」による。**言葉を紙飛行機にたとえ，言葉で気持ちを伝えることについての思いを述べた内容。

問１　現代の話し言葉(口語)で書かれた，決まった形式のない詩なので「口語自由詩」にあたる。昔の書き言葉で書かれた詩は文語詩，一定のリズムのある詩は定型詩という。

問２　「紙ヒコーキのようなもの」のように，「ようだ(な)」「みたい」などを用いた比ゆの表現技法は「直喩《ちょくゆ》」にあたる。最後の二行は正しい語順で読むと「まっすぐに」「こぼれ落ちずに届くかしら」となり，語順を入れかえることで，意味を強めたり語調を整えたりする技法である「倒置《とうち》」が使われている。なお，「ようだ(な)」「みたい」などを省略した比ゆの表現が「隠《いん》喩」である。「体言止め」は，文末を体言で止めることによって余韻《よいん》を生み，印象を深める技法。

問３　「丁寧《ていねい》に折り目をつけ」るという表現からは，一つひとつの言葉に気持ちをこめ，きちんと大切に伝えたいという思いが感じられる。よって，４がふさわしい。

問４　「荒々《あらあら》しく～投げつけ」る動作には，内面の怒《いか》りが表れていると感じられるので，３がよい。そういった動作を「続けざまに」することからも，自制できないほどの怒りがあることが感じられる。

問５　作者は言葉を「丁寧に折り目をつけ」るように大切に伝えようとしており，第三連からは，そのすべての言葉がきちんと受け止めてもらえるかという不安が感じられる。言葉にしすぎることや言葉に頼《たよ》りすぎることを問題視しているわけではないので，１と４が選べる。

四　漢字の成り立ち

鳥が飛ぶ姿からできた「飛」，十字路の形からできた「行」が象形文字である。「飛行」は，空を飛ぶこと。　「木」という字に，根本を意味する横ぼうを足した「本」，木のはし(末)を表す横ぼうを足した「末」が指事文字である。「本末」は，始めと終わりのこと。　「友」の「ナ」ににた部分の元の形は右手を意味する「又」なので，「友」という字は右手と右手を取り合う形から連想して友達という意味になった会意文字にあたる。「女」と「子」という字の組み合わせである「好」は，母親が子を抱《だ》く姿からできた会意文字である。「友好」は，友だちどうしとしての仲の良いつきあいのこと。　「歌」は，音を表す「可(カ)」を上下に並べた部分と口を開ける意味を表す「欠」の組み合わせ，「詩」は，音を表す「寺(ジ)」と言葉に関係する意味を表す「言」の組み合わせ，「閣」は，音を表す「各(カク)」と門に関係する意味を表す「門」の組み合わせ，「組」は，意味を表す「糸」と音を表す「且(ソ)」の組み合わせによる漢字であり，以上は形声文字にあたる。「組閣」は，大臣を決めて内閣を組織すること，「詩歌」は詩や和歌，俳句のこと。

2021年度　東京都市大学付属中学校

〔電　話〕 (03) 3415－０１０４
〔所在地〕 〒157-8560　東京都世田谷区成城１－13－１
〔交　通〕 小田急線－「成城学園前駅」より徒歩８分
バス－東京都市大付属中高前

【算　数】〈第１回試験〉（45分）〈満点：100点〉

［注意］ 定規，三角定規，分度器，コンパス，計算機は使ってはいけません。

1　次の□に当てはまる数を答えなさい。

問１　$\left(2\frac{1}{3}-4.5\div\square\right)\times3\frac{3}{5}=3$

問２　0.4L×4＋5dL＋□cm^3－20mL×5＝20.21dL

問３　みかんが何個かあり，このみかんを□人に配ります。みかんを４個ずつ配ると，みかんは11個あまるので，５個ずつ配ったところ，３個しかもらえない人が１人いました。

問４　10％の食塩水100g，６％の食塩水150g，４％の食塩水□gをすべて混ぜたところ，７％の食塩水ができました。

問５　ある牧場では，７頭のひつじを放すとちょうど10日で，９頭のひつじを放すとちょうど６日で牧場の草を全部食べ終えます。10頭のひつじを放すとちょうど□日で牧場の草を全部食べ終えます。ただし，草は一定の割合で生えていきます。

問６　50をある整数で割るとあまりが１以上３以下になります。この整数は全部で□個あります。

問７　右の【図１】は，１辺の長さが１cmの正方形９個と直角三角形を組み合わせた図形です。
　このとき，斜線《しゃせん》部分の面積の合計は□cm^2です。

問８　右の【図２】のように面積が500cm^2の長方形があります。辺ABを軸《じく》として１回転させてできる立体の側面積は□cm^2です。ただし，円周率は3.14とします。

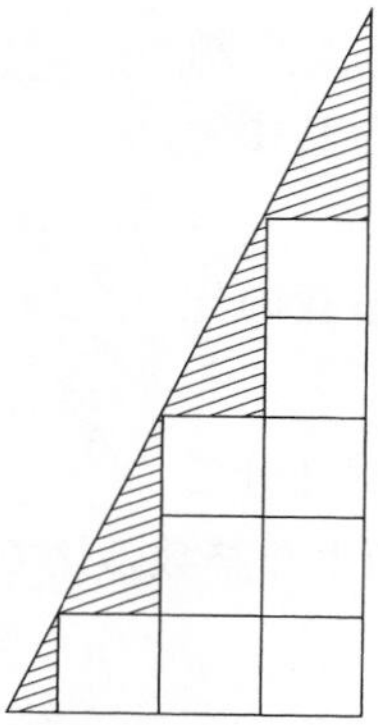

【図１】

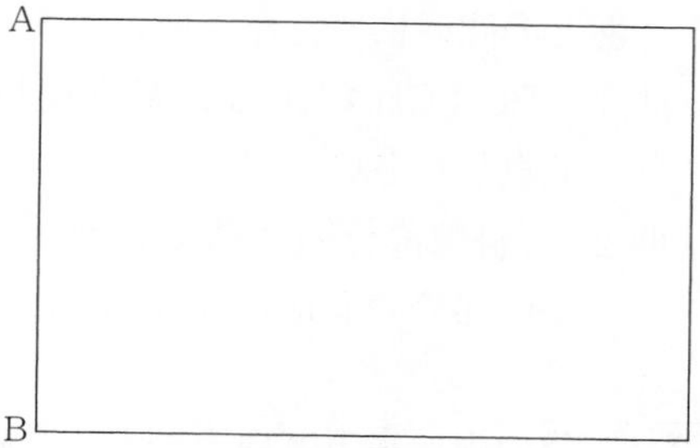

【図２】

2　下流にあるＡ地点から上流にあるＢ地点までの距離《きょり》は18kmあります。船でＡ地点からＢ地点まで上ると２時間15分かかります。川の流れの速さは一定で，（静水時の船の速さ）：（川の流れの速さ）＝5：1のとき，あとの問いに答えなさい。

問１　静水時の船の速さは毎時何kmですか。

問２　ある日，太郎君はこの船で午前７時にＡ地点からＢ地点に向かって出発しました。Ａ地点から８km離《はな》れたＣ地点ですぐに引き返し，Ａ地点にもどりました。ただし，途中《とちゅう》のＤ地点からＥ地点まで，船は川の流れだけで進みました。

Ａ地点に着いてから10分後にＢ地点に向かって出発し，午前11時30分にＢ地点に着きました。下のグラフはこの日のＡ地点から船までの距離と時刻の関係をグラフで表したものです。

このとき，Ｄ地点からＥ地点までの距離は何 km ですか。

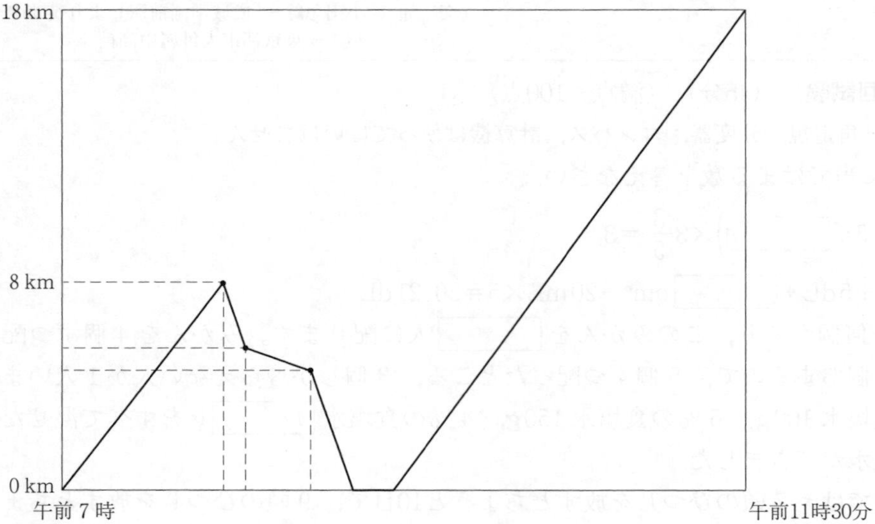

3 右の図のように，三角形ABCがあり，辺ABを３等分した点をＡの方から順にＤ，Ｅとし，辺ACのちょうど真ん中の点をＦとします。また，直線BFと直線CE，直線CDが交わった点をそれぞれＧ，Ｈとします。あとの問いに答えなさい。

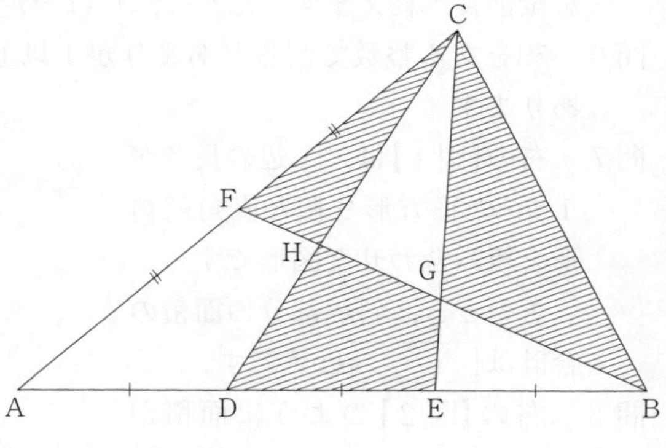

問１　BG：GH：HF を，最も簡単な整数の比で表しなさい。

問２　（斜線《しゃせん》部分の面積の合計）：（斜線部分でない部分の面積の合計）を，最も簡単な整数の比で表しなさい。

4 袋の中に赤玉と白玉がたくさん入っていて，Ａ君，Ｂ君，Ｃ君の順に袋の中から20個ずつ玉を取り出すゲームを行います。赤玉を取り出すと１個につき３点，白玉を取り出すと１個につき６点もらえます。また，３人とも取り出した玉は袋にもどしません。

あとの問いに答えなさい。

問１　このゲームを行ったところ，３人の点数の合計は240点で，Ａ君が取り出した赤玉の個数は，Ａ君が取り出した白玉の個数の３倍より４個少なかったそうです。また，Ｂ君が取り出した白玉の個数は，Ｃ君が取り出した白玉の個数より８個多かったそうです。このときＡ君の点数は何点でしたか。

問２　問１のとき，Ｂ君の点数は何点でしたか。

問３　このゲームを「取り出した20個のうち，赤玉１個につき５点もらえ，その後に，白玉１個につき３点減らす」という方法に変えて，もう１度ゲームを行ったところ，Ａ君の点数の合計は44点，３人の点数の合計は108点で，（Ｂ君が取り出した白玉の個数）：（Ｃ君が取り出した赤玉の個数）＝2：3でした。このとき，Ｃ君の点数は何点ですか。

５　右の図のように１辺が４cmの小さい立方体27個がすきまなく重なって大きい立方体をつくっています。この大きい立方体をまっすぐな長い針でつきさします。あとの問いに答えなさい。ただし，針の太さは考えないものとします。

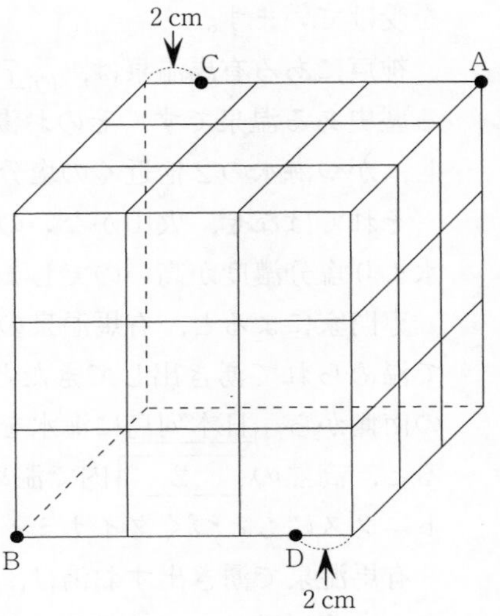

問１　点Ａと点Ｂを通るように１回つきさすとき，何個の小さい立方体に穴があきますか。

問２　点Ｃと点Ｄを通るように１回つきさすとき，何個の小さい立方体に穴があきますか。

問３　大きい立方体に３回つきさすとき，最大で何個の小さい立方体に穴をあけることができますか。ただし，１つの小さい立方体に，２回以上つきさすことはできません。

【社　会】〈第１回試験〉（理科と合わせて45分）〈満点：50点〉

1　次の文章を読み，あとの問いに答えなさい。

日本には3,000以上の温泉があり，(ア)箱根や(イ)別府といった多くの温泉が火山活動のめぐみを受けています。

神戸にある有馬温泉は，(ウ)７世紀前半に即位した舒明《じょめい》天皇が２度も訪れたことが記されている歴史ある温泉です。そのお湯は，周囲に火山がないにも関わらず100度近くの高温で湧《わ》き出し，かつ海水の２倍近くの塩分を含んでいるそうです。

それではなぜ，火山がないのに有馬温泉のお湯が湧き出すのでしょうか。また，どうして海水より塩分濃度が高いのでしょうか。

専門家によると，有馬温泉の水を化学分析した結果，日本列島の下に潜り込んだ海水が地下で温められて湧き出してきたと考えられる，とのこと。フィリピン海［　1　］が(エ)紀伊半島の南側から(オ)日本列島に海水を巻き込みながら沈み込み，海水が深度約60キロメートルに達すると，高熱の［　2　］内で温められ，地上に向かう割れ目に沿って湧き出る。［　1　］テクトニクスにもとづくダイナミックな説です。

有馬温泉で湧き出すお湯は，約600万年前に［　1　］に取り込まれた海水であるとされています。藤原道長や足利義満，そして太閤［　3　］も訪れた有馬温泉は，はるかな歴史を感じるロマンチックな温泉と言えます。

問１　文中の空らん［1］～［3］にあてはまる語句または人名を，解答らんの字数にしたがって答えなさい。

問２　下線部(ア)について，箱根について説明した文ａ・ｂの正誤の組合せとして正しいものを下の１～４から一つ選び，番号で答えなさい。

ａ　箱根山のカルデラの内部には，活発な噴気地帯として知られる鬼押出《おにおしだ》しがある。

ｂ　江戸幕府は芦ノ《あしの》湖畔《こはん》に中山道の関所を設け，「入鉄砲に出女」を取り締まった。

１　ａ－正　ｂ－正　　２　ａ－正　ｂ－誤

３　ａ－誤　ｂ－正　　４　ａ－誤　ｂ－誤

問３　下線部(イ)について，別府のある大分県について説明した文ａ・ｂの正誤の組合せとして正しいものを下の１～４から一つ選び，番号で答えなさい。

ａ　新型コロナウイルスの感染拡大による経済的な影響が出るまで，大分県を訪れる外国人客の第１位は中国からの観光客が占《し》めていた。

ｂ　大分県九重町《ここのえまち》には日本最大級の地熱発電所として知られる八丁原《はっちょうばる》地熱発電所がある。

１　ａ－正　ｂ－正　　２　ａ－正　ｂ－誤

３　ａ－誤　ｂ－正　　４　ａ－誤　ｂ－誤

問４　下線部(ウ)について，舒明天皇が位にいた時の出来事として正しいものを次の１～４から一つ選び，番号で答えなさい。

１　大宝律令が制定された。　　２　白村江の戦いに敗れた。

３　遣唐使が派遣された。　　４　冠位十二階の制がつくられた。

問５　下線部(エ)について，次の表は和歌山市，高野山（高野町），潮岬《しおのみさき》（串本町），新宮市の気温と降水量をあらわした表です。和歌山市にあてはまるものを１～４から一つ選び，番号で答えなさい。

【表】　和歌山県内の主な地域の平年値(1981年から2010年)

	1	2	3	4
平均気温	16.7度	10.9度	17.2度	16.9度
降水量	1316.9mm	1851.6mm	2519.0mm	3126.8mm
日照時間	2088.8時間	1539.3時間	2201.2時間	2015.3時間

＊注意　高野山と新宮市の日照時間は1987年から2010年の平年値
(和歌山県ホームページより)

問６　下線部(オ)について，次の「日本列島の時間地図」は鉄道による移動時間を距離に置き換えて実際の地図を変形し，視覚的に示したものです。昭和40(1965)年から平成22(2010)年にかけて「日本列島の時間地図」が縮小していった理由を説明しなさい。

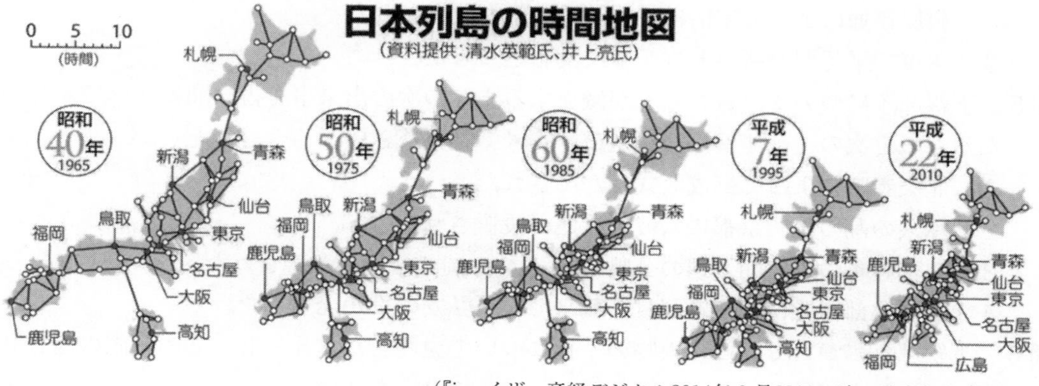

(『iza イザ』産経デジタル2014年９月23日17時31分配信記事より)

2　和道さんは，日本の歴史に関係する人物についてカードにまとめました。次の＜カードＡ＞～＜カードＤ＞について，あとの問いに答えなさい。

＜カードＡ＞
初の女帝として天皇に即位し，蘇我馬子や甥《おい》の聖徳太子の補佐を受けて，政治をおこなった。

＜カードＢ＞
(ア)1086年に自分の子に天皇の位をゆずり，上皇として院政を開始した。

＜カードＣ＞
(イ)鎌倉幕府を滅亡させた後に建武の新政をおこなったが，(ウ)足利尊氏と対立して(エ)吉野に逃れて南朝を立てた。

＜カードＤ＞
紫衣《しえ》事件と呼ばれる事件で(オ)江戸幕府と朝廷の関係が悪化し，(カ)後水尾天皇はこの事件を理由に退位したともいわれている。

問１　＜カードＡ＞で説明している天皇の名前を解答らんにあうように漢字で答えなさい。

問２　＜カードＡ＞の時代について説明した文ａ・ｂの正誤の組合せとして正しいものを下の１～４から一つ選び，番号で答えなさい。

ａ　仏教が伝来し，仏教の力で国を治めるために全国に国分寺・国分尼寺が建立され，東大寺に大仏が造られた。

ｂ　壬申の乱で勝利した中大兄皇子が天智天皇として即位し，天皇中心の国家づくりがおこなわれていった。

１　ａ－正　ｂ－正　　２　ａ－正　ｂ－誤

３　ａ－誤　ｂ－正　　４　ａ－誤　ｂ－誤

問３　＜カードＢ＞で説明している上皇の名前を次の１～４から一つ選び，番号で答えなさい。

１　後三条　　２　鳥羽　　３　後白河　　４　白河

問４　下線部(ア)の年号は，何世紀ですか。解答らんにあうように算用数字で答えなさい。また，この世紀に起きた出来事について説明した文として正しいものを次の１～３から一つ選び，番号で答えなさい。すべて誤っていれば４と答えなさい。

１　平清盛が武士として初めて太政大臣に就任し，平氏の全盛期が到来した。

２　藤原頼通によって宇治に平等院鳳凰堂が建立された。

３　関東で平将門が新皇と称して反乱を起こした。

問５　下線部(イ)について，鎌倉幕府が滅亡するまでの次の出来事を古い順に並べて，３番目にあたるものを次の１～４から一つ選び，番号で答えなさい。

１　北条泰時によって御成敗式目が出された。

２　承久の乱の後，京都に六波羅探題が設置された。

３　３代将軍の源実朝が甥の公暁《くぎょう》によって鶴岡八幡宮《つるがおかはちまんぐう》で殺害された。

４　九州北部で元による二回目の襲来である弘安の役が発生した。

問６　下線部(ウ)について，この人物の子孫について説明した文ａ・ｂ・ｃの正誤の組合せとして正しいものを下の１～８から一つ選び，番号で答えなさい。

ａ　足利義満は，勘合符を用いた日明貿易を始めた。

ｂ　足利義政が建立した鹿苑寺《ろくおんじ》金閣には和室の原型となる書院造りが見られる。

ｃ　足利義昭は，臨済宗の本願寺と組んで織田信長の追放を図ったが失敗し，京都を追放された。

１　ａ－正　ｂ－正　ｃ－正　　２　ａ－正　ｂ－正　ｃ－誤

３　ａ－正　ｂ－誤　ｃ－正　　４　ａ－正　ｂ－誤　ｃ－誤

５　ａ－誤　ｂ－正　ｃ－正　　６　ａ－誤　ｂ－誤　ｃ－正

７　ａ－誤　ｂ－正　ｃ－誤　　８　ａ－誤　ｂ－誤　ｃ－誤

問７　下線部(エ)に関連して，吉野がある県について説明した文として正しいものを次の１～３から一つ選び，番号で答えなさい。すべて誤っていれば４と答えなさい。

１　真言宗を伝えた空海が建立した高野山金剛峯寺がある。

２　仁徳天皇の墓とされる大仙陵古墳がある。

３　聖武天皇の遺品が納められた正倉院宝庫がある。

問８　下線部(オ)について，あとの問いに答えなさい。

(1)　江戸時代について説明した文として正しいものを次の１～３から一つ選び，番号で答えなさい。すべて誤っていれば４と答えなさい。

１　外様大名は，江戸幕府が監視しやすいように江戸や大坂(大阪)周辺に多くが配置された。

２　青木昆陽や本居宣長は蘭学を学び，『ターヘル＝アナトミア』を翻訳《ほんやく》した。

３　浮世絵では葛飾北斎の『富嶽三十六景』や歌川広重の『東海道五十三次』がある。

(2)　江戸時代に起きた次の出来事を古い順に並べて，３番目にあたるものを次の１～４から一つ選び，番号で答えなさい。

1　徳川吉宗によって享保の改革がおこなわれ，財政再建のために上米を命じた。

2　松平定信は幕府の学問所では朱子学のみに限定した寛政異学の禁を出した。

3　天草四郎を中心に大規模な農民やキリシタンによる島原の乱が発生した。

4　徳川綱吉は生類憐みの令を出し，犬公方と呼ばれた。

問９　下線部(カ)の人物に関連する右の系図で徳川秀忠が将軍に就任している時期について説明した文として正しいものを次の１～３から一つ選び，番号で答えなさい。<u>すべて誤っていれば４と答えなさい</u>。

後陽成天皇	―	後水尾天皇	
		╟―	明正天皇
徳 川 秀 忠	―	和子(東福門院)	

1　関ヶ原の戦いで石田三成に勝利した。

2　大坂(大阪)夏の陣で豊臣氏が滅亡した。

3　オランダ商館を平戸から出島へ移した。

3　2020年８月28日，安倍総理大臣の辞任会見を見た小学６年生のとしおさんは，その夜に自分が次の総理大臣になった夢を見ました。官房長官に任命しようとした友人の五島さんとの夢の中での会話を読んで，あとの問いに答えなさい。

としお：憲政史上最長の７年８カ月続いた政権を引き継ぐプレッシャーが大きいな。

五　島：これまでの政策を検証して，成果と課題を明らかにする必要があるよね。

としお：まず印象に残るのは就任時，［　1　］からの脱却を目指してアベノミクスを打ち出したことだね。

五　島：［　1　］は経済に悪いことなの？　モノが買いやすくなるんだからうれしいよね。

としお：ぼくは，アニメやゲームが大好きだから(ア)<u>クールジャパン戦略</u>はぜひ継続したいな。

五　島：全世界の人々が自分と違う文化を理解したり，文化の違いを認めながら生きることが真の世界平和につながると思うよね。

としお：でも，まずは内閣の組閣だね。三権分立を勉強し直して立派な内閣を作るぞ！

五　島：そうだね，日本の三権分立は抑制と均衡型。つまり例《たと》えれば［　2　］の関係だからそれぞれの関係をしっかり理解しないとね。

としお：社会保障にも力を入れたいな。資本主義である以上国家が弱肉強食の弊害《へいがい》の是正《ぜせい》に取り組み，国民が「人間らしく文化的に生きること」を国家に求める［　3　］をしっかり守りたいんだ。

五　島：経済における国際競争力もこれからどうなるか予断を許さないからね。NIEsや(イ)<u>BRICs</u>との関係はアメリカやEUと並んで注目だね。しっかり頑張って国民の生活を守ろうね。

としお：五島さんにはメディア対応などで大変だと思うけどよろしく頼むね。マスメディアの報道姿勢は［　4　］ことが求められるけど，それぞれ論評が異なっていることも報道の自由から仕方ないね。情報の受け手が(ウ)<u>メディアリテラシー</u>を身につけて正しく健全な世論形成につながればうれしいね。

五　島：新聞でコロナ禍《か》での(エ)国会議員の歳費の問題について読んだけど，国会議員の定数削減についても書かれていたね。としお首相はどう考えてるの？

としお：2021年10月21日にはそれ以前に解散がない限り衆議院議員の任期満了を迎えるから，それまでには考えてみないといけないね。

五　島：外交問題もたくさんあるよ。安倍さんも心残りと言ってたけど(オ)拉致問題や北方領土返還に関する問題などは引き継ぐ課題だね。

問１　空らん［1］について，あとの問いに答えなさい。

(1)　空らん［1］にあてはまる語句を次の１～４から一つ選び，番号で答えなさい。

１　インフレーション　　２　スタグフレーション

３　デフレーション　　４　フラストレーション

(2)　空らん［1］の説明として最も正しいものを次の１～４から一つ選び，番号で答えなさい。

１　景気が後退していく中，同時にモノやサービスの価格(物価)が継続して上昇する現象。

２　モノやサービスの価格(物価)がある期間において継続して上昇する現象。

３　国の財政悪化や貨幣の供給量が増えすぎたことが原因で，貨幣の価値が下がってしまい過度にモノやサービスの価格(物価)が上がる現象。

４　モノやサービスの価格(物価)が持続的に下がり，貨幣の価値が上がっていく現象。

問２　下線部(ア)について，クールジャパン戦略の説明として正しいものを次の１～４から一つ選び，番号で答えなさい。

１　年平均気温を下げて外国人が過ごしやすい涼《すず》しい(クール)日本にするための取り組み。

２　静かで品のある日本人を増やすために，口数の少ない人(クール)を育てる取り組み。

３　世界からかっこいい(クール)と捉《とら》えられる日本の魅力《みりょく》を，世界に向けて発信し日本の経済を成長させる取り組み。

４　地球温暖化を防止するために，日本の冷蔵(クール)宅配便技術を世界に向けて紹介《しょうかい》する取り組み。

問３　空らん［2］に最も適する語句を次の１～４から一つ選び，番号で答えなさい。

１　グー・チョキ・パー(ジャンケン)　　２　師弟

３　ウィンウィン　　４　上下

問４　空らん［3］について，あとの問いに答えなさい。

(1)　空らん［3］にあてはまる語句を次の１～４から一つ選び，番号で答えなさい。

１　平等権　　２　自由権　　３　社会権　　４　参政権

(2)　次の短文の(Ａ)にあてはまる語句を，漢字３字で答えなさい。

日本国憲法における［3］は(　Ａ　)，教育を受ける権利，勤労の権利，労働基本権の４つである。

問５　下線部(イ)に含まれない国を次の１～４から一つ選び，番号で答えなさい。

１　ロシア　　２　中国　　３　インド　　４　ベトナム

問６　空らん［4］にあてはまる文を次の１～４から一つ選び，番号で答えなさい。

１　偏向《へんこう》と誇張《こちょう》をする　　２　熱意と偏見をもつ

３　中立と公平である　　４　憶測《おくそく》と良心に基づく

問７　下線部(ウ)とは，メディアの伝える情報を理解する能力，情報を見きわめる能力のことですが，これを身につけることでどのような社会が形成されることが望ましいでしょうか。最も適した説明を，次の１～４から一つ選び，番号で答えなさい。

１　メディアリテラシーを身につけ，情報の真偽《しんぎ》を他者との話し合いも交えて検討すれば，情報の正しい取捨《しゅしゃ》選択ができ，健全な世論形成につながる。

２　メディアリテラシーを身につければ，自分の意見に世論の賛同を得たい時に，情報操作を行い自由に世論を操れるようになる。

３　メディアリテラシーを身につければ，SNS等を利用して自分の氏名などを隠して他人を誹謗《ひぼう》中傷できるようになり，どのような意見でも言いやすい自由な社会が形成される。

４　メディアリテラシーを身につければ，瞬時に国民の意見が集約され，多数決判断が容易となるため少数意見に耳を傾ける必要のない合理的な社会が形成される。

問８　下線部(エ)について，右の表の①～⑧にあてはまる数字を次の数式にあてはめて計算し，算用数字で答えなさい。

	衆議院	参議院
議員定数	①人	②人
任期	③年	④年（⑤年ごとに半数改選）
選挙権	満⑥歳以上	満⑥歳以上
被選挙権	満⑦歳以上	満⑧歳以上

数式　(①－②)＋③＋(④－⑤)＋⑥＋(⑧－⑦)＝

問９　下線部(オ)について，2002年に北朝鮮（朝鮮民主主義人民共和国）を訪問し，日朝首脳会談を行った日本の総理大臣を次の１～４から一人選び，番号で答えなさい。

１　小渕恵三　　２　菅直人

３　橋本龍太郎　　４　小泉純一郎

【理　科】〈第１回試験〉（社会と合わせて45分）〈満点：50点〉

［注意］ 定規，三角定規，分度器，コンパス，計算機は使ってはいけません。

1 　ヒトの血液に関する次の文を読み，下の問いに答えなさい。

手術のときや，けがをして多量の血液が失われると輸血を受けます。輸血とは，ある人から採取した血液を，他の人の体へ移すことです。

その際，気をつけなければいけないのが血液型です。血液型にはABO式血液型（Ａ型，Ｂ型，ＡＢ型，Ｏ型）があります。血液型が異なる２人から採取した血液を混ぜる実験をしたところ，よく混ざった組み合わせがある一方，血液中の赤血球が凝集《ぎょうしゅう》（くっついてかたまりになること）する組み合わせもありました。

血液の凝集のしくみは，次のようにまとめることができます。

・赤血球の表面には目印となるタンパク質（目印Ａと目印Ｂ）があり，Ａ型の人は目印Ａ，Ｂ型の人は目印Ｂ，ＡＢ型の人は目印Ａと目印Ｂの両方をもち，Ｏ型の人は目印Ａと目印Ｂのどちらももっていません。
・血しょうには凝集に関係するタンパク質（凝集Ａと凝集Ｂ）があり，Ａ型の人は凝集Ｂ，Ｂ型の人は凝集Ａがあり，ＡＢ型の人は凝集Ａと凝集Ｂのどちらもなく，Ｏ型の人は凝集Ａと凝集Ｂの両方をもっています。
・目印Ａと凝集Ａ，目印Ｂと凝集Ｂがいっしょになると，赤血球が凝集します。

血液型	Ａ型	Ｂ型	ＡＢ型	Ｏ型
赤血球上の「目印となるタンパク質」	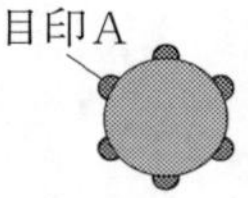	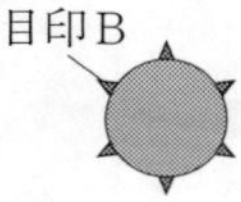		
血しょう中の「凝集に関係するタンパク質」	凝集Ｂ	凝集Ａ	なし	凝集Ａ 凝集Ｂ

同じ血液型どうしの輸血であれば当然，凝集は起こりません。

異なる血液型の血液を輸血する場合であっても，少量の輸血であれば血しょう中の凝集Ａと凝集Ｂは輸血を受けた人の体内で広がってうすまるので心配ありません。しかし，同じく少量の輸血であっても，赤血球の目印Ａや目印Ｂは輸血を受けた人の体内にたくさんある凝集Ａや凝集Ｂによって凝集が起きてしまいます。

このように血液型の組み合わせによっては凝集が体内で起きた結果，毛細血管がつまり，死に至ることもあります。ですから，医師が輸血を行うときははじめに血液型が調べられ，安全に輸血をすることができる血液型が決定されます。

問１　ヒトの血液は明るい赤色に見えるときと，暗い赤色に見えるときがあります。（ア）～（ウ）に当てはまる語句を次の１～４からそれぞれ選び，血液が明るい赤色になる説明文を完成させなさい。

血液中の（　ア　）にふくまれている（　イ　）が（　ウ　）と結びついたとき，明るい赤色になる。

（ア）　１　赤血球　　２　白血球　　３　血小板　　４　血しょう
（イ）　１　核《かく》　　２　ヘモグロビン　　３　糖　　４　脂肪《しぼう》
（ウ）　１　水素　　２　窒素《ちっそ》　　３　酸素　　４　二酸化炭素

問２　Ｏ型とＡＢ型の人に輸血できる血液型を次の１～４からそれぞれ**すべて**選び，番号で答えなさい。ただし，少量であれば安全に輸血できる場合もふくめます。

１　Ａ型　　２　Ｂ型　　３　ＡＢ型　　４　Ｏ型

問３　はじめに血液型を調べずに少量の輸血をおこなったところ，凝集が起きてしまいました。そこで輸血を受けた人の血液型を調べたところ，その人はＢ型でした。この場合，何型の血液を輸血した可能性がありますか。次の１～４から**すべて**選び，番号で答えなさい。

１　Ａ型　　２　Ｂ型　　３　ＡＢ型　　４　Ｏ型

問４　ヒトの体全体にある血液の重さは体重の13分の１であり，血液１kg は血液１Ｌに相当するとします。また，ヒトの心臓が１回のはく動で送り出す血液の量は，心臓の体積の３分の１であるとします。トシオ君が自分で手首の内側の脈はくを計ったところ，30秒間で45回でした。また，トシオ君の体重は45.5kg，心臓の体積は246mL だとします。

(1)　トシオ君の心臓が１分間に送り出す血液の量は何Ｌですか。

(2)　トシオ君の血液は，１日で心臓から体の中を何回まわっていることになりますか。小数第１位を四捨五入して，整数で答えなさい。

2　下の表は，太陽系の天王星と海王星を除いた６つの惑星《わくせい》のさまざまな値を，太陽から近い順にまとめたもので，地球を基準にしたときの値を示しています。ただし，いずれの惑星も，同じ平面上にあり，太陽を中心とする円周上を回っていて，球の形をしているものとして，下の問いに答えなさい。

（※実際には惑星は円周上を回っているわけではなく，だ円といって少しいびつな丸い形をした軌《き》道《どう》上を回っています。したがって，表中にある太陽からの距離《きょり》は一定ではありません。）

	水星	A	地球	火星	B	土星
太陽からの距離（地球＝１）	0.39	0.72	1	1.5	5.2	9.6
公転周期（地球＝１）	0.24	0.62	1	1.9	12	29
重さ（地球＝１）	0.055	0.82	1	0.11	320	95
赤道半径（地球＝１）	0.38	0.95	1	0.53	11	9.4

（理科年表2020より作成）

下の問いでは，表中の数値の他に，必要であれば次の値を用いて答えなさい。

太陽から地球までの距離　１億5000万 km

地球の赤道半径　6400km

円周率　3.14

問１　Ａ，Ｂの惑星名をそれぞれ答えなさい。

問２　Ａの惑星についての説明として最も適当なものを次の１～５から一つ選び，番号で答えなさい。

１　赤く光って見える。

２　水があり，生物が存在する。

３　望遠鏡で見ると，この惑星のまわりにきれいな環《わ》がある。

４　夕方や明け方に見える。

５　みずから光を出す。

問3　地球と火星が最も近づいたときの，地球から火星までの距離はおよそ何 km ですか。最も適当なものを次の1～8から一つ選び，番号で答えなさい。

1　1000万 km　　2　1500万 km　　3　2300万 km
4　5000万 km　　5　7500万 km　　6　1億5000万 km
7　2億3000万 km　　8　3億8000万 km

問4　地球が1年間で移動する距離はおよそ何 km ですか。最も適当なものを次の1～8から一つ選び，番号で答えなさい。

1　4万 km　　2　9.4万 km　　3　400万 km　　4　940万 km
5　4億 km　　6　9億4000万 km　　7　400億 km　　8　940億 km

問5　地球の公転している速さはおよそ毎時何 km ですか。最も適当なものを次の1～8から一つ選び，番号で答えなさい。ただし，1年を8800時間とします。

1　毎時 4.5km　　2　毎時 11km　　3　毎時 450km　　4　毎時 1100km
5　毎時 4.5万 km　　6　毎時 11万 km　　7　毎時 450万 km　　8　毎時 1100万 km

問6　水星の公転している速さは，土星の公転している速さの何倍ですか。小数第1位を四捨五入し，整数で答えなさい。

3　物質を水に溶《と》かしたり，水溶液《すいようえき》を混ぜ合わせたときの[実験Ⅰ]～[実験Ⅲ]で得られた結果を用いて，あとの問いに答えなさい。ただし，水の密度は 1 g/cm³ とします。密度とは，体積 1 cm³ あたりの重さ[g]をあらわしています。

[実験Ⅰ]

いろいろな重さの水酸化ナトリウムの固体を，水に溶かして200 g の水酸化ナトリウム水溶液をつくったとき，温度が上昇し，右の図1のようになった。

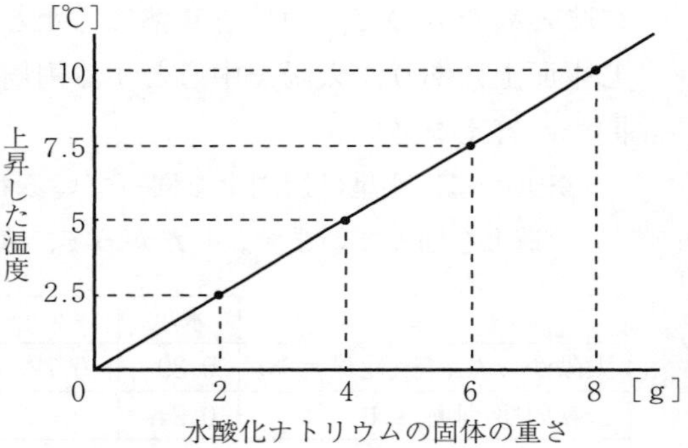

図1

次に，水酸化ナトリウムの固体4 g をいろいろな重さの水に溶かして，水酸化ナトリウム水溶液をつくったときの温度上昇は，下の図2のようになった。

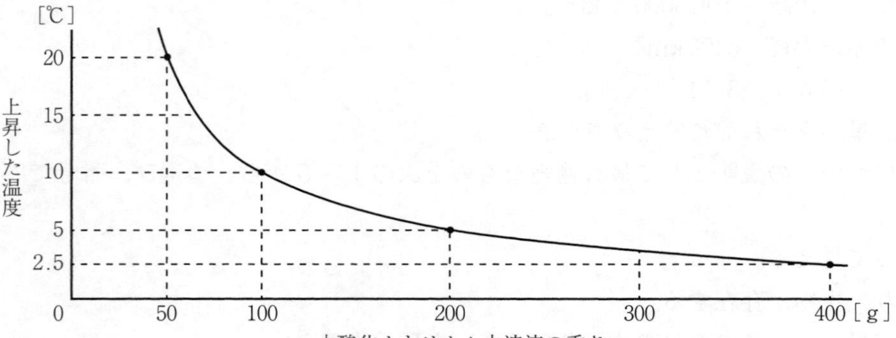

図2

発生した熱は，水溶液の温度上昇のみに使われたものとし，水と水酸化ナトリウムの固体は室温と同じ温度のものを用意して実験したものとします。また，すべての水溶液について，水溶液１ｇが１℃温度上昇するのに必要な熱の量は，一定であるものとします。

問１　水酸化ナトリウムの固体20ｇを水に溶かして，水酸化ナトリウム水溶液1000ｇをつくったとき，温度上昇は何℃ですか。

［実験Ⅱ］

ある濃《こ》さの塩酸（Ａ液とする）と，ある濃さの水酸化ナトリウム水溶液（Ｂ液とする）を用意し，Ａ液とＢ液の体積を変えながら，合計が200 cm^3 になるように混ぜ合わせた。温度が何℃上昇するかを調べたところ，下の表１のようになった。

表１

塩酸の体積［cm^3］	185	170	155	140	80	50	20
水酸化ナトリウム水溶液の体積［cm^3］	15	30	45	60	120	150	180
上昇した温度［℃］	1	2	3	4	4.4	2.8	1.2

問２・問３を答える際に，必要であれば，下のグラフを利用してもよいものとします。

問２　上昇する温度が最大になるのは，Ａ液とＢ液がそれぞれ何 cm^3 のときですか。

問３　問２のとき，温度上昇は何℃ですか。

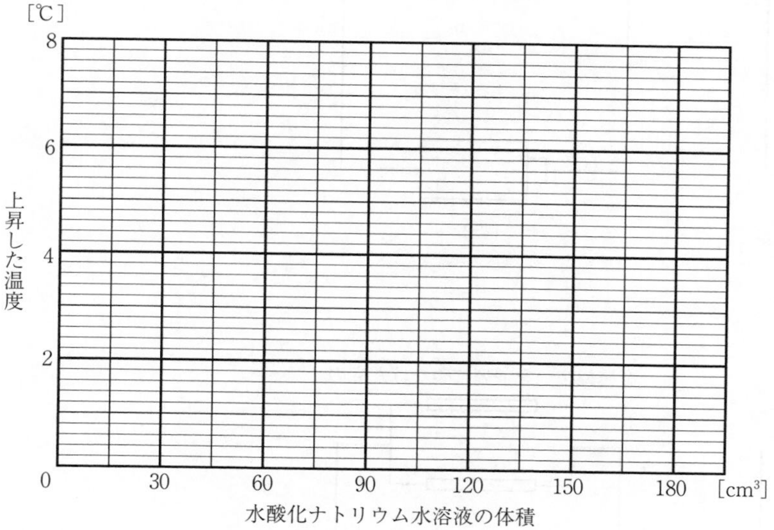

［実験Ⅲ］

市販《しはん》されている「お酢《す》」の中の酸味の成分を，すべて酢酸《さくさん》としたときの「お酢」の中の酢酸の濃《こ》さを調べる実験をしました。操作１～操作３を読み，下の問いに答えなさい。

ただし，酢酸60ｇは水酸化ナトリウム40ｇと完全に中和し，すべての水溶液の密度は１ g/cm^3 として答えなさい。

操作１　水酸化ナトリウムの固体４ｇを正確にはかりとり，水を加えて1000 cm^3 の水酸化ナトリウム水溶液（Ｃ液とする）をつくった。

操作２　市販の「お酢」に，水を加えて10倍にうすめた（Ｄ液とする）。

操作３　Ｄ液25 cm^3 をビーカーにいれ，Ｃ液18.75 cm^3 を加えたところ，完全に中和した。

問４　Ｃ液18.75 cm^3 中の水酸化ナトリウムの重さは，何ｇですか。

問５　Ｄ液25 cm^3 中の酢酸の重さは，何ｇですか。

問6　うすめる前の「お酢」の濃さは，何％ですか。

4　同じ断面積で同じ長さの金属線と電池を使っていろいろな回路をつくりました。金属線の抵《てい》抗《こう》の大きさは，金属線の長さに比例し，断面積に反比例します。２つの金属線が重なっている部分は，金属線の断面積が２倍になっているものとします。

この金属線１つの抵抗は，半分の長さの金属線２つを直列につなげたものや３分の１の長さの金属線３つを直列につなげたものと同等であると考えることができます。また，断面積が２倍の金属線の抵抗は，金属線２つを並列《へいれつ》につなげたものと同等であり，断面積が３倍の金属線の抵抗は，金属線３つを並列につなげたものと同等であると考えることができます。図１と図２の回路は同等の回路であり，図３と図４の回路も同等の回路とみなせます。

回路中の導線の抵抗は考えなくてよいものとし，金属線の長さに対して金属線の断面積は無視できるくらい小さいものとして，次の各問いに答えなさい。ただし，問１および問３～問６は分数または整数で答えなさい。

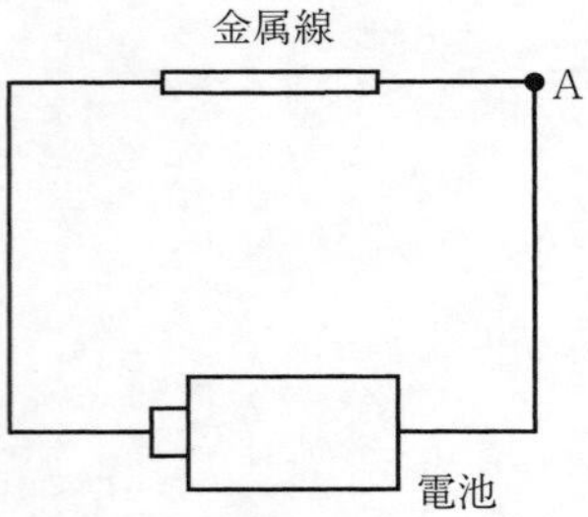

図１

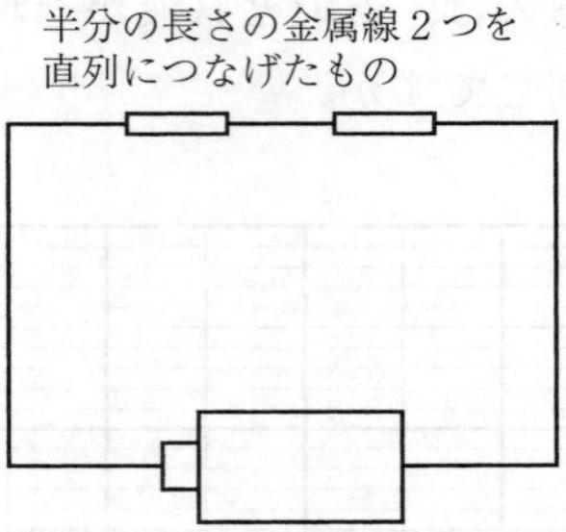

図２

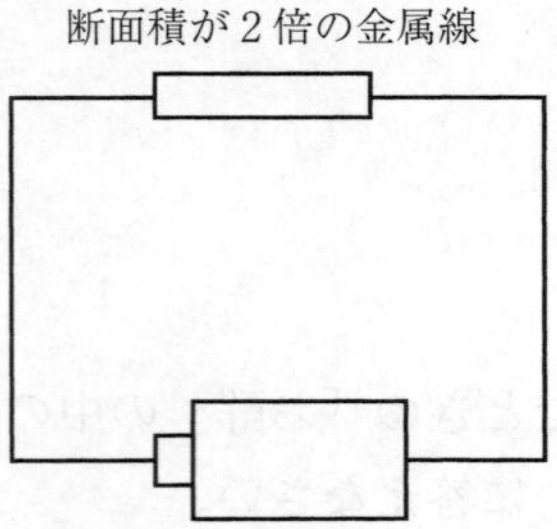

図３

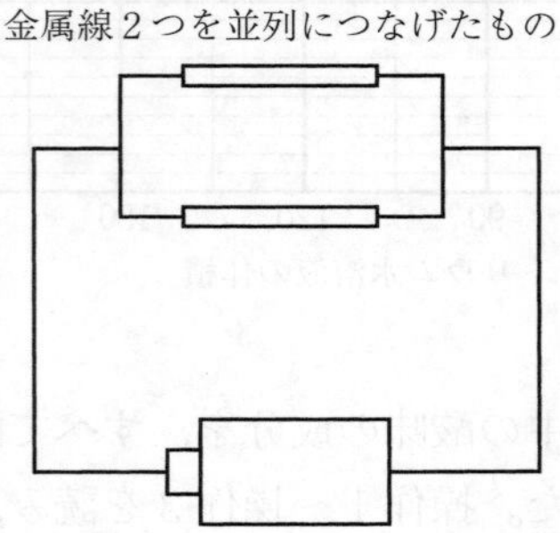

図４

問１　図５のように，電池１つと金属線２つをつなげました。点Ｂに流れる電流の大きさは図１の点Ａを流れる電流の何倍になりますか。

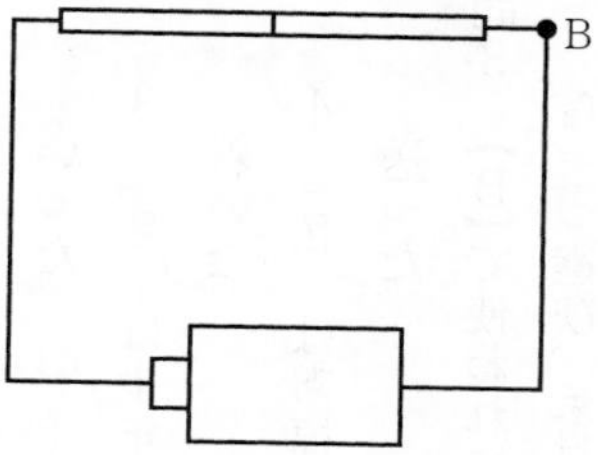

図５

問２　図１と図５の回路で，金属線を同じ量で同じ温度の水の中に入れました。金属線から発生する熱による水の温度の上がり方について最も適当なものを次の１～３から一つ選び，番号で答えなさい。

１　図１の方が早く水温が上がる。

２　図５の方が早く水温が上がる。

３　水温の上がり方は変わらない。

問３　図６のように電池１つと金属線３つをつなげました。このとき，金属線はすべての部分で重なっています。点Ｃに流れる電流の大きさは図１の点Ａを流れる電流の何倍になりますか。

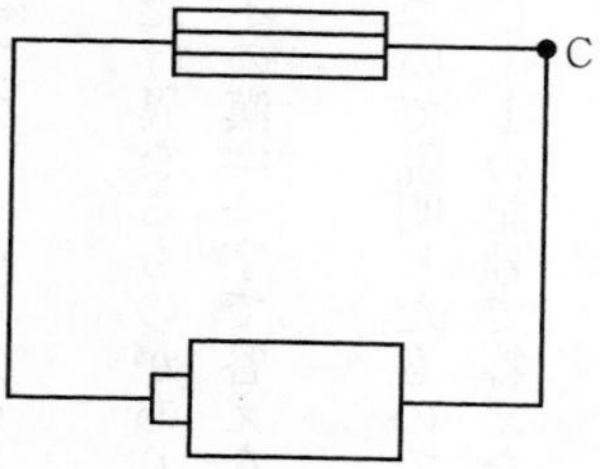

図６

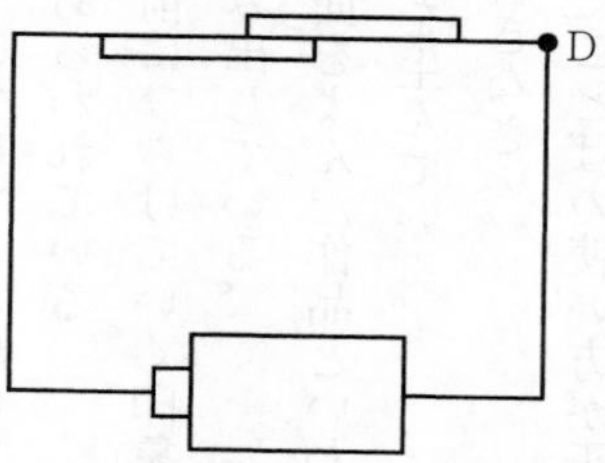

図７

問４　図７のように電池１つと金属線２つをつなげました。このとき，金属線は３分の１の長さの部分だけ重なっています。点Ｄに流れる電流の大きさは図１の点Ａを流れる電流の何倍になりますか。

問５　図８のように電池１つと金属線４つをつなげました。導線は金属線の端《はし》につながっています。点Ｅに流れる電流の大きさは図１の点Ａを流れる電流の何倍になりますか。

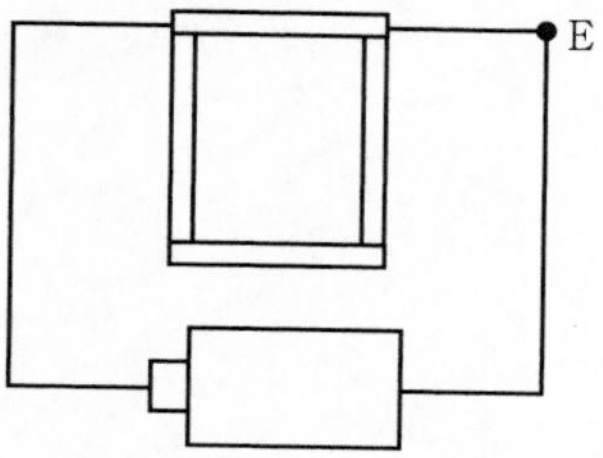

図８

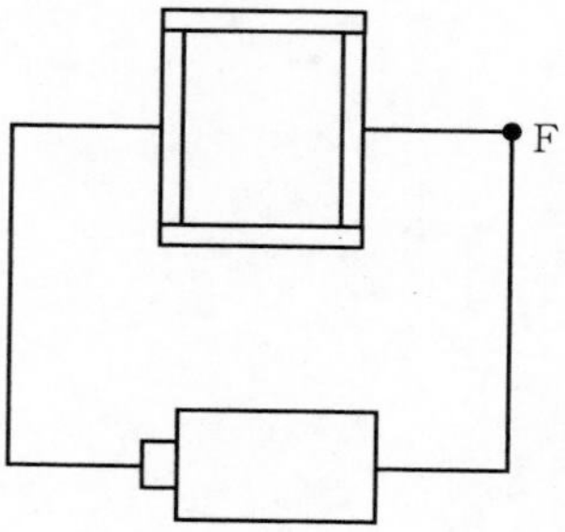

図９

問６　図９のように電池１つと金属線４つをつなげました。導線は金属線の真ん中の点につながっています。点Ｆに流れる電流の大きさは図１の点Ａを流れる電流の何倍になりますか。

あった。

2 「私」は成長するにしたがってしだいに不幸になりつづけていった。

3 「私」は少年時から困難を背負ったが二十代半ばでやや落ち着いた。

4 「私」は幸福な時期と不幸な時期を何度もくりかえす生活を送った。

問3 【B】で使われている表現技法として最もふさわしいものを次から一つ選び、番号で答えなさい。

1 体言止め　2 倒置《とうち》法　3 擬人《ぎじん》法　4 対句《ついく》法

問4 【C】と【D】はともに、藤原定家が飛鳥時代から鎌倉時代までの名歌を選んで編んだ歌集に収められている歌です。その歌集の名前(通称)を漢字四字で答えなさい。

問5 【E】～【I】の中で、よまれた季節が一つだけ異なるものがあります。その記号と、よまれた季節を春夏秋冬の漢字一字で答えなさい。

問6 次の①～③は、【C】～【I】のいずれかについて説明したものです。どれについてのものか考え、それぞれC～Iの記号で答えなさい。

① 作者は病気をわずらっており、思うように外出できない中でよまれた作品。作者のもどかしさがよくあらわれている。

② 作者の動きとともに雄大《ゆうだい》な景色が目の前にひらけていく印象の作品。字あまりが独特のリズム感を生み出している。

③ 家の中で女性と二人で対面している場面をよんだ作品といわれている。特徴《とくちょう》のある表記法がやさしさを生んでいる。

問7 「雪」という漢字の部首名をひらがなで書きなさい。

問8 次の①～③の文について、「雪」を使ったことばの使い方が正しければ○、あやまっていれば×で答えなさい。

① 「ほたるの光、窓の雪」という歌詞のとおり、かれはまずしいながらもけんめいに働く少年時代を送った。

② 母はしんの強さだけでなくしなやかで人あたりがよいという一面がある、柳《やなぎ》に雪おれなしという人物だ。

③ A国とB国の首脳が会談した結果二人の主張は平行線となり、両国の関係は歴史的雪どけにおちいった。

三　次の【A】～【I】の作品にはすべて「雪」が出てきます。これらを読んで、後の問いに答えなさい。

【A】

幼年時

私の上に降る雪は
真綿のようでありました

少年時

私の上に降る雪は
霙《みぞれ》のようでありました

十七―十九

私の上に降る雪は
霰《あられ》のように散りました

二十―二十二

私の上に降る雪は
雹《ひょう》であるかと思われた

二十三

私の上に降る雪は
ひどい吹雪《ふぶき》とみえました

二十四

私の上に降る雪は
いとしめやかになりました……

※いと…とても。

（中原中也「生《お》い立ちの歌　I」）

【B】

太郎を眠《ねむ》らせ、太郎の屋根に雪ふりつむ。
次郎を眠らせ、次郎の屋根に雪ふりつむ。

（三好達治「雪」）

【C】　田子の浦にうち出でてみれば白妙《しろたえ》の富士の高嶺《たかね》に雪は降りつつ　山部赤人

【D】　朝ぼらけありあけの月と見るまでに吉野の里にふれる白雪　坂上是則

【E】　いざさらば雪見にころぶ所まで　松尾芭蕉

【F】　いくたびも雪の深さを尋《たず》ねけり　正岡子規

【G】　雪残る頂ひとつ国境　正岡子規

【H】　雪の夜の紅茶の色を愛しけり　日野草城

【I】　ゆきふるといひ《（い）》しばかりの人しづ《（ず）》か　室生犀星

問1　【A】のような詩の形式を何といいますか。次から一つ選び、番号で答えなさい。ただし、「幼年時」のような小見出しは考えに入れないものとします。

1　文語定型詩　　2　文語自由詩
3　口語定型詩　　4　口語自由詩

問2　【A】について、「私」の身の上の変化を説明したものとして最もふさわしいものを次から一つ選び、番号で答えなさい。

1　「私」は幼年時からどの年代でも幸福とはいえない身の上で

問５　――線③・④「はあ！」とありますが、その説明として最もふさわしいものを次から一つずつ選び、それぞれ番号で答えなさい。

１　ふてくされた気持ちがこもった返事としての「はあ！」
２　内容がよくわからないことに対しての疑念の「はあ！」
３　緊張《きんちょう》して余裕がないなかで肯定《こうてい》しようとした「はあ！」
４　相手に好意を表現するための親愛の情を示す「はあ！」
５　自身の思いが相手に通じなくてやりきれない「はあ！」
６　返答が明確にまとまらない中でとっさに出た「はあ！」

問６　――線⑤「私は女づれを後に残し、速足でずんずんと先に行ってしまった」とありますが、どうして「私」はこのようにしたのですか。最もふさわしいものを次から一つ選び、番号で答えなさい。

１　美しい女性に興味を持たれたことへのはずかしさに加えて、これ以上彼女たちに関わっていると自分の素性《すじょう》が明らかになってしまうことへのおそれがあったから。
２　美しい女性と関わり合いが持てたことはうれしく思う一方で、自身のついた嘘《うそ》が彼女たちに確実に悟《さと》られてしまうと感じわずらわしくなったから。
３　美しい女性と知り合えて楽しい気持ちも感じてはいたが、これ以上彼女たちに関わっていると自分の本来の目的が果たせなくなってしまいそうで憂鬱《ゆううつ》に感じたから。
４　美しい女性が自分のことを疑いのまなざしで見ていることを苦々しく思った上に、今後一高生の帽子をかぶっていることを馬鹿にされると思い悔《くや》しくなったから。

問７　――線⑥「令息」とありますが、この時の「令」の漢字の意味として最もふさわしいものを次から一つ選び、番号で答えなさい。

１　お金持ちの　２　指示される
３　立派な　４　平和な

問８　空らん□にあてはまることばを文中より八字でぬき出しなさい。

問９　この文章から読み取れる「私」の心情や行動の説明として最もふさわしいものを次から一つ選び、番号で答えなさい。

１　「私」は当初、夏帽子をかぶることによって一高生の気分にひたりひそかな満足感を味わっていたが、道づれになった女性の勘違《かんちが》いをきっかけとして、満足感がだんだんと罪悪感へ変わっていったために、夏帽子を破ってしまった。
２　「私」は当初、夏帽子をかぶることによって一高生として振《ふ》る舞《ま》うことができると信じていたが、道づれになった女性の勘違いをきっかけとして、自分は一高生としての資格がないことに気づき、夏帽子を憎《にく》く思うようになった。
３　「私」は当初、夏帽子をかぶることによって一高生になりきって大いに満足していたが、道づれになった女性の勘違いをきっかけとして、逆に帽子だけでは人をひきつけ続けられないと気づき、夏帽子を泣く泣く手放すこととした。
４　「私」は当初、夏帽子をかぶることによって一高生の雰囲気《ふんいき》にひたって気持ちよく過ごしていたが、道づれになった女性の勘違いをきっかけとして、逆に夏帽子がなければ旅を楽しむことができたと思い、八つ当たりをしてしまった。

□でさえも、地面の泥《どろ》にまみれ、私の下駄《げた》に踏《ふ》みつけられていた。

（萩原朔太郎『夏帽子』全文）

〈なお、問題を作成するにあたり、かなづかいと用字を改めました。〉

※一高…旧制第一高等学校。東京大学教養学部の前身であり、当時の学生の憧《あこが》れの存在であった。
※表象…象徴。イメージ。
※戯曲…演劇の脚本《きゃくほん》形式で書かれた文学作品。
※行李…旅行用の荷物入れ。
※怜悧…頭の働きがすぐれていてかしこいこと。
※弁駁…他人の説が間違っていると攻撃《こうげき》して言いやぶること。

問1　——線A「懐中」、B「懇意」、C「いわんや」の意味として最もふさわしいものを次から一つずつ選び、それぞれ番号で答えなさい。

A「懐中」
1　着物の中　2　カバンの中
3　思い出の中　4　帽子の中

B「懇意」
1　相席　2　恋愛《れんあい》関係
3　親しい間柄《あいだがら》　4　険悪な関係

C「いわんや」
1　絶対に　2　また　3　ただ　4　まして

問2　——線①「ある私の好きな夏帽子を、被ってみたいという願いである」とありますが、「私」はこの夏帽子が好きな理由をどのように自己分析《ぶんせき》していますか。最もふさわしいものを次から一つ選び、番号で答えなさい。

1　憧れの一高生の夏帽子に見立てて自分の高校の学生帽を身につけてみたけれども、熱情を満たせなかったため。
2　夏の青葉や海の郷愁を感じるたびに一高生の姿が思い出され、彼らの象徴的《しょうちょうてき》な夏帽子が真っ先に思い浮かんだため。
3　独逸の戯曲を読むことで夏の一高生の姿や彼らの帽子を連想し、なつかしさや夏の清らかさを感じたため。
4　一高生の夏帽子は、自分が好んで読んでいる小説やそこに登場する人物とその情景を思い起こさせるものだと感じたため。

問3　——線②「もちろん宿屋は、湖畔のレーキホテルを選定した」とありますが、どうして「私」は「もちろん」レーキホテルを選んだのですか。文脈から「レーキホテル」がどのようなホテルであるかを考えた上で、最もふさわしいものを次から一つ選び、番号で答えなさい。

1　人の目を気にしなくていい場所にあるだけでなく、「私」が負い目と高揚感《こうようかん》の両方を隠して泊《と》まるには一番ふさわしいホテルだと思ったから。
2　人の目を気にしなくていい場所にあるだけでなく、「私」が憧れる作品の主人公のような人物であれば、選ぶであろうホテルだと思ったから。
3　つまらない悔恨をいやしてくれる場所であるだけでなく、「私」が一高生を装った場合にもっとも色々な人と出会えるホテルだと思ったから。
4　つまらない悔恨をいやしてくれる場所であるだけでなく、「私」が憧れる一高生が宿泊《しゅくはく》する場所としては日光で唯一《ゆいいつ》のホテルだと思ったから。

問4　文中の▼印から▲印までの間で姉妹と出会った「私」の気持ちの高ぶりを隠喩《いんゆ》（暗喩）を用いて表現している部分があります。この部分を十字以内でぬき出しなさい。

だがすぐ後の方から、女の呼びかけてくる声を聞いた。

「あの、おたずねいたしますが……」

それは姉の方の娘であった。彼女はたしかに、私よりも一つ二つ年上に見え、※怜悧《れいり》な美しい瞳《め》をした女であった。

「滝の方へ行くのは、この道でいいのでしょうか？」

そう言って慣れ慣れしく微笑《びしょう》した。

③「はあ！」

私は窮屈《きゅうくつ》に四角ばって、兵隊のような返事をした。女は暫《しば》らく、じっと私の顔を眺《なが》めていたが、やがて世慣れた調子で話しかけた。

「失礼ですが、あなた一高のお方ですね？」

私は一寸《ちょっと》返事に困った。

「いいえ」という否定の言葉が、直ちに瞬間《しゅんかん》に口に浮《う》かんだ。けれども次の瞬間には、帽子のことが頭に浮かんで、どきりと冷汗を流してしまった。私は考える余裕《よゆう》もなく、混乱して曖昧《あいまい》の返事をした。

④「はあ！」

「すると貴方《あなた》は……」

女は浴びせかけるように質問した。

「秋元子爵《ししゃく》の御子息《ごしそく》ですね。私はよく知っていますわ。」

私は今度こそ大きな声で、はっきりと返事をした。

「いいえ。ちがいます。」

けれども女は、なお疑い深そうに私を見つめた。ある理由の知れないはにかみと、不安な懸念《けねん》とにせき立てられて、⑤私は女づれを後に残し、速足でずんずんと先に行ってしまった。▲

私がホテルに帰った時、偶然にもその娘等が、隣室《りんしつ》の客であることを発見した。彼等はその年老いた母と一緒《いっしょ》に、三人でここに来ていた。いろいろな反復する機会からして、避《さ》けがたく私はその女づれとB懇《こん》意《い》になった。遂《つい》には姉娘と私だけで、森の中を散歩するような仲にもなった。その年上の女は、明らかに私に恋《こい》をしていた。彼女はいつも、私のことを『若様』と呼んだ。

私は最初、女の無邪気《むじゃき》な意地悪から、悪戯《いたずら》に言うのだと思ったので、故意《わざ》と勿体《もったい》ぶった様子などして、さも貴族らしく返事をした。だがある時、彼女は真面目になって話をした。ずっと前から、自分は一高の運動会やその他の機会で、秋元子爵の⑥令息をよく知ってること。そして私こそ、たしかにその当人にちがいなく、どんなにしらばくれて隠《かく》していても、自分には解ってるということを、女の強い確信で主張した。

その強い確信は、私のどんな※弁駁《べんばく》でも、撤回《てっかい》させることができなかった。しまいには仕方がなく、私の方でも好加減《いいかげん》に、華族《かぞく》の息子《むすこ》としてふるまっていた。

最後の日が迫《せま》って来た。

かなかな蟬《せみ》の鳴いてる森の小路《こみち》で、夏の夕景を背に浴びながら、女はそっと私に近づき、胸の秘密を打ち明けようとする様子が見えた。私はその長い前から、自分を偽《いつわ》っている苦悩《くのう》に耐《た》えなくなっていた。自分は一高の生徒でもなく、Cいわんや貴族の息子でもない。それに図々《ずうずう》しく制帽を被り、いい気になって『若様』と呼ばれている。どんなに弁護して考えても、私は不良少年の典型であり、彼等と同じ行為《こうい》をしているのである。

私は悔恨に耐えなくなった。そして一夜の中《うち》に行李を調《ととの》え、出発しようと考えた。

翌朝早く、私は裏山へ一人で登った。そこには夏草が繁《しげ》っており、油蟬が木立に鳴いていた。私は包《つつみ》から帽子を出し、双手《もろて》に握《にぎ》ってむしり切った。

麦藁《むぎわら》のべりべりと裂《さ》ける音が、不思議に悲しく胸に迫った。そのとにかく私は、あの海老茶色のリボンを考え、その書生帽子を思うだけでも、ふしぎになつかしい独逸《ドイツ》の※戯曲《ぎきょく》、アルト・ハイデルベルヒを連想して、夏の青葉にそよいでくる海の郷愁《きょうしゅう》を感じたりした。

その頃私のいた地方の高等学校では、真紅色《しんくしょく》のリボンに二本の白線を入れた帽子を、一高に準じて制定していた。私はそれが厭《いや》だったので、白線の上に赤インキを塗《ぬ》りつけたり、真紅色の上に紫《むらさき》絵具《えのぐ》をこすったりして、無理に一高の帽子に紛《まぎ》らしていた。だがとうとう、熱情が押《おさ》えがたくなってきたので、ある夏の休暇《きゅうか》に上京して、本郷の帽子屋から、一高の制定帽子を買ってしまった。

しかしそれを買った後では、つまらない悔恨《かいこん》にくやまされた。そんなものを買ったところで、実際の一高生徒でもない自分が、まさか気《き》恥《は》ずかしく、被って歩くわけにもいかなかったから。

私は人のいないところで、どこか内証《ないしょ》に帽子を被り、鷗外博士の『青年』やハイデルベルヒを連想しつつ、自分がその主人公である如く、空想裏《くうそうり》の悦楽《えつらく》に耽《ふけ》りたいと考えた。その強い欲情は、どうしても押えることができなかった。そこで、ある夏、七月の休暇になると同時に、ひそかに帽子を※行李《こうり》に入れて、日光の山奥《やまおく》にある中禅寺の避《ひ》暑地《しょち》へ行った。②もちろん宿屋は、湖畔《こはん》のレーキホテルを選定した。それは私の空想裏に住む人物としても、当然選定さるべきの旅館であった。

ある日私は、付近の小さな滝《たき》を見ようとして、一人で夏の山道を登っていった。七月初旬《しょじゅん》の日光は、青葉の葉影《はかげ》で明るくきらきらと輝《かがや》いていた。

私は宿を出る時から、思い切って行李の中の帽子を被っていた。こんな寂《さび》しい山道では、もちろんだれも見る人がなく、気恥ずかしい思いなしに、勝手な空想に耽れると思ったからだ。夏の山道には、いろいろな白い花が咲《さ》いていた。私は書生袴《ばかま》に帽子を被り、汗《あせ》ばんだ皮膚《ひふ》を感じながら、それでも右の肩《かた》を高く怒《いか》らし、独逸学生の青春気質を表象する、あの浪漫《ろうまん》的の豪壮《ごうそう》を感じつつ歩いていた。A懐中《かいちゅう》には丸善で買ったばかりの、なつかしいハイネの詩集が入っていた。その詩集は索引《さくいん》の鉛筆《えんぴつ》で汚《よご》されており、所々に凋《しお》れた草花などが押《お》されていた。

▼山道の行きつめた崖《がけ》を曲った時に、ふと私の前に歩いていく、二個の明るいパラソルを見た。たしかに姉妹《しまい》であるところの、美しく若い娘《むすめ》であった。私は何の理由もなく、急に足がすくむようなはずかしさと、一人でいるきまりの悪さを感じたので、歩調を早めながら、わざと彼等の方を見ないようにし、特別にまた肩を怒らして追いぬけた。どんな私の様子からも、彼等に対して無関心でいることを装《よそお》うとして、無理な努力から固くなっていた。そのくせ内心では、こうした人気のない山道で、美しい娘等と道づれになり、一口でも言葉を交わせられることの悦《よろこ》びを心に感じ、空想の有《あ》り得《う》べき幸福の中でもじもじしながら。

私は女等を追《お》い越《こ》しながら、こんな絶好の場合に際して機会《チャンス》を捕《とら》えなかったことの愚《ぐ》を心に悔《く》いた。

だが丁度その時、偶然《ぐうぜん》のうまい機会が来た。私が汗をぬぐおうとして、ハンケチで額の上をふいた時に、帽子が頭からすべり落ちた。それは輪のように転がっていって、すぐ五六歩後から歩いてくる、女たちの足許《あしもと》に止まった。若い方の娘が、すぐそれを拾ってくれた。彼女は恥《は》じる様子もなく、快活に私の方へ走ってきた。

「どうも……どうも、ありがとう。」

私はどぎまぎしながら、やっと口の中で礼を言った。そして急いで帽子を被り、逃《に》げ出すようにすたすたと歩き出した。宇宙が真赤《まっか》に回転して、どうすればいいか解らなかった。ただ足だけが機械的に運動して、むやみに速足で前へ進んだ。

1　脳が小さい方が食糧事情の影響《えいきょう》を受けにくいということ。
2　脳が大きくなると陸上生活に支障をきたすということ。
3　脳が小さいほど運動能力が発達しているということ。
4　脳が大きくなるとさらなる進歩を遂《と》げることが困難だということ。

問5　――線③「進化が進歩ではないことを、きちんと示したのは、ダーウィンが初めてなのだ」とありますが、それまでと異なりダーウィンは進化についてどのように考えたのですか。文中から二十二字でぬき出し、はじめと終わりの四字で答えなさい。

問6　――線④「自動的に増えていく」とありますが、その例として最もふさわしいものを次から一つ選び、番号で答えなさい。
1　遺伝的に遠くが見える目を持った個体が、外敵の攻撃《こうげき》を避《さ》けながら、結果として多くの個体を残していく。
2　遺伝的に多くの子どもを産める個体ほど、生存競争に有利なため、結果として多くの個体を残していく。
3　遺伝的に小さな体型の個体でさえ、別の特徴を持った個体と共存し、結果として多くの個体を残していく。
4　遺伝的に走ることが苦手な個体でも、敵から身を守る方法を習得し、結果として多くの個体を残していく。

問7　空らん[Ⅰ]・[Ⅱ]に入ることばとして最もふさわしいものを次から一つずつ選び、それぞれ番号で答えなさい。
1　生物を変化させるように働く
2　生物を進歩させるように働く
3　生物を変化させないように働く
4　生物を進歩させないように働く

問8　――線⑤「地球上の生物多様性は、『存在の偉大な連鎖』を越えたものなのだ」とありますが、それはどういうことですか。本文全体の内容をふまえた上で、最もふさわしいものを次から一つ選び、番号で答えなさい。
1　生物の多様性は、自然選択という平均的な変異を繰り返す単純・下等な生物がより多くの子どもを残すことでもたらされたということ。
2　生物の多様性は、単純・下等な生物が環境の変化に応じて複雑・高等な生物へと直線的に進化することでもたらされたということ。
3　生物の多様性は、生物の中でより単純・下等なものは滅び、生き残ったものが必然的に複雑・高等なものばかりとなる進歩をとげることでもたらされたということ。
4　生物の多様性は、単純・下等から複雑・高等へと生物が進歩を続けてきた結果ではなく、それぞれの生物が環境に適応するために進化を繰り返すことでもたらされたということ。

二

次の文章を読んで、後の問いに答えなさい。

青年の時は、だれでもつまらないことに熱情をもつものだ。

その頃《ころ》、地方のある高等学校にいた私は、毎年初夏の季節になると、きまって一つの熱情にとりつかれた。それは何でもないつまらぬことで、①ある私の好きな夏帽子《ぼうし》を、被《かぶ》ってみたいという願いである。その好きな帽子というのはパナマ帽でもなくタスカンでもなく、あの海《え》老茶色《びちゃいろ》のリボンを巻いた、※一高の夏帽子だったのだ。

どうしてそんなにまで、あの学生帽子が好きだったのか、自分ながらよく解《わか》らない。多分私は、その頃愛読した森鷗外氏の『青年』や、夏目漱石氏の学生小説などから一高の学生たちを連想し、それが初夏の青葉の中で、上野の森などを散歩している、彼等《かれら》の夏帽子を※表象させ、連想心理に結合したためであろう。

ぐらいの背の個体が、子どもを一番多く残すことになる。つまり安定化選択は、［　Ｉ　］のである。

一方、方向性選択は、極端《きょくたん》な変異を持つ個体が、子どもを多く残す場合だ。たとえば、背が高い個体は、ライオンを早く見つけられるので逃《に》げのびる確率が高く、子どもを多く残せる場合などだ。この場合は、背の高い個体が増えていくことになる。このように方向性選択は、［　Ⅱ　］のである。

ダーウィンが『種の起源』を出版する前から、安定化選択が存在することは広く知られていた。つまり当時は、自然選択は生物を進化させない力だと考えられていたのである。ところが、ダーウィンはそれに加えて、自然選択には生物を進化させる力もあると考えた。ダーウィンは、方向性選択を発見したのである。

方向性選択が働けば、生物は自動的に、ただ環境に適応するように進化する。たとえば気候が暑くなったり寒くなったりを繰《く》り返すとしよう。その場合、生物は、暑さへの適応と寒さへの適応を、何度でも繰り返すことだろう。生物の進化に目的地はない。目の前の環境に、自動的に適応するだけなのだ。こういう進化なら明らかに進歩とは無関係なので、進化は進歩でないとダーウィンは気づいたのだろう。

地球には素晴《すば》らしい生物があふれている。小さな細菌《さいきん》から高さ一〇〇メートルを超《こ》す巨木《きょぼく》、豊かな生態系をはぐくむ土壌《どじょう》を作る微生物《びせいぶつ》、大海原《おおうなばら》を泳ぐクジラ、空を飛ぶ鳥、そして素晴らしい知能を持つ私たち。こんな多様な生物を方向性選択は作り上げることができるのだ。もしも進化が進歩だったり、世界が「存在の偉大《いだい》な連鎖《れんさ》」だったりしたら、つまり一直線の流れしかなかったら、これほどみごとな生物多様性は実現していなかっただろう。私たちが目にしている⑤地球上の生物多様性は、「存在の偉大な連鎖」を越《こ》えたものなのだ。

（更科　功『若い読者に贈《おく》る美しい生物学講義―感動する生命のはなし』より）

問１　――線ａ～ｄのカタカナを漢字で書きなさい。

問２　――線①「陸上生活に適応する進化的変化」についての説明として、「ヒト」の進化の過程にもあてはまるものとして最もふさわしいものを次から一つ選び、番号で答えなさい。

1　有害なアンモニアを尿素より毒性の低い尿酸に作り変えることで水辺から離れることができるようになり、胚を羊膜卵により乾燥から防げるようになった。

2　有害なアンモニアを尿素により完全に無毒化し、羊膜卵の外側に殻を作ることによって胚を乾燥から守り、より水辺から離れて生活できるようになった。

3　有害なアンモニアを尿素に作り変えることでより毒性を弱め、水中に卵を産む代わりに羊膜卵によって乾燥から胚を守ることができるようになった。

4　有害なアンモニアを尿酸に作り変えることで尿の排出《はいしゅつ》にほとんど水をつかわなくて済むようになり、羊膜卵によって胚の乾燥を防げるようになった。

問３　空らん［Ａ］～［Ｃ］には「進化」「退化」「発達」のいずれかのことばが入ります。その組み合わせとして最もふさわしいものを次から一つ選び、番号で答えなさい。

1　Ａ…進化　Ｂ…退化　Ｃ…発達

2　Ａ…発達　Ｂ…退化　Ｃ…進化

3　Ａ…退化　Ｂ…退化　Ｃ…進化

4　Ａ…発達　Ｂ…進化　Ｃ…退化

問４　――線②「脳は大きければ良いわけではない」が表していることとして最もふさわしいものを次から一つ選び、番号で答えなさい。

のでその分たくさん食べなくてはいけない。もしも飢饉《ききん》が起きて農作物が取れなくなり、食べ物がなくなれば、脳が大きい人から死んでいくだろう。だから食糧《しょくりょう》事情が悪い場合は、脳が小さい方が「優れた」状態なのだ。

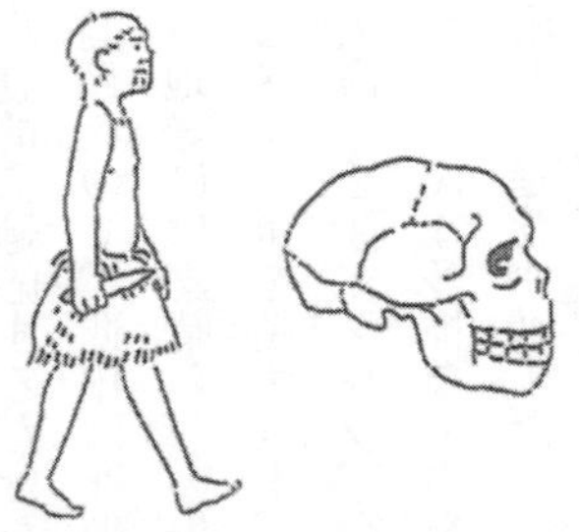
【図２】　ネアンデルタール人

実際、人類の進化を見ると、脳は一直線に大きくなってきたわけではない。ネアンデルタール人は私たちヒトより脳が大きかったけれど、ネアンデルタール人は絶滅《ぜつめつ》し、私たちヒトは生き残った【図２】。その私たちヒトも、最近一万年ぐらいは脳が小さくなるように進化している。これらの事実が意味することは、②脳は大きければ良いわけではないということだ。

「ある条件で優れている」ということは「別の条件では劣っている」ということだ。したがって、あらゆる条件で優れた生物というものは、理論的にありえない。そして、あらゆる条件で優れた生物がいない以上、進化は進歩とはいえない。生物は、そのときどきの環境《かんきょう》に適応するように進化するだけなのだ。

生物が進化すると考えた人はダーウィン以前にもたくさんいた。でも、チェンバーズもスペンサーも、みんな進化は進歩だと思っていた。③進化が進歩ではないことを、きちんと示したのは、ダーウィンが初めてなのだ。それではダーウィンは、なぜ進化は進歩でないと気づいたのだろう。

進化が進歩ではないとダーウィンが気づいた理由は、生物が自然選《せん》択《たく》によって進化することを発見したからだ。ここで間違えやすいことは、自然選択を発見したのはダーウィンではないということだ。ダーウィンが発見したのは「自然選択」ではなくて「自然選択によって生物が進化すること」だ。

自然選択について簡単に説明しておこう。自然選択は二つの段階から成る。

一つ目は、遺伝する変異（遺伝的変異）があることだ。走るのが速い親に、走るのが速い子どもが生まれる傾向《けいこう》があれば、走る速さの違いは遺伝的変異である。一方、トレーニングで鍛《きた》えた筋肉は子どもに伝わらないので、それは遺伝的変異ではない。

二つ目は、遺伝的変異によって子どもの数に違いが生じることだ。つまり、走るのが遅《おそ》い個体より、走るのが速い個体に子どもがたくさんいる場合などだ。ここでいう子どもの数は、単に生まれる子どもの数ではない。生まれた後にどのくらい生き残るかも、考えに入れなくてはならない。具体的には、親の年齢《ねんれい》と子どもの年齢を同じにして数えればよい。たとえば、親の数を二十五歳《さい》の時点で数えたら、子どもの数も、二十五歳まで生き残った子どもで数えればよいのだ。

この二つの段階を通れば、子どもの数が多くなる遺伝的変異を持った個体が、④自動的に増えていく。考えてみれば、自然選択なんて簡単だ。要するに、走るのが速いシカより、走るのが遅いシカの方が、ヒョウに食べられて減っていくということだ。そんなこと、誰《だれ》だって気づくだろう。実際、その通りで、『種の起源』が出版される前から、生物に自然選択が働いていることは常識だった。当時、進化に興味がある人なら、誰だって知っていた。それなのに、どうしてダーウィンが自然選択を発見したようにｄゴカイされているのだろうか。

実は、自然選択はおもに二種類に分けられる。安定化選択と方向性選択だ。

安定化選択とは、平均的な変異を持つ個体が、子どもを一番多く残す場合だ。たとえば、背が高過ぎたり、反対に背が低過ぎたりすると、病気になりやすく子どもを多く残せない場合などだ。この場合は、中呼ばれ、水辺から離れて生活することができるようになった。この初期の羊膜類から、爬虫類や哺乳類が進化した(間違《まちが》えやすいが、爬虫類から哺乳類が進化したわけではない)。そしてさらに、爬虫類の一部から鳥類が進化したのである。

爬虫類や鳥類にいたる系統では、さらに陸上生活に適した特徴《とくちょう》が進化した。尿素を、尿酸に作り変えるような進化が起きたのである(一番上の黒い四角)。

尿酸も尿素のように毒性が低い。でも尿酸には、その他にもいいことがある。尿酸は水に溶《と》けにくいので、捨てるときにほとんど水を使わなくてもいいのだ。

陸上にすんでいる動物にとって、水を手に入れるのは大変なことである。だから、水はなるべく捨てたくない。それなのに、私たちは結構たくさんの尿を出して、水をたくさん捨てている。もったいない話である。一方、ニワトリやトカゲは、尿をあまり出さない。ニワトリやトカゲが、イヌみたいに大量の尿を出している姿を見た人はいないはずだ。それは、尿素を尿酸に変える能力を進化させたからである。

つまり、哺乳類は両生類よりも陸上生活に適応しているが、爬虫類と鳥類は哺乳類よりもさらに陸上生活に適応しているのである。

ところで、【図1】の系統樹Aと系統樹Bは、同じ系統関係を表している。しかし、見た目の印象はだいぶ違う。よく目にするのはAのような系統樹だ。これだと、ヒトは進化の最後に現れた種で、一番優《すぐ》れた生物であるかのような印象を受ける。

しかし陸上生活への適応という意味では、Bのような系統樹の方がわかりやすい。トカゲやニワトリの方がヒトより陸上生活に適応しているからだ。系統樹Bを見ると、ニワトリが進化の最後に現れた種で、一番優れた生物であるかのような印象を受ける。

もちろん、進化の最後に現れた種は、ヒトでもニワトリでもない。というか、コイもカエルもヒトもイヌもトカゲもニワトリも、すべて今生きている種だ。だから、みんな進化の最後に現れた種ともいえる。コイもカエルもヒトもイヌもトカゲもニワトリも、生命がbタンジョウしてからおよそ四十億年という同じ長さの時間を進化してきた生物なのだ。そして、陸上生活という点から見れば、この系統樹の中で一番優れた種はトカゲとニワトリなのである。

もしも「走るのが速い」ことを「優れた」というのなら、一番優れた生物はイヌだろう。「泳ぐのが速い」のはコイだろうし、「計算が速い」のはヒトだろう。何を「優れた」と考えるかによって、つまり何を「進歩」と考えるかによって、生物の順番は入れ替《か》わるのだ。

さっきは「陸上生活に適した」ことを「優れた」と考えたが、「水中生活に適した」ことを「優れた」と考えれば、話は逆になる。トカゲは、陸上生活に適した特徴が[A]したが、それは水中生活に適した特徴が[B]したことを意味する(ちなみに[B]の反対は、[C]ではなく[A]である)。生物の持つ構造が小さくなったり単純になったりするのが[B]で、大きくなったり複雑になったりするのが[A]だ。退化も発達も進化の一種である)。「水中生活に適した」ことを「優れた」と考えれば、もちろん一番優れた生物はコイになる。

いろいろと考えてみると、客観的に優れた生物というものは、いないことがわかる。陸上生活に優れた生物は、水中生活に劣《おと》った生物だ。走るのに優れた生物は、力に劣った生物だ。チーターのように速く走るためには、ライオンのような力強さは諦《あきら》めなくてはならないのだ。

そして、計算が得意な生物は、空腹に弱い生物だ。脳は大量のエネルギーを使うcキカンである。私たちヒトの脳は体重の二パーセントしかないにもかかわらず、体全体で消費するエネルギーの二〇〜二五パーセントも使ってしまう。大きな脳は、どんどんエネルギーを使う

二〇二一年度 東京都市大学付属中学校

【国　語】〈第一回試験〉（四五分）〈満点：一〇〇点〉

［注意］　国語の問題では、字数制限のあるものは、特別な指示がない限り句読点等も一字に数えます。

一　次の文章を読んで、後の問いに答えなさい。

私たちの祖先は海にすんでいた。何億年も前の私たちの祖先は、魚だったのだ。その魚の一部が陸上に進出して、私たちに進化した。もちろん陸上に進出するためには、体のいろいろな部分を変化させなくてはならなかった。

【図１】の系統樹Ａは、脊椎《せきつい》動物から六種（魚類のコイ、両生類のカエル、爬虫類《はちゅうるい》のトカゲ、鳥類のニワトリ、哺乳類《ほにゅうるい》のイヌとヒト）を選んで、それらの進化の道すじを示した系統樹である。①陸上生活に適応する進化的変化はたくさん起きたが、その中の三つを黒い四角で示してある。

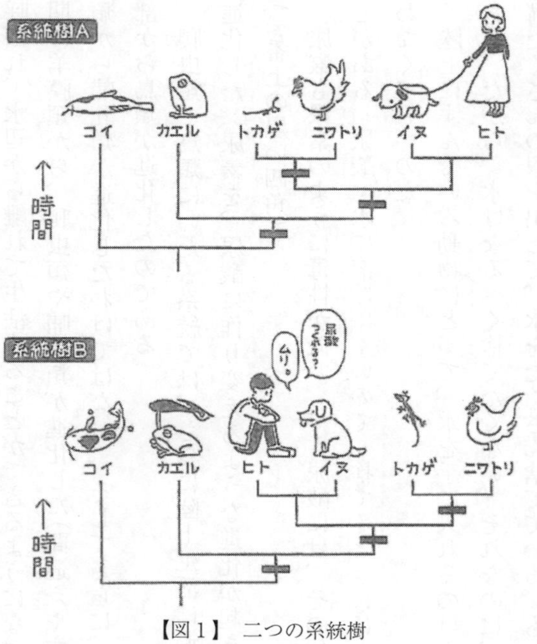

【図１】　二つの系統樹

脊椎動物の体はたくさんのタンパク質でできている。そして古くなったタンパク質は分解されて体の外に捨てられる。タンパク質が分解されると、どうしてもできてしまうのがアンモニアである。

アンモニアは有害な物質なので、体の外に捨てなければならない。でも、昔はとくに困らなかった。私たちの祖先は魚類であり、海や川にすんでいたからだ。体のａマワりに大量の水があるので、アンモニアを捨てるために水がいくらでも使えたからである。

しかし、陸に上がった両生類には、そういうことができない。陸上には水が少ないので、なかなかアンモニアを捨てられない。でも、アンモニアは有毒なので、あまり体の中に溜《た》めておけない。そこで、とりあえずアンモニアを尿素《にょうそ》に作り変えるように進化した。これが系統樹の中の一番下の黒い四角である。尿素も無毒ではないが、アンモニアよりは毒性が低いので、ある程度なら体の中に溜めておくことができるのだ。

それでも両生類は、水辺からあまり離《はな》れて生活することができない。その理由の一つは、卵が柔《やわ》らかくて、すぐに乾燥《かんそう》してしまうからだ。だから、ほとんどのカエルは卵を水中に産む。水辺を離れて生活するためには、つまり、さらに陸上生活に適応するためには、卵が乾燥しない工夫《くふう》をしなければならない。

その工夫を進化させた卵が羊膜卵《ようまくらん》である（真ん中の黒い四角）。羊膜卵とは、簡単にいうと、羊膜で作った袋《ふくろ》の中に水を入れ、その中に胚《はい》（発生初期の子ども）を入れた卵である。袋の中の水に、子どもをポチャンと入れておけば、乾燥しないからだ。さらに卵の外側に殻《から》を作って、乾燥しにくくしている。この羊膜卵を進化させた動物は羊膜類と

2021年度

東京都市大学付属中学校 ▶解説と解答

算　数　＜第１回試験＞（45分）＜満点：100点＞

解　答

$\boxed{1}$ **問１**　3　**問２**　21　**問３**　13　**問４**　50　**問５**　5　**問６**　11　**問７**　3.25　**問８**　3140　$\boxed{2}$ **問１**　毎時10km　**問２**　1 km　$\boxed{3}$ **問１**　5：3：2　**問２**　8：7　$\boxed{4}$ **問１**　78点　**問２**　93点　**問３**　12点　$\boxed{5}$ **問１**　3個　**問２**　5個　**問３**　19個

解　説

$\boxed{1}$ **逆算，単位の計算，差集め算，濃度《のうど》，ニュートン算，整数の性質，相似，面積，表面積**

問１　$\left(2\frac{1}{3}-4.5\div\square\right)\times3\frac{3}{5}=3$ より，$2\frac{1}{3}-4.5\div\square=3\div3\frac{3}{5}=3\div\frac{18}{5}=3\times\frac{5}{18}=\frac{5}{6}$，$4.5\div\square=2\frac{1}{3}-\frac{5}{6}=\frac{7}{3}-\frac{5}{6}=\frac{14}{6}-\frac{5}{6}=\frac{9}{6}=\frac{3}{2}$　よって，$\square=4.5\div\frac{3}{2}=\frac{9}{2}\times\frac{2}{3}=3$

問２　1 L＝10dL＝1000cm^3＝1000mLであるから，0.4 L＝400cm^3，5 dL＝500cm^3，20mL＝20cm^3，20.21dL＝2021cm^3となる。よって，0.4 L×４＝400cm^3×４＝1600cm^3，20mL×５＝20cm^3×５＝100cm^3より，1600cm^3＋500cm^3＋□cm^3－100cm^3＝2021cm^3，2000cm^3＋□cm^3＝2021cm^3　よって，□cm^3＝2021cm^3－2000cm^3＝21cm^3

問３　１人に５個ずつ配るには，５－３＝２(個)不足するので，右の図１のようにまとめることができる。よって，１人に４個ずつ配るのに必要な個数と，１人に５個ずつ配るのに必要な個数の差は，11＋２＝13(個)とわかる。これは，５－４＝１(個)の差が配る人数分だけ集まったものだから，配る人数は，13÷１＝13(人)と求められる。

図１

４個，…，４個 → 11個あまる
５個，…，３個 → ２個不足する

問４　４％の食塩水の重さを□ｇとすると，右の図２のように表せる。図２で，かげをつけた部分の面積と太線で囲んだ部分の面積は，どちらも混ぜた食塩水に含《ふく》まれている食塩の重さを表している。よって，これらの面積は等しいので，アの部分の面積と(イ＋ウ)の部分の面積も等しくなる。また，アの部分の面積は，100×(0.1－0.07)＝３(ｇ)，イの部分の面積は，150×(0.07－0.06)＝1.5(ｇ)にあたるから，ウの部分の面積は，３－1.5＝1.5(ｇ)とわかる。さらに，ウの部分のたての長さは，0.07－0.04＝0.03なので，□＝1.5÷0.03＝50(ｇ)となる。

図２

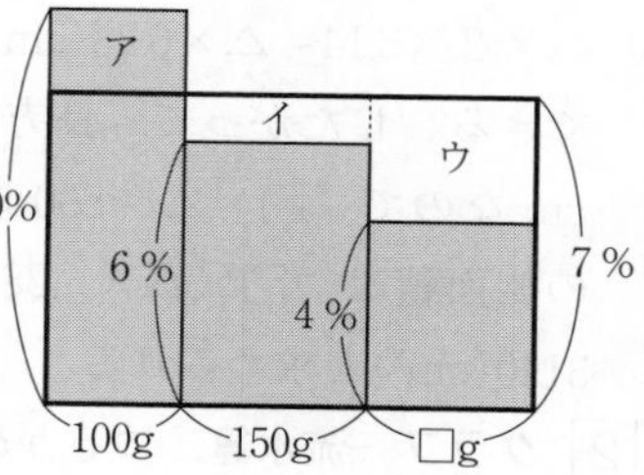

問５　１日に生える草の量を①，１頭のひつじが１日に食べる草の量を$\boxed{1}$とする。７頭のひつじを放すとき，10日で，①×10＝⑩の草が生え，その間にひつじが，$\boxed{1}$×７×10＝$\boxed{70}$の草を食べて，草がなくなる。同様に，９頭のひつじを放すとき，６日で，①×６＝⑥の草が生え，その間にひつじ

が，$\boxed{1}\times9\times6=\boxed{54}$の草を食べて，草がなくなる。よって，右の図３のように表すことができる。図３の※の部分に注目すると，⑩－⑥＝$\boxed{70}-\boxed{54}$，④＝$\boxed{16}$となり，さらに等号の両側を４で割ると，①＝$\boxed{4}$とわかる。そこで，$\boxed{1}=1$とすると，①＝$\boxed{4}=4$となるから，はじめの草の量は，$\boxed{70}$－⑩＝$1\times70-4\times10=30$と求められる。また，10頭のひつじを放すとき，１日に，$\boxed{10}$－①＝$1\times10-4=6$ずつ草が減るので，草がなくなるまでの日数は，$30\div6=5$（日）と求められる。

図３

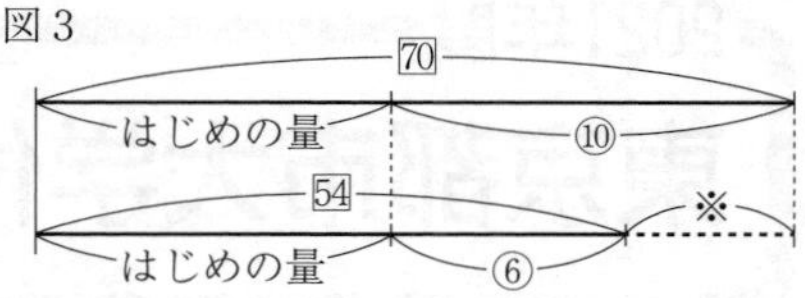

問６　50を割ると１あまる数は，$50-1=49$の約数のうち，あまりの１よりも大きい数である。49の約数は｛1，7，49｝だから，条件に合う数は｛7，49｝の２個ある。同様に，50を割ると２あまる数は，$50-2=48$の約数のうち，あまりの２よりも大きい数である。48の約数は｛1，2，3，4，6，8，12，16，24，48｝なので，条件に合う数は｛3，4，6，8，12，16，24，48｝の８個ある。さらに，50を割ると３あまる数は，$50-3=47$の約数のうち，あまりの３よりも大きい数である。47の約数は｛1，47｝だから，条件に合う数は｛47｝の１個ある。よって，全部で，$2+8+1=11$（個）とわかる。

問７　右の図４で，★印をつけた三角形は合同なので，アの長さは２cmである。また，★印をつけた三角形と☆印をつけた三角形は相似で，相似比は２：１だから，イの長さは，$1\times\frac{1}{2}=0.5$(cm)とわかる。よって，ACの長さは，$1\times5+2=7$（cm），BCの長さは，$1\times3+0.5=3.5$(cm)なので，三角形ABCの面積は，$3.5\times7\div2=12.25$(cm^2)と求められる。ここから正方形９個の面積をひくと，斜《しゃ》線《せん》部分の面積の合計は，$12.25-1\times1\times9=3.25$(cm^2)とわかる。

図４

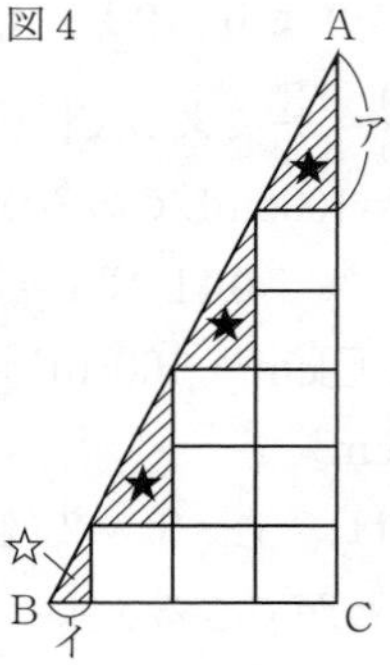

図５

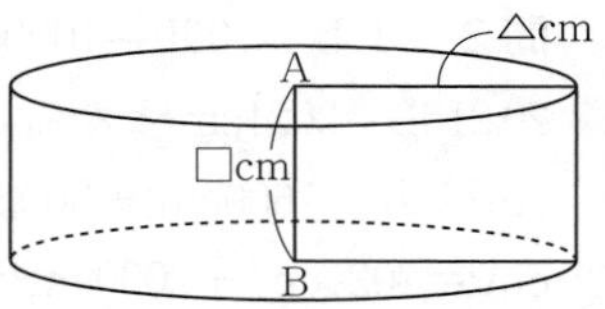

問８　ABを軸《じく》として長方形を１回転させると，右上の図５のような円柱ができる。図５のように，長方形のたての長さを□cm，横の長さを△cmとすると，この円柱の底面の円のまわりの長さは，△×２×3.14＝△×6.28(cm)となるから，この円柱の側面積は，□×△×6.28(cm^2)と表すことができる。したがって，長方形の面積が500cm^{2}なので，□×△＝500より，この円柱の側面積は，□×△×6.28＝500×6.28＝3140(cm^2)と求められる。

2　グラフ―流水算，つるかめ算

問１　船の上りの速さは毎時，$18\div2\frac{15}{60}=8$（km）である。また，静水時の速さを５，流れの速さを１とすると，上りの速さは，$5-1=4$となる。これが毎時８kmだから，１にあたる速さは毎時，$8\div4=2$（km）となり，静水時の速さは毎時，２×

図１

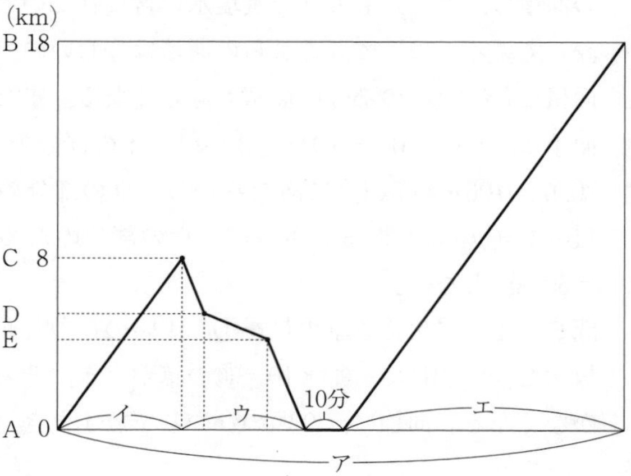

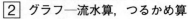

５＝10(km)と求められる。

問２　上の図１で，最初にＡ地点を出発してから最後にＢ地点に着くまでの時間(ア)は，11時30分－７時＝４時間30分である。そのうち，最初にAC間にかかった時間(イ)は，８÷８＝１(時間)であり，再出発してからＢ地点に着くまでの時間(エ)は問題文から２時間15分とわかるので，Ｃ地点で引き返してからＡ地点に着くまでの時間(ウ)は，４時間30分－(１時間＋10分＋２時間15分)＝４時間30分－３時間25分＝１時間５分と求められる。また，問１より，流れの速さは毎時２km，下りの速さは毎時，10＋２＝12(km)とわかるから，CD間とEA間は毎時12kmの速さで，DE間は毎時２kmの速さで進んだことになり，右の図２のようにまとめることができる。毎時12kmの速さで１時間５分進んだとすると，$12\times1\frac{5}{60}=13$(km)進むので，実際に進んだ距離《きょり》よりも，13－８＝５(km)長くなる。また，毎時12kmのかわりに毎時２kmの速さで進むと，進む距離は１時間あたり，12－２＝10(km)短くなるから，毎時２kmの速さで進んだ時間は，５÷10＝0.5(時間)と求められる。よって，DE間の距離は，２×0.5＝１(km)である。

図２

(CD間とEA間)　毎時12km ｝合わせて
(DE間)　　　　毎時２km ｝１時間５分で８km

3　平面図形―相似，辺の比と面積の比

問１　右の図１のように，Ｆを通りABに平行な直線FIを引く。このとき，三角形CADと三角形CFJは相似で，相似比は，CA：CF＝２：１だから，AD＝２とすると，FJ＝１となる。同様に考えると，DE＝EB＝２，JK＝KI＝１となる。次に，三角形FHJと三角形BHDは相似で，相似比は，FJ：BD＝１：(２＋２)＝１：４なので，FH：HB＝１：４となる。また，三角形FGKと三角形BGEも相似で，相似比は，FK：BE＝(１＋１)：２＝１：１だから，FG：GB＝１：１とわかる。よって，FBの長さを，１＋４＝５と，１＋１＝２の最小公倍数である10にそろえると右の図２のようになるので，BG：GH：HF＝５：(５－２)：２＝５：３：２と求められる。

図１

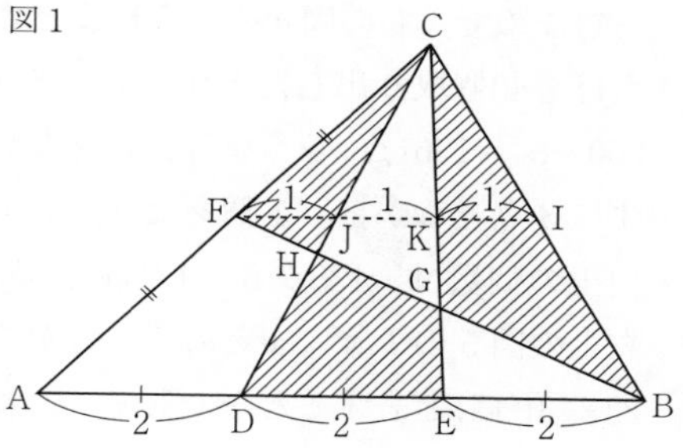

図２

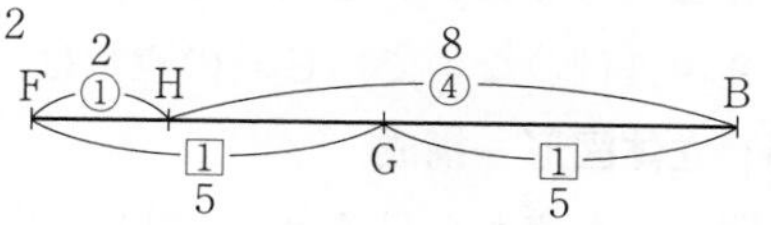

問２　三角形ABCの面積を１とすると，三角形BCFと三角形BFAの面積はどちらも，$1\div2=\frac{1}{2}$になる。また，３つの三角形CFH，CHG，CGBの面積の比は２：３：５だから，三角形CFHと三角形CGBの面積の合計は，$\frac{1}{2}\times\frac{2+5}{2+3+5}=\frac{7}{20}$とわかる。さらに，三角形BHDの面積は三角形BFAの面積の，$\frac{3+5}{2+3+5}\times\frac{2}{3}=\frac{8}{15}$(倍)なので，$\frac{1}{2}\times\frac{8}{15}=\frac{4}{15}$となり，三角形BGEの面積は三角形BFAの面積の，$\frac{5}{2+3+5}\times\frac{1}{3}=\frac{1}{6}$(倍)だから，$\frac{1}{2}\times\frac{1}{6}=\frac{1}{12}$となる。よって，四角形HDEGの面積は，$\frac{4}{15}-\frac{1}{12}=\frac{11}{60}$なので，斜線部分の面積の合計は，$\frac{7}{20}+\frac{11}{60}=\frac{8}{15}$と求められる。したがって，斜線部分でない部分の面積の合計は，$1-\frac{8}{15}=\frac{7}{15}$だから，(斜線部分の面積の合計)：(斜線部分でない部分の面積の合計)＝$\frac{8}{15}$：$\frac{7}{15}$＝８：７とわかる。

4　分配算，つるかめ算，和差算

問１　Ａ君の赤玉と白玉の個数の関係は下の図１のようになるから，Ａ君の白玉の個数は，(20＋

４）÷（３＋１）＝６（個），Ａ君の赤玉の個数は，20－６＝14(個)とわかる。よって，Ａ君の点数は，３×14＋６×６＝78(点)である。

図１

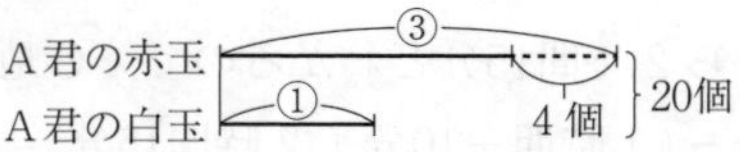

図２

赤玉（１個３点）｝合わせて
白玉（１個６点）｝60個で240点

図３

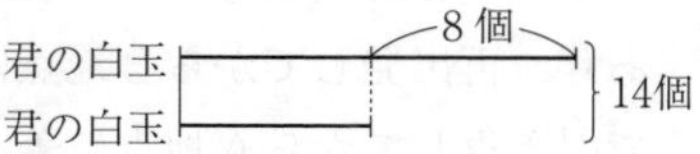

問２　３人の合計で考えると，赤玉と白玉の個数の合計は，20×３＝60(個)であり，点数の合計は240点なので，上の図２のようにまとめることができる。赤玉だけを60個取り出したとすると，３×60＝180(点)となり，実際よりも，240－180＝60(点)少なくなる。赤玉のかわりに白玉を取り出すと，１個あたり，６－３＝３(点)ずつ多くなるから，白玉の個数は，60÷３＝20(個)と求められる。このうちの６個はＡ君なので，Ｂ君とＣ君の白玉の個数の合計は，20－６＝14(個)となり，上の図３のように表すことができる。よって，Ｂ君の白玉の個数は，(14＋８)÷２＝11(個)，Ｂ君の赤玉の個数は，20－11＝９(個)だから，Ｂ君の点数は，３×９＋６×11＝93(点)となる。

問３　Ｂ君とＣ君の合計で考えると，赤玉と白玉の個数の合計は，20×２＝40(個)であり，点数の合計は，108－44＝64(点)なので，右の図４のようにまとめることができる。赤玉だけを40個取り出したとすると，５×40＝200(点)となり，実際よりも，200－64＝136(点)多くなる。赤玉のかわりに白玉を取り出すと，５点増えずに３点減るから，１個あたり，５＋３＝８(点)ずつ少なくなる。よって，白玉の個数は，136÷８＝17(個)，赤玉の個数は，40－17＝23(個)なので，右上の図５のようにまとめることができる。図５で，Ｂ君の赤玉の個数は，20－$\boxed{2}$(個)，または，23－$\boxed{3}$(個)と表すことができて，これが等しいから，20－$\boxed{2}$＝23－$\boxed{3}$より，$\boxed{3}$－$\boxed{2}$＝23－20，$\boxed{1}$＝３と求められる。したがって，Ｃ君の赤玉の個数は，３×３＝９(個)，Ｃ君の白玉の個数は，20－９＝11(個)なので，Ｃ君の点数は，５×９－３×11＝12(点)である。

図４

赤玉（５点増える）｝合わせて
白玉（３点減る）｝40個で64点増える

図５

	赤玉	白玉	合計
Ｂ君		$\boxed{2}$個	20個
Ｃ君	$\boxed{3}$個		20個
合計	23個	17個	40個

5　立体図形―構成

問１　右横から見ると右の図１のようになり，針が通るのは，かげをつけた立方体と，その奥《おく》にある立方体の中のどれかになる。また，真上から見た図を段ごとに表すと，右上の図２のようになる。穴があくのは図２の斜線をつけた立方体だから，全部で３個ある。

図１

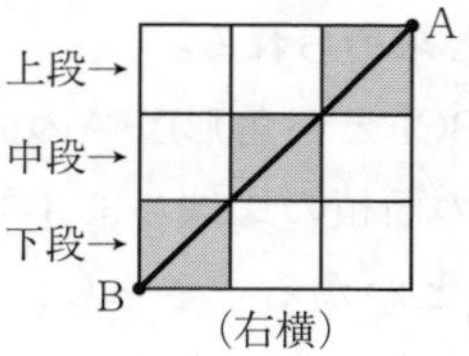

図２

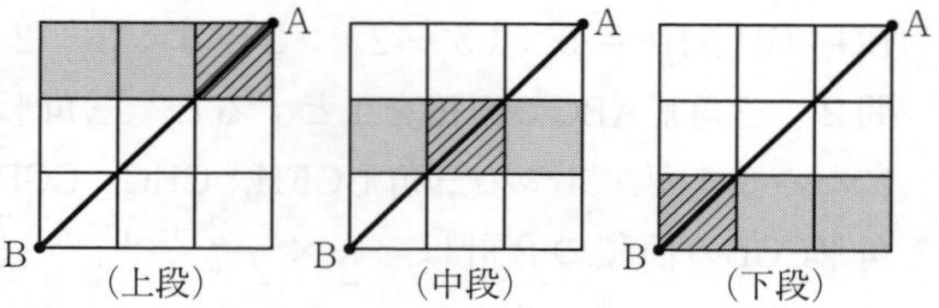

問２　問１と同様に考えると，右の図３，図４のようになる。穴があくのは図４の斜線をつけた立方体なので，全部で５個ある。

図３

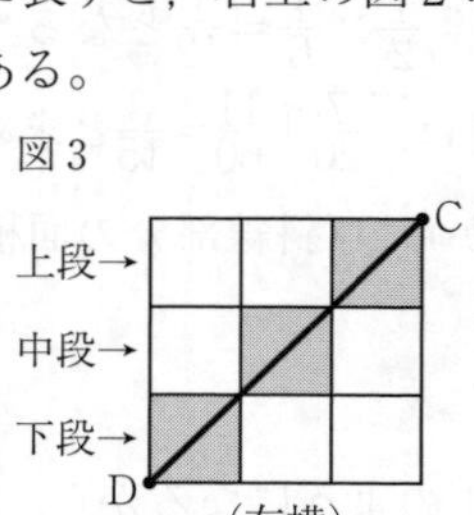

図４

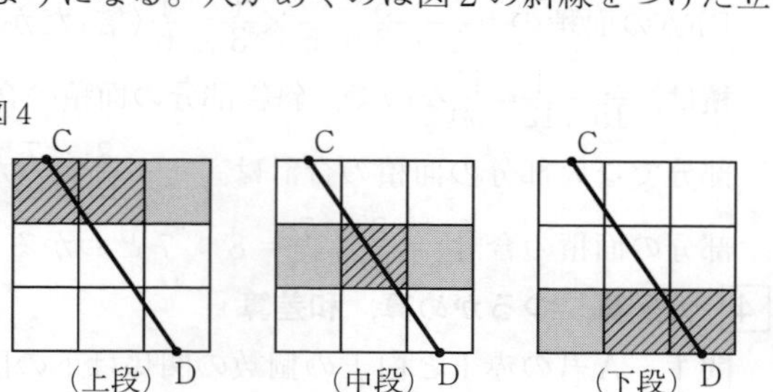

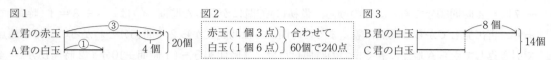

問３　はじめに，下の図５の点Ｐと点Ｑを通るように針を１回つきさす。すると下の図６，図７のようになるから，斜線をつけた７個の立方体に穴があく（それぞれの段で，直線PQを３等分した範《はん》囲《い》に穴があくことに注意する）。次に，下の図８の点Ｒと点Ｓを通るように１回つきさす。すると，下の図９，図10のようになるから，斜線をつけた６個の立方体に穴があく。さらに，下の図11の点Ｔと点Ｕを通るように１回つきさすと，下の図12，図13のようになるから，斜線をつけた６個の立方体に穴があく。よって，全部で，７＋６＋６＝19(個)と求められる。

図５
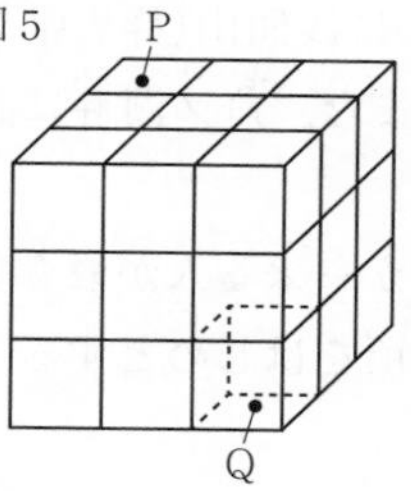

図６
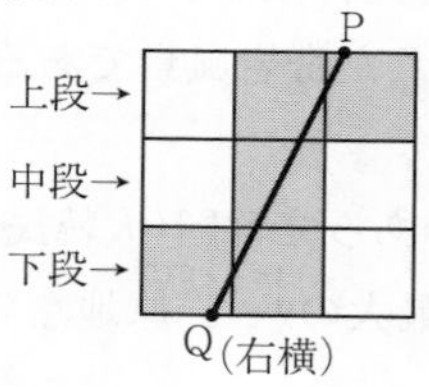

図７
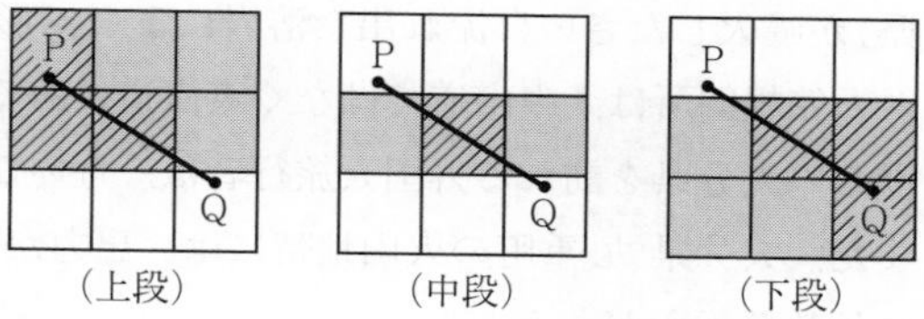

図８
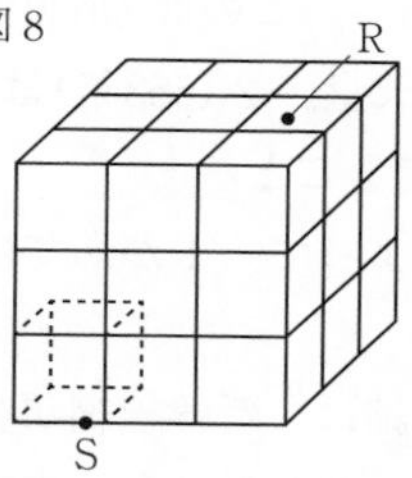

図９
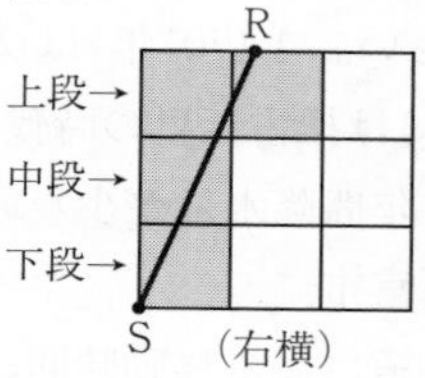

図10
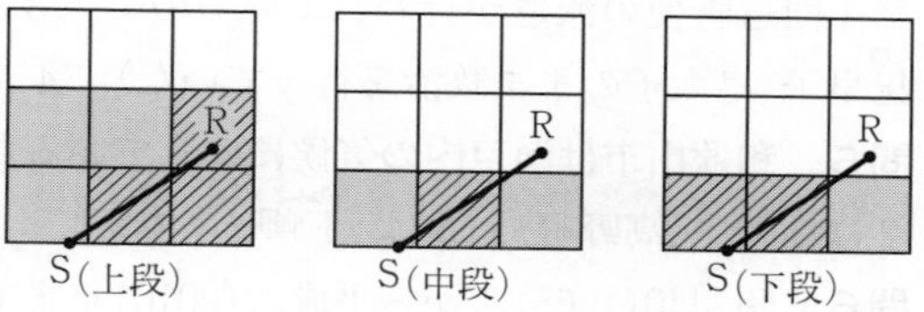

図11
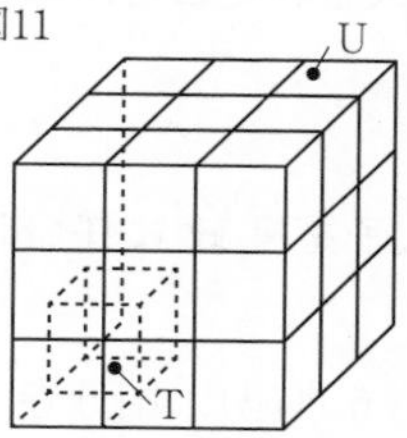

図12
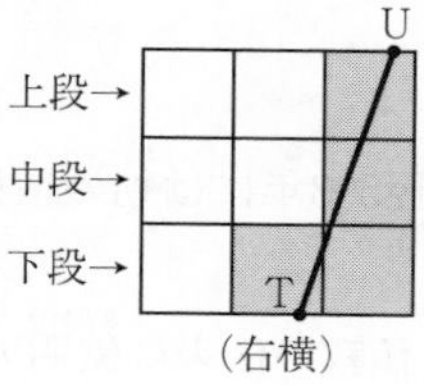

図13
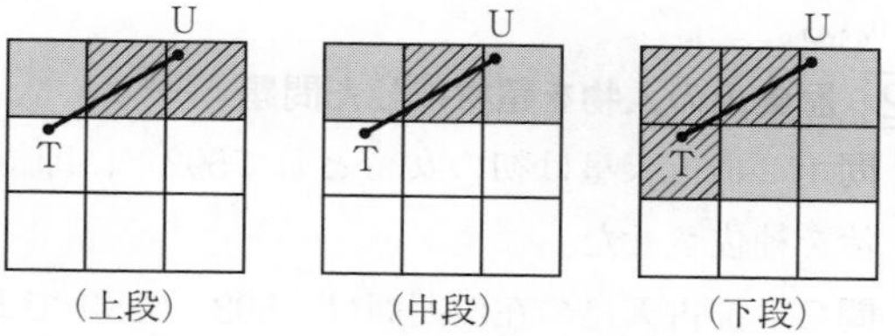

社　会　＜第１回試験＞（理科と合わせて45分）＜満点：50点＞

解　答

1　**問１**　**１**　プレート　**２**　マントル　**３**　豊臣秀吉　**問２**　４　**問３**　３　**問４**　３　**問５**　１　**問６**　（例）　新幹線や特急などの鉄道網が発達し，新しい車両が開発されたから。　2　**問１**　推古（天皇）　**問２**　４　**問３**　４　**問４**　11（世紀），２　**問５**　１　**問６**　４　**問７**　３　**問８**　(1)　３　(2)　１　**問９**　２　3　**問１**　(1)　３　(2)　４　**問２**　３　**問３**　１　**問４**　(1)　３　(2)　生存権　**問５**　４　**問６**　３　**問７**　１　**問８**　250（247）　**問９**　４

解　説

1　有馬温泉が湧《わ》くしくみを題材にした問題

問１　**１，２**　有馬温泉は兵庫県神戸市の北東部，六甲山の北部に位置し，高温で塩分濃度の高い温泉として知られる。日本列島をのせている４つのプレートのうち，フィリピン海プレートがユーラシアプレートの下に沈みこむときに海水を巻きこみ，その海水が地下のマントルに熱せられ，温泉となって湧き出ている。　**3**　有馬温泉は道後温泉(愛媛県)，白浜温泉(和歌山県)とともに「日本三古湯」に数えられ，歴史上の多くの人物が湯治に訪れている。中でも，「太閤《たいこう》」とよばれた豊臣秀吉は，有馬温泉をたびたび訪れ，温泉の改修工事を援助したことなどが伝えられている。

問２　箱根(神奈川県)には，約3000年前に箱根火山が水蒸気爆発したさいの爆裂《ばくれつ》火口跡である「大《おお》涌谷《わくだに》」がある。現在もさかんに噴気を上げている「鬼押出《おにおしだ》し」は，1783年に浅間山(群馬県・長野県)が噴火したさいに流れ出た溶岩によって形成された奇岩風景である。また，芦ノ湖畔《あしのこはん》に設けられた箱根関所は，中山道ではなく東海道にある。

問３　大分県を訪れる外国人旅行者は，近いこともあって韓国(大韓民国)から来る人が最も多い。また，大分県九重《ここのえ》町の火山地帯には，出力が日本最大の八丁《はっちょうばる》原地熱発電所をはじめとする，複数の地熱発電所がある。

問４　天智・天武天皇の父である舒明《じょめい》天皇の在位期間は，629～641年である。この間の630年には，第１回遣唐使の派遣が行われているので，３が正しい。１(701年)は文武天皇，２(663年)は中大《なかのおお》兄《えの》皇子(皇太子のまま政治を行っていた)，４(603年)は推古天皇の時代のできごと。

問５　和歌山市は瀬戸内の気候に属しているため，年間降水量が少ない。よって，１があてはまる。２は高野山(高野町)，３は潮岬《しおのみさき》(串本《くしもと》町)，４は新宮市。

問６　昭和40(1965)年から平成22(2010)年までの鉄道による移動時間の短縮は，新幹線網《もう》が整備されたことによるところが大きい。また，在来線でも，新たな高速車両が導入されたことが影響している。

2　**歴史上の人物を題材にした問題**

問１　推古天皇は初の女帝として592年に即位し，翌593年には甥《おい》の聖徳太子を摂政《せっしょう》に任命して政治を補佐させた。

問２　推古天皇の在位期間は，592～628年である。仏教の伝来は欽明《きんめい》天皇(６世紀)，国分寺・国分尼寺の建立《こんりゅう》と東大寺大仏の造立は聖武天皇(８世紀)の時代のできごと。また，壬申《じんしん》の乱(672年)は，天智天皇の子の大友皇子と天皇の弟の大海人《おおあまの》皇子が皇位をめぐって争った戦いで，これに勝利した大海人皇子が即位して天武天皇となった。天智天皇は中大兄皇子のときの645年に蘇我《そが》氏を滅《ほろ》ぼし，大化の改新とよばれる一連の政治革命を進めた。

問３　白河天皇は1086年に天皇の位を子の堀河天皇にゆずり，上皇となって院政を始めた。なお，１の後三条天皇は白河天皇の父。２の鳥羽天皇(上皇)は堀河天皇の子，後白河天皇(上皇)は鳥羽天皇(上皇)の子である。

問４　1086年は11世紀(1001～1100年)にあたる。「世紀」は100年ごとの区分で，最後の年からゼロを２つとると，世紀を表す数字になる。平等院鳳凰《ほうおう》堂が建立されたのは，11世紀なかばの1053年のことである。なお，平清盛が武士として初めて太政《だいじょう》大臣になったのは1167年(12世紀)，平将門《まさかど》が新皇と称して反乱を起こしたのは939年(10世紀)のこと。

問５　１は1232年，２は1221年，３は1219年，４は1274年のできごとなので，年代の古い順に３→２→１→４となる。

問６　足利義満は室町幕府の第３代将軍で，将軍を辞めたあとの1404年から，「勘合《かんごう》(符《ふ》)」という合い札を用いた日明貿易(勘合貿易)を始めた。義政は第８代将軍で，京都東山に慈照寺《じしょうじ》銀閣を建立した。鹿苑寺《ろくおんじ》金閣は，義満が建立したものである。義昭は第15代将軍で，一向宗の石山本願寺と組んで織田信長を排除しようとしたが，逆に信長に京都を追放されて室町幕府が滅んだ。なお，一向宗は親鸞《しんらん》が開いた浄土《じょうど》真宗の一派で，臨済宗は栄西が開いた禅宗である。

問７　足利尊氏と対立した後醍醐《ごだいご》天皇が逃《のが》れて南朝を開いた吉野は，現在の奈良県中部にあたる。聖武天皇の遺品を納めた東大寺正倉院は奈良市にあるので，３が正しい。高野山金剛峯寺《こんごうぶじ》は和歌山県，大仙陵《だいせんりょう》古墳は大阪府にある。

問８　(1)　江戸時代には多くの浮世絵が制作されたが，葛飾北斎《かつしかほくさい》の「富嶽《ふがく》三十六景」や歌川広重《ひろしげ》の「東海道五十三次」はその代表作である。よって，３が正しい。なお，１について，外様大名(関ヶ原の戦い後に徳川氏に従った大名)は信用が置けないとして，江戸から遠く離れたところに配置された。２について，オランダ語の医学解剖《かいぼう》書『ターヘル＝アナトミア』を翻訳《ほんやく》したのは前野良沢《りょうたく》や杉田玄白《げんぱく》らで，青木昆陽《こんよう》はサツマイモの研究を行ったことで知られる。また，本居宣長《もとおりのりなが》は国学を大成した人物。　(2)　１は1722年，２は1790年，３は1637～38年，４は1685年(最初のものが出された年)のできごとなので，年代の古い順に３→４→１→２となる。

問９　江戸幕府の第２代将軍徳川秀忠《ひでただ》の在任期間は，1605～23年である。大坂(大阪)夏の陣は1615年のことなので，２が正しい。なお，１は1600年，３は1641年のできごと。

３　日本の政治・経済や社会についての問題

問１　(1)　2012年12月に発足した第二次安倍晋三内閣は，デフレーションからの脱却《だっきゃく》を目指して「アベノミクス」とよばれる経済政策を打ち出した。デフレーションは一般に不景気のときにみられるもので，物価が持続的に下落する現象である。なお，１のインフレーションは一般に好景気のときにみられるもので，物価が持続的に上昇する現象，２のスタグフレーションは不景気にもかかわらず物価が持続的に上昇する現象，４のフラストレーションは欲求不満を表す言葉。　(2)　デフレーションでは物価が下落するとともに貨幣《かへい》価値が上がるので，４が正しい。

問２　クールジャパン戦略の「クール」は，冷たい・涼《すず》しいという意味ではなく，「かっこいい」という意味で用いられている。よって，３が正しい。

問３　「三権分立」とは，国の政治権力が１か所に集中して独裁(専制)政治が行われるのを防ぐため，立法(法律をつくること)，行政(法律に従って実際の政治を行うこと)，司法(法律を守ること)の三権をそれぞれ別に機関に受け持たせ，たがいに監視し合って行き過ぎのないように抑《おさ》え合うしくみである。よって，１が選べる。なお，この考え方は，18世紀にフランスの政治思想家モンテスキューがその著書『法の精神』で初めて主張した。

問４　(1)　人間らしく文化的に生きる権利を「社会権」という。　(2)　社会権には，生存権と教育を受ける権利，勤労の権利，労働基本権などがふくまれる。

問５　「BRICs《ブリックス》」とは，2000年以降，著しい経済成長をとげたブラジル・ロシア連邦・インド・中国(中華人民共和国)の英語の頭文字を合わせた言葉である。現在は小文字「ｓ」を大文字「Ｓ」にして，南アフリカ共和国を加える場合が一般的である。

問６　多くの情報を流すマスメディア(情報媒体《ばいたい》)のあり方としては，中立かつ公平であることが理想である。偏向《へんこう》や偏見などのかたよった報道，誇張《こちょう》した大げさな表現，憶測《おくそく》のようないい加減な情報は，そのあり方として適切とはいえない。

問７　「メディアリテラシー」とは，テレビや新聞，インターネットなどのメディアの特性・機能を理解して使いこなし，メディアからのメッセージを主体的・批判的に読み解く複合的な能力のことなので，１があてはまる。情報を自分の都合のいいように操作したり，他人を誹謗《ひぼう》中傷したり，少数意見を無視したりする行為は，この考え方に反する。

問８　表の①～⑧に入る数字は，①＝465，②＝245(248)，③＝４，④＝６，⑤＝３，⑥＝18，⑦＝25，⑧＝30である。なお，②の参議院の定数は現在ａ245人で，2022年の通常選挙でｂ248人になる。よって，これを数式［((①－②)＋③＋(④－⑤)＋⑥＋(⑧－⑦)＝］にあてはめると，ａの場合は(465－245)＋４＋(６－３)＋18＋(30－25)＝250，ｂの場合は(465－248)＋４＋(６－３)＋18＋(30－25)＝247になる。

問９　2002年に北朝鮮(朝鮮民主主義人民共和国)の首都ピョンヤンを訪問し，史上初の日朝首脳会談を行ったのは，小泉純一郎《じゅんいちろう》首相である。１の小渕恵三《おぶちけいぞう》，３の橋本龍太郎《りゅうたろう》はこれより前，２の菅《かん》直人《なおと》はこれよりあとの首相。

理　科　＜第１回試験＞（社会と合わせて45分）＜満点：50点＞

解　答

[1] **問１**　**ア**　１　**イ**　２　**ウ**　３　**問２**　**O型**…４　**AB型**…１，２，３，４　**問３**　１，３　**問４**　(1)　7.38Ｌ　(2)　3036回　[2] **問１**　**Ａ**　金星　**Ｂ**　木星　**問２**　４　**問３**　５　**問４**　６　**問５**　６　**問６**　５倍　[3] **問１**　５℃　**問２**　**Ａ液**…110cm^3　**Ｂ液**…90cm^3　**問３**　６℃　**問４**　0.075ｇ　**問５**　0.1125ｇ　**問６**　4.5％　[4] **問１**　$\frac{1}{2}$倍　**問２**　１　**問３**　３倍　**問４**　$\frac{2}{3}$倍　**問５**　$1\frac{1}{3}$倍　**問６**　１倍

解　説

[1] **ヒトの血液の性質と循環《じゅんかん》についての問題**

問１　血液中にある固体成分の１つである赤血球にはヘモグロビンという赤色の色素がふくまれていて，酸素はヘモグロビンに結びついて，全身に運ばれている。ヘモグロビンは酸素と結びつくと，色がうす暗い赤色から明るい赤色へと変化して見える。

問２　Ｏ型の人の場合，血しょう中に凝集《ぎょうしゅう》Ａと凝集Ｂの両方があるため，たとえ少量であっても目印Ａや目印Ｂがある赤血球をふくむ血液を輸血すると凝集が起きてしまう。よって，目印Ａも目印Ｂもない赤血球をふくむＯ型の血液だけが輸血できる。一方，ＡＢ型の人の場合，血しょう中には凝集Ａも凝集Ｂもないので，少量であればどの血液型でも輸血できる。

問３　Ｂ型の血しょう中には凝集Ａがあるため，目印Ａがある赤血球をふくむＡ型やＡＢ型の血液をＢ型の人に輸血すると，少量でも凝集が起きてしまう。

問４　(1)　心臓の体積が246mLのトシオ君が１回のはく動で送り出す血液の量は，$246\times\frac{1}{3}=82$(mL)である。また，トシオ君の脈はくは１分間あたり，$45\times\frac{60}{30}=90$(回)になる。よって，１分間に送り出す血液の量は，82×90÷1000＝7.38(Ｌ)と求められる。　(2)　トシオ君の血液の量は，

$45.5\times\frac{1}{13}=3.5$(kg)より，3.5Ｌである。また，心臓が１日に送り出す血液の量は，$7.38\times60\times24=10627.2$(Ｌ)になる。したがって，$10627.2\div3.5=3036.3\cdots$より，１日の間に約3036回まわっていることになる。

２ 太陽系の惑星《わくせい》についての問題

問１　太陽系の惑星は，太陽に近い順に水星，金星，地球，火星，木星，土星，天王《てんのう》星，海王星の８つある。

問２　金星は，地球よりも太陽に近いところで公転しているため，日の出前の東の空か，日の入り後の西の空のどちらかでしか見ることができない。

問３　地球と火星が最も近づくのは，太陽―地球―火星の順に一直線に並んだときである。このとき，太陽から火星までの距離《きょり》は，１億5000万×1.5＝２億2500万(km)なので，地球から火星までの距離は，２億2500万－１億5000万＝7500万(km)になる。

問４　地球は，半径１億5000万kmの円の周上を公転していると考えられるので，１億5000万×２×3.14＝９億4200万より，その道のりは約９億4000万kmである。

問５　地球は９億4200万kmの道のりを8800時間かけて進んでいることになるので，９億4200万÷8800＝10.7…万より，その速さはおよそ毎時11万kmとなる。

問６　水星と土星の公転する円の周の長さの比は，その円の半径の比，つまり太陽からの距離の比に等しいので，0.39：9.6である。また，水星と土星の公転周期の比は，0.24：29になる。したがって，水星と土星の公転している速さは，(公転する円の周の長さ)÷(公転周期)で求められるので，その比は，$(0.39\div0.24):(9.6\div29)=\frac{13}{8}:\frac{48}{145}$となるので，$\frac{13}{8}\div\frac{48}{145}=4.9\cdots$より，水星の公転している速さは土星の公転している速さの約５倍とわかる。

３ ものの溶《と》け方，反応，水溶液《すいようえき》の性質についての問題

問１　図１より，一定量の水酸化ナトリウム水溶液をつくるとき，溶かす水酸化ナトリウムの固体の重さと温度上昇《じょうしょう》は比例しているから，水酸化ナトリウムの固体20ｇを水に溶かして水酸化ナトリウム水溶液200ｇをつくると，温度上昇は，$2.5\times\frac{20}{2}=25$(℃)となる。また，図２で，水に溶かす水酸化ナトリウムの固体の重さが一定のとき，つくった水酸化ナトリウム水溶液の重さと温度上昇は反比例している。よって，水酸化ナトリウムの固体20ｇを水に溶かして水酸化ナトリウム水溶液1000ｇをつくると，温度上昇は，$25\div\frac{1000}{200}=5$(℃)になる。

問２，問３　表１からグラフを作成すると，右の図のようになる。このグラフを読み取ると，温度上昇の最大値は６℃で，このときの水酸化ナトリウム水溶液(Ｂ液)の体積は90cm^3，塩酸(Ａ液)の体積は，200－90＝110(cm^3)とわかる。

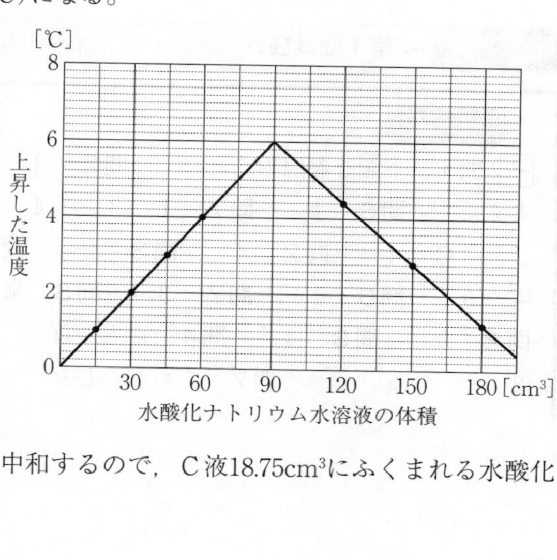

問４　Ｃ液1000cm^3あたりにふくまれる水酸化ナトリウムは４ｇなので，Ｃ液18.75cm^3にふくまれる水酸化ナトリウムは，４×18.75÷1000＝0.075(ｇ)である。

問５　酢酸《さくさん》60ｇと水酸化ナトリウム40ｇが完全に中和するので，Ｃ液18.75cm^3にふくまれる水酸化

ナトリウム0.075 gと完全に中和する酢酸は，0.075×60÷40＝0.1125（g）である。よって，0.1125 gの酢酸がＤ液25cm^{3}中に溶けている。

問６　Ｄ液の濃《こ》さは，0.1125÷25×100＝0.45（％）であり，Ｄ液は「お酢《す》」を10倍にうすめたものなので，うすめる前の「お酢」の濃さは，0.45×10＝4.5（％）である。

4　金属線の抵抗《ていこう》と電流についての問題

問１　回路内にある電池の個数とつなぎ方が同じとき，回路に流れる電流の大きさは抵抗の大きさに反比例する。図５のように金属線を２つ直列につなぐと，図１と比べて金属線の長さが２倍になるため，回路全体の抵抗が２倍になり，回路に流れる電流の大きさは$\frac{1}{2}$倍になる。

問２　図１と図５では，回路内にある電池の個数とつなぎ方が同じなので，金属線に流れる電流の大きさが大きいほど発熱量も大きくなる。したがって，同じ量の水に入れたときは図１の方が早く水温が上がる。

問３　図１の金属線と比べて，図６は断面積が３倍の金属線をつなげたものとみなせるので，回路全体の抵抗は$\frac{1}{3}$倍となり，回路に流れる電流の大きさは３倍になる。

問４　図７の金属線の重なっている部分は，図１の金属線と比べて，長さが$\frac{1}{3}$倍で断面積が２倍の金属線，その両隣《となり》にはそれぞれ図１の金属線と比べて長さが$\frac{2}{3}$倍の金属線があるとみなすことができる。重なっている部分の金属線の抵抗は，$\frac{1}{3}\times\frac{1}{2}=\frac{1}{6}$となるので，回路全体の抵抗は，$\frac{2}{3}\times 2+\frac{1}{6}=\frac{3}{2}$（倍）になる。したがって，点Ｄに流れる電流の大きさは図１の$\frac{2}{3}$倍となる。

問５　１つの金属線と，３つの金属線を直列につなげたものが並列につながっていると考えることができる。１つの金属線を流れる電流の大きさは図１の１倍，３つの金属線を直列につなげたものを流れる電流の大きさは図１の$\frac{1}{3}$倍となるので，点Ｅに流れる電流の大きさは図１の，$1+\frac{1}{3}=1\frac{1}{3}$（倍）とわかる。

問６　導線より上側の部分と下側の部分にある金属線の並列つなぎと考えられる。どちらも長さが，$\frac{1}{2}+1+\frac{1}{2}=2$（倍）なので，図１の$\frac{1}{2}$倍の電流が流れる。よって，点Ｆに流れる電流の大きさは図１の，$\frac{1}{2}+\frac{1}{2}=1$（倍）となる。

国　語　＜第１回試験＞（45分）＜満点：100点＞

解　答

一　**問１**　下記を参照のこと。　**問２**　３　**問３**　２　**問４**　１　**問５**　自然選択～と考えた　**問６**　１　**問７**　Ⅰ　３　Ⅱ　１　**問８**　４　**二**　**問１**　**A**　１　**B**　３　**C**　４　**問２**　４　**問３**　２　**問４**　宇宙が真赤に回転して　**問５**　③　３　④　６　**問６**　１　**問７**　３　**問８**　海老茶色のリボン　**問９**　１　**三**　**問１**　３　**問２**　３　**問３**　４　**問４**　百人一首　**問５**　記号…Ｇ／季節…春　**問６**　①　Ｆ　②　Ｃ　③　Ｉ　**問７**　あめかんむり　**問８**　①　×　②　○　③　×

●漢字の書き取り

一 問１　a　周　　b　誕生　　c　器官　　d　誤解

解　説

一 **出典は更科功《さらしないさお》の『若い読者に贈《おく》る美しい生物学講義―感動する生命のはなし』による。**進化とは進歩ではなく，生物は環境《かんきょう》にそのつど適応してきたため，生物多様性が実現したと述べられている。

問１　**a**　音読みは「シュウ」で，「周囲」などの熟語がある。　**b**　人などが生まれること。　**c**　生物の体にあって，ある決まった働きをするもの。　**d**　思いちがいをすること。

問２　ヒトの進化の過程に関係するのは，系統樹Ａの一番下と真ん中の黒い四角になる。第五段落と第七段落にあるように，アンモニアを尿素《にょうそ》に作り変えて毒性を弱め，羊膜卵《ようまくらん》によって胚《はい》が乾燥《かんそう》しないように工夫《くふう》したのだから，３がふさわしい。

問３　Ａ　トカゲはヒト以上に「陸上生活に適応している」と三つ前の段落で述べられている。また，退化も発達も進化の一種だと後で述べられているが，空らんＡは生物の持つ構造が「大きくなったり複雑になったりする」ことをいうので，「発達」が合う。　Ｂ　トカゲは，陸上生活に適した特徴《とくちょう》が発達したということは，水中生活に適した特徴が「退化」したということになる。　Ｃ　一般《いっぱん》に「退化」の反対とされるのは「進化」だが，退化も発達も進化の一種だという筆者の考えにしたがうと，「退化」の反対は「発達」になる。よって，Ｃには「進化」が入る。

問４　直前の段落に注目する。大量のエネルギーを消費する脳が大きいと，その分たくさん食べる必要があるため，食糧《しょくりょう》事情が悪ければ脳が大きい人から死んでいくと書かれている。よって，１が選べる。

問５　最後から三番目の段落に注意する。ダーウィンが『種の起源』を出版する前から，自然選択《せんたく》は生物を進化させない力だとは考えられていたが，ダーウィンはそれに加えて方向性選択を発見し，「自然選択には生物を進化させる力もあると考えた」と述べられている。

問６　捕食《ほしょく》される危険性の少ない速く走れるシカは，走るのが遅《おそ》いシカより多くの子どもを残すという，後にあげられた例に注意する。ここでいう「子どもの数が多くなる遺伝的変異を持った個体」とは，危険を避《さ》けるのに有利な性質を持つために多くの子どもを残せる個体をいうので，１があてはまる。

問７　Ⅰ　空らんをふくむ文は，前の内容を言いかえるときに使う「つまり」で始まるので，安定化選択について説明した前の部分に注意する。安定化選択とは，「平均的な変異を持つ個体が，子どもを一番多く残す場合」をいうので，「生物を変化させないように働く」といえる。　Ⅱ　前の部分に，方向性選択とは，生きていくうえで有利な「極端《きょくたん》な変異を持つ個体が，子どもを多く残す場合」だとあるので，「生物を変化させるように働く」といえる。

問８　ぼう線⑤は直前の文を言いかえた内容にあたる。生物は目の前の環境に自動的に適応するだけなのであり，進化は進歩という一直線の流れではないからこそ，地球上の生物多様性は実現したのだと述べられている。よって，４がふさわしい。

二 **出典は萩原朔太郎《はぎわらさくたろう》の「夏帽子《ぼうし》」による。**一高生の夏帽子を被《かぶ》って満足感を得ていた「私」は，道づれになった女性の勘違《かんちが》いをきっかけに，帽子を破ってしまう。

問１　**A**　ふところの中のこと。　**B**　親しくつきあう仲のこと。　**C**　“まして，なおさら”という意味。

問２　続く段落に，「私」は当時愛読した森鷗外《もりおうがい》や夏目漱石《なつめそうせき》などの小説から「一高の学生たちを連想し，それが初夏の青葉の中で～散歩している，彼等《かれら》の夏帽子を表象させ，連想心理に結合した」からだろうとあるので，４が合う。

問３　一高の夏帽子への憧《あこが》れがつのり，ついに帽子を買ったものの，人目につく場所では被れないことに「私」は悔恨《かいこん》を感じたと前の段落にある。ぼう線②の直後からは，「私」が憧れる小説の主人公ならば，当然レーキホテルを選ぶだろうと考えたことがわかる。

問４　「私」の帽子を拾ってくれた一方の女性に帽子をわたされた後，「私」は速足でその場を去ろうとするが，その理由として「宇宙が真赤に回転して」どうすればよいかわからなかったと書かれている。美しい女性たちを目にして気持ちが高ぶり，落ち着かないようすが表されている。

問５　③　美しい女性に声をかけられて緊張《きんちょう》のあまり余裕《よゆう》がなく，肯定《こうてい》の意味だけを伝えるのがやっとだったのだから，３が合う。　④　直前の部分に注意する。一高の生徒ではないと否定しようとしたが，一高の制定帽子を被っていることを思い出し，混乱してあいまいな返事をしたのだから，６がよい。

問６　ぼう線部⑤のように「私」がした理由は，「はにかみと，不安な懸念《けねん》」からだと前の部分にある。美しい女性が自分の身元に興味を持ったことをはにかみ，彼女《かのじょ》たちとこれ以上深くかかわりあうと一高の生徒ではない自分の素性がわかってしまうと懸念したのだから，１があてはまる。

問７　「令息」は，ほかの人の息子を敬う言い方。「令」には，立派なという意味がある。

問８　あこがれがつのって買った，一高の夏帽子を破る場面である。泥《どろ》にまみれ，踏《ふ》まれたものが入る空らんには，その帽子を特ちょうづける「海老茶色のリボン」が合う。

問９　「私」は，愛読する小説の主人公になったような気分にひたれる夏帽子を旅先で被って一人満足感を得ていたが，道づれになった女性に一高生の貴族の息子だと勘違いされたことで罪悪感を持ち，悔恨に耐《た》えられなくなって帽子を破ってしまったのだから，１がふさわしい。

三　**出典は中原中也《なかはらちゅうや》の「生《お》い立ちの歌　Ⅰ」，三好達治《みよしたつじ》の「雪」による。**いずれも「雪」に関する作品である。

問１　使われている言葉は，昔の言葉（文語）ではなく今の言葉（口語）である。また，どの行も七音・五音の組み合わせでできていて，形式の決まった定型詩にあたるため，３が選べる。

問２　この詩は，「私」の身の上の変化をその身に降る雪の状態で表して描《えが》いている。雪がそっとやわらかくふれる真綿のようだったという幼年時にはつらさや苦しさは感じられないが，少年時から困難が感じられ，しだいに厳しさが増していった。しかし二十四歳《さい》では「しめやか」という静かなようすを表す言葉が使われ，落ち着きが感じられるようになった。

問３　同じ形式と調子の二行が並べられ，「太郎」「次郎」という名前が対比されているので，対となる表現を同じような形で並べることで，リズム感を生み，印象を深める「対句法」がふさわしい。

問４　『百人一首』は，藤原定家《ふじわらのさだいえ》が編さんした，一人一首ずつ百人の名歌を集めた歌集である。

問５　「雪」は冬の季語だが，Ｇでは「雪残る」という春の季語が使われている。早春をむかえ，平野では雪が解けたが，国境の高い山の頂にだけ雪が残っている情景がよまれている。

問６　①　Ｆは，作者の正岡子規《まさおかしき》が病床でよんだ句である。雪が降っているようすを見たいが，自分ではそれがかなわないため，どれほど降ったかと家族にたずねるもどかしさが感じられる。②　田子の浦に出てながめてみると，真っ白に冠雪《かんせつ》した富士山の頂に雪が降り積もっているという内容のCがあてはまる。初句が六音，二句が八音で，字あまりになっている。　③　ほとんどがひらがなで書かれ，静かでやわらかな感じが伝わってくるＩがよい。

問７　「雪」の部首は「あめかんむり」で，同じ部首を持つ漢字には「雲」，「電」などがある。

問８　①「ほたるの光，窓の雪」は，ほたるの光を集めて本を読み，窓の雪あかりで勉強するという苦学を意味する言葉であり，「けんめいに働く」が合わない。　②「柳《やなぎ》に雪おれなし」は，じゅうなんなもののほうがかえって物事にたえられるという意味なので，正しい使い方である。③「雪どけ」を人間関係に使う場合は，“対立関係にあった者どうしが打ち解ける”という意味になるので，合わない。主張が「平行線になる」とは，“合意に達しない”という意味。

Dr.福井の 入試に勝つ！ 脳とからだのウルトラ科学

入試当日の朝食で，脳力をアップ！

朝食を食べない学生は，朝食をきちんと食べる学生に比べて成績が悪かった――という研究発表がある。まあ，ちょっと考えればわかると思うけど，朝食を食べないということは，車にガソリンを入れないで走らせようとするようなものだ。体がガス欠になった状態では，頭が十分に働くわけがない。入試当日の朝食はちゃんと食べよう！　朝食を食べた効果があらわれるように，試験開始の２時間以上前に食べるようにするとよい。

では，入試当日の朝食にふさわしいものは何か？

まず，脳の直接のエネルギー源はブドウ糖だけであるから，それを補給するためのご飯やパン，これは絶対に必要だ。また，砂糖や果物の糖分は吸収されやすく，効果が速くあらわれやすいので，パンにジャムをぬったり果物を食べたりするのもよいだろう。

次に，タンパク質。これは脳の温度を上げる作用がある。温度が低いままでは十分に働かないからね。タンパク質を多くふくむのは肉や魚，牛乳，卵，大豆などだが，ここでは大豆でできたとうふのみそ汁や納豆をオススメする。そして，記憶力がアップするDHAを多くふくんでいる青魚，つまりサバやイワシなども食べておきたい。

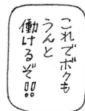

生野菜も忘れてはならない。その中にふくまれるビタミンBは，ブドウ糖を脳に吸収しやすくする働きを持つので，結果的に脳力アップにつながるんだ。

コーヒーや紅茶，緑茶は，カフェインという成分の作用で目覚めをうながすが，トイレが近くなってしまうので，飲みすぎに注意！　試験当日はひかえたほうがよいだろう。眠気を覚ましたいときはガムをかむといい。脳が刺激《しげき》されて活性化し，目が覚めるんだ。

Dr.福井（福井《ふくい》一成《かずしげ》）…医学博士。開成中・高から東大・文Ⅱに入学後，再受験して翌年東大・理Ⅲに合格。同大医学部卒。さまざまな勉強法や脳科学に関する著書多数。

2021年度　東京都市大学付属中学校

〔電　話〕（03）3415－０１０４
〔所在地〕〒157-8560　東京都世田谷区成城１－13－１
〔交　通〕小田急線－「成城学園前駅」より徒歩８分
バス－東京都市大付属中高前

【算　数】〈第２回試験〉（50分）〈満点：100点〉

［注意］定規，三角定規，分度器，コンパス，計算機は使ってはいけません。

1　次の□に当てはまる数を答えなさい。また，問８の解答をかきなさい。

問１　$0.125 \div \frac{3}{4} + \left(1\frac{1}{3} - \frac{3}{4}\right) \div \frac{7}{10} =$ □

問２　１日３時間５分７秒＝□秒

問３　10％の食塩水□ｇに水100ｇと食塩50ｇを加えて混ぜたところ，17％の食塩水になりました。

問４　現在，太郎君は12才，お父さんが47才，お母さんが49才，お兄さんが□才，お姉さんが18才です。今から２年後には，お父さんとお母さんの年令の合計が，太郎君とお兄さんとお姉さんの年令の合計の２倍になります。

問５　箱の中には赤球と白球が合わせて□個入っていて，赤球が白球より７個多く入っています。この箱の中から赤球３個，白球５個を同時に何回か取り出しました。白球がちょうどなくなったとき，赤球は21個残っていました。ただし，一度取り出した球は元にもどさないものとします。

問６　０，１，２，３，４，５の数字が１つずつ書かれた６枚のカードから３枚のカードを取り出し，３けたの数を作ります。このとき，６の倍数の作り方は全部で□通りあります。

問７　下の図のように，直径12cmの半円と，直径16cmの半円と直径20cmの円が重なっています。斜線《しゃせん》部分の面積の合計は□cm²です。ただし，円周率は3.14とします。

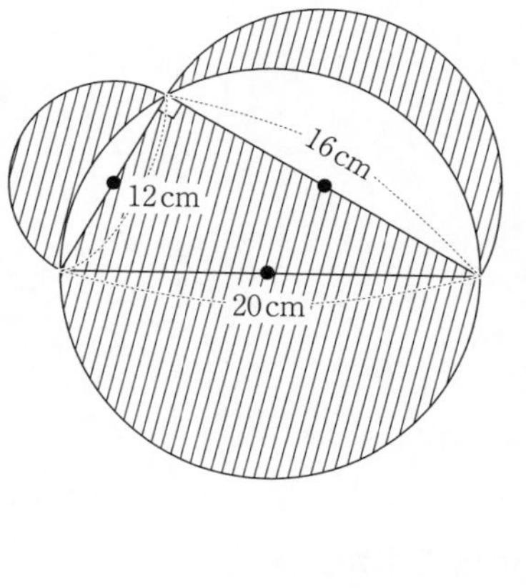

問８　下の【図１】のような立方体があり，辺 AD，辺 CD のちょうど真ん中の点をそれぞれＩ，Ｊとします。この立方体をＩ，Ｊ，Ｅの３つの点を通る面でまっすぐ切るとき，切り口の図形の辺は，【図２】の展開図のどこにできますか。解答用紙の展開図にかき入れなさい。

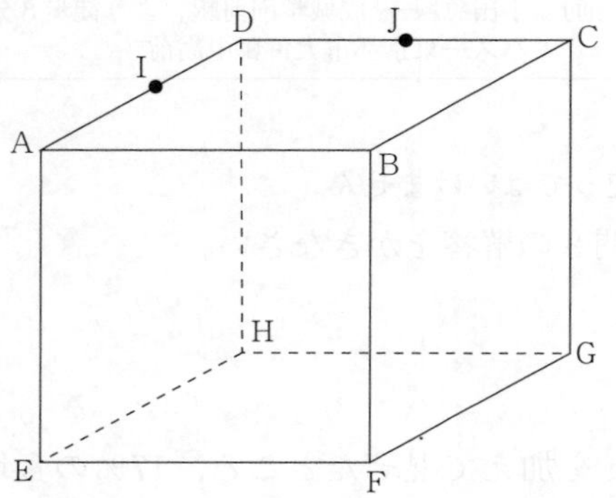

【図１】

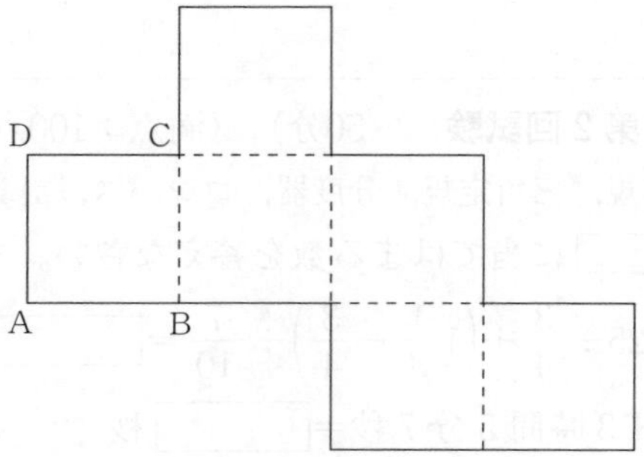

【図２】

2　兄と弟が家を同時に出発して，家と公園の間を１往復しました。兄は公園に着いてすぐに折り返して同じ速さで家に向かい，３分後に公園に向かう弟とすれちがいました。弟はすれちがった５分後に公園に着き，すぐに折り返して２倍の速さで家に向かいました。兄が家に着いたとき，弟は家まで 540ｍ のところにいました。あとの問いに答えなさい。

問１　(行きの兄の速さ)：(行きの弟の速さ)を，最も簡単な整数の比で表しなさい。

問２　兄が公園に着いたのは，出発してから何分後ですか。

問３　家から公園までの道のりは何ｍですか。

3　下の図のような平行四辺形 ABCD があります。辺 AB 上に AE：EB＝1：3，辺 CD 上に CF：FD＝1：2 となる点をそれぞれＥ，Ｆとします。また，辺 AD のちょうど真ん中の点をＧとし，BG と EF が交わる点をＨとします。あとの問いに答えなさい。

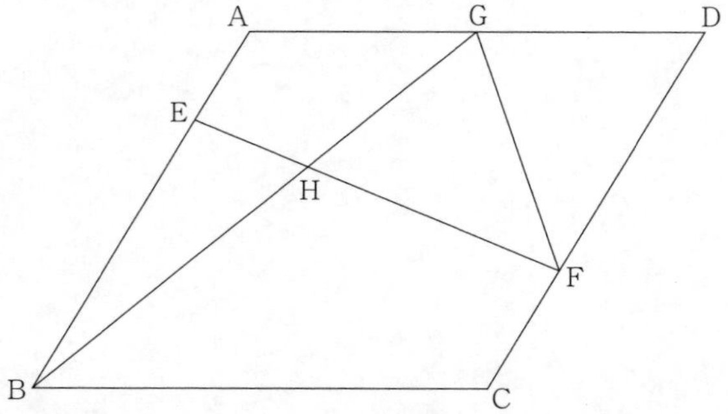

問１　BH：HG を，最も簡単な整数の比で表しなさい。

問２　三角形 EBH の面積は，平行四辺形 ABCD の面積の何倍ですか。

4　Ａ君が１人でするとちょうど15日かかり，Ｂ君が１人でするとちょうど20日かかり，Ｃ君が１人でするとちょうど18日かかる仕事があります。あとの問いに答えなさい。

問１　この仕事をＡ君とＢ君の２人ですべて行うと，何日目に仕事が終わりますか。

問２　この仕事を，はじめにＡ君とＢ君が２人でちょうど６日行い，その後，Ｃ君が１人で行う計画を立てました。このとき，Ｃ君は交代してから何日目に仕事を終えることができますか。

問３　この仕事を問２の計画で始めました。最初の３日間は計画通りに仕事を行いましたが，Ｂ君は４日目以降，この仕事ができなくなりました。４日目からＡ君とＣ君の２人で行い，途《と》中《ちゅう》からＣ君１人で行う計画に変えて，この仕事を全部で10日以内に終わらせるためには，Ａ君とＣ君の２人で行う仕事は，最も少なくて何日かかりますか。整数で答えなさい。

5　下の【図１】のように３辺の長さがBC＝BD＝５cm，CD＝６cmの二等辺三角形BCDを底面とし，高さABが４cmの三角すいABCDがあります。このとき，あとの問いに答えなさい。ただし，円周率は3.14とします。

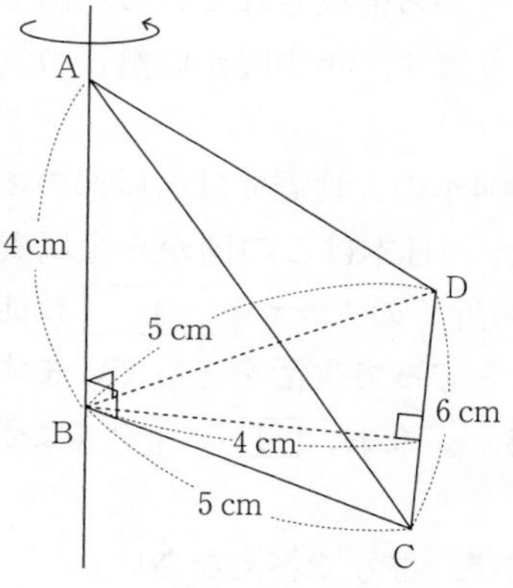

【図１】

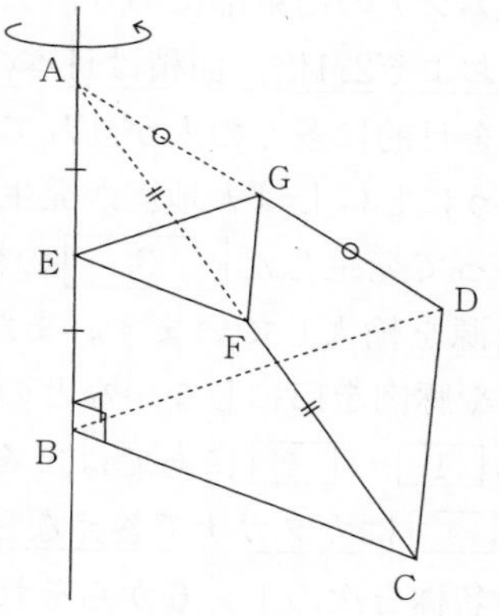

【図２】

問１　【図１】で，辺ABを軸《じく》として三角すいABCDを１回転させたとき，辺CDが通過する部分の面積は何cm^{2}ですか。

問２　【図１】の辺AB，AC，ADのちょうど真ん中の点をそれぞれE，F，Gとし，【図２】のように３点E，F，Gを通る平面で三角すいABCDを切りました。Bを含《ふく》む立体を，辺EBを軸として１回転させました。そのうち，四角形FCDGが通過する部分の体積は何cm^{3}ですか。

【社　会】〈第２回試験〉（40分）〈満点：75点〉

［注意］　解答は，特に指定がない場合は，ひらがなで構いません。

1　次の問いに答えなさい。

Ⅰ．としお君は，日本とつながりの深いアジアの国々を２か国取りあげてまとめることにしました。その内容を読んで，あとの問いに答えなさい。

A　この国は東アジアにあり，多くの人口と広大な面積を誇る国です。人口は日本のおよそ11.4倍，面積は日本のおよそ25倍あります。大半の人々が気候が比較的おだやかな沿岸部で暮らしていますが，中には冬に氷点下20℃を下回る寒冷地域や標高4000ｍを超える山岳地域，(ア)砂漠が連なる乾燥地域で暮らす人々もいます。

この国は工業生産が盛んなことから「世界の工場」ともいわれ，わが国にとって(イ)輸出と輸入を合わせた貿易額は最も多く，経済的な交流は年々深くなっています。一方で，海洋進出に伴って，わが国とは［　1　］諸島，ベトナムやフィリピンなどとは［　2　］諸島の領有をめぐって意見の対立がみられます。

B　この国は東南アジアの南東部にあり，大小さまざまな島々から構成されている島国です。(ウ)人口は日本のおよそ2.1倍，面積は日本のおよそ5.1倍あります。年中暖かい熱帯の気候で，日本からも観光を目的に多くの人が訪れています。

日本と同じようにしばしば大地震が発生する地域で，2004年の大地震では沿岸部の多くの人々が地震に伴って発生した［　3　］の被害を受けました。日本はこの国から金属資源や(エ)エネルギー資源を輸入しています。また，この国の90％近くの人々が［　4　］教徒で，１日５回の礼拝や豚肉を口にしないなどの宗教上のきまりを守って生活を送っています。

問１　文中の空らん［1］～［4］にあてはまる語句を答えなさい。なお，［1］～［3］はそれぞれ漢字２字で，［4］はカタカナで答えなさい。

問２　Ａ国とＢ国の名称を次の１～６からそれぞれ１つずつ選び，番号で答えなさい。

１　インドネシア　　２　タイ　　３　中華人民共和国
４　朝鮮民主主義人民共和国　　５　マレーシア　　６　ロシア連邦

問３　下線部(ア)について，乾燥地域であっても水が湧き出る地域がいくつかみられ，その地域を結ぶことで砂漠を横断してヨーロッパまで到達する交易路が作られました。一部が世界遺産にも登録されているこの交易路の名称をカタカナ６字で答えなさい。

問４　下線部(イ)について，次の表１と表２は日本と外国との貿易の内訳を示したもので，表１と表２はそれぞれＡ国かアメリカ合衆国のいずれかがあてはまります。２つの表を参考にして，日本とアメリカ合衆国との貿易状況を説明した文の空らんにあてはまる語句の組合せを下の１～４から１つ選び，番号で答えなさい。

表１

	貿易額	内訳(%)
日本からの輸出	14兆6819億円	機械類43.8，プラスチック5.6，自動車5.4，科学光学機器5.1，自動車部品4.7　など
日本への輸入	18兆4537億円	機械類47.0，衣類9.7，金属製品3.7，家具2.5，がん具2.1　など

『日本国勢図会 2020/21』

表２

	貿易額	内訳(%)
日本からの輸出	15兆2545億円	機械類36.8，自動車28.1，自動車部品5.5，航空機部品2.8，科学光学機器2.2　など
日本への輸入	８兆6401億円	機械類26.3，航空機類5.8，医薬品5.6，科学光学機器5.3，肉類4.6　など

『日本国勢図会 2020/21』

> ２つの表のうち，日本とアメリカ合衆国との貿易を示したものは［　①　］で，貿易額から判断して，日本にとってアメリカ合衆国との貿易は［　②　］の状態となっている。

1　①：表１　②：貿易黒字
2　①：表１　②：貿易赤字
3　①：表２　②：貿易黒字
4　①：表２　②：貿易赤字

問５　下線部(ウ)について，Ｂ国の人口と面積について最も近い数値の組合せを次の１～６から一つ選び，番号で答えなさい。

	1	2	3	4	5	6
人口(億人)	1.2	1.2	1.2	2.7	2.7	2.7
面積(万 km^2)	38	190	380	38	190	380

『データブック オブ・ザ・ワールド 2020』

問６　下線部(エ)について，次の表３は日本がＢ国から輸入しているあるエネルギー資源の産出量と輸出量，輸入量の上位国をそれぞれまとめたものです。この資源の名称を下の１～４から一つ選び，番号で答えなさい。

表３

産出上位国

A	54.5%
インド	10.6
B	7.3
オーストラリア	6.6
ロシア連邦	4.7

輸出上位国

オーストラリア	29.9%
B	28.4
ロシア連邦	12.7
コロンビア	6.4
南アフリカ	5.4

輸入上位国

A	20.4%
インド	15.3
日本	14.9
大韓民国	10.2
ドイツ	4.6

『データブック オブ・ザ・ワールド 2020』

1　ウラン　　2　原油　　3　石炭　　4　天然ガス

Ⅱ．日本の自然環境や産業に関して，あとの問いに答えなさい。

問７　次の図１の円グラフは日本の各地方別の米の生産割合を表したもの，図２のグラフは日本の各地方別の農業従事者と耕地面積を表したものであり，それぞれ図中のＡ～Ｃは北海道，東北，九州(沖縄を含む)のいずれかにあたります。Ａ～Ｃと各地方の正しい組合せを下の１～６から一つ選び，番号で答えなさい。

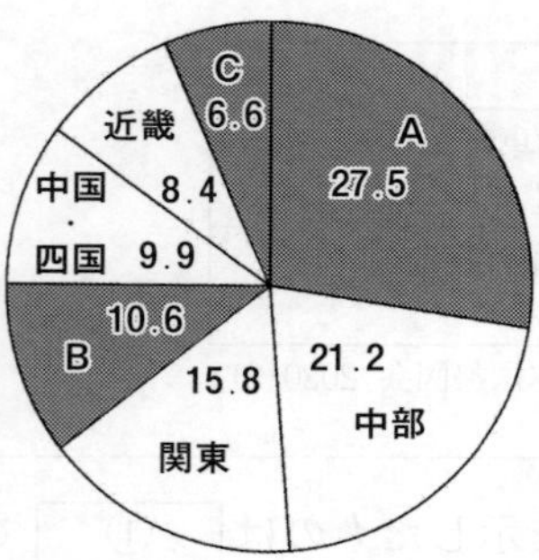

『データでみる県勢 2020年版』より作成

図１

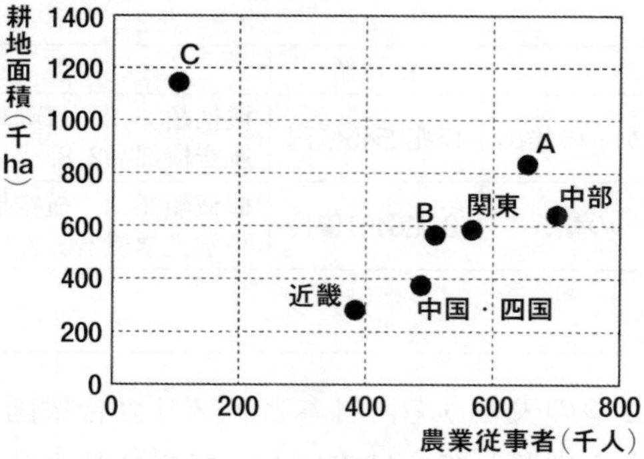

『データでみる県勢 2020年版』より作成

図２

	1	2	3	4	5	6
A	北海道	北海道	東北	東北	九州	九州
B	東北	九州	北海道	九州	北海道	東北
C	九州	東北	九州	北海道	東北	北海道

問８　右の図３は，富山市と静岡市を直線で結んだ際の断面を示したものです。図中のＡは中部地方を南北に連なる山脈，Ｂは諏訪湖を水源に７つのダムを経て浜松市で太平洋に注ぎ込む河川です。図中のＡ山脈とＢ川の名称を解答らんにあうように答えなさい。

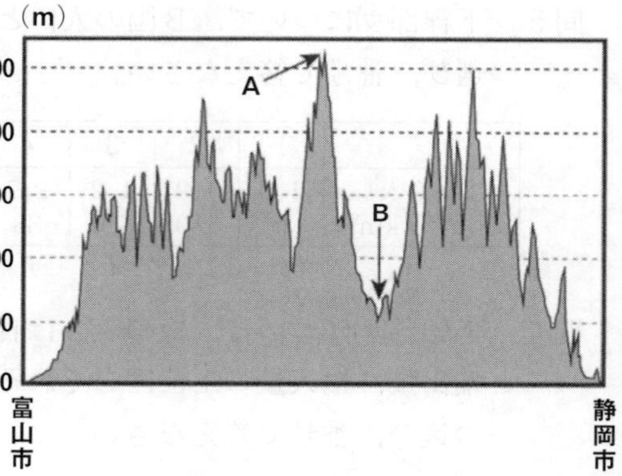

国土地理院『地理院地図』より作成

図３

問９　次の表４は，中国・四国地方にある３都市の気温と降水量を示したもので，Ａ～Ｃはそれぞれ，広島，松江，高知のいずれかがあてはまります。Ａ～Ｃと各都市の正しい組合せを下の１～６から１つ選び，番号で答えなさい。

表４

		1月	2月	3月	4月	5月	6月	7月	8月	9月	10月	11月	12月	年平均
A	気温(℃)	6.3	7.5	10.8	15.6	19.7	22.9	26.7	27.5	24.7	19.3	13.8	8.5	16.9
	降水量(mm)	58.6	106.3	190.0	244.3	292.0	346.4	328.3	282.5	350.0	165.7	125.1	58.4	2547.6
B	気温(℃)	4.3	4.7	7.6	12.9	17.5	21.3	25.3	26.8	22.6	16.8	11.6	6.9	14.9
	降水量(mm)	147.2	121.9	132.6	109.4	134.6	189.8	252.4	113.7	197.9	119.5	130.6	137.6	1787.2
C	気温(℃)	5.2	6.0	9.1	14.7	19.3	23.0	27.1	28.2	24.4	18.3	12.5	7.5	16.3
	降水量(mm)	44.6	66.6	123.9	141.7	177.6	247.0	258.6	110.8	169.5	87.9	68.2	41.2	1537.6

気温・降水量は1981～2010年の平均値。『気象庁データベース』より作成

	1	2	3	4	5	6
A	広島	広島	松江	松江	高知	高知
B	松江	高知	広島	高知	広島	松江
C	高知	松江	高知	広島	松江	広島

問10　次の表５は，2018年におけるもも，おうとう，ぶどうの主産地と生産割合をそれぞれ示したものです。空らん ① ・ ② にあてはまる都道府県名を漢字で答えなさい。

表５

もも	
①	34.8％
福島	21.4
長野	11.7
②	7.1
和歌山	6.6
国内生産量	11.3万ｔ

おうとう	
②	78.5％
北海道	6.0
①	5.1
秋田	2.3
他	8.1
国内生産量	1.8万ｔ

ぶどう	
①	23.9％
長野	17.8
②	9.2
岡山	8.8
福岡	4.2
国内生産量	17.4万ｔ

『作物統計調査』

2　こはく君には，日本が真珠湾攻撃をおこなった日に生まれたおじいちゃんがいます。そのおじいちゃんの話を聞いて作成した，2020年代から1020年代までの「日本の100年歴史表」を見て，あとの問いに答えなさい。

【日本の100年歴史表】

2020年代	(ア)東京五輪の開幕が１年後に延期された
1920年代	(イ)国際連盟に正式加入
1820年代	(ウ)山片蟠桃《やまがたばんとう》が著書『夢の代《しろ》』を残す
1720年代	江戸町奉行の(エ)大岡忠相が，町火消し「いろは組」を編成
1620年代	(オ)徳川秀忠の娘和子《まさこ》が入内《じゅだい》
1520年代	京で蜂起した(カ)土一揆が将軍御所に放火
1420年代	(キ)応永の大飢饉が起こる
1320年代	(ク)後醍醐天皇が親政を開始する
1220年代	(ケ)六波羅探題が設置される
1120年代	奥州藤原氏によって(コ)中尊寺金色堂が建立される
1020年代	(サ)平忠常の乱が起こる

問１　2021年２月現在，おじいちゃんは満何歳ですか。解答らんにあうように算用数字で答えなさい。

問２　下線部(ア)について，前回の東京五輪が開催された年を解答らんにあうように西暦で答えなさい。

問３　下線部(イ)について説明した文として誤っているものを次の１～４から一つ選び，番号で答えなさい。

１　本部は，ジュネーブにおかれた。

２　アメリカは当初不参加であったが，のちに加盟国となった。

３　制裁手段として，経済制裁を行使できた。

４　勢力均衡にかわる新しい国際体制の原則として集団安全保障体制を目指した。

問４　下線部(イ)について，日本が国際連盟に正式加入した年を解答らんにあうように元号で答えなさい。

問５　下線部(ウ)について，山片蟠桃は播磨国出身の学者です。播磨国とは現在の何県にあたりますか，漢字で答えなさい。

問６　下線部(エ)について，彼を江戸町奉行に登用した徳川吉宗の「享保の改革」の説明として正しいものを次の１～４から一つ選び，番号で答えなさい。

１　町人が幕府に意見をする機会を作るために，倹約令を発令した。

２　町人に対して上げ米の令を発令し，石高１万石につき100石の米を税として徴収する代わりに参勤交代を半減させた。

３　堂島米市場を公認し，米の価格調節を図った。

４　米の収穫量を増やすため，町人や役人に新田開発を制限させた。

問７　下線部(オ)について，秀忠の治世で起こった内容として誤っているものを次の１～６から一つ選び，番号で答えなさい。すべて正しい場合は，７と答えなさい。

１　大坂夏の陣

２　平戸に商館を建設し，オランダとの貿易開始

３　菱垣廻船の創設

４　武家諸法度・禁中並公家諸法度の制定

５　大坂冬の陣

６　ロシア使節のラクスマンが根室に来航

問８　下線部(カ)について，一番東の地でおこった一揆を次の１～４から一つ選び，番号で答えなさい。

１　三河の一向一揆　　２　正長の徳政一揆　　３　山城の国一揆　　４　越前の一向一揆

問９　下線部(キ)について，干ばつが主因のこの飢饉で，室町時代の農村は大きな被害を受けました。室町時代の農村の説明として誤っているものを次の１～４から一つ選び，番号で答えなさい。

１　二毛作が各地に普及した。

２　刈敷《かりしき》や草木灰に加えて，人糞尿などの肥料が普及した。

３　農業用水を確保し，龍骨車《りゅうこつしゃ》や水車が普及した。

４　分業と協業を軸とするマニュファクチュアが発展した。

問10　下線部(ク)について説明した文ａ・ｂの正誤の組合せとして正しいものを下の１～４から一つ選び，番号で答えなさい。

ａ　保元の乱で兄の崇徳上皇を配流し，その後天皇５代にわたり院政を行った。

ｂ　白河法皇の孫で，法皇の死後，院政を行った。

　1　a－正　b－正　　2　a－正　b－誤
　3　a－誤　b－正　　4　a－誤　b－誤

問11　下線部(ケ)について，初代の六波羅探題を務めた人物として正しいものを次の１～４から一人選び，番号で答えなさい。
　1　北条義時　　2　北条泰時
　3　北条経時　　4　北条時政

問12　下線部(コ)について，この仏堂がある都道府県を漢字で答えなさい。

問13　下線部(サ)について，この乱よりも前に起こった乱として誤っているものを次の１～４から一つ選び，番号で答えなさい。
　1　壇ノ浦の戦い　　2　藤原純友の乱
　3　壬申の乱　　4　平将門の乱

3　令和元(2019)年11月20日に安倍晋三首相(当時)は，通算在職日数が桂太郎を抜いて歴代最長となった。時代が100年以上違う，この二人に関することを表にまとめてみました。【表】を見て，あとの問いに答えなさい。

【表】

	桂太郎	安倍晋三
出身	山口県	東京都
在職日数	2886日	3188日
主な経歴	○長州藩士の子。①戊辰戦争で奥州各地を転戦し，山県有朋のもとで軍制の改革に貢献した。②日清戦争では師団長として出征。台湾総督などを歴任し，第３次③伊藤博文内閣で陸軍大臣に就任。 ○第４次伊藤博文内閣のあとをうけ組閣。日英同盟の締結，④日露戦争の遂行に尽力したが，日比谷焼打ち事件がおこる。第２次日露協約を締結し，韓国併合を実現させ，関税自主権を回復した。また大逆事件により社会主義者を弾圧した。 ○陸軍が第２次西園寺公望内閣を倒したのち，内大臣から組閣。⑤第１次護憲運動により53日で退陣した。	○祖父は⑥岸信介。大学卒業後企業に就職したが，父親のあとをうけて出馬し，衆議院議員となる。⑦小泉純一郎内閣の官房長官など歴任。 ○2006年，⑧内閣を成立させ，改正教育基本法を制定した。2007年には，憲法改正を前提とした⑨国民投票法を制定した。 ○2014年４月，⑩消費税８％導入。同年７月，⑪集団的自衛権行使容認を閣議決定。 ○2019年，中国で⑫国家主席と会談を行った。

問１　下線部①について，戊辰戦争において，新政府軍の西郷隆盛と幕府側代表として江戸城無血開城の交渉をした人物を漢字で答えなさい。

問２　下線部②について，この戦争の講和条約を結んだ場所の説明文として，正しいものを次の１～４から一つ選び，番号で答えなさい。

１　かつては東海道の宿場町，織物・楽器・自動車工業が盛んである。

２　日本海に面する城下町として栄えた。伝統的な焼き物・織物が盛んである。

３　陸海の交通要所，遠洋漁業の拠点，商工業が盛ん。源平の合戦の地でもある。

４　北上川など河川の合流点にある盆地にあり，鉄鋳物が有名，県庁所在地である。

問３　下線部③について，伊藤博文が中心となって起草した大日本帝国憲法に関する次の(1)・(2)の問いに答えなさい。

(1)　起草にあたり模範とした国として正しいものを次の１～４から一つ選び，番号で答えなさい。

１　アメリカ　　２　スペイン　　３　イタリア　４　ドイツ

(2)　この憲法では規定されていない内容として正しいものを次の１～４から一つ選び，番号で答えなさい。

１　国会(議会)に関すること　　２　地方自治に関すること

３　国民(臣民)の権利に関すること　　４　天皇に関すること

問４　下線部④の戦争の講和条約を通じて日本が得たことについて正しいものを次の１～４から一つ選び，番号で答えなさい。

１　賠償金をもらうこと　　２　朝鮮の独立の承認

３　台湾の領有　　４　南樺太の領有権

問５　下線部⑤は桂太郎内閣に対して，政党内閣の確立をもとめた運動である。日本における政党内閣に関する説明文として誤っているものを，次の１～４から一つ選び，番号で答えなさい。

１　衆議院で多数の議席を占めた政党であっても組閣できないこともあった。

２　首相をはじめ，すべて大臣が与党所属の議員であった。

３　初の本格的な内閣は，1918年に成立した原敬内閣であった。

４　日本国憲法の制定により，戦後すべての内閣が政党内閣となった。

問６　下線部⑥の首相時代に起きた出来事として正しいものを次の１～４から一つ選び，番号で答えなさい。

１　沖縄返還　　２　日中平和友好条約の締結

３　日ソ共同宣言　　４　日米安全保障条約の改定

問７　下線部⑦について，小泉純一郎内閣時代に行われた構造改革で民営化が決定された事業を漢字２字で答えなさい。

問８　下線部⑧について，内閣の仕事として誤っているものを次の１～４から一つ選び，番号で答えなさい。

１　外交関係を処理すること　　２　最高裁判所長官を任命すること

３　条約を締結すること　　４　予算を作成して国会に提出すること

問９　下線部⑨の説明文として正しいものを，次の１～４から一つ選び，番号で答えなさい。

１　18歳以上の国民による投票で過半数の賛成を必要とする。

２　20歳以上の国民による投票で過半数の賛成を必要とする。

3　18歳以上の国民による投票で三分の二以上の賛成を必要とする。

4　20歳以上の国民による投票で三分の二以上の賛成を必要とする。

問10　下線部⑩について，平成29(2017)年の日本の税収における消費税をはじめとする間接税と，所得税をはじめとする直接税の割合として最も正しいものを次の１～４から一つ選び，番号で答えなさい。

1　直接(67％)：間接(33％)　　2　直接(22％)：間接(78％)

3　直接(89％)：間接(11％)　　4　直接(45％)：間接(55％)

問11　下線部⑪に関連して，次の日本国憲法第９条にあてはまる正しい語句の組合せを下の１～４から一つ選び，番号で答えなさい。

「日本国民は，正義と秩序を基調とする国際平和を誠実に希求し，国権の発動たる戦争と，武力による威嚇又は武力の行使は，[X]を解決する手段としては，永久にこれを[Y]する。」

1　X：交戦　　Y：放棄　　2　X：国際紛争　Y：廃棄

3　X：国際紛争　Y：放棄　　4　X：交戦　　Y：廃棄

問12　下線部⑫について，この人物名を漢字で答えなさい。

【理　科】〈第２回試験〉（40分）〈満点：75点〉

［注意］　定規，三角定規，分度器，コンパス，計算機は使ってはいけません。

1　次の文を読み，下の問いに答えなさい。

植物の多くは陸上で生活しています。陸上での生活は，水中での生活とどのようにちがっているのでしょうか。

陸上の植物の祖先である藻類《そうるい》を想像してみてください。生物の体の大部分は水からできていますが，藻類は生活している環境《かんきょう》が水中ですから，水は体の周りから直接取りこむことができます。しかし，植物が陸上で生活するためには，水や成長に必要な養分を土から入手する方法を持っていなければなりません。また，せっかく取りこんだ水がにげないように体内に保持したり，体の各部位に運ぶ方法も備えていなければなりません。

問１　海洋中の藻類は，ある程度の深さのところまでしか生息できません。その理由は何ですか。次の（ア）（イ）に当てはまる語句を答えなさい。

深いところでは（　ア　）に必要な（　イ　）が不足するから。

問２　図１は葉の断面を表していますが，これには水中で生活する藻類にはない構造が三つあり，その一つは海綿状組織です。残り二つは何ですか。図中の１～５から**二つ選び**，番号と名称《めいしょう》を答えなさい。

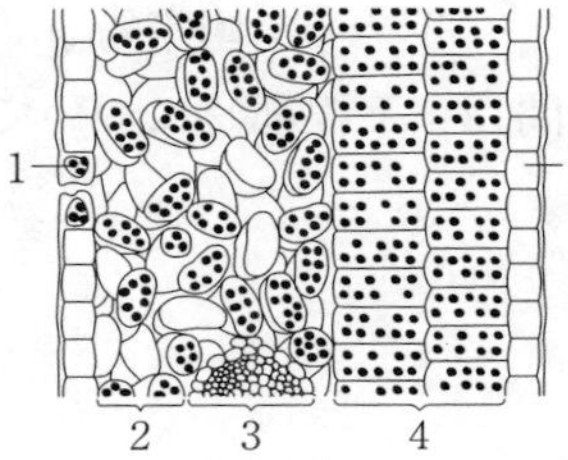

図１

問３　光の強さや温度，湿度《しつど》などを一定にした条件下において，ある陸上の植物の葉の表と裏に塩化コバルト紙をセロハンテープで貼《は》り付け，色の変わり方を観察しました。実験の結果として正しいものを次の１～４から一つ選び，番号で答えなさい。また，その理由を**15字以内**で説明しなさい。

１　表と裏のどちらも同じくらいの時間で赤色に変化した。

２　表の方が裏よりも早く赤色に変化した。

３　裏の方が表よりも早く赤色に変化した。

４　表と裏のどちらも赤色に変化しなかった。

問４　問３と同じ実験で，光の強さを強くした場合，葉に貼り付けた塩化コバルト紙の色の変わり方はどのように変化しますか。実験の結果として正しいものを次の１～４から一つ選び，番号で答えなさい。

１　問３の条件と同じくらいの時間で赤色に変化した。

２　問３の条件よりも早く赤色に変化した。

３　問３の条件よりも赤色に変化するまでに時間がかかった。

４　問３と同じく赤色に変化しなかった。

問５　陸上の植物が蒸散を行うことは体の外に水を出すことですから，少々もったいない気がします。しかし，ある理由があって蒸散を行っています。その理由として**誤っているもの**を次の１～４から一つ選び，番号で答えなさい。

１　体内の水分の量を調節するため。

２　体内の温度を調節するため。

３　根が水を吸い上げるはたらきを助けるため。

4　体内でできた不要なものを水といっしょに外へ出すため。

問６　図２のように，葉の面積と数が同じ枝を用意し，次のＡ～Ｄのようにして水の入った試験管にさしました。

Ａ　葉の表にワセリンをぬる。

Ｂ　葉の裏にワセリンをぬる。

Ｃ　葉を取り除き，その切り口にワセリンをぬる。

Ｄ　葉にはなにもしない。

すると，試験管内の水の量は下の表のように減少しました。

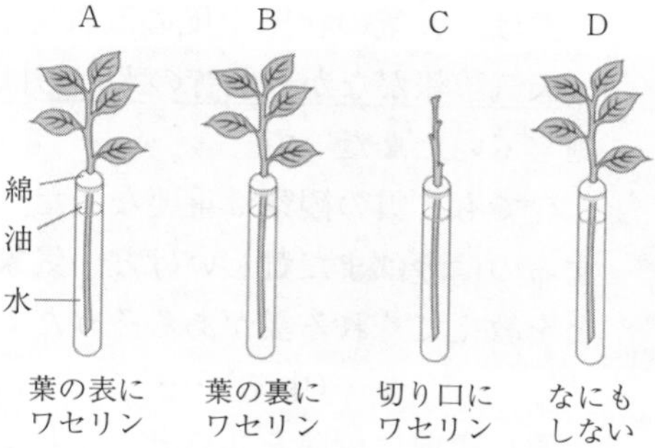

図２

	A	B	C	D
12時間後	3 g	1.5 g	0.5 g	4 g
24時間後	6 g	3 g	1 g	8 g

(1)　１本の枝について，24時間後におけるすべての葉の表からの蒸散量は何ｇになりますか。

(2)　１本の枝について，30時間後におけるすべての葉の裏からの蒸散量は何ｇになると予想できますか。

問７　白い花がさいたホウセンカを根がついたままていねいにほり出し，根についた土を洗い落とした後，図３のように茎《くき》にある形成層よりも外側の部分を１cm くらいの幅《はば》で帯状にはぎとりました。その後，赤いインクで色をつけた水にさし，無処理のホウセンカで白い花が赤くなるのにかかる時間と同じだけの時間が経過した後，茎を２カ所(①と②)横に切って断面を観察しました。①・②の断面の様子として正しいものを次の１～４からそれぞれ選び，番号で答えなさい。(図の黒くなっている部分が赤く染まっています)

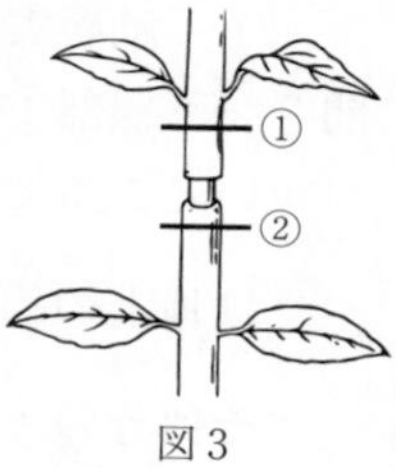

図３

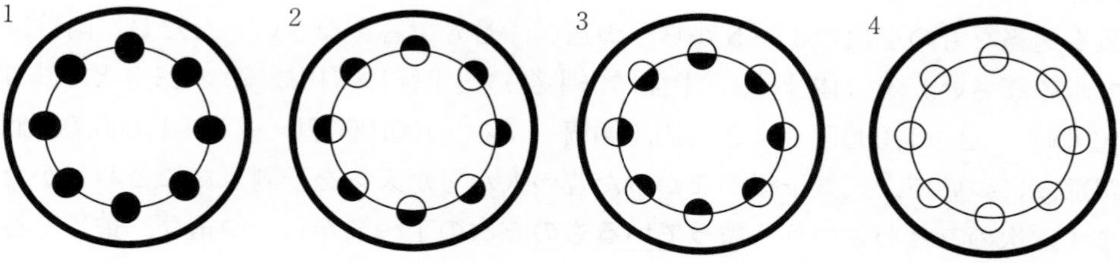

2　次の文を読んで，あとの問いに答えなさい。

海や地面が太陽の光で温められると，空気が押《お》し上げられるよ。お風呂《ふろ》で追いだきすると，温かいお湯が上がってくるね。それと同じだよ。だけど①高いところでは空気の温度は下がる性質があるよ。高い山に登ると寒くなるのはそのためだ。

すると，空気中の(　Ａ　)が水や氷の粒《つぶ》になる。これが雲の正体だ。

粒の大きさは半径0.01ミリほど。目に見えないくらい小さいけれど，たくさん集まると雲に見える。雲粒《くもつぶ》はとても軽いため，空をただようことができるけれど，まわりの粒とくっついて，②半径１ミリほどまで大きくなると，落ちて雨になる。

高い山の中で霧《きり》に包まれるときがあるけど，あれは雲なんだ。

雲は，大気の状態や風の流れを表しているので，雲から天気を予測することができるよ。③天気予報がなかった昔の人たちは，経験から「山に雲がかかると天気が悪くなる」などと予測していたんだって。

今でも，雲の観察は重要なんだ。強い雨や雷《かみなり》を起こす「(B)」ができる場所を正確に予測するのは今はまだ難しいけど，気象庁気象研究所の荒木健太郎《あらきけんたろう》さんに聞くと，(B)が来ることを教えてくれる雲があるそうだよ。

……(中略)……

雲は事前に危険を知らせてくれているから，ちゃんと観察すれば，急な雨でもぬれることがなくなり，身を守ることにもつながる。特に夏は，地面が温められるため，(B)ができやすいんだ。急に暗くなったり，冷たい風が吹《ふ》いてきたりしたら，(B)が近づいているかもしれないから，気をつけよう。

2020年(令和2年)8月2日　朝日新聞「もっと教えて！ドラえもん」より引用，一部略

問1　文中の(A)に適する語句を入れなさい。

問2　文中の(B)に入る雲の種類として，最も適当なものを次の1～5から一つ選び，番号で答えなさい。

1　乱層雲《らんそううん》　2　積乱雲《せきらんうん》　3　高層雲《こうそううん》　4　積雲《せきうん》　5　高積雲《こうせきうん》

問3　下線部①について，高いところでは空気の温度が下がることが知られています。また，高いところでは，気圧(空気の圧力)も低くなります。一般的《いっぱんてき》には，5km上空にいくと，気圧は地上の約 $\frac{1}{2}$ になります。この割合で減少すると15km上空の気圧は，地上の気圧のおよそ何分の1になりますか。最も適当なものを次の1～5から一つ選び，番号で答えなさい。

1　$\frac{1}{3}$　2　$\frac{1}{4}$　3　$\frac{1}{6}$　4　$\frac{1}{8}$　5　$\frac{1}{15}$

問4　下線部②について，半径0.01ミリの粒(球形)が何個集まると半径1ミリの雨粒になりますか。最も適当なものを次の1～5から一つ選び，番号で答えなさい。ただし，雨粒は，球形として求めなさい。球の体積は，(半径)×(半径)×(半径)×(円周率)×4÷3とします。

1　100個　2　1,000個　3　10,000個　4　100,000個　5　1,000,000個

問5　下線部③について，天気予報がなかった昔の人たちが天気を予測したことわざがたくさんあります。次のことわざのうち**誤っているもの**を次の1～5から一つ選び，番号で答えなさい。

1　ツバメが高く飛ぶと雨　2　朝霧は晴れ　3　夕焼けは晴れ

4　朝焼けは雨　5　うろこ雲は雨

問6　昨年，東京では梅雨明けが例年より遅《おそ》く，8月1日に発表になりました。梅雨は梅雨前線とよばれる前線が日本付近を通過するときに見られます。梅雨前線について述べた次の文ア～ウの○×の組み合わせ(それぞれの文が正しければ○，誤っていれば×)として最も適当なものを，下の1～8から一つ選び，番号で答えなさい。

ア　梅雨前線は，日本列島を南から北へ通過する。

イ　梅雨前線は，オホーツク海気団とシベリア気団によって形成される。

ウ　梅雨前線は，主に温暖前線が南北にのびることで形成される。

	ア	イ	ウ
1	○	○	○
2	○	○	×
3	○	×	○
4	○	×	×
5	×	○	○
6	×	○	×
7	×	×	○
8	×	×	×

3　電気分解は気体や金属の単体を得るのに重要な操作です。以下の表に示す割合で塩酸と水酸化ナトリウム水溶液《すいようえき》を混合した水溶液Ａ～Ｄの電気分解を行いました。ただし，この塩酸と水酸化ナトリウム水溶液を同じ量まぜあわせると，完全に中和するものとします。

	水溶液Ａ	水溶液Ｂ	水溶液Ｃ	水溶液Ｄ
塩酸	1	2	1	0
水酸化ナトリウム水溶液	0	1	1	1

問１　水溶液Ａ～Ｃを電気分解すると，＋極では全て同じ気体が発生しました。また，－極においては，＋極とは別の気体でしたが，全て同じ気体が発生しました。次の文章は，この３つの水溶液を見極める方法について述べたものです。（ア）～（ウ）に入る語句の組み合わせとして最も適当なものを下の１～８から一つ選び，番号で答えなさい。

≪３つの水溶液を見極める方法≫
BTB溶液を加えると，（　ア　）は黄色，（　イ　）は緑色を示した。また，水溶液Ａ～Ｃを少量だけ蒸発皿に取り加熱し水分を蒸発させたところ，（　ウ　）で白色の固体が残った。

	（ア）	（イ）	（ウ）
1	水溶液Ａ	水溶液Ｂ，Ｃ	全て
2	水溶液Ａ	水溶液Ｂ，Ｃ	水溶液Ａ
3	水溶液Ａ	水溶液Ｂ，Ｃ	水溶液Ａ，Ｂ
4	水溶液Ａ	水溶液Ｂ，Ｃ	水溶液Ｂ，Ｃ
5	水溶液Ａ，Ｂ	水溶液Ｃ	全て
6	水溶液Ａ，Ｂ	水溶液Ｃ	水溶液Ａ
7	水溶液Ａ，Ｂ	水溶液Ｃ	水溶液Ａ，Ｂ
8	水溶液Ａ，Ｂ	水溶液Ｃ	水溶液Ｂ，Ｃ

問２　水溶液Ａ～Ｃの電気分解の＋極，－極，また水溶液Ｄの電気分解の＋極において発生する気体の特徴《とくちょう》として最も適当なものはそれぞれどれですか。次の１～７から一つずつ選び，番号で答えなさい。

１　火を付けたマッチを近づけると，ポッと音を立てて燃える。

2　石灰水に通すと白くにごる。

3　無色・無臭《むしゅう》で空気の約80％を占《し》める。

4　無色・無臭で，ものを燃やすのを助ける働きをする。

5　鼻をさすにおいがあり，上方置換《ちかん》法で集める。

6　黄緑色で鼻をさすにおいがあり，漂白《ひょうはく》作用がある。

7　無色で，鼻をさすにおいがあり，水によく溶《と》ける。

問３　水溶液Ａ～Ｃをある電流Ｘ[Ａ《アンペア》]で電気分解を行いました。このとき，－極で得られる気体の量と電気分解する時間の関係は，図１のようになることがわかりました。また，電流の強さを２倍(電流Ｙ)にすると，電流Ｘと電流Ｙでは，発生する気体の量の関係が以下のように変化することもわかりました。

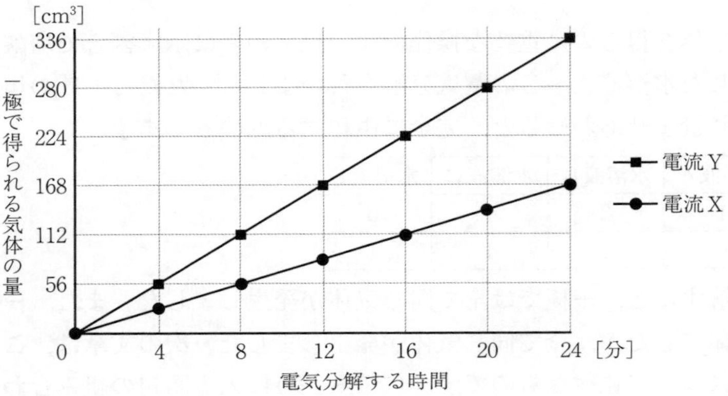

図１

(1)　水溶液Ａ～Ｃの電気分解の＋極で得られる気体の量について，最も適当なものを次の１～５から一つ選び，番号で答えなさい。

1　電流Ｘのときも，電流Ｙのときも，－極で発生した気体と同じ量だけ＋極でも気体を得ることができる。

2　電流Ｘのときも，電流Ｙのときも，－極で発生した気体の２倍の量の気体を＋極で得ることができる。

3　電流Ｘのときも，電流Ｙのときも，－極で発生した気体の半分の量の気体を＋極で得ることができる。

4　電流Ｘのときも，電流Ｙのときも，＋極では少量しか気体を得ることはできない。

5　電流Ｘのときは，＋極ではほぼ気体を得ることはできないが，電流Ｙにすると，－極で発生した気体と同じ量だけ＋極でも気体を得ることができる。

(2)　電流の強さを電流Ｘの0.125倍にして電気分解を８分間行いました。このとき，－極で発生する気体は何 cm^3 ですか。

(3)　水溶液Ｄである電流Ｘ，電流Ｙでそれぞれ電気分解を行うと，－極で発生する気体の量は図１と全く同じ関係であることがわかりました。電流の強さを電流Ｘの0.25倍にし，水溶液Ｄを電気分解したとき＋極で発生する気体の量が $280cm^3$ でした。このとき，電気分解した時間は何分ですか。

4　20秒間音を出した後，70秒間音を出すのをやめ，その後また20秒間音を出し，70秒間やめる…を繰《く》り返す音源装置を用意します。音源装置が１回目の音を出し始めると同時に，トシくんはストップウォッチで経過時間を計りながら，図１のように音源装置の位置から毎秒 3.4m の速さでまっすぐ遠ざかりました。風はなく音速は毎秒 340m，音源装置の音は十分遠くまで聞こえるものとします。次の各問いに答えなさい。

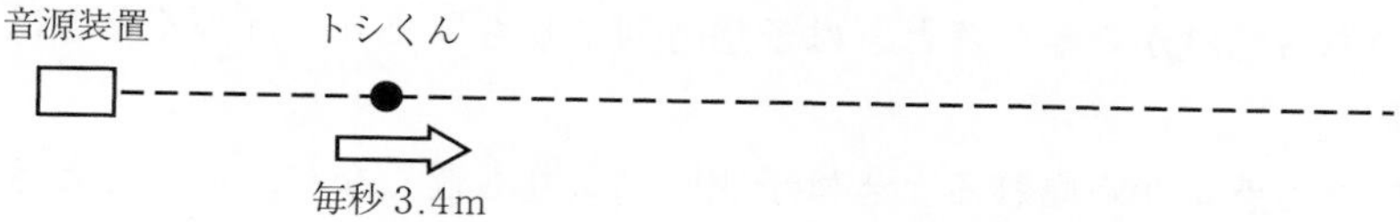

図１

問１　ストップウォッチで時間を計り始めてから80秒後，トシくんは音源装置から何m離《はな》れた場所にいますか。

問２　問１の場所でトシくんが静止すると，しばらくしてから音源装置が出す２回目の音が聞こえました。静止してから何秒後に２回目の音が聞こえ始めましたか。

問３　問２のあと，しばらくしてトシくんはもう一度場所を移動しました。すると，ストップウォッチで時間を計り始めてから543秒後に，音源装置が出す７回目の音が聞こえ始めました。トシくんは音源装置から何m離れた場所で音を聞き始めましたか。

1600年代，デンマークの天文学者レーマーは，①ある惑星《わくせい》によってつくられる太陽光の影《かげ》の領域(図２を参考)に衛星イオが入る現象(食，または蝕《しょく》といいます)が始まる時刻《じこく》を調べ，光には速さがあることを示しました。

トシくんの実験を参考に，光の速さを求めてみましょう。トシくんの実験で音源が音を出している間は，イオが惑星の影の領域に入っている間だとします。トシくんの実験で音源が一定時間ごとに音を出し始めるのと同じように，イオは一定時間ごとに木星の影の領域に入り食を始めます。

トシくんが行った実験では音に速さがあるため，トシくんが音を聞き始めるのはストップウォッチの時間が90秒の倍数とずれていました。同じことが光でも起こります。

地球の位置が図２のＡ点(惑星に最も近い点)にあるときに，衛星イオを地球で観測し，食が始まった時刻を記録します。その後は一定時間(イオが惑星の周りを１周する時間)ごとに食が始まるはずなので，食が始まる時刻を予想することができました。ところが，②地球が太陽の周りを公転していくと，食の始まる時刻は予想時刻とずれていくことがわかりました。

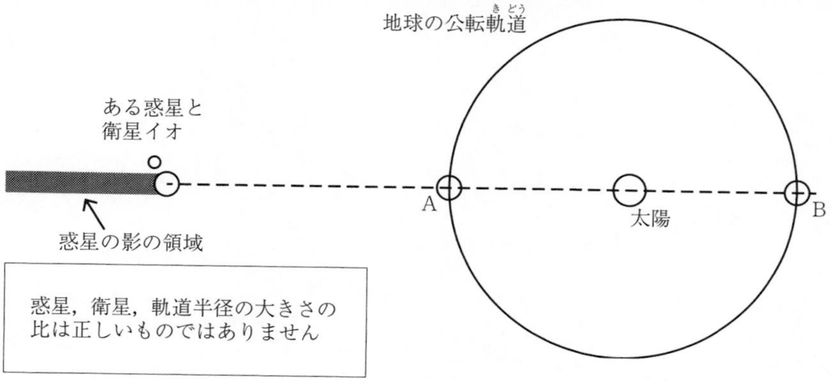

図２　ある惑星と地球，太陽が一直線となるときのモデル図

問4　下線部①のある惑星は太陽系で一番大きい惑星です。この惑星の名称《めいしょう》を答えなさい。

問5　下線部②について，衛星イオの食の始まる時刻はどのようにずれましたか。次の1～4から一つ選び，番号で答えなさい。

1　予想時刻よりも早まる。

2　予想時刻よりも遅《おそ》くなる。

3　地球が下線部①のある惑星から離れるときは予想時刻よりも早まり，近づくときは予想時刻よりも遅くなる。

4　地球が下線部①のある惑星から離れるときは予想時刻よりも遅くなり，近づくときは予想時刻よりも早まる。

問6　地球と太陽の距離を1億5000万 km，地球の公転軌道は太陽を中心とした円であるものとして，次の文章の空欄に入る数値を小数第2位で四捨五入して小数第1位まで求めなさい。

「地球の位置が図2のB点(ある惑星から最も遠い点)にあるとき，食の始まる時刻が予想時刻よりも17分ずれているものとすると，計算して求められる光の進む速さは毎秒［　　　］万 km となります。」

① 立つ□がない
＝自分の立場をなくすこと。

② とりつく□□がない
＝たよりとしてすがる手がかりもない。

③ 高□□□に出る
＝相手を頭ごなしに威圧《いあつ》するさま。

④ □□□□を踏《ふ》む
＝ためらって、どうしようかと迷う。

⑤ 熱に□□□□□
＝夢中になって見境がなくなる。

⑥ □□□□□□ではいかない
＝普通《ふつう》のやり方では成功しないこと。

⑦ □□□□□□□山のものともつかぬ
＝どのようになるか、どのようなものか、どちらとも決めがたいことのたとえ。

問２　③と同様に将棋《しょうぎ》から生まれた「そうなるのは避《さ》けられない」という意味のことばを「至」を用いて、漢字二字で答えなさい。

三　次の詩を読んで、後の問いに答えなさい。

未明の馬　　丸山　薫

夢の奥《おく》から蹄《ひづめ》の音が駆《か》けよってくる
それは私の家の前で止まる
もう馬が迎《むか》えにきたのだ

私は今日の出発に気付く
すぐに寝床《ねどこ》を跳《は》ね起《お》きよう
いそいで身支度《みじたく》に掛《か》からねばならない

ああ　その間《ま》も耳にきこえる
彼《かれ》がもどかしそうに門の扉《と》を蹴《け》るのが
焦《い》ら立《だ》って幾度《いくど》も高く嘶《いなな》くのが

そして　眼《め》には見える
霜凍《しもこお》る未明の中で
彼が太陽のように金《きん》色の翼《つばさ》を生やしているのが

（詩集『涙《なみだ》した神』より）

問1　この詩の中でくり返し使われている表現技法としてふさわしいものを次から一つ選び、番号で答えなさい。

1　体言止め　2　直喩《ちょくゆ》法　3　反復法　4　倒置《とうち》法

問2　この詩でえがかれている季節がうかがえる表現がある一行をぬき出し、最初の五字で答えなさい。

問3　この詩の第一連と第二連では、短文を重ねることで独特のリズムを生んでいます。ここからどのようなようすを感じさせますか。最もふさわしいものを次から一つ選び、番号で答えなさい。

1　何かにせめ立てられて追いつめられたようす。
2　一日がはじまるのにあたって心がはやるようす。
3　計画どおりにものごとが進んではれやかなようす。
4　早く時間が過ぎていくことをあっけなく思うようす。

問4　この詩の第三連と第四連に見られる表現について説明したものとして最もふさわしいものを次から一つ選び、番号で答えなさい。

1　第三連と第四連は対応する関係にあり、同じ場面についての描写《びょうしゃ》がそれぞれことなる感覚を用いて表現されている。
2　第三連と第四連は補い合う関係にあり、時間の経過にしたがって主題がしだいに明らかになるよう表現されている。
3　第三連と第四連は対立する関係にあり、馬のはげしいいかりと私の静かな期待の差が際立《きわだ》つように表現されている。
4　第三連と第四連は連続する関係にあり、私の場所がうつるとともに馬へと視点が集まっていくよう表現されている。

問5　この詩に登場する「未明の馬」とはどのようなものだと考えられますか。最もふさわしいものを次から一つ選び、番号で答えなさい。

1　一日の予定をきびしく管理し、機械的な活動を求める管理人。
2　夢の世界から目を覚まさせ、現実生活を見つめさせる指導者。
3　自分を勇気《ゆうき》づけて、気持ちを前向きにみちびいてくれる使者。
4　昨日までの生き方を捨てて、新世界に飛び立つための案内人。

四　次の問いに答えなさい。

問1　後の意味になるように、空らんにふさわしいことばを入れて、①～⑦のことわざ・慣用句を完成させなさい。ただし、□はすべて、ひらがなでうめるものとします。

2　練習場に無断で侵入してきた上に、自分もコンクールの出場者であるにも関わらず、競《きそ》っている相手と一緒に練習をしたいと頼む点。

3　亜夜ですら練習する場所の確保に苦心したのに、自分は会場のピアノを使えるにもかかわらず、ここで練習がしたいというわがままを言う点。

4　自分ですら弾くことに困難を極《きわ》めたマサルのカデンツァを弾きこなした上に、アレンジまでして、自分の優位性を示す無遠《ぶえん》慮《りょ》な点。

問5　——線③「なんとも言えぬ嫌な痛みが胸を走り抜ける」とありますが、この痛みの原因として**ふさわしくないもの**を次から一つ選び、番号で答えなさい。

1　自分の才能に自信が持てずに音楽から逃避《とうひ》してきたという引け目。

2　他の誰よりも深く音楽のことを知っているという思い上がり。

3　自分の才能の無さを周囲の人間から指摘されるかもしれないという恐れ。

4　才能を磨《みが》いてつねに多くの人から称賛《しょうさん》されたいというこだわり。

問6　——線④「実際、二人はその時遥か彼方の宙を飛んでいた」とありますが、この描写《びょうしゃ》の説明として最もふさわしいものを次から一つ選び、番号で答えなさい。

1　塵とともに音楽を純粋《じゅんすい》に楽しみながら演奏に夢中になっている亜夜の実感を効果的に表現している。

2　亜夜と塵が二人きりでピアノを弾いて互《たが》いの才能を磨き合うことに熱中している様子を表現している。

3　塵の頭の中で思《おも》い描《えが》いているであろう演奏を亜夜が読み取っていることを表現している。

4　二人で弾くことによってたがいに実力以上のものが引き出せていることを表現している。

問7　——線⑤「『あっ』」とありますが、この時の亜夜の説明として最もふさわしいものを次から一つ選び、番号で答えなさい。

1　塵とともに即興の演奏をしているうちに、コンクールのすべてを忘れてしまっていた。

2　塵とともに即興の演奏をしているうちに、夜が更《ふ》けてしまっていたことに気がついた。

3　塵とともに即興の演奏をしているうちに、塵の才能に追いつけるような感覚を抱いた。

4　塵とともに即興の演奏をしているうちに、自分が弾くカデンツァのイメージが湧いた。

問8　本文の表現の特徴《とくちょう》について説明したものとして最もふさわしいものを次から一つ選び、番号で答えなさい。

1　〰線Ⅰ「やはり、何かを叩いている。どこで？」は、口に出したいのに出せない心情を倒置《とうち》法を用いて表現している。

2　〰線Ⅱ「『風間塵——くん？』」は、「——」の部分をあえて省略することで、読者の興味をひく工夫《くふう》がなされている。

3　〰線Ⅲ「遥かな天の高みから一筋のスポットライトが射してきて、風間塵をパッと照らし出したような気がした」は、亜夜と塵に才能の違いがあることを擬人《ぎじん》法を使って表現している。

4　〰線Ⅳ「猛スピードでしぶきを上げて水上スキーをしているような——ぞくぞくするようなスリル」は、二人の演奏が絶《ぜっ》妙《みょう》なバランスで成立していることを直喩《ちょくゆ》を用いて表現している。

ボート。いや、Ⅳ猛《もう》スピードでしぶきを上げて水上スキーをしているような——ぞくぞくするようなスリル。一歩間違《まちが》えたら、波に砕《くだ》けて粉々になってしまう——ぎりぎりの快感。

そして、次の瞬間《しゅんかん》、亜夜は塵の「月光」を伴奏《ばんそう》にしながら、「ハウ・ハイ・ザ・ムーン」のメロディを弾いていた。しばらく「月光」を続けていた塵も、じりじりとついてきて「ハウ・ハイ・ザ・ムーン」に合流する。

最速テンポ。

塵は途切《とぎ》れることのないめまぐるしい十六分音符《おんぷ》で伴奏をつける。合間に挟《はさ》まる、亜夜の超高速《ちょうこうそく》グリッサンド。

飛べる。どこまでも飛べる。

亜夜は、ピアノを弾きながらいつしか天井《てんじょう》を見上げ、更《さら》にそこを突き抜けて高い空に浮かぶ月を見ていた。

あそこまで。いや、もっと遠くへ。

今、あたしたちは月まで飛び越えている。

④実際、二人はその時遥か彼方《かなた》の宙を飛んでいた。

コンクールも、神様も、何もかも忘れて漆黒《しっこく》の宇宙を。

⑤「あっ」

亜夜は、宙に浮かんだまま、遠い一点に光る星を見上げた。

春と修羅。あたしの。あそこに。

二人で同時に演奏を終えた瞬間も、亜夜はぽかんと口を開けて天井を見つめたままだった。

（恩田　陸『蜜蜂と遠雷』より）

問１　——線ａ「舌を巻いた」、ｂ「堂に入った」の意味として最もふさわしいものを後から一つずつ選び、それぞれ番号で答えなさい。

ａ「舌を巻いた」

１　言葉を失うほど驚いた
２　わけもわからず混乱した
３　手に負えず苦心した
４　どうにかしてごまかした

ｂ「堂に入った」

１　落ち着いた　２　手なれた
３　力強い　４　心強い

問２　空らんＡ[う]～Ｃ[ま]には、例のように同じ音をくり返すことばが入ります。頭文字《かしらもじ》をヒントにしてそれぞれ四字で答えなさい。

例　彼は[て]と歩いた。→　答　てくてく

問３　——線①「マサルのカデンツァを再現していた」とありますが、ここに至るまでの亜夜の心情を説明したものとして最もふさわしいものを次から一つ選び、番号で答えなさい。

１　マサルの演奏が素晴《すば》らしかったことに刺激《しげき》を受け、ピアノを弾きたいと思った。
２　マサルの演奏が思ったより良かったので、自分の演奏と比較《ひかく》したくなった。
３　マサルの演奏が失敗したことで、次の自分の演奏に対して不安を感じた。
４　マサルの演奏が自分よりも劣《おと》っていたため、真似《まね》をすることで優越《ゆうえつ》感に浸《ひた》った。

問４　——線②「亜夜は絶句した」とありますが、塵のどのような点に対して「絶句した」のですか。最もふさわしいものを次から一つ選び、番号で答えなさい。

１　練習場に突然入ってきて、自分の曲の練習をするのではなく、その日のマサルのカデンツァを完璧に弾きこなした点。

さまざまな考えが頭を過《よ》ぎり、なかなか胸の痛みの残滓《ざんし》は消えてくれなかった。

「僕ね、先生に言われたんだ。一緒に音を外に連れ出してくれる人を探しなさいって」

「え？」

つかのまぼんやりしていて、亜夜は少年が呟《つぶや》いたことが聞き取れなかった。

今なんて言ったんだろう？　一緒になんとか、って。

「おねえさんはそうかもしれない、って思ったよ」

「何がそうかもしれないって？」

亜夜が聞き返すと、塵は急に照れたような顔になって「なんでもない」と手を振った。

「お月様、綺麗《きれい》だったね」

塵は、不意に窓を振り向いた。

ブラインドが掛かっているし、ここに来るまで空を見上げる余裕《よゆう》なんてなかったな、と亜夜は思った。

少年の白い指がひらりと舞《ま》った。

本当に、月光の中に舞い上がった蝶《ちょう》のように。

ドビュッシーの月の光。

ああ、本当に、綺麗な月。

この曲を聴くと、いつも C［ま　　］と窓の外の夜空が目に浮かぶ。さえざえとした、しかし柔《やわ》らかな月光が、すべての音が消えた世界に降り注ぐさまが見えるような気がする。

しかも、この少年が弾くと、モノクロームに沈《しず》んだカーテンの模様まで見えてくる——

月の光に、巻きこまれる——月夜の魔法にかかる——

またしても身体《からだ》の底から湧《わ》き上がる衝動に突《つ》き動《うご》かされ、亜夜は隣に座って一緒に「月の光」を弾き始めていた。

互《たが》いにアレンジをし、うねり、寄せては返す月の光の波に身を任せる。

うわあ——

亜夜は、全身をビリビリと電流のような歓喜《かんき》が押《お》し寄《よ》せてくるのに眩暈《めまい》がした。

風間塵が笑っている。

大きく口を開け、笑っている。

いつのまにか、亜夜も一緒に笑っていた。どこまでも満ちてくる月の光、寄せる、うねる、寄せる、泡立《あわだ》つ、しぶきがきらめく。

どこまでも飛べそうだ——と、いつのまにか曲が変わっていた。

フライ・ミー・トゥ・ザ・ムーン。

どちらがこの曲を弾き始めたのだろう。どちらからともなく、としか言いようがない。

おお、さすが、「ずいずいずっころばし」をルンバにしただけのことはある。

亜夜は思わず破顔した。塵は全く戸惑わずについてくるし、ソロも b堂に入ったものだ。交互《こうご》にベースラインを弾きつつ、ソロの応酬《おうしゅう》。

そして、次に気が付くと、「フライ・ミー・トゥ・ザ・ムーン」はベートーヴェンの「月光」の第二楽章になっている。

なるほど、こうしてみると、なんとなく出だしが似てるのよね、この曲。

そして、第三楽章。

二人は一糸乱れぬテンポで、全くユニゾンで第三楽章を弾いていた。

信じられない、完璧なユニゾン。自分が二人いて、ステレオサウンドで音を聴いているみたい。

この感覚をなんと表現すればよいのだろう——水上を滑《すべ》るモーター

聞いたことがない。

「おねえさん、あの人のピアノ弾いてたでしょう。あの大きい、王子様みたいな人の」

塵がそう言ってピアノを見たので、亜夜はぎくっとした。

聴いていたの？　あたしの演奏を？　マサルのカデンツァをなぞったとはいえ、すぐに自己流にアレンジして弾いていたのに。

塵は、隣《となり》のピアノの前に腰掛《こしか》けると、蓋を開けてポーン、とAの音を鳴らした。

亜夜はその横顔を見ていて気付いた。

そういえば、この子、大学でも他の部屋で弾いてるショパンのエチュードをユニゾンで弾いていたっけ。とにかく恐《おそ》ろしく耳のいい子なのだ。

と、塵は突然《とつぜん》、オクターヴの激しいフレーズを弾き始めた。

あっ、と亜夜は声に出して叫《さけ》ぶ。

マサルのカデンツァ。

塵は、あの難しいところを完璧《かんぺき》に再現していた。一瞬《いっしゅん》、目の前にマサルが座《すわ》っているのかと思ったほどだ。

ざわっと鳥肌《とりはだ》が立った。

今、目の前で凄《すご》いものを――本当に凄いものを見てる、聴いている。大学の廊下《ろうか》で感じたことを追体験しているかのようだ。

塵はパッと弾きやめると、ニコッと笑った。

「おねえさんの頭の中で、これがずっと鳴ってたでしょう。僕もそう。外に出た時、これを再現したいと思ったでしょう。すぐにピアノ弾きたいって思ったでしょう。僕もそう」

歌うように話す。

「だから、このあとどこかにピアノ弾きに行くって思ったの」

亜夜は再び、B［ざ　］と全身に鳥肌が立つのを感じた。

見抜《みぬ》かれている。すべて。あたしが感じたことも、ピアノに触《ふ》れたいという衝動《しょうどう》も。

やはりこの子は――初めて少年を見た時の感想が蘇《よみがえ》る。

音楽の神様に愛されてるんだ。

あたしは？

そう考えて、亜夜は自分でも驚《おどろ》くくらいに激しく動揺《どうよう》した。

あたしは音楽の神様に愛されているのか？

一瞬、Ⅲ遥《はる》かな天の高みから一筋のスポットライトが射《さ》してきて、風間塵をパッと照らし出したような気がした。音楽の神様が手に持っているライトを当てたのは、亜夜のすぐそば、一メートルほど先にいる少年。彼はきらきらと祝福の光を浴びて輝《かがや》いている。けれど、亜夜は手を伸《の》ばせば光に触れそうなほど近くにいるのに、暗がりに突《つ》っ立《た》ったままで誰からも見えないのだ。

おまえじゃない、私は風間塵を選んだ。

そんな声を聞いたような気がして、③なんとも言えぬ嫌《いや》な痛みが胸を走り抜けるのを感じた。

息ができない。

亜夜は、頭の中が真っ白になった。

初めて味わう感情だった。全身を貫《つらぬ》く、鋭《するど》いのにじくじくとした痛み。喉《のど》の奥《おく》に苦いものを感じる。

なんなのだ、これは。神に選ばれし者が目の前にいるという確信が、どうしてこんな痛みをあたしに与《あた》えるの？

その答えは、とっくに分かっていたように思う――自分が音楽から逃《に》げたと認めなかったこと。自分は音楽をやっている、人よりも深く理解できている、と心のどこかで自惚《うぬぼ》れ、周囲を見下していたこと。才能がない、二十歳《はたち》過ぎればただの人、などと呼ばれるのを心の底では深く恐怖《きょうふ》していたこと。

亜夜はピアノを弾くのをやめて、音の出所を探した。
どんどん。どんどんどん。
Ⅰやはり、何かを叩いている。どこで？
部屋の中を A［う　］し、ふと、窓のブラインドを持ち上げてみたら、そこに人影《ひとかげ》があったのでぎょっとして思わず「わっ」と声を上げてしまった。
反射的に飛びのく。
が、ブラインドが窓にぶつかる寸前に、その人影が激しく手を振《ふ》っているのがちらりと見えた。
「あれ？」
どこかで見たような。
亜夜はそろそろと窓に近寄り、恐《おそ》る恐るもう一度ブラインドを持ち上げてみた。
帽子《ぼうし》を取って、ぺこりとお辞儀《じぎ》する少年。
Ⅱ「風間塵——くん？」
まじまじと窓の外を見ると、やはりあの少年がにっこり笑い、拝むような仕草をしている。ドアのほうを指差しているのは、中に入れてくれと言っているらしい。
亜夜はあっけに取られて、ドアを開けに行った。
「お邪魔《じゃま》しまーす」
少年は——風間塵は帽子を取ったまま、ぺこぺこ頭を下げつつ入ってきた。
「あなた、どうやってここに？」
「そこの塀《へい》越えてきた」
塵はレッスン場の壁《かべ》を指差した。亜夜は絶句し、苦笑《くしょう》する。
またしても不法侵入《しんにゅう》か。平田先生に用心するように言っておかなければ。
「ううん、そうじゃなくて、どうしてここが分かったの？」
「ごめんなさい、おねえさんの後ついてきたの」
「ええ？」
亜夜は目の前の少し頰《ほお》を赤くした少年の顔をまじまじと見つめた。
そして、さっき後ろに人の気配を感じたことを思い出した。やはり気のせいではなかったのか。
「どうして？」
戸惑《とまど》って尋《たず》ねると、彼《かれ》はえへへ、と笑った。
「きっとどこかにピアノ弾きに行くんだろうなーって思って。おねえさんの弾きに行くところだったら、いいピアノがあるだろうって思ったの」
亜夜は目をぱちくりさせた。
「それでついてきたの？」
「うん」
「あなた、コンクール期間中どこに泊《と》まってるの？」
「お父さんの友達のやってるお花屋さん」
亜夜はますます目をぱちくりさせた。
「練習は？」
「僕《ぼく》、コンクールの練習室のピアノ苦手なの。もっと弾いてる人の顔が見える、弾いてる人の匂《にお》いが残ってる、誰《だれ》かんちのピアノのほうがいいなあ」
塵はそわそわと落ち着きなく亜夜の目を覗《のぞ》きこんだ。
「ねえ、一緒《いっしょ》にここでピアノ弾いてもいい？」
②亜夜は絶句した。
あたしもかつては天然だと言われたものだが、この子には負ける。
天然というか、天衣無縫《てんいむほう》というか。コンクールの真っ最中、争っているコンテスタントにくっついてきて、一緒に練習させろと頼《たの》むなんて

1　商業とは、古くから存在する行為であり、既《すで》にあるそれぞれの民族固有の名前の他には必要とされていなかったから。

2　商業とは、あくまでお金とモノの交換であり、「贈る」「受け取る」という言葉で示すことのできる行為だったから。

3　商業とは、人類の歴史の中でもごく最近になって生まれた行為であり、言語の分化以前には存在しなかったから。

4　商業とは、共同体外部の人間が仲介するものであり、共同体内部の人間には実態が見えないことだったから。

問９　**Ａ**・**Ｂ**の文章に関する説明として**ふさわしくないもの**を次から**二つ**選び、それぞれ番号で答えなさい。

1　**Ａ**の文章ではバンヴェニストやモースの意見と筆者の考察を対比させつつ論を進めることで、筆者の意見を明確にしようとしている。

2　**Ａ**の文章では複数の言語の起源をたどることによって、昔の人々がどのような形で交換を行っていたのかを明らかにしている。

3　**Ｂ**の文章では筆者が抱《いだ》いている疑問の解決を名探偵によって事件が解決されることになぞらえながら論を進めている。

4　**Ｂ**の文章ではバンヴェニストが行った語根の分析《ぶんせき》に加え、筆者自身も補足の例を挙げることで、より主張をわかりやすくしている。

5　**Ａ**・**Ｂ**の文章ともに、「与える」ことと「受けとる」ことが元々は一つの行為であるという事実から商業という経済行為が生まれたと結論付けている。

6　**Ａ**・**Ｂ**の文章ともに、経済とはかかわりがないような言語学の視点も使いながら経済行為について論じている。

二　次の文章を読んで、後の問いに答えなさい。

かつてピアノの天才少女と呼ばれた栄伝亜夜はあることをきっかけにピアノから離《はな》れてしまうが、周囲の勧《すす》めもあり、ピアノコンクールに出場する。そこでかつて同じピアノ教室に通っていたマサルと再会する。コンクール二次予選の課題曲である「春と修羅《しゅら》」にはカデンツァと呼ばれる、即興《そっきょう》的な演奏をする箇所《かしょ》がある。予選二日目のマサルの演奏を聴《き》いた後、亜夜は、会場の近くの練習場に向かった。

よし。

椅子《いす》を調節し、蓋《ふた》を開けてすぐにウォーミングアップのスケールを弾《ひ》き始める。もう長年の手癖《てくせ》のようなもので、半音ずつ調を上げてゆく。

しかし、頭の中ではマサルのカデンツァが鳴《な》り響《ひび》いていた。

いつしか、マサルのカデンツァを指が再現し始めている。

うひゃー、これは難しい。全部の音を鳴らすのは練習しないと無理だわ。

亜夜はａ舌を巻いた。

舞台《ぶたい》の上のマサルの姿が目の前に浮《う》かんできた。

あの静寂《せいじゃく》。暗がり。そこに射《さ》し込《こ》んでくる星ぼしの光――

①マサルのカデンツァを再現していたのが、徐々《じょじょ》にアレンジを加え、異なる方向に展開していく。

あたしのカデンツァは――あたしの春と修羅は？

その時、耳が異音を拾っていることに気付いた。

なんだろう、この音。

振動《しんどう》。何かを叩《たた》いているような――

の文章の着想を得ている。

※互酬…義務として物を送り合ったり、お互《たが》いに助け合ったりする関係のこと。

※名探偵…筆者はこの文章の前の部分で、筆者の提起する問題を解決する役目として、言語学者であるエミール＝バンヴェニストの名を挙げている。

※ワトソン博士…架空《かくう》の名探偵として有名なシャーロック＝ホームズの助手。

※マルクス…著名な思想家、経済学者。

問1　空らん[A]～[D]にあてはまることばの組み合わせとして最もふさわしいものを次から一つ選び、番号で答えなさい。

1　A　たとえば　B　さらに　C　また　D　しかし
2　A　たとえば　B　だが　C　もっとも　D　すなわち
3　A　そして　B　さらに　C　もっとも　D　しかし
4　A　そして　B　だが　C　また　D　すなわち

問2　――線①「正反対の意味であるはずの二つの言葉」とありますが、「売買」と熟語の構成が同じものを次から一つ選び、番号で答えなさい。

1　否決　2　背景　3　呼吸　4　貴重

問3　空らん[X]にあてはまるものを次から一つ選び、番号で答えなさい。

1　貿　2　望　3　替　4　財

問4　――線②「この言語的事実～見いだすことになった」とありますが、どういうことですか。最もふさわしいものを次から一つ選び、番号で答えなさい。

1　ドイツ語で「買う」を意味する言葉が「売る」を意味する言葉から派生してきたということが、古代の社会では互いに贈り物をし合うという行為が行われていたのを証明する根拠《こんきょ》になるということ。
2　大昔の共同体では贈与と返礼が繰り返されていたということが、「与える」と「受け取る」という正反対の意味をはらむ言葉が存在したという事実を確かなものにしているということ。
3　「与える」と「受け取る」という真逆の意味をその中に含《ふく》む言葉があったという事実が、古代的な社会関係は人から物をもらい受けたら他の者に物を与えるという暗黙《あんもく》の了解《りょうかい》で結びついていたということを示しているということ。
4　dō-という語根は、「与える」と「受け取る」という相反する意味を同時に持っていたということが、古代の社会においては贈与とそれに対する返礼が不可分であることを裏付けているということ。

問5　――線③「歴史的な経緯」の内容を六十字以内で説明しなさい。

問6　――線④「古代的な交換形態の痕跡」とほぼ同じ内容を示す部分を**Aの文章から二十字以内で**ぬき出しなさい。

問7　空らん[Y]にあてはまる四字熟語を次から一つ選び、番号で答えなさい。

1　一発逆転　2　一件落着
3　一進一退　4　一喜一憂《いっきいちゆう》

問8　――線⑤「『商業』にあたる経済行為を示す共通の語根を見つけ出すことができない」とありますが、どうしてだと考えられますか。次から一つ選び、番号で答えなさい。

こされることになるというのである。モースは、古代的な共同体とは、このような互酬的交換によってかたちづくられる社会関係の総体として理解しうると主張したのである。与えることが受けとることでもあり、受けとることが与えることでもあったこの④古代的な交換形態の痕跡《こんせき》を、バンヴェニストはインド＝ヨーロッパ語の dō- という語根をもつ言葉の両義性のなかに見いだしたというわけである。

[C]、モースの『贈与論』を読んでさえいれば、※ワトソン博士ですらこの程度の推理は可能であったかもしれない。だがこれで[Y]というわけにはいかない。いや、バンヴェニストによる本格的な推理はまさにここから始まるのである。なぜならば、古代的な交換形態において与えることと受けとることが同義であったならば、いったいどこから「与える」ことと「受けとる」ことが正反対の意味をもつような経済行為が生まれてくるのだろうか？　贈与と返礼のあいだの閉じられた円環《えんかん》のなかから、いったいどのようにして「売り」と「買い」とを区別する「商業」なるものが生まれてくるのだろうか？

じっさい、バンヴェニストは、いくらしらみ潰《つぶ》しにインド＝ヨーロッパ語族に属する言語を調べてみても、⑤「商業」にあたる経済行為を示す共通の語根を見つけ出すことができないという。もちろん、これは古代において商業が存在しなかったということを意味するのではない。商業とは人類の歴史とともに古く、個々の民族はそれぞれ商業を意味する個別の言葉をもっている。だが、それにもかかわらず、これらの言葉からなんら共通する語根を見いだすことができないのである。

いや、それだけではない。たとえばラテン語において商業を意味する negōtium という言葉を見てみよう。それはたんに暇《ひま》(ōtium) のない(neg-) ことを意味しているにすぎないことがわかるだろう。また、英語における business、フランス語における affaire という言葉を思い出してみよう。それらも本来はたんに忙《いそが》しい(busy)こと、あるいはやるべき(à faire)ことという意味であったにすぎない。商業を指し示すこれらの言葉がそれ自身なにも明確な意味をもっていないということは、商業というものが共同体のなかにおいて本来じぶん自身を指し示す固有の名前をもっていなかったということを物語る。

事実として存在した商業が名前として存在しないというこの矛盾。しかしながら、名探偵バンヴェニストは、まさにこの第二の矛盾のなかに「商業」にかんする真実を見いだすことになるのである。

[D]、それは、「商業」とは古代的な共同体におけるあの互酬的な交換とはまったく別の出自をもっているという事実である。いくら共同体の内部の歴史を遡《さかのぼ》ってみても、商業なるものの起源を見いだすことはできない。商業とは、外国人や自由民といった共同体の外部の人間によって専業的に従事され、共同体と共同体のあいだを仲《ちゅう》介《かい》することによって成立した活動なのだということである。だからこそ、それは共同体の内部の人間にとって「暇ではないこと」、「忙しいこと」あるいは「やるべきこと」という消極的な言葉でしか指し示しえない事柄であったのである。

※マルクスの言うように、「商品交換とは、共同体の果てるところで、共同体がほかの共同体またはその成員と接触《せっしょく》する点ではじまった」のである。そして、このようにして成立した商業というものが共同体の外部から内部に侵入《しんにゅう》してあの「古代的な交換形態」を解体しはじめたとき、はじめて贈与と返礼とのあいだの閉じた円環が「売り」と「買い」という二つの正反対の行為に分離《ぶんり》されることになったというわけである。

（岩井克人『二十一世紀の資本主義論』より）

※答案用紙の山…筆者は大学教員として採点していた学生の答案からこ

ひとにモノを贈与することは、理論的には自由であっても実際的にはかならず相手側に返礼の義務を負わせることになり、一方からの贈与と他方からの返礼としての贈与とのそれこそ果てしのない繰《く》り返《かえ》しによって、共同体の内部における財貨の交換が可能になるというのである。この全体的な交換関係のなかでは、与えることは同時に受け取ることであり、受け取ることは同時に与えることである。忘れられてしまった遠い過去において、インド＝ヨーロッパ語の dō- という言葉が与えることと受け取ることを同時に意味していたのは、まさにこの「古代的な交換形態」の言語的な反映であったというわけである。

　歴史がくだって、共同体の内部に貨幣《かへい》という外部的な存在が進入し、貨幣を手に入れるために相手にモノを与えることと、モノを手に入れるために相手に貨幣を与えることとが時間的にも空間的にも切り放されてしまうようになって、本来モノを与えることとモノを受け取ることを同時に意味していた dō- という言葉が、大多数のインド＝ヨーロッパ語において与えるという一方の意味に特化したのである。そして、おそらく、かつてはたんにモノとモノとを交換する意味しかもたなかった中国語の「買」という言葉や日本語の「かふ」という言葉が今日の買や買うという意味にのみ用いられるようになったのも、同じ③歴史的な経緯《けいい》によるのだろう。

B

「売る」ことと「買う」こと。一方はひとにモノを「与える」ことであり、他方はひとからモノを「受けとる」ことである。われわれにとって、これほどはっきり対立した意味をもつ事柄《ことがら》はない。もしこの二つを混同してしまうと、泥棒《どろぼう》か詐欺師《さぎし》として手に縄《なわ》がかかってしまうはずである。

[B]、※名探偵《めいたんてい》バンヴェニストの最初の仕事は、この「与える」と「受けとる」という正反対の行為を表現するインド＝ヨーロッパ語族内の言葉にかんして、ひとつの奇妙《きみょう》な事実が存在していることにわれわれの注意をうながすことから始まるのである。一般《いっぱん》にインド＝ヨーロッパ語においては、一方の「与える」という行為は dō- という語根をもつ言葉によって表現されている。たとえば英語の donation、フランス語の don、ラテン語の dōnum あるいはサンスクリット語の dānam といった言葉はすべて「贈与」という意味をもっている。だが不幸にして、この一般的と思われてきた規則にはひとつの例外が存在しているのである。それは、同じインド＝ヨーロッパ語族に属するヒッタイト語において dā- という基本的には同一の語根がもう一方の「受けとる」という行為を意味しているということである。

　同じ起源をもつ言葉が二つのまったく正反対の意味をもっているというこの矛盾《むじゅん》。だが、われらがバンヴェニストは、ながらく言語学者を悩《なや》ませてきたこの矛盾にたちまちつぎのように鮮《あざ》やかな解決を与えてくれるのである。すなわち、この一見した矛盾こそひとつの歴史的な事実にほかならない、とかれは推理する。遠い記憶《きおく》のかなたの古代の共同体において、「与える」ことは同時に「受けとる」ことをも意味していたのだ、というのである。

　バンヴェニストがあたえてくれたこの解決は、じつはマルセル・モースが『贈与論』のなかで発見した「古代的な交換形態」というものの言語学の立場からの再発見にほかならない。よく知られているように、モースは、たとえばマオリ族において、贈《おく》られたモノのなかには返礼を怠《おこた》る受けとり手を殺してしまう魔術《まじゅつ》的な力が吹《ふ》き込《こ》まれていると信じられていることを指摘《してき》する。ひとにモノを贈ることは、それゆえ、受けとる側にかならず返礼の義務を負わせることになり、一方からの贈与と他方からの返礼とのあいだのはてしない繰り返しがひきお

二〇二一年度 東京都市大学付属中学校

【国　語】〈第二回試験〉（五〇分）〈満点：一〇〇点〉

［注意］国語の問題では、字数制限のあるものは、特別な指示がない限り句読点等も一字に数えます。

一

次の文章**A**・**B**を読んで、後の問いに答えなさい。

A

われわれにとって「買う」ことと「売る」ことはまさに正反対の概《がい》念《ねん》である。一方はお金を支払《しはら》ってモノを手にいれる行為《こうい》をあらわし、他方はお金を手にいれるためにモノを他の人に渡《わた》す行為をあらわしている。この①正反対の意味であるはずの二つの言葉が、ともに同じ「バイ」という音をもっていることの背後にはきっとなにか歴史的な理由があるにちがいない。そう考えながら、※答案用紙の山を横におしのけ、手もとにあった角川の『漢和中辞典』を開いてみると、つぎのような説明がわたしの目のなかに飛《と》び込《こ》んできた。

「買」という言葉は、あるものと別のものとを取《と》り替《か》える意味である X という言葉を語源としており、はじめボウと発音されていたが後になってバイと発音されるようになったというのである。そして、もともとは売り買い両方の意味に用いられていたこの言葉は、後になって一方の買うの意味にのみ用いられるようになり、他方の売るという意味には「買」という字にモノを差し出すという意味の「出」という文字を組み合わせてつくられた「賣《ばい》」という文字が使われるようになったという。もちろん、現在の「売」という字はこの賣という字の略字体である。

（中略。筆者は中国語・日本語で「買」に売り買い両方の意味があったことを確認《かくにん》する。）

中国語の「買」という言葉、日本語の「買ひ」という言葉が、歴史の遠い昔においては、ともに売り買いの区別なく、たんにあるものを他のものと交換《こうかん》するという意味しかもたなかったというこの事実――じつは、それは、なにも中国語や日本語に固有の事実ではない。実際、二十世紀最大の言語学者のひとりに数えられているエミール・バンヴェニストがその晩年に出版した『インド＝ヨーロッパ諸制度語彙《ごい》集』（一九六九年）という大部の本のなかに収められている経済語彙についてのエッセイの多くは、まさにこの事実の解明にあてられているといっても過言ではない。

A 、ドイツ語においても「売る」を意味する verkaufen は「買う」を意味する kaufen から派生した言葉であり、ギリシャ語の「借りる」を意味する daneizomai は「貸す」を意味する daneizo という言葉から派生したことをバンヴェニストは書いている。いや、かれの考察の出発点は、大多数のインド＝ヨーロッパ語において「与《あた》える」あるいは「贈与《ぞうよ》する」という意味の動詞の最小単位（語根）をなしている dō- という言葉が、遠い歴史以前の時代においては「与える」という意味だけではなく、それと正反対の「受け取る」という意味をも担っていたという事実の発見にあったのである。バンヴェニストはまさに②この言語的事実のなかに、あの有名な『贈与論』（一九二三―二四年、邦訳《ほうやく》『社会学と人類学Ⅰ』弘文堂、所収）のなかでマルセル・モースが描《えが》き出《だ》そうと試みた「古代的な交換形態」というもののひとつの強力な証拠《しょうこ》を見いだすことになったのである。

マルセル・モースが、古代的な社会関係を贈与とその返礼によって構成される※互酬《ごしゅう》的な交換の体系と見なしたことはよく知られている。

2021年度

東京都市大学付属中学校 ▶解説と解答

算　数 ＜第２回試験＞（50分）＜満点：100点＞

解　答

1 **問１** 1　**問２** 97507　**問３** 350　**問４** 14　**問５** 77　**問６** 20　**問７** 349　**問８** 解説の図６を参照のこと。　**2** **問１** 5：3　**問２** 12分後　**問３** 900m　**3** **問１** 18：11　**問２** $\frac{27}{232}$倍　**4** **問１** 9日目　**問２** 6日目　**問３** 4日　**5** **問１** 28.26cm^2　**問２** 32.97cm^3

解　説

1 **四則計算，単位の計算，濃度《のうど》，年齢《ねんれい》算，比の性質，場合の数，面積，分割，展開図**

問１　$0.125\div\frac{3}{4}+\left(1\frac{1}{3}-\frac{3}{4}\right)\div\frac{7}{10}=\frac{1}{8}\times\frac{4}{3}+\left(\frac{4}{3}-\frac{3}{4}\right)\div\frac{7}{10}=\frac{1}{6}+\left(\frac{16}{12}-\frac{9}{12}\right)\div\frac{7}{10}=\frac{1}{6}+\frac{7}{12}\times\frac{10}{7}=\frac{1}{6}+\frac{5}{6}=\frac{6}{6}=1$

問２　１日は24時間だから，１日３時間は，24×１＋３＝27(時間)となる。また，１時間は60分なので，27時間５分は，60×27＋５＝1625(分)とわかる。さらに，１分は60秒だから，1625分７秒は，60×1625＋７＝97507(秒)と求められる。

問３　水を濃度０％の食塩水，食塩を濃度100％の食塩水とすると，右の図１のように表せる。図１で，かげをつけた部分の面積と太線で囲んだ部分の面積は，どちらも混ぜた食塩水に含《ふく》まれている食塩の重さを表している。よって，これらの面積は等しいので，アの部分の面積と(イ＋ウ)の部分の面積も等しくなる。また，アの部分の面積は，50×(１－0.17)＝41.5(ｇ)，ウの部分の面積は，100×0.17＝17(ｇ)にあたるから，イの部分の面積は，41.5－17＝24.5(ｇ)とわかる。さらに，イの部分のたての長さは，0.17－0.1＝0.07なので，□＝24.5÷0.07＝350(ｇ)と求められる。

図１

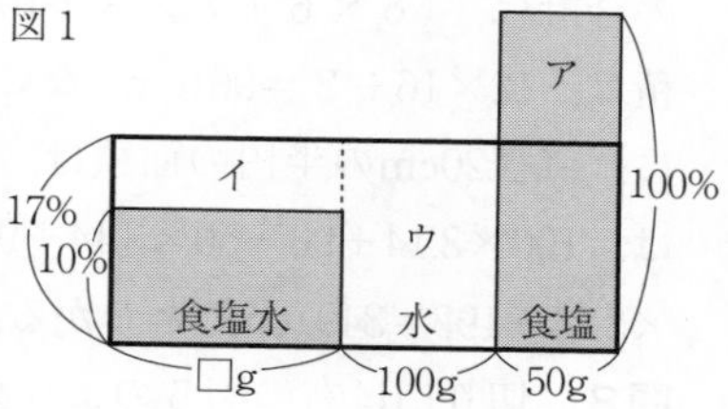

問４　現在のお父さんとお母さんの年令の合計は，47＋49＝96(才)だから，２年後のお父さんとお母さんの年令の合計は，96＋２×２＝100(才)となる。これが太郎君とお兄さんとお姉さんの年令の合計の２倍にあたるので，この３人の２年後の年令の合計は，100÷２＝50(才)とわかる。よって，この３人の現在の年令の合計は，50－２×３＝44(才)だから，現在のお兄さんの年令は，44－(12＋18)＝14(才)となる。

問５　取り出した赤球と白球の個数の比は３：５なので，取り出した個数を太線で表すと，右の図２のようになる。図２で，⑤－③＝②にあたる個数が，21－７＝14(個)だから，①にあたる個数は，14÷２＝７(個)とわかる。よって，はじめに入っていた個数は，赤球が，７×３

図２

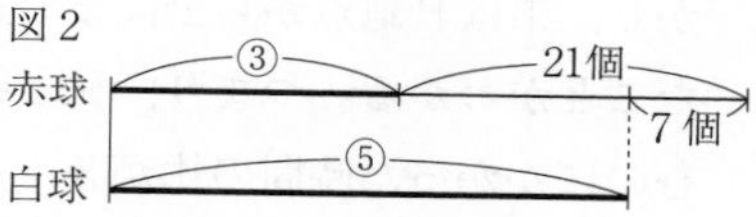

＋21＝42(個)，白球が，７×５＝35(個)なので，合わせると，42＋35＝77(個)になる。

問６　６の倍数は３の倍数でもある。また，３の倍数は各位の数字の和が３の倍数になるから，はじめに３枚の和が３の倍数になる組み合わせを調べると，右の図３の８通りあることがわかる。また，６の倍数は２の倍数でもあるので，これらを並べかえて一の位が偶数《ぐうすう》になるようにすればよい。すると，㋐の場合は{102，120，210}の３通り，㋑の場合は{150，510}の２通り，㋒の場合は{204，240，402，420}の４通り，㋓の場合は{132，312}の２通り，㋔の場合は㋐の場合と同様に３通り，㋕の場合は０通り，㋖の場合は{234，324，342，432}の４通り，㋗の場合は㋓の場合と同様に２通りあることがわかる。よって，全部で，３＋２＋４＋２＋３＋４＋２＝20(通り)と求められる。

図３

・和が３　㋐(０，１，２)
・和が６　㋑(０，１，５)
　　　　　㋒(０，２，４)
　　　　　㋓(１，２，３)
・和が９　㋔(０，４，５)
　　　　　㋕(１，３，５)
　　　　　㋖(２，３，４)
・和が12　㋗(３，４，５)

問７　右の図４のように，図形全体の面積から直径20cmの半円の面積をひき，そこに直角三角形の面積を加えることで求めることができる。また，図形全体の面積は，３つの半円の面積と直角三角形の面積の合計になる。ここで，３つの半円の半径はそれぞれ，12÷２＝６(cm)，16÷２＝８(cm)，20÷２＝10(cm)だから，３つの半円の面積の合計は，(６×６＋８×８＋10×10)×3.14÷２＝100×3.14(cm^2)となる。また，直角三角形の面積は，12×16÷２＝96(cm^2)なので，図形全体の面積は，100×3.14＋96(cm^2)と求められる。さらに，直径20cmの半円の面積は，10×10×3.14÷２＝50×3.14(cm^2)だから，斜線《しゃせん》部分の面積の合計は，100×3.14＋96－50×3.14＋96＝50×3.14＋192＝349(cm^2)とわかる。

図４

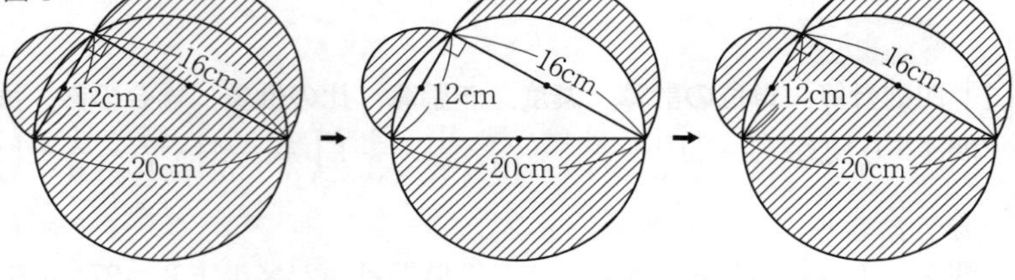

問８　切り口は右の図５のような台形になる。はじめに，見取り図の記号を展開図に移し，これをもとにして切り口の辺をかき入れると，右の図６のようになる。

図５

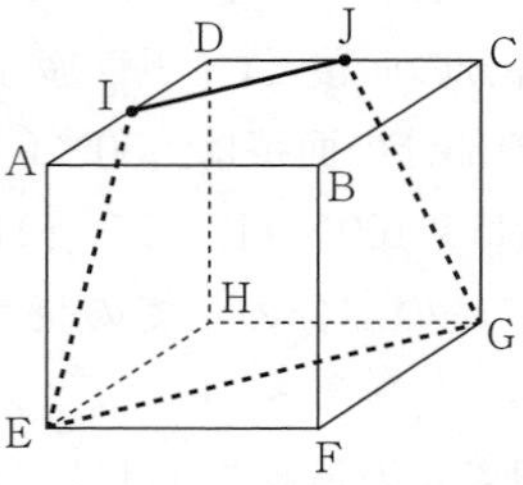

図６

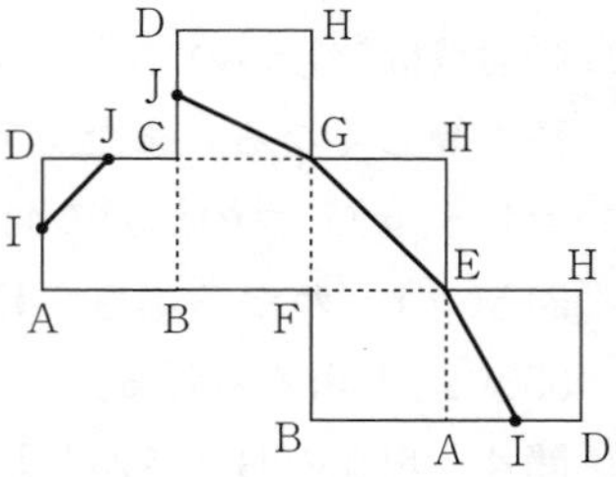

2　旅人算，速さと比

問１　２人がすれちがった地点をＰとして，２人の進行のようすをグラフに表すと右のようになる。グラフより，兄は公園からＰ地点まで進むのに３分かかり，弟はＰ地点から公園まで進むのに５分かかったことがわかる。つまり，兄と弟が同じ道のりを進むのにかかった時間の比が３：５だから，このときの兄と弟の速さの比は，$\frac{1}{3}:\frac{1}{5}=5:3$である。

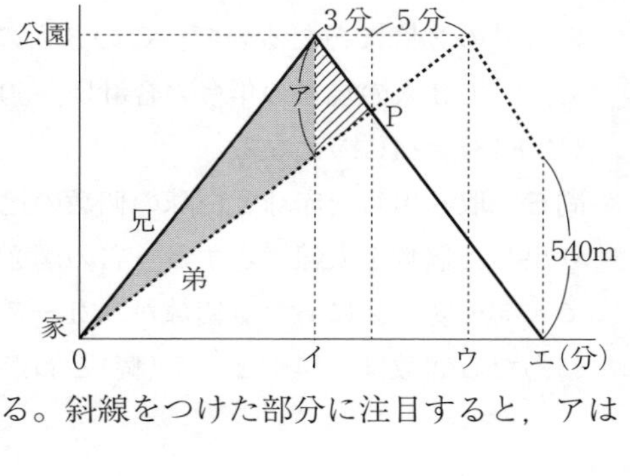

問２　兄の速さを毎分５，弟の行きの速さを毎分３とする。斜線をつけた部分に注目すると，アは

兄と弟が３分で進んだ道のりの和に等しいので，ア＝(５＋３)×３＝24となる。また，かげをつけた三角形に注目すると，アは兄と弟がイ分で進んだ道のりの差と等しくなるから，イ＝24÷(５－３)＝12(分)と求められる。よって，兄が公園に着いたのは出発してから12分後である。

問３　グラフで，イ＝12(分)より，ウ＝12＋３＋５＝20(分)，エ＝12×２＝24(分)となり，エ－ウ＝24－20＝４(分)とわかる。また，弟の帰りの速さは毎分，３×２＝６だから，ウ分後からエ分後までの間に弟が進んだ道のりは，６×４＝24と求められる。さらに，家から公園までの道のりは，５×12＝60なので，540mにあたる道のりは，60－24＝36となる。よって，１にあたる道のりは，540÷36＝15(m)だから，家から公園までの道のりは，15×60＝900(m)とわかる。

3　平面図形─相似，辺の比と面積の比

問１　ABとCDの長さを，１＋３＝４と，１＋２＝３の最小公倍数より，⑫とする。また，ADとBCの長さを$\boxed{2}$とする。さらに，DAとFEを延長して交わる点をＩ，BCとEFを延長して交わる点をＪとすると右の図のようになる。

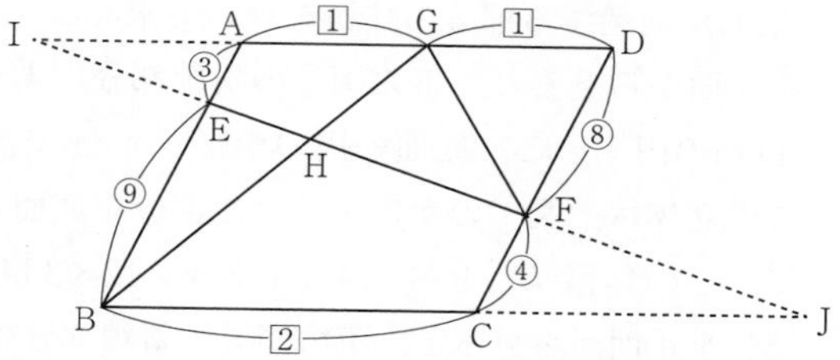

三角形IEAと三角形IFDは相似で，相似比は，EA：FD＝３：８だから，IA：AD＝３：(８－３)＝３：５となり，IA＝$\boxed{2}\times\frac{3}{5}=\boxed{1.2}$とわかる。同様に，三角形JFCと三角形JEBは相似で，相似比は，FC：EB＝４：９なので，BC：CJ＝(９－４)：４＝５：４となり，CJ＝$\boxed{2}\times\frac{4}{5}=\boxed{1.6}$と求められる。さらに，三角形IHGと三角形JHBも相似で，相似比は，IG：JB＝($\boxed{1.2}$＋$\boxed{1}$)：($\boxed{2}$＋$\boxed{1.6}$)＝11：18だから，BH：HG＝18：11とわかる。

問２　平行四辺形ABCDの面積を１とすると，三角形ABDの面積は，$1\times\frac{1}{2}=\frac{1}{2}$なので，三角形ABGの面積は，$\frac{1}{2}\times\frac{1}{2}=\frac{1}{4}$となる。さらに，三角形EBHの面積は三角形ABGの面積の，$\frac{3}{3+1}\times\frac{18}{18+11}=\frac{27}{58}$(倍)だから，三角形EBHの面積は，$\frac{1}{4}\times\frac{27}{58}=\frac{27}{232}$と求められる。よって，三角形EBHの面積は平行四辺形ABCDの面積の，$\frac{27}{232}\div 1=\frac{27}{232}$(倍)である。

4　仕事算

問１　右の図１の計算から，15と20と18の最小公倍数は，２×３×５×１×２×３＝180とわかる。そこで，仕事全体の量を180とすると，Ａ君，Ｂ君，Ｃ君が１日にする仕事の量はそれぞれ，180÷15＝12，180÷20＝９，180÷18＝10となる。よって，Ａ君とＢ君の２人ですると，180÷(12＋９)＝8.5…(日)かかるから，仕事が終わるのは，８＋１＝９(日目)である。

図１

2)	15	20	18
3)	15	10	9
5)	5	10	3
	1	2	3

問２　Ａ君とＢ君の２人で６日したときにできる仕事の量は，(12＋９)×６＝126なので，残りの仕事の量は，180－126＝54となる。この仕事をＣ君が１人ですると，54÷10＝5.4(日)かかるから，仕事が終わるのはＣ君に交代してから，５＋１＝６(日目)と求められる。

問３　３人の仕事の仕方をまとめると，右の図２のようになる。はじめの３日でできる仕事の量は，(12＋９)×３＝63なので，残りの仕事の量は，180－63＝117となる。また，

図２

10日

	３日			□日			△日		
Ａ君	12	12	12	12	…	12	0	…	0
Ｂ君	9	9	9	0	…	0	0	…	0
Ｃ君	0	0	0	10	…	10	10	…	10

□と△の和は，10－３＝７(日)だから，Ｃ君がする仕事の量は全部で，10×７＝70となる。よって，□日でＡ君がする仕事の量は，117－70＝47なので，□＝47÷12＝3.9…(日)と求められる。したがって，10日以内に終わらせるには□を，３＋１＝４(日)以上にすればよいから，Ａ君とＣ君の２人でする日数は最も少なくて４日とわかる。

5　立体図形―図形の移動，面積，相似，体積

問１　真上から見ると下の図①のようになり，辺CDが通過するのはかげをつけた部分になる。これは，半径が５cmの円と半径が４cmの円にはさまれた部分だから，その面積は，５×５×3.14－４×４×3.14＝(25－16)×3.14＝９×3.14＝28.26(cm^2)とわかる。

問２　四角形FCDGが通過する部分の体積は，三角形ACDが通過する部分の体積から，三角形AFGが通過する部分の体積をひいて求めることができる。はじめに，三角形ACDが通過する部分を正面から見ると，下の図②の斜線部分のようになる。これは，底面の円の半径が５cmで高さが４cmの円すいと，底面の円の半径が４cmで高さが４cmの円すいにはさまれた部分である。また，この立体は，図①のかげをつけた部分を底面とする高さが４cmのすい体と考えることができるので，その体積は，９×3.14×４÷３＝12×3.14(cm^3)と求められる。次に，三角形AFGが通過する部分を正面から見ると，下の図③の斜線部分のようになる。図②と図③の立体は相似で，相似比は２：１だから，体積の比は，(２×２×２)：(１×１×１)＝８：１とわかる。よって，図③の斜線部分の体積は，$12\times3.14\times\frac{1}{8}$＝1.5×3.14($cm^3$)なので，四角形FCDGが通過する部分の体積は，12×3.14－1.5×3.14＝(12－1.5)×3.14＝10.5×3.14＝32.97(cm^3)となる。

図①

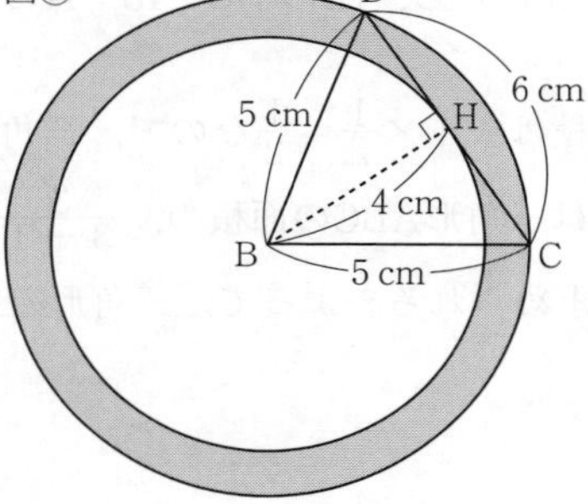

図②

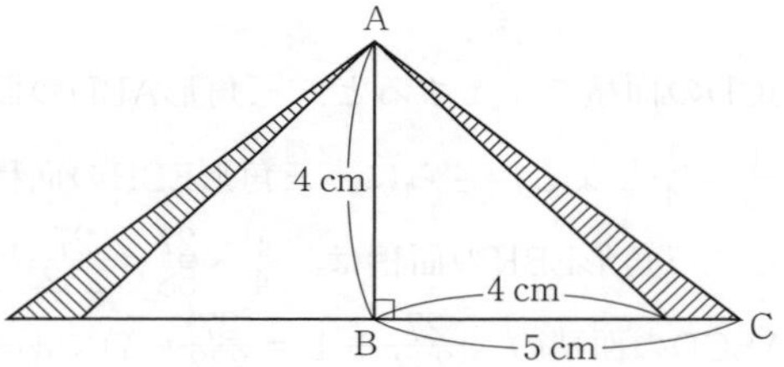

図③

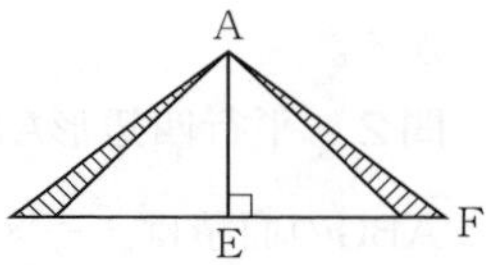

社　会　＜第２回試験＞（40分）＜満点：75点＞

解　答

1　**問１**　**１**　尖閣　**２**　南沙　**３**　津波　**４**　イスラム　**問２**　**Ａ**　３　**Ｂ**　１　**問３**　シルクロード　**問４**　３　**問５**　５　**問６**　３　**問７**　４　**問８**　**Ａ**　木曽(山脈)　**Ｂ**　天竜(川)　**問９**　６　**問10**　①　山梨　②　山形　**2**　**問１**　(満)79(歳)　**問２**　1964(年)　**問３**　２　**問４**　大正９(年)　**問５**　兵庫県　**問６**　３　**問７**　６　**問８**　１　**問９**　４　**問10**　４　**問11**　２　**問12**　岩手県　**問13**　１　**3**　**問１**　勝海舟　**問２**　３　**問３**　(1)　４　(2)　２　**問４**　４　**問５**　２　**問６**　４　**問７**　郵政　**問８**　２　**問９**　１　**問10**　１　**問11**　３　**問12**　習近平

解　説

1　日本と関係の深いアジアの国々，日本の自然や産業についての問題

問１　**1**　中国(中華人民共和国)は東アジアの大半を占《し》める国で，2000年代前半からなかばにかけてめざましい経済成長をとげ，「世界の工場」といわれるようになった。尖閣《せんかく》諸島(沖縄県)の領有権を主張し，日本と対立している。　**2**　中国は，南シナ海の南沙《なんさ》諸島(スプラトリー諸島)の領有権をめぐり，フィリピンやベトナムなどと対立している。　**3**　インドネシアは東南アジアの南部に位置する島国で，2004年にはスマトラ沖地震に伴《ともな》う津波で多くの犠牲《ぎせい》者を出した。　**4**　インドネシアは国民の90％近くがイスラム教徒で，その宗教上のきまりを守って生活している。

問２　**A**　問１の１の解説を参照のこと。　**B**　問１の３の解説を参照のこと。

問３　「シルクロード(絹の道)」は古代に中国と西アジア・ヨーロッパとを結んだ東西交通路で，この道を通って中国からおもに生糸や絹織物が多く運ばれたことから，のちに「絹の道」と名づけられた。シルクロードの道すじにあたる乾燥地帯の中のオアシス(砂漠の中で水が湧《わ》き出る場所)は，交通の要所として発展した。

問４　日本の輸入品目をみると，表１には衣類やがん具，表２には航空機類や肉類が入ってるので，表１は中国，表２がアメリカ合衆国と判断できる。また，表２をみると，日本の輸出金額が輸入金額の２倍近くになっていることから，日本にとってアメリカ合衆国との貿易は黒字の状態であることがわかる。

問５　日本の人口は約1.3億人，面積が約37.8万km^2(北方領土をふくむ)なので，インドネシアの人口はその約2.1倍の約2.7億人，面積はその約5.1倍の約192.8万km^2となる。

問６　石炭の産出量が世界で最も多いのは中国だが，石炭の輸入量が最も多いのも中国である。石炭は，中国では経済発展に欠かすことができない重要なエネルギー資源といえるが，石炭を大量に消費することにより，地球温暖化の原因となる二酸化炭素の排出量も世界一となっている。なお，石炭は鉄鋼業の原料としても重要で，日本はオーストラリア・インドネシア・ロシア連邦などから輸入している。統計資料は『日本国勢図会』2020／21年版による(以下同じ)。

問７　米の地方別生産割合は東北地方が最も大きく，北海道が最も小さい(都道府県別では新潟県についで全国第２位)。また，北海道は農業従事者あたりの耕地面積が最も広い。よって，Ａは東北，Ｂは九州，Ｃは北海道になる。

問８　富山市と静岡市を直線で結ぶと，順に飛騨《ひだ》山脈・Ａの木曽山脈・赤石山脈を横断し，木曽山脈と赤石山脈の間を諏訪《すわ》湖(長野県)から流れ出すＢの天竜川が通っている。天竜川はおおむね南へ向かって流れ，静岡県浜松市の東側で遠州灘《なだ》(太平洋)に注いでいる。

問９　広島市は瀬戸内の気候に属しているため年間降水量が少なく，松江市(島根県)は日本海側の気候に属しているため冬の降水量(積雪量)が多い。また，高知市は太平洋側の気候に属しているため，夏の降水量が多い。

問10　ももとぶどうの生産量は山梨県が全国第１位で，おうとう(さくらんぼ)の生産量は山形県が全国第１位である。

2　「日本の100年歴史表」を題材にした歴史の問題

問１　日本がハワイの真珠湾を奇襲《きしゅう》攻撃して太平洋戦争を始めたのは1941年12月８日のことなので，この日に生まれた人は，2021年２月現在で79歳である。

問２　1964年，アジアで初めてとなるオリンピックが東京で開催された(東京五輪)。

問３　アメリカ合衆国は議会が反対したことから，1920年に発足した国際連盟に加盟しなかった。よって，２が誤っている。

問４　1920(大正９)年，国際連盟が発足すると，日本は常任理事国としてこれに加盟し，教育者・農政学者の新渡戸稲造《にとべいなぞう》が事務局次長に就任した。なお，明治元年は1868年，大正元年は1912年，昭和元年は1926年である。

問５　播磨《はりま》国は，現在の兵庫県南西部にあたる。

問６　江戸幕府の第８代将軍徳川吉宗が行った享保の改革では，米の価格を安定させるため大坂(大阪)にある堂島米会所を公認した。よって，３が正しい。なお，１は「倹約令を発令」ではなく「目安箱を設置」，２は「町人」ではなく「大名」，４は「制限」ではなく「奨励《しょうれい》」が正しい。

問７　第２代将軍徳川秀忠《ひでただ》の在任期間は1605～23年で，ロシア使節のラクスマンが根室に来航したのは1792年のことである。よって，６が誤っている。なお，１と４は1615年，２は1609年，３は1619年，５は1614年のできごと。

問８　１の「三河《みかわ》」は愛知県東部，３の「山城」は京都府南東部，４の「越前」は福井県北部にあたる。２の正長の徳政一揆《いっき》は，「近江《おうみ》」(滋賀県)から始まった。よって，最も東で起こったのは１となる。

問９　マニュファクチュア(工場制手工業)は江戸時代の終わりごろに始まったので，４が誤っている。

問10　後醍醐《ごだいご》天皇は1333年に鎌倉幕府を滅《ほろ》ぼし，建武の新政を行って天皇による政治を復活させた。ａは後白河天皇(上皇・法皇)，ｂは鳥羽《とば》天皇(上皇・法皇)の説明である。

問11　北条泰時《やすとき》は承久《じょうきゅう》の乱(1221年)のあと，朝廷や公家の動きを監視する目的で京都に設置された六波羅《ろくはら》探題の初代長官を務めた。父の北条義時がなくなると鎌倉幕府第３代執権《しっけん》となり，1232年には初の武家法である御成敗式目を制定した。なお，１の北条義時は第２代，３の北条経時《つねとき》は第４代，４の北条時政は初代の執権。

問12　中尊寺金色堂は奥州藤原氏の初代清衡《きよひら》が根拠《こんきょ》地の平泉(岩手県)に建立した阿弥陀《あみだ》堂で，中には奥州藤原氏３代のミイラが安置されている。

問13　平忠常《ただつね》の乱は1028～31年に忠常が房総(千葉県)で起こした反乱なので，１の壇ノ浦《だんのうら》の戦い(1185年)がこれよりあとになる。２の藤原純友《すみとも》の乱は939～941年，３の壬申《じんしん》の乱は672年，４の平将門《まさかど》の乱は939～940年のこと。

３　**桂太郎首相と安倍晋三首相の経歴を題材にした問題**

問１　戊辰《ぼしん》戦争(1868～69年)では，新政府軍が江戸城を総攻撃する直前，新政府軍の西郷隆盛と旧幕府代表の勝海舟《かいしゅう》が会談を行ったことで，江戸城の無血開城が実現した。海舟は明治政府にも出仕し，参議兼《けん》海軍卿《きょう》や枢密顧問《すうみつこもん》官などを歴任した。

問２　日清戦争(1894～95年)の講和会議は下関(山口県)で行われ，清(中国)との間で下関条約が結ばれた。よって，３があてはまる。「源平の合戦の地」とは壇ノ浦のことで，下関市にある。なお，１は浜松市(静岡県)，２は金沢市(石川県)，４は盛岡市(岩手県)の説明。

問３　(1)　伊藤博文はヨーロッパに渡り，各国の憲法を調査して帰国後，君主権の強いドイツ憲法を参考に大日本帝国憲法の草案を作成した。　　(2)　明治時代には地方自治という考え方がなかったため，大日本帝国憲法にその規定はない。

問４　日露戦争(1904～05年)の講和会議は，アメリカ合衆国のセオドア＝ルーズベルト大統領の仲立ちにより同国の軍港ポーツマスで行われたが，日本はロシアから樺太《からふと》(サハリン)の南半分や南満州鉄道の権利などを得るにとどまった。よって，４が正しい。１～３は日清戦争後に結ばれた下関条約の内容。

問５　１について，政党政治では，一般に衆議院で過半数を占める政党の党首が内閣総理大臣となって内閣を組織するが，複数政党による連立内閣の場合は，最大勢力を占める政党の党首が内閣総理大臣になるとは限らないので，正しい。２について，国務大臣はすべて与党(政権を担当する政党)所属の議員とは限らず，無所属の議員や民間人が採用されることもある。よって，２は誤っている。３と４は正しい。

問６　岸信介《のぶすけ》内閣は，1960年に日米安全保障条約の改定を強行したことで知られる。なお，１は佐藤栄作内閣，２は福田赳夫《たけお》内閣，３は鳩山《はとやま》一郎内閣のときのできごと。

問７　小泉純一郎内閣は郵政三事業(郵便・郵便貯金・簡易保険)の改革を最大の政治課題とし，その民営化を実現した。

問８　最高裁判所長官は内閣が指名し，天皇が任命する。よって，２が誤っている。

問９　憲法改正は，衆参両議院においてそれぞれ総議員の３分の２以上の賛成で国会がこれを発議し(国民に提案し)，18歳以上の国民による投票で過半数の賛成が得られれば承認される。よって，１が正しい。

問10　日本の税制における直接税と間接税の割合は，およそ３分の２を直接税が占める状態が続いており，2019年は直接税が67%，間接税が33%であった。

問11　日本国憲法第９条は平和主義の原則を定めた条文で，「国権の発動たる戦争と，武力による威嚇又《いかくまた》は武力の行使は，国際紛争を解決する手段としては，永久にこれを放棄《ほうき》する」としている。

問12　2021年２月現在，中国の最高指導者である国家主席は周近平が務めている。

理　科　＜第２回試験＞（40分）＜満点：75点＞

解　答

1 **問１**　**ア**　光合成　**イ**　光　**問２**　(番号，名称の順に)　１，こう辺細ぼう／３，い管束(葉脈)　**問３**　**番号**…３　**説明**…(例)　葉の裏の方に気こうが多いから。　**問４**　２　**問５**　４　**問６**　(1)　２g　(2)　6.25g　**問７**　①　３　②　３　**2** **問１**　水蒸気　**問２**　２　**問３**　４　**問４**　５　**問５**　１　**問６**　４　**3** **問１**　８　**問２**　**A～C＋極**…６　**A～C－極**…１　**D＋極**…４　**問３**　(1)　４　(2)　$7\ cm^3$　(3)　320分　**4** **問１**　272m　**問２**　10.8秒後　**問３**　1020m　**問４**　木星　**問５**　２　**問６**　毎秒29.4万km

解　説

1　**植物の蒸散についての問題**

問１　海洋中の藻類《そうるい》は光合成を行い，つくりだした養分を使って成長する。しかし，海の深いところでは，とどく日光が弱いため，じゅうぶんな光合成を行えない。

問２　１は気こうを囲む三日月形をしたこう辺細ぼうである。気こうは，酸素や二酸化炭素，水蒸気といった気体が出入りするためのもので，水中に生息する藻類にはない。３のい管束(葉脈)には，根から吸収した水を体全体に運ぶはたらきがある。藻類は体の表面から直接水を吸収できることから，い管束はみられない。

問３　塩化コバルト紙に水がつくと，青色から赤色に変化する。植物は，蒸散によって体内の水分を水蒸気として気こうから放出するが，葉の表よりも裏の方が気こうの数が多いので，塩化コバルト紙の色の変化も早い。

問４　光を強くしたり気温を高くしたりすると，蒸散がさかんになる。よって，問３の条件のときよりも多くの水蒸気が気こうから放出され，塩化コバルト紙が早く変化する。

問５　植物は蒸散によって，体内の水分量を調節したり，体の温度が高くなりすぎるのを防いだりすることができる。また，体内の水が出ていくことで，根からの水の吸収がさかんになる。

問６　(1)　Ａは葉の裏と茎《くき》，Ｂは葉の表と茎，Ｃは茎のみ，Ｄは葉の表と裏，茎の気こうで蒸散が行われる。葉の表からの蒸散量は，ＢとＣの水の減少量の差(または，ＤとＡの水の減少量の差)で求めることができる。よって，24時間後におけるすべての葉の表からの蒸散量は，３－１＝２(ｇ)である。　(2)　葉の裏からの蒸散量は，ＡとＣの水の減少量の差(または，ＢとＤの水の減少量の差)で求めることができる。24時間後におけるすべての葉の裏からの蒸散量は，６－１＝５(ｇ)なので，30時間後におけるすべての葉の裏からの蒸散量は，$5\times\frac{30}{24}=6.25$(ｇ)となる。

問７　形成層の外側には，葉でできた養分が通る師管がある。そのため，形成層よりも外側の部分をはぎとると，師管がなくなるが，形成層の内側を通る道管はそのまま残っている。赤インクで色をつけた水は道管を通って吸い上げられるので，①，②の断面では，どちらも道管が赤く染まる。

2　雲や天気についての問題

問１　空気中の水蒸気が冷やされて水や氷の粒《つぶ》となり，上空でういているものが雲である。なお，これが地表付近であれば霧《きり》とよぶ。

問２　積乱雲はたて方向に発達した雲で，入道雲や雷《かみなり》雲ともよばれ，非常に強い雨や雷などをもたらすことがある。

問３　地上から５km上空にいくと，気圧は約$\frac{1}{2}$になる。この割合で気圧が減少すると考える。これより５km上空にいくと，気圧は地上の，$\frac{1}{2}\times\frac{1}{2}=\frac{1}{4}$になり，さらに５km上空の地上から15kmでは，$\frac{1}{4}\times\frac{1}{2}=\frac{1}{8}$となる。

問４　半径0.01ミリの粒と，半径１ミリの雨粒の体積の比は，{0.01×0.01×0.01×(円周率)×４÷３}：{１×１×１×(円周率)×４÷３}＝１：1000000である。よって，半径0.01ミリの粒が1000000個集まると半径１ミリの雨粒になる。

問５　１について，「ツバメが低く飛ぶと雨」ということわざがある。ツバメのえさになる虫は，雨雲が近づき，空気中の水蒸気の量が多くなると，はねが重くなって高く飛べないため，それをつかまえるツバメも低く飛ぶとされている。

問６　梅雨前線は，オホーツク海気団と小笠原《おがさわら》気団がぶつかるところにできる停たい前線のことである。小笠原気団の勢力が強くなり，梅雨前線が南から北へおし上げられると梅雨明けとなり，本格的な夏になる。

3　水溶液《すいようえき》の中和，電気分解についての問題

問１　水溶液Ａは酸性の塩酸で，BTB溶液を加えると黄色を示す。また，塩酸は気体の塩化水素の水溶液なので，加熱し水分を蒸発させても何も残らない。水溶液Ｂは，塩酸１と水酸化ナトリウム水溶液１が中和して食塩と水ができ，塩酸が，２－１＝１残るので酸性で，BTB溶液が黄色になる。水溶液Ｂを加熱し水分を蒸発させると，固体の食塩が残る。水溶液Ｃは，塩酸１と水酸化ナトリウム水溶液１がちょうど中和して中性になり，BTB溶液は緑色を示す。加熱し水分を蒸発させると，固体の食塩が残る。

問２　塩酸や食塩水を電気分解すると，＋極に塩素，－極に水素が発生する。塩素は水に溶《と》けやすく，黄緑色で鼻をさすような刺激臭《しげきしゅう》がある気体である。また，水素は可燃性で，火を付けたマッチを近づけると音を立てて燃え，水が生じる。一方，水酸化ナトリウム水溶液に電流を流すと，水が電気分解され，＋極に酸素，－極に水素が発生する。酸素は空気中に約20％ふくまれている無色無臭の気体で，ものを燃やすのを助ける働き(助燃性)がある。

問３　(1)　水溶液Ａ～Ｃで＋極に発生する塩素は水に溶けやすい気体なので，流す電流の強さにかかわらず，少量しか得ることができない。　(2)　図１より，電流Ｘを８分間流したときに－極で得られる気体の体積は56cm^3なので，電流の強さを電流Ｘの0.125倍にして電気分解を８分間行ったときに－極で発生する気体の体積は，56×0.125＝７(cm^3)である。　(3)　水溶液Ｄを電気分解すると，＋極に酸素，－極に水素が発生し，このとき発生する気体の体積の比は，酸素：水素＝１：２である。図１より，電流Ｘを８分間流したときに－極で得られる気体の体積は56cm^3なので，電流の強さを電流Ｘの0.25倍にして電気分解を８分間行ったとき，－極で発生する気体(水素)の体積は，56×0.25＝14(cm^3)，＋極で発生する気体(酸素)の体積は，14÷２＝７(cm^3)である。したがって，＋極で発生する気体(酸素)の体積が280cm^3になるのにかかる時間は，$8\times\frac{280}{7}=320$(分)とわかる。

4　音と光の速さについての問題

問１　トシくんは毎秒3.4ｍで進むので，80秒後には音源装置から，3.4×80＝272(ｍ)離《はな》れた場所にいる。

問２　２回目の音が出るのは，ストップウォッチで時間を計り始めてから，20＋70＝90(秒後)である。この音が272ｍ離れたトシくんにとどくまで，272÷340＝0.8(秒)かかるので，２回目の音が聞こえ始めるのは，トシくんが静止してから，90＋0.8－80＝10.8(秒後)である。

問３　音源装置から７回目の音が出るのは，ストップウォッチで時間を計り始めてから，(20＋70)×(７－１)＝540(秒後)なので，７回目の音が出てからトシくんにとどくまで，543－540＝３(秒)かかる。このとき，トシくんは音源装置から，340×３＝1020(ｍ)離れていることになる。

問４　太陽系の惑星《わくせい》(水星，金星，地球，火星，木星，土星，天王《てんのう》星，海王星)のうち，最も大きいのは木星である。

問５　Ａ点にあるとき，地球はイオと最も近い。地球がＡ点から動くと，イオと地球の距離《きょり》が大きくなるので，イオからの光が地球にとどくまでにかかる時間は長くなり，イオの食の始まる時刻も予想時刻より遅《おそ》くなる。

問６　Ａ点とＢ点の距離は，１億5000万×２＝３億＝30000万(km)である。この距離を光が進むの

に，17×60＝1020(秒)かかるので，30000÷1020＝29.41…より，光の進む速さは毎秒約29.4万kmとわかる。

国　語　＜第２回試験＞（50分）＜満点：100点＞

解　答

一 **問１**　2　**問２**　3　**問３**　1　**問４**　4　**問５**　(例)　時間の経過とともに共同体に貨幣が進入し，モノを与えることと受けとることが時間的にも空間的にも切り放されたということ。　**問６**　「古代的な交換形態」の言語的な反映　**問７**　2　**問８**　4　**問９**　1，5　**二** **問１**　**a**　1　**b**　2　**問２**　**A**　(う)ろうろ　**B**　(ざ)わざわ　**C**　(ま)ざまざ　**問３**　1　**問４**　2　**問５**　4　**問６**　1　**問７**　4　**問８**　4
三 **問１**　4　**問２**　霜凍る未明　**問３**　2　**問４**　1　**問５**　3　**四** **問１**　①せ　②しま　③びしゃ　④にのあし　⑤うかされる　⑥ひとすじなわ　⑦うみのものとも　**問２**　必至

解　説

一 **出典は岩井《いわい》克人《かつひと》の『二十一世紀の資本主義論』による。**「買」に売り買い両方の意味があった事実や，古代に存在した商業が名前として存在しないという矛盾《むじゅん》から，古代の共同体の活動を推理している。

問１　A　中国語の「買」，日本語の「買ひ」という言葉が遠い昔は「交換《こうかん》する」という意味だった事実は，中国語と日本語に限ったものではないと前にある。後には，ドイツ語やギリシャ語の似たような例があげられているので，具体的に例をあげるときに用いる「たとえば」が合う。　B　「売る」ことと「買う」ことは明らかに「対立した意味をもつ事柄《ことがら》」だと前にある。後には，同じインド＝ヨーロッパ語族に属し，基本的に同一の語根でありながら「与《あた》える」と「受けとる」，両方の意味をもつものがあると続く。よって，前のことがらを受けて，それに反する内容を述べるときに用いる「だが」がよい。　C　インド＝ヨーロッパ語において，基本的に同一の語根でありながら，全く正反対の二つの意味を表すものがあるという事例が，前に取り上げられている。その理由は，古代ではものを贈《おく》られたら必ず返礼する関係が成立していたことが書かれている，モースの『贈与《ぞうよ》論』を読んでいれば推理可能だっただろうと後に続くので，“とは言っても”という意味の「もっとも」が入る。　D　直前には，事実として存在した商業が名前として存在しないという矛盾の中に，商業の真実があると書かれている。後には，その「商業の真実」とは古代的な共同体での交換形態とはまったく別の出自をもっているという事実だと述べられている。よって，別の言葉で言いかえるという意味の「すなわち」がふさわしい。

問２　「売買」は売ることと買うことを意味する反対の意味の漢字を重ねた組み立てなので，息を吸うこととはくことをいう「呼吸」が選べる。なお，1は「否」という漢字が下の漢字の意味を打ち消す組み立て，2は背後の景色という意味で上の漢字が下の漢字を修飾《しゅうしょく》する組み立て，4は「貴い」「重要だ」という似た意味の漢字を重ねた組み立てである。

問３　「貿」はたがいにものを取りかえるという意味を持つ。

問４　「この言語的事実」とは，直前の文にある，dō-という語根は「与える」と「受けとる」という正反対の二つの意味を持っていたという事実を指す。次の段落で説明されているように，この事実は，贈与に対する返礼が古代社会において義務化されていたことを裏づけるひとつの証拠《しょうこ》になるというのだから，４が選べる。

問５　ぼう線③は，dō-という言葉が「与える」という意味に特化したり，かつては交換するという意味だった中国語の「買」や日本語の「かふ」が「買う」という意味になったりした経緯《けいい》を指す。前で，古代では与えると同時に受け取ったが，歴史の流れとともに共同体に貨幣《かへい》が進入し，「モノを与えることと，モノを手に入れるために貨幣を与えること」が時間的にも空間的にも切り放されたと説明されている。

問６　ぼう線④をふくむ箇所《かしょ》では，「古代的な交換形態」とは贈与と返礼が果てしなく繰《く》り返される形を指し，この痕跡《こんせき》は，インド＝ヨーロッパ語という言語の中で同じ語根を持つ言葉が「与える」「受けとる」という正反対の意味をもつ矛盾に見いだせると述べられている。よって，その「痕跡」とは，Ａの文章にある「『古代的な交換形態』の言語的な反映」とほぼ同じ内容になる。

問７　同じ起源をもつ言葉が全く正反対の意味を表すという矛盾は，モースが『贈与論』で指摘《してき》した古代的な交換形態に端《たん》を発するということを推理するのはそれほど難しくないと前にある。だが，さらに本格的な推理が必要だという内容が後にあるので，これで「一件落着」とはならないとするのがよい。「一件落着」は，一つのことがらが解決すること。

問８　空らんＤで始まる段落に注目する。商業は「共同体の外部の人間」が仲介《ちゅうかい》するもので，共同体の内部の人間にははっきりした実態がわからなかったからなので，４があてはまる。

問９　Ａの文章では，バンヴェニストやモースの意見を引用して筆者は考察を進めており，「対比させつつ」とある１は合わない。また，空らんＤの後に，「商業」は古代的な共同体での交換形態とはまったく別の出自をもち，共同体の外部の人間に仲介されたとあるので，５もふさわしくない。

二　**出典は恩田陸《おんだりく》の『蜜蜂《みつばち》と遠雷《えんらい》』による**。コンクールでのマサルの演奏に刺激《しげき》を受けた亜夜は，塵とともに即興《そっきょう》演奏に夢中になるうち，自分が弾《ひ》くべきカデンツァのイメージをつかむ。

問１　**ａ**　「舌を巻く」は，“とても驚《おどろ》いたり，感心したりする”という意味。　**ｂ**　「堂に入る」は，すっかり慣れて，自分のものにしているようす。

問２　**Ａ**　何かを叩《たた》くような音はどこから聞こえてくるのかと不思議に思っているのだから，部屋の中を「うろうろ」したのだと想像できる。「うろうろ」は，あてもなく歩き回るようす。　**Ｂ**　自分の思いや感情が塵に見抜《ぬ》かれていたことに，亜夜が恐怖《きょうふ》に近いものを感じた場面なので，落ち着かないようすを表す「ざわざわ」がよい。「鳥肌《とりはだ》が立つ」は，恐怖などを感じて，皮ふが鳥の肌のようにぶつぶつになってしまうこと。　**Ｃ**　「月の光」という曲を聴《き》くと夜空がありありと目に浮《う》かぶのだから，“はっきり”という意味の「まざまざ」が合う。

問３　マサルの演奏に刺激を受けてピアノを弾きたいと思ったが，練習を始めてからもその演奏が耳から離《はな》れず，いつの間にかマサルの演奏を再現し始めるほどだったのだから，１が合う。本文後半にも，マサルの演奏を聴いて亜夜はピアノが弾きたくなったのだと塵が見抜く場面がある。

問４　次の段落に亜夜の思いが描《えが》かれている。練習場に無断で入ってきたのにも驚いたが，さらには，コンクールで争っている相手に対して一緒に練習したいと頼《たの》んできたことに言葉が出ないほどあぜんとしたのだから，２があてはまる。

問５　「その答えは～」から始まる段落に，「痛み」の理由が書かれている。自分が音楽から逃《に》げたと認めなかったこと，ほかの人よりも深く音楽を理解しているといううぬぼれ，才能がないと言われるのを恐《おそ》れていたことがその理由なので，４がふさわしくない。

問６　塵とともに思うままにピアノをあやつるうち，夢中になって，はるか遠くまで舞《ま》い上がるような気持ちになったことが，次の文の「何もかも忘れて」という表現にも表れている。よって，１がよい。

問７　続く部分に注目する。塵とともに即興演奏に夢中になっているうちに，ふと自分が弾く「春と修羅《しゅら》」のカデンツァのイメージが，遠くに光る星を見いだしたように湧《わ》いたのだから，４が合う。

問８　「ぞくぞくするような」に，「ようだ(な)」「みたい」などを用いた比ゆの表現である「直《ちょく》喩《ゆ》」がみられるので，４が正しい。

三　**出典は丸山薫《まるやまかおる》の『詩集　涙《なみだ》した神』所収の「未明の馬」による。**一日を前向きに始めようとする作者の気持ちを，未明に作者を迎《むか》えにくる馬に象徴《しょうちょう》させて描いている。

問１　第三，四連に，語順を入れかえることで，意味を強めたり語調を整えたりする「倒置《とうち》法」が使われている。

問２　「霜凍《しもこお》る未明」という表現から，冬であることが明らかである。

問３　馬が自分を迎えにきたことに夢の中で気づき，急いで起きて身支度にかかるという内容から，一日の始まりを描いていることがわかる。短文を重ねることでテンポの良さが感じられ，新しい一日の始まりに心をはずませているようすが伝わるので，２が選べる。

問４　新しい一日を始める「私」を迎えにきた馬が家の前で「私」を待つようすが，第三連では聴覚《ちょうかく》を，第四連では視覚を使って描かれているので，１があてはまる。

問５　厳しい寒さの夜明け前にやってきた馬が金色の翼《つばさ》を生やしているのは，新しい一日の輝《かがや》かしさを約束しているように感じられる。すばやく身支度を整えようとする「私」も，今日を充実《じゅうじつ》した一日にしようと前向きな気持ちになっているものと推測できるので，３がふさわしい。

四　**慣用句の知識**

問１　①「立つ瀬《せ》がない」は，“立場がない”“居場所がない”と同じような意味の言葉。　②「とりつく島がない」は，“にべもない”“けんもほろろ”と似たような意味になる。　③「高飛車に出る」は，“高圧的な態度をとる”という意味。　④「二の足を踏《ふ》む」は，“ちゅうちょする”ということ。　⑤「熱にうかされる」は，“のぼせ上がる”という意味。　⑥「一筋縄《なわ》ではいかない」は，“ふつうのやり方ではうまくいかない”ということ。　⑦「海のものとも山のものともつかぬ」は，物事の正体や本質がつかめず，どうなっていくか予測がつかないということ。

問２　「必至」は，“必ずそうなり，避《さ》けることができない”という意味。

Memo

Memo

2020年度　東京都市大学付属中学校

〔電　話〕 (03) 3416－4161
〔所在地〕 〒157-8560　東京都世田谷区成城1－13－1
〔交　通〕 小田急線－「成城学園前駅」より徒歩8分
バス－東京都市大付属中高前

【算　数】〈第1回試験〉（45分）〈満点：100点〉

［注意］ 定規，三角定規，分度器，コンパス，計算機は使ってはいけません。

1　次の□に当てはまる数を答えなさい。

問1　$\frac{1}{15}+\frac{1}{24}+\frac{1}{35}+\frac{1}{48}+\frac{1}{63}=\square$

問2　$\left(1\frac{1}{3}-0.25\div\square\right)\times 2\frac{2}{5}=3$

問3　4％の食塩水と8％の食塩水を混ぜて7％の食塩水を作ろうとしたところ，混ぜる食塩水の量を反対にしてしまい，□％の食塩水ができました。

問4　現在の太郎君と兄の所持金の比は1：5です。2人は1本200円のボールペンを1本ずつ買い，兄が太郎君に600円渡《わた》したところ，太郎君と兄の所持金の比が3：5になりました。最初の太郎君の所持金は□円です。ただし，消費税を考えないものとします。

問5　水が入っている水そうがあり，一定の割合で水を入れながら，同時に水そうから水を毎分12Lずつくみ出すと75分で水そうの水がなくなり，毎分18Lずつくみ出すと45分で水そうの水がなくなります。毎分28Lずつくみ出すと□分で水そうの水がなくなります。

問6　104を2020個かけた数を100で割ったとき，余りは□です。

問7　右の【図1】は，半径3cmの円を5つ組み合わせた図です。A，B，C，D，Eは5つの円の中心で，右の図のように交わっています。太い線の長さは□cmです。ただし，円周率は3.14とします。

問8　右の【図2】の立体は，底面が正六角形である六角柱です。この六角柱を，4つの頂点A，B，C，Dを通る面で切って同じ形の2つの立体に分けます。

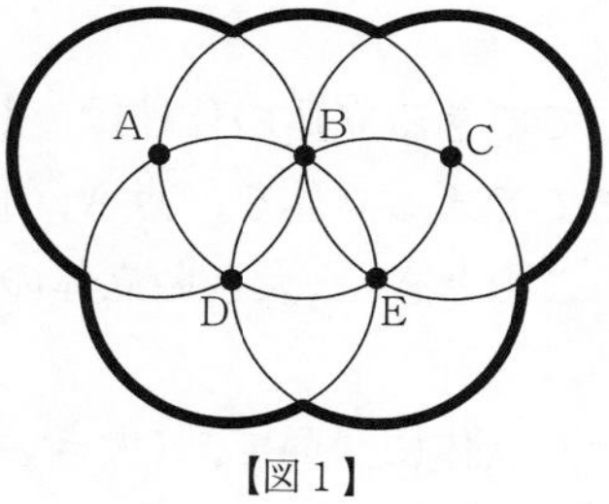

【図1】

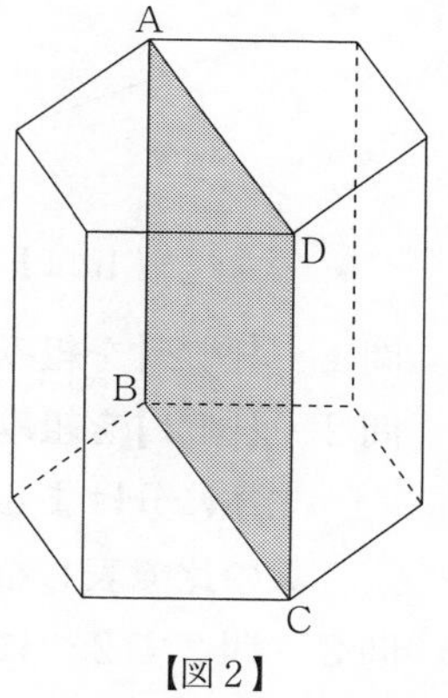

【図2】

（分けた立体の1つ分の表面積）：（もとの六角柱の表面積）＝13：18のとき，もとの六角柱の側面積は，もとの六角柱の表面積の□倍です。

2　Ａ地点からＢ地点までの道のりは2500ｍです。太郎君はＡ地点から，兄はＢ地点から同時に出発し，一定の速さでAB間を何回か往復します。

(太郎君が走る速さ)：(兄が走る速さ)＝2：3で，Ａ地点，Ｂ地点に着いてからすぐに引き返すものとして，あとの問いに答えなさい。

問１　出発してから太郎君と兄が１回目に出会うのは，Ａ地点から何ｍのところですか。

問２　出発してから太郎君と兄が２回目に出会うのは，Ａ地点から何ｍのところですか。

問３　太郎君が２回往復するまで兄が走り続けるとき，兄が太郎君と出会った回数と追いついた回数の合計は何回ですか。

3　下の【図１】は１辺の長さが３cmの正三角形を４つ組み合わせてできた三角すいで，【図２】は，１辺の長さが１cmの正三角形を４つと，１辺の長さが１cmの正六角形を４つ組み合わせてできる立体の展開図です。あとの問いに答えなさい。

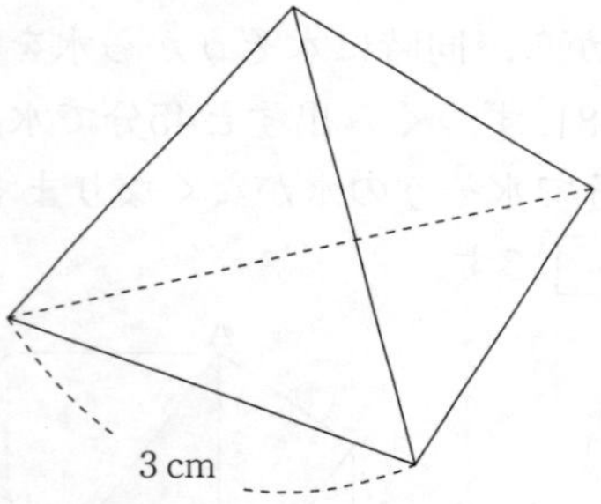

【図１】

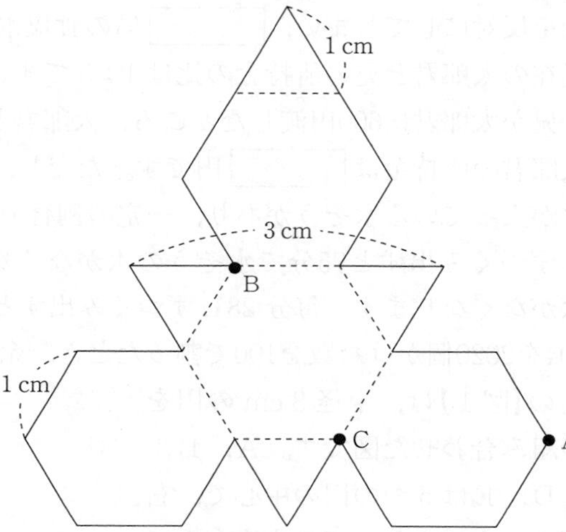

【図２】

問１　【図２】を組み立ててできる立体の体積は，【図１】の三角すいの体積の何倍ですか。

問２　【図２】を組み立ててできる立体を，点Ａ，Ｂ，Ｃを通る平面で切り，大きい立体と小さい立体に分けました。このとき，(大きい立体の体積)：(小さい立体の体積)を，最も簡単な整数の比で表しなさい。

問３　問２で２つに分けた立体について，(大きい立体の表面積)：(小さい立体の表面積)を，最も簡単な整数の比で表しなさい。

4　次のページの図のように，角Ａと角Ｃが直角で，AB＝ADである四角形ABCDがあります。辺ABのちょうど真ん中の点をＥとして，Ｅを通りBCに平行な直線はちょうどＤを通ります。また，Ｆは辺BCのちょうど真ん中の点で，ADとBCをそれぞれのばし，交わった点をＧとします。あとの問いに答えなさい。

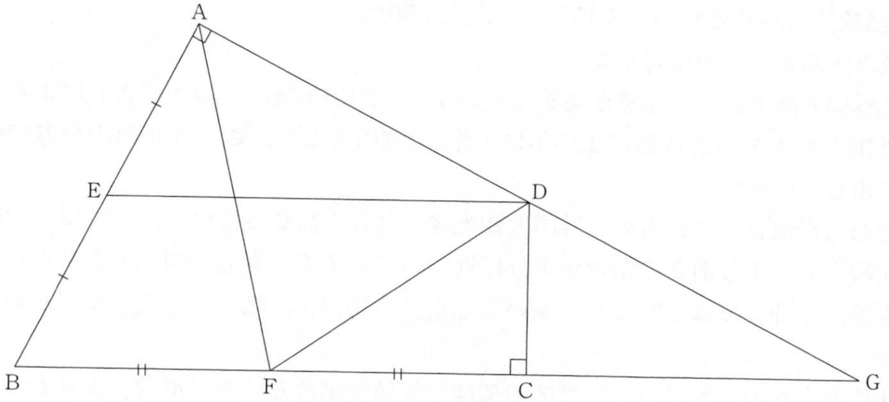

問１　(三角形 ABG の面積)：(三角形 DCG の面積)を最も簡単な整数の比で表しなさい。

問２　(三角形 AFD の面積)：(四角形 ABCD の面積)を最も簡単な整数の比で表しなさい。

5　右の【図１】は１辺の長さが１cm である立方体のサイコロの展開図です。このサイコロをマス目の辺を軸《じく》として，上下左右いずれかのマスへたおしていきます。あとの問いに答えなさい。

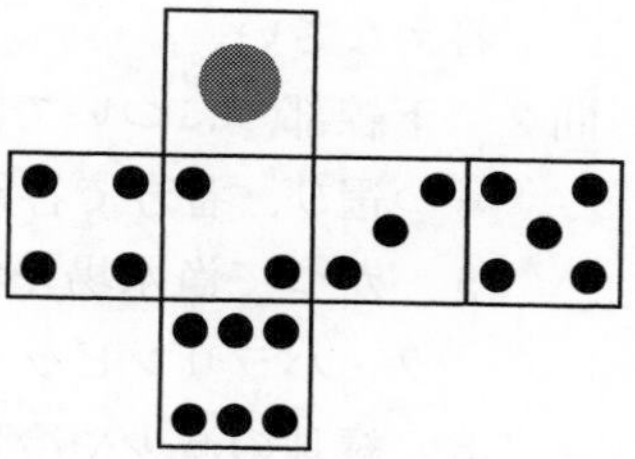

【図１】

問１　【図１】のサイコロを，下の【図２】のような１辺の長さが１cm の正方形を組み合わせた25個のマス目の上を，矢印の順にすべらせずにたおしていき，マス目に触《ふ》れたサイコロの面に書かれている数字を，マス目に書いていきます。このとき，25個のマス目に書かれている数字の合計が最も小さくなるとき，合計はいくつになりますか。

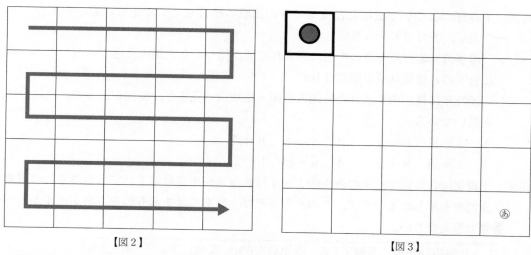

【図２】

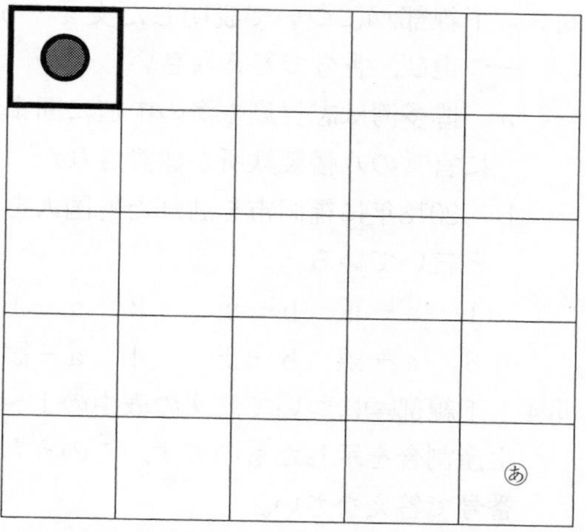

【図３】

問２　【図２】と同じマス目を用い，上の【図３】のように，サイコロの上の面が１になるように置きました。ここから，すべらせることなく『あ』の位置までたおしていくとき，１の面がマス目に触れないようなたおし方の中で，サイコロが移動した回数が最も少なくなるようにたおしていきます。このとき，サイコロが移動した回数は何回ですか。ただし，１マスの移動を１回とします。

【社　会】〈第１回試験〉（理科と合わせて45分）〈満点：50点〉

1　次の文章を読み，あとの問いに答えなさい。

地方を訪れる外国人観光客の存在感が高まっています。2019年版の「観光白書」によると，地方を訪れた外国人観光客の消費額は2018年に１兆362億円となり，この３年間の地方での増加率は約６割に達しています。

日本人を含めた旅行消費全体に占める外国人観光客の割合も高まっていて，すでに(ア)大阪と(イ)東京は外国人観光客による消費の割合が半分に近づいています。有名な観光地を多く抱える(ウ)福岡や(エ)北海道，(オ)沖縄では２割ほど，続いて(カ)奈良が16.8％，岐阜，(キ)大分などが約１割に及んでいます。

社会の成熟化にともない，商品やサービスの機能に価値を求める「モノ消費」よりも，スキーやスノーボード，自然・農山漁村体験といった体感型の「□消費」へと外国人観光客の関心が高まっている，と「観光白書」は分析しています。

問１　下線部(ア)について，昨年(2019年)日本が議長国となって大阪で開催された国際会議は何か，答えなさい。

問２　下線部(イ)について説明した文ａ・ｂの正誤の組合せとして正しいものを下の１～４から一つ選び，番号で答えなさい。

ａ　かつて浄水場や鉄道の操車場が広がっていた東京湾岸の埋立地では，東京オリンピック・パラリンピックの会場や選手村の建設が進められている。

ｂ　緑地の減少や冷暖房《れいだんぼう》・産業活動の排熱《はいねつ》によって都市の中に気温の高い部分があらわれるドーナツ化現象が深刻になっている。

１　ａ－正　ｂ－正　　２　ａ－正　ｂ－誤

３　ａ－誤　ｂ－正　　４　ａ－誤　ｂ－誤

問３　下線部(ウ)について説明した文ａ・ｂの正誤の組合せとして正しいものを下の１～４から一つ選び，番号で答えなさい。

ａ　博多湾は志賀島や海の中道に囲まれて波が穏やかな天然の良港であったため，明治時代に官営の八幡製鉄所が建設された。

ｂ　2018年に福岡市を訪れた外国人を国・地域別で見ると，韓国が最多で，次に台湾，中国と続いている。

１　ａ－正　ｂ－正　　２　ａ－正　ｂ－誤

３　ａ－誤　ｂ－正　　４　ａ－誤　ｂ－誤

問４　下線部(エ)について，次の表中の１～４は北海道が生産量第１位である農産物の都道府県別生産割合を示したものです。このうち「そば」にあてはまるものを下の１～４から一つ選び，番号で答えなさい。

1	北海道78.6％	長崎3.7％	鹿児島3.6％	茨城1.9％	千葉1.2％
2	北海道39.7％	宮城6.2％	佐賀 6.0％	福岡5.3％	秋田4.2％
3	北海道53.2％	長野6.2％	栃木 5.6％	茨城5.1％	福島5.1％
4	北海道64.9％	佐賀8.4％	兵庫 7.6％	愛知2.4％	長崎2.2％

（2017年『日本のすがた 2019』より）

問５　下線部(オ)について説明した文ａ・ｂの正誤の組合せとして正しいものを下の１～４から

一つ選び，番号で答えなさい。

a　県民総所得に占める基地関連収入の割合は，1972年に日本に復帰して以降，年々増加傾向にある。

b　沖縄は過去に大きな地震に見舞われたことがないので，原子力発電所が複数設けられている。

1　a一正　b一正　　2　a一正　b一誤

3　a一誤　b一正　　4　a一誤　b一誤

問6　下線部(カ)について，奈良は日本に8つある内陸県の一つですが，奈良以外の内陸県の略地図として正しいものを下の1～4から一つ選び，番号で答えなさい。

1

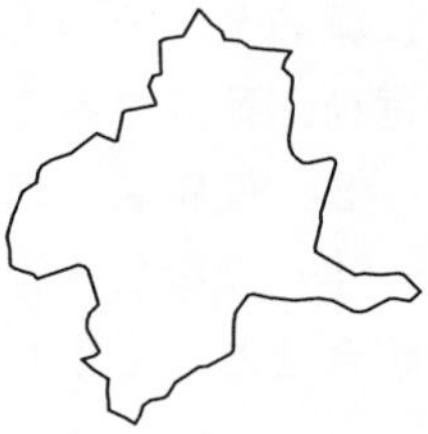

2

3

4

(略地図の縮尺は同一ではありません)

問7　下線部(キ)について，次のグラフはある発電方法の県別割合を示しています。この発電方法は何か，答えなさい。

合計出力 521MW (2014年)	大分	岩手	秋田	福島	鹿児島	その他
	30.9%	19.9%	16.9%	12.5%	11.0%	その他8.7%

問8　文中の空らん□にあてはまる語句を，解答らんの字数にしたがってカタカナで答えなさい。

2　建仁《たつひと》くんは，日本の歴史に関係する外国の人物についてカードにまとめました。次の＜カードA＞～＜カードD＞について，あとの問いに答えなさい。

＜カードA＞

あ を建国した曹丕《そうひ》の後を継いで皇帝となり，邪馬台国の女王からの使いを受け入れて，金印と称号を与えた。

＜カードB＞

モンゴル帝国の皇帝で国号を元と改めて，広大な領域の国家を形成した。(ア)2度にわたり日本に攻撃をしかけた。

＜カードC＞

(イ)伊豆の玉泉寺《ぎょくせんじ》を領事館として日本との交渉にあたり，(ウ)日米修好通商条約を締結した。その後，初代駐日公使となり江戸の(エ)麻布山善福寺《ぜんぷくじ》に移り，善福寺を公使館とした。

＜カードD＞

(オ)太平洋戦争後は連合国軍最高司令官として日本の占領政策をおこなった。(カ)朝鮮戦争では国連軍最高司令官となるが，トルーマン大統領と対立し解任された。

問１　空らん［あ］にあてはまる国名として正しいものを次の１～４から一つ選び，番号で答えなさい。

１　漢　　２　晋《しん》　　３　宋　　４　魏

問２　＜カードＡ＞の時代について説明した文ａ・ｂの正誤の組合せとして正しいものを下の１～４から一つ選び，番号で答えなさい。

ａ　稲作が始まり，深耕用の備中鍬や脱穀用の千歯こきなどの農具が使われ始めた。

ｂ　仏教が中国から伝来し，古墳に代わり法隆寺などの寺が建立され始めた。

１　ａ－正　ｂ－正　　２　ａ－正　ｂ－誤
３　ａ－誤　ｂ－正　　４　ａ－誤　ｂ－誤

問３　下線部(ア)について，あとの問いに答えなさい。

(1)　この時期の鎌倉幕府の将軍を補佐する役職名と，その役職に就任していた人物の組合せとして正しいものを次の１～４から一つ選び，番号で答えなさい。

１　役職名－執権　人物名－北条泰時　　２　役職名－執権　人物名－北条時宗
３　役職名－管領　人物名－北条泰時　　４　役職名－管領　人物名－北条時宗

(2)　２度にわたる元と日本の戦いの名前の組合せとして正しいものを次の１～４から一つ選び，番号で答えなさい。

１　文禄の役　慶長の役　　２　文永の役　慶長の役
３　文禄の役　弘安の役　　４　文永の役　弘安の役

問４　＜カードＢ＞の鎌倉時代の文化について説明した文として正しいものを次の１～４から一つ選び，番号で答えなさい。

１　仏教の力で国を治めるために全国に国分寺や国分尼寺を建立する命令が出された。
２　菱川師宣の『見返り美人図』に代表される浮世絵が描《か》かれた。
３　運慶らによって東大寺南大門金剛力士像がつくられた。
４　親鸞の臨済宗や日蓮の曹洞宗のような禅宗が武士の間で広まった。

問５　下線部(イ)に関連して，伊豆国は現在の静岡県にあたります。静岡県について説明した文ａ・ｂの正誤の組合せとして正しいものを下の１～４から一つ選び，番号で答えなさい。

ａ　伊豆国の他に，駿河国，近江国，三河国が現在の静岡県にあてはまる。

ｂ　静岡県内には，関ヶ原の戦いや長篠の戦いなどの古戦場が数多くある。

１　ａ－正　ｂ－正　　２　ａ－正　ｂ－誤
３　ａ－誤　ｂ－正　　４　ａ－誤　ｂ－誤

問６　下線部(ウ)の条約について説明した文ａ・ｂの正誤の組合せとして正しいものを下の１～４から一つ選び，番号で答えなさい。

ａ　この条約の締結により日本は，箱館，新潟，神奈川，兵庫，長崎の港を開いた。

ｂ　天皇の許可を得ずにこの条約を締結した井伊直弼は，桜田門外の変で暗殺された。

１　ａ－正　ｂ－正　　２　ａ－正　ｂ－誤
３　ａ－誤　ｂ－正　　４　ａ－誤　ｂ－誤

問７　下線部(エ)の寺は，慶應義塾を創設した人物の墓所があります。慶應義塾を創設した人物の名前を漢字で答えなさい。

問８　下線部(オ)の太平洋戦争中の次の出来事を古い順に並べたとき，３番目にあたるものを次の

１～４から一つ選び，番号で答えなさい。

1　長崎に原子爆弾が投下された。

2　ミッドウェー海戦で敗北した。

3　沖縄戦が始まった。

4　広島に原子爆弾が投下された。

問９　下線部(カ)の朝鮮戦争後の次の出来事を古い順に並べたとき，３番目にあたるものを次の１～４から一つ選び，番号で答えなさい。

1　日韓基本条約が結ばれた。　　2　日朝平壌宣言が発表された。

3　日中平和友好条約が結ばれた。　　4　日ソ共同宣言が発表された。

3　としおくんはお兄ちゃんの本棚にあった，世界の歴史について書かれた本を貸してもらいました。読み終えたとしおくんとお兄ちゃんの会話を読んであとの問いに答えなさい。

と　し　お：難しそうなので全部読めるかどうか心配だったけど，面白くて全部読めたよ。

お兄ちゃん：凄《すご》いね！　では印象に残った時代や国について話をしよう。

と　し　お：まず，古代ギリシャだな。ギリシャ神話が面白かったけど，今年７月の東京オリンピックの聖火も古代オリンピック発祥の地［　1　］で採火されて運ばれてくるんだね。また，民主政が行われていたことも驚いたな。

お兄ちゃん：(ア)現代の民主政とは異なる点があるけどね。

と　し　お：うん，民主政については学校で勉強したからその違いを不思議に思ったよ。エジプトの歴史も面白かったな，ピラミッドは知ってたけど，※1アブシンベル神殿がダムの建設で湖底に沈むところを多くの人の援助で移設され，それがきっかけで世界遺産の創設につながったという話には驚いたよ。

お兄ちゃん：そうなんだよ，日本でも2018年に［　2　］が，2019年には百舌鳥《もず》・古市《ふるいち》古墳群が世界遺産に登録されたね。ほかに興味をもった国，時代はあるかい？

と　し　お：あるよ，学校で憲法や政治制度について勉強してるけど，17世紀に起こった(イ)イギリスでの革命を通じて確立した議会政治の原則の中に似ている点があることに興味をもったね。

お兄ちゃん：日本はイギリスから様々な制度を学んできたよね。車の左側通行や郵便ポストの色が赤色なのもイギリスの影響があるかもしれないらしいね。

と　し　お：でも，昨年［　3　］で起こった大規模な政治的混乱は，イギリスと当時の中国清朝との間で起こった※2アヘン戦争の結果，1842年に結ばれた条約が歴史としてつながっているね。条約で［　3　］がイギリスに割譲《かつじょう》されたんだけど，1997年に［　3　］は中国に返還されて現在は一国二制度のもと特別行政区になってるよね。

お兄ちゃん：他にも中国の歴史で印象に残ったことはあるかな？

と　し　お：そうだね，二つあるよ。一つは７世紀に始まる唐という時代の都，長安のことだね。国際都市で最盛期には推定100万もの人口で賑《にぎ》わったんだ。当時の人口を考えても，人口の都市集中かな。現在の(ウ)日本の人口の都市圏集中の割合と比べるとどうだろう。もう一つは10世紀半ばに始まる宋という国で財政が悪化したときに登場した王安石という人物だね。この時代に農民や中小商人の生活を改善することで国の(エ)財政を立て直そうという発想をもったことに感心したな。

お兄ちゃん：いつの時代のどこの国でも政治や経済の課題はたくさんあるけど，歴史から学ぶことで解決の糸口が見つかることもあるかもしれないね。

※1　前1250年ごろにエジプトのファラオ(王)ラムセス2世によって作られた岩窟《がんくつ》神殿。

※2　アヘン(麻薬)禁輸を発端とする1840年から中国清朝とイギリスの間で行われた戦争。

問1　[1]～[3]について次の問いに答えなさい。

[1]について…古代オリンピックの開催地として知られる都市名を答えなさい。

[2]に関連して…日本で2018年に世界文化遺産に登録された遺産と認定した機関の組合せとして正しいものを次の1～6から一つ選び，番号で答えなさい。

1　富岡製糸場―ユニセフ

2　富岡製糸場―ユネスコ

3　富士山―ユニセフ

4　富士山―ユネスコ

5　潜伏キリシタン関連遺産―ユニセフ

6　潜伏キリシタン関連遺産―ユネスコ

[3]について…あてはまる都市(特別行政地区)名を漢字2字で答えなさい。

問2　下線部(ア)について，古代ギリシャの民主政と現在の日本の民主政との違いについて，次の1～3から正しいものを一つ選び，番号で答えなさい。すべて誤っていれば4と答えなさい。なお，下線部の古代ギリシャについての記述内容はすべて正しいものとする。

1　古代ギリシャの社会は人権が保障されず選挙権もない奴隷身分が存在したが，現在の日本でも憲法上すべての国民に基本的人権が保障されているわけではない。

2　古代ギリシャの官僚は専門性の高い将軍職以外は抽選で選ばれたが，現在の日本でも自衛隊の最高指揮官は自衛隊の指名で決めている。

3　古代ギリシャの政治は参政権をもつものが民会で行う直接民主制であったが，現在の日本は選挙権をもつ18歳以上の男女による直接民主制である。

問3　下線部(イ)について，イギリスでは国王の政治への関与について「君臨すれども統治せず」(統治権は議会を通じて国民が行使する)という原則があります。日本の天皇の政治への関与，役割について下記の文のa～eにあてはまる適語をそれぞれ1～3から選び，番号で答えなさい。

> 日本国憲法第1条には，「天皇は日本国の a〔1　代表　　2　主権者　　3　象徴〕であり，…この地位は，b〔1　選挙権　　2　主権　　3　民意〕の存する日本国民の総意に基づく」とある。第4条では「天皇は，この憲法の定める国事に関する行為のみを行ひ，c〔1　外交　　2　選挙　　3　国政〕に関する権能を有しない」とある。天皇の国事行為とは，憲法改正，法律，政令及び条約を d〔1　作成　　2　締結　　3　公布〕すること，e〔1　衆議院　　2　参議院　　3　衆参両院〕を解散すること，などである。

問4　下線部(ウ)について，次の問いに答えなさい。

(1)　次の<グラフA>は，日本の年齢別人口の割合を示しています。<グラフA>のbにあてはまるものを下の１～３から一つ選び，番号で答えなさい。

＜グラフA＞

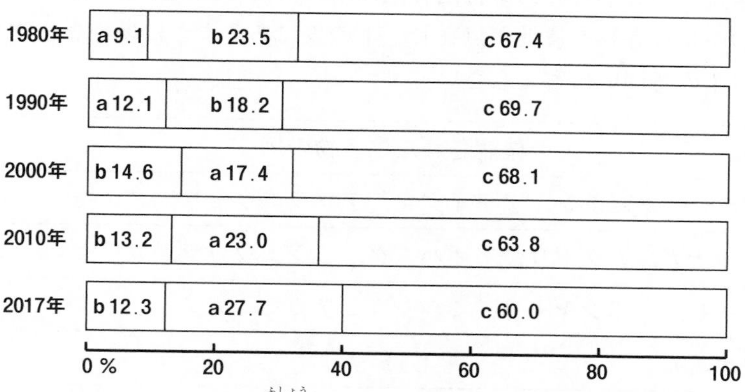

総務省しらべ。年齢不詳《ふしょう》をのぞいて算出。100%にならない場合があります。各年10月１日。

（『日本のすがた 2019』より作成）

１　0～14歳　　２　15～64歳　　３　65歳以上

(2)　次の＜グラフB＞は，日本全国に占める三大都市50キロ圏の人口の割合を示しています。＜グラフB＞のｃにあてはまる都市名を漢字で答えなさい。

＜グラフB＞

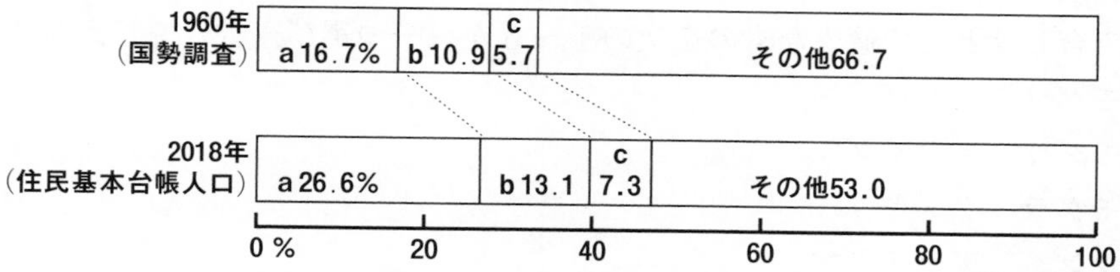

各都市の役所から半径50キロ内の地域。1960年は10月１日。2018年は１月１日。

（『日本のすがた 2019』より作成）

問５　下線部(エ)について，2018年度の国の歳入と歳出のうちわけを示す下のグラフでB，Eにあてはまる項目を下の１～６からそれぞれ一つ選び，番号で答えなさい。

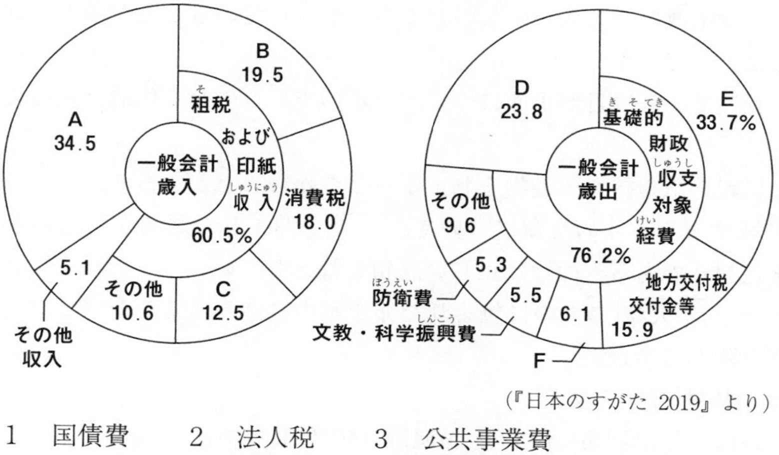

（『日本のすがた 2019』より）

１　国債費　　２　法人税　　３　公共事業費

４　所得税　　５　公債金　　６　社会保障費

【理　科】〈第１回試験〉（社会と合わせて45分）〈満点：50点〉

1　東京都市大学付属中学校・高等学校のある世田谷区は南西部に多摩《たま》川やまとまった緑が多く残り，中央部は住宅街の中に社寺林《しゃじりん》や農地が点在し，下の表にあるように多様な生物が生息しています。表に関する以下の各問いに答えなさい。

分類	確認された生き物の例
哺《ほ》乳類	アズマモグラ，ハクビシン，アライグマ，アブラコウモリ，タヌキ
鳥類	オオタカ，オナガ，ムクドリ，アオバズク，シジュウカラ，カワセミ，カルガモ
は虫類	ニホンカナヘビ，ニホンヤモリ，ミシシッピアカミミガメ
両生類	アズマヒキガエル
昆《こん》虫類	オニヤンマ，ミヤマアカネ，アカシジミ，モンシロチョウ，ジャコウアゲハ
魚類	オイカワ，ドジョウ，モツゴ，スミウキゴリ
(ア)類	サワガニ，モズクガニ，アメリカザリガニ

（参考　世田谷区ホームページより一部抜粋《ばっすい》）

問１　表中の哺乳類の中に，日本国外から人の手によって持ちこまれた外来種が２種類存在します。その組み合わせとして適当なものを次の１～６から一つ選び，番号で答えなさい。

1　アズマモグラ　ハクビシン
2　アズマモグラ　アライグマ
3　アズマモグラ　タヌキ
4　ハクビシン　アライグマ
5　ハクビシン　タヌキ
6　アライグマ　タヌキ

問２　表中の鳥類の特徴《ちょう》として，適当なものを次の１～４から一つ選び，番号で答えなさい。

1　オオタカは，穀物をついばめるよう太く短いくちばしをもつ。
2　オナガ，ムクドリは山奥《おく》などの人がいないところに生息していることが多く，世田谷区ではなかなか見ることができない。
3　アオバズクは夜行性である。目が正面についているので，ものを立体的に見ることができる。
4　カルガモはあしに鋭《するど》い爪《つめ》を持ち，獲《え》物をしっかりとつかむことができる。

問３　両生類とは虫類に関する１～４の文章について，□で囲まれた語句が正しいものには○をつけなさい。また誤りのあるものは，正しい語句を答えなさい。

1　アズマヒキガエルは **寒天状** のものに包まれた卵を水中に産み，ミシシッピアカミミガメは殻《から》がついた卵を陸上に産む。
2　ニホンヤモリは，**体外** 受精をする。
3　アズマヒキガエルは，体温調節に関して **恒《こう》温** 動物の仲間である。
4　ニホンカナヘビは，体の多くの部分が **粘膜《ねんまく》** でおおわれている。

問４　表中の昆虫類に記されている５種類の中で，完全変態をする昆虫の数を答えなさい。

問５　川に区画を作り，そこにいるオイカワの群れの大きさを調べました。オイカワを適当に24匹捕獲《ひきほかく》し，これらの個体に印をつけて同じところに放しました。後日，再び適当に36匹を捕獲したところ，その中に以前印をつけた個体が12匹混じっていました。オイカワは何匹生息していると予測できますか。ただし，この方法において，印をつけることでオイカワの生活に影響《えいきょう》はありません。また調査期間中の産卵，移入，移出，捕食などによる個体数の変動はないものとします。

問６　表中の(ア)にあてはまる語を**ひらがな**で答えなさい。

2　空気がふくむことのできる水蒸気の量には限度があり，空気１m^3がふくむことのできる水蒸気の量を飽和《ほうわ》水蒸気量［g］といいます。飽和水蒸気量は，気温が高いほど大きくなります。表は，０℃から20℃までの飽和水蒸気量を示しています。

空気中にふくまれる水蒸気の量が，そのときの温度における飽和水蒸気量の何％にあたるかを示したものを湿度《しつど》といいます。湿度100％の空気の温度が下がると，水滴《すいてき》ができはじめます。雲は，水滴が集まったものです。湿度が100％の空気では，高度が100m上がるごとに0.5℃気温が下がり，また，湿度が100％に達していない空気では，高度が100m上がるごとに１℃気温が下がるものとします。

標高０mの地点Aで気温20℃の空気が，山に沿って上昇《じょうしょう》し，標高2500mの山頂で０℃になり，その後，山に沿って下降し，標高200mの地点Cまで達しました。また，地点Bから山頂まで雲が発生していて，地点Aから地点Bまでと山頂から地点Cまでは雲はありませんでした。

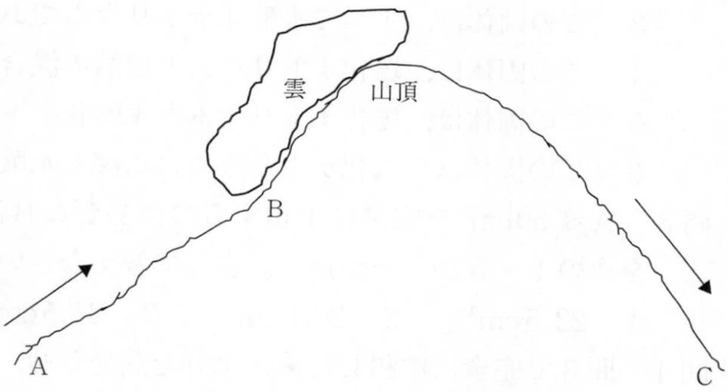

気温[℃]	0	2	4	6	8	10	12	14	16	18	20
飽和水蒸気量[g]	4.9	5.6	6.4	7.3	8.3	9.4	10.7	12.1	13.6	15.4	17.3

問１　地点Bの標高は何mですか。

問２　地点Bの気温は何℃ですか。

問３　標高1700mの地点から山頂に達するまでに１m^3の空気がふくみきれなくなって水滴になった水蒸気は何gですか。

問４　地点Cの気温は何℃ですか。

問５　気温20℃の地点Aでの湿度は39％でした。この空気１m^3がふくむ水蒸気量は何gですか。小数第２位を四捨五入して，小数第１位まで答えなさい。

3　容器ア～オに，ある濃《こ》さの塩酸（Ａ液とする）を20cm^{3}ずつとり，ある濃さの水酸化ナトリウム水溶液（Ｂ液とする）を容器ア～オに，表１のように加えました。その後，それぞれの容器の水分を蒸発させ，残った固体の重さを調べると，表１のような結果がえられました。以下の問いに答えなさい。

表１

	容器ア	容器イ	容器ウ	容器エ	容器オ
水酸化ナトリウム水溶液の体積[cm^3]	5	10	15	20	25
残った固体の重さ[ｇ]	3.9	7.8	11.7	14.4	17.1

問１　Ａ液とＢ液が，完全に中和したと考えられる容器はどれですか。最も適当なものを次の１～５から一つ選び，番号で答えなさい。

１　容器ア　　２　容器イ　　３　容器ウ

４　容器エ　　５　容器オ

問２　容器エに残った固体について述べた文の中で，正しいものはどれですか。最も適当なものを次の１～６から一つ選び，番号で答えなさい。

１　この固体は，すべて塩化ナトリウムである。

２　この固体は，すべて塩酸である。

３　この固体は，すべて水酸化ナトリウムである。

４　この固体は，塩化ナトリウムと塩酸の混合物である。

５　この固体は，塩化ナトリウムと水酸化ナトリウムの混合物である。

６　この固体は，塩化ナトリウムと塩酸と水酸化ナトリウムの混合物である。

問３　Ａ液50cm^{3}を完全に中和するのに必要なＢ液の体積は，何cm^{3}ですか。最も適当なものを次の１～５から一つ選び，番号で答えなさい。

１　22.5cm^3　　２　30.0cm^3　　３　37.5cm^3　　４　45.0cm^3　　５　52.5cm^3

問４　問３で完全に中和した後，水分を蒸発させ，残った固体の重さを調べると，何ｇですか。最も適当なものを次の１～５から一つ選び，番号で答えなさい。

１　23.40ｇ

２　29.25ｇ

３　35.10ｇ

４　40.95ｇ

５　46.80ｇ

問５　Ａ液とＢ液が，完全に中和したときの水溶液《すいようえき》について述べた文の中で，**誤っている**ものはどれですか。最も適当なものを次の１～５から一つ選び，番号で答えなさい。

１　水溶液を，BTB液で調べると緑色である。

２　水溶液を，フェノールフタレイン液で調べると無色である。

３　水溶液は，無色・無臭《しゅう》である。

４　水溶液は，電流を流すことができる。

５　水溶液に，同じ重さの塩酸と水酸化ナトリウムがふくまれている。

問６　別の容器カ～コに，Ｂ液20cm^{3}ずつをとり，Ａ液を容器カに10cm^3，容器キに20cm^3，容器クに30cm^3，容器ケに40cm^3，容器コに50cm^{3}加えました。その後，それぞれの容器の水分を蒸発させ，残った固体の重さを調べて，グラフにするとどのようになりますか。最も適当なものを次の１～６から一つ選び，番号で答えなさい。

1

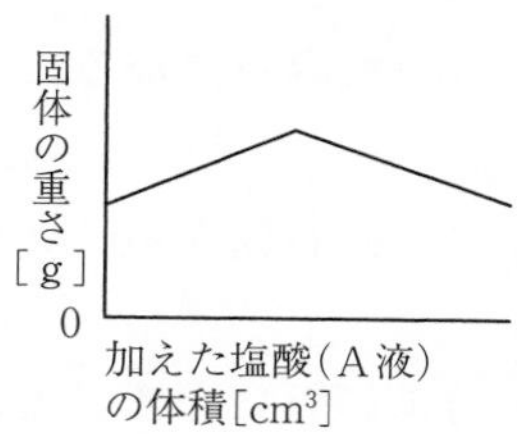

2

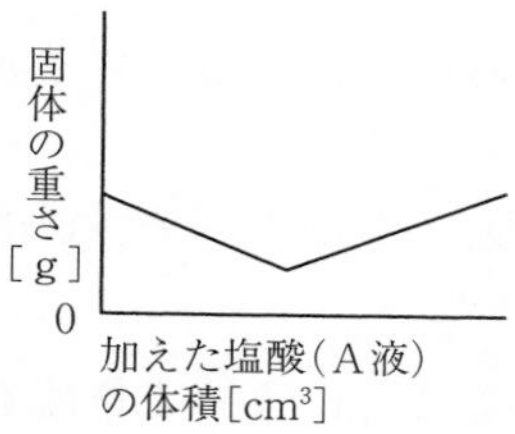

3

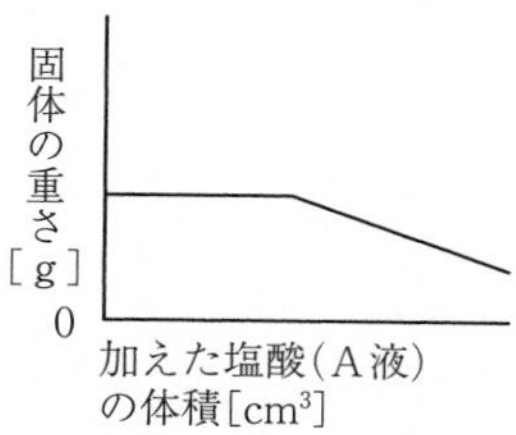

4

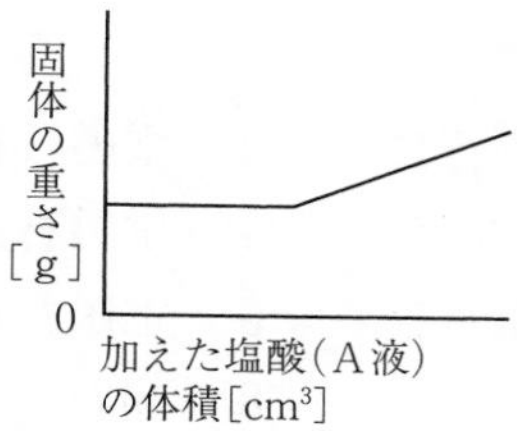

5

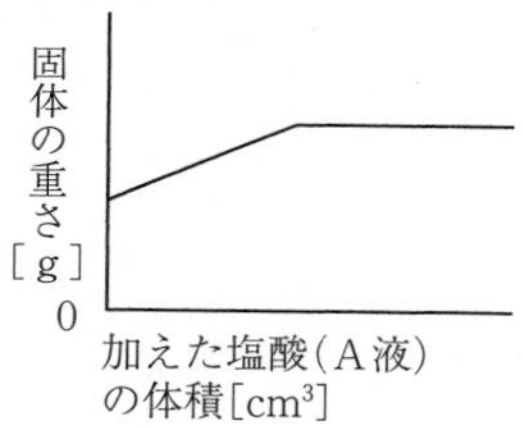

6

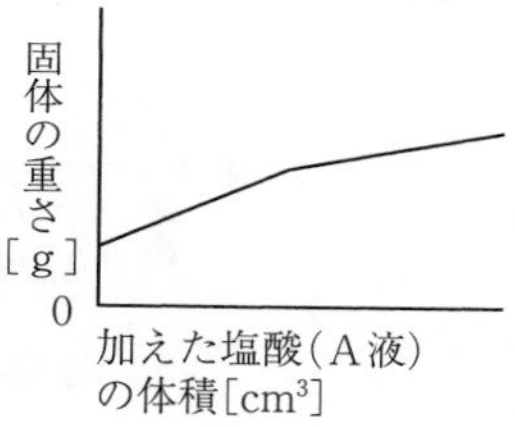

4　電池，豆電球，コイルをつないで回路をつくり，コイルに電流を流すと電磁石になります。同じ長さのプラスチックのパイプに導線を巻き，パイプの中心に鉄心を入れてコイルをつくります。このとき太さの違《ちが》う２種類の鉄心を使い，パイプに巻く導線の巻き数を変えて，図１のように電磁石Ａ，Ｂ，Ｃ，Ｄをつくりました。電磁石の磁力の大きさを調べるために，同じ重さのクリップをぶら下げていったところ電磁石Ａには４つのクリップがぶら下がりました。同様に，電磁石Ｂ，Ｃ，Ｄも調べたところ表１のようになりました。ただし，図中の電池はすべて同じもので，豆電球もすべて同じものであるとします。また導線には電気抵抗《ていこう》はないものとします。

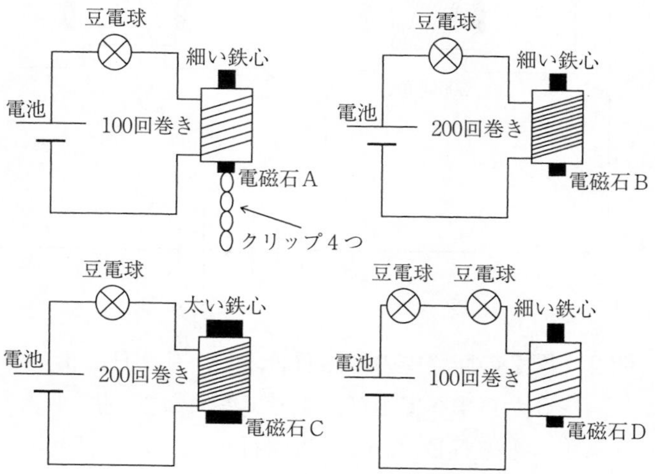

図１

表１

電磁石	電磁石Ａ	電磁石Ｂ	電磁石Ｃ	電磁石Ｄ
ついたクリップの数	4	8	12	2

問１　以下の文章の空らん（ａ）～（ｆ）に入る語句として最も適当なものを解答群の１～８からそれぞれ一つずつ選び，番号で答えなさい。ただし，同じ番号をくり返し使ってもかまいません。

「（　ａ　）を比べることによってコイルの巻数が多い方が，（　ｂ　）電磁石になることがわかる。」

「（　ｃ　）を比べることによって細い鉄心を入れた方が，（　ｄ　）電磁石になることがわかる。」

「（　ｅ　）を比べることによって電流を多く流した方が，（　ｆ　）電磁石になることがわかる。」

解答群

１　電磁石Ａと電磁石Ｂ　　２　電磁石Ｂと電磁石Ｃ

３　電磁石Ｃと電磁石Ｄ　　４　電磁石Ａと電磁石Ｃ

５　電磁石Ａと電磁石Ｄ　　６　電磁石Ｂと電磁石Ｄ

７　強い　　８　弱い

次に，図２のように同じ電池３つと同じ豆電球３つと電磁石Ｅ，Ｆ，Ｇ，Ｈ，Ｉからなる回路をつくりました。

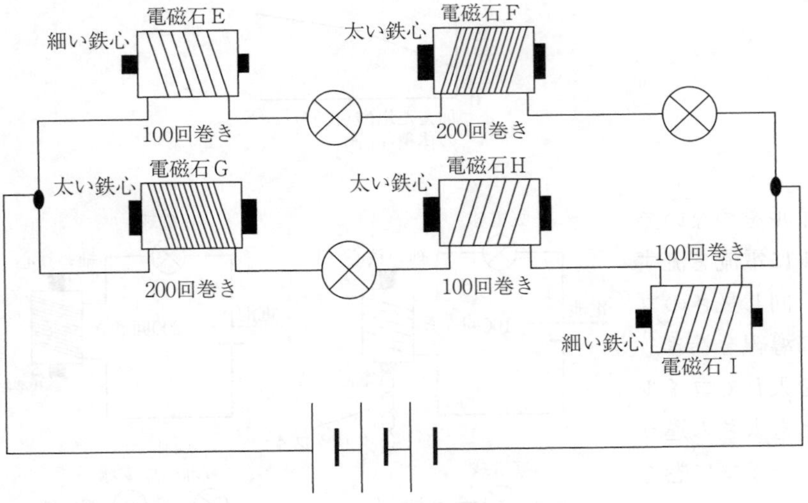

図２

問２　図２の回路中の電磁石Ｅ，Ｆ，Ｇ，Ｈ，Ｉのうち電磁石の左端《はし》がＮ極となるものを次の１～５から**すべて**選び，番号で答えなさい。

１　電磁石Ｅ　　２　電磁石Ｆ

３　電磁石Ｇ　　４　電磁石Ｈ

５　電磁石Ｉ

問３　図２の回路中の電磁石Ｅ，Ｆ，Ｇ，Ｈ，Ｉのうち磁力の大きさが最も大きいものを次の１～５から一つ選び，番号で答えなさい。

１　電磁石Ｅ　　２　電磁石Ｆ

３　電磁石Ｇ　　４　電磁石Ｈ

５　電磁石Ｉ

次に，下の図３のように電池，豆電球，ダイオード，電磁石Ｅ，Ｆ，Ｇ，Ｈ，Ｉを入れた回路をつくりました。ダイオードとは整流作用をもつ回路上の部品であり，回路上では右の図４のように表されます。図４のＰからＱの向きにしか電流を流すことができません。

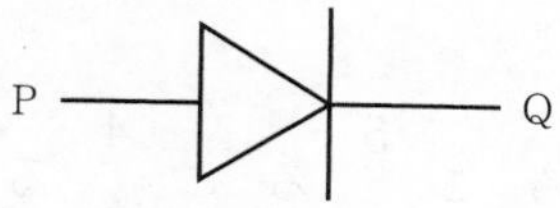

図４

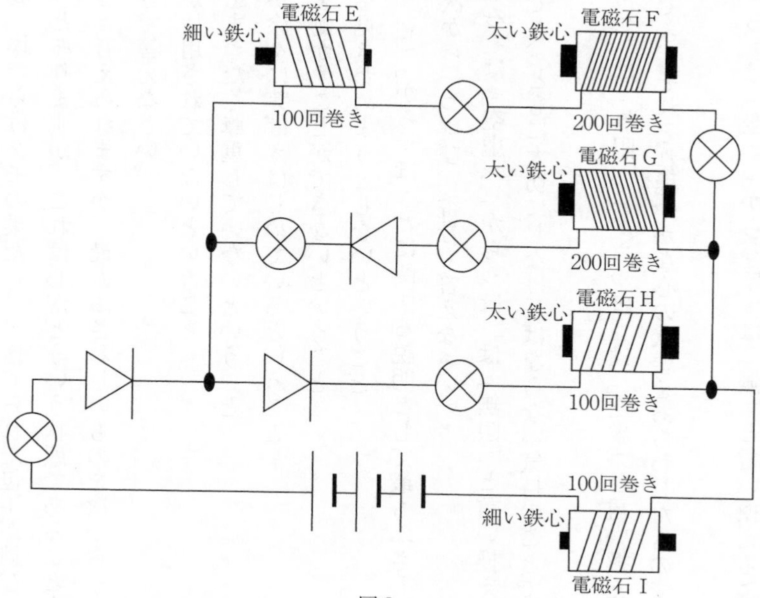

図３

問４　図３の回路中の５つの電磁石のうち左端がＳ極となるものを次の１～５から**すべて**選び，番号で答えなさい。

１　電磁石Ｅ　　２　電磁石Ｆ

３　電磁石Ｇ　　４　電磁石Ｈ

５　電磁石Ｉ

問５　図３の回路中で点灯している豆電球の数を答えなさい。

家」と対《つい》になることばを詩の中からぬき出しなさい。

問3 ――線②「埃だらけクモの巣だらけ／捨てられた包丁が錆びついている」とありますが、これは心がどういう状態であることを表していると考えられますか。最もふさわしいものを次から一つ選び、番号で答えなさい。

1 知性が活用されていないということ
2 個性をまったく尊重していないということ
3 理性が徐々《じょじょ》に芽ばえはじめているということ
4 感性を働かすことができないということ
5 特性を見きわめようとしないということ

問4 「うつろ」と「からっぽ」とに関する説明として最もふさわしいものを次から一つ選び、番号で答えなさい。

1 「うつろ」は「空虚」、「からっぽ」は「無限」と言い換《か》えることができ、ともに大切にしなければならない気持のことである。
2 「うつろ」は「無限」、「からっぽ」は「空虚」と言い換えることができ、それぞれ穏《おだ》やかな心の状態をあらわしたものである。
3 「うつろ」は「空」、「からっぽ」は「無」と言い換えることができ、心のうつりかわりや喜怒哀楽《きどあいらく》によって生じるものである。
4 「うつろ」は「無限」、「からっぽ」は「空虚」と言い換えることができ、まったく対照的な心づかいをあらわしたものである。
5 「うつろ」は「空虚」、「からっぽ」は「無限」と言い換えることができ、たがいに異なる心のありようをしめしたものである。

問5 この詩の構成や表現について説明したものとして最もふさわしいものを次から一つ選び、番号で答えなさい。

1 第一連と第二連には、どちらにも直喩《ちょくゆ》が用いられている。
2 第二連には倒置《とうち》が用いられているが、ほかの連にはない。
3 第一連から第三連のすべてに体言止めが用いられている。
4 第一連と第二連とは内容的に対比の関係にあると言える。
5 それぞれ連の前半と後半は因果関係の構成になっている。
6 擬人《ぎじん》法を多用することで簡潔で明快な表現になっている。

四

漢字の部首は、形は異なっても同じ意味を表していることがあります。例えば、衣と衤は同じです。ア～オの漢字に、同じ意味を表す部首を加えると熟語ができます。組み合わせとなる部首の意味を1～7から選び、それぞれ番号で答えなさい。なお、同じ番号はくり返し使いません。また、熟語になる漢字は小学校で習う字です。

(例) 復・制 ＋ (答え) ころも → 複製

ア 八・害　イ 占・丁　ウ 原・白
エ 青・今　オ 耳・舎

1 にく　2 ひ・ほのお　3 くさ　4 て
5 みず　6 こころ　7 かたな

いる。

問6　――線④「謝りたかった」とありますが、ここから有里がどのような生き方を望んでいると読み取れますか。本文をふまえて十五字以内で答えなさい。

問7　この文章の内容としてふさわしいものを次から**三つ**選び、それぞれ番号で答えなさい。

1　おばあちゃんの手作りの浴衣を見た有里と千絵ちゃんは、おばあちゃんを喜ばすために、おおげさな態度で喜びを表した。

2　お祭りの後、一人で家に戻《もど》った有里は、千絵ちゃんを先に帰したことをお母さんからきつくとがめられ、玄関で言い合いになった。

3　お祭りの夜、浴衣を着て走り回る子供たちの仲の良さそうな姿を見て、有里は昔は千絵ちゃんもあの子たちのように無邪気《むじゃき》だったのにと、残念がった。

4　お母さんから叩かれたことにショックを受けた有里は、暴力への嫌悪《けんお》から今までため込んでいた思いを一気に吐《は》きだした。

5　有里は自分を守るために先手をうって千絵ちゃんに意地悪なことを言い続けたが、その言葉は本心から出たものではなかった。

6　子供を保育園に入れて働くことをおばあちゃんに反対されているお母さんを見て、有里は同情し、いつもお母さんの味方でいようと考えた。

7　お母さんとの言い合いで自分の思いをぶつけた有里は、このことが原因でお母さんがふさぎ込んでしまうのではないかと心配した。

8　おばあちゃんやおばさんを意識して体裁《ていさい》を気にしつつも、仕事を辞めずにがんばり続けるお母さんを有里はずっと応援《おうえん》していた。

三

次の詩を読んで、後の問いに答えなさい。

うつろとからっぽ

谷川　俊太郎

心がうつろなとき
心の中は①空き家です
②埃《ほこり》だらけクモの巣だらけ
捨てられた包丁が錆《さ》びついている

心がからっぽなとき
心の中は草原です
抜《ぬ》けるような青空の下
はるばると地平線まで見渡《みわた》せて

うつろとからっぽ
似ているようで違《ちが》います
心という入れものは［1］
空虚《くうきょ》だったり空だったり
無だったり無限だったり

問1　空らん［1］にあてはまることばとして最もふさわしいものを次から一つ選び、番号で答えなさい。

1　神出鬼没《しんしゅつきぼつ》　2　公平無私　3　縦横無尽《じゅうおうむじん》
4　伸縮《しんしゅく》自在　5　針小棒大

問2　――線①「空き家」とありますが、これと同様な表現で「空き

るとどのようになりますか。最もふさわしいものを次から一つ選び、番号で答えなさい。

1 (a・b)—(c・d・e)　2 (b)—(a・c・d・e)

3 (a・b・c)—(d・e)　4 (a・c)—(b・d・e)

問3 ——線①「お母さんの言葉に、有里はうなずくしかなかった」とありますが、この時の有里の心情として最もふさわしいものを次から一つ選び、番号で答えなさい。

1 自分の体に合わない浴衣を着せられることにいらだったが、すぐに忘れてしまうおばあちゃんにそのことを言ってもしかたがないと思っている。

2 サイズの合わない浴衣を着ることには抵抗《ていこう》があるが、ここでお母さんにいかりをぶつけてみてもこの浴衣は今さらどうにもならないと思っている。

3 サイズの合わない浴衣を無理に着るようにうながすお母さんにいらだちを感じたが、そのことを伝えてお母さんを怒らせたくないと思っている。

4 自分の体に合わない浴衣を着ることには抵抗があるが、この場で文句を言うことによってお母さんの立場を悪くしたくないと思っている。

問4 ——線②「大きくため息をついた」とありますが、この時の有里の心情として最もふさわしいものを次から一つ選び、番号で答えなさい。

1 千絵ちゃんに意地悪を言うことでほのかな満足感を得たものの、物を投げつけ激しく怒る千絵ちゃんの普通《ふつう》ではない様子を見て怖《こわ》くなってしまっている。

2 自分から嫌味を言い続けたことで、千絵ちゃんに嫌味を言われることは避《さ》けられたものの、千絵ちゃんが怒って帰ってしまったことに後味の悪さを感じている。

3 思いつく限りの嫌味をあびせてねらい通りに千絵ちゃんを怒らせてみたものの、寂《さび》しそうに歩く千絵ちゃんの後ろ姿を見て、少し言い過ぎたと思っている。

4 田舎をばかにすることで千絵ちゃんより優位に立ってみたものの、そのことが結果的に大好きなおばあちゃんに対する悪口になってしまったと反省している。

問5 ——線③「黙って首をたてに振るお母さんのスカートに、涙がぽたぽたと落ちる」とありますが、この時のお母さんの様子を説明したものとして、最もふさわしいものを次から一つ選び、番号で答えなさい。

1 自分の母親に、働いていてもちゃんと子育てができているということを認めてもらうために、娘には聞き分けのよい「良い子」であることを求めてきたが、そのことが娘を苦しめることにつながっていたことに気づき、自責の念にかられている。

2 自分の母親に、働きながらも立派に子育てをしていることを示すために理想的な母という姿を追い求めてきたが、そのことに反して娘はただ表面的に「良い子」を演じることしかせず、このままでは子育てが失敗したことになると残念がっている。

3 自分の母親に、親が働いていても娘は自然と「良い子」に育っていくはずだという子育てに対する自論を示してきたが、突然反抗的《はんこうてき》な態度をとる娘を見て、やはり親が常に娘と向き合ってこなかったからだと反省し、娘に対して負い目を感じている。

4 自分の母親に、働いていても娘を「良い子」に育てている姿を見せられれば、働きに出ることも認めてもらえるはずだと思い子育てに励《はげ》んできたが、娘は自分の気持ちを理解してくれず、もう母親に認めてもらうことはあきらめるしかないと悲しんでいから、有里は保育園に行きたいの」

　本当は、保育園に行きたくないなぁっていう日もあった。お母さんが家にいてくれたらなぁって思うことだってあった。だけど、有里はお母さんの味方になりたかった。お母さんを困らせるようなことはしたくなかった。お母さんにとって仕事が大切だって知ってるから自分のために辞《や》めてほしくなかったのだ。だって楽しそうに仕事をしているお母さんが、大好きだったから。私も大人になったら、お母さんみたいになりたいって憧《あこが》れていたから。

「働いてるせいで子育てを失敗してるって思われたくないんでしょう?」

　だからお母さんが悪く言われないために、おばあちゃんたちの前では、いい子でいるようにしてきた。千絵ちゃんにムカつくことを言われても、じっと耐《た》えてきた。

「だけど、もう我慢するのはイヤ」

お母さんがうつむいて、目頭《めがしら》をおさえている。

「いい子でいるのはもう無理なの」

そんなお母さんを見て、有里もまたひどくB切ない気持ちになる。

有里はもう、自分を止められなかった。

「もう私、自分の思うとおりにしていいよね」

③黙って首をたてに振《ふ》るお母さんのスカートに、涙がぽたぽたと落ちる。

「じゃあ、千絵ちゃんのとこに、行ってくる」

有里はこれで千絵ちゃんに謝れると思った。いい子ぶるわけじゃなくて、千絵ちゃんにウソなんかついて、気分が悪かったから。自分のために、④謝りたかった。

「有里」

立ち上がると、お母さんが有里を呼び止めた。

「ごめんね」

振り向くと、鼻を真っ赤にしたお母さんが有里を見上げていた。

「ずっと、ごめんね」

「うん」

有里は小さくうなずくと、あわてて部屋を出た。

お母さんの傷ついた顔を見るのは、辛《つら》かった。だけどもうこの程度のトラブルで、お母さんは仕事を辞めたりしない。それぐらい、私は十分にちゃんと育っている。

だからお母さんには、もっと正々堂々としてほしい。自分の生き方が間違ってないことを証明するのに、育てている「娘」を見せるんじゃなくて「自分自身」を見せてほしい。自分の人生は間違ってないってことを、自信を持ってアピールしてほしい。

本当は自慢《じまん》のお母さんだから、ばりばり働くお母さんをすごく格好いいと思っているから。

（草野たき「いつかふたりで」より）

問1　——線A「健気な」・B「切ない気持ち」のここでの意味として最もふさわしいものを次から一つずつ選び、それぞれ番号で答えなさい。

A　健気な

1　相手を喜ばせる感心な　　2　自分の気持ちと反対な

3　元気ではつらつとした　　4　その場をとりつくろう

B　切ない気持ち

1　あわれに思うような気持ち

2　いかりがつのるような気持ち

3　胸がしめつけられるような気持ち

4　どうしていいかわからないような気持ち

問2　═線a～eのことばを表現のうえから二つのグループに分け

有里は下駄をぬぐと、dとぼとぼと自分たちが寝泊《ねとま》りしている客間のほうに向かった。

「でも千絵ちゃん、すごく怒《おこ》った顔して一人で帰ってきたわよ」

「知らないよ」

有里はひどく疲《つか》れていた。

「千絵ちゃんに謝《あやま》ってきなさい」

客間にもどると急に力が抜けて、有里はペタンと床《ゆか》に座《すわ》り込《こ》んだ。

「いいから謝ってきなさい」

有里の背後でお母さんの声がする。

「どうして悪くないのに謝らなきゃいけないの？」

有里はぼそりと言った。

「あなたのほうがお姉さんでしょ？」

お母さんは有里の真正面に座って、有里の手をとった。

「でも私は、千絵ちゃんのお姉さんじゃない」

有里はお母さんに握《にぎ》られているその手をパッとひっこめた。

「私は謝らない！」

そう怒鳴《どな》り返した瞬間《しゅんかん》、頬《ほお》に衝撃《しょうげき》がはしった。お母さんが頬を叩《たた》いたのだとわかるまで、少し時間がかかった。

「どうして……？」

有里の目から、eはらはらと涙が落ちた。

「どうして、我慢《がまん》するのは、いつも私なの？」

お母さんに頬をはたかれるなんて初めてで、ショックだった。

「どうして謝るのはいつも私なの？」

お母さんもまた有里の頬を叩いてしまい、気まずそうだった。

「どうして私にこんなつんつるてんの浴衣を着せるの？」

ファッション雑誌の編集者をしているお母さんが、浴衣の丈の長さが気にならないわけがないのだ。

「どうして私は欲《ほ》しくもない編みぐるみを、嬉しそうにもらわなきゃいけないの？」

「お世話になってるんだから、気遣《きづか》うのが当然でしょう？」

お母さんが有里の目を見ないで言う。

「違《ちが》うよ」

だから有里は思いきって言った。

「お母さんは、私をいい子にしたいだけじゃん」

もう、限界だった。

「お母さんは、光子おばさんに、負けたくないんだよ」

その言葉に、お母さんがハッとした顔を見せた。

「私が千絵ちゃんより、いい子でいることで、光子おばさんより、ずっと上手に子育てしてるって、おばあちゃんにアピールしたいんだよ」

おばあちゃんたちが、お母さんが働いてることを良く思ってないことは、知っていた。

「子供を保育園に預けて、働くって、なーは我《わ》がままらのぉ」

おばあちゃんにそんな風に言われているのを、有里は見たことがあった。

「小さいうちは、親がそばにいてやらんばかわいそーだてぇ」

そんな風に光子おばさんに言われてるのだって聞いたことがある。

お母さんはそう言われても「そうねぇ」と気のない返事をするばかりだったけれど、すごく悔《くや》しそうだった。けして言い返さなかったけれど、うつむいてこっそり唇《くちびる》をかんでいた。

「有里ちゃん、お母さんに家にいてもらいたいよね。働いてなんてほしくないよね」

だからそう話しかけるおばさんに、有里は言ったものだ。

「ううん、保育園楽しいよ。お友達もいっぱいいるし、先生もやさしも、千絵ちゃんと有里が同じ背丈だと思いこんでいて、十センチ以上小さい千絵ちゃんの身体にあわせて浴衣をつくってしまうのだ。

「あらぁ、東京の子は背のびるの早いんねぇ」

そしておばあちゃんは、今年もまた、そんなとんちんかんなセリフで、自分の失敗を棚《たな》にあげた。

「でも、大丈夫《だいじょうぶ》よ。そんなにおかしくないわ。ねっ、有里、気にならないわよね」

①お母さんの言葉に、有里はうなずくしかなかった。

「うん、気にならないよ」

毎年のことなので慣れっこだったし、どうせお祭りのときしか着ないのでべつにいいやと思うことにしていた。

「おばあちゃん、来年も元気でいて、私たちの浴衣をつくってね」

おまけに、そんなＡ健気《けなげ》なセリフもつけくわえた。

「そうらのぉ。来年もつくってやれるといいのぉ」

有里の言葉に、おばあちゃんは嬉《うれ》しそうにしていたし、お母さんも満足そうな顔をしていた。

暗くなるのを待って、二人はそろって神社にむかった。

「千絵ちゃんって、浴衣がすごく似合うね」

二人きりになるのは、お土産《みやげ》を渡《わた》したとき以来だった。

「いいな、田舎《いなか》の子はこういう格好が似合って」

下駄《げた》をａカラカラと鳴らしながら、すっかり日暮れた道を歩く。道路にそって流れる小さな川から、ｂさわさわと水の流れる音がする。

「こっちに住んでると、流行とか気にしなくていいんでしょ？」

有里は意地悪なことを言わなきゃと必死だった。それは攻められる前に、攻めようという有里の作戦だった。だって千絵ちゃんがこのまま黙《だま》ってるわけがないから。言われっぱなしなわけがないから。

「東京にいると、去年の服なんて恥《は》ずかしくて着れなくてさ」

それは「有里ちゃんの肌《はだ》が弱いのは、東京の水がきたねぇせいだてぇ」とか「中学受験するなんて東京の子はかわいそー」なんて言われつづけてきた、仕返しのつもりだった。

「いいなぁ、田舎の子は気楽で」

そして、有里が思いつく嫌味は、田舎に住んでいることをバカにすることくらいだった。

「私もこーんな、のどかなところで、のんきに暮らしたいよ」

それは、なにかって言えば「東京」の悪口を言われてきた、仕返しのつもりだった。

「なんなのよ！」

すると、千絵ちゃんが突然《とつぜん》、持っていたきんちゃくを地面にたたきつけた。

「田舎、田舎ってバカにしないでよ！」

そしてくるりと身体をひるがえすと、ｃすたすたと家のほうへともどっていってしまった。有里はそんな千絵ちゃんの後ろ姿を見つめながら、②大きくため息をついた。意地悪を言って、ひどく気分が悪かった。有里は千絵ちゃんのきんちゃくを拾うと、自分もまた今来た道を引き返した。同じように浴衣を着た子供《こども》たちが、楽しそうにおしゃべりをしながらすれちがっていく。はしゃいで駆《か》け回っている子供たちを見て、有里はやっぱりのどかだなぁと思った。空気が澄《す》んでいるせいか、月が明るく夜道を照らしてくれる。涼《すず》しい風が気持ちよく、首筋を通り抜《ぬ》けて行く。

玄関《げんかん》の引き戸をガラガラと開けると、お母さんがあわてたように有里を出迎《でむか》えた。

「どうしたの？　ケンカでもしたの？」

「してないよ」

全体を見失う」という意味の慣用句として最もふさわしいものを次から一つ選び、番号で答えなさい。

1　海老《えび》で鯛《たい》を釣る　　2　木を見て森を見ず
3　河童《かっぱ》の川流れ　　4　井《い》の中の蛙《かわず》大海を知らず

問5　空らん【Ⅰ】にあてはまることばとして最もふさわしいものを次から一つ選び、番号で答えなさい。

1　潮の満ち引きをもたらす性質
2　月の明るさは太陽光の反射であるという性質
3　昇《のぼ》る高さによって大きさが異なって見える性質
4　満ち欠けするという性質

問6　——線②「私たちは、まっさらな目で対象を見るわけではありません。」とありますが、「まっさらな目で」ないというのはなぜですか。次の空らんにあてはまる九字のことばを文中よりぬき出して答えなさい。

［　　　　　］を通して見るから。

問7　═══線「情報を処理する方法」とありますが、スーザン・バリーの情報を処理する方法はどのように変化しましたか。六十字以内で答えなさい。

問8　この文章の内容として**ふさわしくないもの**を次から**二つ**選び、それぞれ番号で答えなさい。

1　二次元のものを三次元化できる見えない人の空間把握は、見える人のように平面という概念を持たないゆえの特質といえる。
2　見えないということは特定の視点を持たないということであるから、見える人以上に対象を客観的にとらえられるといえる。
3　見える人は実際には球体の月を平面的にとらえることができるが、見えない人はとらえることはないといえる。
4　見える人のように定まった「視点」にしばられることもなく、対象をそのままとらえられるのが見えない人の空間把握といえる。
5　見えない人にとって「触覚」は対象を把握する重要な要素だが、触れられない色彩は感覚でとらえることで理解できるといえる。

二

次の文章を読んで、後の問いに答えなさい。

東京に住んでいる中学二年生の有里は、毎年夏休みに母方の実家がある新潟に帰省している。新潟には有里の祖母と共に、母の姉である光子おばさん、その娘《むすめ》である中学一年生の千絵も住んでおり、有里は嫌味《いやみ》の多い千絵に苦手意識を持っていた。しかし、今回の帰省では到着《とうちゃく》早々に有里の方から千絵に嫌味を言い、それによって機嫌《きげん》をそこねた千絵と会話をしなくなっていた。

それでも、八月十六日にある神社のお祭りに、二人はいっしょに出かけなければならなかった。毎年、おばあちゃん手作りのおそろいの浴衣《ゆかた》を着て、お祭りに出かけるのが恒例で、さすがに千絵ちゃんもそれをイヤがることはできないみたいだった。

「さーさ、どんぞ」

お祭りの日の夕方、おばあちゃんは二人に出来上がったばかりの浴衣をプレゼントしてくれた。

「わぁ、かわいい！」

有里は、おばあちゃんを喜ばせるために、今年も大げさに喜んでみせた。今年の浴衣は紺地《こんじ》に赤いぼたんの花があしらわれているものだった。だけど今年もまた、おばあちゃんがつくってくれた浴衣は、有里が着るには着丈《きたけ》や袖丈《そでたけ》が足りなかった。おばあちゃんは何度言ってて「あたたかい気持ちになる色」、黄色は「バナナ」「踏切《ふみきり》」「卵」が属していて「黒と組み合わせると c ケイコクを意味する色」といった具合です。

ただ面白《おもしろ》いのは、私が聞いたその人は、どうしても「混色」が理解できないと言っていたことでした。絵の具が混ざるところを目で見たことがある人なら、色は混ぜると別の色になる、ということを知っています。赤と黄色を混ぜると、中間色のオレンジ色ができあがることを知っています。［E］、その全盲の人にとっては、色を混ぜるのは、机と椅子を混ぜるような感じで、どうも納得《なっとく》がいかないそうです。赤＋黄色＝オレンジという法則は分かっても、感覚的にはどうも理解できないのだそうです。

もう一度、富士山と月の例に戻《もど》りましょう。見える人は三次元のものを二次元化してとらえ、見えない人は三次元のままとらえている。つまり前者は平面的なイメージとして、後者は空間の中でとらえている。

だとすると、そもそも空間を空間として理解しているのは、見えない人だけなのではないか、という気さえしてきます。見えない人は、d ゲンミツな意味で、見える人が見ているような「二次元的なイメージ」を持っていない。でもだからこそ、空間を空間として理解することができるのではないか。

なぜそう思えるかというと、視覚を使う限り、「視点」というものが存在するからです。視点、つまり「どこから空間や物を見るか」です。「自分がいる場所」と言ってもいい。もちろん、実際にその場所に立っている必要は必ずしもありません。絵画や写真を見る場合は、画家やカメラが立っていた場所の視点を、その場所ではないところにいながらにして獲得します。顕微鏡《けんびきょう》写真や望遠鏡写真も含《ふく》めれば、肉眼では見ることのできない視点に立つことすらできます。想像の中でその場所に立つこうした場合も含め、どこから空間や物をまなざしているか、その点が「視点」と呼ばれます。

同じ空間でも、視点によって見え方が全く異なります。同じ部屋でも上座から見たのと下座から見たのでは見えるものが正反対ですし、はたまたノミの視点で床《ゆか》から見たり、ハエの視点で天井《てんじょう》から見下ろしたのでは全く違う風景が広がっているはずです。けれども、私たちが体を持っているかぎり、一度に複数の視点を持つことはできません。

このことを考えれば、目が見えるものしか見ていないことを、つまり空間をそれが実際にそうであるとおりに三次元的にはとらえ得ないことは明らかです。それはあくまで「私の視点から見た空間」でしかありません。

（伊藤亜紗『目の見えない人は世界をどう見ているのか』より）

問1　――線a～dのカタカナを漢字に直しなさい。

問2　空らん［A］～［E］について後の問いに答えなさい。

(1)　一つだけ異なる接続語が入るものを選び、記号で答えなさい。

(2)　(1)で選ばなかった四つに共通して入る接続語として最もふさわしいものを次から一つ選び、番号で答えなさい。

1　また　2　ところが　3　なぜなら　4　つまり

問3　空らん［(1)］、［(2)］には「二次元」「三次元」のいずれかが入ります。その組み合わせとして最もふさわしいものを次から一つ選び、番号で答えなさい。

1　(1)　三次元　(2)　三次元
2　(1)　三次元　(2)　二次元
3　(1)　二次元　(2)　三次元
4　(1)　二次元　(2)　二次元

問4　――線①「部分の積み重ねの結果、全体を獲得する」とありますが、これとは逆に「細かい部分にこだわりすぎた結果、物事のすが、見える人はたいていそのようにとらえていないはずです。

見える人にとって、富士山とはまずもって「八の字の末広がり」です。つまり「上が欠けた円すい形」ではなく「上が欠けた三角形」としてイメージしている。平面的なのです。月のような天体についても同様です。見えない人にとって月とはボールのような球体です。では、見える人はどうでしょう。「まんまる」で「盆《ぼん》のような」月、［Ｂ］厚みのない円形をイメージするのではないでしょうか。

三次元を二次元化することは、視覚の大きな特徴のひとつです。「奥行《おくゆ》きのあるもの」を「平面イメージ」に変換《へんかん》してしまう。とくに、富士山や月のようにあまりに遠くにあるものや、あまりに巨大《きょだい》なものを見るときには、どうしても立体感が失われてしまいます。もちろん、富士山や月が実際に薄《うす》っぺらいわけではないことを私たちは知っています。けれども視覚がとらえる［(1)］的なイメージが勝ってしまう。このように視覚にはそもそも対象を平面化する傾向《けいこう》があるのですが、重要なのは、こうした平面性が、絵画やイラストが提供する文化的なイメージによってさらに補強されていくことです。

私たちが現実の物を見る見方がいかに文化的なイメージに染められているかは、たとえば木星を思い描《えが》いてみれば分かります。木星と言われると、多くの人はあのマーブリングのような横縞《よこじま》の入った茶色い天体写真を思い浮かべるでしょう。あの縞模様の効果もありますが、木星はかなり［(2)］的にとらえられているのではないでしょうか。それに比べると月はあまりに平べったい。【 Ⅰ 】も平面的な印象を強めるのに一役買っていそうですが、なぜ月がここまで二次元的なのでしょう。

その理由は、言うまでもなく、子どものころに読んでもらった絵本やさまざまなイラスト、あるいは浮世絵《うきよえ》や絵画の中で、私たちがさまざまな「まあるい月」を目にしてきたからでしょう。紺色《こんいろ》の夜空にしっとりと浮かびあがる大きくて優《やさ》しい黄色の丸――月を描くのにふさわしい姿とは、およそこうしたものでしょう。

こうした月を描くときのパターン、［Ｃ］文化的に醸成《じょうせい》された月のイメージが、現実の月を見る見方をつくっているのです。②私たちは、まっさらな目で対象を見るわけではありません。「過去に見たもの」を使って目の前の対象を見るのです。

富士山についても同様です。風呂屋《ふろや》の絵に始まって、種々のカレンダーや絵本で、デフォルメされた「八の字」を目にしてきました。そして何より富士山も満月も縁起物《えんぎもの》です。その福々しい印象とあいまって、「まんまる」や「八の字」のイメージはますます強化されています。

見えない人、特に先天的に見えない人は、目の前にある物を視覚でとらえないだけでなく、私たちの文化を構成する視覚イメージをもとらえることがありません。見える人が物を見るときにおのずとそれを通してとらえてしまう、文化的なフィルターから自由なのです。

［Ｄ］、見えない人は、見える人よりも、物が実際にそうであるように理解していることになります。模型を使って理解していることも大きいでしょう。その理解は、概念的《がいねんてき》、と言ってもいいかもしれません。直接触《さわ》ることのできないものについては、辞書に書いてある記述を覚えるように、対象を理解しているのです。

ｂテイギ通りに理解している、という点で興味深いのは、見えない人の色彩《しきさい》の理解です。

個人差がありますが、物を見た経験を持たない全盲《ぜんもう》の人でも、「色」の概念を理解していることがあります。「私の好きな色は青」なんて言われるとかなりびっくりしてしまうのですが、聞いてみると、その色をしているものの集合を覚えることで、色の概念を獲得するらしい。たとえば赤は「りんご」「いちご」「トマト」「くちびる」が属してい

二〇二〇年度　東京都市大学付属中学校

〈編集部注：国語の第一回試験には著作権上の問題により掲載できない出題文がありますので、学校の了承のもと第三回の試験問題を掲載しています。〉

【国語】〈第三回試験〉（四五分）〈満点：一〇〇点〉

［注意］国語の問題では、字数制限のあるものは、特別な指示がない限り句読点等も一字に数えます。

一　次の文章を読んで、後の問いに答えなさい。

「見えない」という身体的な特徴《とくちょう》が、情報を処理する方法の違《ちが》いを生むということは、ものを考える方法にも影響《えいきょう》を与えるということです。ものを考える方法、要は「頭の使い方」です。ひとくちに視覚障害といってもいろいろな種類がありますが、障害の違いによって、「頭の使い方」に違いが生まれる場合があります。ここではひとつだけ、立体視能力の例をあげておきましょう。

アメリカの神経生物学者、スーザン・バリーは、その aチョショ『視覚はよみがえる』（筑摩選書）で、四十八歳《さい》のときに、特殊《とくしゅ》な訓練によって初めて立体視能力を獲得《かくとく》したときの経験について語っています。

通常、人間の脳は左右の目から届く情報の「ずれ」によって、対象までの距離《きょり》や立体感を把握《はあく》しています。しかしバリーは斜視で、長い間それができなかった。バリーの脳は、よく見える方の目からくる情報だけを「信用」して、もう片方の目からくる情報は「無視」していた。代わりに彼女《かのじょ》は頭を細かく動かし、無理矢理《むりやり》視覚に「ずれ」を作ることで、なんとか距離感を把握していました。それでも車の運転だってこなしたし、研究者として膨大《ぼうだい》な量の文献《ぶんけん》を読み、論文を発表していました。

そんな彼女が、四十八歳にして初めて立体視ができるようになった。物の立体感や、物と物の位置関係がわかるようになったので、初めての部屋に入ってもとまどうことはありません。内装がどうなっているか、その全体を一瞬《いっしゅん》で把握することができるようになったからです。

Ａ　「空間とはなにか」がわかるようになったのです。それは「魅力的《みりょくてき》でうっとりする」感覚だったとバリーは言います。空間の中にテーブルや椅子《いす》があり、その同じ空間に自分もいる。「自分がちゃんと世界に存在している感じ」を、バリーは四十八歳にして初めて手にいれたのです。

そんな大きな変化を経験した彼女において、情報を処理する仕方はどんなふうに変わったのでしょうか。彼女によれば、初めての部屋に入って空間の全体をぱっと把握できるようになったように、たとえば論文を読むときにも、全体を一気に把握することができるようになったそうです。それまでの彼女の情報処理の仕方は、「①部分の積み重ねの結果、全体を獲得する」というものだった。ところが立体視ができるようになったことで、「まず全体を把握して、全体との関係で細部を検討する」という思考法ができるようになったのです。視覚の能力が思考法にも影響を与える、興味深い例です。

見える人と見えない人の空間把握の違いは、単語の意味の理解の仕方にもあらわれてきます。空間の問題が単語の意味にかかわる、というのは意外かもしれません。けれども、見える人と見えない人では、ある単語を聞いたときに頭の中に思い浮《う》かべるものが違うのです。

たとえば「富士山」。これは難波さんが指摘《してき》した例です。見えない人にとって富士山は、「上がちょっと欠けた円すい形」をしています。いや、実際に富士山は上がちょっと欠けた円すい形をしているわけで

2020年度
東京都市大学付属中学校　▶解説と解答

算　数　＜第１回試験＞（45分）＜満点：100点＞

解　答

1　**問１**　$\frac{25}{144}$　**問２**　3　**問３**　5　**問４**　440　**問５**　27　**問６**　76　**問７**　34.54　**問８**　$\frac{2}{3}$　**2**　**問１**　1000m　**問２**　2000m　**問３**　5回　**3**　**問１**　$\frac{23}{27}$倍　**問２**　16：7　**問３**　11：7　**4**　**問１**　5：1　**問２**　7：16　**5**　**問１**　85　**問２**　10回

解　説

1　**計算のくふう，逆算，濃度《のうど》，倍数算，比の性質，ニュートン算，周期算，長さ，表面積**

問１　$\frac{1}{N\times(N+2)}=\left\{\frac{1}{N}-\frac{1}{(N+2)}\right\}\times\frac{1}{2}$となることを利用すると，$\frac{1}{15}+\frac{1}{24}+\frac{1}{35}+\frac{1}{48}+\frac{1}{63}=\frac{1}{3\times5}+\frac{1}{4\times6}+\frac{1}{5\times7}+\frac{1}{6\times8}+\frac{1}{7\times9}=\left(\frac{1}{3}-\frac{1}{5}\right)\times\frac{1}{2}+\left(\frac{1}{4}-\frac{1}{6}\right)\times\frac{1}{2}+\left(\frac{1}{5}-\frac{1}{7}\right)\times\frac{1}{2}+\left(\frac{1}{6}-\frac{1}{8}\right)\times\frac{1}{2}+\left(\frac{1}{7}-\frac{1}{9}\right)\times\frac{1}{2}=\left(\frac{1}{3}-\frac{1}{5}+\frac{1}{4}-\frac{1}{6}+\frac{1}{5}-\frac{1}{7}+\frac{1}{6}-\frac{1}{8}+\frac{1}{7}-\frac{1}{9}\right)\times\frac{1}{2}=\left(\frac{1}{3}+\frac{1}{4}-\frac{1}{8}-\frac{1}{9}\right)\times\frac{1}{2}=\left(\frac{24}{72}+\frac{18}{72}-\frac{9}{72}-\frac{8}{72}\right)\times\frac{1}{2}=\frac{25}{72}\times\frac{1}{2}=\frac{25}{144}$

問２　$\left(1\frac{1}{3}-0.25\div\square\right)\times2\frac{2}{5}=3$，$1\frac{1}{3}-0.25\div\square=3\div2\frac{2}{5}=3\div\frac{12}{5}=3\times\frac{5}{12}=\frac{5}{4}$，$0.25\div\square=1\frac{1}{3}-\frac{5}{4}=\frac{4}{3}-\frac{5}{4}=\frac{16}{12}-\frac{15}{12}=\frac{1}{12}$　よって，$\square=0.25\div\frac{1}{12}=\frac{1}{4}\times\frac{12}{1}=3$

問３　混ぜる予定の４％の食塩水の重さを□ｇ，８％の食塩水の重さを△ｇとして図に表すと，右の図１のようになる。図１で，ア：イ＝(７－４)：(８－７)＝３：１だから，□：△＝$\frac{1}{3}$：$\frac{1}{1}$＝１：３とわかる。よって，実際に混ぜた４％の食塩水と８％の食塩水の重さの比は３：１になる。そこで，実際に混ぜた４％の食塩水の重さを300ｇ，８％の食塩水の重さを100ｇとすると，(食塩の重さ)＝(食塩水の重さ)×(濃度)より，食塩の重さの合計は，300×0.04＋100×0.08＝20(ｇ)とわかる。また，食塩水の重さの合計は，300＋100＝400(ｇ)なので，できた食塩水の濃度は，20÷400×100＝５(％)と求められる。

図１

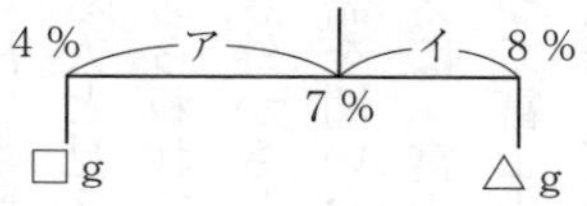

問４　太郎君は200円のボールペンを買い，兄から600円もらったから，太郎君の所持金は最初よりも，600－200＝400(円)増えたことになる。また，兄は200円のボールペンを買い，太郎君に600円あげたので，兄の所持金は最初よりも，200＋600＝800(円)減ったことになる。よって，最初の太郎君の所持金を①，最初の兄の所持金を⑤とすると，(①＋400)：(⑤－800)＝３：５と表すことができる。ここで，$A：B＝C：D$のとき，$B\times C＝A\times D$となるから，(⑤－800)×３＝(①＋400)×５，⑮－2400＝⑤＋2000，⑮－⑤＝2000＋2400，⑩＝4400より，①＝4400÷10＝440(円)と求められる。したがって，最初の太郎君の所持金は440円である。

問５　毎分12Ｌずつ75分でくみ出す水の量は，12×75＝900(Ｌ)であり，毎分18Ｌずつ45分でくみ出す水の量は，18×45＝810(Ｌ)なので，１分間に入れる水の量を①として図に表すと，右の図２のようになる。図２で，(75)－㊺＝㉚にあたる水の量が，900－810＝90(Ｌ)だから，①＝90÷30＝３(Ｌ)と求められる。よって，(75)＝３×75＝225(Ｌ)なので，最初の量は，900－225＝675(Ｌ)とわかる。また，毎分28Ｌずつくみ出すと１分間に，28－３＝25(Ｌ)の割合で減るから，水そうの水がなくなるまでの時間は，675÷25＝27(分)となる。

図２

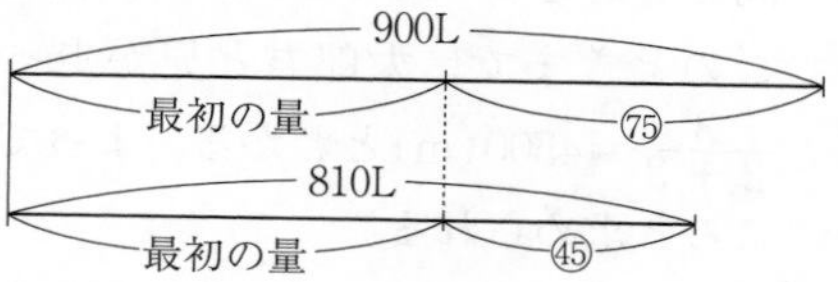

問６　下２けただけを計算していくと，04，04×04＝16，16×04＝64，64×04＝256，56×04＝224，24×04＝96，96×04＝384，84×04＝336，36×04＝144，44×04＝176，76×04＝304，…となるので，下２けたは{04，16，64，56，24，96，84，36，44，76}の10個がくり返されることがわかる。よって，2020÷10＝202より，2020個かけた数の下２けたは76だから，100で割った余りは76になる。

図３

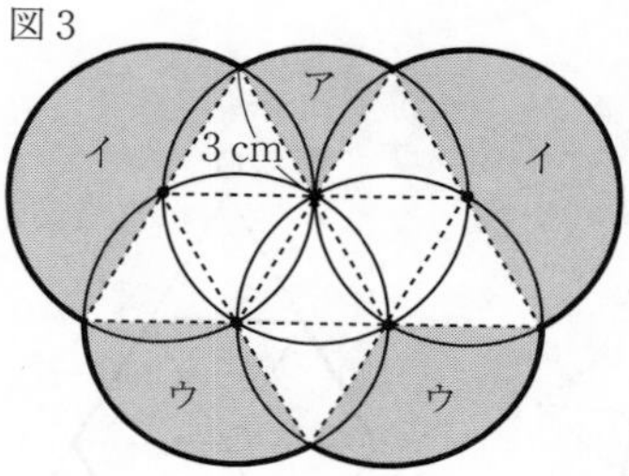

問７　左の図３で，点線はすべて円の半径なので長さは等しく，点線で囲まれた三角形はすべて正三角形になる。よって，アのおうぎ形の中心角は，180－60×２＝60(度)，イのおうぎ形の中心角は180度，ウのおうぎ形の中心角は，180－60＝120(度)だから，かげをつけたおうぎ形の中心角の合計は，60＋180×２＋120×２＝660(度)になる。よって，太い線の長さは，３×２×3.14×$\frac{660}{360}$＝11×3.14＝34.54(cm)と求められる。

図４

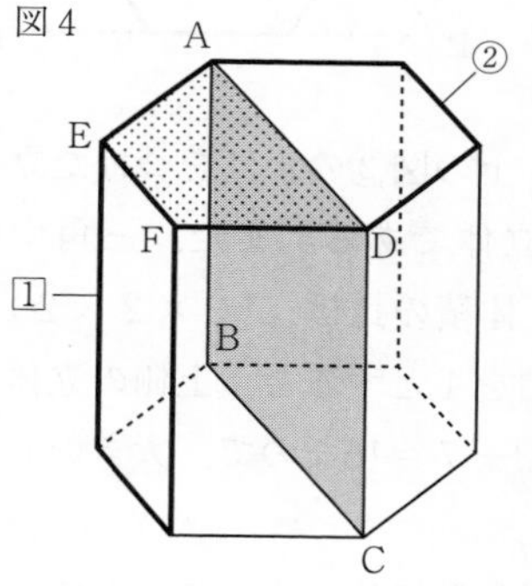

問８　左の図４のように，もとの六角柱の底面積を②とすると，四角形AEFDの面積は①になる。また，もとの六角柱の１つの側面の面積を[1]とすると，ADの長さはEFの長さの２倍なので，四角形ABCDの面積は[2]とわかる。よって，分けた立体の１つ分の表面積は，①×２＋[1]×３＋[2]＝②＋[5]，もとの六角柱の表面積は，②×２＋[1]×６＝④＋[6]と表すことができる。この比が13：18だから，(②＋[5])：(④＋[6])＝13：18より，(④＋[6])×13＝(②＋[5])×18，(52)＋[78]＝㊱＋[90]，(52)－㊱＝[90]－[78]，⑯＝[12]，④＝[3]となり，①：[1]＝$\frac{1}{4}$：$\frac{1}{3}$＝３：４とわかる。そこで，①＝３，[1]＝４とすると，もとの六角柱の側面積は，４×６＝24，もとの六角柱の表面積は，３×４＋４×６＝36となるので，もとの六角柱の側面積は，もとの六角柱の表面積の，24÷36＝$\frac{2}{3}$(倍)と求められる。

2　旅人算

問１　太郎君と兄が同じ道のりを走るのにかかる時間の比は，$\frac{1}{2}$：$\frac{1}{3}$＝３：２だから，太郎君が２回往復するまでのようすをグラフに表すと，右の図のようになる。出発してから１回目に出会うまでに２人が走った道のりの和は2500mであり，このときまでに太郎君と兄が走った道のりの比は２：３なので，太郎君が走った道のりは，2500×$\frac{2}{2+3}$＝1000(m)とわかる。よって，１回目に出会うのはＡ地点から1000mのところである。

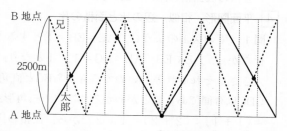

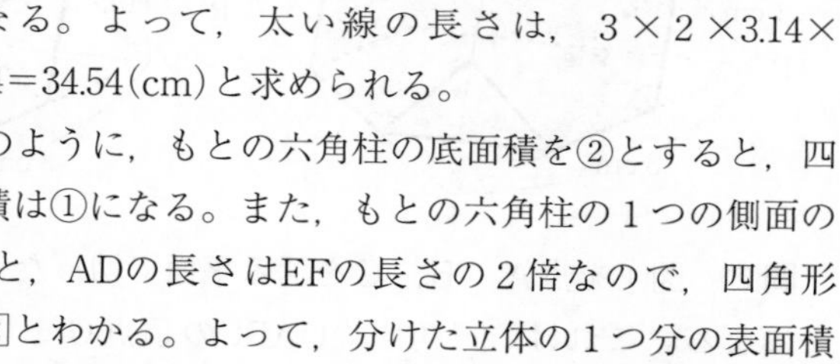

問２　出発してから２回目に出会うまでに２人が走った道のりの和は，2500×３＝7500(m)であり，このときまでに太郎君と兄が走った道のりの比は２：３だから，兄が走った道のりは，7500×$\frac{3}{2+3}$＝4500(m)とわかる。よって，２回目に出会うのはＡ地点から，4500−2500＝2000(m)のところと求められる。

問３　グラフが交わる部分の回数なので，ちょうどＡ地点で追いついたときも含《ふく》めて全部で５回ある。

3　立体図形―展開図，分割，相似，体積，表面積

問１　展開図を組み立ててできる立体は，下の図①のように，三角すいOPQRの４個の頂点を切り落としてできる立体である。図①で，三角すいOPQRと切り落とした三角すいは相似で，相似比は３：１だから，体積の比は，(３×３×３)：(１×１×１)＝27：１となる。よって，切り落とした三角すい１個の体積を１とすると，図①の立体の体積は，27−１×４＝23となるので，図①の立体の体積は三角すいOPQRの体積の，23÷27＝$\frac{23}{27}$(倍)とわかる。

図①
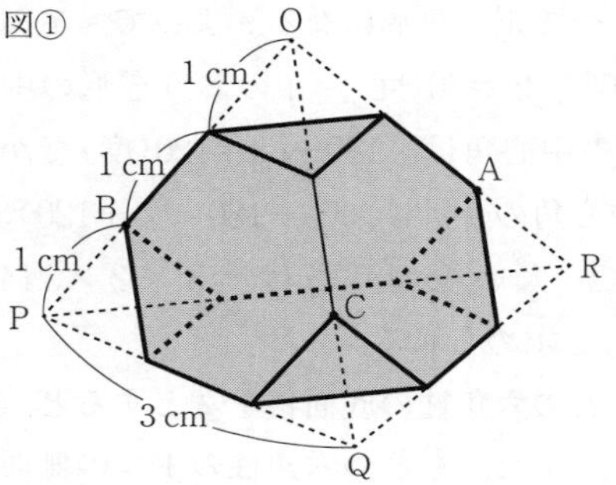

図②
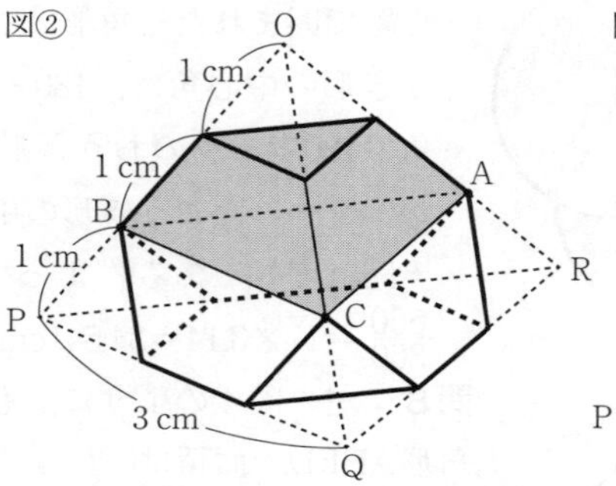

図③
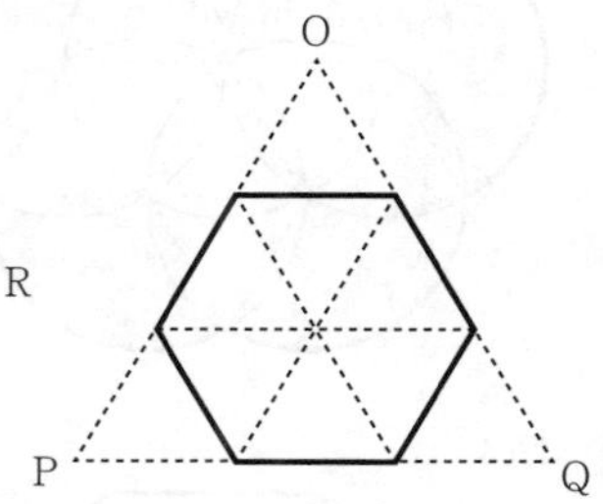

問２　図①を点Ａ，Ｂ，Ｃを通る平面で切ったとき，上側の立体は，上の図②のかげをつけた立体になる。これは，三角すいOABCの頂点Ｏを切り落としてできる立体である。また，三角すいOABCと切り落とした三角すいは相似で，相似比は２：１だから，体積の比は，(２×２×２)：(１×１×１)＝８：１となる。よって，切り落とした三角すいの体積を１とすると，上側の立体の体積は，８−１＝７とわかる。したがって，下側の立体の体積は，23−７＝16なので，大きい立体と小さい立体の体積の比は16：７と求められる。

問３　１辺３cmの正三角形は，上の図③のように，１辺１cmの正三角形に分割することができる。よって，１辺１cmの正三角形の面積を１とすると，上側の立体の表面積は，１＋３×３＋４＝14，下側の立体の表面積は，４＋３×３＋１×３＋６＝22となることがわかるから，大きい立体と小さい立体の表面積の比は，22：14＝11：７となる。

4　平面図形―相似，辺の比と面積の比

問１　下の図１のように，AE＝EB＝①とすると，AD＝①＋①＝②になる。また，EDとBGは平行だから，AE：EB＝AD：DG＝１：１となり，DG＝②とわかる。さらに，同じ印をつけた角の大きさはそれぞれ等しいので，ＡからBGと直角に交わる直線AHを引くと，三角形ABHと三角形GDCは合同であることがわかる。次に，三角形ABHと三角形GAHは相似で，相似比は，AB：GA＝(１＋１)：(２＋２)＝１：２だから，面積の比は，(１×１)：(２×２)＝１：４である。よって，三角形ABHの面積を１とすると，三角形ABGの面積は，１＋４＝５となる。このとき，三角形DCGの面積も１なので，三角形ABGと三角形DCGの面積の比は５：１と求められる。

図１

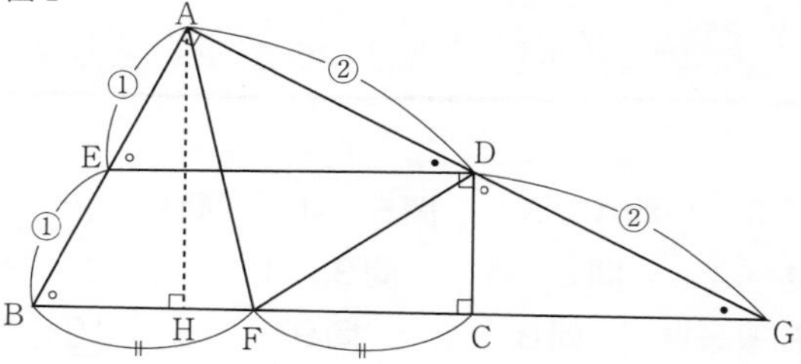

図２

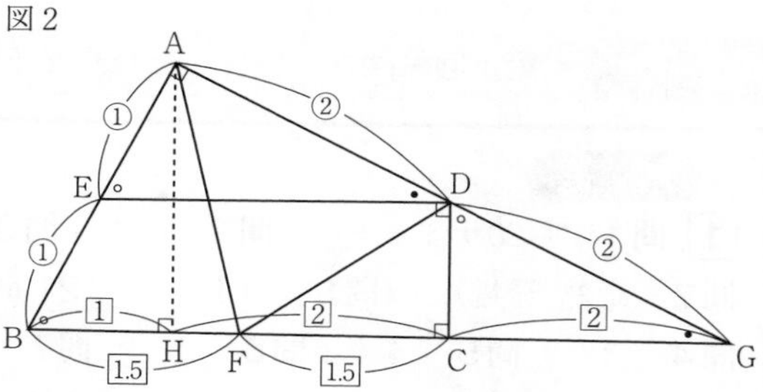

問２　三角形ABHと三角形GAHの面積の比が１：４だから，BH：HG＝１：４となる。そこで，BH＝[1]，HG＝[4]とすると，AHとDCは平行なので，AD：DG＝HC：CG＝１：１となり，HC＝CG＝[4]×$\frac{1}{1+1}$＝[2]とわかる。よって，BF＝FC＝([1]＋[2])÷２＝[1.5]だから，上の図２のようになる。次に，三角形DCGの面積を１とすると，FC：CG＝1.5：２＝３：４なので，三角形DFGの面積は，$1\times\frac{3+4}{4}=\frac{7}{4}$となる。さらに，AD：DG＝１：１だから，三角形AFDの面積も$\frac{7}{4}$とわかる。また，四角形ABCDの面積は，５－１＝４なので，三角形AFDと四角形ABCDの面積の比は，$\frac{7}{4}$：４＝７：16と求められる。

5 立体図形―展開図，構成，調べ

問１　向かい合う面に書かれた数をそれぞれ，○と●，□と■，△と▲として，はじめの状態を下の図①の㋐とする。これを右側へ４回たおすから，マス目に触《ふ》れる数は，▲→□→△→■→▲となり，㋐の状態にもどる。次に，㋐を手前にたおすと㋑のようになり，これを左側へ４回たおすので，マス目に触れる数は，○→■→●→□→○となり，㋑の状態にもどる。同様に，㋑を手前にたおすと㋒のようになり，これを右側へ４回たおすから，マス目に触れる数は，△→□→▲→■→△となり，㋒の状態にもどる。さらに，㋒を手前にたおすと㋓のようになり，これを左側へ４回たおすので，マス目に触れる数は，●→■→○→□→●となり，㋓の状態にもどる。最後に，これを手前にたおすと㋐の状態にもどるから，この後は最初と同じことがくり返される。よって，マス目に触れる数は下の図②のようになる。図②で，○と●は３回ずつ，□と■は５回ずつ現れるので，これらの合計は，７×(３＋５)＝56になる。また，△は４回，▲は５回現れるから，合計が最も小さくなるのは，△が６で▲が１の場合である。このとき，△と▲の合計は，６×４＋１×５＝29になるので，25個の合計は，56＋29＝85と求められる。

問２　たとえば，下の図③のようにたおせばよい(小さな●は，そのときの１の面のある方向を表している)。よって，最も少ない回数は10回である。

図①

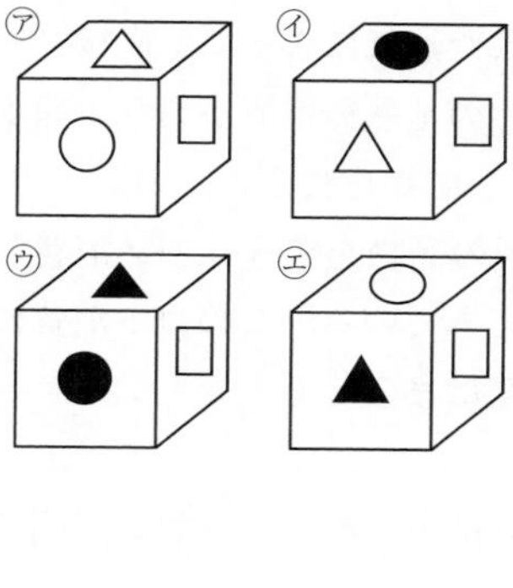

図②

▲	□	△	■	▲
○	□	●	■	○
△	□	▲	■	△
●	□	○	■	●
▲	□	△	■	▲

図③

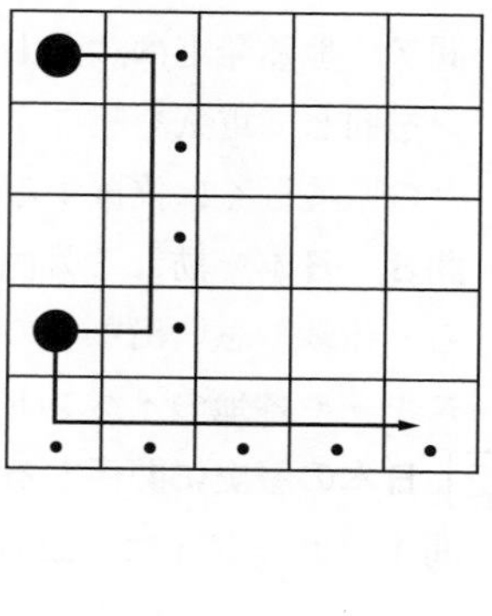

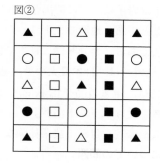

社　会　＜第１回試験＞（理科と合わせて45分）＜満点：50点＞

解　答

[1] 問１　G20サミット　問２　4　問３　3　問４　3　問５　4　問６　2
問７　地熱(発電)　問８　コト　[2] 問１　4　問２　4　問３　(1)　2　(2)　4
問４　3　問５　4　問６　1　問７　福沢諭吉　問８　4　問９　3　[3] 問
１　1　オリンピア　2　6　3　香港　問２　4　問３　a　3　b　2　c
3　d　3　e　1　問４　(1)　1　(2)　名古屋　問５　B　4　E　6

解　説

[1] 地方を訪れる外国人観光客を題材にした問題

問１　2019年６月に大阪市でG20サミット(金融《きんゆう》・世界経済に関する首脳会合)が開かれた。日本・アメリカ・中国・ロシア・EU(ヨーロッパ連合)など20の国と地域の首脳，世界銀行や世界貿易機関(WTO)などの国際機関が参加し，自由貿易や海洋プラスチックごみの削減《さくげん》などに関する話し合いが行われた。

問２　東京湾岸は江戸幕府がごみ処理のために埋《う》め立てた場所で，そこに東京オリンピック・パラリンピックの会場の建設が進められ，晴海には選手村がつくられたので，aは誤り。都市部の気温がその周辺地域に比べて高くなる現象をヒートアイランド現象というので，bも誤り。

問３　博多湾は福岡市に面し，入口には江戸時代に金印が発見された志賀島があるが，清(中国)からの賠償《ばいしょう》金をもとに建設された八幡製鉄所は北九州市に位置しているので，aは誤り。福岡市は古くから朝鮮半島や中国との交流があり，2018年に福岡市を訪れた外国人は，大韓民国(韓国)，台湾，中華人民共和国(中国)，香港，タイの順に多かったので，bは正しい。

問４　そばは，その多くを外国からの輸入にたよっているが，国内では夏でもすずしく昼夜の寒暖差が大きい地域でおもに栽培され，北海道が全国生産量の約半分を占《し》めている。なお，１はじゃがいも，２は大豆，４はたまねぎの都道府県別生産割合。

問５　沖縄県民総所得に占める基地関連収入の割合は，沖縄が日本に返還された1972年は15.5％であったが，その後は減少傾向《けいこう》にあり，近年は５％程度となっているので，aは誤り。沖縄県には原子力発電所がないので，bも誤り。

問６　海に面していない県を内陸県といい，栃木県・群馬県・埼玉県・山梨県・長野県・岐阜県・滋賀県・奈良県の８つがある。１は岩手県，２は群馬県，３は大阪府，４は千葉県の略地図。

問７　地熱発電は，火山や温泉などがある地域の地中深くから得られた蒸気によって，直接タービンを回して電気を起こす発電方法である。大分県には日本で最も多くの地熱発電所があり，熊本県との県境近くに位置する八丁原《はっちょうばる》発電所は，日本最大の地熱発電所として知られる。

問８　日本を訪れる外国人の目的は，電気製品や化粧《けしょう》品など日本製の品物を買う「モノ消費」から，体験や思い出などのサービスを受ける「コト消費」へと変化してきている。このコト消費には，スキーや各地のイベント体験，芸術鑑賞や自然・農業体験などがあてはまる。

[2] 日本の歴史に関係する外国人についての問題

問１　カードAは，220年に魏《ぎ》(中国)を建国した曹丕《そうひ》のあとを継《つ》いで皇帝となった曹叡《そうえい》の説明である。『魏志』倭人《わじん》伝には，邪馬台国《やまたいこく》の女王卑弥呼《ひみこ》が239年に魏へ使いを送り，皇帝から金印と「親魏倭王」の称号を与えられたことが記されている。

問２　カードＡの弥生時代には稲作が全国に広まったが，備中鍬《びっちゅうぐわ》や千歯こきが使われ始めたのは江戸時代のことなので，ａは誤り。仏教が朝鮮半島の百済《くだら》から正式に伝来し，聖徳太子によって法隆寺が建てられたのは飛鳥時代のことなので，ｂも誤り。

問３　⑴　カードＢは，モンゴル帝国の創始者チンギス＝ハンの孫で，1260年に第５代モンゴル皇帝となり，中国を征服《せいふく》して国号を元と改めたフビライ＝ハンの説明である。この時期に実質的な権限を持っていたのは将軍を補佐する執権《しっけん》で，元が襲来《しゅうらい》したときは北条時宗が鎌倉幕府の第８代執権となっていた。　⑵　元軍が高麗《こうらい》軍を従え，２度にわたって北九州に攻めてきたことを元寇《げんこう》といい，1274年の襲来を文永の役，1281年の襲来を弘安の役という。

問４　東大寺南大門の金剛《こんごう》力士像は運慶・快慶ら慶派一門によってつくられたもので，素朴《そぼく》で力強い鎌倉文化を代表する彫刻《ちょうこく》として知られる。なお，１は奈良時代，２は江戸時代の文化。４は「親鸞《しんらん》」ではなく「栄西」，「日蓮《にちれん》」ではなく「道元」が正しい。

問５　伊豆国のほか，駿河《するが》国，遠江《とおとうみ》国が現在の静岡県にあてはまるが，近江《おうみ》国は滋賀県，三河《みかわ》国は愛知県東部にあたるので，ａは誤り。徳川家康が石田三成らの豊臣方に勝利した関ヶ原の戦い(1600年)は現在の岐阜県南西部，織田信長が大量の鉄砲を用いて甲斐《かい》(山梨県)の武田勝頼《かつより》の騎馬《きば》隊を破った長篠《ながしの》の戦い(1575年)は現在の愛知県東部で行われたので，ｂも誤り。

問６　カードＣは，1854年に結ばれた日米和親条約にもとづいて来日したアメリカ総領事ハリスの説明である。彦根藩主(滋賀県)であった井伊直弼《なおすけ》は，1858年に大老に就任すると朝廷の許可を得ずにハリスと日米修好通商条約を結び，箱館(函館)・新潟・神奈川(横浜)・兵庫(神戸)・長崎の港を開いて貿易を始めることにした。直弼は，朝廷の許しを得ないまま条約を結ぶとともに，将軍のあと継ぎを独断で決定し，これらに反対する人々を安政の大獄《たいごく》(1858～59年)で厳しく処罰《しょばつ》した。そのため，これに怒った水戸藩の浪士《ろうし》らによって，1860年に桜田門外の変で暗殺された。よって，ａ・ｂともに正しい。

問７　福沢諭吉は，豊前中津藩(大分県)の下級武士の子として大阪で生まれ，大阪の適塾で緒方洪《おがたこう》庵《あん》に蘭学《らんがく》を学んだ。諭吉が1858年に築地鉄砲洲の中津藩江戸中屋敷に開いた蘭学塾は，その後，英学塾となり，1868年に慶應義塾と命名されたのち，1871年に三田に移転した。

問８　1941年12月８日に始まった太平洋戦争で日本は，1942年６月のミッドウェー海戦でアメリカに大敗するなど苦しい戦いが続いてしだいに追いつめられていった。1945年４月，アメリカ軍が沖縄島に上陸して激しい地上戦が行われ，７月にはアメリカ，イギリス，中国(のちにソ連も参加)の名で日本の無条件降伏《こうふく》を求めるポツダム宣言が出された。当初，日本はこれを無視していたが，８月６日に広島，９日に長崎へ原子爆弾が投下され，８月８日にはソ連が日本に宣戦布告したことを受けて，８月14日にポツダム宣言を受け入れ，無条件降伏した。翌15日には天皇がラジオ放送でこれを国民に知らせた。

問９　1956年，鳩山《はとやま》一郎首相はソ連の首都モスクワを訪れて日ソ共同宣言に調印し，日ソの国交が回復。これによって，国連の安全保障理事会で日本の国際連合加盟に反対していたソ連が賛成に回り，日本は国際連合への加盟をはたした。1965年，佐藤栄作首相は日韓基本条約を結び，韓国との国交を回復した。1972年，田中角栄首相は日中共同声明に調印して中国との国交を回復し，1978年，福田赳夫《たけお》首相のときに日中平和友好条約が結ばれた。2002年，小泉純一郎首相は朝鮮民主主義人民共和国(北朝鮮)を訪問して金正日《キムジョンイル》委員長と会談し，日朝平壌《ピョンヤン》宣言に署名した。

3 **日本や世界の歴史を題材にした問題**

問１　**１**　ギリシャの首都アテネから西へ約190kmはなれたところにあるオリンピアは，紀元前10世紀ごろから全能の神ゼウスの聖地として栄えた町で，古代オリンピック発祥《はっしょう》の地として知られる。　**２**　江戸幕府の厳しいキリスト教弾圧の中でひそかに信仰を守りぬいたキリシタンに関係の深い，原城跡，大浦天主堂，天草の﨑津集落など12の資産が，2018年に「長崎と天草地方の潜伏《せんぷく》キリシタン関連遺産」としてユネスコ(国連教育科学文化機関)の世界文化遺産に登録された。

３　香港は，アヘン戦争で清(中国)がイギリスに敗北したことにより，1842年の南京《ナンキン》条約でイギリスに割譲《かつじょう》され，1997年に中国に返還された。このとき，社会主義制度の中国にありながら50年間は資本主義制度を続けること(一国二制度)が約束され，外交と防衛をのぞいて自治が認められる特別行政区となった。

問２　現在の日本国憲法ではすべての国民に基本的人権が保障されているので，１は誤り。自衛隊の最高指揮官は内閣総理大臣であり，国会の指名によって決まるので，２も誤り。現在の日本は選挙によって自分たちの代表者を決める間接民主制を採用しているので，３も誤り。

問３　日本国憲法第１条では，「天皇は，日本国の象徴《しょうちょう》(ａ)であり日本国民統合の象徴であって，この地位は，主権(ｂ)の存する日本国民の総意に基《もとづ》く」と定められている。第４条では，天皇は憲法の定める国事に関する行為のみを行い，国政(ｃ)に関する権能を持たないこと，第７条では，憲法改正・法律・政令・条約の公布(ｄ)，国会の召集，衆議院(ｅ)の解散，栄典の授与などが天皇の国事行為であることが定められている。

問４　(1)　日本の年齢別人口の割合を示した〈グラフＡ〉において最も割合が大きいｃは15～64歳，2000年以降その割合が増えているａは65歳以上，残ったｂは０～14歳と判断できる。　(2)　一般に，東京50キロ圏《けん》，大阪50キロ圏，名古屋50キロ圏を三大都市圏といい，東京50キロ圏(ａ)の人口の割合は全国の約４分の１，大阪50キロ圏(ｂ)の人口の割合は東京50キロ圏の約半分，名古屋50キロ圏(ｃ)の人口の割合は大阪50キロ圏の約半分となっている。

問５　所得税(Ｂ)は，個人の収入にかけられる直接税で，租税収入の中で２番目に多い消費税，３番目に多い法人税(Ｃ)とならんで収入源となっているが，収入が不足しているために日本政府は公債を発行して対応しており，歳入の中で公債金(Ａ)が最も大きな割合を占める。少子高齢化の進んでいる日本では，社会保障費(Ｅ)が歳出の約３分の１，国の借金の返済にかかる費用である国債費(Ｄ)が約４分の１を占めている。

理　科　＜第１回試験＞（社会と合わせて45分）＜満点：50点＞

解　答

1　**問１**　4　**問２**　3　**問３**　**１**　○　**２**　体内　**３**　変温　**４**　うろこ　**問４**　3　**問５**　72匹　**問６**　こうかく　**2**　**問１**　1500m　**問２**　5℃　**問３**　1.5ｇ　**問４**　23℃　**問５**　6.7ｇ　**3**　**問１**　3　**問２**　5　**問３**　3　**問４**　2　**問**

5　5　**問6**　5　**4**　**問1**　(a)　1　(b)　7　(c)　2　(d)　8　(e)　5　(f)
7　**問2**　2，4，5　**問3**　3　**問4**　1，5　**問5**　4

解　説

1　世田谷区に生息する生物についての問題

問1　ハクビシンは本来東南アジアを中心に台湾や中国に生息している動物，アライグマは本来北アメリカに生息している動物で，日本国外から人の手によって持ちこまれたといわれている。ハクビシン，アライグマはともに畑の作物や果樹などを食いあらすなどの被害《ひがい》を発生させている。

問2　オオタカは，動物の肉を切りさくよう，曲がったするどいくちばしをもち，カルガモの足は，ひれのように丸みを帯《お》びている。また，オナガ，ムクドリは世田谷区でも見ることができる。ムクドリの大群は鳴き声やふんなどで周辺住民に大きな被害をあたえることもある。

問3　１は正しい。２について，ニホンヤモリはは虫類なので，体内受精である。３について，アズマヒキガエルは両生類なので，変温動物である。４について，ニホンカナヘビはは虫類なので，体の表面がうろこでおおわれている。

問4　アカシジミ，モンシロチョウ，ジャコウアゲハといったチョウのなかまは，さなぎの時期がある完全変態をするこん虫である。また，オニヤンマ，ミヤマアカネといったトンボのなかまは，さなぎの時期がない不完全変態をするこん虫である。

問5　36匹《ぴき》のオイカワをつかまえたとき，はじめに印をつけて放した24匹の個体のうちの12匹が混じっていたので，この川に生息していると考えられるオイカワの数は，$36\times\frac{24}{12}=72$(匹)である。

問6　体や足がかたい殻《から》でおおわれ，足に節がある節足動物のうち，サワガニ，モズクガニ，アメリカザリガニは甲殻《こうかく》類に分類される。なお，節足動物にはこん虫類もふくまれる。

2　標高・気温と飽和《ほうわ》水蒸気量についての問題

問1　標高０ｍから標高2500ｍの山頂まで，湿度《しつど》が100％にならずに上昇《じょうしょう》したときに下がる温度は，$1.0\times\frac{2500}{100}=25$(℃)である。実際に地点Ａから山頂まで達した空気の温度は20℃下がっているので，その差は，$25-20=5$(℃)である。湿度が100％より低い場合と，湿度が100％の場合で，高度が100ｍ上がるときに下がる温度の差は，$1.0-0.5=0.5$(℃)なので，湿度が100％の空気が雲をつくりながら上がった高さは，$100\times\frac{5}{0.5}=1000$(ｍ)である。つまり，地点Ｂと山頂の標高の差が1000ｍなので，地点Ｂの標高は，$2500-1000=1500$(ｍ)である。

問2　標高０ｍの地点Ａにある20℃の空気が，標高1500ｍの地点Ｂまで上がったとき，温度は，$1.0\times\frac{1500}{100}=15$(℃)下がるので，地点Ｂの気温は，$20-15=5$(℃)である。

問3　標高1500ｍの地点Ｂにある５℃の空気が，標高1700ｍの地点まで湿度が100％のまま上がったとき，温度は，$0.5\times\frac{200}{100}=1$(℃)下がるので，標高1700ｍの地点の気温は，$5-1=4$(℃)である。湿度が100％で４℃の空気１$m^3$にふくまれる水蒸気量は6.4ｇ，湿度が100％で０℃である山頂の空気１m^3にふくまれる水蒸気量は4.9ｇなので，空気１m^3にふくまれる水蒸気が水滴《すいてき》になった重さは，$6.4-4.9=1.5$(ｇ)とわかる。

問4　標高2500ｍの山頂と標高200ｍの地点Ｃの標高の差は，$2500-200=2300$(ｍ)。山をおりる空気の湿度は100％に達していないので，山頂にある空気が地点Ｃまで下がったときに上がる温度は，$1.0\times\frac{2300}{100}=23$(℃)である。よって，地点Ｃの気温は23℃である。

問５　湿度が39％で20℃の空気１m^3にふくまれている水蒸気量は，$17.3\times0.39=6.747$（g）より，約6.7 gである。

３　塩酸と水酸化ナトリウム水溶液《すいようえき》の中和についての問題

問１　下の表のように，加えた水酸化ナトリウム水溶液の体積が15cm^3以下のとき，加えた水酸化ナトリウム水溶液を５cm^3増やすごとに残った固体の重さは3.9 gずつ増えている。また，加えた水酸化ナトリウム水溶液の体積が15cm^3より多いとき，加えた水酸化ナトリウム水溶液を５cm^3増やすごとに残った固体の重さは2.7 gずつ増えている。よって，Ａ液（塩酸）とＢ液（水酸化ナトリウム水溶液）が完全に中和したのは，残った固体の重さの増え方が変化する境目にあたる，Ａ液20cm^3にＢ液15cm^3を加えたときとわかる。

＋５　＋５　＋５　＋５

	容器ア	容器イ	容器ウ	容器エ	容器オ
水酸化ナトリウム水溶液の体積［cm^3］	5	10	15	20	25
残った固体の重さ［g］	3.9	7.8	11.7	14.4	17.1

＋3.9　＋3.9　＋2.7　＋2.7

完全に中和

問２　加えた水酸化ナトリウム水溶液の体積が15cm^3以下のとき，塩酸と水酸化ナトリウム水溶液が中和して塩化ナトリウム（食塩）ができている。このとき，塩酸が残ることもあるが，塩酸にとけている塩化水素は気体なので，水分を蒸発させるときに水蒸気とともに空気中へ出ていってしまう。加えた水酸化ナトリウム水溶液の体積が15cm^3より多くなると，塩酸と水酸化ナトリウム水溶液が中和して塩化ナトリウム（食塩）ができたあと，一部の水酸化ナトリウム水溶液が中和しないで残るので，水溶液には水酸化ナトリウムが塩化ナトリウムとともに残る。よって，容器ア～ウで残る固体は塩化ナトリウムのみ。容器エ，オで残る固体は塩化ナトリウムと水酸化ナトリウムの混合物である。

問３，問４　Ａ液（塩酸）20cm^3とＢ液（水酸化ナトリウム水溶液）15cm^3が完全に中和し，このときに塩化ナトリウム11.7 gができる。よって，Ａ液50cm^3と完全に中和するＢ液の体積は，$15\times\frac{50}{20}=37.5$（$cm^3$），このときにできる塩化ナトリウムの重さは，$11.7\times\frac{50}{20}=29.25$（g）と求められる。

問５　Ａ液とＢ液が完全に中和したときの水溶液は，中性の食塩水となり，塩酸や水酸化ナトリウムはふくまれていない。なお，BTB液は中性のときに緑色になる。フェノールフタレイン液は中性のときに無色だが，アルカリ性になると赤色になる。食塩水は無色・無《む》臭《しゅう》で，電流を流すことができる。

問６　Ｂ液20cm^3と完全に中和するＡ液の体積は，$20\times\frac{20}{15}=26\frac{2}{3}$（$cm^3$）なので，加えるＡ液の体積が$26\frac{2}{3}$$cm^3$以下のとき，加えるＡ液の体積が多くなるほど，生じる塩化ナトリウムの重さが増えるので，残る固体の重さも増えていく。加えるＡ液の体積が$26\frac{2}{3}$$cm^3$より多くなると，中和しないＡ液があまるが，Ａ液にとけている塩化水素は気体なので水とともに蒸発し，残る固体の重さは変わらない。よって，５のグラフのようになる。

４　電流と電磁石についての問題

問１　(a)，(b)　コイルの巻き数以外の条件がすべて同じである電磁石ＡとＢを比べると，コイルの巻き数が多い方が強い電磁石であることがわかる。　(c)，(d)　コイルに入れた鉄心の太さ以外の条件がすべて同じである電磁石ＢとＣを比べると，細い鉄心の方が弱い電磁石であることがわかる。(e)，(f)　コイルに流れる電流の大きさ以外の条件がすべて同じである電磁石ＡとＤを比べると，電流が多く流れる方が強い電磁石であることがわかる。

問２　右手の親指以外の４本の指先を電流の向きに合わせたとき，開いた親指の向きがＮ極の向きになる。よって，図２の電磁石Ｅ，Ｆ，Ｇ，Ｈ，Ｉの極は右の図①のようになるので，電磁石の左端《はし》がＮ極となるのは電磁石Ｆ，Ｈ，Ｉである。

図①

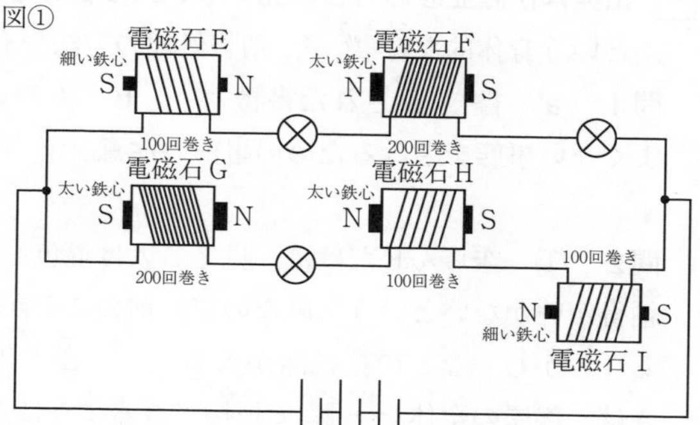

問３　電磁石の磁力の大きさを大きくするためには，コイルの巻き数を多くしたり，コイルに流れる電流を大きくしたり，太い鉄心を入れたりすればよい。豆電球が２つつながっている側の電磁石Ｅ，Ｆよりも豆電球が１つの電磁石Ｇ，Ｈ，Ｉのほうが流れる電流が大きいので，磁力の大きさが最も大きいのはその３つのうち巻き数が多くて鉄心の太い電磁石Ｇである。

図②

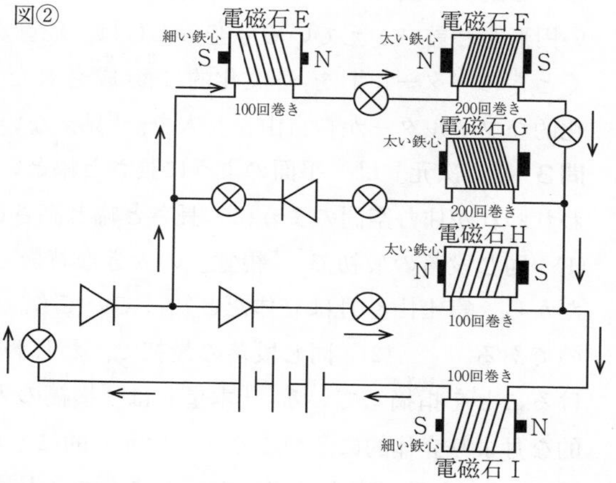

問４　図３の電磁石Ｇには電流が流れない。電磁石Ｅ，Ｆ，Ｈ，Ｉの極は右の図②のようになるので，電磁石の左側がＳ極となるのは，電磁石Ｅ，Ｉである。

問５　図３の回路に流れる電流の向きは図②の矢印のようになる。よって，点灯している豆電球の数は４個である。

国　語　＜第３回試験＞（50分）＜満点：100点＞

解　答

一　**問１**　下記を参照のこと。　**問２**　⑴　Ｅ　⑵　４　**問３**　３　**問４**　２　**問５**　４　**問６**　文化的なフィルター（を通して見るから。）　**問７**　（例）　部分の積み重ねによって全体を把握する方法から，立体視が可能となったことで，全体の把握から細部を検討する方法に変化した。　**問８**　１，５　二　**問１**　**Ａ**　１　**Ｂ**　３　**問２**　１　**問３**　４　**問４**　２　**問５**　１　**問６**　（例）　自分にウソをつかない生き方。　**問７**　５，６，８　三　**問１**　４　**問２**　草原　**問３**　４　**問４**　５　**問５**　４　四　**ア**　７　**イ**　２　**ウ**　５　**エ**　６　**オ**　４

●漢字の書き取り

□一 問１ a 著書 b 定義 c 警告 d 厳密

解 説

□一 **出典は伊藤亜紗《いとうあさ》の『目の見えない人は世界をどう見ているのか』による。**目が見えるか見えないかという身体的な特徴《とくちょう》が，情報処理の方法やものの考え方の違《ちが》いを生むことを説明している。

問１ a 書き著《あらわ》された書物。 b ものごとの内容や意味をはっきり定めること。 c よくない事態をさけるための事前の注意。 d 細かい点まで厳しく注意が行き届いているようす。

問２ ⑴ 空らんＥだけは，見える人は混色を実際に見て知っているが，全盲《ぜんもう》の人にとって混色は納得《なっとく》がいかないという文脈なので，前のことがらを受けて，それに反する内容を述べるときに用いる「しかし」などの接続語が入る。 ⑵ “要するに”という意味の「つまり」が合う。空らんＡは，部屋の全体を一瞬《いっしゅん》で把握《はあく》できるようになったことを，「空間とはなにか」がわかるようになったと説明し直している。空らんＢは，「まんまる」で「盆《ぼん》のような」月のイメージを，「厚みのない円形」と言いかえている。空らんＣは，絵画など二次元的な月を見てきたことでできた「月を描《か》くときのパターン」を，「文化的に醸成《じょうせい》された月のイメージ」とまとめている。空らんＤは，「文化的なフィルターから自由な」人を，「見えない人」と言いかえている。

問３ 「二次元」は，平面のように長さと幅《はば》という方向の広がりを持っていること。「三次元」は，われわれが住む空間のように，長さと幅と高さ(深さ)という方向の広がりを持っていること。
⑴ 同じ段落の最初で，「視覚」の大きな特徴として「三次元を二次元化すること」をあげている。だから，富士山や月は立体だと知っていても，「視覚」がとらえる「二次元」的なイメージが勝つのである。 ⑵ 同じ段落の最初で，われわれの物の見方が「文化的なイメージ」の影響《えいきょう》を受けることを指摘《してき》している。「木星」は「横縞《よこじま》の入った茶色い天体写真を思い浮《う》かべる」ため，平面的な月より立体的に，つまり「三次元」的にとらえがちなのである。

問４ 「木を見て森を見ず」が，さまつなことに気を取られて本質を見失うことのたとえ。なお，「海老で鯛《たい》を釣《つ》る」は，小さな投資や労力で大きな利益を得ることのたとえ。「河童《かっぱ》の川流れ」は，名人もときには失敗することのたとえ。「井の中の蛙《かわず》大海を知らず」は，狭《せま》い世界に閉じこもって広い世界を知らないことのたとえ。

問５ 月の「平面的な印象を強める」性質なので，「満ち欠けするという性質」が合う。

問６ 「文化的に醸成された月のイメージ」によって，われわれは月を平面的に見がちである。そういう「文化的」な影響を，この後二つ目の段落で「文化的なフィルター」と表現している。「フィルター」は，特定の条件に合うものだけを通す装置。この場合は，ものの見方。

問７ 斜視《しゃし》だったスーザン・バリーが，四十八歳《さい》で初めて「立体視」ができるようになったことを第二～四段落で紹介《しょうかい》し，情報処理の方法がどう変化したかを第五段落で説明している。以前のスーザンは「よく見える方の目」の情報だけ，つまり「部分の積み重ね」で「全体を把握」していたが，「立体視」ができるようになったことで，「まず全体を把握して，全体との関係で細部を検討する」ようになったのである。

問８ １ 見えない人が空間を空間として，三次元のままとらえるのは，ものごとを「概念《がいねん》的」に理解するからである。当然，「平面」という概念も持っている。　5　見えない人は「色」を感覚的には理解できないが，「その色をしているものの集合」をもとに「色」の概念を獲得《かくとく》する。

二　出典は草野《くさの》たきの『反撃《はんげき》』所収の「いつかふたりで」による。夏休みの慣例で，母親の実家へ帰省した有里は，母親が祖母たちから嫌味《いやみ》を言われないよう「いい子」でいたが，我慢《がまん》の限界をむかえた。

問１　**Ａ**　「健気《けなげ》」は，年少者や弱者がしっかりふるまうようす。　**Ｂ**　「切ない」は，寂《さび》しさや悲しさなどでやりきれない心情。

問２　「カラカラ」は下駄《げた》で歩く音，「さわさわ」は水が流れる音，ともに音声を表す語である。「すたすた」は急ぎ足で歩くさま，「とぼとぼ」は元気なく歩くようす，「はらはら」は小さな軽いものが続けて落ちるさまで，どれもようすを表す語である。

問３　この「～しかなかった」は，仕方なくする心情をふくむ。毎年おばあちゃんがつくってくれる浴衣は小さすぎるが，母親から「有里，気にならないわよね」と言われ，同意せざるをえなかったのである。また，文章の後半で，有里が「お母さんは，私をいい子にしたいだけ」，光子おばさんより上手に子育てしていることを「おばあちゃんにアピールしたいんだ」と抗議《こうぎ》しつつも，大好きな「お母さんの味方になりたかった」ことを思い出している点に注目する。ここでも，小さい浴衣は嫌だが母親を困らせまいと，うなずいたのである。

問４　神社へ向かいながら，千絵ちゃんから「攻《せ》められる前に，攻めよう」という作戦を立てた有里が，必死で「意地悪なこと」を言い続け，千絵ちゃんが怒《おこ》って家にもどってしまった場面である。これまで千絵ちゃんから意地悪を「言われつづけてきた」ことへの「仕返し」だったが，「意地悪を言って，ひどく気分が悪かった」ことに着目する。これらの作戦，結果，気分の悪さから，２が選べる。

問５　有里の訴《うった》え，心情を整理する。有里は，子供を保育園に預けて働くことを「我《わ》がまま」と言うおばあちゃんたちからお母さんが悪く言われないよう，「いい子」を演じてきた。しかし「我慢」の限界をむかえた有里は，「私が千絵ちゃんより，いい子でいることで～上手に子育てしてるって，おばあちゃんにアピールしたいんだよ」，「働いてるせいで子育てを失敗してるって思われたくないんでしょう？」と母親に抗議《こうぎ》し，「いい子でいるのはもう無理」だと宣言している。つまりぼう線③は，有里に「我慢」を強《し》いていたと知り，悔《く》いる涙《なみだ》なので，１がよい。この後，母親が有里に「ずっと，ごめんね」と謝《あやま》ったことにも，我慢を強いてきたことへの申し訳なさが表れている。

問６　直前に，「これで千絵ちゃんに謝れる」，「千絵ちゃんにウソなんかついて，気分が悪かったから。自分のために」とある。「ウソ」とは，千絵ちゃんに嫌味を言おうとして，つくり話をしたことである。さらに，無理にやっていた「いい子」もやめようと決めたことが重ねてあるので，「自分にウソをつかない生き方」のようにまとめればよい。

問７　５，６，８が，これまで見てきた内容と合う。　１　千絵ちゃんが喜ぶようすはない。　２　言いあいの場は「客間」である。　３　千絵ちゃんがかつて無邪気《むじゃき》だったとは書かれていない。　４　叩《たた》かれて「ショック」だが，「暴力への嫌悪《けんお》」とは書かれていない。　７　心配ではなく，「自信」を持ってほしいと思っている。

三　出典は谷川《たにかわ》俊《しゅん》太郎《たろう》の「うつろとからっぽ」による。変化に富む心のありようを，わびしい「空き屋」に見立てたり，開けた「草原」に見立てたりと，比喩《ひゆ》表現を用いて描《えが》いている。

問１　「心」を「入れもの」にたとえている。「空虚《くうきょ》」でほこりだらけの空き屋のようだったり，「空」ではるか遠くを見渡《みわた》せる草原のようだったりするのだから，自由に伸《の》ばしたり縮めたりできるようすの「伸縮《しんしゅく》自在」が入る。なお，「神出鬼没《しんしゅつきぼつ》」は，鬼神のように自由自在に出没するようす。「公平無私」は，公平で個人的な感情や利益をまじえないようす。「縦横無尽《むじん》」は，自由自在に行うようす。「針小棒大」は，ものごとを大げさに言うことのたとえ。

問２　「空き家」は，すさんだ「うつろな」心のたとえ。逆に，限りなく開けた「からっぽ」の心をたとえているのが，第二連の「草原」である。

問３　「錆《さ》びつく」は，“機能が衰《おとろ》え働かなくなる”という意味。「心」が働かないのだから，４である。

問４　「うつろ」は，心が錆びついて，すさんだようす。「からっぽ」は，はるばると明るく開けているので，限界のないようすである。５が，この内容をもっともよくまとめている。

問５　問４で見たように，第一連は「心」が錆びついた空虚さ，第二連は「心」が開かれたようすを表すので，４が合う。なお，「直喩」は，直接たとえを示す言葉を使う比喩で，「暗喩」はたとえの語を使わない比喩。「倒置《とうち》」は語順を通常と逆にすること。「体言止め」は，文や行の最後を名詞で止める技法。「擬人法《ぎじんほう》」は，人間以外を人間のようにあつかう技法。

四　部首と漢字

ア　「刀」と，「刀」からできた部首である「りっとう」を加えると，「分割」になる。　**イ**　「火」からできた部首である「れっか(れんが)」と，「火」を加えると，「点灯」になる。　**ウ**　「水」からできた部首「さんずい」と，「水」を加えると，「源泉」になる。　**エ**　「心」からできた部首「りっしんべん」と，「心」を加えると，「情念」になる。　**オ**　「手」の象形からできた部首「また(又)」と，「手」からできた部首「てへん」を加えると，「取捨」になる。

2020年度　東京都市大学付属中学校

〔電　話〕　(03) 3416－４１６１
〔所在地〕　〒157-8560　東京都世田谷区成城１－13－１
〔交　通〕　小田急線－「成城学園前駅」より徒歩８分
バス－東京都市大付属中高前

【算　数】〈第２回試験〉（50分）〈満点：100点〉

［注意］　定規，三角定規，分度器，コンパス，計算機は使ってはいけません。

1　次の□に当てはまる数を答えなさい。また，問８の解答をかきなさい。

問１　$\frac{1}{2}\div\frac{3}{4}\times\frac{5}{6}+\frac{7}{8}\div\frac{9}{10}=$□

問２　1.65ha＋0.0109km²－245a－880m²＝□m²

問３　４％の食塩水100gに□gの食塩を加え，よくかき混ぜます。できた食塩水の半分を捨て，残った食塩水に水を加えたところ，５％の食塩水が100gできました。

問４　最初，兄と弟の持っている金額の比は19：15でしたが，お互いに150円ずつ使ったところ，兄と弟の持っている金額の比は4：3になりました。兄は最初□円持っていました。

問５　重さが異なるＡ，Ｂ，Ｃ，Ｄのおもりがあります。４つの重さの合計は351g，ＡとＢとＣの合計が273g，ＣとＤの合計が165g，ＡとＢではＡの方が10g重いとき，最も重いおもりは□gです。

問６　ある数に対して，数が奇《き》数のときは，その数に１を加えます。数が偶《ぐう》数のときはその数を２で割ります。それぞれの操作を「操作Ａ」，「操作Ｂ」とし，これらの操作を１になるまで繰り返し行います。最初の数が2020のとき，「操作Ａ」と「操作Ｂ」を合わせて□回行った後にはじめて１になります。

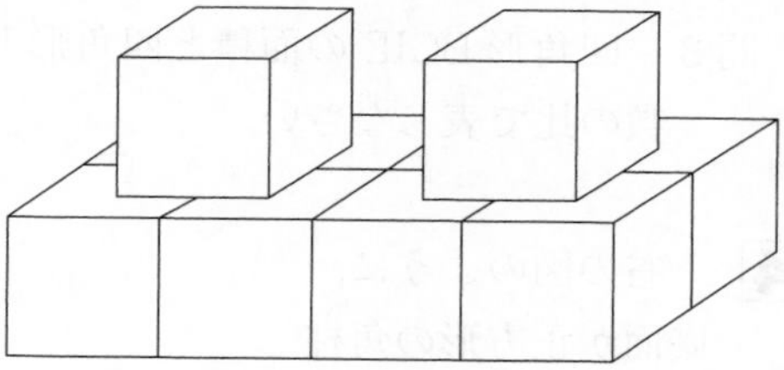

問７　右の図のように，１辺が１cmの立方体を10個組み合わせてできた立体の表面積は□cm²です。

問８　右の【図１】のような正方形ABCDの紙をＡとＣが重なるように折り，次にＢとＤが重なるように折った紙から，【図２】の斜線《しゃせん》部分のように半円と２つの直角三角形を切り取りました。紙を開いたとき，どのような図形になりますか。解答用紙の図に，切り取った部分を斜線で示しなさい。

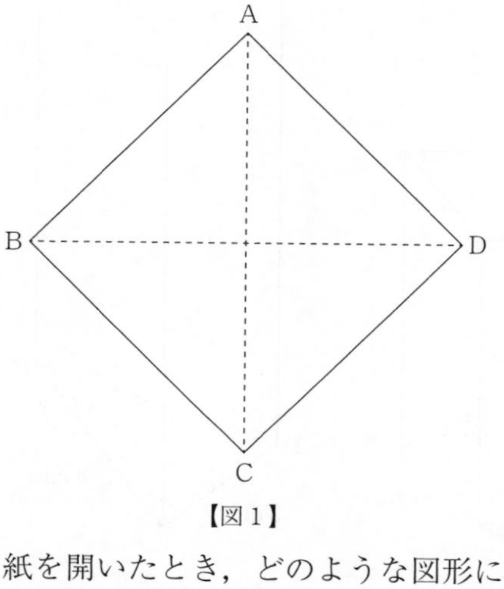

【図１】

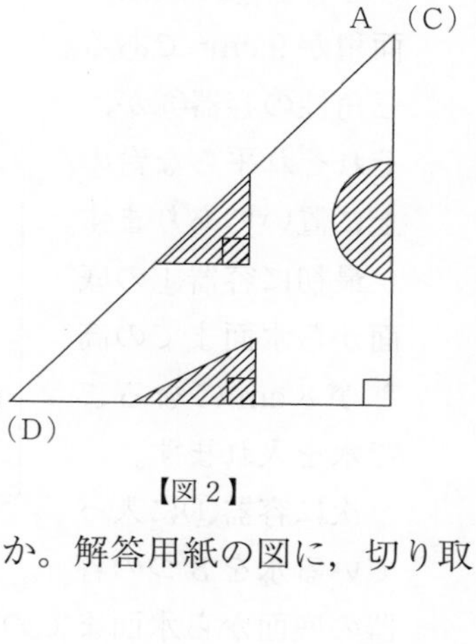

【図２】

2　太郎君と花子さんは，自分の家から相手の家まで同じ道をそれぞれ一定の速さで１往復します。太郎君と花子さんはそれぞれ自分の家を同時に出発して，花子さんは太郎君の家に着いてからすぐに引き返し，出発してから40分後に自分の家にもどり，太郎君はその４分後に花子さんの家に着きました。あとの問いに答えなさい。

問１　花子さんの速さは，太郎君の速さの何倍ですか。

問２　２回目に花子さんと太郎君が同じ地点にいるのは，太郎君が出発してから何分何秒後ですか。

3　右の図のように平行四辺形ABCDがあり，AE：EB＝2：1，DF：FC＝2：1で，点Gは辺BC上にあります。また，辺CDをDの方にのばし，CD：DH＝3：1となるような点をHとし，GHがEF，ADと交わる点をそれぞれI，Jとします。あとの問いに答えなさい。

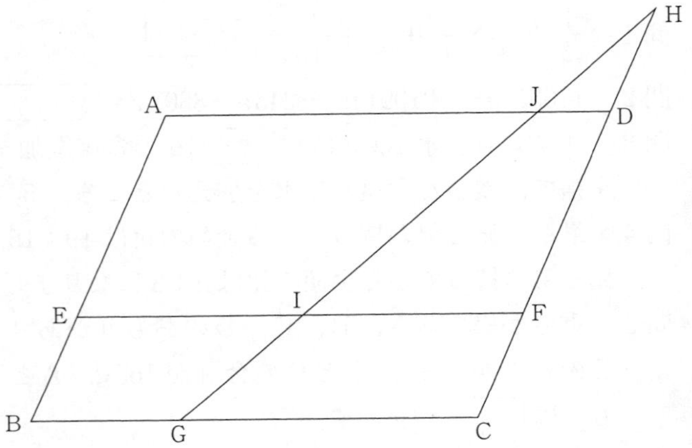

問１　BG：GCを1：2にしたとき，AJ：JDを最も簡単な整数の比で表しなさい。

問２　問１のとき，四角形BGIEの面積は四角形IFDJの面積の何倍ですか。

問３　四角形BGIEの面積と四角形IFDJの面積が等しくなるとき，BG：GCを，最も簡単な整数の比で表しなさい。

4　右の図のように，底面が正方形の角柱の容器①，底面が直角三角形である三角柱の容器②，底面の面積が9 cm^2 である三角柱の容器③が，それぞれ平らな台の上に置いてあります。

最初に容器①の底面から水面までの高さが8 cmになるまで水を入れます。

次に容器①に入っている水を３つの容器の底面から水面までの高さが等しくなるように分けました。あとの問いに答えなさい。

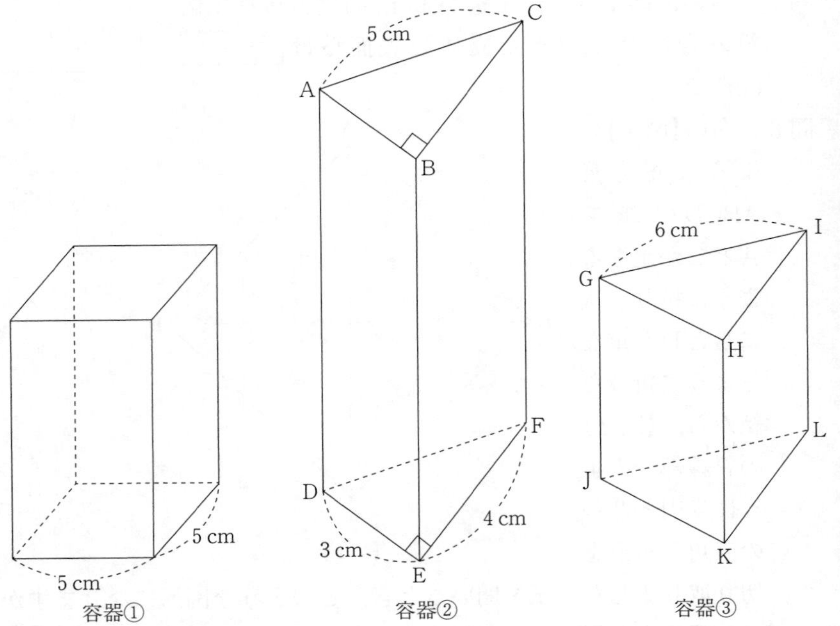

容器①　　容器②　　容器③

問１　底面から何 cm の高さまで水が入っていますか。

問２　３つの容器の水面の高さが等しくなった後，（容器①の底面から水面までの高さ）：（容器②の底面から水面までの高さ）＝4：35 になるように容器①の水を容器②に移しました。このとき，容器②には，底面から何 cm の高さまで水が入っていますか。

問３　容器③にふたをし，面 GJLI が底面になるように平らな台の上に置いたところ，容器③は底面から水面までの高さが 1.5cm になりました。GJ の長さは何 cm ですか。

5　としお君は自由研究で，「将棋《ぎ》」について算数と関連することをいろいろ調べました。あとの問いに答えなさい。

問１　最初に将棋の駒《こま》の形について調べました。駒は【図１】のように左右対称《たいしょう》である五角形で，この駒を【図２】のように，すきまなくつなげていったところ，１つの輪になりました。このとき，駒は何個必要ですか。

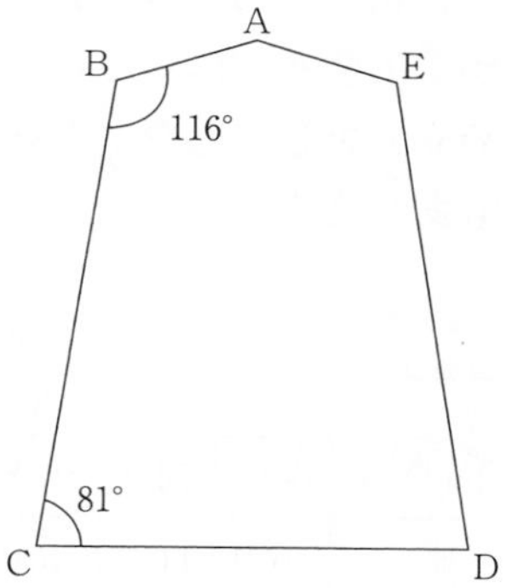

【図１】

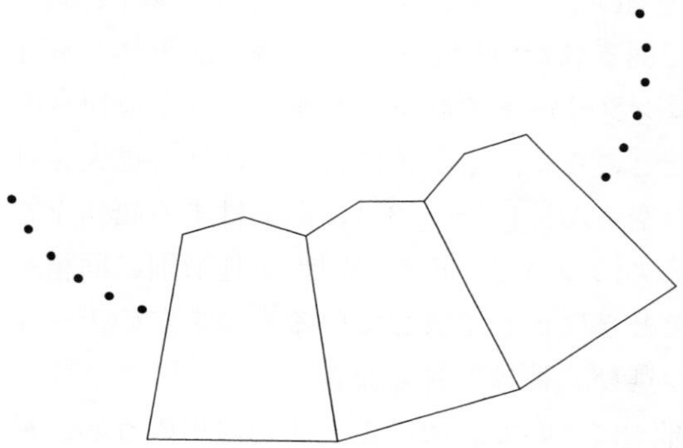
【図２】

問２　次に，将棋の駒の動きについて調べました。今，将棋の駒が【図３】のように置かれていて，白い駒は【図４】のように上下左右と斜《なな》めの８つの方向に１マスずつ動かすことができます。また，黒い駒は置いてある位置から動かすことができず，白い駒は黒い駒が置いてある位置を通ることができません。このとき，白い駒を何回か動かして，㋐のマスにたどり着く動かし方は全部で何通りありますか。ただし，一度通ったマスを再び通ることはできません。

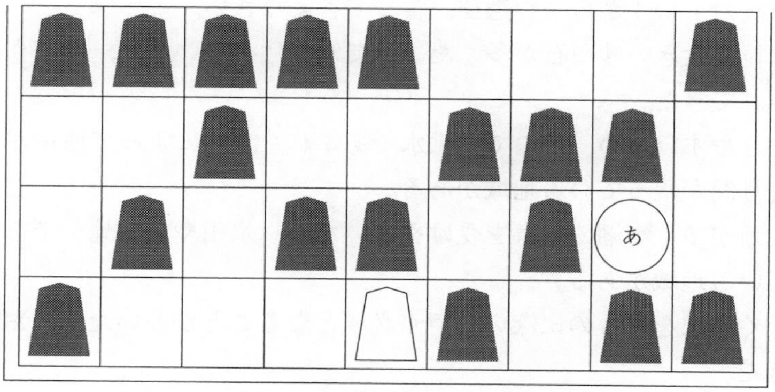

【図３】

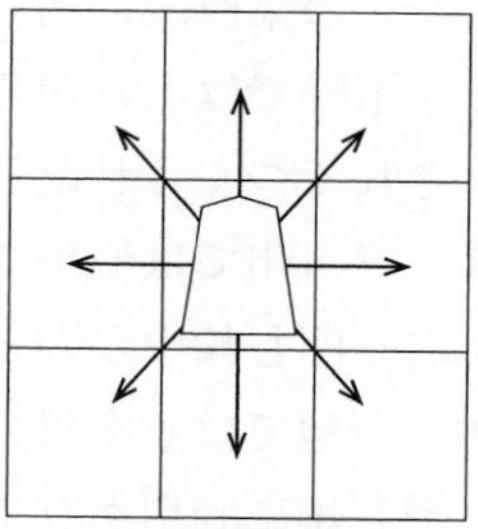
【図４】

【社　会】〈第２回試験〉（40分）〈満点：75点〉

［注意］　解答は，特に指定がない場合は，ひらがなで構いません。

1　次の文章を読んで，あとの問いに答えなさい。

日本は(ア)国土の多くを山地が占める山がちな国です。本州の中央部には飛驒山脈，木曽山脈，[　1　]山脈がそびえており，これらの山脈を日本アルプスと呼んでいます。日本アルプスの東側には，日本列島を二分する大きな溝となっている[　2　]があり，ここを境にして日本列島は折れ曲がっています。山地や山脈は[　2　]を境に方向が異なり，東北日本ではほぼ南北方向に，西南日本ではほぼ東西方向に並んでいます。

日本の河川は，(イ)標高の高いところから短い距離を一気に海へ流れ込みます。そのため，(ウ)川は上流部で山を削って土砂を下流へ運び，流れの速度が遅くなったところで土砂をためることで(エ)さまざまな地形がつくられています。

(オ)海に囲まれている日本は，さまざまな海岸があります。日本の海岸の多くは，山地が海に迫った入り組んだ海岸となっています。砂浜海岸のほかにも，海水温が高い南の海には[　3　]で囲まれた海岸もみられ，海の熱帯林とも呼ばれる豊かな生態系を作りだしています。一方で，コンクリートで護岸を整備した人工海岸もみられ，埋め立てをして港や(カ)工業地帯がつくられたところや，(キ)干拓によって農地が拡大されたところもあります。

問１　文中の空らん[　1　]～[　3　]にあてはまる語句を答えなさい。

問２　下線部(ア)について，日本の国土を地形別に面積を分類したときに正しく表しているものを右の１～４から一つ選び，番号で答えなさい。

（単位：％）

	1	2	3	4
山地・丘陵《きゅうりょう》地	64.8	72.8	80.8	72.8
台　地	6.0	11.0	5.0	4.0
低　地	26.8	13.8	11.8	20.8
内水域等	2.4	2.4	2.4	2.4

注：丘陵とは，山地のうち低地との高さが300ｍ以下のもの

（日本国勢図会 2019/20より作成）

問３　下線部(イ)について，次の１～４の河川のうち，最も急流である河川を一つ選び，番号で答えなさい。

１　木曽川　　２　信濃川

３　利根川　　４　富士川

問４　下線部(ウ)について，河川が土砂を削り取る現象（作用）を漢字２字で答えなさい。

問５　下線部(エ)について，河川の周辺にみられるさまざまな地形とその特徴について説明した文として誤っているものを次の１～４から一つ選び，番号で答えなさい。

１　扇状地の中央部では粒の大きい砂や石が多くたまって水はけが悪いため，ぶどうやももなどの果樹園に利用されてきた。

２　平野では洪水が発生しやすいため，かつての洪水であふれた土砂によって河川が切り離されてつくられた三日月湖が残っている地域がある。

３　三角州では低平な土地が多く高潮の被害を受けやすいため，水田や住宅地一帯を堤防で取り囲む輪中が残っている地域がある。

４　台地では水を得にくく，水を得るのに深い井戸が必要となることが多いため，おもに畑や茶畑に利用されてきた。

問６　下線部(オ)について，日本海に面している国はいくつありますか。日本を除いた国の数を数字で答えなさい。

問７　下線部(カ)について，次のページの右の表は三大工業地帯および京葉工業地域・東海工業地

域・瀬戸内工業地域の製造品出荷額の割合を示したものです。ＤおよびＦにあてはまる工業地帯・工業地域の名称を次の１～６からそれぞれ一つずつ選び，番号で答えなさい。

１　京浜工業地帯
２　中京工業地帯
３　阪神工業地帯
４　京葉工業地域
５　東海工業地域
６　瀬戸内工業地域

	A	B	C	D	E	F
出荷額(兆円)	11.5	16.3	24.5	29.1	31.4	55.1
構成割合(%)						
金属工業	20.3	7.9	8.3	17.3	20.0	9.1
機械工業	13.9	50.6	50.9	36.8	36.2	69.2
化学工業	38.6	10.8	16.6	20.6	17.2	6.1
食料品工業	16.9	14.5	11.1	8.4	11.6	4.8
繊維工業	0.2	0.7	0.5	2.2	1.4	0.8
その他	10.1	15.5	12.6	14.7	13.6	10.0

(日本国勢図会 2019/20より)

問８　下線部(キ)について説明した文ａ・ｂの正誤の組合せとして正しいものを下の１～４から一つ選び，番号で答えなさい。

ａ　干拓は，閉めきり堤防の内側に大量の土砂を流し込むことで陸地化することを指し，埋め立てとは異なるものである。

ｂ　長崎県諫早《いさはや》湾の干拓事業では，「高潮被害を防止する」観点と「漁業権が侵害される」観点とがぶつかり，水門の開放をすべきか否かを裁判で争う事態となった。

１　ａ－正　ｂ－正　　２　ａ－正　ｂ－誤
３　ａ－誤　ｂ－正　　４　ａ－誤　ｂ－誤

問９　次の図のＰ～Ｓは隣り合う都道府県のそれぞれの県庁所在地ａ～ｄを結んだものです。あとの問いに答えなさい。

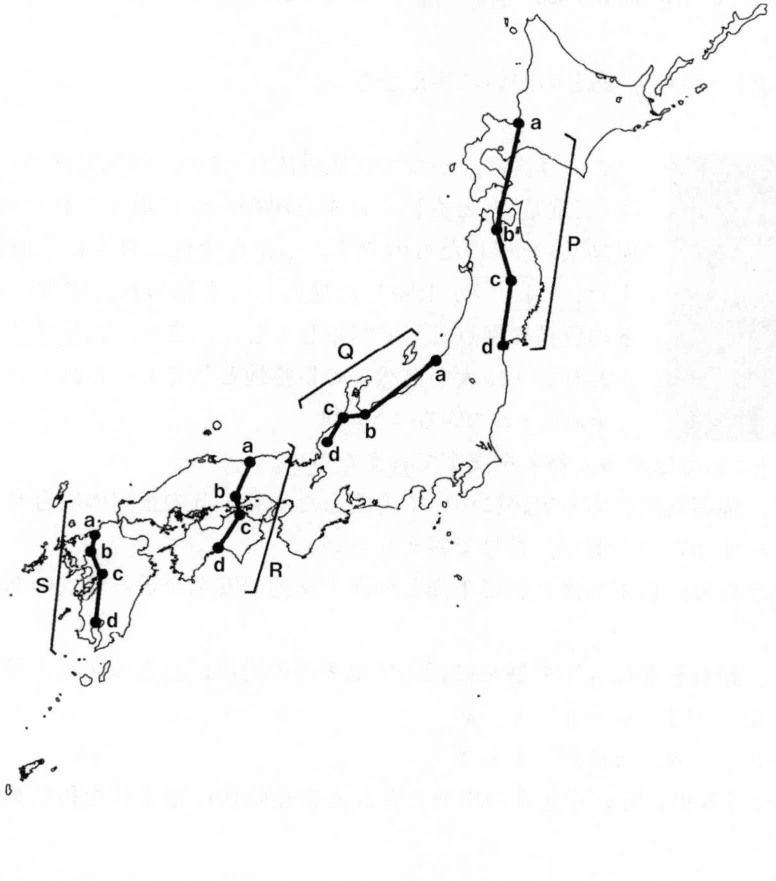

(1)　図中に示したＰ～Ｓのそれぞれの都道府県庁所在地のうち，都道府県名と都道府県庁所在地の名称が異なるものはいくつありますか。算用数字で答えなさい。

(2)　次のグラフは，図中に示した都市ａ～ｄにおける１月と７月の降水量をそれぞれ示したもので，各グラフは都市を結んだ列Ｐ～Ｓのいずれかにあてはまります。都市の列ＰとＲにそれぞれあてはまるグラフを次の１～４からそれぞれ一つずつ選び，番号で答えなさい。

1

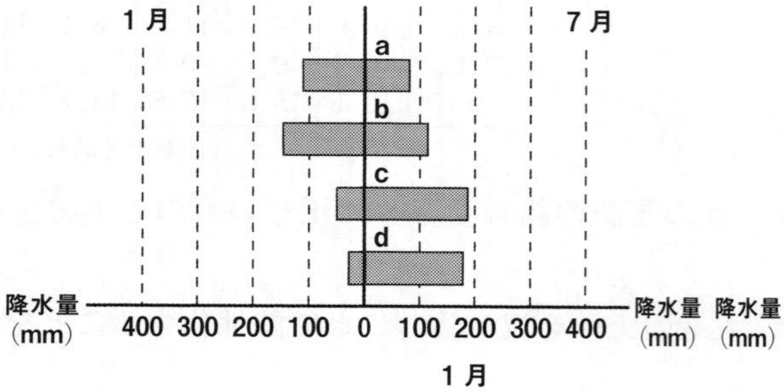

2

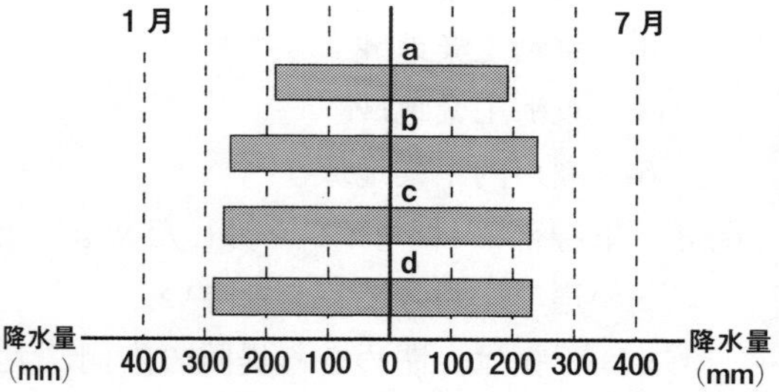

3

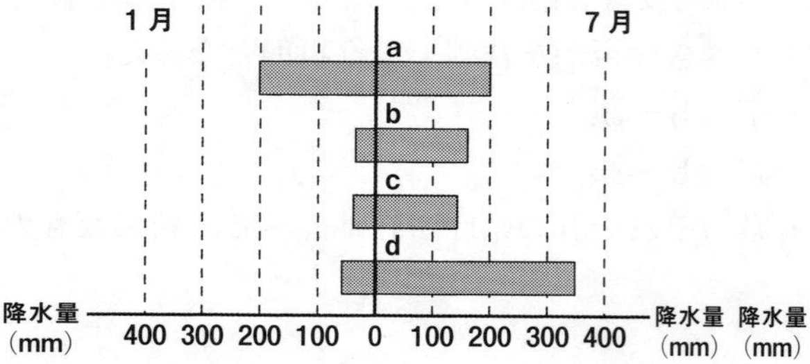

4

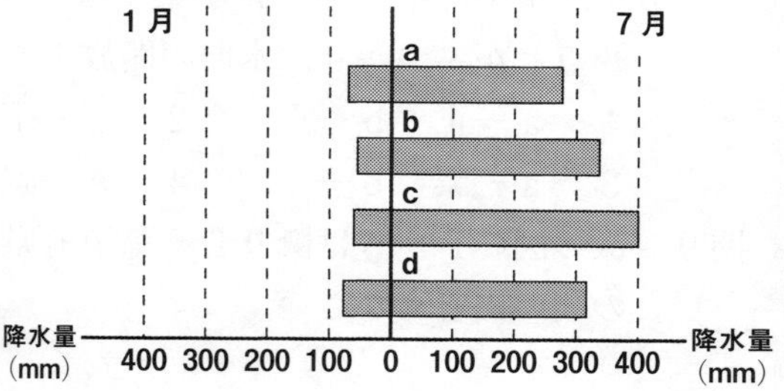

2　次のＡ～Ｃの写真と文について，あとの問いに答えなさい。

Ａ

この写真は，かつて花旭塔津《はかたのつ》(いまの(ア)福岡県博多)・安濃《あの》津《つ》(三重県)とともに，日本三津の一つに数えられた坊津《ぼうのつ》(鹿児島県)を写したものです。(イ)奈良時代に日本に＊戒律《かいりつ》を伝えた［ 1 ］が上陸した地としても知られ，中世には琉球との貿易の拠点として繁栄しました。また，(ウ)リアス式海岸がおりなす雄大な自然美の景勝地としても知られています。

＊戒律…僧の守るべき規律

問１　文中の空らん［ 1 ］にあてはまる人物名を漢字で答えなさい。

問２　下線部(ア)について，福岡県内にある史跡について説明した文ａ・ｂの正誤の組合せとして正しいものを下の１～４から一つ選び，番号で答えなさい。

ａ　玄界灘の沖ノ島からは，日本列島と朝鮮半島との海上交通の安全を祈る儀式のあとが見つかっている。

ｂ　弘安の役のあと，鎌倉幕府は元軍の襲来に備えて博多湾の沿岸に石造の防塁を築いた。

１　ａ－正　ｂ－正　　２　ａ－正　ｂ－誤

３　ａ－誤　ｂ－正　　４　ａ－誤　ｂ－誤

問３　下線部(イ)について，「令和」という元号の出典とされる奈良時代に編まれた和歌集の名を漢字で答えなさい。

問４　下線部(ウ)について，リアス式海岸がみられる場所としてあてはまらないものを次の１～４から一つ選び，番号で答えなさい。

１　若狭湾　　２　有明海

３　宇和海　　４　志摩半島

Ｂ

この写真は，2015年に「(エ)明治日本の産業革命遺産」として世界遺産に登録された「旧集成館《しゅうせいかん》」を写したものです。(オ)薩摩藩主・島津斉彬《なりあきら》がつくった日本最初の洋式工場で，敷地内には大砲の鋳造《ちゅうぞう》のため［　２　］の書物を参考に建設した反射炉《はんしゃろ》のあとがあります。

隣接《りんせつ》する島津家の庭園「仙巌園《せんがんえん》」の御殿からは雄大な(カ)桜島を望むことができます。

問５　文中の空らん［　２　］にあてはまる国名を次の１～４から一つ選び，番号で答えなさい。

１　オランダ　　２　清　　３　アメリカ　　４　ロシア

問６　下線部(エ)について，「明治日本の産業革命遺産」として世界遺産に登録された文化財としてあてはまらないものを次の１～４から一つ選び，番号で答えなさい。

１　足尾銅山

２　松下村塾

３　官営八幡製鉄所

４　端島炭坑《はしまたんこう》(軍艦島)

問７　下線部(オ)について，薩摩藩について説明した文ａ・ｂの正誤の組合せとして正しいものを下の１～４から一つ選び，番号で答えなさい。

ａ　江戸幕府の許可のもと，薩摩藩は琉球王国を滅ぼして中国との貿易を独占した。

ｂ　歴代の薩摩藩主は老中に就任するなどして，江戸幕府の政治を担当した。

１　ａ－正　ｂ－正

２　ａ－正　ｂ－誤

３　ａ－誤　ｂ－正

４　ａ－誤　ｂ－誤

問８　下線部(カ)について，以下の問いに答えなさい。

(1)　桜島および錦江《きんこう》湾はある自然の活動によって形成された特徴ある地形をしています。こうした特徴ある地形を何と言いますか。解答らんの字数にあわせてカタカナで答えなさい。

(2)　(1)のような地形がみられる場所としてあてはまらないものを次の１～４から一つ選び，番号で答えなさい。

１　阿蘇山

２　芦ノ湖

３　八郎潟

４　洞爺《とうや》湖

C

この写真は，(キ)太平洋戦争の開戦・終戦時に，外務大臣を務めた東《とう》郷茂徳《ごうしげのり》が着用した大礼服です。東郷茂徳は(ク)文禄・慶長の役の際に島津氏が朝鮮からつれ帰った陶工の末えいとして生まれ，彼の父親は優れた薩摩焼の陶工でした。

東郷茂徳記念館のある鹿児島県日《ひ》置《おき》市美山の地は，今でも焼き物の里として栄えており，作家の司馬遼太郎と交流のあった沈寿官《ちんじゅかん》さんの工房では(ケ)「のぼり窯《がま》」を見学することができます。

問９　下線部(キ)について，次の１～４は太平洋戦争にいたる経過の中で起きた出来事です。年代順に正しく並べ替えなさい。

１　二・二六事件　　２　盧溝橋事件
３　満州事変　　４　日独伊三国同盟の締結

問10　下線部(ク)について，文禄・慶長の役を行った人物の政策について説明した文ａ・ｂの正誤の組合せとして正しいものを下の１～４から一つ選び，番号で答えなさい。

ａ　ものさしやますを統一し，全国の生産力を米の量で換算する石高制を実現した。
ｂ　大名の居城を一つに限り，武家諸法度を制定して大名をきびしく統制した。

１　ａ－正　ｂ－正　　２　ａ－正　ｂ－誤
３　ａ－誤　ｂ－正　　４　ａ－誤　ｂ－誤

問11　下線部(ケ)について，「のぼり窯」の技術が日本にはじめて伝わった時代のようすを説明した文ａ・ｂの正誤の組合せとして正しいものを下の１～４から一つ選び，番号で答えなさい。

ａ　中国の進んだ文化を学ぶため，隋や唐に使節団が派遣された。
ｂ　世界最古の木造建築物として知られる法隆寺が建てられた。

１　ａ－正　ｂ－正　　２　ａ－正　ｂ－誤
３　ａ－誤　ｂ－正　　４　ａ－誤　ｂ－誤

3　次の表は，内閣府が発表している「国民の祝日」についてまとめたものです。これを読んであとの問いに答えなさい。なお，表中の「日付」に関しては2019年のものです。

国民の祝日	日付	内容
元日	１月１日	年のはじめを祝う。
(ア)成人の日	１月14日	(イ)おとなになったことを自覚し，みずから生き抜こうとする青年を祝いはげます。
[ウ]の日	２月11日	国を愛する心を養う。
春分の日	３月21日	(エ)自然をたたえ，生物をいつくしむ。
昭和の日	４月29日	激動の日々を経て，復興を遂《と》げた昭和の時代を顧《かえり》み，国の将来に思いをいたす。
憲法記念日	５月３日	(オ)日本国憲法の[カ]を記念し制定され，国の成長を期《き》する。
みどりの日	５月４日	自然に親しむとともにその恩恵《おんけい》に感謝し，豊かな心をはぐくむ。
こどもの日	５月５日	こどもの人格を重んじ，こどもの幸福をはかるとともに，母に感謝する。
海の日	７月15日	海の恩恵に感謝するとともに，海洋国日本の繁栄を願う。
[キ]の日	８月11日	[キ]に親しむ機会を得て，[キ]の恩恵に感謝する。
敬老の日	９月16日	多年にわたり社会につくしてきた老人を敬愛し，(ク)長寿を祝う。
秋分の日	９月23日	祖先をうやまい，なくなった人々をしのぶ。
(ケ)体育の日	10月14日	体を動かし，健康な心身をつちかう。
文化の日	[コ]	自由と平和を愛し，文化をすすめる。
勤労感謝の日	11月23日	(サ)勤労をたっとび，生産を祝い，国民たがいに感謝しあう。

問１　下線部(ア)について，成人式など人生の転機にあたる人間の一生の節目に行われる儀式を「通過儀礼」といいますが，この内容として誤っているものを次の１～４から一つ選び，番号で答えなさい。

１　子どもの健やかな成長を願って，「七五三」という行事がある。

２　縄文時代では結婚した際や葬儀の際に，「抜歯」という風習があった。

３　生後100日の子どもを祝い，一生食べ物に困らないようにと願う「お食い初《ぞ》め」がある。

４　60歳になると長寿を祝い，紫色をお祝いの色とする「古希祝い」がある。

問２　下線部(イ)について，日本では2022年４月から成年年齢が20歳から18歳に引き下げられることが決定しています。成年年齢について説明した文ａ・ｂの正誤の組合せとして正しいものを下の１～４から一つ選び，番号で答えなさい。

ａ　現在の日本では成年年齢に達すると，参議院議員に立候補できる。

ｂ　現在の日本では成年年齢に達すると，都道府県知事に立候補できる。

１　ａ－正　ｂ－正　　２　ａ－正　ｂ－誤

３　ａ－誤　ｂ－正　　４　ａ－誤　ｂ－誤

問３　表中の空らん[ウ]にあてはまる語句を，漢字４字で答えなさい。

問４　下線部(エ)について，次の説明はラムサール条約の内容です。空らん[A]・[B]にあてはまる語句を，それぞれ漢字２字で答えなさい。

> この条約は，国際的に重要な[A]及びそこに生息・生育する動植物の保全を促進するために定められました。正式な条約名は「特に[B]の生息地として国際的に重要な[A]に関する条約」といい，1971年にイランで採択されました。

問５　下線部(オ)について説明した文として正しいものを次の１～４から一つ選び，番号で答えなさい。

１　日本国憲法の原理に国民主権があり，天皇は日本国及び日本国民統合の代表とされた。

２　国民の自由や権利は，侵すことのできない永久の権利として保障された。

３　日本国憲法第９条では，生存権の内容を定めた。

４　内閣総理大臣を任命する国会の信任のもとに内閣が成り立っている。

問６　表中の空らん[カ]にあてはまる語句を，漢字２字で答えなさい。

問７　表中の空らん[キ]にあてはまる語句を答えなさい。

問８　下線部(ク)について，日本の平均寿命は男性・女性ともに80歳を超えており，日本の医学研究も日々進歩していますが，日本人で「ノーベル生理学・医学賞」を受賞した人物を説明した文として正しいものを次の１～４から一つ選び，番号で答えなさい。

１　京都大学の山中伸弥《やまなかしんや》氏はES細胞を発表し，2012年に受賞した。

２　北里大学の大隅良典《おおすみよしのり》氏は熱帯にはびこる寄生虫に対する薬剤の開発により，2015年に受賞した。

３　東京工業大学の大村《おおむら》 智《さとし》氏は新陳代謝したりする自食作用「オートファジー」の仕組みを解明したことにより，2016年に受賞した。

４　京都大学の本庶《ほんじょ》 佑《たすく》氏は免疫《めんえき》ががんを攻撃し続けられるようにする治療薬を開発することにつながる研究が評価され，2018年に受賞した。

問９　下線部(ケ)について，体育の日は2020年以降，名称を変更することが発表されました。その新しい祝日名を，解答らんにあうように答えなさい。

問10　表中の空らん[コ]にあてはまる日付を，解答らんにあうように答えなさい。

問11　下線部(サ)について，労働者の権利について説明した文として正しいものを次の１～４から一つ選び，番号で答えなさい。

１　日本国憲法第25条には，「すべて国民は勤労の権利を有し，義務を負う。」とある。

２　労働条件について規定している法律は存在しない。

３　労働三権とは，団結権・団体交渉権・団体行動権(争議権)のことである。

４　労働基準監督署は，会社の人事，経営に携《たずさ》わる権利を持っている。

問12　1989年から2018年にかけて祝日だった日が，2019年は祝日ではありませんでした。この祝日名を答えなさい。また，この祝日は2020年では，何月何日ですか。日付を解答らんにあうように答えなさい。

【理　科】〈第２回試験〉（40分）〈満点：75点〉

1　次の文章を読み，以下の問いに答えなさい。

シロアリは地球上で最も数の多い昆虫《こんちゅう》と言われ，自然界ではシロアリがいなければ生態系が成り立たないほど重要な役目を担っています。木の幹に豊富に含《ふく》まれる「セルロース」を栄養とする数少ない生物で，倒木《とうぼく》などを土に還《かえ》すため“森の（　ア　）者”とも呼ばれています。

下の記事は，熱帯雨林でのシロアリのはたらきについて述べたものです。

> 干ばつによって起きる熱帯雨林の植物の被《ひ》害を，シロアリが食い止めているとする研究成果を，英リバプール大などがまとめた。シロアリが落ち葉を（　ア　）して森に栄養を提供しており，開発が進んでシロアリの生息地が減ると，熱帯雨林の生態系全体に悪影響《えいきょう》が出る恐《おそ》れがあるという。論文が11日付の米科学誌サイエンスに掲載《けいさい》される。
>
> 研究チームがマレーシア・ボルネオ島の熱帯雨林に生息するシロアリを観察したところ，干ばつになるとシロアリが活発に活動するようになることがわかった。活発になったシロアリは落ち葉を盛んに食べて（　ア　）を進め，土壌《どじょう》中の（　イ　）や鉄などの栄養分が増えていたという。
>
> シロアリが生息する場所は，シロアリを駆除《くじょ》した場所に比べ，芽を出したばかりの植物の生存率が約50％高くなることも確認できた。
>
> 干ばつになるとシロアリの行動が活発になる理由はわかっていないが，土壌の水分不足などの条件がシロアリの活動能力を高めた可能性がある。
>
> 読売新聞（東京）・朝刊　2019年１月11日（金）より転載《てんさい》

問１　シロアリに最も近い仲間として正しいものを次の１～４から一つ選び，番号で答えなさい。

１　ゴキブリ　　２　クモ　　３　ダンゴムシ　　４　カミキリムシ

問２　文中の(ア)内にあてはまる適切な語を**漢字２字**で答えなさい。

問３　(ア)者としてのはたらきをするものを次の１～６から**二つ選び**，番号で答えなさい。

１　シイタケ　　２　モグラ　　３　トノサマバッタ

４　カビ　　５　クモ　　６　アリ

問４　文中の(イ)には植物の成長に必要な肥料の三要素の一つが入ります。正しいものを次の１～４から一つ選び，番号で答えなさい。

１　ナトリウム　　２　マグネシウム　　３　カリウム　　４　カルシウム

問５　下線部のように，植物の生存率が高くなる理由として正しいものを次の１～４から一つ選び，番号で答えなさい。

１　シロアリの活動でできた土壌中の栄養分を吸収して発芽するから。

２　シロアリの活動でできた土壌中の栄養分を吸収して成長するから。

３　シロアリの活動でできた土壌中の水分を吸収して発芽するから。

４　シロアリの活動でできた土壌中の水分を吸収して成長するから。

問６　アマゾンは世界最大の熱帯雨林で，その約 $\frac{2}{3}$ を占《し》めるブラジルでは2019年８月に農地開発を目的とする野焼きが原因で森林火災が拡大し，先進７ヶ国(G7)は消火活動のため2000万ドル(約21億円)を支援《しえん》すると発表しました。なぜ，他国がブラジルの問題を解決する手助けをするのでしょうか。次の文章の(Ａ)**に入る文**(**10字以内**)と(Ｂ)**に入る語**(**漢字３字**)を答えなさい。

アマゾンの熱帯雨林には光合成により多くの(　Ａ　)されているので，火災により熱帯雨林が減少することは地球規模の(Ｂ)が進むことだけでなく，そこにいる多様な生物にも大きな影響があると考えられているから。

2　東京に住んでいるトシオ君は，比較《ひかく》的あかりの少ない近くの公園に星の観察に出かけ，日没《ぼつ》から観察をはじめました。午後８時には，南の空にさそり座を観察することができました。図１は，その様子をスケッチしたものです。さそり座の“ア”の星は，家に帰って調べてみるとアンタレスとよばれている１等星ということがわかりました。以下の問いに答えなさい。

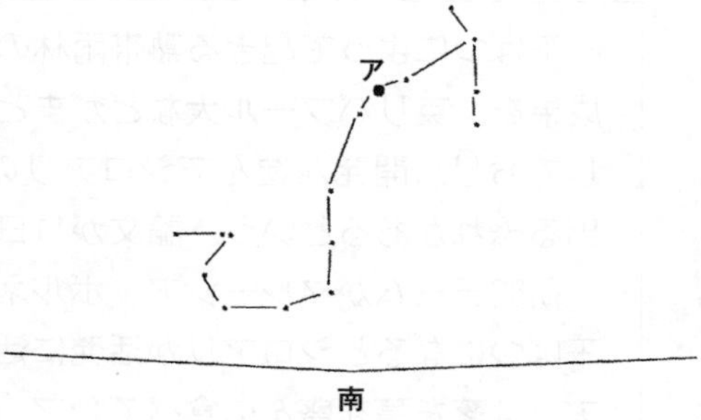

図１

問１　トシオ君がさそり座を観察したのは，１年のうち何月頃《ころ》だと考えられますか。最も近いものを次の１～４から一つ選び，番号で答えなさい。

１　１月　　２　４月
３　７月　　４　10月

問２　午後８時にアの位置にあったさそり座のアンタレスは，２週間後の同じ時刻に同じ場所で観察したとき，アの位置から少しずれた位置に観察することができました。どの方向にずれていましたか。最も近いものを図２の１～４から一つ選び，番号で答えなさい。

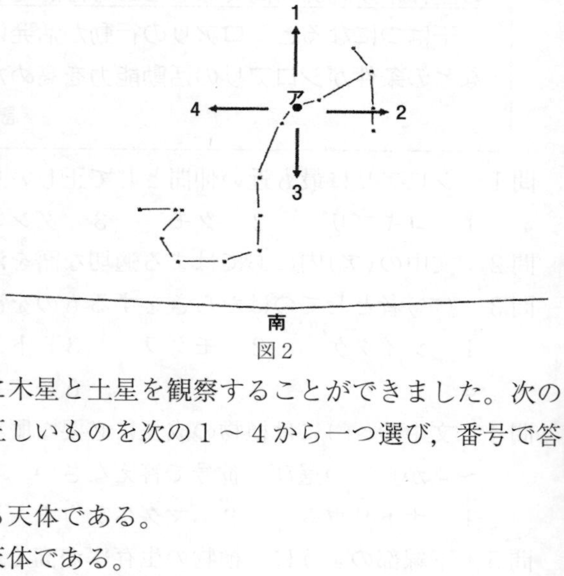

図２

問３　去年の夏は，午後９時頃に東京で南の空に木星と土星を観察することができました。次の文は，わく星について説明したものです。正しいものを次の１～４から一つ選び，番号で答えなさい。

１　わく星は，太陽のまわりを公転している天体である。
２　わく星は，月のまわりを公転している天体である。
３　わく星は，地球のまわりを公転している天体である。
４　わく星は，自転も公転もしていない。

問４　去年の夏に，午後９時頃に南の空に木星と土星を観察したときの明るさについて，最も適当なものを次の１～５から一つ選び，番号で答えなさい。

１　木星と土星は，まわりにある星座の星と同じ明るさで見える。
２　木星は，土星やまわりにある星座の星より暗く見える。
３　土星は，木星やまわりにある星座の星より暗く見える。
４　木星は，土星やまわりにある星座の星より明るく見える。
５　土星は，木星やまわりにある星座の星より明るく見える。

問５　太陽の位置と長針と短針のある時計を用いて方角を知ることができます。春分の頃，明石市(東経135度)で午後６時に時計の短針の方向を太陽に向けたとします。このとき南の方向は時計の何時の方向にありますか。最も近い整数で答えなさい。

問６　月は満ち欠けによって様々《さまざま》な名称《しょう》でよばれることがあります。東京で，ある夜の午前０時頃に東の地平線近くの空に月が観察できました。

(1)　東の地平線近くの空に見られた月はどのように見えますか。最も近い形のものを次の１～５から一つ選び，番号で答えなさい。

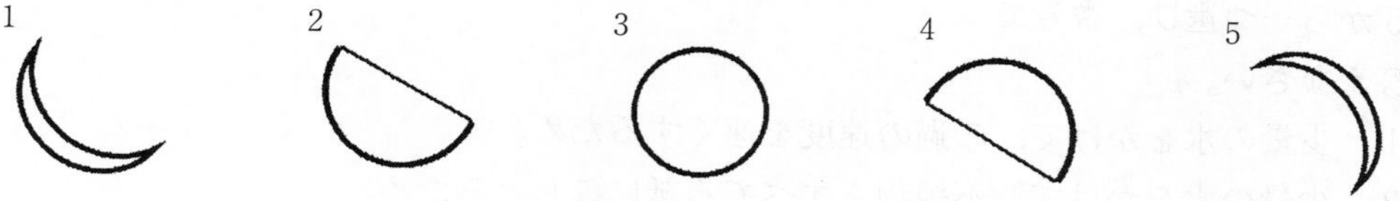

(2)　このとき観察できた月は一般《いっぱん》的に何とよばれていますか。次の１～５から一つ選び，番号で答えなさい。

１　新月　　２　三日月　　３　上弦《げん》の月　　４　満月　　５　下弦の月

3　次の文章を読み，以下の問いに答えなさい。

100gの水に対して，溶《と》ける限度のある物質が，最大限どれだけ溶けるのかを表した数値を，その物質の溶《よう》解度といいます。

下表は４種類の物質の溶解度を表したものです。トシオ君は溶解度の値を利用すれば，水溶液に溶けている物質を見分けることができると考え，以下のような実験を行いました。

水の温度[℃]	10	20	30	40	50	60
物質Ａ[ｇ]	35.7	35.8	36.1	36.3	36.7	37.1
物質Ｂ[ｇ]	31.2	34.2	37.2	40.1	42.9	45.8
物質Ｃ[ｇ]	33.2	37.2	41.4	45.8	50.4	55.3
物質Ｄ[ｇ]	9.3	11.1	13.0	14.8	16.6	18.2

実験イ

操作１　水100gが入ったビーカーを４個用意した。

操作２　４種類の物質を，それぞれ40.0gずつはかりとった。

操作３　水の温度を30℃に保って，それぞれのビーカーに４種類の物質を入れた。

操作４　よくかき混ぜた後，40.0gの物質が溶けきれなかったものについてろ過をした。

操作５　ろ紙に残った物質を乾燥《かんそう》させてから，それぞれの重さをはかった。

実験ロ

操作１　水100gが入ったビーカーを４個用意した。

操作２　４種類の物質を，それぞれ35.0gずつはかりとった。

操作３　水の温度を60℃に保って，それぞれのビーカーに４種類の物質を入れた。

操作４　よくかき混ぜた後，35.0gがすべて溶けた水溶液について，水の温度を10℃まで冷やした。

操作５　操作４で冷やしながら，結晶《しょう》が出てくるまでの時間を記録した。

問１　水溶液の水のように，物質を溶かす液体を何といいますか。

問2　実験イのろ過の操作では，右図のように折ったろ紙をろうとにのせて，少量の水をかけてからろ過を行います。少量の水をかける理由として最も適当なものを，次の1～5から一つ選び，番号で答えなさい。

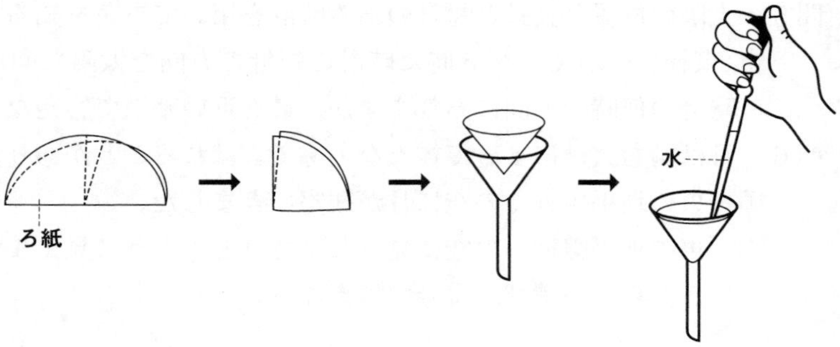

1　少量の水をかけて，ろ過の速度を速くするため。
2　少量の水をかけて，不純物をすべてろ紙にこしとるため。
3　少量の水をかけて，ろ紙がガラス棒でやぶれないようにするため。
4　少量の水をかけて，ろ紙をろうとに密着させるため。
5　少量の水をかけて，ろ過の速度を遅《おそ》くするため。

問3　実験イで，乾燥させた物質の重さが3番目に重いのはどの物質ですか。最も適当なものを，次の1～4から一つ選び，番号で答えなさい。

1　物質A　　2　物質B　　3　物質C　　4　物質D

問4　実験ロの操作4で，溶けきれずに残った物質は何ですか。最も適当なものを，次の1～4から一つ選び，番号で答えなさい。

1　物質A　　2　物質B　　3　物質C　　4　物質D

問5　問4で溶けきれずに残った物質をすべて溶かすには，60℃の水が最低でもあと何g必要ですか。必要な60℃の水の重さを小数第1位を四捨五入して整数で答えなさい。

問6　実験ロの操作5で，最も早く結晶が出てきた物質と2番目に結晶が出てきた物質の組み合わせとして最も適当なものを，次の1～6から一つ選び，番号で答えなさい。ただし，水溶液の温度は，どの水溶液も同じ速さで下がるものとします。

	最も早く結晶が出てきた物質	2番目に結晶が出てきた物質
1	物質D	物質C
2	物質C	物質D
3	物質B	物質A
4	物質A	物質B
5	物質B	物質C
6	物質C	物質B

4　右の図のようなプラスチックでできたパイプでテーブルなどの硬《かた》いものをたたくとパイプの中の空気が振動《しんどう》して音が鳴ります。①パイプを切って長さを変えることで音を変化させることができます。以下の各問いに答えなさい。

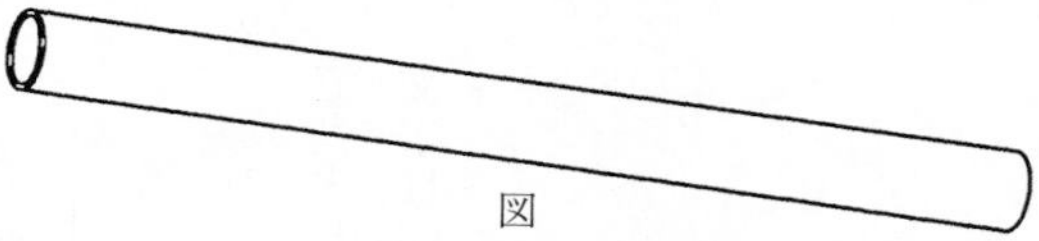

図

問1　下線部①について，パイプの長さを変えることで変化するものは何ですか。次の1～4から最も適当なものを一つ選び，番号で答えなさい。

1　音の大きさ　　2　音の速さ　　3　音の高さ　　4　音の鳴っている時間

トシオ君はいろいろな長さのパイプをつくれば簡単な曲を演奏できるのではないかと考えました。調べてみると下の表のように，ドレミファソラシドの各音に対応する値があることがわかりました。ただし，表の値は1の位を四捨五入して簡単なものにしてあります。

表

音	ド	レ	ミ	ファ	ソ	ラ	シ	高いド
②	260	290	330	350	390	440	490	520

問2　表の②に入るものを次の1～4から一つ選び，番号で答えなさい。

1　振幅《しんぷく》[メートル]　　2　振動数[ヘルツ]

3　音の大きさ[デシベル]　　4　音の速さ[メートル毎秒]

トシオ君がいろいろな長さのパイプをつくって音を鳴らしてみたところ，パイプの長さが0.65mのときに②の値が260のドの音が鳴りました。パイプの長さと音の関係を調べてみると，②の値とパイプの長さはほぼ反比例していることがわかりました。以下の問いでは各音の②の値として表の数値を用い，②の値とパイプの長さは反比例するものとして解答しなさい。

問3　ラの音が出るパイプの長さは何mですか。小数第3位を四捨五入して小数第2位まで答えなさい。

問4　長さが0.51mのパイプで鳴らすことができる音は何ですか。次の1～7から最も近いものを一つ選び，番号で答えなさい。

1　ド　　2　レ　　3　ミ　　4　ファ　　5　ソ　　6　ラ　　7　シ

問5　②の値が260の音が鳴るパイプの $\frac{1}{3}$ の長さをしたパイプで音を鳴らすと，ある高い音が鳴りました。何の高い音が鳴りましたか。次の1～7から最も近いものを一つ選び，番号で答えなさい。ただし，各音間での②の値の比は高い音でも同じになります。

1　ド　　2　レ　　3　ミ　　4　ファ　　5　ソ　　6　ラ　　7　シ

問6　「パイプの長さ」×「たたいたときになる音の②の値」はそのときの「音の速さ」の半分の値になっています。気温が上がると「音の速さ」は大きくなることが知られています。気温が高いときにパイプで鳴らす音の②の値は，気温が低いときに比べてどのように変化していますか。次の1～3から一つ選び，番号で答えなさい。

1　小さくなる　　2　大きくなる　　3　変わらない

四

(1) ①〜⑦について、次の問いに答えなさい。

それぞれの説明にあてはまることばを答えなさい。ただし、答えは法則に合うように、ひらがなで空らんを埋《う》めるものとします。

① 非常に。まったく。すっかり。
② 力なく歩くさま。
③ 少しずつ進行するようす。ゆっくりと物事にとりかかるようす。
④ 小さくまとまっているようす。
⑤ どうしてよいかわからずうろうろするようす。
⑥ もめごと。多くのものが入りまじって混乱するさま。
⑦ あっさりしているさま。平静で物事にこだわらないさま。

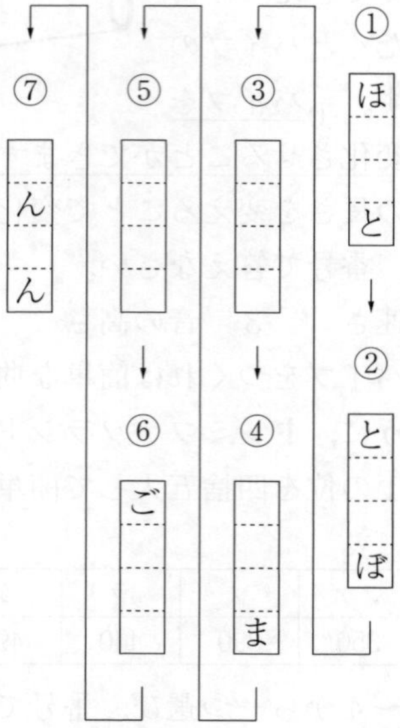

(2) ⑤の「どうしてよいかわからずうろうろするようす」を四字熟語で表すとどうなりますか。漢字で答えなさい。なお、二文字目と四文字目は同じ漢字が入ります。

問1　二つの詩の文体と形式についての説明として最もふさわしいものを次から一つ選び、番号で答えなさい。

1　今では使われない口語で書かれ、きまった慣用表現を用いない自由詩である。

2　今では使われない文語で書かれ、音数が一定のきまりをもつ定型詩である。

3　話し言葉と同じ文語で書かれ、きまった慣用表現を用いる定型詩である。

4　話し言葉と同じ口語で書かれ、音数に一定のきまりのない自由詩である。

5　話し言葉と同じ口語で書かれ、説明文と同じように書かれた散文詩である。

問2　二つの詩に共通して使われている表現技法は何ですか。最もふさわしいものを次から一つ選び、番号で答えなさい。

1　直喩《ちょくゆ》(明喩)　2　対句法《ついくほう》　3　反復法

4　倒置法《とうちほう》　5　体言止め

問3　二つの詩は高飛び込みの場面を描《えが》いた詩です。【詩A】で、描かれた人物がスポーツ選手であることをうかがわせるのはどの部分ですか。最もよく表している一行をぬき出しなさい。

問4　【詩B】は飛び込む様子を特徴《とくちょう》的に描いています。その中で時間が一瞬《いっしゅん》止まったかのように擬人法を使って表現しているのはどの部分ですか。その一行をぬき出しなさい。

問5　次の文章は、【詩A】・【詩B】について話し合う二人の会話です。空らんア～エにはAもしくはBが入ります。組み合わせの順として最もふさわしいものをあとの1～4から一つ選び、番号で答えなさい。

あずまくん　この詩集はもともと一九三九年に出されたものなんだ。スポーツをテーマにした詩集ということで、珍《めずら》しがられたそうだよ。しかも、一九三六年のベルリン・オリンピックで撮《と》られた写真と組み合わせて作品にしたんだって。

みやこさん　昭和の初めに今のテレビ映像みたいな描写《びょうしゃ》をしているのはすごいよね。

あずまくん　時間的・空間的な描写もすごいけど、選手のからだの存在感も伝わってくるね。ところで、どちらも同じ題材とタイトルだけど、どっちが好きかな。

みやこさん　どちらも素敵《すてき》だけど、詩アのほうがより写真的というか、選手を対象として観察しているように見えるわ。詩イは飛び込んだ選手の感覚が直接伝わってくるようね。

あずまくん　たしかによく読むと、そういう違《ちが》いがあるね。詩ウは競技の緊張《きんちょう》感がすき間なく描かれているようで、詩エは緊張の後の場面がちょっとユーモラスにも感じられるよ。本人はそれどころではないと思うけど。

みやこさん　同じスポーツもいろいろな見方ができるのね。今年のオリンピックは飛び込み競技にも注目したいわ。それにしても、昔は飛び込み会場にビーチパラソルを持ち込んでいたのかしら。それとも、海でやっていたとか？

1　B—A—A—B　2　A—B—A—B

3　A—B—B—A　4　B—A—B—A

それぞれ番号で答えなさい。

1　結婚披露式に同席することになって困っているたね子を見かねて、夫は日曜日に銀座のレストランで洋食の食べ方を教えると約束し、会社に出かけていった。

2　夫が会社に出かけて一人になったたね子は、体調も手伝ってやや落《お》ち込《こ》んでいたが、少しでも洋食の作法を身につけようと新聞や女学校時代の教科書を熟読した。

3　ナイフやフォークを用いながら洋食の食べ方を教えた夫は満足しながら帰り道を歩いていたが、たね子はその間もフォークの使い方やコーヒーの飲み方を思い出していた。

4　帝国ホテルの中に入った時に見えた鼠が、自分だけが見ている錯覚であることに、たね子は夫に指摘《してき》されたことでようやく気がついた。

5　披露式の最中極度に神経をとがらせながらも、何とか終わりを迎《むか》えることができたたね子は、披露式の帰り道、少し浮かれた様子で夫に話しかけた。

6　「食堂」を通り越した後、電灯が明るく照らす道を歩きながら、たね子は木の芽が匂うのを感じ、生まれ故郷を懐《なつ》かしんでいた。

三

次の詩A・Bを読み、後の問いに答えなさい。

【詩A】

飛込《とびこみ》

花のように雲たちの衣裳《いしょう》が開く
水の反射が
あなたの裸体《らたい》に縞《しま》をつける
あなたは遂《つい》に飛びだした
筋肉の翅《はね》で
日に焦《こ》げた小さい蜂《はち》よ
あなたは花に向《む》って落ち
つき刺《さ》さるようにもぐりこんだ
軈《やが》て　あちらの花のかげから
あなたは出てくる
液体に濡《ぬ》れて
さも重たそうに

【詩B】

飛込

僕《ぼく》は白い雲の中から歩いてくる
一枚の距離《きょり》の端《はし》まで
大きく僕は反る
時間がそこへ皺《しわ》よる
蹴《け》る　僕は蹴った
すでに空の中だ
空が僕を抱《だ》きとめる
空にかかる筋肉
だが脱落《だつらく》する
追われてきてつき刺さる
僕は透明《とうめい》な触覚《しょっかく》の中で藻掻《もが》く
頭の上の泡《あわ》の外に
女たちの笑《わらい》や腰《こし》が見える
僕は赤い　※海岸傘の
巨《ふと》い縞を摑《つか》もうとあせる

（村野四郎『体操詩集』より）

※海岸傘…ビーチパラソルのこと。

時間ということもあり、しつこく話しかけるたね子をやや面倒《めんどう》に感じている。

問３　――線②「たね子はがっかりして本を投げ出し」とありますが、どうしてですか。四十字以内で説明しなさい。

問４　――線③「夫のボオナスにも影響した不景気を感ぜずにはいられなかった」とありますが、たね子が家計を案じる思いが現れた一文を探し、初めの五字をぬき出しなさい。

問５　――線④「たね子は夫の言葉に好い加減な返事を与えながら、遅れがちに足を運んでいた」とありますが、この時のたね子について説明したものとして最もふさわしいものを次から一つ選び、番号で答えなさい。

1　夫に教えてもらった洋食の食べ方を、結婚披露式本番でもうまくできるか考えると気が気でなく、どこか上の空になっている。

2　店を出た後も洋食の食べ方を確認《かくにん》するたね子とは対照的に、教えるだけ教えて満足そうにしている夫に愛想《あいそ》を尽《つ》かしている。

3　洋食の食べ方を事前に教えてもらったことで抱《かか》えていた不安もやわらぎ、うららかな春の陽気を感じる心の余裕《よゆう》ができている。

4　洋食の食べ方を学ぶのに必死で忘れていたが、レストランでの出費が家計に響《ひび》くであろうことに気づき、足取りが重くなっている。

問６　――線⑤「大きい一匹の鼠さえ感じた」とありますが、このように感じているたね子について説明したものとして最もふさわしいものを次から一つ選び、番号で答えなさい。

1　普段《ふだん》来ることがない高級ホテルに初めて足を踏《ふ》み入れたことで、言いようのない居心地の悪さを覚えるとともに、いよいよ洋食を食べる時が近づいてきたことを感じ、神経を高ぶらせている。

2　夫の後ろ姿しか見えないまま狭い階段を登《のぼ》っていくことで、不安な気持ちをかきたてられるとともに、高級なホテルにふさわしくない鼠を目撃《もくげき》してしまったことを不吉《ふきつ》だと感じている。

3　大谷石や煉瓦などで豪華《ごうか》に飾《かざ》られたホテルの中で汚《きたな》い鼠を見かけたことで、衝撃《しょうげき》を受けるとともに、この後の食事にも鼠に汚染《おせん》されたものが出てくるかもしれないと不安に感じている。

4　ホテルに入って感じた無気味さを気のせいだと夫に一蹴《いっしゅう》されたことで、かすかないらだちを感じるとともに、自分の気のせいだったと受け入れることができず意固地になっている。

問７　――線⑥「軽蔑しない訣には行かなかった」とありますが、この時のたね子について説明したものとして最もふさわしいものを次から一つ選び、番号で答えなさい。

1　少し前まで一流のホテルにいたことで、豪華できらびやかなものへの憧《あこが》れに心が浮《う》き立《た》っており、シャツ一枚で無精髭を伸ばしたままの汚らしい姿の男を毛嫌《けぎら》いしている。

2　不安に感じていたホテルでの晩餐を無事に終えた今、安心すると同時に誇《ほこ》らしさを感じており、たね子とは対照的に食事のマナーや周囲の目など気にせずふるまう男を見下している。

3　慣れない洋食の場でひどく神経を使ったせいで、普段は感じることのないほどの疲労《ひろう》を感じており、悩《なや》みなど少しも無いかのように女中とふざけあっている男を逆恨《さかうら》みしている。

4　豪華なホテルでの晩餐を一通りこなせたことで優越感《ゆうえつかん》に浸《ひた》っていたが、そこで目にした食堂の男の姿に、ふと結婚披露式以前のみすぼらしい自分の姿を重ねてあわれんでいる。

問８　本文の内容としてふさわしいものを次の１〜６から**二つ**選び、

のせいだよ」と答えたばかりだった。たね子は夫にこう言われない前にも彼女の錯覚《さっかく》に気づいていた。しかし気づいていればいるだけますます彼女の神経にこだわらない訣には行かなかった。

彼等はテエブルの隅《すみ》に座《すわ》り、ナイフやフォオクを動かし出した。たね子は角隠《つのかく》しをかけた花嫁《はなよめ》にも時々目を注いでいた。が、それよりも気がかりだったのは勿論皿の上の料理だった。彼女はパンを口へ入れるのにも体中の神経の震《ふる》えるのを感じた。ましてナイフを落《おと》した時には途方《とほう》に暮れるよりほかはなかった。けれども晩餐《ばんさん》は幸いにもア徐《おもむ》ろに最後に近づいていった。たね子は皿の上のサラドを見た時、「サラドのついたものの出て来た時には食事もおしまいになったと思え」という夫の言葉を思い出した。しかしやっとひと息ついたと思うと、今度は三鞭酒《シャンパン》の杯《さかずき》を挙げて立ち上がらなければならなかった。それはこの晩餐の中でも最も苦しい何分かだった。彼女はイ怯《お》ず怯《お》ず椅子《いす》を離《はな》れ、目八分に杯をさし上げたまま、いつか背骨さえ震え出したのを感じた。

彼等はある電車の終点から細い横町を曲《まが》って行った。夫はかなり酔《よ》っているらしかった。たね子は夫の足もとに気をつけながらはしゃぎ気味に何かと口を利《き》いたりした。そのうちに彼等は電灯の明るい「食堂」の前へ通りかかった。そこにはシャツ一枚の男が一人「食堂」の女中とふざけながら、章魚《たこ》を肴《さかな》に酒を飲んでいた。それは勿論彼女の目にはちらりと見えたばかりだった。が、彼女はこの男を、――この無精髭《ぶしょうひげ》を伸《の》ばした男を⑥軽蔑《けいべつ》しない訣には行かなかった。同時にまた自然と彼の自由を羨《うらや》まない訣にも行かなかった。この「食堂」を通《とお》り越《こ》した後はじきに※しもた家ばかりになった。従ってあたりも暗くなりはじめた。たね子はこういう夜の中に何か木の芽の匂うのを感じ、いつかしみじみと彼女の生まれた田舎《いなか》のことを思い出していた。

※常談…「冗談《じょうだん》」と同じ。

※しもた家…元々は商店をしていたが、今はやめた家。

問１　〰〰線ア「徐ろに」、イ「怯ず怯ず」の意味として最もふさわしいものを次から一つ選び、それぞれ番号で答えなさい。

ア「徐ろに」

1　大きな事故もなく　　2　期待通りに

3　あっという間に　　4　ゆっくりと

イ「怯ず怯ず」

1　細心の注意を払《はら》って　　2　あっさりと

3　ためらいながら　　4　無意識のうちに

問２　――線①「しかし夫はなんとも言わずにさっさと会社へ出て行ってしまった」とありますが、ここに至るまでのたね子と夫について説明したものとして最もふさわしいものを次から一つ選び、番号で答えなさい。

1　たね子は結婚披露式の参加や出勤前の身支度《みじたく》など常に妻として恥《は》ずかしくないように振舞《ふるま》おうと努力しているが、夫はたね子の愛情をうっとうしく感じており、たね子の顔を真向きに見ることさえできないでいる。

2　たね子は自らが招待された結婚披露式の場所や日付をあまり気にしていない夫のいいかげんさに困り果てているが、夫は結婚式当日まで三日も残されているからと深く考えておらず、自分の身だしなみをきちんと整えることに執着《しゅうちゃく》している。

3　たね子は夫と一緒《いっしょ》に結婚披露式に参加しないことを失礼と考え洋食の食べ方を身につけたいと焦《あせ》っているが、夫は自らも洋食のマナーを他人に教えてもらった経験がないのを引き合いに出し、そのまま参加しても差《さ》し支《つか》えないとなだめている。

4　たね子は洋食のマナーを知らないまま結婚披露式に参加することを案じ懸命に夫に訴《うった》えかけているが、夫は出勤前の忙《いそが》しい

「だからさ、まだ三日もある。そのうちに稽古《けいこ》をしろと言うんだ」

「じゃあなた、あしたの日曜にでもきっとどこかへつれて行って下さる！」

①しかし夫はなんとも言わずにさっさと会社へ出て行ってしまった。たね子は夫を見送りながら、ちょっと憂鬱にならずにはいられなかった。それは彼女《かのじょ》の体の具合も手伝っていたことは確かだった。子供のない彼女はひとりになると、長火鉢《ながひばち》の前の新聞をとり上げ、何かそういう記事はないかと一々欄外《らんがい》へも目を通した。が、「今日の献立《こんだて》」はあっても、洋食の食べかたなどというものはなかった。洋食の食べかたなどというものは？——彼女はふと女学校の教科書にそんなことも書いてあったように感じ、早速《さっそく》用箪笥の抽斗《ひきだし》から古い家政読本を二冊出した。それ等《ら》の本はいつの間にか手ずれの痕《あと》さえ煤《すす》けていた。のみならずまた争われない過去の匂《にお》いを放っていた。たね子は細い膝《ひざ》の上にそれ等の本を開いたまま、どういう小説を読む時よりも一生懸命《いっしょうけんめい》に目次を辿《たど》っていった。

「木綿《もめん》および麻《あさ》織物洗濯《せんたく》。ハンケチ、前掛《まえかけ》、足袋《たび》、食卓掛《テエブルかけ》、ナプキン、レエス、……

「敷物《しきもの》。畳《たたみ》、絨毯《じゅうたん》、リノリウム、コオクカアペト……

「台所用具。陶磁器《とうじき》類、硝子器《ガラスき》類、金銀製器具……」

一冊の本に失望したたね子はもう一冊の本を検《しら》べ出した。

「繃帯《ほうたい》法。巻軸《まきじく》帯、繃帯巾《ぎれ》、……

「出産。生児の衣服、産室、産具……

「収入及び支出。労銀、利子、企業《きぎょう》所得……

「一家の管理。家風、主婦の心得、勤勉と節倹《せっけん》、交際、趣味《しゅみ》、……」

②たね子はがっかりして本を投げ出し、大きい樅《もみ》の鏡台の前へ髪《かみ》を結《ゆ》いに立って行った。が、洋食の食べかただけはどうしても気にかかってならなかった。……

その次の午後、夫はたね子の心配を見かね、わざわざ彼女を銀座の裏のあるレストオランへつれて行った。たね子はテエブルに向かいながら、まずそこには彼等以外に誰もいないのに安心した。しかしこの店もはやらないのかと思うと、③夫のボオナスにも影響《えいきょう》した不景気を感ぜずにはいられなかった。

「気の毒だわね、こんなにお客がなくっては」

「※常談言っちゃいけない。こっちはお客のない時間を選《よ》って来たんだ」

それから夫はナイフやフォオクをとり上げ、洋食の食べかたを教え出した。それもまた実は必ずしも確かではないのに違《ちが》いなかった。が、彼はアスパラガスに一々ナイフを入れながら、とにかくたね子を教えるのに彼の全智識《ぜんちしき》を傾《かたむ》けていた。彼女も勿論《もちろん》熱心だった。しかし最後にオレンジだのバナナだのの出て来た時にはおのずからこういう果物の値段を考えない訣《わけ》には行《ゆ》かなかった。

彼等はこのレストオランをあとに銀座の裏を歩いて行った。夫はやっと義務を果《はた》した満足を感じているらしかった。が、たね子は心の中に何度もフォオクの使いかただのカッフェの飲みかただのと思い返していた。のみならず万一間違った時には——という病的な不安も感じていた。銀座の裏は静かだった。アスファルトの上へ落ちた日あしもやはり静かに春めかしかった。しかし④たね子は夫の言葉に好《い》い加減《かげん》な返事を与《あた》えながら、遅《おく》れがちに足を運んでいた。……

帝国ホテルの中へはいるのは勿論彼女には始めてだった。たね子は紋服《もんぷく》を着た夫を前に狭《せま》い階段を登りながら、大谷石《おおやいし》や煉瓦《れんが》を用いた内部に何か無気味に近いものを感じた。のみならず壁《かべ》を伝わって走る、⑤大きい一匹《いっぴき》の鼠《ねずみ》さえ感じた。感じた？——それは実際「感じた」だった。彼女は夫の袂《たもと》を引き、「あら、あなた、鼠が」と言った。が、夫はふり返ると、ちょっと当惑《とうわく》らしい表情を浮《うか》べ、「どこに？……気しまった」とありますが、この利休の行動を筆者はどのように考えていますか。最もふさわしいものを次から一つ選び、番号で答えなさい。

1　庭の花をすべて摘み取り、花のない空間を意図的に作ることで、茶室の中に活けられている一輪の花と対面した際の印象を強くしたと考えている。

2　本来庭にあるべき他の種類の花をすべて排除することで、特定の花を他の花よりも目立たせたと考えている。

3　鑑賞者《かんしょうしゃ》の視点を全く意識しないで、水墨画の花のように全体の中の一部として花を表現したと考えている。

4　茶室の外の空間に何もない状態を作ることで、どこに花があるのかという鑑賞者の好奇心を最大に引き立てたと考えている。

問６　――線③「西欧の宮殿庭園」とありますが、西欧の美的理念をあらわしている部分を【Ⅰ】の文章から一文でぬき出し、はじめの五字を答えなさい。

問７　【Ⅰ】【Ⅱ】の文章に共通する日本人の美意識を、【Ⅱ】の文章から十六字でぬき出し、はじめの五字を答えなさい。

問８　＝線「美的理想としてはいささか奇妙な理想」とありますが、どうして「奇妙」と思えるのですか。次のことばに続くように、五十字以内で説明しなさい。

豪奢や装飾によって表現される美に対して、「さび」は

二　次の文章は芥川龍之介の小説「たね子の憂鬱《ゆううつ》」のほぼ全文です。これを読んで、後の問いに答えなさい。

たね子は夫の先輩《せんぱい》に当《あた》るある実業家の令嬢《れいじょう》の結婚《けっこん》披露式《ひろうしき》の通知を貰《もら》った時、ちょうど勤め先へ出かかった夫にこう熱心に話しかけた。

「あたしも出なければ悪いでしょうか？」

「それは悪いさ」

夫はタイを結びながら、鏡の中のたね子に返事をした。もっともそれは簞笥《たんす》の上に立てた鏡に映っていた関係上、たね子よりもむしろたね子の眉《まゆ》に返事をした――のに近いものだった。

「だって帝国《ていこく》ホテルでやるんでしょう？」

「帝国ホテル――か？」

「あら、ご存知《ぞんじ》なかったの？」

「うん、……おい、チョッキ！」

たね子は急いでチョッキをとり上げ、もう一度この披露式の話をし出した。

「帝国ホテルじゃ洋食でしょう？」

「当り前なことを言っている」

「それだからあたしは困ってしまう」

「なぜ？」

「なぜって……あたしは洋食の食べかたを一度も教わったことはないんですもの」

「誰《だれ》でも教わったり何かするものか！……」

夫は上着をひっかけるが早いか、無造作に春の中折帽《なかおれぼう》をかぶった。それからちょっと簞笥の上の披露式の通知に目を通し「なんだ、四月の十六日《じゅうろくにち》じゃないか？」と言った。

「そりゃ十六日だって十七日《じゅうしちんち》だって……」

における余白と呼ばれるものが、C そのような空間である。

この「余白」という言葉は、英語やフランス語には訳しにくい。西洋の油絵では、風景画でも静物画でも、画面は隅々《すみずみ》まで塗られるのが本来であり、何も描《えが》かれていない部分があるとすれば、それは単に未完成に過ぎないからである。だが例えば長谷川等伯の《松林図》においては、強い筆づかいの濃墨《こずみ》の松や靄《もや》のなかに消えて行くような薄墨《うすずみ》の松がつくり出す樹木の群のあいだに、何もない空間が置かれることによって画面に c シンピ的な奥行きが生じ、空間自体にも幽遠《ゆうえん》な雰囲《ふんい》気《き》が漂《ただよ》う。また、大徳寺の方丈《ほうじょう》に探幽が描いた《山水図》では、何もない広々とした余白の空間が、D 画面の主役であるかのように見る者に迫《せま》って来る。

もともと余計なもの、二義的なものを一切排除するというのは、日本の美意識の一つの大きな特色である。京都御所《ごしょ》の紫宸殿《ししんでん》の庭は、③西欧《せいおう》の宮殿《きゅうでん》庭園に見られるような花壇や彫像《ちょうぞう》や噴水《ふんすい》はまったくなく、ただ一面に白い砂礫《されき》を敷《し》きつめただけの清浄《せいじょう》な空間であり、あらゆる装飾《そうしょく》や彩色を拒否した簡素な白木造りの伊勢神宮は、今日に至るまでもとのままのかたちで受《う》け継《つ》がれ、生き続けている。伊勢神宮の式年造替《ぞうたい》(遷宮《せんぐう》)が始まったのは紀元七世紀後半のこととされており、建物の原型もほぼその頃《ころ》に成立したと考えられているが、当時日本にはすでに、大陸からもたらされた仏教が一世紀以上の歴史を経て定着しており、それにともなって「青丹《あおに》よし奈良の都」と言われる通り、多彩《たさい》な仏教寺院建築も、奈良をはじめ日本の各地に建てられていた。仏教寺院の場合、建築工法も、柱を礎石《そせき》の上に置き、屋根は瓦葺《かわらぶ》きという進んだやり方で、掘立柱《ほったてばしら》、萱葺《かやぶ》きの伊勢神宮より、保存性もはるかに高い(それゆえに、伊勢神宮は二十年ごとの建《た》て替《か》えが必要となる)。伊勢神宮でも、周囲にめぐらされた高欄《こうらん》の部分などに仏教建築の影響が認められるから、その d ゾウエイにあたった工匠たちが大陸渡来《とらい》の新技術を知らなかったわけではない。だがそれにもかかわらず、日本人は敢《あ》えて古い、簡素な様式を選び取り、しかもそれを千三百年以上にわたって保ち続けた。そこには、余計なものを拒否するという美意識——信仰《しんこう》と深く結びついた美意識——が一貫《いっかん》して流れていると言ってよいであろう。

(高階秀爾『日本人にとって美しさとは何か』より)

※もう一つの性格…この文章の前に別の性格が述べられています。

問1 ——線a~dのカタカナを漢字に直しなさい。なお、送りがながあるものはその送りがなをふくめて答えなさい。

問2 空らん X に漢字二字を入れて「おもしろみも風情《ふぜい》もないこと」を意味する四字熟語を完成させなさい。

問3 空らん A ~ D にあてはまることばを次から一つずつ選び、番号で答えなさい。

A　1 少しも　2 そっくり　3 あしからず　4 大いに

B　1 すべからく　2 敢えて　3 はや　4 おもむろに

C　1 あいにく　2 わずかに　3 まさしく　4 ひもすがら

D　1 つぶさに　2 いずくんぞ　3 あたかも　4 しきりに

問4 ——線①「日本人の美意識」とありますが、【I】の文章で筆者が伝えたい「日本人の美意識」があらわれているものを次からすべて選び、番号で答えなさい。

1 天竜寺の枯山水　2 銀閣寺
3 日光の東照宮　4 純金のポータブル茶室

問5 ——線②「利休は庭に咲いていた朝顔の花を全部摘み取らせて

ある。そして木々や草までが、不自然に刈《か》り込まれている庭が、ヨーロッパの大邸宅《だいていたく》を訪《おとず》れる人々を、いまだに惹《ひ》きつけている。

控《ひか》え目《め》な表現が生み出す優雅《ゆうが》さを愛する日本人の心が、最も極端《きょくたん》に表われているのは、多分茶の湯であろう。偉大《いだい》な茶の宗匠《そうしょう》千利休（一五二二—九一）が追求した理想は、「さび」であり、これは「錆《さび》」にも、また「寂《さび》れる」にも通じる言葉であった。これは美的理想としてはいささか奇妙《きみょう》な理想のように思えるかもしれない。だがそれは、利休の主君であり、当時日本のｂドクサイ者でもあった豊臣秀吉の、いわば成上り者的豪奢《ごうしゃ》さへの反動として出て来たものでもあったのだ。なにしろ秀吉というのは、純金のポータブル茶室を作らせて、それがあまりにも気に入ったので、行くところへは必ず持って行ったという人物である。利休の「さび」は、資力乏《とぼ》しいがゆえにそうせざるを得なかった人間の簡素とは、わけがちがっていた。そうではなく、簡単に得られる贅沢《ぜいたく》を拒否《きょひ》する心、黄金色《こがねいろ》に輝《かがや》く新しい茶釜《ちゃがま》よりは、物寂《さ》びた小屋を賞《め》でる心に、それは通じていた。といってこれは、羊飼女の真似事《まねごと》をしていたフランスの王妃《おうひ》マリー・アントワネットともちがっていた。事実それは、もともと日本人に具《そな》わっていた普通の意味の単純を愛する心に戻《もど》ったことであって、絶対に気取りではなかった。「さび」が受け入れられたのは、日本人の心の奥底《おくそこ》にあった美的信念と、それがたまたま一致《いっち》したからだったのだ。今日の茶の湯は、それがかつて具現した理想の堕落《だらく》だとして、時に攻撃《こうげき》されることもある。しかしあらゆる飾《かざ》りを排除《はいじょ》した単純さに到達《とうたつ》するために大金をかけるというのは、正真正銘《しょうしんしょうめい》日本の伝統なのである。

（ドナルド・キーン『日本人の美意識』より）

【Ⅱ】

千利休の朝顔をめぐるエピソードは、比較的《ひかくてき》よく知られた話であろう。利休は珍《めずら》しい種類の朝顔を栽培《さいばい》して評判を呼んでいた。その評判を聞いた秀吉が実際に朝顔を見てみたいと望んだので、利休は秀吉を自分の邸《やしき》に招く。ところがその当日の朝、②利休は庭に咲《さ》いていた朝顔の花を全部摘《つ》み取《と》らせてしまった。やって来た秀吉は、期待を裏切られて、当然不機嫌《ふきげん》になる。しかしかたわらの茶室に招じ入れられると、その床《とこ》の間《ま》に一輪、見事な朝顔が活《い》けられていた。それを見て秀吉は A 満足したという。

このエピソードに、美に対する利休の考えがよく示されている。庭一面に咲いた朝顔の花も、むろんそれなりに魅力的な光景であろう。しかし利休は、その美しさを B 犠牲《ぎせい》にして、床の間のただ一点にすべてを凝縮《ぎょうしゅく》させた。一輪の花の美しさを際立たせるためには、それ以外の花の存在は不要である。いやそれどころか邪魔《じゃま》になるとさえ言えるかもしれない。邪魔なもの、余計なものを切り捨てるところに利休の美は成立する。

だが庭の花を摘み取らせたことの意味は、余計なものの排除という点にだけ尽《つ》きるものではない。花のない庭というのは、それ自体美の世界を構成する重要な役割を持っている。期待に満ちてやって来た秀吉は、一輪の花もない庭を見て失望し、不満を覚えたであろう。茶室に入ったときも、その不満は続いていたはずである。そのような状態で床の間の花と対面したとすれば、何もなしに直接花と向き合ったときと較《くら》べて、不満があった分だけ驚《おどろ》きは大きく、印象もそれだけ強《きょう》烈《れつ》なものとなったであろう。利休はそこまで計算していたのではなかったろうか。

つまり床の間の花は、庭の花の不在によっていっそう引き立てられる。このような美の世界を仮りに一幅《いっぷく》の絵画に仕立てるとすれば、画面の中央に花を置くだけでは不充分《ふじゅうぶん》であり、一方に花が、そして他方に何もない空間が広がるという構図になるであろう。日本の水墨画《すいぼくが》

二〇二〇年度 東京都市大学付属中学校

【国　語】〈第二回試験〉(五〇分)〈満点：一〇〇点〉

［注意］　国語の問題では、字数制限のあるものは、特別な指示がない限り句読点等も一字に数えます。

一　次の二つの文章を読み、後の問いに答えなさい。

【Ⅰ】

希望する効果達成のためには、一番無駄《むだ》のない手段を用いるというやり方は、禅哲学《ぜんてつがく》の産物だが、これは竜安寺石庭の持つ、※もう一つの性格である。同じ哲学は、他にも多くの禅寺の造庭に用いられている。例えば天竜寺の枯山水《かれさんすい》、また西芳寺——通称苔寺《つうしょうこけでら》——の緑苔《りょくたい》の間を転げ落ちる水無しの滝《たき》など。しかし庭造りに用いられるこの簡潔さへの嗜好《しこう》は、必ずしも禅寺の庭だけには限られていない。小さな池に渡《わた》す橋や、水盤《すいばん》に自然石を使うのは、人の手が加わっていない自然のままの石の肌理《きめ》を愛する心から出ているのだろう。また人の気を散らし、小うるさいものだとして、庭に花を植えることさえ軽蔑《けいべつ》するのは、抽象的《ちゅうしょうてき》な庭の持つ、なにもない裸《はだか》の骨組みのみで良しとする気持が、その底にあるからだろう。生垣《いけがき》のような、それこそ取ってつけたような魅力《みりょく》や、「色の大安売」のような花壇《かだん》などは、全く無用というわけだ。簡潔さと、自然の素材を生かすことを初めて強調したのは、おそらく禅僧《ぜんそう》たちであったにちがいない。しかしそれは、今や日本人の共通の理想になっている。ソーパーの指摘《してき》によると、「その起源がどうにもはっきりしない禅建築の一特質は、しばしば建物に、一切彩色《いっさいしょく》がなされていないことだ。内部も外部も、いずれも白木のままである。こうしたａキビシイ簡素さは、明らかに非中国的なものである。おそらく、禅の教義に固有の簡潔を好む精神にならって(中略)日本の初期禅僧が、意図的に選んだことの証左にちがいない」。日本でも、初期の仏教寺院は、通常(今日でも平等院で見るように)鈍《にぶ》い朱色《しゅいろ》に塗《ぬ》られていた。だが十三世紀以後は、宗派を問わず、大抵《たいてい》の寺院は、白木を用いるようになった。そして他の建築物、あるいは個人の家屋も、それに倣《なら》ったのである。

人の住む家は簡素なほどよろしい、という兼好法師の意見は、大抵の日本人に共有される意見となった。「おほ《(お)》くの工《たくみ》の心をつくしてみがきたて、唐《から》の、大和《やまと》の、めづ《(ず)》らしく、えならぬ(得がたい)調度どもならべおき、前栽《せんざい》(草木を植《う》え込《こ》んだ庭)の草木まで心のまゝ《(ま)》ならず作りなせるは、見る目もくるしく、いとわびし」(『徒然草』第一〇段)。兼好のこの意見は、五十年前の西洋の作家よりも、今日の私たちのほうに、もっとしっくり来るのである。今日①日本人の美意識について書くほどの人間ならば、銀閣寺について説明するのに、サンソム(訳註《やくちゅう》・ジョージ・サンソム卿《きょう》。一八八三—一九六五。イギリスの外交官。日本歴史家)の次のような言い方はしないであろう。「銀閣寺——その名を裏切る、まことに取るに足りぬ建造物。(中略)際《きわ》どいところで［Ｘ］乾燥《かんそう》になるぐらい単純である」。私には、銀閣寺が「取るに足りぬ建造物」のようにはどうしても思えない。どちらを取るかと言われれば、私は勿論《もちろん》あのごてごてした日光の東照宮よりも、こちらのほうを取る。そして他の日本を学ぶ学者たちも、大抵の人が、私の意見に同意してくれると思う。しかし西洋では、伝統的に、「おほくの工の心をつくしてみがきたて」たる家が、最も望ましい、とずっと考えられていたのである。古い写真を見れば分かるように、金持の家の応接間は、普通《ふつう》高価な宝物が溢《あふ》れかえり、足の踏《ふ》み場《ば》もなかったので

2020年度

東京都市大学付属中学校 ▶解説と解答

算　数　＜第２回試験＞（50分）＜満点：100点＞

解　答

[1] 問１　$1\frac{19}{36}$　問２　2020　問３　6　問４　950　問５　98　問６　14　問７　36　問８　解説の図７を参照のこと。　[2] 問１　2.2倍　問２　36分40秒後　[3] 問１　5：1　問２　$\frac{5}{8}$倍　問３　7：8　[4] 問１　5cm　問２　17.5cm　問３　$6\frac{2}{3}$cm　[5] 問１　20個　問２　18通り

解　説

[1] 四則計算，単位の計算，濃度《のうど》，倍数算，消去算，和差算，条件の整理，表面積，構成

問１　$\frac{1}{2}\div\frac{3}{4}\times\frac{5}{6}+\frac{7}{8}\div\frac{9}{10}=\frac{1}{2}\times\frac{4}{3}\times\frac{5}{6}+\frac{7}{8}\times\frac{10}{9}=\frac{5}{9}+\frac{35}{36}=\frac{20}{36}+\frac{35}{36}=\frac{55}{36}=1\frac{19}{36}$

問２　1 ha＝100m×100m＝10000m²，1 km²＝1000m×1000m＝1000000m²，1 a＝10m×10m＝100m²より，1.65ha＋0.0109km²－245 a－880m²＝(1.65×10000)m²＋(0.0109×1000000)m²－(245×100)m²－880m²＝16500m²＋10900m²－24500m²－880m²＝2020m²

問３　(食塩の重さ)＝(食塩水の重さ)×(濃度)より，最初の食塩水に含《ふく》まれていた食塩の重さは，100×0.04＝4(g)，最後の食塩水に含まれている食塩の重さは，100×0.05＝5(g)とわかる。また，食塩を加えても水の重さは変わらず，水を加えても食塩の重さは変わらない。さらに，半分を捨てると食塩の重さも水の重さもそれぞれ半分になるから，右上の図１のようにまとめることができる。図１で，ア＝5×2＝10(g)なので，加えた食塩の重さは，10－4＝6(g)と求められる。

図１

	食塩	水
最初	4 g	(100－4＝)96 g
食塩を加えた後	ア g	96 g
半分を捨てた後	(ア÷2＝)5 g	(96÷2＝)48 g
水を加えた後	5 g	(100－5＝)95 g

問４　兄と弟が持っている金額の差は変わらないから，比の差をそろえると右の図２のようになる。図２で，19－16＝3(または，15－12＝3)にあたる金額が150円なので，比の１にあたる金額は，150÷3＝50(円)とわかる。よって，兄が最初に持っていた金額は，50×19＝950(円)である。

図２

兄　弟　兄　弟
前　19：15＝19：15
差4　×1　差4
後　4：3＝16：12
差1　×4　差4

問５　A，B，C，Dの重さをそれぞれⒶ，Ⓑ，Ⓒ，Ⓓとすると，右の図３のようになる。アからイをひくと，Ⓓ＝351－273＝78(g)となり，これをウにあてはめると，Ⓒ＝165－78＝87(g)とわかる。また，アからウをひくと，Ⓐ＋Ⓑ＝351－165＝186(g)と求められる。さらに，これとエを加えると，Ⓐの２倍が，186＋10＝196(g)となるから，Ⓐ＝196÷2＝98(g)，Ⓑ＝98－10＝88(g)とわかる。よって，最も重いのはⒶの98gである。

図３

Ⓐ＋Ⓑ＋Ⓒ＋Ⓓ＝351 g…ア
Ⓐ＋Ⓑ＋Ⓒ　＝273 g…イ
Ⓒ＋Ⓓ＝165 g…ウ
Ⓐ－Ⓑ　＝ 10 g…エ

問６　順に計算すると，2020→1010→505→506→253→254→127→128→64→32→16→８→４→２→１となるので，全部で14回行った後にはじめて１になることがわかる。

問７　下の図４で，真上(および真下)から見える部分の面積は正方形，２×４＝８(個分)，右横(および左横)から見える正方形の数は，１＋２＝３(個)，正面(および背面)から見える正方形の数は，２＋４＝６(個)である。このほかに，図４の斜線《しゃせん》部分のようにかくれている正方形が２個あるから，表面積は正方形，(８＋３＋６)×２＋２＝36(個分)とわかる。よって，この立体の表面積は，１×１×36＝36(cm^2)と求められる。

図４

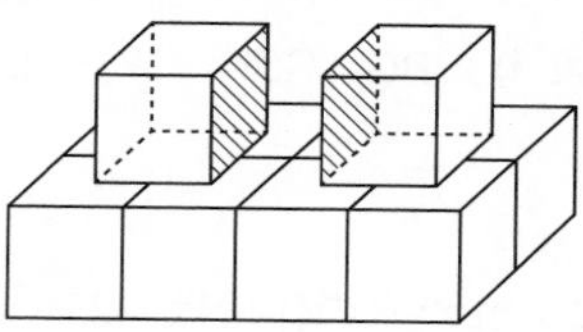

図５

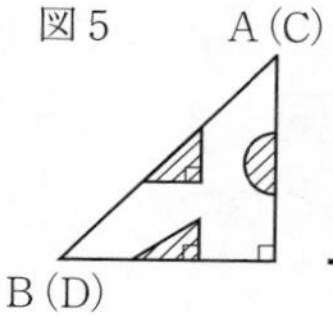

図６

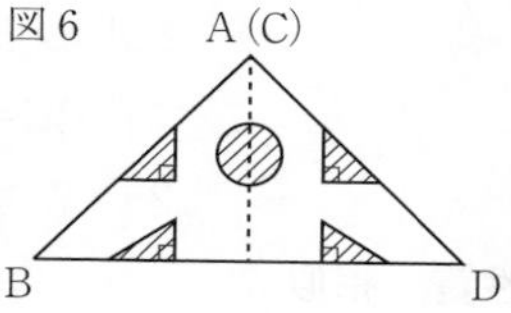

図７

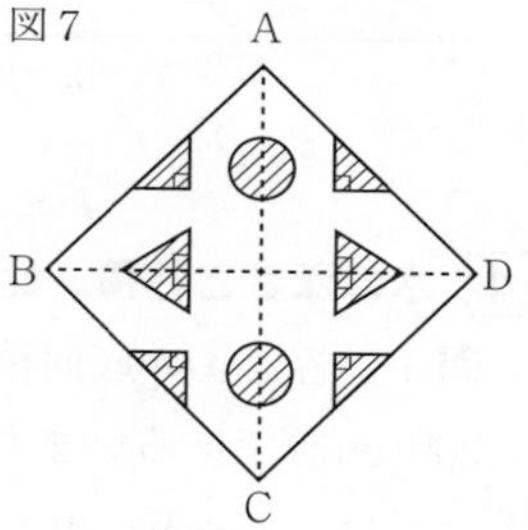

問８　折ったのとは逆の順に広げると，上の図５～図７のようになる。

2　旅人算，速さと比

問１　花子さんが太郎君の家に着いたのは出発してから，40÷２＝20(分後)であり，太郎君が花子さんの家に着いたのは出発してから，40＋４＝44(分後)だから，２人の進行のようすを図に表すと右のようになる。よって，花子さんと太郎君が同じ道のりを進むのにかかる時間の比は，20：44＝５：11なので，花子さんと太郎君の速さの比は，$\frac{1}{5}:\frac{1}{11}=11:5$とわかる。したがって，花子さんの速さは太郎君の速さの，11÷５＝2.2(倍)である。

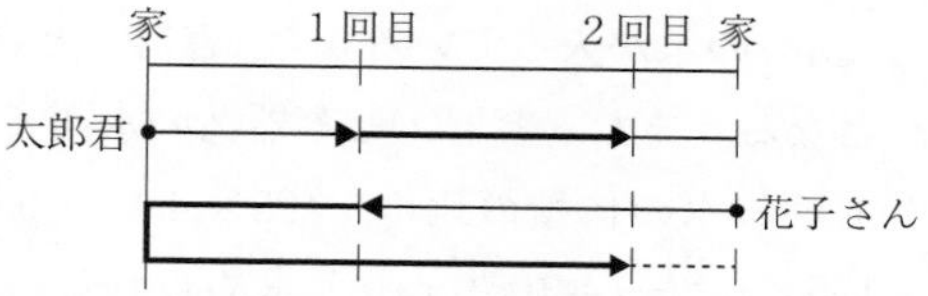

問２　太郎君の速さを毎分５，花子さんの速さを毎分11とすると，２人の家の間の道のりは，５×44＝220と表せる。図より，２人が２回目に同じ地点となるまで進んだ道のりは，花子さんの方が220多いことがわかる。花子さんは太郎君よりも１分間に，11－５＝６多く進むので，求める時刻は出発してから，$220\div6=\frac{110}{3}=36\frac{2}{3}$(分後)，$60\times\frac{2}{3}=40$(秒後)より，36分40秒後と求められる。

3　平面図形―相似，辺の比と面積の比

図１

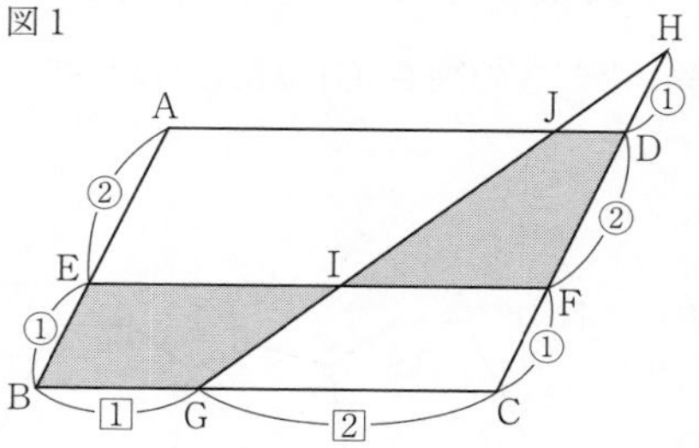

問１　AE＝②，EB＝①，BG＝$\boxed{1}$，GC＝$\boxed{2}$とすると，左の図１のようになる。図１で，三角形HJDと三角形HGCは相似であり，相似比は，HD：HC＝１：(１＋２＋１)＝１：４だから，JD＝$\boxed{2}\times\frac{1}{4}=\boxed{0.5}$となる。また，AD＝$\boxed{1}$＋$\boxed{2}$＝$\boxed{3}$なので，AJ＝$\boxed{3}$－$\boxed{0.5}$＝$\boxed{2.5}$となり，AJ：JD＝2.5：0.5＝５：１とわかる。

問２　AE：EBとDF：FCが等しいので，EFとBCは平行である。よって，三角形HIFと三角形HGCは相似であり，相似比は，HF：HC＝(１＋２)：(１＋２＋１)＝３：４だから，IF＝$\boxed{2}\times\frac{3}{4}=\boxed{1.5}$，EI＝$\boxed{3}$－$\boxed{1.5}$＝$\boxed{1.5}$と求められる。したがって，台形BGIEと台形IFDJを比べると，(上底＋下底)の比は，(1.5＋１)：(0.5＋1.5)＝５：４であり，高さ

の比は１：２なので，面積の比は，（５×１）：（４×２）＝５：８と求められる。つまり，四角形BGIEの面積は四角形IFDJの面積の，$5\div8=\frac{5}{8}$（倍）である。

図２

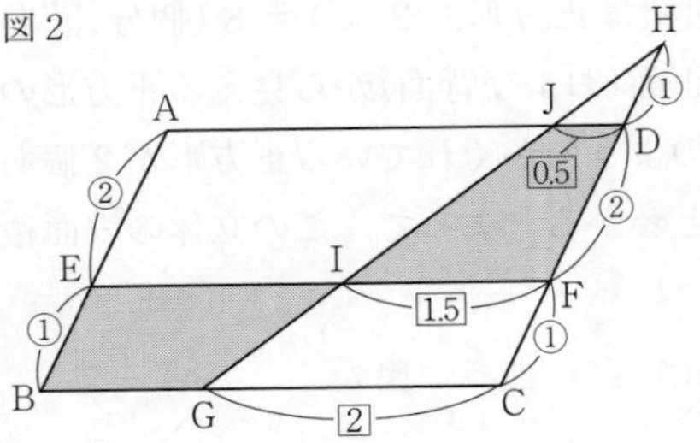

問３　GC＝$\boxed{2}$とすると，JD＝$\boxed{0.5}$，IF＝$\boxed{1.5}$となるから，左の図２のようになる。図２で，台形BGIEと台形IFDJを比べると，面積の比が１：１であり，高さの比が１：２なので，（上底＋下底）の比は，$\frac{1}{1}:\frac{1}{2}=2:1$とわかる。また，JD＋IF＝$\boxed{0.5}+\boxed{1.5}=\boxed{2}$だから，EI＋BG＝$\boxed{2}\times\frac{2}{1}=\boxed{4}$と求められる。よって，EF＋BC＝$\boxed{4}+\boxed{1.5}+\boxed{2}=\boxed{7.5}$なので，BC＝$\boxed{7.5}\div2=\boxed{3.75}$となり，BG：GC＝（3.75－２）：２＝７：８とわかる。

$\boxed{4}$　水の深さと体積，比の性質，相似

問１　容器①の底面積は，５×５＝25（cm^2）だから，最初に容器①に入れた水の体積は，25×８＝200（cm^3）である。また，容器②の底面積は，４×３÷２＝６（cm^2）なので，３つの容器の底面積の合計は，25＋６＋９＝40（cm^2）となる。よって，分けた後の水面までの高さは，200÷40＝５（cm）とわかる。

問２　水面の高さが等しくなった後，容器①には，25×５＝125（cm^3），容器②には，６×５＝30（cm^3）の水が入っているから，容器①と容器②に入っている水の体積の合計は，125＋30＝155（cm^3）となる。また，容器①と容器②の水面までの高さの比が４：35になるとき，容器①と容器②に入っている水の体積の比は，（25×４）：（６×35）＝10：21なので，容器②に入っている水の体積は，$155\times\frac{21}{10+21}$＝105（$cm^3$）と求められる。よって，このときの容器②の水面までの高さは，105÷６＝17.5（cm）である。

問３　容器③を面GJLIが底面になるように置いたときのようすを正面から見ると，右の図のようになる。この図で，三角形HIGの面積が９cm^2だから，HRの長さは，９×２÷６＝３（cm）となり，HSの長さは，３－1.5＝1.5（cm）とわかる。また，三角形HIGと三角形HPQは相似で，相似比は，HR：HS＝３：1.5＝２：１なので，PQの長さは，$6\times\frac{1}{2}$＝３（cm）とわかる。よって，台形PIGQの面積は，（３＋６）×1.5÷２＝$\frac{27}{4}$（cm^2）と求められる。さらに，容器③に入っている水の体積は，９×５＝45（cm^3）だから，上の図を底面と考えたときの高さ（GJの長さ）は，$45\div\frac{27}{4}=6\frac{2}{3}$（cm）となる。

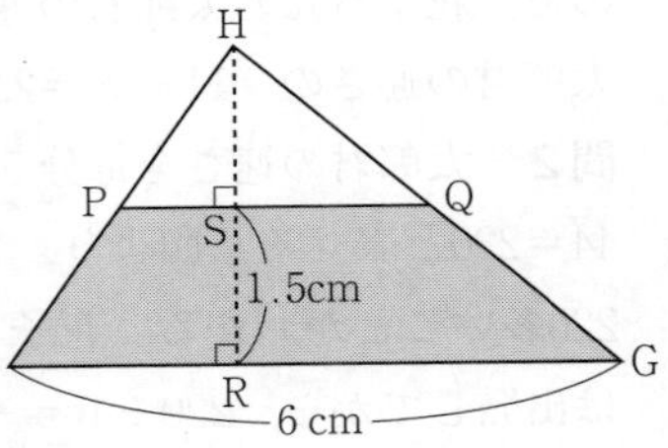

$\boxed{5}$　角度，場合の数

問１　右の図①で，太線部分をつなげると正多角形ができる。また，多角形の外角の和は360度だから，アの部分の角の大きさの和が360度になる。さらに，アの部分の角の大きさは，180－81×２＝18（度）なので，360÷18＝20より，このときできる多角形は正二十角形とわかる。よって，駒《こま》の数は20個である。

図①

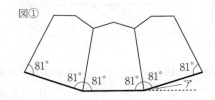

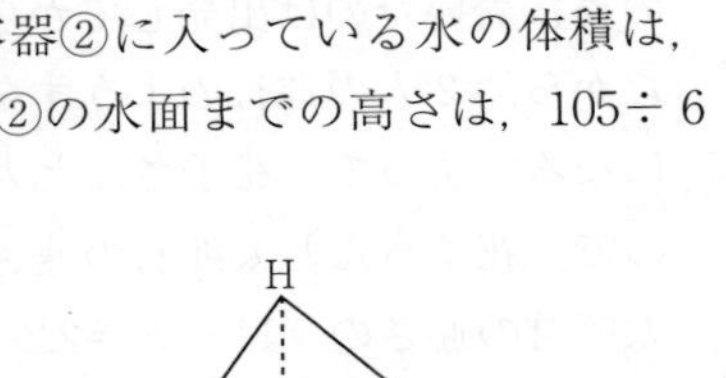

図②

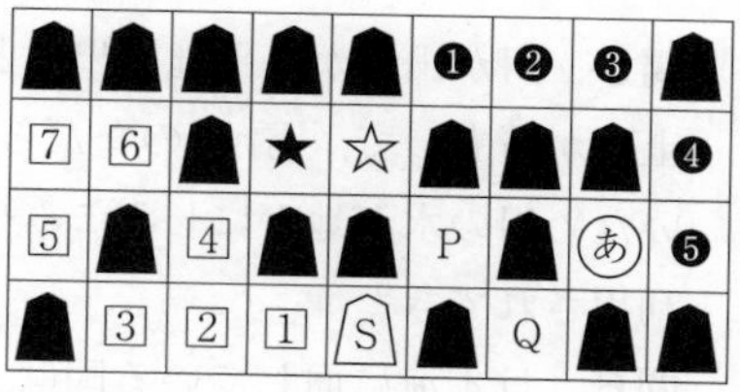

問２　右の図②で，Ⅰ(★も☆も通らない場合)，Ⅱ(☆だけを通る場合)，Ⅲ(★も☆も通る場合)の３つの場合に分けて求める。Ⅰの場合は，S→P→Q→(あ)の１通りだけである。また，Ⅱの場合，Sから☆に行く方法は，S→P→☆の１通りだけであり，☆から(あ)に行く方法は，☆→❶→❷→❸→❹→(あ)，☆→❶→❷→❸→❹→❺→(あ)の２通りあるから，１×２＝２(通り)となる。次にⅢの場合，Sから★に行く方法は，S→[1]→[4]→★，S→[1]→[2]→[4]→★，S→[1]→[2]→[3]→[4]→★，S→[1]→[2]→[3]→[5]→[6]→[4]→★，S→[1]→[2]→[3]→[5]→[7]→[6]→[4]→★の５通りあり，★から☆を通って(あ)に行く方法は，★→☆→P→Q→(あ)，★→☆→❶→❷→❸→❹→(あ)，★→☆→❶→❷→❸→❹→❺→(あ)の３通りあるので，全部で，５×３＝15(通り)とわかる。これ以外の方法はないから，１＋２＋15＝18(通り)と求められる。

社　会　＜第２回試験＞（40分）＜満点：75点＞

解　答

[1] **問１**　**1**　赤石　**2**　フォッサマグナ　**3**　さんご(礁)　**問２**　2　**問３**　4　**問４**　侵食　**問５**　1　**問６**　3　**問７**　**D**　6　**F**　2　**問８**　3　**問９**　(1)　5　(2)　**P**　1　**R**　3　[2] **問１**　鑑真　**問２**　2　**問３**　万葉集　**問４**　2　**問５**　1　**問６**　1　**問７**　4　**問８**　(1)　カルデラ　(2)　3　**問９**　3→1→2→4　**問10**　2　**問11**　4　[3] **問１**　4　**問２**　4　**問３**　建国記念　**問４**　**A**　湿地　**B**　水鳥　**問５**　2　**問６**　施行　**問７**　山　**問８**　4　**問９**　スポーツ(の日)　**問10**　11(月)３(日)　**問11**　3　**問12**　天皇誕生日，２(月)23(日)

解　説

[1] 日本の地形についての問題

問１　**1**　長野県・山梨県・静岡県にまたがる赤石山脈は，北岳(3193m)，間ノ岳《あいのだけ》(3189m)，赤石岳(3120m)など，3000m級の山々が南北に連なり，南アルプスともよばれる。　**2**　日本の地質構造を東北日本と西南日本の２つに大きく分けている大地溝《ちこう》帯をフォッサマグナ(中央地溝帯)といい，西の端は糸魚川－静岡構造線であるが，東の端はよくわかっていない。　**3**　南西諸島や小《お》笠原《がさわら》諸島などの温かい南の海では，さんごの仲間が多く集まってさんご礁《しょう》を形成し，海の熱帯林とよばれるほど豊かな生態系をつくりだしている。

問２　日本列島は標高の高い山々や火山が連なる山がちな地形で，国土の約４分の３が山地・丘《きゅう》陵《りょう》地，約４分の１が台地・低地となっている。

問３　富士川は，山梨県北杜《ほくと》市と長野県伊那市との境に位置する鋸《のこぎり》岳(2685m)を水源とする釜無《かまなし》川が，山梨県北東部を水源とする笛吹《ふえふき》川と甲府盆地南部で合流して富士川となり，静岡県富士市と静岡市清水区の境で駿河《するが》湾に注ぐ。流域は約90％が山地で急勾配《こうばい》を流れてくることから，山形県を流れる最上川，熊本県を流れる球磨《くま》川とともに，日本三急流に数えられる。

問４　雨水・河水・海水・氷河・風などによって岩石や地層が削《けず》られる作用を，侵食《しんしょく》(浸食)という。

問５　川が山地から平地に出るところでは，川の流れが急に遅くなるため，上流から運ばれてきた土砂が積もって，扇形《おうぎがた》のなだらかな傾斜《けいしゃ》地をつくる。これを扇状地《せんじょうち》といい，粒の大きい土砂が多いため川の水が地下にしみこみやすく，中央部は水はけがよく稲作には適さず，果樹園などとして利用されてきた。

問６　日本海に面している国は，日本のほか，ロシア連邦，朝鮮民主主義人民共和国(北朝鮮)，大韓民国(韓国)の３か国である。

問７　まず，出荷額が最も多く，機械工業の割合が飛びぬけて高いＦが中京工業地帯，２番目に出荷額が多いＥが阪神工業地帯である。次に，化学工業の割合が約40％と大きいＡが京葉工業地域，出荷額が３番目に多く，化学工業の割合が約20％であるＤが瀬戸内工業地域である。残ったＢとＣのうち，出荷額の多いＣが京浜工業地帯で，少ないＢが東海工業地域と判断できる。

問８　干拓は，遠浅の海や水深の浅い湖などに堤防を築き，内部の水を干しあげて陸地にする方法なので，ａは誤り。諫早《いさはや》湾の干拓事業では，のりの養殖に悪影響があるとして2002年に漁業者が開門を求めて佐賀地方裁判所に訴《うった》えを起こし，2010年に福岡高等裁判所が国に開門を命じた。しかし，2019年に最高裁判所は高等裁判所で審議し直すよう命じ，2020年２月から干拓事業の是非《ぜひ》を争う裁判が行われているので，ｂは正しい。

問９　(1)　Ｐのａは北海道札幌市，ｂは青森県青森市，ｃは岩手県盛岡市，ｄは宮城県仙台市，Ｑのａは新潟県新潟市，ｂは富山県富山市，ｃは石川県金沢市，ｄは福井県福井市，Ｒのａは鳥取県鳥取市，ｂは岡山県岡山市，ｃは香川県高松市，ｄは高知県高知市，Ｓのａは福岡県福岡市，ｂは佐賀県佐賀市，ｃは熊本県熊本市，ｄは鹿児島県鹿児島市である。よって，札幌市，盛岡市，仙台市，金沢市，高松市の５つとわかる。　(2)　ａ～ｄのいずれも１月の降水量が多い２のグラフは日本海側に位置するＱ，ａ～ｄのいずれも７月の降水量が多い４のグラフは九州地方のＳである。残った１と３のグラフのうち，７月の降水量が最も少ない１のａが梅雨の影響を受けない札幌市なのでＰ，１月の降水量が多い３のａが日本海側に位置する鳥取市なのでＲと判断できる。

2　**九州地方の歴史と地理についての問題**

問１　唐(中国)の高僧であった鑑真《がんじん》は，日本からの招きに応じることを決意。５度の渡航失敗と失明するという不運を乗りこえ，753年，６度目の航海でも暴風雨に悩まされたが，坊津(鹿児島県)にたどり着いた。平城京に入った鑑真は日本の僧に，守るべき決まりである戒律《かいりつ》を伝え，唐招提寺を建てるなど，日本の仏教発展に力をつくした。

問２　玄界灘《げんかいなだ》の沖ノ島は，４世紀から９世紀にかけて航海の安全を祈る国家的な儀式《ぎしき》が行われており，2017年に「『神宿る島』宗像《むなかた》・沖ノ島と関連遺産群」の構成資産の一つとしてユネスコ(国連教育科学文化機関)の世界文化遺産に登録されたので，ａは正しい。ｂは「弘安の役」ではなく「文永の役」が正しい。

問３　『万葉集』は，天皇・歌人・農民などさまざまな身分の人々がよんだ歌約4500首がおさめられた日本最古の歌集で，この歌集の中にある歌の一節，「初春の令月にして，気《き》淑《よ》く風和《やわら》ぎ」の「令」と「和」から新しい元号の「令和」が決まった。

問４　有明海は，長崎県・佐賀県・福岡県・熊本県に囲まれた浅い海で，干拓が行われている場所もあるので，山地がしずみこみ，谷だったところに海水が入りこんでできた海岸線の複雑なリアス海岸ではない。

問５　江戸時代には洋書の輸入が禁止されていたが，第８代将軍徳川吉宗がキリスト教の布教とは関係のない洋書の輸入を認めると，蘭学《らんがく》(オランダ語によって西洋の学術や文化を研究する学問)が広まり，オランダ語の書物を通じて新しい技術を学ぶことが増えた。

問６　足尾銅山鉱毒事件で有名な足尾銅山は，「明治日本の産業革命遺産」には登録されていない。

問７　薩摩藩(鹿児島県)は1609年に琉球《りゅうきゅう》王国に侵攻して支配し，琉球でとれる黒砂糖や中国との貿易で得た利益，輸入された品物などを自分の藩におさめさせたので，ａは誤り。薩摩藩主(島津家)は関ヶ原の戦い以後に徳川氏に従った外様《とざま》大名で，信用がおけないとして江戸幕府の重要な役職にはつけなかったので，ｂも誤り。

問８　(1)　鹿児島県と桜島の間には直径約20kmの円形に近い海が広がっているが，これは約３万年前の姶良《あいら》大噴火で形成された姶良カルデラである。カルデラは噴火後の火口付近にできる大きなくぼ地で，噴火で火山噴出物が出たあと，内部が空洞《くうどう》化して落ちくぼむことによってつくられるものが多い。　(2)　八郎潟(秋田県)は海跡湖で，カルデラとは関係がない。

問９　できごとを年代順に並べ替えると，３(1931年)→１(1936年)→２(1937年)→４(1940年)となる。なお，２の盧溝橋《ろこうきょう》事件をきっかけに，日中戦争が始まった。

問10　1592年に文禄の役，1597年に慶長の役とよばれる朝鮮出兵を行ったのは豊臣秀吉である。秀吉が実施した検地では，ものさしやますが統一され，その土地の面積と田畑のよしあしによって石高が定められたので，ａは正しい。武家諸法度を制定して大名を統制したのは江戸幕府であるから，ｂは誤り。

問11　のぼり窯《がま》の技術が朝鮮半島から日本に初めて伝わったのは古墳時代中ごろであるが，聖徳太子によって小野妹子が隋(中国)に派遣され，法隆寺が建てられたのは飛鳥時代のことである。よって，ａ，ｂともに誤っている。

3　国民の祝日を題材にした問題

問１　60年で生まれた年の干支《えと》にもどることから，数え年(生まれた時点を１歳とする数え方)で61歳のことを還暦といい，赤色が還暦のお祝いの色とされている。なお，古希は数え年で70歳のこと，またはそのお祝いである。

問２　現在の日本では，30歳になると参議院議員・都道府県知事，25歳になると衆議院議員・市区町村長・都道府県議会議員・市区町村議会議員に立候補できる。よって，ａ，ｂともに誤り。

問３　日本という国が建国された日は正確には確認できないため，紀元前660年２月11日に初代天皇の神武《じんむ》天皇が即位《そくい》したという『日本書紀』の記述をもとに，これを記念する日として，２月11日が「建国記念の日」という国民の祝日になった。

問４　ラムサール条約は，正式には「特に水鳥の生息地として国際的に重要な湿地に関する条約」といい，1971年にカスピ海に面するイランの都市ラムサールで行われた国際会議で採択《さいたく》された。この条約に加盟する国は湿地を適正に保全し，そこに生息する野生生物を保護することになっている。

問５　日本国憲法第11条では，「この憲法が国民に保障する基本的人権は，侵《おか》すことのできない永久の権利として，現在及び将来の国民に与えられる」と規定されているので，２が正しい。なお，１は「代表」ではなく「象徴」，３は「生存権」ではなく「平和主義」，４は「任命」ではなく「指名」が正しい。

問６　日本国憲法は，1946（昭和21）年11月３日に公布され，翌47（昭和22）年５月３日に施行された。現在，11月３日は「文化の日」，５月３日は「憲法記念日」として，それぞれ国民の祝日に定められている。

問７　国民の祝日に関する法律が2014年に改正され，山に親しむ機会を得て山の恩恵に感謝する日として，８月11日が「山の日」に制定された。

問８　2018年10月，京都大学の本庶佑《ほんじょたすく》特別教授が，免疫《めんえき》を抑《おさ》えるたんぱく質「PD-１」を発見し，がんの治療法の開発につながる研究として評価され，ノーベル生理学・医学賞を受賞した。なお，１は「ES細胞」ではなく「iPS細胞」が正しい。２と３は，「大隅良典《おおすみよしのり》」と「大村智《おおむらさとし》」を入れかえると正しい文になる。

問９　1964年10月10日に東京オリンピックの開会式が行われたことを記念して祝日となった「体育の日」は，2020年から「スポーツの日」という名称に変わり，スポーツを楽しみ，他者を尊重する精神を培《つちか》うとともに，健康で活力ある社会の実現を願う日とされた。

問10　問６の解説を参照のこと。

問11　労働者が労働組合をつくり加入することのできる団結権，労働条件を改善するために労働者が雇用《こよう》者と話し合うことのできる団体交渉《こうしょう》権，雇用者に要求を認めさせるために労働者がストライキなどを行うことのできる団体行動権を，労働三権という。

問12　現在（令和２年）の上皇陛下が天皇であった1989年から2019年４月30日までは，生まれた日である12月23日が「天皇誕生日」という祝日であったが，2019年５月１日に徳仁《なるひと》親王が今上《きんじょう》天皇として即位されると，新しく２月23日が「天皇誕生日」に定められた。

理　科　＜第２回試験＞（40分）＜満点：75点＞

解　答

[1] **問１**　１　**問２**　分解　**問３**　１と４　**問４**　３　**問５**　２　**問６**　A　（例）二酸化炭素が吸収　B　（例）温暖化　[2] **問１**　３　**問２**　２　**問３**　１　**問４**　４　**問５**　３（時）　**問６**　⑴　２　⑵　５　[3] **問１**　溶ばい　**問２**　４　**問３**　２　**問４**　４　**問５**　92ｇ　**問６**　５　[4] **問１**　３　**問２**　２　**問３**　0.38ｍ　**問４**　３　**問５**　５　**問６**　２

解　説

[1]　シロアリの生態についての問題

問１　シロアリは，アリのようにさなぎになる完全変態ではなく，不完全変態の昆虫《こんちゅう》で，ゴキブリのなかまである。

問２　シロアリは，倒れた木や落ち葉などを分解する。

問３　自然界において，シロアリのほかに菌《きん》類であるシイタケやカビのなかま，細菌類のほかに，ダンゴムシやミミズなどの生物も分解を進める。

問４　植物の成長に必要な肥料の三要素は，カリウム，ちっ素，リン酸である。カリウムが不足すると，根の発育が不十分になり，実ができにくくなる。ちっ素が不足すると，葉やくきなどの成長が不十分になる。リン酸が不足すると，花や実ができにくくなる。

問５　シロアリが倒《たお》れた木や落ち葉などを分解することによって，土《ど》壌《じょう》中の栄養分が増える。芽を出したばかりの植物は，この栄養分を吸収して成長することができる。なお，芽を出したばかりの植物の生存率が高くなる理由について答えるので，植物が発芽しやすくなるかどうかは関係ない。

問６　アマゾンの熱帯雨林が行う光合成によって，大量の二酸化炭素が吸収されているので，火災などによって熱帯雨林が減少すると，大気中の二酸化炭素が増加してしまう。二酸化炭素は温室効果ガスなので，増加すると地球温暖化が進んでしまう。

２　天体の見え方についての問題

問１　さそり座は夏を代表する星座で，夏の夜に南の空の低いところに見える。

問２　同じ時刻にアの星を観察すると，少しずつ東から西へずれていく。これは，地球が太陽のまわりを公転しているからである。よって，２週間後の同じ時刻にアの星を観察すると，西側(図２の２の向き)にずれている。

問３　太陽のような恒《こう》星のまわりを公転する，自ら光を出していない大きな星をわく星という。なお，わく星のまわりを公転する星を衛星という。

問４　土星よりも木星のほうが地球に近い軌《き》道を公転しているので，木星のほうが明るく見える。

問５　12時のとき，太陽は南にあり，長針，短針ともに「12」を指している(下の図①)。この状態を基準にして考える。１時間後に太陽は約15度時計回りに動き，短針は30度時計回りに動くので，時計の短針の方向を太陽に向けると，「12」と短針の中間が南を指すことになる(下の図②)。よって，午後６時に時計の短針の方向を太陽に向けると，「12」と短針の中間の「３」の向きが南の方向になる(下の図③)。

図①

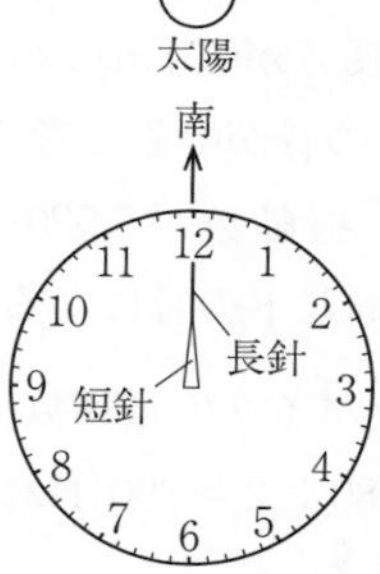

図②

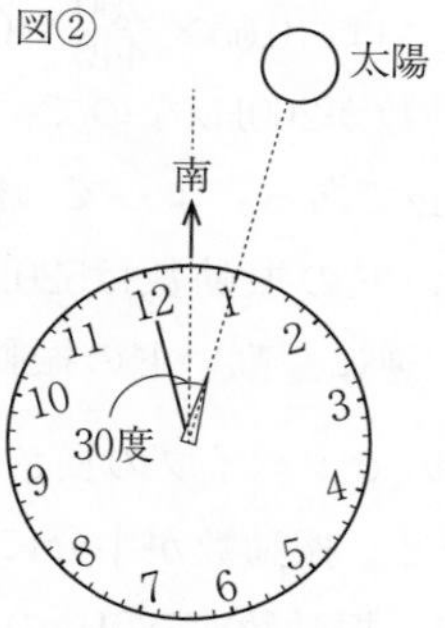

図③

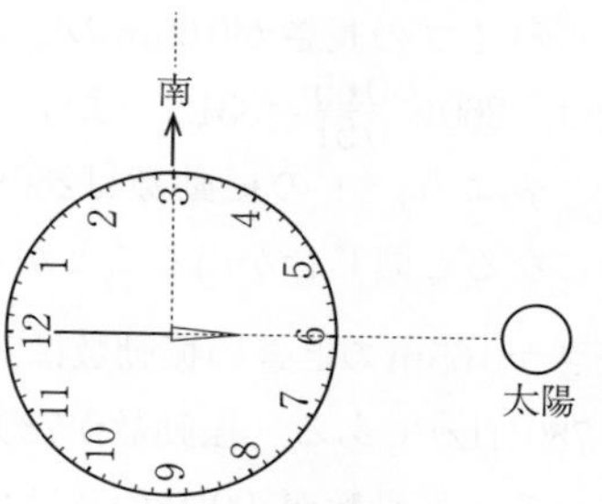

問６　月の左半分が光った下弦《げん》の月は，夜の午前０時ごろに東からのぼり，明け方ごろ南中して，正午ごろに西にしずむ。

３　ものの溶《と》け方と再結晶《けっしょう》についての問題

問１　水溶液《すいようえき》の水のように，物質を溶かす液体を溶ばいという。また，水溶液に溶けている物質のことを溶質という。

問２　ろ過をするときは，ろ紙全体に少量の水をかけて，ろ紙をろうとに密着させておく。なお，ろ過する液が飛び散らないようにするために，ろうとの先はろ液を受けるビーカーの内側のかべにつけておく。また，ガラス棒はろ紙の重なった部分にあて，液をガラス棒に伝わらせながら注ぐ。

問３　30℃の水100ｇに溶ける物質Ａは36.1ｇなので，溶けきれなかった物質Ａの重さは，40.0－36.1＝3.9(ｇ)である。30℃の水100ｇに溶ける物質Ｂは37.2ｇなので，溶けきれなかった物質Ｂの重さは，40.0－37.2＝2.8(ｇ)である。30℃の水100ｇに溶ける物質Ｃは41.4ｇなので，物質Ｃ40.0ｇはすべて溶ける。30℃の水100ｇに溶ける物質Ｄは13.0ｇなので，溶けきれなかった物質Ｄの重さは，40.0－13.0＝27.0(ｇ)である。よって，乾燥《かんそう》させた物質の重さが１番重いのは物質Ｄ，２番目に重いのは物質Ａ，３番目に重いのは物質Ｂである。

問４　60℃の水100ｇに溶ける重さが35.0ｇより少ないのは物質Ｄであり，これが溶けきれずに残る。

問５　60℃の水100ｇに溶ける物質Ｄの重さは18.2ｇなので，物質Ｄ35.0ｇをすべて溶かすために必要な60℃の水の重さは，$100\times\frac{35.0}{18.2}$＝192.3…より，約192ｇである。よって，さらに加える必要のある60℃の水の重さは，192－100＝92(ｇ)である。

問６　物質Ａ，Ｂ，Ｃが水100ｇにそれぞれ35.0ｇ溶けている60℃の水溶液の温度を下げていったとき，表に示された100ｇの水に溶ける物質の重さが35.0ｇより少なくなると，結晶が出てくる。物質Ｂは，温度が30℃から20℃になるときに溶ける重さが35.0ｇより少なくなるので，最も早く結晶が出てくる。物質Ｃは，温度が20℃から10℃になるときに溶ける重さが35.0ｇより少なくなるので，２番目に早く結晶が出てくる。物質Ａは，温度を10℃まで下げても溶ける重さが35.0ｇより大きいので，結晶は出てこない。物質Ｄは操作４で溶け残ったので除く。

４　パイプの長さと音の関係についての問題

問１　パイプの長さを短くするほど，パイプの中で振動《しんどう》する空気の柱が短くなるため，音が高くなる。

問２　音の高さは振動数(１秒間にふるえる回数)によって決まる。振動数を表す単位はヘルツ(Hz)である。

問３　振動数はパイプの長さに反比例する。パイプの長さが0.65ｍのときの振動数が260Hzなので，振動数が440Hzのラの音が出るパイプの長さは，$0.65\times\frac{260}{440}$＝0.384…より，約0.38ｍである。

問４　パイプの長さが0.65ｍのときの振動数が260Hzなので，パイプの長さが0.51ｍのパイプの振動数は，$260\times\frac{0.65}{0.51}$＝331.3…より，約331Hzである。よって，表より，ミの音が鳴ると考えられる。

問５　表より，ドの振動数は260Hz，高いドの振動数は520Hzなので，振動数が，520÷260＝２(倍)になると同じ音が出ることがわかる。逆に，高いドの振動数の$\frac{1}{2}$も同じドの音になる。パイプの長さが0.65ｍのときの振動数は260Hzなので，パイプの長さを$\frac{1}{3}$にしたパイプの振動数は，260×３＝780(Hz)である。振動数が780Hzの音と，振動数が半分になった，780÷２＝390(Hz)の音は同じになる。振動数が390Hzの音はソなので，振動数が780Hzの音もソである。

問６　音が伝わる速さは，パイプの長さに比例し，音の振動数に比例する。よって，気温が高くなると，音が伝わる速さは速くなるので，パイプの長さが同じなら音の振動数は大きくなる。

国語　＜第２回試験＞（50分）＜満点：100点＞

解答

一　**問１**　下記を参照のこと。　**問２**　無味(乾燥)　**問３**　**Ａ**　４　**Ｂ**　２　**Ｃ**　３　**Ｄ**　３　**問４**　１，２　**問５**　１　**問６**　しかし西洋　**問７**　余計なもの　**問８**　(例)　(豪奢や装飾によって表現される美に対して，「さび」は)「錆」や「寂れる」という意味に通じるにも関わらず，敢えて飾りを排除した単純さを理想の美としたから。　**二**　**問１**　ア　４　イ　３　**問２**　４　**問３**　（例）家政読本に洋食の食べかたが書かれていると思ったが，書かれていなかったから。　**問４**　しかし最後　**問５**　１　**問６**　１　**問７**　２　**問８**　３，５　**三**　**問１**　４　**問２**　４　**問３**　筋肉の翅で　**問４**　空が僕を抱きとめる　**問５**　２　**四**　⑴　①　（ほ）とほ（と）　②　（と）ぼと（ぼ）　③　ぽちぽち　④　ちまち（ま）　⑤　まごまご　⑥　（ご）たごた　⑦　た（ん）た（ん）　⑵　右往左往

●漢字の書き取り

一　**問１**　a　厳しい　b　独裁　c　神秘　d　造営

解　説

一　**【Ⅰ】の出典はドナルド・キーンの『日本人の美意識』，【Ⅱ】の出典は高階秀爾《たかしなしゅうじ》の『日本人にとって美しさとは何か』による。**【Ⅰ】では禅《ぜん》建築などを例に，【Ⅱ】では千利休《せんのりきゅう》の逸話《いつわ》などを例に，日本人の美意識を語っている。

問１　a　音読みは「ゲン」「ゴン」で，「厳重」「荘厳《そうごん》」などの熟語がある。訓読みにはほかに「おごそ(か)」などがある。　b　特定の人や階級が権力をにぎって支配すること。　c　人の知恵《ちえ》ではおしはかれない不思議なこと。　d　神社や寺院などを建てること。

問２　「無味乾燥《かんそう》」の類義語には，「素っ気ない」「殺風景」などがある。

問３　A　はなはだしい程度を表す「大いに」で，満足したことを強めるのが合う。　B　一面に咲《さ》く朝顔の魅力《みりょく》を犠牲《ぎせい》に，一輪の美を際立《きわだ》たせたのだから，必要や常識に反してでも行うようすの「敢《あ》えて」が入る。　C　この段落では，水墨画《すいぼくが》を例に「不在」が際立てる美について述べられている。それを，日本の水墨画の「余白」は，不在で美しさを引き立てる空間だとまとめているので，“まさに”という意味の「まさしく」がよい。　D　たとえを示す「ように」と呼応するのは，「あたかも」である。

問４　筆者は，日本人の美意識として「キビシイ簡素さ」や「控《ひか》え目な表現が生み出す優雅《ゆうが》さ」を指摘《してき》し，「天竜寺の枯山水《かれさんすい》」「銀閣寺」などを例にあげている。「ごてごてした」東照宮，「成上り者的豪奢《ごうしゃ》さ」を表す純金の茶室は，日本人の美意識である「あらゆる飾《かざ》りを排除《はいじょ》した単純さ」の対極にある。

問５　続く二つの段落で説明されている。利休が花を全部摘《つ》み取らせた「花のない庭」は，床《とこ》の間の「一輪の花」の美しさを際立たせ，不満があった分だけ驚《おどろ》きが大きく印象も強烈《きょうれつ》だっただろうと筆者は推測しているので，１が合う。

問６　【Ⅰ】の第二段落で，「簡素」をよしとする日本と対照して，「しかし西洋では，伝統的に，『おほくの工の心をつくしてみがきたて』たる家が，最も望ましい，とずっと考えられていた」と書かれている。「工」は，職人。この場合の「みがきたて」るとは，美しく飾《かざ》り立てること。

問７　【Ⅰ】には，「キビシイ簡素さ」「あらゆる飾りを排除した単純さ」が日本の伝統だとある。これを【Ⅱ】では，「余計なものを拒否《きょひ》するという美意識」と表している。

問８　「さび」は「錆《さび》」や「寂《さび》れる」という否定的な意味にも通じる言葉だが，「あらゆる飾りを排除した単純さ」という理想の美になっている点が「奇妙《きみょう》」なのである。西洋の美的理想である豪奢や装飾《そうしょく》とは対照的である。

二　出典は芥川龍之介《あくたがわりゅうのすけ》の「たね子の憂鬱《ゆううつ》」による。結婚披露《けっこんひろう》式に招待《しょうたい》されたことで，洋食の作法を知らないたね子は病的な不安を抱《かか》え，当日，緊張《きんちょう》しきって食事を終える。

問１　**ア**　類義語には，「徐々《じょじょ》に」などがある。　**イ**　類義語には「こわごわ」などがある。

問２　ここまでのたね子の話の中心は，結婚披露式に招待されても「洋食の食べかた」を習っていないので困るという心配である。それに対し，夫は出勤の準備をしながら，「稽古《けいこ》をしろ」と答えている。ただし，たね子が「つれて行って」くれるかと念を押《お》しても，何も言わず「会社」へ行ってしまったようすから，忙《いそが》しい出勤前の訴《うった》えをわずらわしく感じているのがわかる。

問３　たね子が知りたいのは「洋食の食べかた」である。女学校の教科書に書いてあったように思って，「家政読本」の目次を辿《たど》ったが見当たらなかったため，「がっかり」したのである。

問４　この後「洋食の食べかた」を熱心に教わっていたが，「しかし最後にオレンジだのバナナだのの出て来た時には～果物の値段を考えない訣《わけ》には行かなかった」とある。

問５　心配だった「洋食の食べかた」を夫に教わった直後である。同じ段落に描《えが》かれた，たね子のようすに注目する。たね子は「何度もフォオクの使いかただのカッフェの飲みかただの」を思い返し，「万一間違《まちが》った時には」などと「病的な不安」も感じている。１が，このようすに合う。２のような夫への不満，３のような余裕《よゆう》，４のような家計への心配は，ここでは描かれていない。

問６　問５でみたように，洋食の食べかたを教わった後で，食べかたを反復する，万が一の失敗を考えるなど，たね子は「病的な不安」にとらわれている。披露式の当日，初めての帝国《ていこく》ホテルで緊張し，自分で「錯覚《さっかく》」とはわかっていても壁《かべ》を「鼠《ねずみ》」が走っている気がするほど神経が高ぶっているのだから，１がふさわしい。

問７　ホテルでの食事中，「パンを口へ入れるのにも体中の神経の震《ふる》え」を感じ，乾杯《かんぱい》では「背骨さえ震え出した」のに，帰路のたね子は「はしゃぎ気味に何かと口を利《き》いたりした」ことに着目する。ここからは，病的なまでに不安だった一流ホテルでの食事を終え，緊張が解けて満足を覚えたことがわかる。その達成感，解放感の中で，無精髭《ぶしょうひげ》の男が食堂の女中とふざけながら酒を飲むのを見て，「軽蔑《けいべつ》」したのだから，２が合う。

問８　３と５が合う。　１　夫は「約束」しないまま出勤しているので誤り。　２　たね子は一生懸命《けんめい》ではあったが，教科書の目次だけを辿《たど》り，「熟読」はしていない。　４　夫に言われる前から「錯覚」だと，たね子は気がついている。　６　食堂を通り過ぎるとあたりは「暗く」なり，「明るく」はない。

三　出典は村野四郎《むらのしろう》の『体操詩集』による。「飛込《とびこみ》」をテーマにした二つの詩である。

問１　現代の話し言葉と書き言葉である「口語」で書かれ，音数や形式に決まりがない「自由詩」である。なお，「文語」は，文章を書くときに用いられる，日常の話し言葉とは異なった言葉。「定型詩」は，詩句の音数や配列などにルールがある詩。

問２　【詩Ａ】では，四，五行目「あなたは遂《つい》に飛びだした／筋肉の翅《はね》で」と，十～十二行目「あなたは出てくる／液体に濡《ぬ》れて／さも重たそうに」に，語順を通常と逆にした「倒置《とうち》法」が使われている。【詩Ｂ】でも，一，二行目「僕《ぼく》は白い雲の中から歩いてくる／一枚の距離《きょり》の端《はし》まで」に，「倒置法」が使われている。なお，「直喩《ちょくゆ》」は「ようだ」「みたい」「ごとし」などの直接たとえを示す言葉を使う比喩。「対句《ついく》法」は，対の意味の語句を同じ構成で並べる技法。「反復法」は，同じ言葉をくり返す技法。「体言止め」は，文や行の最後を名詞で止める技法。

問３　スポーツ選手らしさなので，きたえられた身体であることを表す「筋肉の翅で」がよい。

問４　「擬人《ぎじん》法」は，人でないものを人に見立てて表現する技法。飛び込《こ》んだ一瞬《いっしゅん》，止まったかのように感じられる「擬人法」の表現だから，七行目の「空が僕を抱《だ》きとめる」があてはまる。

問５　ア「写真的」で，選手を「観察している」ように見えるのは，外部からの視点で「あなたの裸体《らたい》に縞《しま》をつける」のように描写《びょうしゃ》している【詩Ａ】である。　イ「選手の感覚」が「直接伝わってくる」のは，「僕」の視点で描く【詩Ｂ】のほうである。　ウ「競技の緊張感がすき間なく描かれている」のは，「飛びだし」て，水に「落ち」，「もぐりこんだ」後で「出てくる」，この一連の動作をたたみかけるように描く【詩Ａ】である。　エ「ユーモラス」な場面にあたるのは，【詩Ｂ】の後半に描かれた，「僕」が浮《う》かび上がろうとしているところである。

四　言葉の知識，四字熟語の知識

⑴　①　類義語には「つくづく」などがある。　②　類義語には「すごすご」などがある。　③　類義語には「おもむろに」などがある。　④　類義語には「こぢんまり」などがある。　⑤　類義語には「あたふた」などがある。　⑥　類義語には「いざこざ」などがある。　⑦　類義語には「さばさば」などがある。　⑵「右往左往」の類義語には「あわてふためく」などがある。

Dr.福井の

入試に勝つ！脳とからだのウルトラ科学

睡眠時間や休み時間も勉強!?

みんなは寝不足になっていないかな？　もしそうなら大変だ。睡眠時間が少ないと，体にも悪いし，脳にも悪い。なぜなら，眠っている間に，脳は海馬《かいば》という部分に記憶をくっつけているんだから。つまり，自分が眠っている間も頭は勉強しているわけだ。それに，成長ホルモン（体内に出される背をのばす薬みたいなもの）も眠っている間に出されている。昔から言われている「寝る子は育つ」は，医学的にも正しいことなんだ。

寝不足だと，勉強の成果も上がらないし，体も大きくなりにくく，いいことがない。だから，睡眠時間はちゃんと確保するように心がけよう。ただし，だからといって寝すぎるのもダメ。アメリカの学者タウブによると，10時間以上も眠ると，逆に能力や集中力がダウンしたという研究報告があるんだ。

睡眠時間と同じくらい大切なのが，休み時間だ。適度に休憩するのが勉強をはかどらせるコツといえる。何時間もぶっ続けで勉強するよりも，50分勉強して10分休むことをくり返すようにしたほうがよい。休み時間は，散歩や体操などをして体を動かそう。かたまった体をほぐして，つかれた脳を休ませるためだ。マンガを読んだりテレビを見たりするのは，頭を休めたことにならないから要注意！

頭の疲れに関連して，勉強の順序にもふれておこう。算数の応用問題や理科の計算問題，国語の読解問題などを勉強するときには，脳のおもに前頭葉という部分を使う。それに対して，国語の知識問題（漢字や語句など）や社会などの勉強では，おもに海馬《かいば》という部分を使う。したがって，それらを交互に勉強すると，１日中勉強しても疲れにくい。

Dr.福井（福《ふく》井《い》一成《かずしげ》）…医学博士。開成中・高から東大・文Ⅱに入学後，再受験して翌年東大・理Ⅲに合格。同大医学部卒。さまざまな勉強法や脳科学に関する著書多数。

Memo

Memo

出題ベスト10シリーズ

①国語読解ベスト10

②漢字合格の2790題

③計算合格の820題

④図形問題ベスト10

■過去の入試問題から出題例の多い問題を選んで編集・構成。受験関係者の間でも好評です！

有名中学入試問題集

●男子校編

●女子校編

■中学入試の全容をさぐる!!
■首都圏の中学を中心に、全国有名中学の最新入試問題を収録!!

※表紙は昨年度のものです。

算数の過去問25年分

■筑波大学附属駒場
■麻布
■開成

○名門３校に絶対合格したいという気持ちに応えるため過去問実績No.1の声の教育社が出した答えです。

都立中高一貫校 適性検査問題集

■都立一貫校と同じ検査形式で学べる！

●自己採点のしにくい作文には「採点ガイド」を掲載。

●保護者向けのページも充実。

●私立中学の適性検査型・思考力試験対策にもおすすめ！

当社発行物の無断使用は固くお断りいたします。御使用の前はまずご相談ください。

当社発行物には500点余の首都圏中・高過去問をはじめ、6点の学校案内、そのほかいくつかの情報誌などがございます。その多くが年度版で、限られたスタッフが来るべき受験シーズン前に余裕を持って受験生へ届けられるよう、日夜作業にあたり出版を重ねております。

最近、通塾生ご父母や塾内部からの告発によって、いくつかの塾が許諾なしに当社過去問を複写（コピー）し生徒に配布、授業等にも使用していることが発覚し、その一部が紛争、係争に至っております。過去問には原著作者や管理団体、代行出版等のほか、当社に著作権がございます。当社としましては、著作権侵害の発覚に対しては著作権を有するこれらの著作権関係者にその事実を開示して、マスコミにリリースする場合や法的な措置を取る場合がございます。その事例としましては、毎年当社過去問の発行を待って自由にシステム化使用していたＡ塾、個別教室でコピーを生徒に解かせ指導していたＢ塾、冊子化していたＣ社、生徒の希望によって書籍の過去問代わりにコピーを配布していたＤ塾などがあります。

当社発行物の全部もしくは一部を無断使用することは固くお断りいたします。

当社コンテンツの中にはリーズナブルな設定で紙面の利用を許諾している塾もたくさんございますので、ご希望の方は、お気軽にご相談くださいますようお願いします。同時に、当社発行物を無断で使用している会社などにつきましての情報もお寄せいただければ幸いです。

株式会社 声の教育社

スーパー過去問の **解説執筆・解答作成スタッフ（在宅）募集！** ※募集要項の詳細は、10月に弊社ホームページ上に掲載します。

2025年度用
中学スーパー過去問

■編集人 声の教育社・編集部
■発行所 株式会社 声の教育社
〒162-0814 東京都新宿区新小川町8-15
☎03-5261-5061(代) FAX03-5261-5062
https://www.koenokyoikusha.co.jp

※本書の内容についての一切の責任は当社にあります。内容・解説・解答・その他は当社ホームページよりお問い合わせ下さい。

カコを追いかけ
ミライをつかめ
「今の説明、もう一回」を何度でも
web過去問
ストリーミング配信による入試問題の解説動画
もっと古いカコモンないの？
カコ過去問
「さらにカコの」過去問をHPに掲載（DL）
声の教育社
詳しくはこちらから

ストリーミング配信による入試問題の解説動画

2025年度用web過去問　ラインナップ

■ **男子・女子・共学（全動画）見放題**
36,080円（税込）

■ **男子・共学 見放題**
29,480円（税込）

■ **女子・共学 見放題**
28,490円（税込）

● 中学受験「声教web過去問（過去問プラス・過去問ライブ）」（算数・社会・理科・国語）

3〜5年間 **24校**

過去問プラス

麻布中学校	桜蔭中学校	開成中学校	慶應義塾中等部	渋谷教育学園渋谷中学校
女子学院中学校	筑波大学附属駒場中学校	豊島岡女子学園中学校	広尾学園中学校	三田国際学園中学校
早稲田中学校	浅野中学校	慶應義塾普通部	聖光学院中学校	市川中学校
渋谷教育学園幕張中学校	栄東中学校			

過去問ライブ

栄光学園中学校	サレジオ学院中学校	中央大学附属横浜中学校	桐蔭学園中等教育学校	東京都市大学付属中学校
フェリス女学院中学校	法政大学第二中学校			

● 中学受験「オンライン過去問塾」（算数・社会・理科）

3〜5年間 **50校以上**

東京	青山学院中等部
	麻布中学校
	跡見学園中学校
	江戸川女子中学校
	桜蔭中学校
	鷗友学園女子中学校
	大妻中学校
	海城中学校
	開成中学校
	開智日本橋中学校
	吉祥女子中学校
	共立女子中学校
東京	国学院大学久我山中学校
	渋谷教育学園渋谷中学校
	城北中学校
	女子学院中学校
	巣鴨中学校
	桐朋中学校
	豊島岡女子学園中学校
	日本大学第三中学校
	雙葉中学校
	本郷中学校
	三輪田学園中学校
	武蔵中学校
東京	明治大学付属明治中学校
	早稲田中学校
	都立中高一貫校 共同作成問題
	都立大泉高校附属中学校
	都立白鷗高校附属中学校
	都立両国高校附属中学校
神奈川	神奈川大学附属中学校
	桐光学園中学校
	県立相模原・平塚中等教育学校
	市立南高校附属中学校
千葉	市川中学校
	国府台女子学院中学部
千葉	芝浦工業大学柏中学校
	渋谷教育学園幕張中学校
	昭和学院秀英中学校
	専修大学松戸中学校
	東邦大学付属東邦中学校
	千葉日本大学第一中学校
	東海大学付属浦安中等部
	麗澤中学校
	県立千葉・東葛飾中学校
	市立稲毛国際中等教育学校
埼玉	浦和明の星女子中学校
	開智中学校
埼玉	栄東中学校
	淑徳与野中学校
	西武学園文理中学校
	獨協埼玉中学校
	立教新座中学校
茨城	江戸川学園取手中学校
	土浦日本大学中等教育学校
	茗渓学園中学校

web過去問 Q&A

過去問が動画化！
声の教育社の編集者や中高受験のプロ講師など、
過去問を知りつくしたスタッフが動画で解説します。

Q どこで購入できますか？

A 声の教育社のHPでお買い求めいただけます。

Q 受講にあたり、テキストは必要ですか？

A 基本的には過去問題集がお手元にあることを前提としたコンテンツとなっております。

Q 全問解説ですか？

A 「オンライン過去問塾」シリーズは基本的に全問解説ですが、国語の解説はございません。「声教web過去問」シリーズは合格のカギとなる問題をピックアップして解説するもので、全問解説ではございません。なお、「声教web過去問」と「オンライン過去問塾」のいずれでも取り上げられている学校がありますが、授業は別の講師によるもので、同一のコンテンツではございません。

Q 動画はいつまで視聴できますか？

A ご購入年度２月末までご視聴いただけます。
複数年視聴するためには年度が変わるたびに購入が必要となります。

よくある解答用紙のご質問

01

実物のサイズにできない

拡大率にしたがってコピーすると，「解答欄」が実物大になります。配点などを含むため，用紙は実物よりも大きくなることがあります。

02

A3用紙に収まらない

拡大率164％以上の解答用紙は実物のサイズ（「出題傾向＆対策」をご覧ください）が大きいために，Ａ３に収まらない場合があります。

03

拡大率が書かれていない

複数ページにわたる解答用紙は，いずれかのページに拡大率を記載しています。どこにも表記がない場合は，正確な拡大率が不明です。

04

１ページに２つある

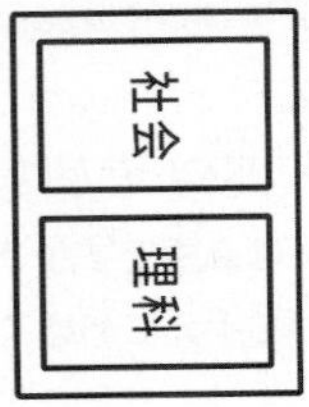

１ページに２つ解答用紙が掲載されている場合は，正確な拡大率が不明です。ほかの試験回の同じ教科をご参考になさってください。

東京都市大学付属中学校

【別冊】入試問題解答用紙編

禁無断転載

解答用紙は本体からていねいに抜きとり、別冊としてご使用ください。

※　実際の解答欄の大きさで練習するには、指定の倍率で拡大コピーしてください。なお、ページの上下に小社作成の見出しや配点を記載しているため、コピー後の用紙サイズが実物の解答用紙と異なる場合があります。

入試結果表

年度	回	項目		国語	算数	社会	理科	２科合計	４科合計	２科合格	４科合格
2024	第１回	配点(満点)		100	100	75	75		350		最高点
		合格者平均点	Ⅱ類	75.1	80.1	60.5	53.0		268.7		Ⅱ293 Ⅰ254
			Ⅰ類	67.8	63.5	52.0	47.2		230.5		最低点
		受験者平均点		60.9	54.0	47.8	41.1		203.8		Ⅱ257
		キミの得点									Ⅰ215
	第２回	配点(満点)		100	100			200		最高点	
		合格者平均点	Ⅱ類	66.2	77.9			144.1		Ⅱ180 Ⅰ131	
			Ⅰ類	57.9	64.6			122.5		最低点	
		受験者平均点		54.5	58.6			113.1		Ⅱ132	
		キミの得点								Ⅰ115	
2023	第１回	配点(満点)		100	100	75	75		350		最高点
		合格者平均点	Ⅱ類	73.3	79.8	45.5	57.4		256.0		Ⅱ294 Ⅰ247
			Ⅰ類	64.7	64.6	42.9	52.7		224.9		最低点
		受験者平均点		58.5	53.3	39.0	44.3		195.1		Ⅱ249
		キミの得点									Ⅰ210
	第２回	配点(満点)		100	100			200		最高点	
		合格者平均点	Ⅱ類	68.5	78.6			147.1		Ⅱ171 Ⅰ136	
			Ⅰ類	59.8	66.8			126.6		最低点	
		受験者平均点		55.6	59.4			115.0		Ⅱ137	
		キミの得点								Ⅰ117	
2022	第１回	配点(満点)		100	100	50	50	200	300	最高点	最高点
		合格者平均点	Ⅱ類	74.2	79.3	32.9	32.8	153.5	219.2	Ⅱ187 Ⅰ142	Ⅱ272 Ⅰ212
			Ⅰ類	66.3	64.1	31.2	28.8	130.4	190.4	最低点	最低点
		受験者平均点		63.4	59.2	29.7	26.5	122.6	178.8	Ⅱ143	Ⅱ213
		キミの得点								Ⅰ123	Ⅰ180
	第２回	配点(満点)		100	100	75	75		350		最高点
		合格者平均点	Ⅱ類	68.2	78.2	51.7	56.1		254.2		Ⅱ301 Ⅰ239
			Ⅰ類	62.2	67.4	47.3	49.3		226.2		最低点
		受験者平均点		58.3	60.1	42.4	44.1		204.9		Ⅱ240
		キミの得点									Ⅰ218
2021	第１回	配点(満点)		100	100	50	50	200	300	最高点	最高点
		合格者平均点	Ⅱ類	73.4	80.8	36.8	27.8	154.2	218.8	Ⅱ184 Ⅰ144	Ⅱ257 Ⅰ214
			Ⅰ類	64.3	68.4	35.1	24.2	132.7	192.0	最低点	最低点
		受験者平均点		61.5	63.0	33.3	22.8	124.5	180.6	Ⅱ145	Ⅱ215
		キミの得点								Ⅰ123	Ⅰ183

〔参考〕満点(合格者最低点)　2021年：第２回４科350(Ⅱ253・Ⅰ215)
2020年：第１回２科200(Ⅱ140・Ⅰ120)・４科300(Ⅱ212・Ⅰ185)
第２回４科350(Ⅱ267・Ⅰ237)

※　表中のデータは学校公表のものです。ただし、２科合計・４科合計は各教科の平均点を合計したものなので、目安としてご覧ください。

声の教育社

２０２４年度　東京都市大学付属中学校

算数解答用紙　第１回

番号		氏名		評点	／100

1
- 問1
- 問2　m
- 問3　円
- 問4　分後
- 問5　列目
- 問6
- 問7　cm
- 問8　cm^3

2
- 問1　：
- 問2　：
- 問3　倍

3
- 問1　杯
- 問2　個
- 問3　個

4
- 問1　倍
- 問2　倍

5
- 問1　通り
- 問2　可能性は　ある・ない
  - (例／理由)

（注）この解答用紙は実物を縮小してあります。Ｂ５→Ａ３（163%）に拡大コピーすると、ほぼ実物大の解答欄になります。

〔算　数〕100点（学校配点）

1　各５点×8　2～5　各６点×10＜5の問２は完答＞

２０２４年度　東京都市大学付属中学校

社会解答用紙　第１回

番号		氏名		評点	／75

1

問1	問2		問3
	市	市	

問4	問5	問6	問7	問8
			川	川

問9	問10	問11	問12	問13
市				

2

問1	問2	問3		問4
			世紀	

問5		問6	問7	
人物名	番号		C	D
天皇				

問8	問9	問10	問11	問12	問13

3

問1	問2					問3（a）

問3（b）	問3（c）	問3（d）

問4	問5								
	(1)			(2)					

問6		問7				問8	
						記号	語句
	人						

問9			問10		問11	問12	
		価格					

（注）この解答用紙は実物を縮小してあります。Ｂ５→Ａ３（163%）に拡大コピーすると、ほぼ実物大の解答欄になります。

〔社　会〕75点（学校配点）

1　問１～問７　各２点×7＜問２，問３は完答＞　問８　１点　問９～問13　各２点×５　2　問１，問２　各２点×２　問３　１点　問４，問５　各２点×２＜問５は完答＞　問６，問７　各１点×３　問８，問９　各２点×２　問10　３点　問11～問13　各２点×３　3　問１，問２　各２点×２　問３　各１点×４　問４，問５　各２点×３　問６　１点　問７，問８　各２点×２＜問８は完答＞　問９，問10　各１点×２　問11，問12　各２点×２＜問12は完答＞

２０２４年度　東京都市大学付属中学校

理科解答用紙　第１回

番号		氏名		評点	／75

1

問1	問2	問3
問4	問5	問6
問7		

2

問1	問2－1	問2－2
分		
問2－3	問2－4	問2－5
問2－6	問3	問4
問5	問6	

3

問1	問2	問3
	g	銅：酸素 ＝　　：
問4	問5	問6
倍	g	

4

問1－棒a	問1－棒b	問2
問3	問4	問5
問6		

（注）この解答用紙は実物を縮小してあります。Ｂ５→Ａ３(163%)に拡大コピーすると、ほぼ実物大の解答欄になります。

〔理　科〕75点(学校配点)

1 問1～問3　各2点×3　問4，問5　各3点×2＜問5は完答＞　問6　2点　問7　3点　2 問1　3点　問2　各1点×6　問3　3点　問4　2点　問5，問6　各3点×2　3 問1～問4　各3点×4　問5　4点　問6　3点　4 問1　各2点×2　問2～問6　各3点×5

２０２４年度　東京都市大学付属中学校

国語解答用紙　第一回

番号　　氏名　　評点　／100

一

問1　問2　問3　問4

問5

問6

問7　というもの。

問8

問9　能力や感覚。

問10

二

問1　A　B　問2　問3　問4

問5

問6　Ⅰ　Ⅱ

問7　問8　問9　問10

三

問1　問2　問3　問4　問5

四

問1　1　2　3　4　5

問2　A　B　C　D　E

（注）この解答用紙は実物を縮小してあります。Ｂ５→Ｂ４（141％）に拡大コピーすると、ほぼ実物大の解答欄になります。

〔国　語〕100点（学校配点）

一　問１～問６　各３点×６　問７　６点　問８　３点　問９，問10　各４点×２　二　問１　各２点×２　問２～問９　各３点×９　問10　４点　三　各３点×５　四　問１　各１点×５　問２　各２点×５

算数解答用紙　第２回

番号		氏名		評点	／100

1

問１

問２　m²

問３　%

問４　日

問５　番目

問６

問７　度

問８　個

2

問１　：

問２　：

3

問１　試合

問２　人

4

問１　個

問２　個

問３　個

5

問１　個

問２　番目

問３

（注）この解答用紙は実物を縮小してあります。Ｂ５→Ａ３（163%）に拡大コピーすると、ほぼ実物大の解答欄になります。

〔算　数〕100点（学校配点）

1　各５点×８　2～5　各６点×10

2024年度　東京都市大学付属中学校

国語解答用紙　第一回

番号　　　氏名　　　評点 ／100

一

問1　ア　イ

問2

問3

問4

問5

問6

問7

問8

二

問1　問2　問3　問4　問5

問6　問7　問8

三

問1　問2　問3

問4　問5

四

問1　1　2　3　4　5

問2

Ⅰ →

Ⅱ →

Ⅲ →

Ⅳ →

Ⅴ →

（注）この解答用紙は実物を縮小してあります。B5→B4（141%）に拡大コピーすると、ほぼ実物大の解答欄になります。

〔国　語〕100点（学校配点）

一　問1　各3点×2　問2，問3　各4点×2　問4　5点　問5～問8　各4点×4　二　問1　2点　問2　5点　問3　3点　問4～問8　各5点×5　三　各3点×5　四　問1　各1点×5　問2　各2点×5

<各々完答>

2023年度　東京都市大学付属中学校

算数解答用紙　第1回

番号		氏名	

評点	／100

1 問1

問2 a

問3 ページ

問4 個

問5 毎分 m

問6 個

問7 cm^2

問8 cm^3

2 問1 ：　：

問2 ：

3 問1 人

問2 ：

4 問1 個

問2 個

問3 個

5 問1

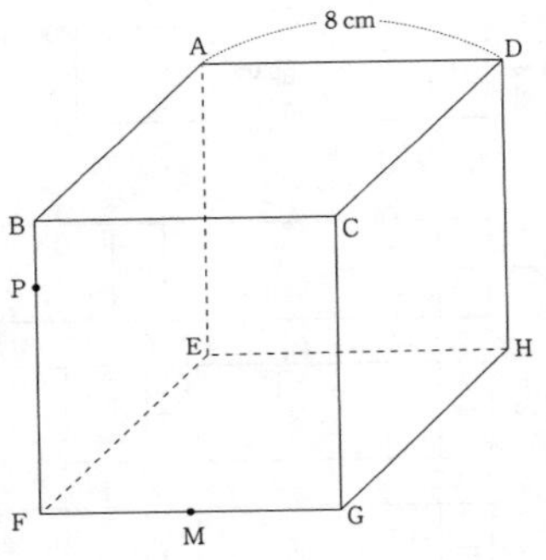

問2 cm^2

問3 ：

（注）この解答用紙は実物を縮小してあります。Ｂ５→Ａ３（163%）に拡大コピーすると、ほぼ実物大の解答欄になります。

〔算　数〕100点（学校配点）

1 各５点×8　2～5 各６点×10

2023年度　東京都市大学付属中学校

社会解答用紙　第1回

番号		氏名		評点	／75

1

問1															
1		2				3							4		

問2	問3	問4	問5						
			(1)	(2)					

問6				問7	問8
			現象		市

2

問1		問2	問3	問4
(1)	(2)			
	天皇			

問5			問6	問7	
				(1)	(2)

問8		問9		問10
(1)	(2)	人物名	番号	

3

問1		問2	問3	問4	問5		問6				
											納税

問7		問8						問9
							デザイン	

問10	問11				問12		問13	問14	
	1	2	3	4					

（注）この解答用紙は実物を縮小してあります。B５→B４(141%)に拡大コピーすると、ほぼ実物大の解答欄になります。

〔社　会〕75点(学校配点)

1　問1　1〜3　各2点×3　4　3点　問2〜問8　各2点×8　2　問1　(1)　1点　(2)　2点　問2〜問10　各2点×11＜問6，問9は完答＞　3　問1〜問5　各2点×5＜問1，問5は完答＞　問6〜問8　各1点×3　問9〜問14　各2点×6＜問11，問12，問14は完答＞

２０２３年度　東京都市大学付属中学校

理科解答用紙　第１回

番号		氏名	

評点	／75

1

問1	問2	問3
問4	問5	問6(1)　ア
5		
問6(1)　イ	問6(2)　ウ	問6(2)　エ

2

問1	問2	問3
問4	問5(1)	問5(2)

3

問1	問2	問3
問4	問5	問6

4

問1	問2	問3
cm^3	g	cm
問4	問5	問6
cm^3	cm	cm^3
問7		
cm		

（注）この解答用紙は実物を縮小してあります。Ｂ５→Ａ３(163%)に拡大コピーすると、ほぼ実物大の解答欄になります。

〔理　科〕75点(学校配点)

1　問１〜問４　各２点×４　問５　３点＜完答＞　問６　各２点×４　2, 3　各３点×12　4　問１　２点　問２〜問７　各３点×６

二〇二三年度　東京都市大学付属中学校

国語解答用紙　第一回

番号　　氏名　　評点　／100

一
問1　a　b　c　d
問2
問3
問4
問5　(1)　(2)
問6
問7　10　20　30　40
問8
問9

二
問1　A　B
問2
問3
問4
問5
問6
問7
問8
問9
問10

三
問1
問2
問3
問4
問5

四
①　②　③　④　⑤

(注)　この解答用紙は実物を縮小してあります。B５→B４(141%)に拡大コピーすると、ほぼ実物大の解答欄になります。

〔国　語〕100点(学校配点)

一　問1　各1点×4　問2～問4　各3点×3　問5　各2点×2　問6　4点　問7　7点　問8　3点　問9　4点　二　問1　各3点×2　問2　2点　問3～問10　各3点×9　三，四　各3点×10

２０２３年度　東京都市大学付属中学校

算数解答用紙　第２回

番号		氏名		評点	／100

1 問1

問2　g

問3　才

問4　毎時　km

問5　票

問6

問7　倍

問8　cm^2

2 問1　毎分　L

問2

3 問1　：

問2　：　：　：

問3　倍

4 問1　cm^3

問2　cm^3

5 問1　通り

問2

問3　通り

（注）この解答用紙は実物を縮小してあります。Ｂ５→Ａ３（163％）に拡大コピーすると、ほぼ実物大の解答欄になります。

〔算　数〕100点（学校配点）

1　各５点×８　2～5　各６点×10

二〇二三年度　東京都市大学付属中学校

国語解答用紙　第二回

番号　　氏名　　評点　／100

一

問1　a　b　c　d

問2　問3　問4　問5　問6　問7

問8

問9　吾能料生、不能料死

二

問1　A　B　C

問2　問3　問4　問5

問6　（10　20　25）

問7　問8

三

問1　問2　最初　〜　最後

問3　問4　問5

四

問1　①　②　③

問2　④　⑤

（注）この解答用紙は実物を縮小してあります。B5→B4（141%）に拡大コピーすると、ほぼ実物大の解答欄になります。

〔国　語〕100点（学校配点）

一　問1　各2点×4　問2〜問6　各3点×5　問7　4点　問8　3点　問9　5点　二　問1　各2点×3　問2〜問5　各4点×4　問6　5点　問7，問8　各4点×2　三，四　各3点×10

2022年度　東京都市大学付属中学校

算数解答用紙　第１回

番号		氏名		評点	／100

1

問 1	
問 2	m^2
問 3	%
問 4	ページ
問 5	個
問 6	
問 7	cm^2
問 8	cm^3

2

問 1	円
問 2	食

3

問 1	：
問 2	cm^2

4

問 1	通り
問 2	通り
問 3	通り

5

問 1	倍
問 2	：
問 3	倍

（注）この解答用紙は実物を縮小してあります。Ｂ５→Ａ３（163%）に拡大コピーすると、ほぼ実物大の解答欄になります。

〔算　数〕100点（学校配点）

1　各５点×８　2～5　各６点×10

２０２２年度　東京都市大学付属中学校

社会解答用紙　第１回

番号		氏名		評点	／50

1

問1									
1				2					

問2	問3	問4	問5	問6	問7

2

問1	問2		問3		問4
		番号	都道府県名	番号	
	世紀				

問5	問6	問7		問8	問9	問10
		都道府県名	番号			

3

問1			
1		2	3

問2		問3	問4					
a	b							番号
		文化					権	

問5(1)							問5(2)	
A	B	D	C				a	b

問6(1)			問6(2)		問6(3)
		裁判所			

問7							問8
A	B						

（注）この解答用紙は実物を縮小してあります。Ｂ５→Ｂ４（141%）に拡大コピーすると、ほぼ実物大の解答欄になります。

〔社　会〕50点（学校配点）

1　問１　各１点×２　問２〜問７　各２点×６　2　各２点×10＜問２，問３，問５，問７は完答＞　3　問１〜問４　各１点×６＜問２，問４は完答＞　問５　(1)　Ａ・Ｂ・Ｄ　１点＜完答＞　Ｃ　１点　(2)　１点＜完答＞　問６，問７　各１点×５　問８　２点

２０２２年度　東京都市大学付属中学校

理科解答用紙　第１回

番号		氏名		評点	／50

1

問1	問2	問3

問4	問5	問6
mL	%	mL

問7

2

問1	問2	問3

問4	問5	問6
倍	倍	秒

問7
年前

3

問1	問2

問3 A	問3 B

問4	問5	問6
cm^3	cm^3	g

4

問1	問2	問3
カロリー	カロリー	

問4	問5	問6
		カロリー

問7
g

（注）この解答用紙は実物を縮小してあります。Ｂ５→Ａ３（163%）に拡大コピーすると、ほぼ実物大の解答欄になります。

〔理　科〕50点（学校配点）

1　問１　１点　問２　２点　問３　１点　問４　２点　問５　３点　問６　２点　問７　１点　2　問１　１点　問２～問７　各２点×６＜問２は完答＞　3　問１，問２　各２点×２＜各々完答＞　問３　各１点×２　問４～問６　各２点×３　4　問１，問２　各２点×２　問３　１点　問４～問７　各２点×４

二〇二二年度　東京都市大学付属中学校

国語解答用紙　第一回

番号		氏名		評点	/100

一

問1 a　b　c　d

問2　問3　問4

問5　問6　問7

問8　問9

二

問1 A　B　問2　問3　問4

問5　問6

問7　問8

問9　問10

三

問1　問2　問3

問4　問5

問6　問7 ①　②

問8　問9

問10 ①　②　③

(注) この解答用紙は実物を縮小してあります。B5→B4(141%)に拡大コピーすると、ほぼ実物大の解答欄になります。

〔国　語〕100点(学校配点)

一 問1　各2点×4　問2～問6　各3点×5　問7～問9　各4点×3＜問9は完答＞　二 問1～問6　各3点×7　問7，問8　各4点×2　問9，問10　各3点×2　三 問1　3点　問2，問3　各2点×2　問4　3点　問5，問6　各2点×2　問7　各3点×2　問8～問10　各2点×5

2022年度　　東京都市大学付属中学校

算数解答用紙　第2回

番号		氏名		評点	／100

1

問1	
問2	L
問3	人
問4	m
問5	番目
問6	c m^{2}
問7	c m^{3}
問8	主張は (理由)

2

問1	か所
問2	人
問3	人

3

問1	：
問2	：　：

4

問1	
問2	

5

問1	c m
問2	分　秒
問3	c m

(注) この解答用紙は実物を縮小してあります。B５→A３(163%)に拡大コピーすると、ほぼ実物大の解答欄になります。

〔算　数〕100点(学校配点)

1　各５点×8　2～5　各６点×10

２０２２年度　東京都市大学付属中学校

社会解答用紙　第２回

番号		氏名		評点	／75

1

問1(1)a	問1(1)b	問1(2)	問2(1)
平野	山脈		

問2(2)	問2(3)	問3(1)	問3(2)	
			①	②
→　→　→	湖			

問3(3)	問4(1)	
	f	理由
市		5　10　15　20

問4(2)	問4(3)	問5
	名称	
市		

2

問1	問2	問3	問4
	→　→　→	→　→　→	

問5	問6	問7	問8

問9	問10			問11
	A	B	C	

問12	問13
運動	

問14	問15	
→　→　→		

3

問1(1)	問1(2)	問2	問3

問4 A	問4 B	問4 C	問5	問6	問7	問8

問9 D	問9 E	問9 F	問10

(注)　この解答用紙は実物を縮小してあります。169％拡大コピーをすると、ほぼ実物大の解答欄になります。

〔社　会〕75点(学校配点)

1 問1　(1)　各1点×2　(2)　2点　問2　各2点×3＜(1)，(2)は完答＞　問3　(1)　1点　(2)　各2点×2　(3)　1点　問4　(1)，(2)　各2点×3　(3)　1点　問5　2点　**2** 問1　1点　問2，問3　各2点×2＜各々完答＞　問4～問6　各1点×3　問7，問8　各2点×2＜問7は完答＞　問9～問11　各1点×5　問12～問15　各2点×4＜問13～問15はそれぞれ完答＞　**3** 問1　各2点×2　問2　1点　問3　2点　問4　各1点×3　問5～問8　各2点×4　問9　D　1点　E，F　各2点×2　問10　2点

２０２２年度　東京都市大学付属中学校

理科解答用紙　第２回

番号		氏名		評点	／75

1

問１(1)	問１(2)	問１(3)

問２	問３

問４(1)	問４(2)	問４(3)	問４(4)	問４(5)

2

問１	問２	問３	問４

問５［１］	問５［２］	問６

3

問１	問２	問３

問４	問５	問６

4

問１	問２	問３	問４
		度	

問５	問６	問７
つ		cm

（注）この解答用紙は実物を縮小してあります。Ｂ５→Ａ３（163%）に拡大コピーすると、ほぼ実物大の解答欄になります。

〔理　科〕75点（学校配点）

1　問１　(1)　３点＜完答＞　(2)・(3)　３点＜完答＞　問２　２点　問３　３点　問４　各２点×５　2　問１～問３　各２点×３　問４～問６　各３点×４　3　各３点×６＜問２は完答＞　4　問１～問３　各２点×３　問４～問７　各３点×４

二〇二二年度　東京都市大学付属中学校

国語解答用紙　第二回

番号　　氏名　　評点　／100

一

問1　a　b　c　d

問2

問3

問4

問5

問6

問7

問8　10　20　30　40　50

二

問1　A　B　C　D

問2

問3

問4

問5　Ⅰ　Ⅱ　Ⅲ

問6

問7

問8

三

問1

問2

問3

問4

問5

四

象形　指事　会意

形声　形声

（注）この解答用紙は実物を縮小してあります。B５→B４（141%）に拡大コピーすると、ほぼ実物大の解答欄になります。

〔国　語〕100点(学校配点)

一　問1　各2点×4　問2　3点　問3　4点＜完答＞　問4, 問5　各3点×2　問6, 問7　各4点×2　問8　6点　二　問1　各2点×4　問2〜問8　各3点×9　三, 四　各3点×10＜三の問5は完答＞

2021年度　東京都市大学付属中学校

算数解答用紙　第1回

番号		氏名		評点	／100

1	問1	
	問2	
	問3	
	問4	
	問5	
	問6	
	問7	
	問8	
2	問1	毎時　　　km
	問2	km
3	問1	：　：
	問2	：
4	問1	点
	問2	点
	問3	点
5	問1	個
	問2	個
	問3	個

（注）この解答用紙は実物を縮小してあります。Ｂ５→Ａ３（163%）に拡大コピーすると、ほぼ実物大の解答欄になります。

〔算　数〕100点（学校配点）

1　各５点×８　2～5　各６点×10

２０２１年度　　東京都市大学付属中学校

社会解答用紙　第１回

番号		氏名		評点	／50

1

問1											
1				2				3			

問2	問3	問4	問5

問6

2

問1	問2	問3	問4	
天皇			世紀	

問5	問6	問7	問8		問9
			(1)	(2)	

3

問1		問2	問3	問4(1)	問4(2)			問5	問6	問7
(1)	(2)									

問8	問9

（注）この解答用紙は実物を縮小してあります。Ｂ５→Ｂ４(141%)に拡大コピーすると、ほぼ実物大の解答欄になります。

〔社　会〕50点(学校配点)

1　問１～問５　各２点×７　問６　１点　2　各２点×10＜問４は完答＞　3　問１，問２　各２点×２＜問１は完答＞　問３～問５　各１点×４　問６～問８　各２点×３　問９　１点

２０２１年度　東京都市大学付属中学校

理科解答用紙　第１回

番号		氏名		評点	／50

1

問１(ア)	問１(イ)	問１(ウ)	問２　Ｏ型	問２　ＡＢ型

問３	問４(1)	問４(2)
	L	回

2

問１ Ａ	問１ Ｂ	問２

問３	問４	問５

問６
倍

3

問１	問２ Ａ液	問２ Ｂ液
℃	cm^3	cm^3

問３	問４	問５
℃	g	g

問６
%

4

問１	問２	問３
倍		倍

問４	問５	問６
倍	倍	倍

（注）この解答用紙は実物を縮小してあります。Ｂ５→Ａ３（163%）に拡大コピーすると、ほぼ実物大の解答欄になります。

〔理　科〕50点（学校配点）

1　各２点×６＜問１，問３は完答，問２は各々完答＞　2～4　各２点×19＜3の問２は完答＞

二〇二二年度　東京都市大学付属中学校

国語解答用紙　第一回

番号　氏名　評点 /100

一
問1　a　b　c　d
問2　問3　問4
問5　〜
問6　問7　Ⅰ　Ⅱ　問8

二
問1　A　B　C　問2　問3
問4　10　問5　③　④
問6　問7
問8　問9

三
問1　問2　問3
問4　問5　記号　季節
問6　①　②　③　問7
問8　①　②　③

（注）この解答用紙は実物を縮小してあります。B５→B４（141%）に拡大コピーすると、ほぼ実物大の解答欄になります。

〔国　語〕100点(学校配点)

一　問１　各２点×4　問２　４点　問３　３点　問４〜問８　各４点×5＜問７は完答＞　二　問１　各２点×3　問２　４点　問３　３点　問４　４点　問５　各２点×2　問６　４点　問７　２点　問８, 問９　各４点×2　三　問１〜問３　各２点×3　問４〜問７　各３点×6＜問５は完答＞　問８　各２点×3

2021年度　　東京都市大学付属中学校

算数解答用紙　第2回

番号		氏名		評点	／100

1

問1

問2

問3

問4

問5

問6

問7

問8

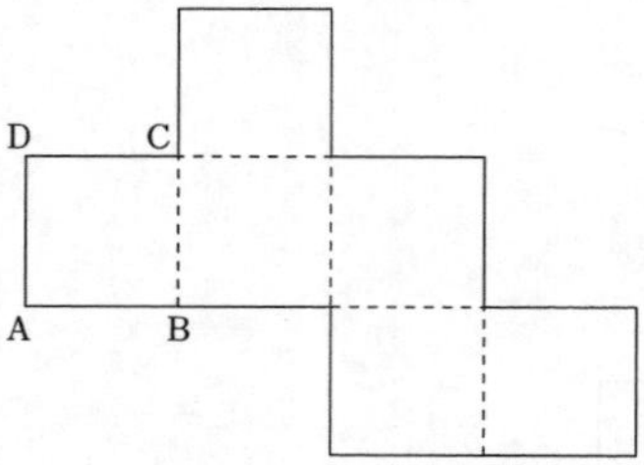

2

問1　：

問2　分後

問3　m

3

問1　：

問2　倍

4

問1　日目

問2　日目

問3　日

5

問1　cm^2

問2　cm^3

（注）この解答用紙は実物を縮小してあります。Ｂ５→Ａ３（163%）に拡大コピーすると、ほぼ実物大の解答欄になります。

〔算　数〕100点（学校配点）

1　各５点×８　2～5　各６点×10

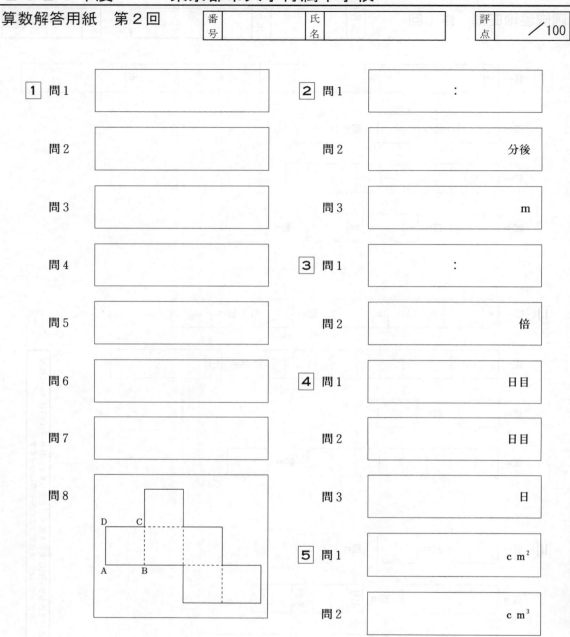

２０２１年度　東京都市大学付属中学校

社会解答用紙　第２回

番号		氏名		評点	／75

1

問1　1	問1　2	問1　3	問1　4

問2 A	問2 B	問3	問4	問5	問6	問7

問8　A	問8　B	問9
山脈	川	

問10　①	問10　②

2

問1	問2	問3	問4
満　歳	年		年

問5	問6	問7	問8	問9	問10	問11

問12	問13

3

問1	問2	問3(1)	問3(2)	問4	問5	問6

問7	問8	問9	問10	問11	問12

(注) この解答用紙は実物を縮小してあります。B５→B４(141%)に拡大コピーすると、ほぼ実物大の解答欄になります。

〔社　会〕75点(学校配点)

1 問１　各１点×４　問２　各２点×２　問３　１点　問４～問９　各２点×７　問10　各１点×２　2 問１　１点　問２～問13　各２点×12　3 問１～問11　各２点×12　問12　１点

２０２１年度　東京都市大学付属中学校

理科解答用紙　第２回

番号		氏名		評点	／75

1

問１(ア)	問１(イ)

問２			
(番号)	(名称)	(番号)	(名称)

問３(番号)	問３(説明)
	5　10　15

問４	問５

問６(1)	問６(2)	問７①	問７②
g	g		

2

問１	問２	問３
問４	問５	問６

3

問１	問２		
	Ａ～Ｃ ＋極	Ａ～Ｃ －極	Ｄ ＋極

問３(1)	問３(2)	問３(3)
	cm^3	分

4

問１	問２	問３
m	秒後	m
問４	問５	問６
		毎秒　万km

（注）この解答用紙は実物を縮小してあります。Ｂ５→Ａ３(163%)に拡大コピーすると、ほぼ実物大の解答欄になります。

〔理　科〕75点(学校配点)

1　問１，問２　各２点×３＜問１は完答，問２は各々完答＞　問３　３点＜完答＞　問４，問５　各２点×２　問６，問７　各３点×３＜問７は完答＞　2　各３点×６　3　問１，問２　各２点×４　問３　各３点×３　4　各３点×６

二〇二二年度　東京都市大学付属中学校

国語解答用紙　第二回

番号		氏名	

評点　／100

一

問1　問2　問3　問4

問5（10, 20, 30, 40, 50, 60）

問6（10, 20）

問7　問8　問9

二

問1　a　b

問2　A う　B ざ　C ま

問3　問4　問5　問6　問7　問8

三

問1　問2　問3　問4　問5

四

問1　①　②　③　④　⑤　⑥　⑦

問2

（注）この解答用紙は実物を縮小してあります。B5→B4（141%）に拡大コピーすると、ほぼ実物大の解答欄になります。

〔国　語〕100点(学校配点)

一　問1～問3　各3点×3　問4　4点　問5　6点　問6～問8　各4点×3　問9　各2点×2　二　問1，問2　各2点×5　問3～問7　各4点×5　問8　5点　三　各3点×5　四　問1　各2点×7　問2　1点

2020年度　東京都市大学付属中学校

算数解答用紙　第1回

番号		氏名		評点	／100

1
- 問1
- 問2
- 問3
- 問4
- 問5
- 問6
- 問7
- 問8

2
- 問1　m
- 問2　m
- 問3　回

3
- 問1　倍
- 問2　：
- 問3　：

4
- 問1　：
- 問2　：

5
- 問1
- 問2　回

(注)　この解答用紙は実物を縮小してあります。Ａ３用紙に149%拡大コピーすると、ほぼ実物大で使用できます。(タイトルと配点表は含みません)

〔算　数〕100点(学校配点)

1　各5点×8　2～5　各6点×10

２０２０年度　東京都市大学付属中学校

社会解答用紙　第１回

番号		氏名		評点	／50

1

問1	問2	問3	問4	問5	問6	問7
						発電

問8	

2

問1	問2	問3		問4	問5	問6	問7
		(1)	(2)				

問8	問9

3

問1			問2	問3				
1	2	3		a	b	c	d	e

問4		問5	
(1)	(2)	B	E

(注) この解答用紙は実物を縮小してあります。Ｂ４用紙に141%拡大コピーすると、ほぼ実物大で使用できます。(タイトルと配点表は含みません)

〔社　会〕50点(学校配点)

1 問1～問7　各２点×7　問8　1点　2 各２点×10　3 問１　1　1点　2，3　各２点×2　問２～問５　各２点×5＜問3，問５は完答＞

２０２０年度　東京都市大学付属中学校

理科解答用紙　第１回

番号		氏名		評点	／50

1

問1	問2

問3　1	問3　2	問3　3	問3　4

問4	問5	問6
	匹	

2

問1	問2	問3
m	℃	g

問4	問5
℃	g

3

問1	問2	問3

問4	問5	問6

4

問1（a）	問1（b）	問1（c）	問1（d）	問1（e）	問1（f）

問2	問3	問4

問5

（注）この解答用紙は実物を縮小してあります。Ｂ４用紙に141％拡大コピーすると、ほぼ実物大で使用できます。（タイトルと配点表は含みません）

〔理　科〕50点（学校配点）

1　問1，問2　各２点×2　問3　各１点×4　問4〜問6　各２点×3　2，3　各２点×11　4　問1（a）・（b）　２点　（c）・（d）　２点　（e）・（f）　２点　問2〜問5　各２点×4＜問2，問4は完答＞

二〇二〇年度　東京都市大学付属中学校

国語解答用紙　第三回

番号　　氏名　　評点 /100

一
問1　a　b　c　d
問2　(1)　(2)
問3
問4
問5
問6　　を通して見るから。
問7
問8

二
問1　A　B
問2
問3
問4
問5
問6
問7

三
問1
問2
問3
問4
問5

四
ア　イ　ウ　エ　オ

(注) この解答用紙は実物を縮小してあります。B４用紙に130%拡大コピーすると、ほぼ実物大で使用できます。(タイトルと配点表は含みません)

〔国　語〕100点(学校配点)

一　問1, 問2　各2点×6　問3〜問6　各3点×4　問7　5点　問8　各3点×2　二　問1　各3点×2　問2〜問6　各4点×5　問7　各3点×3　三, 四　各3点×10

２０２０年度　東京都市大学付属中学校

算数解答用紙　第２回

番号		氏名		評点	／100

1

問1

問2

問3

問4

問5

問6

問7

問8

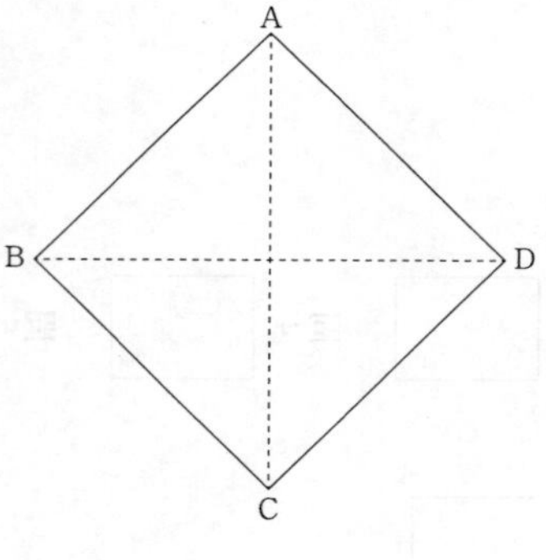

2

問1　倍

問2　分　秒後

3

問1　：

問2　倍

問3　：

4

問1　ｃｍ

問2　ｃｍ

問3　ｃｍ

5

問1　個

問2　通り

(注)　この解答用紙は実物を縮小してあります。Ａ３用紙に149％拡大コピーすると、ほぼ実物大で使用できます。(タイトルと配点表は含みません)

〔算　数〕100点(学校配点)

1　各５点×８　2～5　各６点×10

２０２０年度　東京都市大学付属中学校

社会解答用紙　第２回

番号		氏名		評点	／75

1

問1		
1	2	3

問2	問3	問4	問5	問6	問7		問8	問9(1)	問9(2)	
					D	F			P	R

2

問1	問2	問3	問4	問5	問6	問7

問8		問9	問10	問11
(1)	(2)			
		→ → →		

3

問1	問2	問3	問4		問5
			A	B	

問6	問7	問8	問9
			の　日

問10	問11	問12	
		祝日名	日付
月　日			月　日

〔社　会〕75点(学校配点)

1 問1　各1点×3　問2～問9　各2点×11　2 問1　3点　問2～問11　各2点×11＜問9は完答＞　3 問1～問3　各2点×3　問4　各1点×2　問5～問8　各2点×4　問9　1点　問10～問12　各2点×4

２０２０年度　東京都市大学付属中学校

理科解答用紙　第２回

番号		氏名		評点	／75

1

問1	問2	
問3	問4	問5
と		
問6(A)		問6(B)
5　10		

2

問1	問2	問3
問4	問5	
問6(1)	問6(2)	

3

問1	問2	問3
問4	問5	問6
	g	

4

問1	問2	問3
		m
問4	問5	問6

〔理　科〕75点(学校配点)

1 問1，問2　各2点×2　問3　3点＜完答＞　問4　2点　問5，問6　各3点×3　2～4　各3点×19

二〇二〇年度　東京都市大学付属中学校

国語解答用紙　第二回

番号　　氏名　　評点　／100

一

問1　a　b　c　d

問2　乾　燥

問3　A　B　C　D

問4

問5

問6

問7

問8　豪奢や装飾によって表現される美に対して、「さび」は

二

問1　ア　イ

問2

問3

問4

問5

問6

問7

問8

三

問1

問2

問3

問4

問5

四

(1)　① ほ　　　と → ② と　　　ぼ → ③
→ ④　　　ま → ⑤ → ⑥ ご
→ ⑦　ん　　ん

(2)

（注）この解答用紙は実物を縮小してあります。A3用紙に147%拡大コピーすると、ほぼ実物大で使用できます。（タイトルと配点表は含みません）

〔国　語〕100点(学校配点)

一　問1～問4　各2点×10<問4は完答>　問5～問7　各3点×3　問8　6点　二　問1　各2点×2　問2　4点　問3　5点　問4～問7　各4点×4　問8　各3点×2　三　各3点×5　四　(1)　各2点×7　(2)　1点

大人に聞く前に解決できる!!

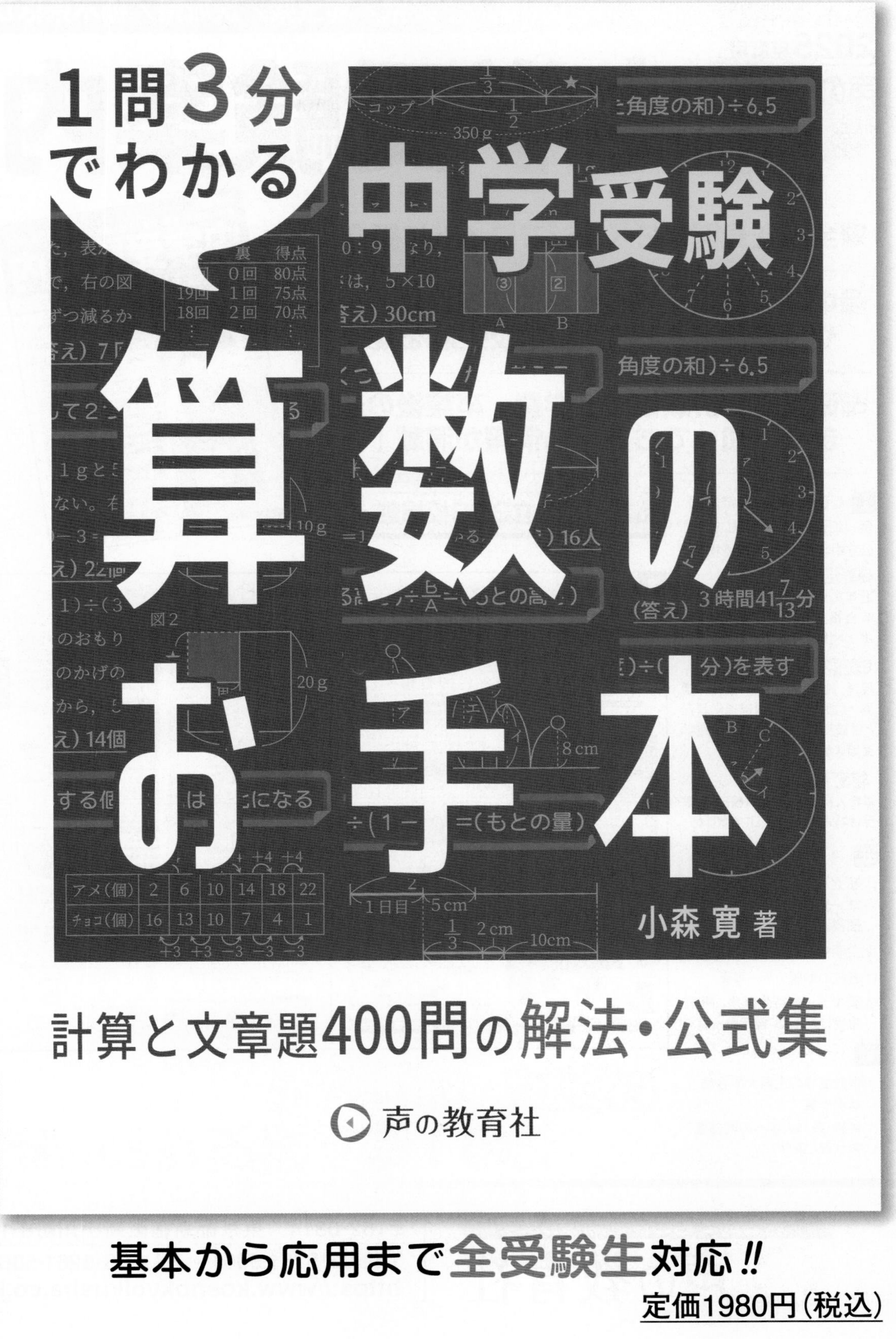

基本から応用まで全受験生対応!!

定価1980円（税込）

東京都／神奈川県／千葉県／埼玉県／茨城県／栃木県ほか

2025年度用
声の教育社版

中学受験案内

■全校を見開き2ページでワイドに紹介！

■中学～高校までの授業内容をはじめ部活や行事など、6年間の学校生活を凝縮！

■偏差値・併願校から学費・卒業後の進路まで、知っておきたい情報が満載！

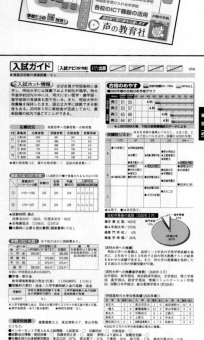

I 首都圏（東京・神奈川・千葉・埼玉・その他）の私立・国公立中学校の受験情報を掲載。

合格情報
近年の倍率推移・偏差値による合格分布予想グラフ・入試ホット情報ほか

学校情報
授業、施設、特色、ICT機器の活用、併設大学への内部進学状況と併設高校からの主な大学進学実績ほか

入試ガイド
募集人員、試験科目、試験日、願書受付期間、合格発表日、学費ほか

II 資 料
(1)私立・国公立中学の合格基準一覧表（四谷大塚、首都圏模試、サピックス）
(2)主要中学早わかりマップ
(3)各校の制服カラー写真
(4)奨学金・特待生制度，帰国生受け入れ校，部活動一覧

III 大学進学資料
(1)併設高校の主要大学合格状況一覧
(2)併設・系列大学への内部進学状況と条件

私立・国公立353校掲載

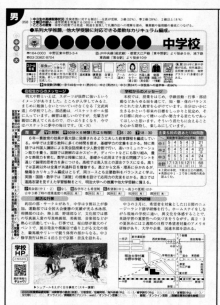

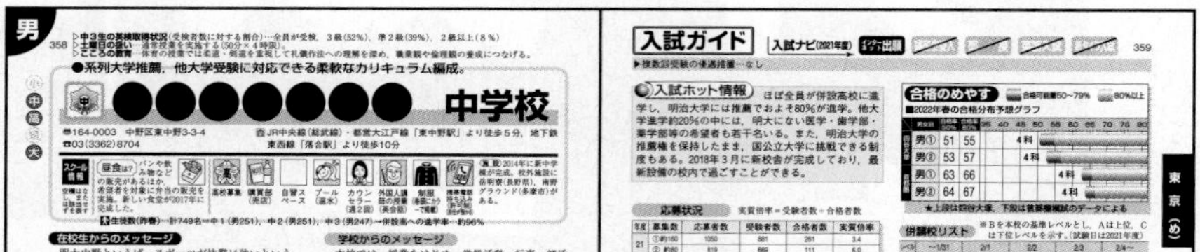

志望校・併願校を
この１冊で選ぶ！決める!!

過去問で君の夢を応援します
声の教育社
〒162-0814 東京都新宿区新小川町8-15
TEL.03-5261-5061 FAX.03-5261-5062
https://www.koenokyoikusha.co.jp